# 日俄海战

## 1904—1905

## 侵占朝鲜和封锁旅顺

# MARITIME OPERATIONS
## IN THE RUSSO-JAPANESE WAR
## VOLUME1

[英] 朱利安·S.科贝特　著

邢天宁　译

台海出版社

**图书在版编目（CIP）数据**

日俄海战 1904—1905：侵占朝鲜和封锁旅顺 /（英）
朱利安·S.科贝特著；邢天宁译 . -- 北京：台海出版
社，2019.1

ISBN 978-7-5168-2246-3

Ⅰ.①日… Ⅱ.①朱… ②邢… Ⅲ.①日俄战争－海
战－研究 Ⅳ.① E194.3

中国版本图书馆 CIP 数据核字 (2019) 第 029636 号

# 日俄海战 1904—1905：侵占朝鲜和封锁旅顺

著　者：[英]朱利安·S.科贝特　　　　译　者：邢天宁

责任编辑：俞滟荣　　　　　　　　策划制作：指文文化
视觉设计：杨静思　　　　　　　　责任印制：蔡　旭

出版发行：台海出版社

地　　址：北京市东城区景山东街 20 号　　　邮政编码：100009

电　　话：010 - 64041652（发行，邮购）

传　　真：010 - 84045799（总编室）

网　　址：www.taimeng.org.cn/thcbs/default.htm

E - mail：thcbs@126.com

经　　销：全国各地新华书店

印　　刷：重庆长虹印务有限公司

本书如有破损、缺页、装订错误，请与本社联系调换

开　本：787mm×1092mm　　　　　1/16

字　数：653 千　　　　　　　　　印　张：43

版　次：2019 年 3 月第 1 版　　　　印　次：2019 年 3 月第 1 次印刷

书　号：ISBN 978-7-5168-2246-3

定　价：179.80 元

# 译者的说明

　　本书的第一版出版于100多年前，而在1994年再版时，出版方受条件限制，未能将配套的地图和态势图纳入新版。由于原书数量有限且极难获得，在编辑时，本人遗憾地未能将这些地图纳入中文版中。但作为弥补，本人依旧从该书参考的原始资料，即《极密·明治三十七八年海战史》中截取了部分地图。至于缺失的部分，则依靠现代的俄方资料补齐。另外，原书并未配有照片，中文版的照片均为本人所加，如果有缺漏、错讹等处，本人愿承担一切责任。

# 引言

朱利安·科贝特爵士（Sir Julian Corbett）是20世纪初最伟大的海军历史学家之一。即使在去世70多年后的今天，他的作品仍在发行，并被海军历史学界奉为经典。然而，在他的著作中，有一部却从来没有面世的机会，这就是《日俄海战 1904—1905》。1914年1月，英国海军部作战参谋部的情报局（the Intelligence Division of the Admiralty War Staff）发行了该书的第一卷（仅6本），其中包含来自日本官方报告的机密信息。1915年10月，海军部作战参谋部又出版了第二卷，其总印量慷慨地超过了400册。虽然该书被归为机密，但是现役海军军官可以阅览全书。然而其原始版本只有几套幸存，直到今天，公众都难以接触这部著作。

## 科贝特和海军史

自第一本专著——《德雷克和都铎时代的海军》（Drake and the Tudor Navy）问世以来，科贝特作为一名优秀的海军历史学家的身份便得到了承认。最初，他的名声仅限于英格兰，但不久便扩散到了大英帝国的各个区域。而在美国，尤其是在纽波特（Newport）的海军军事学院（Naval War College），他同样得到了关注。[1] 在科贝特职业生涯的早期，一些有影响的实权人物试图从他的历史见解中获得启发，以处理爱德华时代①英国本土及海外的战略问题。然而，此时的科贝特虽是一位声誉卓著的严肃思想家，他却从未试图让海军界的人士信奉自己的战略主张或研究方法，因为这已大大偏离了他作品的主旨。在对待海外影响力时，他毕生的态度也与此一致。尽管在美国，他获得了极大关注，但在公众面前，他从来没有打算过与阿尔弗雷德·塞耶·马汉（Alfred Thayer Mahan）并驾齐驱，更不用说取而代之了。同样，他也从未试图推翻马汉在英国的权威地位，相反，他只是一个活跃在讲坛上的先知。

---

① 译注：即爱德华七世统治时期，1901—1910年。

在诸多战略著作中，科贝特试图借助种种细节和自身的洞察力，以历史为凭据，让蒸汽时代的人们从风帆时代的记录中获得启迪。在他从事这些工作的时候，随着建设成本的不断上涨，海军始终在被动地寻找一种理论，以便为索要更多军费提供支持。但科贝特的作品存在一种观念——他认为，仅凭"大就是好"的简单想法，并不能让海军永远掌握海上霸权。这也意味着，在战争中，海军的战略不一定是力求将敌人歼灭，相反，他们也可以动用一些折中、迂回，甚至是隐蔽的手段。无论这种观点是否被当时的人广为接受，一个事实都为它提供了有力证明：从传统上来看，英国海上力量的使命，依旧是与陆军合作——两者的关系是如此密切，以至于根本不可能把这两者割裂看待。虽然在现实中，许多海、陆军军官及其辩护人抱有异议，但从国家的战略层面论，英国海上力量和其他军种的关系依旧相当密切。

这种情况驱使着科贝特，让他把目光投向了海军战略中更微妙的层面，他研究的领域也包括和平时期的物质准备工作。这让他最终提出了一种理论，即打一场有限的战争。该理论不仅呼应了其作品的一贯思想，而且还有充分的现实依据：当时，英国最需要的是合理规划，无论是应对德国或法国的入侵，还是在全球扩张中与俄国对抗，情况都是如此。有些人也许会认为，出于欢迎1902年《英日同盟条约》的心态，当年的人会喜欢科贝特的作品，何况其理论能让英国从"保卫一切"的处境中解脱出来。但是，情况恰恰相反：有些批评者认为，科贝特主张打一场狡猾的战争，而不是让海军堂堂正正地出击，其总体倾向更是有消极避战之嫌。

虽然朱利安·科贝特的有限海战理论，让他成了当年备受称誉的战略家。但当名著《海洋战略的若干原则》[2]问世时，其折中主义思想所折服的更多是普通读者，而非海军战略的制定者们。另外，科贝特还招致了一些海军军官的怀疑。这不只是因为他从海军战术和战略的角度，抨击了"逢敌必战"[①]（always go at'em）的做法，还因为他还只是一个受过法学教育的平民，其战略著作和职

---

① 译注：这也是英国海军上将纳尔逊的名言。

业海军军官们平时参阅的作品存在很大差异。至于科贝特为何不同，相信最普通的读者，很快就能通过本书找到原因。

近来，常常有历史学家指出，科贝特的著作受到了卡尔·冯·克劳塞维茨（Carl von Clausewitz）的影响。[3]事实上，今天任何读过《七年战争中的英格兰》和《海上战略的若干原则》的人可能都会产生类似的感觉。然而，在科贝特后来的生涯中，尤其是在撰写《日俄海战1904—1905》期间，情况似乎截然相反。

事实上，在这段时间，他的思想可谓相当难以捉摸，以至于我们不得不从后人的种种揣测中加以归纳，而这又难免会偏离他的本意。期间，科贝特明显受到了克劳塞维茨的影响，但也不止一次宣称，他发现德国思想家的战略观点有诸多不妥之处。不仅如此，他还认为，如果用英国的军事思想来评判，那些源自德国总参谋部的、被广为接受的理念不过是一种诡异的产物。他始终坚持认为英国人的理念和他们存在区别。

回顾过去，历史学家们常常得出一种结论：在爱德华时代和一战期间，来自欧洲大陆的观点、理论和战略思想始终占据着理论界的上风，因为它们更多被视为深思熟虑的产物，而非来自机缘巧合或是不同军种间的博弈。但从历史的角度，我们也不难反驳说，在"无敌舰队"之后的每场战争中，其实都没有纯粹的"陆权和海权"的争夺。英国之所以在竞争中幸存并建立了帝国，实际是同盟、货币、陆军、海军等多重因素共同作用下的结果，换言之，它们是作为一整套机制在不断发挥作用。这些因素彼此关联，共同塑造了这个岛国的力量形态。至于该力量形态的运作，又依赖于海洋，也是海洋为它充当了进攻跳板和保护屏障。虽然各种因素的地位时有差异，但从国家行为的角度，作为一个整体，它们的重要性并没有发生过改变。这里举一个常见的例子，皇家海军从"和平状态"（in ordinary）转向"战时状态"（war footing）经常需要几年时间①。期间，也极少有记录显示，欧洲的大陆中心主义者或其他人试图打断这一过程。

---

① 译注：这或许意味着，英国海军并不能像很多人想象的那样，能独自、随时地解决国家层面的危机。

　　英国海外政策中最关键的因素，究竟是海军、陆军、外交，还是帝国的经济实力，甚至是各种贸易补贴手段？始终存在争论。在这里，我们将不做后续讨论，但需要牢记的是，朱利安·科贝特曾写道，上述因素都是整体的一部分。在著作中，他没有闪烁其词，而是明确指出，不能单纯地依靠海战取得战争的全面胜利。他透过历史的视角发现，这种情况甚至根本没有出现过。当时，赫伯特·里奇蒙爵士（Herbert Richmond）和其他海军作者都认为，如果伊丽莎白一世做事不"三心二意"，而是专注于海军的建设，那英国完全可以赢得对西班牙的战争①，但科贝特认为，这种观点非常不理智，甚至是在今天，也没有历史学家敢像他这样做出类似的论断。同样，科贝特在 1910 年的论著——《特拉法尔加战役》（The Campaign of Trafalgar）中进行总结时，也曾写道："海洋已经提供了海洋所能提供的一切，但对欧洲来说，这场战役却是以失败完结。"②4

　　科贝特并不是一位鼓吹"海军至上"的作家。事实上，虽然对大英帝国来说，军种的合作是一笔真切的财富，但他们缺乏保管这笔财富的意愿和能力。科贝特曾在 1900 年和 1904 年撰写了《德雷克的继承人》（The Successors of Drake）和《英国在地中海》（England in the Mediterranean）两本书，因为此时的他意识到，海军和陆军都以自我为中心并在财政问题上展开了愚蠢的对立。在 1901—1904 年间，他还为《每月评论》（Monthly Review）及其编辑亨利·纽博特（Henry Newbolt）撰写了许多文章。尽管是一位自由党人，科贝特却认为，该党提倡的"小英格兰主义"（Britain was great without greater Britain）是无稽之谈。同时，他还相信，时代要求各国在战争中贯彻人道主义精神，并更加谨慎地利用各种资源。

　　科贝特之所以有这种想法，是因为他用历史的观点，对本国现状进行了周密分析，而没有只将目光投向该怎样赢得绝对的胜利。另外，尽管是一名立足

---

① 译注：虽然英国击败了"无敌舰队"，但英西战争的结果依旧对西班牙有利。
② 译注：这一论断指的是，虽然英国赢得了特拉法尔加海战的胜利，但其成果因反法同盟在奥斯特里茨战役的惨败而灰飞烟灭。因此，科贝特会在该书的最后一章中喟叹："它最终让英国统治了海洋，却让拿破仑主宰了陆地。"

本土的、研究英国武装力量的历史学家，但受过的学术训练让他有机会洞察其他民族面临的军事问题。也正是这一点，让他很自然地意识到：日俄战争不过是一场有限的冲突；至于某些日军将领彻底击败俄国的想法，则是无稽之谈。

另外，通过把陆军、海军的行动看成一个整体，来审视日俄战争的全过程，也不难得出类似的观点。不过，关于对马海战的意义，科贝特认为，它不过是解除了依赖海上补给线的驻朝鲜日军的一个威胁而已。当代读者尤其需要注意这一点，因为它让科贝特落入了同时代其他思想家的窠臼。当时，甚至是德国领导人，也仅把他们的公海舰队当成未来复杂战争中的一环。换言之，恐慌心理和各种重大事件，虽然让各国的战略野心不断膨胀，却未能增进他们的先见之明。从这个角度来看，可以说科贝特也有他的时代性。至于马汉的观点则截然不同，作为历史学家，他实际上是用独特的"美国战争视角"5，解读了英国海军的经验。

丘吉尔曾一语中的地指出："民主制远比内阁制更冲动，民众的战争远比国王的战争更惨烈。"6虽然民主无法从根本上杜绝暴行，但当时许多政治家相信：这些战争表明，有必要对国际法进行修改和编订。另外，20世纪初受过良好教育的观察家们也觉察到，美西战争、日俄战争代表了人们未来将要面对的战争形态。

科贝特之所以倾向打一场"有限战争"，也和当时的背景有关，具体而言，它包括了当年人们对未来的展望、他本人的皇家海军史著作以及这些著作和英国国策之间的关联。因此，当第一次撰述别国的战争时，他难免会带着本土化的视角，并在观念上受到制约。另外在这个过程中，他也没有另辟蹊径，并像众所周知的马汉那样，完成向有全球视角的海军思想家的转变。虽然日俄战争确实是一场掌握着可观舰队的强大陆权国家①参加的战争，但由于科贝特的偏狭态度，对那些试图以此为案例解读出某种海上战略原则，或是将其转化成美国/苏联军队指导思想的读者来说，其著作的价值肯定会有所降低。

---

① 译注：即俄国。

由于自身的局限，再加上对海上问题的英国式看法，科贝特没有在海外受到追捧，在美国也是如此。不过，假如今天美国考虑的主要问题，不是怎样一举击败敌人，而是凭智慧，用最小的力量得到最大的回报，同时还让全世界心悦诚服，那他们也许会发现，在对当今和未来的启迪上，科贝特的观点将非常有趣。

另外，为增进对本书的理解，我们也可以把科贝特对日俄战争的研究，同他看待海军历史的整体思路以及与本书诞生有关的重大海军事件结合起来。

## 本书的诞生

日俄战争之所以能引起英国海军战略家的兴趣，不只是因为其中有一场辉煌的海战胜利，同时它还涉及了岛国跨海部署兵力的问题。因此，高层对战争的主要兴趣，自然也集中在了海军能获得的启迪上。为尽快启动研究，帝国国防委员会（Committee of Imperial Defence，简称 C.I.D.）曾组织军官成立了一个历史部门，其第一卷成果最终在 1910 年问世。[7] 而在其他欧洲国家，军方也进行了类似的工作，但一些人认为，只有英国的研究最为出色，因为他们没有对海军和陆军的行动进行堆砌，相反，其重心放在了帝国的战略上，并把战争看成了一个整体。[8] 另一方面，自 1870 年日本海军采用英式教范后，海军部便一直在加以关注。[9] 不过，在前面提到的研究中，大部分资料都只涉及陆军，而海军部最想要的，是海上作战的方方面面，这让他们对帝国国防委员会的立场产生了怀疑。为启动自己的研究，海军情报局局长查尔斯·奥特利上校[10]（Charles Ottley）委派了属下的语言专家——皇家海军陆战队的丹尼尔少校（E. Y. Daniel）翻译现有的俄国海军文件。得益于英日同盟，英方还接触到了包括海军秘档在内的日方资料，而这一部分内容，最终被交给了皇家海军的海军讲师（Naval Instructor）奥斯瓦尔德·塔克（Oswald T. Tuck）进行翻译。

但该书在编写过程中出现了问题。这个任务首先落在了托马斯·杰克逊海军上校[11]（Thomas S. Jackson）身上，他曾担任过英国驻东京的海军武官并亲身经历了整场战争。他在 1906 年被借调进海军情报局，甚至在 1907 年出任培训海军少年兵（Boys）的远洋练习舰"克雷西"号（HMS Cressy）的舰长后，这项工作都是他在主持。到 1908 年，临时调入海军情报局的约翰·卢斯 [12]（John Luce）海军中校接过了杰克逊的任务。起初，奥特利海军上校似乎认为，但凡精明强干的海军军官，只要上级一声令下，就可以和翻译们一道投入工作，并圆满完成对历史事件的论述。然而，到 1908 年年末，出任帝国国防委员会大臣 Secretary of the Committee of Imperial Defence）的奥特利和新任海军情报局长埃德蒙·斯莱德 [13]（Edmond Slade）海军上校看到卢斯的初稿时，他们私下对此都感到不满意。此后不久，卢斯晋升为海军上校，离开了海军情报局。

之前，斯莱德曾担任过海上战争课程的教务主任（Director of the Naval War Course），并聘请科贝特担任该课程的正式讲师。于是，斯莱德便将初稿交给了科贝特，并请求他"加以改进"。科贝特的反应非常迅速，而且言辞激烈。他在日记中写道：

> 我给他写了一封措辞严厉的信，指出它毫无价值，简直是在胡闹。以至于我根本不想和如此业余的东西扯上联系，相信海军部也不会例外。其中的问题可以追溯到他动笔的地方——里面充斥着琐碎的内容，没有一丝对战略概念的理解——作者身为一名海军中校，可能缺乏足够的认识……他[1]应对此表示抗议，因为帝国国防委员会的所有材料都没有得到妥善对待。[14]

科贝特的反应让斯莱德相信，海军部必须寻找一位更优秀的作者。当时，除了审阅卢斯的手稿之外，科贝特并不在海军部的人选中。由于日方的大量资料都是秘密提供的，因此海军情报局长认为，这部历史著作也应当属于保密范畴。斯莱德考虑了其他几位作者，包括罗伯特·洛瑞 [15]（Robert Lowry）海军少将和威廉·亨德森 [16]（William Henderson）海军少将。然而，在确定之前，由于要出任东印度分舰队司令（Commander in Chief, East Indies Station），斯莱德的职

---

① 译注：即斯莱德上校。

位最终被海军少将亚历山大·贝瑟尔[17]（Alexander Bethell）爵士接过。临行前，斯莱德向贝瑟尔建议，科贝特也许能胜任这项工作，因此，贝瑟尔上任后不久，便为科贝特提供了一个编纂历史的固定岗位。

最初，科贝特对未来非常乐观，他在日记中写道，这份工作标志着"他雄心的巅峰"[18]。然而，第一海务大臣、海军上将费舍尔（Fisher）勋爵却预感科贝特可能会碰壁。他提醒科贝特，鉴于保密措施和审查制度，他最好不要接受这项工作。斯莱德也提醒科贝特说，某些海军高级军官可能不会批准任命。于是，科贝特拒绝了这份邀请，卢斯则继续利用业余时间进行编写。

不久之后，（格林威治皇家海军学院）主管海战课程的教务主任却邀请科贝特讲述日俄战争。这把帝国国防委员会放在了一个尴尬的位置，因为众所周知，科贝特对委员会编纂的战争史持批评态度。他认为，委员会的陆战史和海战史的编撰，教条主义地采用了德国式的笔法，其中虽然涵盖了大量的技术细节，却没有宏观的战略思想。同时，他的观点也触及了一些问题，比如历史作品不断变化的评判标准以及对海军军官的指导意义等。在财政部门要求帝国国防委员会取消历史编纂项目的同时，海军部也敦促让海军史的编写回归海军，并同海军情报局和海战教学建立联系。贝瑟尔认为，帝国国防委员会编撰的历史对皇家海军来说缺乏指导价值，而他真正想要的，是一部专门的海军史。

但仍有一个问题：没有海军军官能胜任这项工作。在1909年11月帝国国防委员会的会议上，英国陆军的代表们强调了对军事史的需求，但强烈反对让民间人士参与。不过，他们却模糊地暗示，在继续编写帝国国防委员会的这部历史著作上，民间人士也许比军官更为合适。在这之后，贝瑟尔再次找到科贝特，希望他考虑之前合同中的工作。此时，帝国国防委员会却掀起了一场小小的官僚主义危机：他们和财政部发生了分歧，因为该书是一部纯粹的海军史，编写它的是一名民间人士，但却要动用委员会自己的预算。因此，财政部向委员会回复称，这项工作纯粹属于海军，费用也将由海军承担，另外，其作者不应该是"一位像科贝特先生那样的作家"，而应该是海军军官。

但另一方面，海军部宣称，没有合适的军官能承担这项工作。有鉴于此，海军部委员会的助理秘书长<sup>①</sup>（Admiralty Secretary）格雷厄姆·格林（Graham Greene）联系了科贝特，要求他对帝国国防委员会的作品进行评估。科贝特解释说，在他本人看来，这部历史盲目沿用了德国人的写作手法，其侧重围绕一个狭隘的主题来详细地叙述事件，然后再得出结论，这大大降低了作品的价值。科贝特认为，上述做法是在鼓励把陆战和海战分开，并模糊了海军的视角，而这违背了英国历史思想的一贯特点。同时，科贝特还提出了一种迥异的思路：这部军史著作将不纠缠于细枝末节，例如炮弹对装甲的效果等，而是一气呵成地展开论述，从构思、执行和结果等方面，阐明地面战事和海上战事的关系。这样一来，政治目标、地理因素和政府运作机制等，也都能被纳入整体加以看待。

1910 年 9 月，科贝特向格林致信，表示愿意根据在皇家海军学院的讲义，以 1000 英镑为稿酬，承接该书的编写工作。尽管这一任务背离了他为官方编纂布尔战争史的计划，但科贝特还是在信中写道：

> 我不想编写一部纠结于军事开销或各种琐事的微观历史，也不打算涉及炮弹的威力、装甲等问题。假如您雇佣的这位职业作者和历史学家，对于两卷著作中的两场短暂战役，没能掌握全部的有用信息，即他无法获得充分的研究自由的话，那么，我认为，他将对工作认识不足，届时，您可能将看到许多粗陋和简略之处……[19]

有鉴于此，海军部向科贝特提供了搜集的所有资料，包括了日方的秘密文件以及海军部和外交部之间涉及战争起源的通信，并提供了旧海军部大楼的第 43 号房间作为他的工作室。同时，他们告诉科贝特，日本人不会拿到该书，因此，他可以自由处理海军领域的专业问题。

科贝特于 1910 年 10 月动笔，到 1911 年 7 月时完成了前九章。随后，写作的速度便放缓了，到 1912 年 1 月时，他只完成了两个章节，又过了两年才完成

---

① 译注：原文为"Admiralty Secretary"，直译为海军部秘书长，但此人具体的职务是"Assistant Secretary to the Board of Admiralty"，故采用文中的翻译。

了全书的其余部分。期间，海军部进行了重组，许多和科贝特共事的军官被调走，同时，枯燥和烦琐的审查程序也导致了拖延。此外，许多帝国国防委员会的高级官员反对科贝特的军事史观点，不少海军军官也未能对他的抽象思维有所理解。

在海军部内，有3位位高权重的人试图监督他的工作：曾参与该项目的托马斯·杰克逊海军少将，此时接替贝瑟尔，成了海军情报局局长，他希望这部历史成为他的管辖项目；另一方面，海军作战局局长（Director of the Operations Division）G. A. 巴拉德上校（G. A. Ballard）却认为此书该纳入他的部门；此外，新成立的海军部作战参谋部（War Staff）的首任参谋长、海军少将厄内斯特·特鲁布里奇爵士（Ernest Troubridge）也认为本书该转到他的管辖之下，他还明确指出，希望能对科贝特的结论做出重大修改。然而，在此期间，科贝特只希望与斯莱德共事——从动笔之初，科贝特便在与他商讨历史问题。另外，经过长时间的拖延和讨论，格林也向科贝特提供了支持，并与斯莱德合作扫清了工作中的障碍。至于后续的拖延，则是由斯莱德引起的——他需要对内容进行审阅，但总是事务缠身，甚至 1912—1913 年从东印度地区返回后也不例外。

1913 年 11 月，科贝特收到了第一卷的样书，但他发现在扉页上，斯莱德的名字被放在了自己的名字之前。科贝特对此表示抗议，最后书中采用了这样的署名方式："法学硕士朱利安·S.科贝特著，海军少将埃德蒙·斯莱德爵士担任顾问。"

在距世界大战还有几个月的时候，本书最终出现在了海军部图书馆的书架上，第二卷则在不久之后问世。由于广泛使用了日方材料，但又没有向日本征求草稿或成书的意见，因此，这部著作并没有对外公开。1914 年夏，另一些更紧迫的事件掩盖了科贝特作品的光芒：战争的尘埃正在聚拢。

## 80 年后的回顾

科贝特对日俄战争的研究完成于事件的 10 年后，在今天仍极具价值。他详细研究了当年影响重大的技术进步，如鱼雷攻击、战术机动、战列舰的航速和航程以及武器和通信等。虽然上述内容或多或少过时了，但它们的相互影响仍是一个令人感兴趣的话题。另外，本作在战术和战略环节上的平衡，也会让善于思考的读者意识到过去与今天的联系，并将其作为现代兵棋推演的基础。

毫无疑问的是，无论现代人研究这场战争是为了澄清真相，还是以史为鉴，他们都能从科贝特的思路中得到启迪。科贝特并不认为，发生在旅顺或对马的辉煌胜利能证明"速战速决"的理论。他认为，这场冲突的本质不过是一个兼具庞大地面部队和可观海上实力的国家遭到了另一个国家的跨海攻击。其中，袭击者并不具备"速战速决"理论中强调的"绝对优势"，他们的兵力只是略微占优，而且很可能只体现在局部领域。在著作中，科贝特揭示了日方行动的冒险性，因为日军最主要的优势只体现在地理环境——妨碍了俄军指挥中枢同外围部队的联系。

确立了这些基本论点之后，科贝特继续证明，尽管日军在旅顺成功袭击了俄国舰队，但他们并没有像很多分析人士认为的那样，取得了决定性的战果。科贝特告诉我们，当意识到未能遏制俄国海军时，东京的高级将领和政客们极为紧张，因为他们已经身处险境。随后，他还阐述了直到对马海战前，俄国人拥有的强大优势。同样，他还叙述了日方冒险大举跨海出兵的做法有多么的大胆——当时，他们根本不确定自己的交通线是否有被切断的危险。

随后，科贝特指出了"有限战争"的利弊——不仅在日俄战争中得到了清晰展示，还普遍适用于其他战争。他指出了日军作战中唯一的优势所在，虽然俄国人可以对此实施反制，但最终没有做到这一点。也正是因为有这些内容，本书无论是对解决联合作战的各种问题，还是研究应对联合作战的策略，都将具有巨大的启发价值。另外，科贝特还把现代技术的发展，同长期研究风帆时代的成果结合了起来。因此，他的作品完全有理由引起当今新一代战略家们的兴趣。

在我们的时代，随着冷战戛然而止，传统的海军将领和战略家开始面临大量的新形势和新问题。战略比过去变得更加隐晦，而且更讲求经济收益和"投入—回报"问题。在这种情况下，人们更希望以经济、克制的方式部署海上力量。要做到这一点，就必须践行某些深奥复杂的理论，而科贝特的理论可能就是其中之一。

在追索这些理论的过程中，科贝特对日俄战争的研究可能价值极大，在书中，他的许多看法展现得相当清晰。事实上，这让它很可能会成为 20 世纪 90 年代最有用的战略书籍之一：不仅所有冷战后的海军规划者都将获得启示，对那些引导美国海军驶过"美国强权下的和平"（pax–Americana）——而非之前任何一个剑拔弩张的时期——的人，它的价值更将是远远过之。

科贝特的《日俄海战 1904—1905》一书，目前有以下几项贡献：首先，作为一位重要海军史学家的关键著作，它是第一份公开版本；其次，本书提出了令人印象深刻的论据，并为官方海军史做出了可能曾被忽视的重要贡献，其中彰显了科贝特在海军战略问题上广泛遵循的、英国式的传统，这一传统和 19 世纪德国军事史偏重细节和技术记录的做法存在显著差异；最后，在战略领域，它对有限海上作战涉及的联合作战问题做了深入研究。以上这些内容，都是值得现代海军军人和学者思考的。

约翰·B. 哈腾多夫（JOHN B. HATTENDORF）

唐纳德·M. 舒尔曼（DONALD M. SCHURMAN）

## 注释：

1. 关于科贝特的详尽传记，可参见唐纳德·舒尔曼（Donald Schurman）的《朱利安·S.科贝特（1854—1922）：从德雷克到杰利科时代的英国海上政策史学家》（Julian S. Corbett 1854‑1922: Historian of British Maritime Policy from Drake to Jellicoe）一文，出自《皇家历史学会历史问题研讨集》（Royal Historical Society Studies in History Series）第 26 卷（伦敦：皇家历史学会，1981 年出版）。关于近期评论及其著作概览，则可参见詹姆斯·戈德里克（James Godrick）和约翰·哈腾多夫（John B. Hattendorf）合著的《只有马汉还不够：朱利安·科贝特爵士和赫伯特·里奇蒙爵士作品研讨会纪要》（Mahan Is Not Enough: The Proceedings of a Conference on the Writings of Sir Julian Corbett and Admiral Sir Herbert Richmond，罗得岛州纽波特：海军军事学院出版社，1993 年出版）一书。

2. 参见埃里克·格罗夫（Eric Grove）评注并撰写序言的《海权经典丛书》第 1 卷（Classics of Sea Power Series，安纳波利斯：美国海军协会出版社，1988 年出版）。

3. 相关事例可见米歇尔·霍华德（Micheal Howard）和彼得·帕雷特（Peter Perat）翻译的克劳塞维茨《战争论》（On War，普林斯顿：普林斯顿大学出版社，1976 年出版）一书中，米歇尔·霍华德撰写的《克劳塞维茨的影响》（The Influence of Clausewitz）一文。

4. 出自朱利安·科贝特的《特拉法尔加战役》第 2 卷（伦敦和纽约，朗曼出版社和格林出版社，1910 年出版）。

5. 参见罗素·维格利（Russel Weigley）撰写的《美国战争方式：美利坚合众国军事战略和政策史》（The American Way of War: A History of United States Military Strategy and Policy，纽约：麦克米兰出版社，1973 年出版）一书中第 9 章关于马汉的评论。

6. 参见《在众议院上的讲话（1901 年 5 月 31 日）》，出自罗伯特·詹姆斯（Robert Rhodes James）编纂的《温斯顿·丘吉尔演说全集（1897—1963）》（Winston S. Churchill: His Complete Speeches, 1897—1963）第 1 卷的 "1897—1908 年" 部分（伦敦和纽约：切尔西出版社，1974 年出版）。

7. 该书即帝国国防委员会历史部编纂的三卷版《日俄战争官方战史（海上和陆上战场）》（伦敦，1910—1920 年出版）。关于此书的详细背景，可参见杰伊·卢瓦斯（Jay Luvaas）撰写的《首批英国官方历史学家》（The First British Official Historians）一文，该文章出自《军事事务》丛刊（Military Affairs）第 26 卷（1962 年夏季号）第 53—54 页。另外也可参见罗宾·希格哈姆（Robin Higham）编写的《官方历史》（Official Histories，曼哈顿：堪萨斯大学图书馆，1970 年出版）一书。

8. 参见杰伊·卢瓦斯撰写的《一支军队的教育》（The Education of an Army，芝加哥：芝加哥大学出版社，1962 年出版）。

9. 参见亚瑟·马德尔（Arthur J. Marder）著《老朋友，新敌人：皇家海军和日本帝国海军，1936—1941 年 的 战 略 错 觉 》（Old Friends, New Enemies: The Royal Navy and the Imperial

Japanese Navy. Strategic Illusions，1936—1941，牛津：克拉里登出版社，1981 年出版）一书。

10. 海军少将查尔斯·奥特利（1858—1932 年）爵士。他于 1905—1907 年担任海军情报局局长，1907—1912 年担任帝国国防委员会大臣。本章节后续内容均节选自舒尔曼的《朱利安·科贝特爵士》一书及海军部公共事务记录办公室的 7878/1 号档案。

11. 托马斯·杰克逊（1868—1945 年）海军中将。他在 1906 年出任驻东京海军武官，1912—1913 年间担任海军部作战参谋部情报局局长，1915 年 1 月—1917 年 6 月间任海军部作战处处长，1917 年 7 月—1919 年 1 月间任埃及和红海支队司令，1923 年退休。

12. 约翰·卢斯（1870—1932 年）海军少将曾在福克兰群岛、科罗内尔和胡安·费尔南德斯海战中担任"格拉斯哥"号（HMS Glasgow）舰长，并于 1921—1924 年期间担任马耳他船坞的海军督察官。

13. 埃德蒙·斯莱德（1859—1928 年）海军上将。他曾于 1907—1909 年期间担任海军情报局局长，1909—1912 年期间任东印度分舰队司令，1912—1919 年期间任油料供应特派员，1914—1928 年期间任英国波斯石油公司总经理。

14. 出自英国国家海事博物馆的科贝特文件，即他在 1908 年 10 月 17 日的日记。

15. 罗伯特·洛瑞（1854—1920 年）海军上将。他于 1907—1908 年期间担任海军学院院长，1913—1916 年间任英国海军苏格兰地区司令，1916 年任罗塞斯（Rosyth）基地最高司令官。

16. 威廉·亨德森（1845—1931 年）海军上将。他曾于 1913—1931 年间担任《海军评论》（Naval Review）杂志的首席编辑。

17. 亚历山大·贝瑟尔（1855—1932 年）荣誉海军上将。他曾在 1909—1911 年期间担任海军情报局局长。

18. 出自英国国家海事博物馆的科贝特文件，即他在 1909 年 4 月 20 日的日记。

19. 出自海军部公共事务记录办公室的 7878/1 号档案，《科贝特致格林的信》，1910 年 9 月 23 日。

# 来自 1914 年的原版报告

## 机密

本书是英国政府的财产。

它原则上仅限军官阅览，但某些情况下，为满足使用方履职所需，也可被转交给英国武装力量中现役军官以下的人员。提供这些信息时，行使本权力的军官，请务必保持小心谨慎的态度。

\*\*\*

军官们应注意，本历史参考的大部分信息，都是日本政府为方便研究而慷慨提供给我方外交人员的，这些资料中包含的历史涉及机密，目前正由海军部保管。有鉴于此，本书的信息应当严格保密，至于从中汲取的经验教训，也最好不要泄露给非现役人士。

# 目录

# 前言

本书的内容包括战争的起源、双方的作战计划以及战前关系持续紧张时期，并介绍了至 1904 年 9 月的第一周之前，双方作战行动的基本脉络。从逻辑上说，这一周也标志着战争第一阶段的完结，因为到此时，日军的原始作战计划已经失败：他们在 8 月 10 日和 14 日的两场海战都没有大获全胜，对旅顺港的攻势也宣告失利，而在辽阳歼灭俄军的企图也没能得逞。

以研究对象和战场地理环境论，这场战争基本可以被归入海战的范畴，但在这个阶段，陆战和海战的关系又十分密切。正是因此，本书将不只会从海军视角审视战争或是详细描绘每场海战，还会紧随地面战场的局势，来阐明两个战场的相互关系。

对地面作战，目前几乎没有独立的研究作品。我们主要参照的是英国的官方战争史（在引注中以 C. I. D. 表示），但也有"南山之战"等例外。在这些部分，其他材料提供了更翔实的细节，并对地面战场在联合作战中的作用做了更详细的阐释。

另外，我们利用多方提供的丰富资料，对参战舰队进行了全新的审视。其中尤其以日本海军军令部（Japanese Naval Staff）编纂的详尽史书①最为关键，虽然该书是严格保密的，但在仅限海军军官参阅的前提下，它已被日本政府慷慨地提供给了海军部。在海军情报局的指示下，海军讲师奥斯瓦尔德·塔克完成了一份译本，它保存在海军部内。在本作的引注中，该书将以"日本战史极密版"（Japanese Confidential History）的提法出现。

另一方面，该书并不是一部欧洲概念中的"通史"，其中只有对各舰队、战队、驱逐队和艇队每日行动的精确记录。从这个角度，它更像是对事件的纯粹罗列，其中更多的是事实，而极少存在评述，另外还在字里行间夹杂着一些对部署原

---

① 译注：这本书就是《极密·明治三十七八年海战史》。

因的简单暗示。也正如此，它只能算是一部以时间为主轴的各部队行动报告的总集，对各个战场的描写也是孤立的。不过，虽然本书没有全面地观察战争，也没有把各个环节联系起来，但在构建历史方面，它依旧提供了有价值的材料。

对某些重要事件，我们还获得了指挥官的原始报告，在几个重要节点上，它们的阐释更为详尽。在附注中，这些贵重文件将以"＿＿ 的报告"表示。

有第一手资料后，官方公报的价值自然会降低，因此，本书只对其做了有限的参考。

虽然信息并不全面，但本书的参考资料只在两个领域存在重大欠缺，即战争的起源和联合作战。但是，后者却部分被俄国海军部翻译的、由日本官方公开发行的海军史①填补了。另外，其注释中还增加了一些在场俄国军官的宝贵记录。由于某些地方翻译不佳，我们将它与日文原版进行了核对。需要指出的是，法军总参谋部也在翻译这部作品，并将其命名为《日俄战争的海上作战》（Opérations Maritimes de la Guerre Russo-Japonaise）。在本书的引注中，它将用"日本战史公开版"（Japanese Published History）表示。

俄罗斯方面，当本书问世时，依旧没有官方的海战史著作出版。事实上，除了俄国海军部在初步研究中编写的事件简表之外，我们并没有其他资料可供参阅。然而，单就作战计划和战时命令而言，俄国总参谋部编纂的陆军战史还是提供了很多帮助，其中包括海军的命令、军事会议的纪要以及总督和总司令同旅顺指挥官的通信。事实上，它在很大程度上也是一部综合历史书。该书正在由法军总参谋部编译，在本书的引注中，它将用"俄国陆军战史"（Russian Military History）表示。

由于此书没有专门叙述海战，故我们还从其他的俄国来源获取了大量资料，这些资料均由海军陆战队轻步兵团（R.M.L.I.）的 E. Y. 丹尼尔少校搜集、整理和翻译。其中最有价值的是《海军文集》（Morskoi Sbornik）和《俄国旧事》（Ruskaya

---

① 译注：指《明治三十七八年海战史》，即《极密·明治三十七八年海战史》的公开版。与后者相比，该书的内容有所缩减，并删去了许多原始报告以及舰队勤务、医疗卫生、设施建设等涉及军事机密的部分，但另一方面，该书也添加了大量俄方人员的回忆和供述。

Starina）杂志的系列文章。其中前一本杂志可谓具有官方背景，作者在许多地方向俄国海军历史协会表达了感谢。但遗憾的是，在本书发行时，该系列文章内容并没有完全涵盖第一卷涉及的时期。至于后一本杂志，则提供了海军军事委员会（Naval Councils of War）关于旅顺战役的宝贵报告。

而在个人作品中，最有价值的是博布诺夫海军上校（Bubnov）的《回忆第1太平洋舰队和海军陆战队的作战》（Reminiscences of the First Pacific Squadron and Operations of the Naval Brigade）。不过，由于作者大部分时间都在地面指挥海军驻防部队，对于海上作战，他的资料主要是二手的。另一些更有名的著作，如西蒙诺夫海军中校（Semenov）的《代价》（Rasplata）和斯蒂尔海军上尉（Steer）的《"新贵"号》（Novik），尽管它们提供了俄国舰队内部情绪和士气等有趣信息，但与真正的历史材料相比，它们在内容的准确性上和对局势的把握上都存在问题。有些高级军官的著作同样非常出色，其中，特列季亚科夫上校（Tretyakov）的《南山和旅顺口》（Nanshan and Port Arthur，由皇家炮兵中尉 A. C. 阿尔福德翻译），还有冯·施瓦茨上校（von Schwarz）和 G. 罗曼诺夫斯基上校（G. Romanovski）的《旅顺口保卫战》（La Défense de Port Arthur，由法军炮兵少校 J. 勒普瓦夫尔翻译）就是极好的案例。由于特列季亚科夫上校曾指挥了南山和203 高地的战斗，其他两位军官也都在现场，因此他们的著作可以称得上是权威的第一手资料。不过，他们也只提到了直接支援陆军的海上行动。

在英国方面的资料中，对研究海上和联合作战最具参考价值的，是大量编纂成册的来自各位武官和其他外交人员的报告。但除此之外，我们也参考了未编纂入册的报告以及外交部和海军部的秘密通信，这些对介绍战前阶段的历史特别有意义。另外，上述资料还得到了相关官员提供的信息作为补充。

由于没有通行的音译规范，在转译地名时，我们遭遇了许多困难。其中最接近规范的是帝国国防委员会历史办公室（the Historical Section of the Committee of Imperial Defence）给出的通例。然而，虽然优点众多，但为照顾海军军官，我们更多参照的是航海指南（Sailing Directions）和海军部的海图，并在最大程度上与其保持了一致。

在表示舰队组织结构的术语上，规范的缺失也导致了类似的困难。为尽量避免混淆，我们在文字样式上做了区别。其中，舰队麾下的战队或分舰队（Division，主要由战列舰和巡洋舰组成）写作"第1支队"（First Division）或"第3战队"（Third Division）。至于驱逐舰和鱼雷艇（水雷艇①组成的分队，开头没有大写，番号也用数字表示：如"第2驱逐队"（2nd division）或"第10水雷艇队"（10th division）等。陆军的师或师团，则开头大写，番号使用罗马数字，如"第3师团"（IIIrd Division）和"第7师"（VIIth Division）。

在编写体例上，读者会发现，本书采用了以时间为主轴的叙述方式，并试图把海上和地面战场统一包含在渐进式的叙事中。虽然这和各国总参谋部修史的做法背道而驰，并给编纂工作带来不少困难，但也只有如此，我们才能在表达战争各环节的相互作用时给读者一种清晰的感受，让肩负领导和指挥使命的军官产生正确的认识。不过，这绝不是试图对他们的决策和行为进行诱导或是施加额外的影响。

出于类似原因，我们还没有把观点放在结尾，而是选择了夹叙夹议的写作手法。通过这种写法，读者可以随着战争的进程，更好地理解战争的各个阶段，并透过参战军官的视角，更准确地评判每个决策或每场战斗。至于这种写法的另一个好处，是让军官能在对事件记忆清晰时，便开始思考，并得出看法。另外，由此产生的评论也更有针对性和具体性，方便读者权衡利弊。至于那些放在结尾的观点，不仅可能沦为泛泛之谈，而且常常漏洞百出，这实际是一种"后见之明"。

在本书中，只有一个领域没能达到上述标准——这一领域就是参谋作业。尽管该环节对两栖作战尤其重要，但由于缺乏信息，本书的叙述很难称得上全面。问题之所以出现，是因为我们几乎没有从交战双方手中得到权威或详尽的资料，其中日方资料更是让人遗憾。在涉及日军大本营（Imperial Staff）、海军军令部（Naval Staff）、参谋本部（Military Staff）及各自主官的关系时，我们遭遇了不小的麻烦，许多领域仍有待全面考察。恐怕只有在针对相关事实的全面研究问世之后，我们才有可能做出一个大致正确的评判。

---

① 译注：早期日本海军将其他国家中称为"鱼雷艇"的小型高速舰艇划为"水雷艇"。下文涉及日军的这类舰艇时，使用"水雷艇"说法，俄军则使用"鱼雷艇"说法。

序章

# 远东问题的海军层面 [1]

关于日俄战争的诸多方面，我们最感兴趣的是战场环境：日本与亚洲大陆之间的地理关系，几乎同英国与欧洲大陆的地理关系一样接近。英国由一系列岛屿组成，与欧洲大陆间隔着一条海峡和一片狭窄的海域。同样，类似的地理环境也将日本列岛同亚洲大陆分隔开来。正是因此，日本海和朝鲜海峡对这个远东岛国的意义，就像北海和英吉利海峡对我国一样重要。

这种环境对我国历史的影响不容忽视。自从我国成为一个现代意义上的民族国家以来，它便在外交政策领域带来了深远的影响。从中世纪开始，我们大部分军事外交活动的焦点，就是控制这些周边水域，尤其是避免强大的陆权国家在荷兰或弗兰德斯沿岸取得一个立足点。

从 1340 年的斯鲁伊斯海战[①]（Battle of Sluys），到 18 世纪的《屏障条约》[②]（Barrier Treaties），再到拿破仑战争，这种自我保护的国家本能体现在了一系列的条约和战争中。而荷兰和比利时的独立，就是这种本能影响下的结果。

同样，自从成为一个国家起，日本对朝鲜的态度便与我们对低地国家的态度类似。但日本对当地局势的关切要比我国更深，因为在朝鲜半岛南部，海峡的颚部地区，有着东方最优良的天然港口。事实上，无论是在日本闭关锁国时还是在重新开放后，如果要寻找一个研究其外交政策的关注点，我们就必须将

---

① 译注：斯鲁伊斯海战发生于 1340 年 6 月 24 日，战场位于今天荷兰西南部的近海地带，这也是英法百年战争中的第一场大型会战。在这次战役中，英军利用突袭战术沉重打击了法国舰队，一举赢得制海权，进而为后来大举入侵法国创造了有利条件。

② 译注：《屏障条约》是指 1709—1715 年期间，在英国斡旋之下，荷兰共和国和西班牙签署的一系列条约。其中允许荷兰在西属尼德兰（包括今天的比利时、卢森堡及法德两国部分地区）的部分堡垒内驻军，以抵御来自法国的地面入侵。此举不仅将为荷兰构建一道守卫国土的屏障，还可以防止法国在当地获得一个能威胁英国本土的跳板。

目光投向镇海湾①（Chinkai-wan）一带，它对海军的意义人尽皆知。就像是荷兰与我们进行海上对抗时的特塞尔（Texel）和马斯（Maas）一样②，当朝鲜与日本分庭抗礼时，此处也是朝鲜水师（old Korean Navy）主要驻地。也正是在这里，日军首次击败了朝鲜舰队，这既让它的新舰队首次获得了特拉法尔加式的大捷，也令它建立了一个重要的海军基地。③

尽管地理环境是战争中必须考虑的因素，但其意义不应被夸大。对海上战争，尤其是当今的海上战争来说，它的作用不可否认，但绝对不是诱发战争的唯一根源。相反，战争的诱因往往是复杂的：除却地理环境，通常还有三大因素可以影响海军或陆军的决策，它们有可能是政府政策的组成部分，也有可能情况截然相反。

其中我们认为最重要的因素，无疑是商业或殖民利益——它们也是国家战略规划不可或缺的内容。

尽管可能无法上升到国家范畴，而且通常不会得到正式承认，但第二个因素却与上一点联系紧密：除了政府外，某些大资本家很可能也乐于通过战争获取商业利益，同时，他们和政府之间也存在联系，比如在财政方面的支持等。

第三，有一种凌驾于物质利益之上的民族精神，它会激励人们实现一种振奋人心的理想。这种精神背后的冲动可能是政治性的，也可能是宗教性的，也可能只是对取得更高国际地位的、无法抑制的渴望。

而这些，也是我们进行战争的主要动机，它们对日俄战争同样适用，除却宗教外，这些因素基本都对双方产生了影响。

如果要理解俄罗斯的意图和行动，就特别需要理解一种名为"战争病态"的现象，它拥有许多不同的症状，这导致我们一谈到俄国的"国策"，就常常感到不明就里。事实上，影响俄国国策的因素并非只有一种，而是上述全部三种，

---

① 译注：又名希尔维亚湾（Sylvia Basin），位于今天韩国东南部庆尚南道，为巨济岛和大陆之间的一片海域。直到今天，当地依旧是韩国海军的重要军港。
② 译注：特塞尔是荷兰北部西弗里西亚群岛的主岛，马斯指的是荷兰境内的马斯河口地区。两地与英格兰东南遥遥相对，是荷兰进攻英格兰的重要跳板。
③ 译注：作者这里可能指的是1597年在巨济岛海域爆发的"漆川梁海战"。在这一战中，日军主帅藤堂高虎主动出击，歼灭了1支由169艘战舰组成的朝鲜舰队，朝军主帅元均阵亡，日本水军从此获得了制海权，直到后来被李舜臣和明朝水军击败。但问题是，这场海战并不是日本海军首次击败朝鲜海军。

它们相互矛盾，这对俄国缺乏权力制衡的政府是一种妨害。正如我们将看到的那样，上述政策中的每一点都成了它的基本方针，但状态却极不稳定，它取决于最高统治者的精神状态——这一点也是专制国家独有的危险。

相对民主的宪法赋予了日本政策更多的稳定性。有时候，政治家们确实会在路线方面存在重大分歧，但作为一个制衡机构，日本国会总会阻止政策偏离古老的民族传统。但另一方面，尽管不存在朝三暮四的问题，但准确阐明日本的国策仍然有许多困难，这是因为上述因素的重要程度经常发生变化，毕竟，该国对朝鲜的政策不仅源自战略层面，即控制重要的海军基地，还有殖民地和商业利益上的考虑。

日本始终把朝鲜视为禁脔。就像低地国家对我们的意义一样，对日本来说，这里是一个天然的商业输出口岸。但情况还不止于此，我们还能发现，与我们所在的北海地区相比，日本的周边环境实际大有不同。

朝鲜是一个半岛，是一片容易凭借海上行动捍卫，但难以通过地面行动攻入的土地。它实际是亚洲大陆的附属物，而不是其有机的组成部分。因此，一个岛国和海上强国完全可以在当地进行扩张，而不必担心引发陆上强国的担忧。但对我们来说，低地国家则不具备这些条件，荷兰和佛兰德斯是欧洲天然的组成部分，我们无法加以吞并，因为这会让我们成为大陆势力，进而失去身为岛国的地理优势。

事实上，从最初开始，吞并荷兰和佛兰德斯便不是我国国策的一部分，在我国进行扩张的某些特殊阶段，荷兰和佛兰德斯甚至主动提出组建联邦，但这些提议却遭到了我国的拒绝。而日本的情况完全不同，在日本人眼中，只要时机成熟，就一定要把朝鲜收入囊中。这一思想也产生了巨大的影响：但凡介入这片"应许之地"的势力，都会让他们格外敏感。

在这些基本概念的引导下，我们就不难考察几个问题，比如战争的起源、海上战场的影响以及舰队发挥的作用。

另外，我们还有必要提战前发生的两件事，它惊动了日俄这两个原本牵连甚少的势力，并给各自的战争进程带来了深远影响。

第一次事件发生在日本开国之初。1857—1860年，当英国和法国因为商业利益压迫中国的时候，俄罗斯却假装表现出友好的姿态，趁机从中国割取了满洲北部。在这片延伸到日本海的土地上，沙皇帝国设置了阿穆尔省（Amur Province）和滨海省（Maritime Province），良港海参崴也被包括在内。经过这次割地，有人开始怀疑，俄罗斯会吞并朝鲜海峡中央的对马岛（Tsushima），以作为占领海参崴后的锦上添花之举。

1861 年夏天，一艘俄罗斯巡航舰出现在对马，并不顾当地大名的抗议开始建立岸上据点，而这一行动违背了俄国和日本签订的条约。英国海军部闻讯后，便派出了一艘巡洋舰前去查看。在当地，他们发现了一座已经完工的码头和若干木制建筑，包括一所医院、一间工场和一座营房，据点上空还飘扬着俄罗斯国旗。面对这种情况，海军立刻进行了强烈抗议，并指出，如果俄国继续这种入侵行为，将极大影响同西方国家的关系。对此，在场俄罗斯军官的答复是，他们无意建设一个永久据点，一切只是维修船舶的暂时举动，而且他已得到了江户幕府的许可。然而，考虑到俄国军舰刚从长崎离开，并用武力回应过地方当局的抗议，他的说辞完全不可信，于是，英国巡洋舰便一直停留在当地，以宣示海军部的立场；另一方面，俄军的指挥官也拒绝驾驶涉事船只前往别处。虽然不清楚巡航舰舰长得到过俄国政府怎样的授意，不过，可以确定的是，这次风波在 9 月得到了平息，他把上述建筑物交给了当地政府，随后驾船离去。[2]

至于第二次事件，则发生在 20 年后，当时的日本正在全力进行明治维新。

此时，日本的民族精神业已觉醒，这唤起了他们吞并朝鲜的野心。日本的高层领导人也萌生了展示实力的渴望，在他们看来，吞并朝鲜的意义，就像是占领阿尔萨斯—洛林对于德国，或是"尚未收复的意大利"（Italia irredenta）对初生的意大利王国一样关键。但另一方面，日本政府也意识到，自己的新生力量尚不成熟，并因此奉行了一种更加审慎的政策，然而，这种政策却迫使他们的陆军首脑①和许多重臣在下野后组成了一个不安分的异议集团。随着时间流逝，该集团不断壮大，最终于 1877 年掀起了萨摩地区的严重叛乱。这让日本卷

---

① 译注：原文为"the Head of the Army"，这里指的是明治维新的元老西乡隆盛。

入了灾难性的内战中，在这一年的大半时间里，明治维新的成果几乎要毁于一旦。期间，"征韩"成了叛军最具煽动性的口号，至于前陆军首脑，则被民众当英雄一样看待。

尽管扩张政策不是叛乱的主要原因，但它仍给日本政治家们留下了一个难忘的印象：对大部分民众来说，征服朝鲜将成为新民族精神的象征，如果这种愿望不能得到满足，那么，国家就可能走向毁灭。在大幅推迟时间后，直到1894年年初，日本政府才觉得时机成熟。这一年，他们发动了对华战争，借口是"抵制中国的渗透，保护朝鲜的领土完整"。在标志战争结束的《马关条约》中，他们不仅实现了目标，而且还夺取了旅顺口以及从鸭绿江畔朝鲜边境到辽河河口商埠牛庄①（Newchwang）的辽东半岛地区。这一区域能让日本像控制日本海一样，把黄海置于手掌心。如果做一个比喻，就好像是我国与俄国之间爆发了一场维护荷兰独立的战争，最终我们不仅达到了既定目标，还占领了丹麦的哥本哈根地区。

然而，在条约中，日本人展现的智慧却不敢恭维，他们没有意识到自己卷入了大陆地区的纷争，而自身的实力又不足以应对——毕竟这个国家还年轻，也没有处理国际关系的经验，同样，他们也没有从我们的教训中得知：当一份条约赋予胜利者过多的权益时，就一定会导致新的敌人出现。随后，日本人突然发现，他们需要立刻直面法国、德国和俄罗斯的威胁，而这三国都拒绝承认日本的新地位。在这些国家的联合压力下，日本被迫让步，将旅顺港连同辽东半岛一起归还中国。最终在领土方面，除了台湾和澎湖外，日本实际是一无所获。另外，作为一个群岛国家，日本的版图也向南达到了远东海域的自然边界。

由于该让步是以"保持中国领土完整"名义做出的，日本最初还能忍气吞声，因为从利益角度，中国对他们的重要性仅次于朝鲜。然而，由于一无所获，日本人很快发现自己受到了羞辱。就在条约墨迹未干时，日本便意识到，自己刚从中国手中夺来的权益遭到了新的威胁：现在，朝鲜有被俄国吞并的危险。在汉城，虽然对衰朽的朝鲜政府的争夺在战争后告一段落，但现在它又重新爆

---

① 译注：即今天我国的辽宁省营口市。

发了，只是中国政府的位置已被俄国的代理人取代。面对这种情况，日本立即采取了自保措施，其中最紧要的是建设一支全新的海军。其配套的条件已经成熟，因为俄罗斯已经向中国提供了贷款，以支付战争中的赔偿金。利用这笔资金，日本通过了一个全方位的海军建设计划，并准备添置 6 艘一等战列舰和 6 艘装甲巡洋舰，所有舰船将在 7 年内全部交付。这后来也被外界称为"战后建设计划"①（the post bellum programme）。其中除了 2 艘装甲巡洋舰向法国和德国订购外，其余舰船均交由英国承建。

同时，日本没有满足于此，它还纠正了海军基地布局上的缺陷。在对华战争爆发时，作为海军基地的港口有 3 个，即东京湾的横须贺（Yokosuka）、濑户内海凹陷部的吴港（Kure）以及九州西北部充当海峡哨所的佐世保（Sasebo）。在它的北海岸，即日本海方向，则 1 个军港也没有，因为这种部署毫无意义——毕竟之前，日本从没有受到来自朝鲜海峡以北的新兴海上力量的威胁。但现在情况发生了变化，为防备镇海湾附近出现不测，日本除了在澎湖列岛（Pescadores）的马公（Makung）、津轻海峡（Tsugaru Strait）的大凑（Ominato）以及对马岛上的竹敷（Takeshiki）建造和扩大水雷艇基地外，还在本州北海岸若狭湾（Wakasa Bay）的舞鹤（Maizuru）建立了新的海军基地。新海军基地的意义几乎与我国的罗塞斯一样重要，随着时间流逝，这些新举措的意义逐渐得到了体现。

在汉城，日本最初发现无法与新对手抗衡。为控制朝鲜政府，日本采用的高压手段令朝鲜国王被迫于 1896 年 2 月逃进了俄国公使馆，随后，朝鲜国内的俄国势力逐渐占据了上风，这让日本只能走到谈判桌前。但另一方面，俄国在被迫应对时，心中也极为忐忑不安。

事实上，和许多类似事件中的情况一样，在与日本交涉时，俄国的恐惧也不亚于日本。在这种情况下，双方很容易滑向战争，并引发了各种战略误判——因为他们都把对手的自保行为当成了侵略行径。在日本人看来，俄国意在吞并朝鲜，为此他们必须拼死抵抗，而在俄罗斯这边，他们也对日本人的意图产生

---

① 译注：即著名的"六六舰队计划"。

了类似的理解，并认为日本会对帝国的事业产生致命威胁。事实上，在战争前，日本人只是要保卫朝鲜海峡，而俄国人只是在守护他们的亚洲铁路而已。

在这场大博弈中，俄罗斯现在成了积极的参与者，并开始掌握局势的主动权。这个时期，俄国的政策大体是倾向和平的——它不再谋求扩张，而是致力于建设广阔的亚洲领土。其实现目标的关键，是将西伯利亚大铁路修建至太平洋沿岸，此举不仅可以把俄罗斯广阔的领土整合在一起，还能让整个工程变成一条世界级的交通干线。西伯利亚大铁路的建造表明，此时的俄国把商业利益放在了第一位。有一项事实可以证明——它是中国政府战败后，俄方强加的第一项援助条件。

按照原计划，该铁路在离开外贝加尔省（Trans-Baikal Province）后，将沿着阿穆尔河在中俄边境不断延伸。在该路段，它将先拐一个大弯向北，接着南下抵达哈巴罗夫斯克，随后向南沿着乌苏里江通往海参崴。但该设计不但绕道问题严重，还穿越了一大片偏远荒凉的地区。为直达海参崴，一种更好的方案显然是让铁路穿过满洲北部的中国领土。然而，由于其沿线都处在别国境内，局势也不稳定，所以很难在动乱时期进行保护，从军事角度衡量，该方案更是一无是处。不过，这条铁路的经济和商业意义相当巨大，而最终占据上风的，也是这些方面的考虑。

在沙俄的远东司令部（Far Eastern Staff）看来，新路线的问题是显而易见的，但他们的抗议却被置之不理；作为替中国向日本支付赔款的补偿，俄国几乎立刻提出了上述要求，而对中国人来说，这一要求几乎没有回绝的余地。不仅如此，俄国还额外提出，要求在施工期间和竣工后获得保护铁路的权力。

俄罗斯的上述行动，从政治和军事角度无疑极为冒险，它表明，让西伯利亚大铁路成为一条国际主干道的经济设想，已经成了其行动的核心目的，甚至作为一项美好的愿景压倒了一切。诚然，这一构想源自古代商道，里面有许多不切实际之处，但其理念却宏伟得让人沉醉。考虑到这一点，我们就不难理解，为何当俄国突然发现有个看似微小的势力正在阻碍这项伟大工程的最后一步时，会表现得如此不耐烦。

而这项伟大事业的最后一步，就是占领一个不冻港，让它成为铁路的终点站。同时，这个不冻港还可以被用作海军基地，因为此时俄国已经意识到，欧洲列强在远东的竞争已经愈演愈烈。无论是铁路终点站还是海军基地，海参崴又绝不是一个理想的选择。它不仅地理位置和战略环境不佳，而且冬天存在封冻期，舰船进出港只能依赖破冰船，但破冰船的建造技术还不完善。

为控制念念不忘的旅顺港及毗邻的大连湾，俄罗斯坚持要求日本把辽东半岛归还中国。但俄国又无法对这两地提出更进一步的要求，甚至在提出上述主张时，它都显得惴惴不安。由于担心日方会因不满而采取反制措施，俄国政府要求总参谋部制订一份战争计划，尽管该计划并不详尽，但其中仍然清晰地指出了一个问题：俄国在远东的布局漏洞百出，在边境地区尤其如此。在战时，无论面对海上的攻击，还是驻扎在朝鲜和南满的日本占领军，海参崴所在的滨海省和临近的阿穆尔省都将门户洞开。另外，俄国还有充分的理由担心，一旦英国选择介入，英国必然会阻止法国和德国舰队的干预，这会让自己抵御日本入侵变得难上加难。在这种情况下，俄罗斯自然很高兴听到日本愿意就朝鲜问题与之达成谅解。

此时，日本甚至提出了一个瓜分朝鲜的方案：日本控制汉城和南方地区，而北方则交给俄罗斯。但对此，俄国却反对说，按照同中国签订的条约，它必须保持朝鲜的领土完整。但这只是一个借口，如前所述，它真正盘算的仍是在海峡地区取得一个立足点，从而确保能在日本海自由进出。在占领对马岛的尝试失败后，它的心思已经转向镇海湾，但前面提出的方案，又会让日本掌握当地的控制权。

最终，作为一种临时妥协措施，双方达成了朝鲜国王必须回宫、两国应在汉城派驻同等规模的警备部队、享受的权利也应大体对等等共识。最终，这些要求都在 1896 年 6 月 9 日签署的《第二次日俄协定书》（Protocol of Moscow）的条款中得到了体现。

此时，日本不得不接受一种常态化的事实：一个强大的新对手已经在中国出现。而在这些利益到手后，俄罗斯其实已经得到了渴望的一切。为此，他们原本可以高枕无忧，等到东清铁路①（Eastern Chinese railway）把滨海省同西伯

---

① 译注：即后来的中东铁路。

利亚地区的铁路网连接起来后，再采取进一步的行动。但同时，他们开始担心，刚从中国出局的日本仍有可能继续吞并朝鲜，为此，他们必须想方设法遏制日本的和平渗透——这一点很快也成了俄国的指导方针。总之，俄国虽然赢得了喘息之机，但并不认为应该彻底放松：它的双手很快变得不安分起来。

1897 年底，2 名德国传教士在中国被杀后，一支德军分舰队随即占领了胶州湾（Bay of Kyau-chau），直到获得了该港和临近地区 99 年的租借权后，他们才心满意足地离开。

从各个方面看，对中华帝国的瓜分已是迫在眉睫，而在这个领域，俄国人在欧洲的老对手正一马当先。面对瓜分中国的局势，英国试图用传统的办法应对：它依据"门户开放"的原则，要求宣布大连湾为通商口岸，但也准备好了采取更激进的手段。至于日本，则依旧占据着上一场战争中夺取的威海卫（Weihaiwei），试图以此作为担保，让中国支付剩余的赔款。而对俄国人来说，为伟大事业锦上添花的时机正在流逝：机不可失，12 月 15 日，也就是德国的要求还没有满足的时候，他们也把一支分舰队开进了旅顺。

从我国一贯远东政策的角度来看，这一举动可谓颇有挑衅意味，对此，我国的舰队司令显然无法袖手旁观。当时，他正带领一个大型分舰队在济物浦①（Chemulpho）示威，试图向朝鲜政府索取与俄国舰船同等的权利。根据指示，他也开始对新的事态报以关注。为此，他开始定期向旅顺派遣巡洋舰，要求获得与俄军同等的入港权，但同时，这些军舰也得到命令，不得在当地停留超过三天。这种造访显然是俄国人不愿看到的，他们向我国外交部抗议，这导致在 1898 年 2 月初，我国海军指挥官接到通知，停止对旅顺的定期巡视。随后，俄国采取了极关键的一步，即强迫中国政府签署租借条约，以求与德国权利对等。1898 年 3 月底，中国被迫让步，将辽东半岛上的关东半岛租借给俄国 25 年。中国不仅出让了包括旅顺港和大连湾在内的领土，还有在当地修建东清铁路支线的权利，同时，俄国还有权派兵守卫这条铁路线。

---

① 译注：即今天位于韩国西北部黄海沿岸的仁川市。

　　然而，德方行动的余波还远没有平息：法国强索并占领了广州湾，导致英国被迫介入。如果肢解中国的赌局正在上演，那么，它自然也需要进场，并给俄国人制造一种印象，即我方采取的是一种类似当年干预对马岛的强硬措施。另外，这些举动还和日本保持着步调一致。在与日方达成共识后，我方不仅扩展了在香港的租界，还鉴于俄国控制旅顺的事实，向中国提出了租借威海卫的要求。

　　1898 年 7 月 1 日，一切终于安排完毕，动荡的局势暂时恢复了平静：日本先将威海卫移交给中方，而中方则根据之前的规定，将其移交给了前来接管的英国海军司令官。这也向外界释放了第二个明确的信号，就远东的海上局势而言，日本并不是孤立无援的。于是，这场较量也进入了一个新阶段，其激烈程度更是有增无减。

　　直到此时，俄国政府才意识到局势有多么严峻，虽然他们早就明白，自己的政策将在海军领域招来激烈反应，但直到此时，他们才意识到在太平洋部署一支强大舰队的紧迫性。虽然在 1895 年，他们便启动了一项新的海军计划，但我们可以清楚地看到，在制订该计划时，他们并没有将对日作战考虑在内。当时，俄国海军部宣称，他们并不认为远东的局势会复杂化，另外，即便出现紧急事态，太平洋舰队也可以在有三四个月提前预警的情况下，随时得到来自波罗的海方向的增援。然而，日本海军的"战后建设计划"很快改变了他们的想法：海军界人士强烈认为，该计划明确展示了"日本政策的攻击性"，因此有必要尽快采取措施，同时，他们还一致认为，俄国"必须下定决心，捍卫在远东地区的利益"。1895 年 11 月，俄国海军部召集高级将领举行了一次特别会议，会上得出结论：日本正在推进海军建设计划，试图在西伯利亚大铁路修至太平洋前将其完成，所以，战争可能在 1903—1906 年爆发。由于日方的部署可能是首先入侵朝鲜，因此日本海军又将在开局阶段扮演重要角色。为此，俄军不仅要在波罗的海保留一支舰队，"对付像德国这样的国家"，还必须制订并推进一项特殊的远东海军建设计划，以确保在日本完成"战后建设计划"时，太平洋舰队依旧能够拥有优势。

　　虽然思路和结论都无可指责，但该计划还是遭遇了经济瓶颈。作为沙皇的重要顾问，财政大臣维特先生①（Monsieur Vitte）自然不愿意看到他的发展计划被打乱。另外，维特还确信，日本的财政状况无法使日本在1906年完成所有的造船项目。于是，1897年年底，俄国人的计划才制订完毕，直到1898年年初才获得批准。另外，由于维特先生的干预，海军建设周期还被延长到了七年——这意味着，日本完成海军建设计划的两年后，俄军的所有舰船才能竣工。[3]

直到此时，俄国的海军都没有把未来想象得很糟糕，陆军的参谋人员也没有考虑到即将面临的种种困难。但鉴于局势变化，俄国政府却要求修改作战计划，因为他们意识到：自己铤而走险的举动将招致英国强大海上力量的干涉；同时，这些举动还将打击日本的野心和自尊心，将这个国家彻底激怒——日方相信，随着旅顺被占领，它的生存基础将遭遇威胁。

更耐人寻味的是，此时已经有俄军的参谋人员意识到了这样的事实：在这场未来战争中，海军将占据主导地位，无论战略还是战法，它都和俄军熟悉的、相邻大陆国家间的战争截然迥异。而且与欧洲传统的战争形式不同的是，在这场战争中，决定因素将不是歼灭对方的有生力量，相反，作为一次海陆联合作战或两栖战争，控制一片海域、令对方的部队无法自由行动才是关键。这一点又不取决于双方陆军的兵力对比，而取决于舰队能向特定目标投送多少兵力。这对日本的影响尤其显著，尽管他们很难摧毁俄军，但仍可依靠这一点取得胜利。由于这场战争爆发自战略层面，而不是政治和经济领域，俄国也不可能投入全部军事力量。从纯粹的战略角度看，由于该目标区域容易被海军孤立，在部署地面部队时，无力掌握制海权的俄国将遭遇不少牵制；另外，对俄国中央政权来说，战区也离其核心利益所在的地区太过遥远了，因此，他们也很难发动民众为胜利而战。

从某种意义上讲，这成了对俄国实力的一次考验——由于地理环境使然，这次考验的目标，又被浓缩成了一个具体的点。此时的他们意识到，现状与

① 译注：即谢尔盖·维特（1849—1915年）。维特出身于一个波罗的海日耳曼人家庭，早年在铁路部门工作，后来在1892年成为交通大臣，同年8月又成为财政大臣。在任期间，维特将工作重心放在了引进外来资本、加快基础设施建设、推动俄国的现代化上，西伯利亚大铁路工程就是他的重要手笔。在远东问题方面，他采取的是一种稳健的对日态度。维特后来官至俄罗斯帝国大臣会议主席，日俄战争俄国战败后，曾作为俄方代表参与了《朴次茅斯和约》的签署。1906年，维特退休，1915年3月在彼得格勒去世。

16

40 年前的情况几乎完全一致，当时，他们与西方列强对近东地区的争夺，最终也聚焦到了一小块具体的区域上——塞瓦斯托波尔。这绝不是某种臆想，在开始制订新的战争计划后，俄国人很快便发现，这种局面几乎成了当年的重演。

事态的后续发展，让日本充分占据了战略优势。在德国的帮助下，日本已按照欧洲最现代化的标准组建了一支陆军，并展现出了令人不安的战斗力，其海军则得到了英国的指点。显然，此时的局势已和俄国刚踏足远东时完全不同。日本的战略优势极为明显，而俄国则无法采取攻势。后者的远东司令部【即顾名思义的"阿穆尔军区司令部"（Amur Staff）】和位于圣彼得堡的总参谋部对此都心知肚明。他们都认为，新的战争计划必须以防御行动作为基础。毕竟，俄国的实力太弱，除了防守之外已无法实现其他意图。接下来，摆在他们面前的问题便只剩一个了，即如何进行防守。当时，俄国在远东有两个弱点，即旅顺口和海参崴周围的沿岸地区，唯一连接两地的是日本控制的朝鲜海峡，否则，俄国人就要在地面穿行 1000 多英里，并途经一大片荒凉的异国领土。但阿穆尔军区并不特别担心自身辖区的安全，甚至建议将部分兵力派往满洲，以便在旅顺港遭遇攻击时进行救援。然而，俄国本土的参谋人员却没有那么乐观。他们坚持要求集中使用兵力，并让旅顺港守军孤军作战。

事实上，俄国海军一开始就反对将旅顺作为基地：因为占领旅顺更多是文官政府的意愿，而非海军或陆军的决定。早在 1897 年 11 月该港落入俄国手中前，海军大臣便提出过反对意见：与旅顺相比，他更希望在朝鲜东南部获得一个基地，这显然指的是镇海湾。如果这一目标无法实现，他建议在占领一个比旅顺更有利的据点之前，先使用海参崴两三年。而杜巴索夫海军少将[1]（Dubasov）在 1898 年 1 月俄军舰队进驻旅顺时便指出："依据所有的战略原则和其他因素"，俄军在太平洋的主要基地不该设在旅顺，而应该在朝鲜沿岸，因为"此地能卡住日本

---

[1] 译注：即费多尔·杜巴索夫（1845—1912 年）。他早年参加过俄土战争，后担任过"非洲"号（Afrika）巡航舰、"弗拉基米尔·莫诺马赫"号（Vladimir Monomakh）装甲巡洋舰和"彼得大帝"号（Petr Velikyy）铁甲舰的舰长，并在 1897—1899 年间担任太平洋舰队司令。杜巴索夫后来担任俄国海军技术委员会主席，并在 1905 年被选为国防委员会成员。同年，他指挥部队镇压了莫斯科的人民起义。1912 年在圣彼得堡去世。

同朝鲜和中国的联系",并为北方的滨海省"提供掩护"。除了战略位置上的问题,俄国驻华公使还在1899年指出了旅顺在地理上的缺陷,他写道:"由于入口逼仄,旅顺很可能成为驻泊舰队的陷阱,因为它极易被封锁,而且这种封锁很难打破。尤其要注意的是,舰船只能一艘接一艘地缓慢离开内港锚地。"[4]

这些意见对俄国政府产生了重要影响,正如我们将看到的那样,他们开始迅速寻找另一个备选地点。但为了保障自己的特权,阿穆尔军区司令部又像很多类似的指挥机构一样,刻意夸大了旅顺的意义。他们认为,放弃旅顺不仅意味着推翻了之前的远东政策,而且会对俄国在亚洲的统治带来致命打击。他们坚持宣称,旅顺是局势的关键,日本真正想要攻击的目标是它,而不是海参崴,一旦俄国失去旅顺,将会导致满洲彻底失守。为了敦促上级倾注资源,他们呼吁道:"就像1854年战争中的塞瓦斯托波尔一样,旅顺将成为整个战争的核心目标。但塞瓦斯托波尔直到最后一刻仍与外界保持着联系,可旅顺却和最近的俄国领土相隔上千英里。"不仅如此,旅顺的守军实力薄弱,缺乏准备,因此很难进行真正的抵抗。[5]

但问题在于,固守旅顺的背后,不仅有文官政府和政治层面的考虑,还有一些来自陆军方面的不可忽视的理由,这些理由始终压制着海军方面的意见。在俄国本土,其总参谋部一面显然只能应远东方面的要求,投入所需的兵力,但另一方面,对德国人引发的事态,虽然时机对俄方并不成熟,但他们也无法找到另一条出路。不仅如此,在得知日本向英国移交了威海卫后,阿穆尔军区司令部的态度变得更为悲观了:"我们不能完全享受到控制关东半岛带来的显著优势,而且就目前而言,在占领旅顺后,我方的弱点反而增多了。此外,随着英国占领威海卫,他们的势力范围已经与我国毗邻,一旦爆发战争,英国将毫无疑问地站到日本这边。因此,我们必须对抗一个完全掌握制海权的敌人,而且与我们相比,他们的陆军力量又有显著优势:25万人的日本陆军几乎能在我方沿海倾巢登陆;再加上日本的岛屿位置优势,他们在行动时将会有恃无恐。"[6]

为抵抗日本的登陆大军,俄国只能动用少数当地部队和经过一定时间耽搁才能抵达的来自西伯利亚的部队。中亚军团需要对印度保持威胁,而本土的预备队则只有在德国完全确定中立立场后才能赶来。不仅如此，他们还需要漫长的等待才能就位。

以上列出的就是与这场战争有关的军事力量要素。颇为巧合的是，在我国参与的历场战争中，它们和制海权一样都发挥过不容忽视的影响，并最终塑造了大英帝国。在这场战争中，有许多环节是我们耳熟能详的，比如日军通过海上行动，对目标区进行了事实上的孤立；另一点是日本所处的岛屿位置，它就像我们一样，保证了自己的心脏地带不会遭到对方的反击。俄国则要面对很多不利情况：他们的陆军会在长途调动中遭遇诸多困难，维持交通线困难重重，沿途三分之一的地方都暴露在当地匪帮的袭击下，而这些匪帮又恰恰听命于中国等敌对势力。

事实上，无论日本进攻朝鲜还是旅顺，其投入的兵力都会远远超过俄军。俄国总参谋部因此决定，必须先把注意力集中在保卫阿穆尔省、滨海省以及修建中的西伯利亚大铁路上，并做好了在战争中牺牲朝鲜和旅顺的准备。他们相信，夺取后两地对日本来说轻而易举，甚至不依靠英国的帮助也能实现。虽然旅顺港的驻军也许确实应该加强，但在大铁路完工之前，他们绝不应该采取更多的措施。

然而，时任陆军大臣的库罗帕特金将军[①]（Kuropatkin）并不赞同这种悲观的看法。他认为至少应当采取更积极的姿态，并对阿穆尔军区司令部的观点表示支持。他认为必须组建一支军团，以便随时南下救援旅顺。随着西伯利亚大铁路接近完工，在后续的各个战争计划中，这种观点逐渐占据了上风，而且需要指出的是，它最终成了影响俄国舰队部署的最终因素。

对日本来说，此时显然是开战的最佳时机，但他们并没有抓住机遇，这似乎导致俄国人相信，只要耐心地坚持下去，他们完全能够兵不血刃地实现目标。但事实上，日本人并不这么看，他们认为占据优势的其实是俄国：首先，他们相信，

---

[①] 译注：阿列克谢·库罗帕特金（1848—1925年）生于普斯科夫省。他于1866年从军校毕业，后来在中亚服役，1874年毕业于参谋学院，并在随后20多年中作为参谋军官声名鹊起。1898年，他任俄国陆军大臣，1901年晋升步兵上将，在日俄战争中曾担任俄国驻远东陆军的最高指挥官，第一次世界大战期间，历任军长、第5集团军司令和北方面军司令，1917年退休，1925年在家乡去世。

英方的态度可能和俄国人猜想的完全不同，从而让自己很难确保绝对的海上优势；另外，他们的陆海军实力都还不足以单独同俄国开战，更不用说修建中的西伯利亚大铁路会不断增强对手的实力。面对这种情况，日本被迫暂时收手，并将对俄斗争转向了外交领域。

过早将势力渗入"暖水区"的行为，让俄国在远东的布局漏洞百出，作为弥补的第一步，他们开始像 40 年前在对马做的那样，试图重新建立旅顺和海参崴之间的海上联系，并因此再度将目光投向了镇海湾。对双方来说，这处海军基地再次成了左右局势的关键。而且正如我们看到的那样，俄国海军参谋部也再次切中要害地指明了其意义，1899 年年初，俄国已经开始采取行动，而不像之前那样按兵不动。

最能表明俄国海军态度的文件，是俄国总参谋部在去年进行的研究，它清楚地解释了当时的各种要素最终如何影响了海军。为保证自身的安全，俄国必须行动，基于这个目的，它采取了两个步骤。首先，它开始强迫中国修改对关东州的租约——可能是由于没有听取海军的建议，最初的条约只是让俄国获得了一个不折不扣的舰队陷阱。因为作为海军基地，旅顺有许多缺陷，其中之一是地理位置。从环境来看，它和路易斯堡（Louisbourg）或瑟堡（Cherbourg）很像①，容易被一个有海上优势的对手用海陆联合作战孤立。在之前的条约中，俄国没有采取任何行动来确保连接旅顺港和大陆的关东地峡（Kwangtung Isthmus）的安全，同时也没有占领临近的岛屿，这些岛屿不仅对保护关东半岛沿岸的舰队至关重要，也是让港口免于陷入封锁的唯一屏障。

为此，按照 5 月 7 日签署的一项补充协议，俄国将占领区的北部边界推入了辽东半岛，一直延伸到了貔子窝②（Pitsuwo）至普兰店（Port Adams）一线，并包括了南部的所有沿海岛屿，尤其是里长山列岛（Elliot Group）和拥有天然良港太平湾（Thornton Haven）的海洋岛（Hai-yung-tau）。但当中没有囊括位

---

① 译注：路易斯堡在今天加拿大东部的新斯科舍省境内，瑟堡在法国北部的英吉利海峡沿岸。这两个海军基地和旅顺一样，都位于半岛的尽头，因此，敌军可以从侧背登陆，令当地陷入孤立状态。
② 译注：即今天辽宁省大连市普兰店区的皮口镇。

于旅顺和对面山东沿海之间、位于渤海湾（Gulf of Pechili）入口处的庙岛列岛（Miautau Group）。

与此同时，为改善当前的远东局势，俄国公使巴甫洛夫①（Pavlov）正在要求朝鲜割让镇海湾中的一个海军基地——这也是令俄国摆脱战略困境的唯一办法。这彻底惊动了在汉城的日本人，一场激烈的外交冲突随之爆发，双方都寸步不让。5月，事态急剧恶化。当时，巴甫洛夫和一位俄国海军将领带领舰队出现在了马山浦②（Masanpho），以便为海军基地选址。向朝鲜提出了土地要求后，他们回到了汉城，以便完成最终的手续。然而，由于日方极为反对，直到1900年2月，俄国人才重返故地，以确保选址安全无误。但到达后，俄国人发现，此地早已被一个日本代理人买走。于是，他们只能空手而归，并转而寻找下一个合适的位置。

随后，他们开始谋求在巨济岛（Kojedo）上建立一个海军基地。在该岛和大陆之间有一个非常良好的港湾③，并且两端都有出入口——一旦某个列强在当地建立了立足点，很快便能控制周边海域。日本公使当即提出了强烈抗议，而俄国则调遣了2艘大型巡洋舰"俄罗斯"号（Rossiya）和"留里克"号（Rurik）前往济物浦为自己的提议撑腰。随后，日本公开在海上和地面进行了更大规模的备战，这打破了俄国自欺欺人的想法，并让他们意识到：如果继续坚持自己的主张，战争将立即爆发。最后，俄国终于意识到了镇海湾对日本的重要性——对这个问题，日本人将不会谋求任何妥协。无论如何，日本都将为巨济岛死战到底，但另一边的俄国人却并未准备妥善。

最后，俄国被迫柔声细气地做出让步，并在取得了一些微不足道的特权（如在现有的外国租界区设置加煤站和医院）后收手。同时，他们还保证，只要朝鲜不把巨济岛割让给其他国家，他们便不再会对当地提出要求。

---

① 译注：即亚历山大·巴甫洛夫（1860—1923年）。此人曾担任过驻华代理公使。
② 译注：马山浦在今天韩国南部的庆尚南道境内，约在釜山以西35公里处，毗邻镇海湾，并与巨济岛隔湾相对。
③ 译注：该海湾就是前文中反复提到的镇海湾。

　　尽管俄国得到的利益微乎其微，但一些保持中立的相关国家认为，这一安排依旧十分危险，并确信俄罗斯迟早会"获得东方最重要的海军基地"[7]。不过，俄国人对局势的认识更为清醒，他们只向当地运送了少量的煤炭和水手，令其本质更像是一个观察哨。这种情况之所以出现，是因为日本在釜山和马山建立了据点，令当地的战略地位变得大不如前。最终，俄国撤回到了之前位于旅顺和海参崴的、存在巨大缺陷的战略位置上，只有一条未竣工的铁路将两地连接在一起。

　　即便这种情形没有满足日方的期望，但毋庸置疑，日本人的战略环境确实改善了。他们可以看到，自己的策略正让对手陷入一种窘境：如果他们要保持住战略要地的联系，就必须仰赖一条未完工的铁路线。另外，鉴于未来的战争无论何时爆发，都将以海上战斗为主，这一点给日本带来的战略优势不言而喻。最后，外交领域上的成功，还赋予了日本在朝鲜问题上的主导权，因为这一问题既取决于海上力量的对比，也取决于它还有多少可供支配的时间。至少在一段时间内，推迟战争的爆发都对日本有利：拖延的每一分每一秒，都可以被用来建设陆军和海军，并让其势力和平地渗入朝鲜。俄国人对此忧心忡忡，他们看到，日本人的商业和政治势力不仅在汉城扎了根，而且正在朝北向满洲边境延伸。阿穆尔军区司令部对此非常担忧，并立刻敦促修改之前防御性的战争计划，以使其能在朝鲜发动强有力的攻势。他们发出提醒，如果日本将朝鲜作为基地，那么，日本将拥有充足的实力进攻旅顺和哈尔滨，而哈尔滨又恰恰是从东清铁路延伸出的南满铁路（South Manchurian Railway）的起点——如果这个战略要冲沦陷，将危及整个远东，而且俄国除了进行反击之外，也没有别的能挫败日本计划的手段。

　　但此时，一次事件突然爆发了。这时的情况，就像是一群猎人正在觊觎狮子的皮毛，但又猛然间意识到，这头狮子其实还没有死去。尽管清政府奄奄一息，可中华民族仍然保持着警惕。随着瓜分的开始，在民族主义组织"义和团"的鼓动下，中国爆发了一场来势凶猛的排外运动。一年时间内，它便演变成了一场全国性的斗争，让原本关系剑拔弩张的各国不得不放下争执，联合起来应对。义和团涌入北京，控制了政府，包围了外国使馆区，同时，按照俄国方面的说法，他们还在中国政府的指使下，和清军一道向北推进，准备一举席卷整个满洲。作为俄国在当地唯一的军事力量，驻扎在各地的护路部队都被动员起来，以保卫哈尔滨。同时，已竣工的近900英里铁路中有一半以上都被义和团捣毁。[8] 直到1900年年底，局面才重新得到控制，但此时远东的战略环境已经发生了深远的变化。

镇压骚乱的过程中，俄罗斯至少在满洲部署了10万人，完全占领了包括关东州租借地以及从辽河干流到通商口岸牛庄在内的整片地区。虽然国际舆论一致要求撤军，但显而易见，俄国人并不愿意妥协。另外，在救援北京使馆区和恢复直隶省（Metropolitan Province）秩序的各国联合行动中，日军表现出的效率给人留下了深刻印象——这也意味着，随着时间流逝，日本必然会变成一个更强大的对手。这让俄国再也不能对此熟视无睹，它既需要将东部边境拓展到一个更有利的战略位置上，还需要尽快完成西伯利亚大铁路。但俄国在此期间付出了巨大牺牲，这一切仿佛都是在呼吁它适可而止。当时，各种自然和人为因素都在同这项伟大的工程作对：霍乱、洪水、瘟疫，还有一场被俄国人认定是在别有用心煽动下爆发的袭击，这一切的一切都在横生枝节。然而，俄国却用坚定的意志推进着这项工程，这种态度从一开始就贯穿在了它的对外扩张史里。

这段时间，俄国人的想法是控制整个满洲地区，而近来在中国遭遇的袭击则充当了借口。此时，关东州总督阿列克谢耶夫（Alexeiev）海军中将[①]甚至和中方的盛京将军（Governor of Mukden）达成了一项维持秩序的临时协议，这份协议实际上让俄罗斯完全占领了满洲的南部地区。同时，阿穆尔省的总督格罗德科夫将军[②]（Grodekov）也和中国的吉林将军（Governor of Kirin）达成了一项类似的条约，该条约将俄国的统治权延伸到了哈尔滨和铁路的干线周围。消息

---

① 译注：叶夫根尼·阿列克谢耶夫（1843—1917年）是沙皇亚历山大二世的私生子，在一个海军军官的家庭被养大。他于1860年参加海军，1883—1888年间任俄罗斯驻法国大使馆海军武官，1895年任俄国太平洋舰队司令。1899年俄国设立以旅顺为首府的关东州后，阿列克谢耶夫出任关东州总督。次年义和团运动中，他率领俄军于10月占领盛京（即沈阳），并迫使盛京将军增祺与其签订《奉天交地暂且章程》，不过不为清廷所承认。1903年，阿列克谢耶夫被任命为远东总督，日俄战争期间任远东武装力量总司令，但在沙河会战结束后被撤职。1917年俄国二月革命后，阿列克谢耶夫被迫退休，不久在雅尔塔去世。

② 译注：即尼古拉·格罗德科夫（1843—1913年）。他出身于陆军，并参与了俄国在中亚的扩张，1898年起开始担任阿穆尔省总督，1902年卸任。义和团运动期间，他也指挥了在中国东北的军事行动。

很快不胫而走，引起了日方的强烈抗议，而日方的立场也得到了列强的支持。与此同时，圣彼得堡的俄国中央政府也认为，立刻吞并满洲的政策已经超出了其资源所能承受的范围：他们既没有足够的兵力保证对各个地区的占领，也没有人力物力来组建一个能进行有效管辖的行政机构。因此，他们决定遵照列强的呼吁，将要求的占领区缩小至辽河流域以及南满铁路的沿线地段。1901 年 2 月 16 日，他们在北京与中国展开了正式谈判。

然而，俄方的新提案却几乎和旧提案一样，让人感到很不自在。对此，日方以最为强硬的态度向中国施加了压力，而日方的观点也得到了英方的赞同与支持。至此，一种特殊的亲密关系已经在两个未来的盟友之间产生了。同时表示反对的还有德国和美国，但他们的态度显然没有如此激烈。在谈判中，日本首先要求圣彼得堡当局进行解释，但俄国外交大臣兰斯多夫伯爵[①]（Count Lamsdorf）对此表示拒绝，理由是这仅仅是中俄两国之间的事务。后来，虽然日本的抗议不了了之，其请求也遭到了回绝，但这一态度还是让圣彼得堡当局警醒地发现了一个令人不快的事实：就算自己愿意放任日本在朝鲜的行动，并以此换取一个和平控制铁路进而蚕食满洲的机会，日本人也不会让步，因为只要俄国势力出现在满洲，日本人就会有一种被威胁的感觉。简而言之，俄国意识到"满洲和朝鲜问题已经合二为一"。

尽管对局势有了深刻的领悟，但俄国依旧不知道自己的行动妨害了其他国家的利益。不过很快，俄国就会认识到这一点。3 月 31 日，中方代表、直隶总督李鸿章突然告知俄国公使，根据英国和日本的建议，他不打算继续谈判。为此，俄国立刻以公开照会的方式对其他列强进行了回击，它宣称，由于中国拒绝讨论从满洲地区的撤军事宜，再加上为了维持当地的秩序，他们别无他法，只能继续占领这一地区。

这种强硬态度让俄国获得了暂时的成功。毕竟直到 9 月前，列强都在设法

---

① 译注：弗拉基米尔·兰斯多夫（1845—1907 年）出身于一个波罗的海日耳曼人家庭，1900 年被任命为外交大臣。他在外交大臣任上致力于抵制激进的远东扩张政策。1906 年卸任后，兰斯多夫移居意大利，并于 1907 年 3 月在当地去世。

交还义和团运动期间占领的中国领土，或是在着手从当地撤军。此时，无法得到列强支持的中国被迫重开谈判，而俄国也趁机增加了自己的要求。受之前的成功鼓舞，俄国人确信，凭着实力，他们可以将满洲问题和华俄道胜银行捆绑起来，从而控制整个中华帝国的财政。在此期间，李鸿章则竭尽所能，用各种东方式的外交手段进行拖延，所以直到他在 11 月去世前，整个谈判进度都停滞不前。此时，俄国由于已经有了想要的一切，因此并不在乎继续等待。至于中方私下使用的拖延手段，他们一点也没有起疑，毕竟，局势看上去终究是在朝着自己期望的方向发展。然而，随着新年来临，俄国却突然大吃了一惊：1902年 1 月 30 日，英国和日本宣布结盟，其意图是维护中国和朝鲜的独立和领土完整，并宣称要在当地为所有国家的工商业提供平等的竞争机会。五天之后，美国也强调了上述原则，并就华俄道胜银行所得特许权一事，向北京和圣彼得堡当局提交了严正抗议。有鉴于此，中国在一星期内被迫提交了一份正式通知，宣布放弃原先的条约草案。

作为回击，俄罗斯劝诱法国与其一同发表了公开照会。他们一方面肯定了维护中国领土完整的倡议，但另一方面也指出，鉴于其他国家可能采取敌对行动，加上排外运动可能再度爆发，作为盟国，他们仍有为维护自身利益而采取各种必要措施的权利。但这一举动不过是虚张声势，只是让俄国体面地下了一个台阶而已。事实上，由于支持"门户开放"政策的列强势力强大，超出了其应对能力，俄国已经认识到了失败。但在交锋期间，他们也没有对局势抱任何幻想。早在 1901 年 4 月，他们针对拒绝撤军一事进行公开照会的时候，便要求参谋部制订一份战争计划。该计划于 9 月得到了沙皇的批准，将完全依靠太平洋舰队的力量同日本争夺整个地区。[9] 事实上，作为一份高度依赖海上行动的作战计划，它对当时和后来的局势都产生了深远影响，因此我们也有必要展开深入分析。

与之前的作战计划一样，俄国人清楚地意识到，在这场战争的开局阶段，他们必须采取守势，因为当时日本掌握着主动权；而且阿穆尔军区司令部也曾发出警告，在战争之初，日本一定会在不宣而战的情况下夺取朝鲜。但其中的关键问题是，日本是准备把占领朝鲜当成最终目标，还是计划以此为跳板，发起进一步的军事行动。如果真的是后一种情况，其行动可能会针对三个目标：

一是满洲地区，二是旅顺港，三是海参崴和滨海省。但另一方面，如果日本只是占领了朝鲜，这将正中俄方的下怀，届时，他们便只需就地固守，而不必采取更进一步的行动——这一点尤其需要注意。不过，一旦日本的行动不止于此，局势将变得更加严峻。

总体而言，俄方认为，滨海省不会遭遇真正的袭击。发生在当地的任何行动，都将是一次声东击西的牵制。阿列克谢耶夫海军中将还进一步认为，日本也不会迎着俄国舰队、径直跨海攻击旅顺，相反，真正的、更有可能发生的危险局面，是日军以夺取铁路为目标，经朝鲜入侵满洲地区。当地的俄军必然无力与之对抗，在这种情况下，他们只能将南满地区的部队集中在辽阳和奉天①（Mukden）一带，甚至是更北部的吉林地区，然后缓慢地向满洲北部撤退，并在避免与敌人直接接触的情况下抵达哈尔滨。在当地，他们会得到来自阿穆尔省和滨海省的援军，如果调动足够迅速，部分来自西伯利亚的军团也将投入战斗。如果出现这种局面，它们将能够巩固阵地，并全力守住铁路沿线。而到战争的第七个月，所有西伯利亚的部队都将各就各位，再稍后，随着情况允许，2个军将从欧洲抽身，一旦他们抵达，俄国就有可能转入攻势。因此，战局的关键是如何拖延日军的推进。与之息息相关的，是俄军能否阻止日本经黄海从朝鲜北部发动进攻，而这最后一点，又取决于俄国舰队的所作所为。

然而，不容否认：单以实力而论，太平洋舰队还无法给敌军重击。当时，由于远东的港口缺乏相应设施，俄军至少要把3艘战列舰和4艘装甲巡洋舰派回国内接受改装，替代它们的舰船还无法就位。至于日本这边的海军计划，则进展得相当顺利。

虽然俄国无法控制海洋，但仍能够采取守势。无论如何，他们都可以阻止日本掌握绝对的制海权，并让敌人在通过一片无力控制的海域发动入侵时，给他们制造各种危险、延误和挫败。有鉴于此，俄军参谋人员得出结论，日本只有一种方法能部分避免这些风险：即在黄海外的朝鲜南部或东部登陆，但这会

---

① 译注：即今天的辽宁省沈阳。

让他们的陆上通行变得异常艰难，导致行动迟缓——在这种情况下，俄军将获得集结大军的时间。

4月11日，在阿列克谢耶夫将军的主持下，俄军在旅顺召开了一次高级军官特别会议，会上决定了以上述战略为指导时海军的使命和任务。[10] 这一决议也是我们最感兴趣的地方，因为它澄清了一个问题：俄国为何会以一种备受诟病的方式部署舰队，进而在军事上落入危险境地。

事实上，当时旅顺方面的主要想法是希望把北方军团，或者说"阿穆尔军团"的集结点尽可能南移——最好移到辽阳。因为在辽阳，俄军可以包抄从朝鲜挺进的日军，从而守住关东半岛，并遏制来自陆上或海上的快速打击。因此，旅顺方面尤其希望海军能全力牵制敌人，因为他们的表现将决定陆军能稳妥地将集结地向南迁移多远。在此基础上，总督等人首先得出结论，虽然其舰队无力直接发动攻势或是完全控制整个海域，但至少要确保黄海的局部控制权，并让关东州和西朝鲜湾[11]（Bay of Korea）免遭跨海攻击。届时，日本人将只好从朝鲜靠近他们的这一侧开始入侵，如果他们选择了这条充满艰险的作战路线，那么据信，俄军将会有足够的时间在辽阳集结。同时，旅顺方面还坚信，这些兵力不仅可以达成上述目标，还能采取某种行动以搅乱敌人对日本海的控制，并通过破坏海上交通线、袭扰其本土基地等方式，进一步给日本的入侵制造麻烦。

为实现上述目标，俄军舰队将被分成两部分。其中，由全部战列舰和大部分巡洋舰组成的主力将被部署在旅顺，以便控制黄海；至于第二部分，则是一支规模较小的巡洋舰队，他们将从海参崴出动，破坏日军的运兵航线，骚扰敌人的海上贸易，并袭击沿海地区。这些行动也会迫使日本将部分舰队从黄海转移出去，从而减轻主力舰队的压力。最后，除了极少数部署在海参崴的鱼雷艇之外，轻型舰艇编队将集结在旅顺，以便充当关东地区的水上防御力量和遏制封锁的屏障。不过，为实现这些目标，俄军没有采取措施让周围的岛屿发挥战略价值。诚然，如果日本人掌握了黄海的制海权，俄方自然不可能利用或守住这些岛屿，但如果这片海域仍在争夺之下，那么，它们就会给实际控制的一方带来优势，更何况当时双方几乎旗鼓相当，这一点就更不应该被忽略。总之，这一疏忽，再加上旅顺港天生不适合作为主力舰队基地的特点，便成了整个计划表面上仅有的严重缺陷。

对俄国人来说，他们在开战后还将面临一个固有的问题：其军事前沿地带不仅漫长，而且联系不畅。但另一方面，敌人却能出其不意、凭借海上运输大举突袭任何一个可能的地点。在这种情况下，俄军首要的目标自然是克服这些弱点，并尽力限制敌人的行动。另外，虽然俄军舰队无法彻底掌握制海权，但依旧可以减轻友军的压力——这将有助于作战目标的实现。届时，日方的大部分运输线将被截断，只能使用最为不利的一条：这种情况将正中俄军下怀。

因此可以说，这份作战计划的运转，将完全取决于俄军控制黄海的能力。然而，在《英日同盟条约》签订后，局势却暗中发生了一项重大变化：该同盟条约规定，如果其中一国为了维护在远东的利益而必须与第三国交战，那另一国将恪守中立，并采取措施，防止其他国家做出不利于盟国的干涉；如果有国家进行干涉，那么，原本采取中立的一方将对盟国进行援助并共同作战。所以，俄国在远东地区实际是被彻底孤立了。不仅如此，该条约还意味着，作为能影响局势的关键因素——已经有列强基于道义对俄方进行了抵制。另外，该条约在内容上也无可指责，很明显，如果俄国继续推进当前的政策，外界便很可能会依据上述条款认为：其政府是在蓄意挑起事端。

这种新局势也清楚地表现在了阿列克谢耶夫将军提交的一份评估报告中，这份报告还阐述了修改前一份战争计划的紧迫性。在他看来，英日联盟破坏了该计划中海军行动的基础，现在，日本人可以高枕无忧并放开手脚发动强大的攻势，因为他们永远不会担心失去制海权。即使英国能保持中立，情况也将极为糟糕，因为它的舰队会监视俄国，并且随时可能参与战斗，这实际上会使太平洋舰队陷入瘫痪。换言之，此时日本不仅能随心所欲地在西朝鲜湾的任何区域运送陆军上岸，还能够绕过旅顺港在辽东湾的尽头登陆。鉴于近期日本几乎成功地控制了清政府，因此，其登陆部队可能会充当一支来自中国的大军的核心。届时，中日双方的部队将联合起来，一举席卷整个满洲地区。

阿列克谢耶夫将军还在该评估报告中对陆军的部署提出了一些建议，希望能根据当前危险的局势做出万无一失的打算。但圣彼得堡方面却认为这一计划太不切实际。显然，俄国根本无法集结足够的兵力来应对这种攻击。事实上，早在他们能调动起所需的庞大兵力之前，海参崴和旅顺港便会陷入孤立。而且如果中国方面按照当时许多人认为的那样，也跟随日本加入攻势，那么，上述两个地点将和东清铁路一道彻底失守，并让俄国远至外贝加尔地区（Trans-Baikal）的边境暴露在敌军面前。

这种情况显然不是俄国人愿意看到的。如果继续冒险，他们很快将得不偿失。因此，面对危机，他们果断认输和屈服了。在只字不提割地补偿的情况下，他们立刻就满洲地区的撤军问题同中国开始了正式谈判，并在 4 月 8 日签署了一项条约①。

根据其中的条款，中方将承担保护铁路的义务，并有责任保证俄国在满洲地区的臣民和机构的安全。俄罗斯则同意分三批，以每批花费 6 个月的时间完全从满洲撤军。首先，俄国将交还辽河与山海关之间的部分奉天地区，以及牛庄和该区域内的各条中国铁路。在第二阶段，俄军将从奉天和吉林的其余部分完全撤出。在最后 6 个月，俄国将把全部部队撤出哈尔滨所在的中国最北部省份。这份条约看上去完全化解了争端，并且仿佛将在远东开启一个欣欣向荣的和平纪元。

---

① 译注：指中俄签订的《交收东三省条约》。

## 注释：

1. 本章和下一章的主要资料来源是外交部提供给海军部的各种公函，以及俄军陆军总参谋部编纂的战史第 1 卷第 1、第 2 部分。这部宝贵的作品将在后续注释中以"俄国陆军战史"出现。另外，本书具体参考的则是法军总参谋部出品的法文版。

2. 占领对马的想法后来在俄国死灰复燃。1884 年，该国的《新时报》（Novoe Vremya）公开主张占领该岛。虽然这一呼吁无果而终，不过在次年，当我国因为潘贾德事件①（Penjdeh affair）与俄国关系紧张时，还是认为对方会在对马岛故伎重演。为此，我国占领了巨文岛，直到 1887年俄国承诺不谋求占领朝鲜领土后才放弃了该地。另外，我国还提议租借巨文岛，只是由于远东的 3 位海军主官相继表示该岛不适宜建设海军基地，此想法才最终没有落实。

3. 这些有趣的记录来自 1912 年夏天开始陆续刊载于俄国官方海军杂志《海军文集》的一系列报道。这些报道以《对日俄战争海上行动的记录》（An Account of the Naval Operations in the Russo-Japanese War）为题，表明俄军对战争完全缺乏准备，作者是 A. 内梅茨（A. Nemitz）。

4. 参见《俄国陆军战史》第 1 卷第 2 部分第 31 页。

5. 参见《俄国陆军战史》第 1 卷第 1 部分第 236 页。

6. 参见《俄国陆军战史》第 1 卷第 1 部分第 237 页。

7. 参见英国驻汉城公使朱尔典先生（Mr. Jordan）的通信，1900 年 5 月 1 日。

8. 参见《俄国陆军战史》第 1 卷第 2 部分第 287 页，具体如下：在已铺设的 1387 公里（860 英里）铁路中，共有 960 公里（600 英里）被摧毁。恢复通车的工作耗费了俄方 750 万英镑（即 1.86 亿法郎）。

9. 参见《俄国陆军战史》第 1 卷第 1 部分第 249 页。

10. 参见《俄国陆军战史》第 1 卷第 1 部分第 328 页等处。

11. 在俄国的地理概念中，"西朝鲜湾"指的是朝鲜西北海岸和辽东半岛之间的水域，本书中出现的"西朝鲜湾"也指的是这一区域。

---

① 译注：该事件发生于 1885 年。当时，俄军向亲英的阿富汗北部地区发起攻击，并击溃了阿富汗守军，英俄两国险些因此爆发战争。

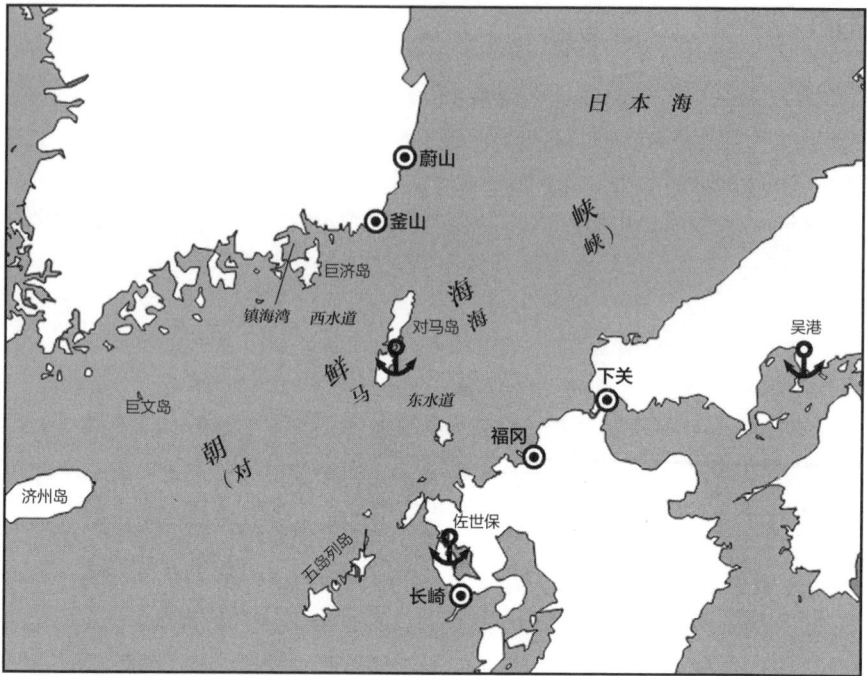

∧ 镇海湾所在位置示意图

∧ 在 1861 年占领对马的俄国"行政长官"号（Posadnik）。这是一艘安装有 11 门火炮的蒸汽螺旋桨巡航舰

〉1928 年在俄军登陆地点树立的事件纪念碑，上有"文久元年鲁寇（即俄罗斯）之迹"字样

∧ 下水仪式上的日本战列舰"三笠"号和"八岛"号。在甲午战争后，日本海军的规模急剧扩张，就像这2艘战列舰一样，其中大部分舰船都采购自与之关系密切的英国

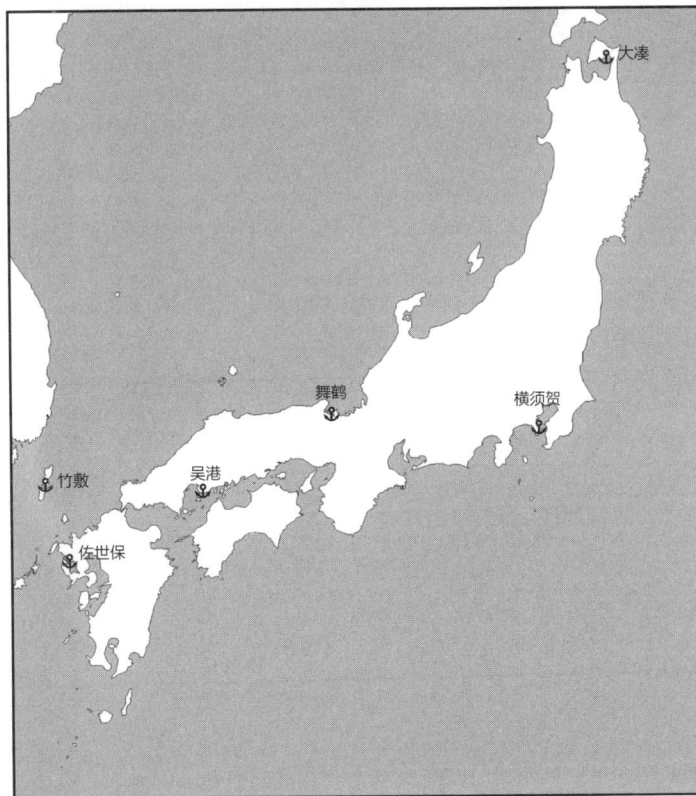

〈 日俄战争爆发前，日本主要海军基地位置示意图

∧ 施工中的西伯利亚大铁路

〈 〈 下水仪式上的战列舰"博罗季诺"号（右上）、正在建造船体的一等防护巡洋舰"卡古尔"（Kagul）号（左）和刚刚完成舾装的二等防护巡洋舰"新贵"号（上）。它们都是俄国1898年海军计划的成果。该计划要求建造5艘战列舰（即"博罗季诺"级）、5艘6000吨级的一等防护巡洋舰、4艘2000—3000吨级的快速防护巡洋舰、2艘布雷舰、20艘驱逐舰、10艘鱼雷艇和1艘快速运输船，但由于财政和工业水平方面的掣肘，其中许多舰船就像"博罗季诺"号和"卡古尔"号一样，没能赶在战争爆发前竣工或是派往远东

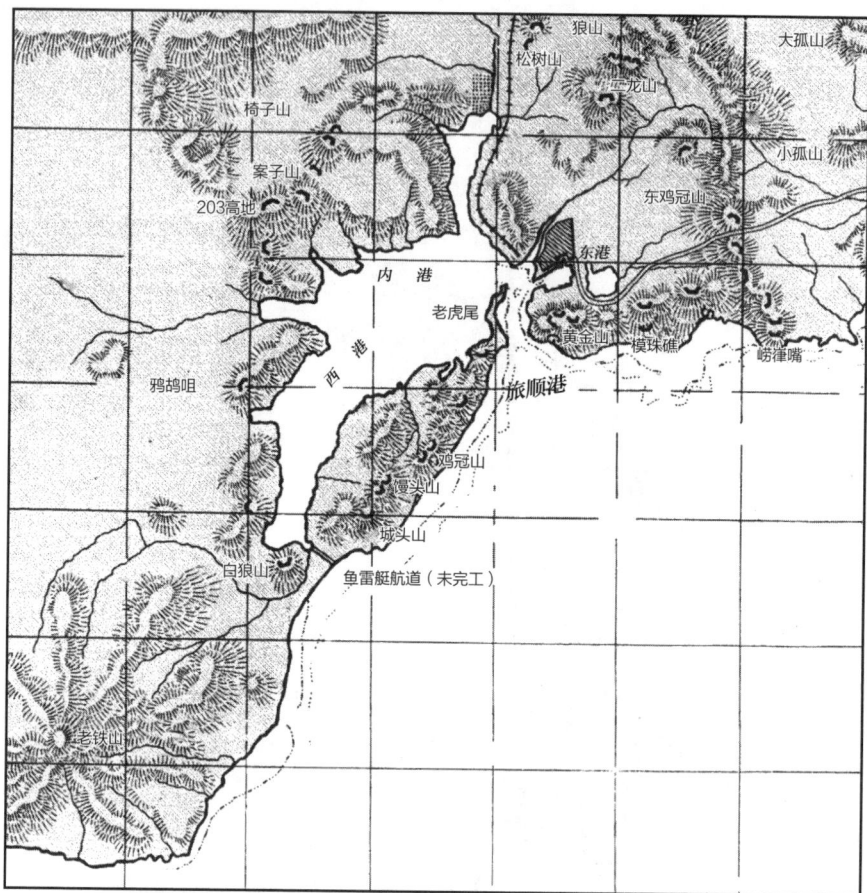

∧ 20世纪初的旅顺港示意图，根据当年的英国出版物绘制，部分地点的相对位置可能有偏差

地图标注：
狼山　松树山　二龙山　大孤山　椅子山　小孤山　案子山　东鸡冠山　203高地　东港　内港　老虎尾　黄金山　模珠礁　西港　崂律嘴　鸦鹄咀　旅顺港　鸡冠山　馒头山　城头山　白狼山　鱼雷艇航道（未完工）　老铁山

< 俄军占领下的旅顺。关于是否将当地建设成为海军基地，俄国内部最初存在重大分歧

∧ 俄国财政大臣谢尔盖·维特。出于经济层面的考虑，他对将旅顺建为军事基地的计划持保留意见

∧ 1897—1899 年任俄国太平洋舰队司令的费多尔·杜巴索夫海军少将。他同样不支持在旅顺建设海军基地

∧ 阿列克谢·库罗帕特金将军。他从 1898 年开始担任陆军大臣，并强调为旅顺投入更多的军事资源。他最初在日俄战争期间被任命为远东俄军的最高指挥官

〈 反映义和团运动时期，俄军在中国东北与义和团作战的绘画。在此期间，俄国将势力全面渗透进了这片土地，但随着日本的崛起，如何保护在当地的利益也成了一个令他们进退两难的问题

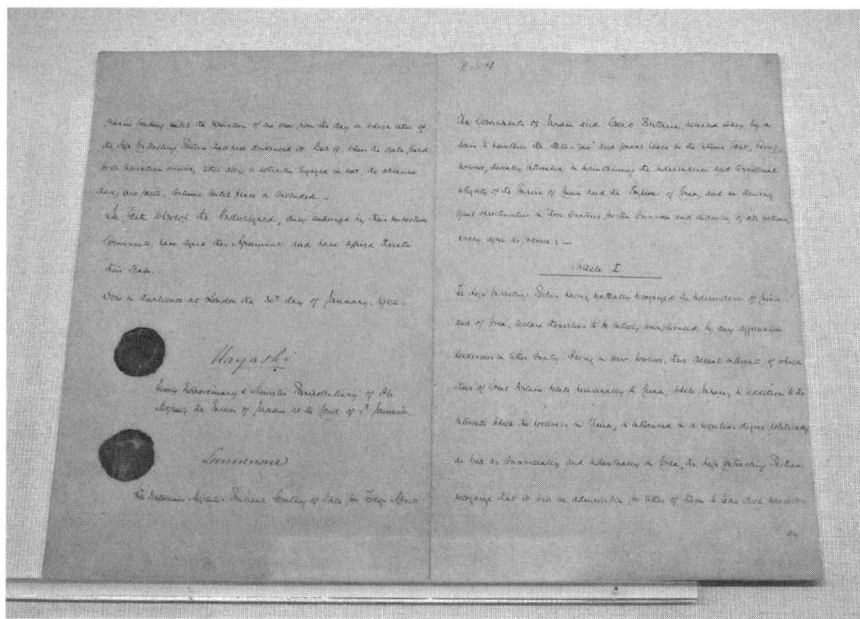

∧ 1902 年 1 月 30 日签署的《英日同盟条约》原件

∧ 俄国关东州总督及未来的远东总督阿列克谢耶夫。他是对日强硬论的积极鼓吹者,然而在日俄战争期间,他对局势的错误干预曾让他备受诟病

∧ 俄国外交大臣兰斯多夫伯爵。在任期间,他始终试图避免战争,但这一愿望没有实现

# 第一章

# 紧张的关系

1902 年 4 月中俄签订条约后，东京与圣彼得堡之间的关系出现了缓和的迹象。当时，这种局面确实有良性发展的可能。这不仅是因为从满洲地区撤军的条款消除了双方摩擦的源头，而且在俄国内部也有一股强大的势力主张实现和平。

虽然此前与远东问题紧密相关的三个部门的主管大臣基本都倾向于保持和平，但他们却没有达成足够的共识，更没有在国务委员会（Imperial Council）中形成一个强有力的集团，这使得他们没有将应有的影响力发挥出来。

这三位大臣中的第一位，是外交大臣兰斯多夫伯爵。鉴于欧洲风云变幻的环境，他一直关心如何让俄罗斯"回归西方"。其次是财政大臣维特先生，他致力于将发展经济作为平息革命动乱的真正解决方案，并认为这项政策才是让俄国获得理所应当的国际声望的唯一手段。第三位是陆军大臣库罗帕特金将军，他一直认为俄国在远东的高调扩张政策已超出国家的承受能力，并对整个军事形势带来了严重威胁。但是直到此时，他都一直没能与维特达成真正的共识。虽然他一直为维护远东地区的和平而担心，但他并不赞同全面撤军的做法。他认为，继续占领奉天和南满地区固然会恶化对日、对华关系，但他也相信，鉴于义和团运动带来的巨大破坏，从军事的角度看，如果不在哈尔滨保留一些部队，那俄国将很难守住满洲地区的铁路线。然而，随着条约的签订，这一分歧的根源最终消除了，三位大臣达成了完全一致的观点，并组成了一个支持和平的集团。不仅如此，他们还凭借手中的实权，按照共同的目的，掌控了远东事务的主导权。

他们的影响很快起到了作用。两国之间的缓和展现出了充满希望的一面，在这种情况下，日本提出了关于朝鲜问题的正式谅解协议，并建议双方相互保证中国和朝鲜的领土完整，并承诺不将任何一部分朝鲜领土用于军事或战略目的；另一方面，日本在朝鲜的独占权利也应当得到承认，作为回报，它也将承认俄国对关东州的控制权、保护铁路的自由行动权，以及在满洲地区的整体利益。俄方本着认真友好的精神接受了这份协议，随后双方开始了谈判。在此期间，第一阶段的撤军行动也正式完成，在截止日期前，俄军撤出了牛庄和规定的其他占领区，并向中国交还了辽河以西的铁路线。

这种新局面也清楚无误地表明，俄国其实不愿为扩建旅顺海军基地投入太多资源。尽管当时参谋人员的研究表明，旅顺是他们战略部署中的弱点，但在财政大臣的影响下，俄国人还是将所有的经费都投向了大连（Dalny），以便在当地建设一个第一流的商港。在当时，没有什么比这一点更清楚地阐明，和平发展经济的想法主导了俄国的行动，至少俄国当时已经放弃了冒险进行军事扩张的尝试。为了从这条国际大动脉中获得稳定收益，俄国将数以百万计的资金投向了大连，而旅顺的建设则遭到了冷落，它的状况只比从中国接手时略好一些。

最初，旅顺只有一个小码头，甚至无法容纳比二等巡洋舰更大的舰船。另外，在城镇和黄金山（Golden Hill）之间还有一个海湾，被称为东湾（Eastern Basin），它最多只能容纳 10 艘中等尺寸的舰船。该港的唯一出入口实际是一条长达半英里的逼仄水道，在低潮时深度只有 4 英寻①，无法保证大船在所有潮汐状态下通行。它外面是一个锚地，在此的舰艇不仅会暴露在敌人的鱼雷攻击下，而且在刮猛烈南风或东风的天气下也不安全。为此，俄国曾有一项大型建设计划，以求扩大码头的规模并封闭外部锚地。俄国还计划在航道西面的海角——老虎尾（Tiger's Tail）背面疏浚出一片较大的海湾，并在老虎尾半岛（Tiger Peninsula）的颈部凿出一个新的通海口，令其成为旅顺港的第二个入口。但除了加长中国建造的码头并疏浚了新海湾之外，俄国人开展的工程其实极为有限。

至于修建的工事，则更少，这主要是出于政治和经济方面的考虑。按照最初的想法，旅顺港将成为铁路终点站上的商埠。为了避免产生摩擦，也为了发展经济，俄国希望能以英国为榜样，让旅顺像"香港"一般，成为一个对所有国家开放的口岸。另一方面，虽然俄国海军的杜巴索夫将军不认为它有成为军

---

① 译注：1 英寻相当于 1.8288 米，4 英寻即约为 7.32 米。

港的潜质，但同样反对出于商业考虑将铁路修到此处。有鉴于此，俄国便在大连建立了一个单独的商港，可这又引发了军方的新一轮抗议，因为这实际是在要塞门口设置了一个一流的港口和铁路总站，并给日军的围攻提供了基地。由于这一抗议有充分的现实依据，俄国又为此制订了建设大连要塞的长远计划。不过，这一计划又招致了外交部的抗议：他们更希望沿用香港的模式，让大连成为商贸口岸，而不是让它以一流海军要塞的身份令列强提心吊胆。出于财政和经济上的原因，财政部也持相同的观点。因此，从 1899 年起，大连开始迅速发展并不断扩建，而旅顺则被牺牲掉了。

此时，旅顺的防御规划实际非常粗略，我们甚至无法给出细节，因为当时远东政策的走向还不明朗，该在当地派驻多少军队也还没有明确，这让俄国陆军部无法给出一个准确的判断，工程师更无法据此设计出相应的防御体系。由于义和团的骚动及随后爆发的霍乱，当地劳动力短缺，建设计划又受到了很多干扰，甚至在动工后都是如此。结果，计划中的 22 座岸炮阵地最终只有 2 座完成建设，地面工事的进度则更加滞后，根本无法抵御奇袭，更不用说在敌人的大规模攻击下长期坚守。

尽管圣彼得堡不相信日本的示好，但鉴于海军基地存在的重重问题，补救措施又未能落实，他们只好息事宁人，准时完成了第一阶段的撤军工作。在第一批军队撤离的同时，俄国还派遣了 2 艘战列舰、4 艘一等巡洋舰、一些小型巡洋舰和 1 个驱逐舰分队增援太平洋舰队。它们的到来，将令俄国太平洋舰队拥有 6 艘战列舰和 2 艘装甲巡洋舰。但问题是，这些舰艇无法在关键时刻，即标志第二阶段撤军结束的 1903 年 4 月 6 日之前赶来。

随着截止日期临近，有迹象表明俄军未能履行协议，而圣彼得堡方面也显然不愿接受日本提出的友好协议（entente）。尽管如此，新任命的俄国驻日公使罗森男爵[①]（Baron Rozen）还是接到了任务，即"利用东京当局的友好姿态，重启关于

---

① 译注：罗曼·罗森（1847—1921 年）出身在一个波罗的海日耳曼人家庭，先后担任过俄国外交部亚洲司日本办公室主任和俄国驻纽约总领事。1897—1898 年和 1903—1904 年期间，他两次出任驻日公使，曾在任上竭力阻止战争爆发，但未能成功。十月革命后，罗森流亡美国，1921 年在纽约去世。

朝鲜问题的非正式性会谈，并尽全力消除现有的误解"。我们没有理由怀疑这些指示背后的诚意，但此时，一些势力阻碍了三位俄国大臣共同推动的和平进程。在此期间，日本对北京当局的影响力已经变得极为强大，其国内媒体更是开始大肆宣扬两国的全面联合，这在俄国的报纸上和欧洲其他地方引发了关于"黄祸"的恐惧。一直以来，沙皇始终居高临下，将自己视为基督教世界的保护者，在他看来，这显然是个不祥之兆。何况长期以来，俄国的国家元首经常会像中世纪时那样，从一种半宗教的思维方式中汲取治国灵感，这也造成了一种现象：在面对棘手的外交环境时，他很难在清醒的状态下深思熟虑，并做出最冷静和最理智的判断。不仅如此，随着商业领域出现的一系列超乎预料的反应，局势的危险程度更是与日俱增。事实上，由于种种商业实体的参与，原本复杂的局势现在已变得千头万绪，因为这些商业实体虽不是国家政策的一部分，但又总和政府存在着千丝万缕的联系。在这种情况下，最肮脏的商业利益和最崇高的国家理想实际纠缠到了一起。

在"黄祸"幻觉的影响下，处在宫廷小圈子里的人便有了一种危机四伏的感觉。这种幻觉在他们看来，不仅意味着黄种人会团结起来，还意味着朝鲜可能会迅速被日本吞并，而且一旦日本在鸭绿江边站稳脚跟，就会对南满铁路形成包围，并破坏俄罗斯在远东"传播文明"的使命。届时，俄国在当地的商埠和海军基地将岌岌可危，只能任由黄种人联盟的摆布。不仅如此，由于俄国的漫长交通线业已暴露，对方可以随心所欲地发动攻击，而俄国则无力还手。

在坚信这一观点，或是从中发现了机会的显赫人物中，有一位名叫别佐布拉佐夫的先生[①]（Bezobrasov），他曾在沙俄的文官系统（Imperial Civil Service）中拥有过国务委员[②]（Councillor of State）的职衔。他似乎是一位充满

---

[①] 译注：这里指的是俄国政治冒险家亚历山大·别佐布拉佐夫（1853—1931年），和后文提到的海军将领别佐布拉佐夫不是同一人。此人出身于坦波夫（Tambov）地区的一个小贵族家庭，早年在沙皇禁卫军中担任过骑兵军官，并长期在远东游历和任职，正是在此期间，他萌发了利用商业资本帮助俄国在远东拓展的想法，结果这些想法激化了日俄矛盾。日俄战争前，他的远东公司破产，他也一度为躲避债务追讨而暂居海外。十月革命后，他流亡法国，1931年在巴黎去世。

[②] 译注："国务委员"是沙俄文官制度中的一个职衔，在十四等衔级中位于第五等。

个人魅力的人，发言直率而敏捷，这些赋予了他雄辩的特质，进而让他成了一名成功的游说者。不仅如此，他在政治和财经领域同样才华横溢，但政治立场则明显与三位大臣相左。他估计，在新形势下，俄国可以通过和法德两国缔结盟约，来抵消英日同盟的影响。在这种平衡下，俄国将有足够的兵力留在远东地区，以便在本土援军抵达前抵挡住敌人的第一轮攻势。同时，为实现这一目标，俄国还应当立即采取措施，控制某些基本的战略要地。在这些要地中，他认为最值得考虑的就是鸭绿江—图们江一线，即满洲和朝鲜的边界。如果这一线能处在俄国的控制之下，日本就将无法利用朝鲜充当攻击铁路的基地。这样，控制满洲这片广阔土地时遭遇的许多难题将迎刃而解。比如，如果俄国控制了鸭绿江一线，他们便能将其包围起来，抵御对手的恶意渗透，甚至采取反制行动，对抗日本对朝鲜的吞并。

这些看法在多大程度上推动着别佐布拉佐夫的行动，现在我们无从得知，不过需要注意的是，由于其中有着巨大的商业利益，他和同伴们非常乐意兜售这些观点。大约三年前，有人在市场上转让鸭绿江畔朝鲜一侧伐木权的合同，这一权利曾在1896年被朝鲜当局通过俄国公使馆授予给了来自海参崴的商人布林纳先生（M. Briner）。这项特许权相当重要，因为它涵盖了鸭绿江和图们江畔朝鲜一侧长达500英里的地域，几乎覆盖了两片海域之间的所有边境地区。然而，由于没有开展这一重大项目所必需的资金，布林纳决定出售他的特许权。当时有传言说，英国和日本可能会出手收购。闻讯之后，别佐布拉佐夫和同伴们组成的商业集团决定将其购买。由于战略价值重要，他们还打算设法以此为基础，成立一个庞大的"东亚公司"，即我国"东印度公司"的翻版。

别佐布拉佐夫在俄国进行了高调的政治游说，作为掮客的才能很快让他成功争取到了大公和廷臣们的支持，他甚至被引荐给沙皇，并迅速影响了后者的判断，进而让他成了帝国最有实权的人物之一。为此，俄国政府派出了一个公费考察团，用于研究这一特许经营权，最终他们汇报了项目背后蕴藏的巨大财富价值。整个宫廷为此浮想联翩，资本从高层不断流出投向这个项目。从此，别佐布拉佐夫逐渐主导了远东政策，但由于他的驱动力是商业利益，这无疑会导致严重的误判。

此时，别佐布拉佐夫顺理成章地将这些利益同国家的最高意志联系在一起，并获得了某些高层人物一厢情愿的声援。在这些人中，就有沙皇的侍从武官（Equerry）巴拉绍夫①（Balashov）。巴拉绍夫后来在担任旅顺港红十字会主席时赢得了巨大声望，并被形容为"老派的理想主义爱国者"。[1]

尽管别佐布拉佐夫背后的势力强大，但他的事业还是遭遇了长期耽搁：义和团运动的爆发让整个区域封闭了一年多，直到撤军条约签署前，整个项目也没有什么起色。在事业即将流产的危急时刻，别佐布拉佐夫放弃了建立"东亚公司"的宏伟计划，而是将精力集中到了取得鸭绿江沿岸的控制权上。他很快便赶到了现场，并积极地参与了进去。到1902年11月中旬，他已从中国的主管官员手中获得了在满洲一侧伐木的权利，这和他从朝鲜方面取得的伐木特许权非常相似，随后，当地的开发工作正式开始。

然而，显而易见的是，如果俄国按规定撤军，那么，这项有着爱国主义色彩，并能让别佐布拉佐夫扶摇直上的计划将会失败。而且随着时间临近，没有迹象显示俄国当局的政策会有所改变。此时，别佐布拉佐夫仍在远东。1903年2月28日，阿列克谢耶夫将军发出了一份警报。鉴于奉天地区的撤军期限将至，他一封急电中要求加强旅顺的驻军——作为一个海军基地，旅顺的处境比过去更危险了。他还呼吁进一步加强太平洋舰队，同时在撤军区域的某些战略要点保留一些骑兵部队，以监视从朝鲜通往满洲地区的道路，并避免武器的流入。他最关心的是位于辽阳和凤凰城（Feng-whang-cheng）的前哨，这些前哨是从鸭绿江通往满洲地区道路保持畅通的关键，但这项提议直到旅顺港的陆上防御完成之后才得到了批准。另外，3月4日，我国的领事报告说，有三个骑兵分队已秘密离开辽阳，向凤凰城的方向进发。

在撤军协议中，这一点是别佐布拉佐夫能获得的唯一调整。随着撤军的命

① 译注：伊万·巴拉绍夫（1842—? 年）出身于一个显赫的军人世家。他于19世纪80年代后成为沙皇小圈子里备受信任的顾问，并在远东和高加索事务上为沙皇出谋划策，同时也是别佐布拉佐夫的积极支持者。在日俄战争期间，他作为旅顺红十字会主席，主管医院兴建、食品供应、医疗设备维护和伤员运输等工作。

令不断发布，4月8日，即条约规定的（第二轮撤军的）截止日当天，他匆匆回到了圣彼得堡的权力中枢。他抵达后的第三天，沙皇举行了一次有三位主管大臣参加的特别会议，以便研讨别佐布拉佐夫的提议。期间，别佐布拉佐夫没能撼动这些上层人物，他们认为，既然条约已经签订，就应当严格遵守，因而所有冒险活动必须停止。对此，沙皇不仅表示同意，还专门告诉别佐布拉佐夫，由于和平政策对俄国至关重要，他的公司最好还是保持纯粹的商业性质，不但必须允许外国人加入，同时还要把本国军官排除出去。为解决这个问题，库罗帕特金将军还将奉命亲自前往远东和东京，以便直接掌控大局。

对别佐布拉佐夫来说，此举几乎算得上是当头一棒。但他不仅没有气馁，反而变本加厉。他坚持相信，自己已经得到了阿列克谢耶夫海军上将①的支持，再加上有"爱国"集团撑腰，他仍能在陆军大臣奉命出使的情况下获得最终的胜利。库罗帕特金将军早在第一份报告中，便指出远不能对局势掉以轻心。而在东京，经过罗森男爵的协助，他很快就明白了日本的变化有多么巨大，以及它作为一个对手是何等不容小觑。他还报告说，东京当局对鸭绿江地区的事态极为关注，除非别佐布拉佐夫停止活动，否则局面将愈发难以收拾。但在别佐布拉佐夫这边，尽管有沙皇的严令，他还是没有放弃在军界的运作：总参谋部的马德里托夫中校②（Madritov）甚至在巴拉绍夫的介绍下担任了经理一职。有鉴于此，库罗帕特金将军提出，如果要避免冲突，那么，别佐布拉佐夫的公司就不能像现在这样运营下去。

库罗帕特金将军从东京返回旅顺后，在当地召开的一次特别会议更坚定了他的看法。除了阿列克谢耶夫海军上将之外，与会的还有俄国驻北京公使雷萨

---

① 译注：1904年4月6日，阿列克谢耶夫晋升为海军上将。
② 译注：亚历山大·马德里托夫（1868—？年），早年曾在炮兵部队服役，后来作为军官参加了在中亚和中国境内的军事行动。1901年，晋升为中校。1902—1903年间曾在关东州驻军司令部供职，正是在此期间，他加入了别佐布拉佐夫的公司，并负责指挥公司下属的保安队伍。因为此事，马德里托夫被军队除名，但在日俄战争爆发后官复原职，并担任第9东西伯利亚步兵师参谋长等职务。一战期间，马德里托夫晋升为中将，有证据显示，他曾在1918年参与了苏联红军的组建，他最后一次在公众面前出现是在当年秋天，当时他正在北高加索地区的皮亚季戈尔斯克（Pyatigorsk）。

尔先生①（M. Lessar）和驻汉城公使巴甫洛夫先生，而别佐布拉佐夫也乘专列从圣彼得堡赶来。除了别佐布拉佐夫外，与会者一致认为，任何保住满洲地区控制权的尝试都不现实，占领朝鲜北部的行动更不可取。在会上，别佐布拉佐夫的经理马德里托夫和巴拉绍夫还被召到众人面前，要求停止所有的军事运营活动。当马德里托夫拒绝辞职时，库罗帕特金便将他从军队中强行除名。

在这些问题上，阿列克谢耶夫海军上将的态度很让人费解。库罗帕特金将军在8月的第一周就回到了圣彼得堡，并在提交给沙皇的报告中宣称，他相信总督支持自己。他表示，是别佐布拉佐夫强迫俄军留在凤凰城和鸭绿江的哨所，巴拉绍夫则在制造麻烦。同时，库罗帕特金将军确信，阿列克谢耶夫与驻北京、东京和汉城的三位公使有着一致的态度，并且赞成他的看法。至于驻守在鸭绿江畔的少量军官和预备役军人，不仅对战事全然无用，还有可能会成为战争的导火线。

事实上，如果各方真能像报告中描述的那样，在关键领域保持意见一致，那整个问题完全可以迎刃而解：毕竟，所有的智囊都支持这一方案，况且它背后的理由也无可指责。但这一点最终没能实现，因为就在库罗帕特金离职出使期间，主和派的势力瓦解了。现在的决策话语权，掌握在了维特先生的政敌冯·普勒韦先生②（M. von Pleve），别佐布拉佐夫在宫廷的积极支持者阿巴扎海军少将③（Abaza），还有阿列克谢耶夫海军上将这三人手里。这是一个危险时刻，因为日本已经像陆军大臣预言的那样，迈出了导致局势紧张的第一步。

鉴于鸭绿江地区的事态以及俄国的亚洲部队持续东调的报道，日方显然

---

① 译注：帕维尔·雷萨尔（1851—1905年）出生在奥斯曼帝国境内的黑山地区，他父亲是一名驻外官员，其祖先则来自法国。雷萨尔早年曾作为工程师和外交官活动于中亚地区，从1901年开始担任驻华公使，后于1905年在任上去世。

② 译注：维亚切斯拉夫·冯·普勒韦（1846—1904年）是德意志贵族出身，在波兰华沙长大，毕业于莫斯科大学。他后来担任过检察官和内务部高级官员，从1902年开始担任俄国的内政大臣。1904年，普勒韦在圣彼得堡遭遇社会革命党刺客投掷的炸弹而身亡，时年58岁。

③ 译注：阿列克谢·阿巴扎（1853—1915年）的家族与皇室关系密切，同时也是亚历山大·别佐布拉佐夫的远亲，他早年曾参加过多次远航，担任过"亚洲"号（Asia）巡洋舰的舰长，在1900年后成为沙皇核心圈子里的亲信。1903年10月，他被任命为远东事务委员会的主席，并鼓吹对日保持态度强硬。1904年秋天，他还作为特使，试图从拉美国家购买7艘巡洋舰以增援前线。随着俄国战败，阿巴扎也彻底失宠，后来在1915年去世。值得一提的是，阿巴扎是俄国海军中"新学派"（该学派尤其强调雷击舰艇的价值）的支持者之一。

不能无视俄军未在第二阶段完成撤军的事实，甚至无法装出一副漠不关心的姿态。

在北京，俄罗斯公使已经开始根据别佐布拉佐夫的看法，着手启动谈判，以求修订撤军条约。这对英日同盟试图维持的现状构成了直接威胁，有鉴于此，日本立即与盟国进行了商讨。日本指出，新的撤军协议不仅破坏了中国的统一，还威胁着日本全力试图达成的另一个目标：维护朝鲜的领土完整。因此，日本与英国政府就条约的内容交换了意见，并解释说，除非英方持反对态度，不然日本会再次同俄国直接磋商，以达成一份明确的协议。日方还强调，虽然迄今为止，忍让都是正确的，但现在到了需要改变的时候，因为它对向俄国示好失败的结果已经不抱任何幻想，毕竟朝鲜对日本来说"是一个生死攸关的问题"，为此，日方很快就会全力做好战争准备。在基本条款得到了英国外交部的首肯后，各项工作立刻开展起来。

因此，当库罗帕特金将军在 7 月底回到俄国时，日本驻俄公使栗野先生[①]（Kurino）便奉命指出，由于目前远东局势日渐复杂，如果不设法加以解决，最终可能会变得尤其棘手，为此，他建议在正式谈判前先召开一次预备会谈。

作为引子，栗野先生按照之前向英国外交部递交的方案，提出了如下建议：

1. 共同承诺尊重中国和朝鲜的独立与领土完整，接受关于两国"门户开放"的倡议。

2. 相互承认日本在朝鲜的利益优先权，以及俄国在满洲地区的特殊利益，另外，双方也都应有权采取措施保护上述权益。

3. 在彼此势力范围内，双方互不干涉对方的实业发展，并允许日本已在釜山开工的朝鲜铁路与俄国的"东清铁路"连接在一起。

4. 双方都不应在各自控制的地区增兵。

---

① 译注：即当时的日本驻俄公使栗野慎一郎（1851—1937 年）。栗野出生于福冈藩，是该藩第一批海外留学生。19 世纪 90 年代后，栗野先后担任过驻美公使、驻法公使、驻俄公使和驻法大使等职务，1912 年被授予子爵爵位。

5. 日本有建议和协助朝鲜进行内部改革的独家权利。

经过短暂的考虑后，兰斯多夫伯爵向栗野先生转达了一个友好的暗示，即俄罗斯也为谈判做好了准备。不过，罗森男爵却对老对手没有抱有太多幻想，他警告兰斯多夫伯爵，日军可以随时登陆朝鲜北部，并夺取这个关键的前哨基地。[2] 同时，他清楚地知道，除非双方能达成明确共识，否则俄国根本无法阻止这次登陆。另一方面，为谋求妥协，栗野先生也于8月12日发表了一份照会文书。

到目前为止，兰斯多夫伯爵的政策似乎仍在发挥作用，然而，对局势不利的因素却在暗中滋长，并且在栗野先生发表照会的同一天迎来了总爆发。8月12日，俄国政府在三位公使和大臣不知情的情况下宣布，整个远东已经并入一个总督区（Province）。阿列克谢耶夫海军上将被任为总督，并拥有相当于副王（Viceroy）的职权。

不仅对这三位公使和大臣，而且对全世界来说，这份声明的含义都很清楚：主和派的影响已经结束，扩张政策取得了胜利。库罗帕特金将军立刻请求辞职，并获准休长假。同时辞职的还有阿穆尔省总督——他不但拒绝与新总督见面，还拒绝交出职权，至于财政部，则在两周内屈服了。在任命阿列克谢耶夫海军上将后，俄国政府还成立了一个以阿巴扎海军少将为主席的远东委员会。在远东委员会的支持下，别佐布拉佐夫得以让财政部参与他的计划。在当月月底，维特先生被内政大臣冯·普勒韦取代[①]此时只有兰斯多夫伯爵还保留着原来的职务，但即使如此，他还是被迅速剥夺了制约主战派的所有影响力。

为了向我国驻俄大使证明，他对整个事态的发展全然不知，兰斯多夫伯爵指出，这一新决策背后的出发点，显然是试图把我国治理印度的模式施用于整个总督区，至于此举会酿成何种后果，又是他完全无法预知的。同时，俄国政府用两周时间仔细研究了日方的照会，随后做出了一件令兰斯多夫伯爵惊讶的举动：俄国政府希望将谈判转移到东京进行。这意味着，随后的一系列谈判和

---

① 译注：此处表述有误，接替维特担任财政大臣的实际是爱德华·普勒斯克（Eduard Pleske），而不是冯·普勒韦。

磋商将由来自旅顺的新任总督一手负责，这实际是把日本放在了和远东总督区同等的外交地位上——换言之，这种关系就好比阿富汗之于印度。然而，日本政府却没有意识到，这股别有用心的势力已经影响了俄国政府，相反，他们依然相信，双方暂时的对抗后还有达成和解的可能性。总之，作为能促成和平的最后力量，兰斯多夫伯爵事实上已经出局，随着局势剑拔弩张，沙皇的顾问中早已弥漫着一种氛围：一意孤行的帝国主义思想和精于算计的市侩心态几乎是平分秋色——这些顾问对外交全然不知，只懂得煽风点火。

可以说，只要是这些势力在影响局势，局势便一定会滑向战争，但问题在于，俄国还没有为战争做好准备。之前，俄国人的思路一直是拖延时间，再息事宁人，直到在远东的布局得到改善后，再准备采取进一步的行动。作为新任远东总督，阿列克谢耶夫对种种险情心知肚明。库罗帕特金将军在旅顺时，曾在一份研究报告中坦率地表示，作为他治下整个局势的关键，旅顺要塞实际无法挫败日军的进攻。其次，海军层面的因素进一步加深了这种悲观看法：虽然最近太平洋舰队得到了加强，但海上力量的对比并没有改变——因为日本的"战后建设计划"已经大功告成：计划中的所有舰艇均已下水，最后一批正在舾装；而俄国虽然有6艘不同型号的战列舰和3艘装甲巡洋舰，但其中只有1艘没有过时。至于日本的装甲舰分队，则包括了6艘崭新的、性能相当接近的英制一等战列舰，另外还有1艘（俘获自）中国的二等战列舰和6艘装甲巡洋舰，和俄军相比，日军舰队力量明显占优。在小型装甲舰和巡洋舰领域以及轻型舰艇的实力对比上，日本的优势同样极为明显。

事实上，俄国人的劣势不只体现在装备上，因为自斯塔克（Stark）海军中将[1]指挥舰队以来，俄国海军的战斗力便一直在下滑。不仅如此，这位新任的司

---

① 译注：奥斯卡·斯塔克（1846—1928年）出生于当时俄国境内芬兰的赫尔辛基。1864年，他毕业于海军军官学校，后来在北极海域和西伯利亚海岸承担了大量测绘工作，也曾在1877—1878年的俄土战争中担任舰长职务。1902年，他被任命为太平洋舰队的指挥官，但日俄战争爆发后很快便因为作战不利而被解职。他于1906年转任黑海舰队司令，后来在1908年退休。一战爆发后，斯塔克重新被召回军中，并担任西伯利亚分舰队司令。俄国十月革命后，斯塔克成为远东白军的领袖之一。当白军战败时，他负责难民和残余舰船的疏散工作。斯塔克晚年定居芬兰，1932年在当地去世。

令还总是住在岸上，这给舰队开了一个恶劣的先例。而且，军官的频繁轮换还打破了杜巴索夫将军培养的团队精神。除此以外，俄军士气涣散的问题也普遍严重。

令情况雪上加霜的是，尽管局势愈发险恶，但旅顺的地面工事依然不甚完善，也缺乏锚地和码头泊位。当时，俄军的装甲舰队都远在海参崴，4月加强舰队实力后，他们也只在黄海举行了几次演习。面对俄军的防范，日本人很快用行动表明，他们早已严阵以待。当俄国履行条约，从满洲地区撤离第一批军队时，日本的海军主力——"常备舰队"（Standing Squadron），正在中国南部巡航。随后，这一任务突然取消了，他们立刻驶向了朝鲜南部，即俄国正在开展演习的地方。在演习结束后，斯塔克被迫将舰队带往北部港口停靠。同时，日舰也从附近撤走，进而穿越了日本的东部水域和津轻海峡，并在斯塔克将军率部进入海参崴的两天后停泊在了小樽（Otaru）港。在当地，日方继续在北部水域演习，直到8月11日才被召回佐世保。事实上，此时日本已决定让整支舰队进入备战状态，当俄国军舰接连在海参崴进行维修时，它们已在南部的基地内严阵以待。

这件事清晰地表明了俄国与日本海军之间的实力差距，并立即让总督的幕僚们认识到了重要的一点：决不能片面地依赖海军，更不能把保卫旅顺的希望寄托在舰队决战上。而且可以肯定，即便舰队能在装备上取得优势，它也会被英国舰队的干涉所抵消。事实上，英国只需要进行一些带有欺骗性质的恫吓行动，便能分散俄国舰队的注意力，并使后者面对敌人的直接攻击时不知所措。届时，日本人将会利用英国的牵制行动避开海上防御，并以压倒性的力量直接攻击关东半岛。令情况雪上加霜的是，俄国之前并没有着手赋予旅顺抵御这种攻击的能力；同时大连的建设进展却极快，已经为敌人提供了理想的基地。为守住这处战略要地，总督要求各方采取果断行动，建成旅顺要塞并加强太平洋舰队。另外，在要塞建成之前，俄军还必须大幅增加驻军的兵力，并为北方的军团制订一个作战计划，不让敌军有机会放手进攻旅顺。这也意味着，其集结点必须尽可能向南靠近辽阳地区，而实现这一目标的唯一途径是停止从奉天撤军，并以此继续控制住各个战略要点。

但圣彼得堡的总参谋部和阿穆尔军区司令部都反对这个观点。他们认为，唯一合理的计划是将部队集结在吉林或更靠北的地区。由于日军可以在控制的海域快速行动，这意味着，他们可以随心所欲地在任何地方登陆。为封锁旅顺，他们甚至可能会把登陆场选在辽东湾的深处。如果把部队集中在辽阳，这一决定就会以最危险的方式暴露俄军的交通线，并让其陷入灾难性的包围下。从纯粹的军事角度来看，库罗帕特金将军也有同样的观点，然而，阿列克谢耶夫总督却呼吁，作为一个战略问题，让部队在北方集结的做法将更为致命，这让日本人能够利用海上优势，通过突袭一举夺取所有主要目标，因此，除非能让部队在辽阳集结，并干扰敌军对旅顺的进攻，否则旅顺一定会在敌军的跨海进攻中失守，从而让日本人一举赢得战争。

也许正是这些考虑，让库罗帕特金将军无法拒绝：虽然将军在政治上与总督立场相左，但他认为，如果当前的政策无法改变，那他只好两害相权取其轻，同意让俄军继续占领满洲的各个战略要地。与此同时，俄军还下达了增加旅顺驻军的命令，并派遣了另外2艘战列舰、2艘装甲巡洋舰以及若干其他种类的巡洋舰和鱼雷艇分队前去增援太平洋舰队。

对俄国来说，尽可能地拖延谈判时间很重要，日本各界也普遍相信，这是俄方坚持将谈判转到东京进行的原因。这种怀疑并非没有道理，他们在圣彼得堡的公使为此多次进行抗议，但收效微乎其微。最终在9月底，俄国外交部紧急通知远东总督，表示他不能再推迟进行答复了。随后，罗森男爵被召回旅顺参加一次会议，答复的内容也在会议上得到了确定。因此，10月3日，即在日本提出建议的大约两个月后，他终于将俄国的正式答复带回了东京。

在答复中，针对满洲地区的权益，俄国的表态几乎与日本的要求针锋相对，延长朝鲜铁路的条款则被全部删除。另外，除非将镇南浦①（Chinampo）至元山（Gensan）以北完全化为中立区，否则俄国将不会承认日本在朝鲜的地位。而且，其中还有一个附带条件，就是日本不能将朝鲜的任一地区用于战略目的，或是

---

① 译注：即今天朝鲜西海岸的南浦特别市。

修建任何危害海峡航行自由的军事设施。这些条款显然是日方无法接受的——它们将束缚日本在朝鲜的行动，而俄国则可以肆意行事，并凭这一点在满洲和鸭绿江畔站稳脚跟，直到其后续工作准备好为止。

在此之前，日本的舆论，甚至是一贯持温和立场的人士，都对俄国傲慢的拖延态度感到不满，而这份针锋相对的提议更是导致了恶劣的后果。同时，俄国太平洋舰队的举动也大幅激化了对立情绪——在刚刚从海参崴返回并穿过海峡之后，它们又在黄海进行了一系列后续演习。另外，作为最后一批增援力量，维伦纽斯（Virenius）海军少将①率领的舰队也奉命出动，构成了搅动局势的又一个因素。这支舰队由战列舰"太子"号（Tzesarevich）和"奥斯利亚比亚"号（Oslyabya），装甲巡洋舰"巴扬"号（Bayan）和"迪米特里·顿斯科伊"号（Dmitri Donskoi），一等防护巡洋舰"曙光女神"号（Avrora）以及7艘驱逐舰和4艘鱼雷艇组成。其中，2艘战列舰和"巴扬"号已抵达地中海，其余的则在从波罗的海驶出的途中。让局势火上浇油的是，在俄国发布反对提案一周后，即10月8日，第三阶段撤军的截止期限已过，但满洲的俄军并没有任何履行条约的表现。

气氛剑拔弩张，战争已无可避免。俄国的总参谋部呼吁总督尽快对自身的职责和局势的发展做一份最新的评估报告。[3]和之前的情况一样，这份评估首先探讨的是海上力量的对比。其中的第一个议题是日军能否在战争打响后取得制海权——这将决定日军能否在最有利的地点登陆，如若不然，他们就只能在朝鲜南部上岸。就这种情况，总督的参谋人员转而向俄国海军司令部（Naval Staff）提出了两个问题：

1. 我方是否应考虑日军在牛庄登陆的可能性——至少在战争的第

---

① 译注：安德斯·维伦纽斯（1850—1919年）于1865年参加海军，后来以专业鱼雷军官的身份声名鹊起。19世纪90年代，他担任过"非洲"号巡航舰和"亚速纪念"号巡洋舰的舰长等职务。在日俄战争爆发前，他试图率领一支舰队增援远东，但未能在战争爆发前及时抵达，他本人也被召回国内。日俄战争期间，他担任了海军参谋部参谋长，战后调任海军技术委员会主席一职。另外，在1909和1917年，维伦纽斯还曾两次在沙俄属下的芬兰大公国担任过内政部长一职。

一个月是如此？

　　2. 假如对方在西朝鲜湾登陆，而我方舰队又无法取得决定性胜利，这时候的海军能拖延对方的行动多久？

　　此时，俄国已不再担心英国舰队的存在会让局势复杂化，因为海军的参谋人员在回复中充满信心地表示：只要他们的舰队没有被摧毁，日军就不可能在牛庄或者西朝鲜湾登陆。这种看法似乎来自对"存在舰队"理论夸大或错误的认识。太平洋舰队的维特捷夫特（Vitgeft）海军少将①更根据个人的想法认为，以双方的实力对比，日本人在西朝鲜湾甚至是黄海的任何地方都无法取胜。换句话说，他认为日军根本不可能夺得制海权。虽然远东陆军的各位主官和俄国驻东京的武官都没有这种自信，然而，在继续评估局势时，相关人员却只能假定海军的观点是正确的。这意味着，在俄国人看来，日军并不会在镇南浦—元山一线以北登陆，而是会将卸载点选在朝鲜东部或南部地区。另外，需要指出的是，海军对局势的判断其实有一定道理，因为我们将会看到，直到主动出击获得海上优势前，日方都没有将镇南浦一线当成一个适合登陆的地点。

　　在确定了这些要点后，俄方便开始猜测敌军可能的行动计划。按照他们的猜想，日军的意图可能有：

　　1. 单纯地占领全朝鲜，且就此为止；

　　2. 以上述占领区为跳板，攻击南满的俄军和旅顺；

　　3. 海参崴和滨海省。

---

　　① 译注：威廉·维特捷夫特（1847—1904 年）出生于乌克兰敖德萨的一个德裔家庭。早年他曾接受了专业的海军炮术和水雷战术训练，此后在波罗的海舰队多艘军舰的不同岗位上服役。1898 年，他任俄国最新下水的战列舰"奥利斯亚比亚"号舰长，1899 年 11 月升任海军少将，1903 年被任命为太平洋舰队参谋长。在马卡罗夫阵亡后，他作为在场资历最深的军官接管了旅顺舰队的指挥权，而这也成了他个人悲剧的开始，由于缺乏舰队指挥经验，他消极避战的思路遭到了上级的质疑和许多下级的反对，并与各方爆发了激烈冲突。1904 年 8 月 10 日，维特捷夫特在压力之下被迫指挥舰队突围，随后在与日军的交战中阵亡，殁年 56 岁。

另外，日本对库页岛（Sakhalin）和阿穆尔河口的行动也被考虑在内，不过各方都相信它们只可能是牵制行动，并不会影响战争全局。

在俄国陆军的参谋人员看来，由于日本清楚其自身可调动的地面部队两倍于俄军，因此，日本绝不会满足于简单地占领朝鲜，相反，他们会进入满洲和辽东半岛，以阻止俄军主力在南方集结，其第一个目标很可能就是旅顺。而且和之前的评估一样，这次俄军参谋人员同样认为：如果想让旅顺免遭致命打击，他们就应当将陆军的主力集结于辽阳和海城（Hai-cheng）之间。另外，如果舰队真的可以切断日军在黄海上的快速运输线，并迫使他们穿越朝鲜和南满山区漫长而崎岖的地形，那么，这将对局势大有帮助。因此，基于理智的考虑，辽阳作为陆军集结地有着无可比拟的优势：如果日军旨在夺取满洲地区的铁路线，那么，辽阳将成为能防范对方的最近地点；如果日军的目标是旅顺，俄军也能在辽阳阻止他们将全部兵力用于进攻。就算辽阳的俄军只处在日军主攻方向的侧翼，日军也仍然需要派遣一支庞大的部队来牵制俄军。于是，该计划很快得到了批准，而且在战争爆发之初，俄军采用的也是这份计划。当时，日军未能旗开得胜，先一步掌握黄海的制海权，正因如此，俄军才选择将集结地定在辽阳而不是吉林。

鉴于这份评估表明海军意义重大，俄国对增强太平洋舰队的忽视和怠慢就显得尤其不可思议。对此，官方的解释很有趣：首先，俄国在远东的布局还远未完成，而且正如我们所见，他们依旧认为有必要在波罗的海保持强大的实力；其次，俄国海军并没有一个专门研究作战的参谋机构。因此，他们也无法从参谋人员的角度对整个问题进行详细的研究，更不可能将结论呈交给国务委员会，并基于研究的专业性和权威性影响上层的决策。但这并没有揭示出问题的全部，就远东战场而言，真正有最高决定权的是远东总督——他在太平洋战区行使权力时又完全独立于圣彼得堡的海军部。结果，海军部的官员们表示，他们根本不知道这份作战计划有多么依赖海上战场，从而忽视了加强太平洋舰队的必要性。[4] 战前不久，海军部的确召开过一个高级军官会议，试图制订作战计划。但另一方面，他们又对其他军事问题缺乏了解，在这种情况下，他们报告说，没有必要单纯为了打赢海战，便大费周章"预先制订一个作战方案"。有这种想法的人员也许对参谋工作缺乏理解，他们先入为主地认为，既然很难预测海上战事的走向，那么，所有指导作战行动的初步研究和分析都没有意义。

在这种情况下，总督只好接受一个笼统的事实，即他的舰队与日军舰队实力旗鼓相当，而且它们会原地不动，按照最初建议的那样，分别部署在旅顺港和海参崴。另外，对分散部署舰队的决定，现在俄军有了更充分的理由：既然舰队不在战场中心，那按照其他方案，他们就得把船只集中到一个港口。其中，选择海参崴是不现实的，尽管作为舰队基地，它确实具有旅顺港不具备的优势，比如泊位的布置更好、更宽敞，敌人也很难同时对两个入口进行封锁。但俄军最新的作战计划却注定了一点：除了充当巡洋舰和通商破坏战的基地，海参崴其实没有任何的战略价值。毕竟，将舰队全部集结于某个港口的目的只有一个，那就是在条件允许时与敌军进行决战。可对于决战来说，这座北方港口过于偏僻，并不适合作为出海起点。

当时，战争的目标已经决定了黄海将成为最重要的战场，但海参崴与黄海相隔遥远，这等于是把俄国舰队放在了一个错误的位置上。在俄军大获全胜前，日军都将在黄海畅行无阻。在朝鲜海峡的有利阵位，也能让他们有效保护航道——这就需要俄国人立刻在此地寻求决战。可对俄军来说，这是一种最糟糕的情况，因为海峡恰恰是敌人控制最为严密的地区，日军熟悉这片狭窄水域的情况，还有大批水雷艇在基地附近游弋，另外，俄国海军的实力也不足以掌控整片海域。一言蔽之，由于敌人具有一切优势，战斗的结果将毫无悬念，因此，这种部署根本是不可取的。

如果要把舰队集中起来，基地就必须选在旅顺。事实上，只有在黄海，俄国舰队才能像作战计划中期望的那样，把日军束缚在更漫长和更难行的交通线上，或是有能力争夺某些重要的局部海域，另外，即便俄国海军被迫与敌人交手，也可以把战场选在自己控制最严密的地区。如果后续的增援抵达，俄方便可以转入攻势甚至直接寻求决战，此时，他们也只需要尝试夺取朝鲜南部的一个基地，甚至只在当地炫耀一下武力即可，因为此时的日军无论如何都只能选择应战。

很多证据表明，无论如何，这都是俄军最应当采取的方案。尽管俄军有可能遭遇失败，但胜利者同样会猛然发现：由于损失惨重，他们将很难彻底掌握制海权。然而，这种激进的部署同样存在许多不足：首先，对于受损舰只，旅顺的维修设施严重不足。同时，俄军的作战计划还假定，在日本彻底失去制海权后，英国绝对不会袖手旁观。另外，俄军还认为，即使没有夺取制海权，他们同样可以取得胜利。事实上，只要能对黄海保持威慑态势，他们就会有足够的时间调集庞大的军队，但假如某次失败给了日本机会，那对方将夺取旅顺港，并在俄军大举集结之前夺取各个战略要地。这样对俄国来说，获得最终的胜利将变得困难得多，代价也会更高。有鉴于此，俄国海军决定在增援抵达前采取守势，而不是贸然寻求决战。

为实施这一计划，俄军应把大部分舰队部署在旅顺，也只有如此，才能在战争爆发后阻止日军通过各种手段迅速夺取制海权。但问题是，在采取守势时，俄军是否该把所有舰艇都集结在旅顺？有两种因素不利于这种部署展开。首先，对这支大舰队，旅顺并没有足够的防御设施和泊位——虽然对速战速决来说，这些因素都无足轻重，但对执行长期的、以防御为目的的袭扰作战，一个开阔、安全、通行无阻、不易被封锁的基地就非常重要。事实上，仅旅顺港本身的缺陷就要求俄军必须分兵，更何况此举的背后，还有更高的、战略层面的考虑在。

正如肯朋费尔特[①]（Kempenfelt）在 1782 年指出的那样，如果要在某个区域采取守势，那么，他们就应当把当地的兵力降至合理的最低限度，以确保在其他地区有实力进行最大规模的反击。他认为，如果一个舰队"在本土没有足够的力量面对敌人，那么，更为有利的做法是让这种劣势继续扩大，并力求在其他区域获得优势"。而当时，俄国的军事计划是在黄海采取守势，并在日本海进行反击。通过这样的组合，他们不仅可以迫使日军在朝鲜南部登陆，而且还可以通过骚扰日军与入侵基地之间的联络，来进一步迟滞日军的推进。另外，俄军还有其他考虑：如果敌人能在日本海自由行动，就可以对滨海省展开佯攻，并将俄军牵制于此，届时，俄军将无法及时出发并赶到满洲的指定地点，海军

---

① 译注：即理查德·肯朋费尔特（1718—1782 年），英国海军指挥官和理论家、风帆时代海军战术的创新者，曾在 1781 年的阿申特海战中以劣势兵力大败法军护航舰队。

的部署也会被完全推翻；另一方面，如果有一支活跃的舰队部署在海参崴这样一个难以封锁的良港内，日军的牵制行动将落空。换言之，俄国人之所以将舰队部署在两个港口，并把旅顺的舰艇削减到了可以支持防御的最低水平，其考量实际来自多个层面——其中既有迫不得已的因素，也有战略上的动机。

事实上，俄国舰队做出备受批评的战略部署，其原因全在于此，这并不是笔者的猜想，从总督的幕僚们于12月为海参崴分舰队制订的行动计划中可以清楚地推断出这一点。当时，负责指挥分舰队的施塔克尔贝格（Shtakelberg）海军少将①获悉，他的任务是在战役中，对日本的本州岛（Nipon）、北海道岛（Yezo）的西海岸，朝鲜的东海岸，以及敌军部队和物资的运输线发动攻击。

该计划分析，如果日军试图发起牵制行动以策应主要攻势，那么，他们一定会把目标选为"元山或者波西耶特湾（Posiette Bay）以南的一些海湾"。另一个需要关注的地点是津轻海峡，它是分隔本州和北海道的水道，在牵制行动中，日军的大型轮船将从此地起航，始于东京湾的航线也将从这里进入日本海。最后，俄军还必须留意新军港舞鹤所在的若狭湾，它会成为日本在北方海上战场的天然基地。

根据这些情况，一旦战争爆发，俄国舰队能否在日本海岸迅速现身，无疑"将产生举足轻重的影响"。这也意味着，一旦双方宣战，俄舰队就应当遵照命令，"在北海道西北海岸和津轻海峡西端开始行动，沿着本州海岸前进，摧毁所有引航灯塔（包括沿岸设施）和信号站，拿捕或击沉所有遭遇的运兵船和军需船，并摧毁沿岸地区的海上交通线——无论蒸汽船还是帆船，甚至是渔船都不放过"。俄军不仅希望用这种迅猛的行动直接影响日本军队的调动，还试图以此瘫痪对日本至关重要的沿海贸易，并给日本商船和所有防备不善的沿海地区制造恐慌。[5]

最终，分配给海参崴分舰队的任务非常清晰，即通过袭扰敌军交通线，减

---

① 译注：埃瓦尔德·冯·施塔克尔贝格（1847—1909年），出生在今天爱沙尼亚境内一个波罗的海日耳曼人家庭，1871年毕业于海军军校，先后在巡航舰"阿斯科尔德"号、巡洋舰"海军元帅"号上担任军官，19世纪90年代后任炮舰舰长、训练舰舰长等职务，并担任过皇家游艇"北极星"号的指挥官，1902年调往远东，1903年成为海参崴分舰队司令，日俄战争爆发前夕因身体原因卸任，但仍作为观察员参加了该舰队的最初几次巡航，后来调往波罗的海舰队，1908年以海军中将军衔退役。

缓对方的入侵速度；将敌军对滨海省的军事威胁削减到不会扰乱俄军军事部署的地步；同时，它还需要制造恐慌，让尽可能多的日本舰队离开黄海。后来，分舰队的这些目标都或多或少实现了，但如果将太平洋舰队全部集中到旅顺，这些目标将无法实现——换言之，如果拒绝分兵，俄军不仅将无法取得黄海的制海权，还会让敌人在日本海畅行无阻。此时，日方的压力将大大减轻，俄军集中兵力的唯一目标——取得有利的决战机会——也将变得更为遥远。他们的战争计划是在量力而行的基础上制订的，其目标不是夺取黄海的控制权，而是在后续部署完成前保持一种虎视眈眈的态势。一言蔽之，这支牵制舰队的使命远不是在日本海制造混乱，还有战略层面的任务，海参崴这个基地，显然更容易实现相关目标，但如果将舰队部署在旅顺这种处境尴尬且拥挤不堪的地方，那么，舰队发挥的作用无疑将远不及此。

该计划被沙皇批准后，俄军立刻开始分派舰队，并在辽阳集结陆军。当时，与斯塔克将军①共同进行了巡航后，施塔克尔贝格将军的军舰一度仍在旅顺停留。但他很快便和"留里克"号和"俄罗斯"号一道高速离开，并最终在海参崴同等待入坞的"雷霆"号（Gromoboi）会合。这种匆忙的行动恰恰是远东总督乐于看到的，因为他需要这样的部署，以便让外界从某些方面认为，俄军已经做好了诉诸武力的打算。

当时，远东总督的处境可谓极为微妙。显然，让日本人严肃考虑俄方照会的内容是不可能的。相反，整整两周以来，日本政府一直都在向罗森男爵抗议，并要求俄方先对满洲问题做出全面的保证，否则他们将不会开始谈判。不过，另一方面，各种妥协的观点也开始占据上风，这为后续的磋商创造了可能。

可就在此时传来消息，由于鸭绿江地区的紧张局势，日本和俄国的伐木工人爆发了冲突。于是，日本人也于 10 月 24 日派遣 150 名士兵前往汉城，以求扩充使馆卫队，两天后又有 50 人在济物浦登陆。此时总督似乎已经完全相信，现在正是用强硬手段解决问题的时刻。长期以来，他都被认为是"强硬派"的

---

① 译注：原文为"Vitgeft"，即维特捷夫特，但原作者在原版订正中改为了斯塔克。

代表人物，"强硬派"相信，无论遇到什么情况，或是局势有多么微妙，"强硬立场"都是一种万能的解决方案。他坚持认为，让步只会助长日本人的"傲慢"，如果要避免战争，他就必须要让对方明白，没有任何压力能迫使俄罗斯放弃在满洲的特权——为了保卫它，俄国已经做好了动武的准备。

远东总督之所以采取"强硬立场"，最直接的原因是意识到了圣彼得堡的政局变化。当时，兰斯多夫伯爵已在一定程度上恢复了影响力。之前他始终在进行抗议，并且收获了一定的成效——毕竟，强迫中国修改撤军条约的做法，已经与美国和英国近来签署的强调"门户开放"的条约发生了抵触，这让局势变得相当危险。同时，库罗帕特金将军也突然回到陆军部，并向沙皇提交了一份直言不讳的备忘录。这份备忘录的重点，是指出总督的政策肯定会让国家陷入困境——如果俄国想要在军事资源上同日本抗衡，就只能被迫削弱自己在欧洲的地位。另外，如果不能把日本挡在鸭绿江之外，日本肯定会全面占领朝鲜，远东的军备竞赛也会随之而来，这最终将导致战争的爆发。此时，俄军将别无他法，只能选择把日本赶出朝鲜和满洲，可就算如此，也解决不了问题。战争进行到最后，俄国将被迫入侵日本本土，而且这将不是一次单纯的入侵，而更像是对"一个拥有4700万人口的好战民族"的彻底征服，"甚至日本女性也会参与保卫国土的战争"。这些萌发于东京之行期间的想法让他认为，如果俄国必须开战，那么它最好拥有能彻底毁灭对方海军的绝对优势——如果做不到，俄国就不应该贸然行事。

但远东总督对这种分析不以为意。在全无外交经验的情况下，自身的强硬立场让他无视了决策的后果。在日本答复最新一份照会前夕，他鲁莽地做出了必须进行一次武力示威的决定——为此，他下令重新占领奉天。

如果这一决策是为了给日本当头一棒，并消除所有和解的可能性，那么，它选择的时间和做法都不很合适。10月30日，这一行动完成，但第二天，日方便向罗森男爵提交了答复。其中，日本实际是肯定了俄方原来的建议：他们准备接受一个中立区，前提是将它的纵深拓宽到50公里（即约30英里），并在鸭绿江畔的满洲地区一侧建立类似的区域。至于其他主张，则变化不大：日本再次强调了保证中国的领土完整，这也意味着俄国必须从满洲撤军；另外，回复中也未包含"不把朝鲜任一地区用于战略目的"的承诺。此时的日本内阁似乎真正希望，如果俄国能意识到他们不惜一战，最终双方仍能按预先的安排达成协议，但日本民间的态度却并非如此。随着时间的推移，俄方迟迟没有做出回应，日本舆论开始愤愤不平，局势变得危机四伏。此时，日本已就战争做好了万全准备：舰队进行了全面动员，各指挥官也升起了旗帜，并以实际行动在黄海送去了对远东总督的回复。在东乡（Togo）将军[1]和上村（Kamimura）将军[2]的指挥下，他们进行了最高强度的军事演习，并重点演练了对朝鲜各个港口的登陆作战。[6] 在新任司令长官的驱动下，日本海军的每项作业都迅速达到了极高的水平。同时，各项准备工作也在持续不断地开展着。

对日本人来说，他们似乎没有再等待下去的理由，因为它的海军实力几乎不可能再加强了。在此期间，它尝试过扩充舰队，但大多以失败告终。由于智利和阿根廷之间的裁军条约，他们之前购买的 2 艘战列舰和 2 艘装甲巡洋舰都流向了军火市场。其中巡洋舰在热那亚（Genoa），位于埃尔斯维克（Elswick）和巴罗（Barrow）的 2 艘战列舰则在英国公司手中待价而沽。在俄国重新占领奉天的当天，即日本决定将俄军撤出满洲作为谈判先决条件的日子，日方也表达了购买战列舰的意向。但问题在于，此时日本国会已经解散，鉴于民众群情激奋的情况，它很难在短期内重新召开。如果国会不召开，海军就无法获得所需的款项。在这种困境下，日本宪法中有一项条文可以发挥作用：如果国会因

---

① 译注：即东乡平八郎（1848—1934 年）。东乡生于萨摩藩，幼名仲五郎，早年参加过萨英战争，1866 年参加萨摩藩新成立的海军，1871 年到 1878 年前往英国留学，就读于训练商船人员的泰晤士航海训练学院，毕业后作为铁甲舰"比叡"号的接舰人员回国，后来担任过"迅鲸"和"天城"两舰的舰长。在中日甲午战争前夕，东乡调任"浪速"号舰长，并参加了丰岛海战和黄海海战，1895 年晋升海军少将并出任海军大学校长，1900 年成为常备舰队司令，1904 年被任命为联合舰队司令，同年 6 月升任海军大将。在司令任上，东乡击败了俄国海军，成为在世界范围内享有盛誉的海军将领，后来在战后的 1905 年 12 月被任命为海军军令部部长。1934 年 5 月 30 日，东乡于东京病逝，随后日本政府为其举行国葬。

② 译注：即上村彦之丞（1849—1916 年）。上村生于鹿儿岛，毕业于日本海军兵学校，1894 年 6 月 8 日出任秋津洲舰长，并指挥该舰参加了甲午战争；1895 年 7 月任常备舰队参谋长；1899 年 2 月 1 日赴英国接收朝日舰回国，同年 9 月 26 日晋升海军少将；1902 年 10 月 29 日任常备舰队司令官；1903 年 9 月 5 日晋升海军中将，并出任第 2 舰队司令官。在日俄战争期间，由于多次失去战机，并酿成严重损失，上村一度在国内备受批评，但后来蔚山海战和对马海战中的表现，令他成功挽回了名声。战后，上村于 1909 年 12 月 1 日起任第 1 舰队司令官，1910 年 12 月 1 日晋升海军大将，1916 年 8 月去世于东京。

故无法召集，那么，天皇可以在紧急情况下做出财政安排。只是，局面还没有发展到必须如此的地步。内阁感到力不从心，最终在 11 月 20 日放弃了购舰谈判。至于俄国，则看到了机会，12 月 2 日，也就是外界获悉"太子"号和"巴扬"号抵达旅顺的那天，俄国的代理人在英国向智利咨询 2 艘战列舰的出价事宜。这是一个关键的时刻：在最新一批舰船抵达后，俄国太平洋舰队的实力已经上升到了 7 艘战列舰和 4 艘装甲巡洋舰，他们要对抗的是日本的 7 艘战列舰[①]和 6 艘装甲巡洋舰。[7] 同时，维伦纽斯将军和其他增援舰队仍在地中海。之前，他的旗舰"奥斯利亚比亚"号在直布罗陀海峡触礁，无法在不入坞维修的情况下继续前进。因此，将军只能让"太子"号和"巴扬"号先行离开，自己则率舰前往拉斯佩齐亚（La Spezia）修理。不过，该舰的伤势被证明十分轻微，此时已做好了出海准备，并计划前往比塞大（Bizerta）同装甲巡洋舰"迪米特里·顿斯科伊"号、"曙光女神"号和护航的 7 艘驱逐舰会合。[8] 很显然，如果俄国再购得 2 艘新战列舰，它们就会被立刻用于对抗日本。基于盟友的责任，同时也是鉴于远东地区的事态，英国政府决心干涉这桩交易，并将 2 艘战列舰全部买下了。

这次对战争产生深远影响的变故，当时几乎没有缓解紧张局势。在旅顺港，俄军的守备力量不断增强，同时，日本的战争狂热也与日俱增。12 月 6 日，斯塔克海军中将率领他的旗舰、1 艘大型巡洋舰和若干驱逐舰出现在了济物浦。空气中充满了紧张的气息。4 天后，日本国会重新召开，针对天皇发表的讲话，他们提出，要针对外交政策弹劾内阁。但这次弹劾的时机似乎很不合时宜，因为就在第二天，日本国会便被解散了。

这次国会只召开了一天。在对萨摩叛乱记忆犹新的日本政府眼中，局势的严重性似乎已毋庸赘言。同时，另一件事也给公众舆论带来了恶劣的影响——在最后一份日方照会提交 6 个星期后，俄国给出了正式的答复。但答复中根本没有任何的让步，满洲问题仍被排除在外，故而这丝毫不能缓和当时的局势。对最有远见的日本政治家来说，战争已不可避免，现在最好的办法，显然是给

① 译注：作者将俘获自中国的铁甲舰"镇远"号也归入了战列舰的范畴。

即将失控的民族情绪一个宣泄的出口。此时，唯一还影响着最终开战的，就是日本舰队的规模仍急需扩大，为此，日本在考虑一种可能的解决方案：日本驻伦敦公使请求英国政府，希望能同意日方购买 2 艘智利战列舰。不过，此时两舰已作为"凯旋"号（HMS Triumph）和"敏捷"号（HMS Swiftsure）编入皇家海军，而且将其出售也是一种对俄国不友好的行为——总之，这种做法断不可行。所以，我方只能表示拒绝，但同时也提醒日方，位于热那亚的 2 艘阿根廷装甲巡洋舰目前正由一家英国公司经手出售。日本毫不犹豫地在 12 月 24 日，即答复俄国的最新照会的第二天，出手买下了它们。

日方在答复最新的照会时，几乎回到了从前的立场上，达成和解的希望已不复存在。虽然远东总督倾向于直接拒绝该答复，但更多清醒的忠告开始出现。英国最近的活动增强了兰斯多夫伯爵的影响力，他坚持宣称总督推行的政策正在破坏俄国的战略布局。同时，库罗帕特金将军也向沙皇提交了另一份备忘录，指出俄国在远东的利益微不足道，为此爆发一场战争很不划算。满洲地区并不是他们最迫切需要的——它既不是一个重要市场，也不是一个移民地，铁路也只有局部的意义。因此，旅顺港并没有什么真正的价值，反而需要昂贵的防御工事、众多的驻军和庞大的舰队来维持。民众对这样的战争毫无兴趣，其结果一定会引起国内的动荡和军队的不满。革命将成为政府的新难题。另外，即使俄国能推翻日本当局，但英国和美国也不会坐视日本垮台。他强烈宣称，目前正确的方向是将关东州归还中国，出售东清铁路的南部支线，并回到最初的局面。[9]

这个提议可谓非常明智。尽管它在形式上有些武断甚至粗鲁，但远胜过让俄国卷入一场代价高昂且血腥的战争。不过，到此时，俄国还没有人能以陆军大臣的洞察力理解局势，因此，他的警告实际收效甚微。不过，主和派的影响力也在不断恢复。1904 年 1 月 6 日，推迟了两个星期后，一份和平色彩更浓厚的答复抵达东京，然而，对日本最关心的问题，俄国的让步却非常有限。当时的观察家们实际已经觉察到，当前局势真正的棘手之处在于，双方在基本立场上几乎都没有退让的可能性。在俄国人眼中，日本就朝鲜问题可以接受的条件，至少是在当地建立一个保护国，但届时日本所处的战略地位能让它有能力吞并满洲，甚至是支配整个远东地区。而在日本人看来，俄国保护铁路的愿望意味着：俄国会以此吞并满洲，并在日本家门口驻扎一支大军，不断进行干扰，同时，此举还对日本的国际地位构成了挑战。危机似乎已经没有化解的办法，此时，满洲和朝鲜问题已合二为一，战争一触即发。在日本，登陆朝鲜的行动已经准备就绪，俄国对此心知肚明。甚至有传言显示，日军的调动已经开始——至少按照我国海军对时局的看法，如果俄方的回复对日本不利，战争很可能会立刻爆发。

此时，日本陆军参谋本部（The Japanese Military Staff）已经做好了全部准备：他们的行动命令均已起草完成，运输船都完成了征调，第一批预备役人员的动员工作也全部结束。远征部队将由三个师团组成，其物资和行装均已配发完毕。为抵御对手的突然袭击，在佐世保、对马和其他战略要地，日军也做了全面的防御工作。1月8日，即收到俄方答复的两天后，关于出兵的密封指令实际已经传给部队，同时，各界有理由相信，日方很可能会在当天或近期开始行动。

然而，这道命令并没有得到执行，根据我方的报告，并不是因为日方对和平解决事态抱有期望，而是海军军令部要求延期。这一点势在必行，因为战争的一切都将取决于他们控制海上通道的能力。鉴于当时的海军力量对比，他们要求推迟开战，直到2艘新购买的巡洋舰返回国内。对日方来说，当时的情况显然不很理想：英国政府已经从非官方渠道获悉，维伦纽斯将军的舰队目前正从比塞大开往塞得港（Port Said），而日本会将其视为敌对行径。沿途，俄军驱逐舰曾前往马耳他（Malta）停泊，也正是在此时，出现了一条令该国舆论愤愤难平的谣言——有传闻显示，它们需要在48小时内离开。尽管这一消息并不属实，但俄方依旧提出了正式抗议。我方的答复是：在12月30日当天，确实有5艘驱逐舰入港停靠，但根据国内的命令，第二天主管官员得到警告，如果战争爆发（当时我国外交部预计，日俄双方可能在几天内开战），这些俄舰将被迫离岸，并按照惯例在24小时内驶出港口，否则就会被羁押到战争结束。于是，这些俄舰决定立刻起航前往塞得港，即"奥斯利亚比亚"号及随行舰只的目的地。

在这种剑拔弩张的氛围中，最重要的事情显然是：我方必须秉承绝对正确的态度——特别是当时有许多证据显示，俄国的某些群体正在媒体上进行反英宣传，煽动民族狂热，从而让民众对战争有切肤之痛。紧随马耳他之后的另一

62

次事件与热那亚的 2 艘日本巡洋舰有关。两舰随时可能起航，但俄方向马耳他和塞得港的调动表明，他们有拦截 2 艘舰的意图。为此，我们的领事被迫给 2 艘军舰发放了英国船籍证明，并允许它们悬挂英国商船旗航行。其船员的主体是英国人，2 名船长和总指挥官都是英国海军军官，他们的姓名也都在紧急应征名单①（Emergency List）上。热那亚的英国领事明显反对这种做法，他不仅得到了外交部的支持，军方也要求上述 3 名军官尽快辞去这一工作。但即使如此，俄方还是因这些军舰正悬挂英国国旗、在英国海军军官的指挥下航行，让我方又出具了一份正式解释。

最终，2 艘船于 1 月 12 日凌晨时分离港，并在日出时分抵达外海后升起了日本旗帜。当然，它们的处境仍然非常危险。因为维伦纽斯将军正率领"迪米特里·顿斯科伊"号以及 7 艘驱逐舰在苏达湾（Suda Bay）待命，至于"曙光女神"号，则在比雷埃夫斯港（Piræus）停泊，这些巡洋舰和驱逐舰队已奉命开赴塞得港。另外，就在日舰出航的同一天，维伦纽斯将军也率领旗舰②紧随其后。因此，当日本人抵达塞得港时，他们发现整个俄罗斯舰队已经在当地集结。其中，"迪米特里·顿斯科伊"号正在穿过运河。这 2 艘日舰见状立刻尾随俄国巡洋舰前进，并于 15 日该舰下锚时超过了它。维伦纽斯将军则在 17 日与该舰会合，至于他指挥的其他舰船，则直到 21 日才全部从运河通过。虽说这 2 艘日本巡洋舰赶在维伦纽斯之前顺利进入了红海，但很明显，如果在 1 月的第一周宣战，它们将无法成功回到日本。无论其他的考虑如何影响了日本政府，这显然是日本推迟宣战的原因之一。在此期间，日本政府没有顾及近乎失控的公众舆论，并一直顶着危机答复了俄方最新的照会。

答复送达远东总督的手中后，便被后者当场拒绝了。俄国外交部认为，虽然日本仍在关键问题上不肯松口，但展现的更多是当初示好时的诚意。另外，答复还增加了一项承认俄国在满洲地区特殊利益的条款，并认为俄方有权采

① 译注：根据皇家海军的规定，因合法原因离岗的军官，其姓名仍然会在紧急应征名单上，一旦战争爆发或遭遇突发事态，上级将据此召集他们重新入役。
② 译注：即"奥斯利亚比亚"号。

取必要手段保护它们。圣彼得堡的主和派因此认为，这是一份和解声明，致力于让俄国在不失尊严的情况下找到一个妥协方案。然而，主战派却宣称这更像是一份最后通牒。这些人抱着"黄祸"的思想不放，并认为让步将摧毁"伟大的白沙皇"在整个亚洲的威名。同时，这些主战派不可能为妥协退让大声疾呼，并承认日本有权维持第三国的领土完整。然而，兰斯多夫伯爵相信，他看到了一条出路，一场绝望的斗争由此在两派之间展开。在外交界人士看来，战争并不是一个关乎外交谈判的问题，而是取决于俄国内部的政治斗争。支持兰斯多夫伯爵的有库罗帕特金将军、维特先生，甚至普列韦先生也逐渐倒向了他。至于别佐布拉佐夫，此时早已名誉扫地，在社会的强烈抨击下，他只能前往瑞士隐居。同时，远东总督也被外交部召回，以便解释自身的立场，但他的说辞没有让外交部满意。因此，到当月的月底，谈判的主导权又转到了外交大臣的手里。

不过，在兰斯多夫等人的眼前又出现了难以克服的新障碍。日本公使栗野先生不断向他们施压，要求给出明确的答复，而局势也要求俄国立即进行战争准备。对俄国来说，时间就是一切，但同时，任何一项备战行为，都可能导致战争爆发。在俄国的指挥部，人们已经意识到，如果日本意图开战，它一定会像当年同中国开战时那样，自主选择时机不宣而战。自1月份的第一周以来，由于担心日本会发动袭击，远东总督一直在敦促立即动员。1月6日，也就是俄国发表最后一份照会时，位于欧洲的两个军已奉命进入备战状态，并被调到伊尔库茨克（Irkutsk）地区。8日，也就是密令交付给日本远征部队的日子，总督也得到了在远东进行动员的授权。4天后，由于日本人没有行动，俄国各界认为这种挑衅性的举动是不必要的，因此动员被取消。但另一方面，总督也必须时刻"准备"，让两个要塞进入战备状态，并尽最大的努力避免在鸭绿江流域爆发冲突。

这种局面让远东总督相当绝望，他刚刚从驻东京武官那里收到了关于日军动员的新报告，很明显，这比预计来得更快。如果日军在济物浦登陆，俄军将无法在辽阳地区集结兵力，因为他们根本无法确保在当地的安全。有鉴于此，他恳求让2个旅在尚未正式动员前转入战备状态并进入阵地。22日，他获得了动员1个旅的许可，相关部署也随之开始。

至于海军面对的事态，则更为棘手。舰队虽然有能力阻止日军在朝鲜北部的前沿地带登陆，但此时只有按兵不动，等待开战的命令——只有圣彼得堡方面才能确定开战时间。远东总督强烈要求获得指示：他可以采取什么手段干预日军在朝鲜的登陆。1月27日，他被告知，如果日军在朝鲜南部或汉城所在纬度以南的东海岸登陆，俄国将不会介入，并放任他们占领向北远至鸭绿江和图们江以南分水岭的地区。[10]焦头烂额的远东总督认为，这份答复完全没有消除他的疑惑：不仅"朝鲜南部"的界定非常模糊，而且东海岸的提法尤其让人费解——既然如此，西海岸的情况该如何处理？对日军来说，济物浦是最有利的登陆地点，它位于上述区域以南，但处在西海岸地区。在不明就里之下，远东总督在第二天请求获得更准确的指示：他是否能允许日军在远至济物浦的地区登陆，实际能容忍日本占领的北部边界究竟在哪？第二天，答案出现了："首先，在朝鲜西海岸，可以允许日本在向北远至济物浦的地区登陆；其次，日军占领的北方界线，将完全由正在进行的谈判决定。在谈判完成前，暂时允许日本强占的最北界是一道分水岭，此地将鸭绿江和图们江盆地同其他流入黄海和日本海的河流隔开。具体来说，就是日本海沿岸的雄元端①（Cape Kozakof）向西南、直至鸭绿江口东南方约35英里的宣川（Senchon）一线。"

如果有什么能证明沙皇的和平诚意，那一定非这道命令莫属，实际上，它等于放任了日军自由行动。但沙皇认为这一点明显不够，因此他还试图把给远东总督的指示也告知日本人。他写道："日军在济物浦登陆一事，我们会视而不见，但日方也应该知道我方允许其登陆的界线，否则，就可能出现无法挽回的误解。"[11]

很明显，如果日本人收到了类似的暗示，必然会对最初行动采取显著调整。但问题在于，日方是否真的收到了消息？目前所有的资料都没有提到这一点，

---

① 译注：即今天朝鲜民主主义人民共和国东海岸的渔郎端。

不过，日军为防止登陆点遇袭的种种部署表明，他们显然对此并不知情。不过，就算没有这种纯粹的、堂·吉诃德式的举动，我们仍然可以知道一个事实，这就是在战争爆发前夜，俄国令人困惑地修改了作战计划。他们在一项命令中规定，除非敌军试图在济物浦以北的西海岸登陆，否则舰队就应该按兵不动。

但无论如何，战争已经一触即发，日方保持耐心的理由也在逐渐耗尽：此时，俄国军队已沿着铁路不断东调，并从关东州开赴鸭绿江方向。在旅顺，俄军利用拖延的时间积极修建防御工事——这和他们之前的懈怠形成了鲜明对比。也有迹象表明，远东总督已经察觉到了外海诸岛的价值，为此，俄军在太平湾卸下了 80 吨的袋装煤炭，并建造了一座码头，而在早些时候，1 艘勘测船也对外长山列岛（Blonde Group）和里长山列岛进行了调查。[12] 更重要的是，之前俄军在苏伊士运河的舰队也开始南行，同时"俄国志愿舰队"① （Volunteer Fleet）的 4 艘辅助巡洋舰已从黑海启程，上面装载了士兵和物资。而在日本方面，他们新购入的 2 艘装甲巡洋舰已在苏伊士运河成功摆脱了维伦纽斯舰队，当后者仍在红海附近寻找引航员时，他们却在加速前进。1 月 28 日，2 艘巡洋舰抵达了科伦坡，这意味着，日本可以选择开战的时间了。

1 月 30 日，日本驻圣彼得堡公使得到指示，要求兰斯多夫伯爵给出一个明确的答复日期。日方将根据具体内容，来判断俄国是否有解决问题的诚意。然而，伯爵对此束手无策，相反，他只能徒劳地试着寻找一种日本能够接受的调解或折中方案。此时，甚至阿巴扎将军都赞成让步，然而，真正的麻烦来自最高当局，对他们来说，如果自己做出了不侵犯中国主权的保证，俄国的荣誉就将受到玷污，这是他们不能接受的。除非上述心态能够转变，否则交涉将没有成功的可能——兰斯多夫伯爵对此心知肚明。他必须分秒必争，但遗憾的是，时间早已被消耗殆尽。

2 月 1 日，栗野先生在给国内的电报中表示，尽管兰斯多夫伯爵已充分认识

---

① 译注："俄国志愿舰队"是一家有强大政府背景的邮轮公司，于 1878 年应沙皇亚历山大三世的要求在圣彼得堡创建，主要经营从欧洲到远东地区的客运和货运。其麾下的船只都是快速班轮，可以在战争爆发时改装为运兵船和辅助巡洋舰，并在公海扰乱敌国的海上运输。

到了局势的严峻性，但俄方仍然没有给出明确的答复日期。另一方面，兰斯多夫伯爵的确在竭尽所能，但这一事件非常棘手，这主要是因为，起草的条款必须交给远东总督呈览，只有如此才能保证立场的一致。对日本政府来说，他们的忍耐已到了尽头。就在第二天，2艘巡洋舰抵达了新加坡，日本的接船船员正在当地等待，同时，圣彼得堡当局收到了一条消息：日本侨民正在纷纷离开关东地区和滨海省。

与此同时，兰斯多夫伯爵却获得了进行真正让步的授权。他得到指示，可以完全放弃中立区，作为确保中国领土完整的一种替代方案。这一方案实际是承认了日本在满洲地区的利益，同时也承认了对华条约中其他列强在满洲地区获得的特权。2月3日，这个新提议被呈交给了远东总督，同时也被转交给了东京当局。圣彼得堡方面似乎是真心希望该方案可以充当后续协商的基础，于是在第二天晚间，兰斯多夫伯爵邀请栗野先生见面。见面时，兰斯多夫伯爵表示，之前的照会已经无效，同时他从个人的角度补充说，现在整个局势的关键，实际又回到了之前的镇海湾问题上。他还说，俄国希望保持朝鲜的独立，不过保持海峡的自由航行也非常"必要"。此时，俄国已经准备好了做出一切可能的让步，但决不会容许别国在争议区从事不利于自己的战略活动。于是，就像西班牙王位继承战争中的直布罗陀一样，两个针锋相对的帝国都将目光聚焦到了一个重要的海军基地上——而且只有通过武力，这场争斗的结果才能水落石出。

此时，日本早已用行动表明了开战的决心。第二天清晨，日本驻俄公使在电报中表示，兰斯多夫伯爵已不会再有任何让步余地。虽然我们不确定，兰斯多夫是否仍在期望推迟战争，但有一点是肯定的：事件的结果很快将呈现在这位外交大臣面前。2月6日下午2点，他从日本公使那里得到了两份通告，第一份通告表示说，鉴于俄国在莫名其妙拖延谈判的同时不断积极备战，日本公使将奉命中断两国之间的关系。第二份通告则表示，日本公使计划在10日带领使团离开圣彼得堡。

阿列克谢耶夫海军上将在当天下午便得到了消息，但出于某种原因，他对此秘而不发，并只把它透露给了自己的亲信圈子。对指挥官们，他没有交代只言片语，只是计划在9日召开一个特别会议，并准备在会上透露这条机密信息，这种行为很让人费解。之前的1月31日，俄军舰队进入了港外锚地，并于2月3日进行了一次短期巡航，此时刚刚返回。然而，除了2月7日加强外海方向的特别警戒外，他们并没有采取进一步的安全措施。[13]

在这样的局面下，远东总督对各种命令显然无所适从。同一天，他的好友阿巴扎将军请求沙皇给出明确指示，如果日军在朝鲜南部登陆，他们该采取何种应对手段。但希望避免战争的沙皇无法下定决心，为此，他起草了一份电报，允许总督可以在必要时取消之前的指示，但这封电报最终没有发出。第二天早上，沙皇召集了一个特别委员会，准备重新探讨这个问题。库罗帕特金将军在会上提交了一份陆军总参谋长签署的备忘录。[14]该备忘录宣称，如果可能的话，仅出于士气方面的考虑，无论日本在何处登陆，己方都必须加以拦阻。鉴于既定的部署计划，他认为必须采取一切措施遏制此类企图，即使无法阻止对方，也应竭尽全力进行牵制。这种遏制措施将完全依赖舰队的行动，尽管它会产生风险，结果也无法预见，但在战争中，风险总会存在。即便俄军舰队感觉无力阻止登陆，它也必须采取一些措施为陆军赢得时间。至于是否采取、如何采取以及采取何种形式提供协助，则应完全由海军大臣决定。另外，该备忘录还有一份至关重要的警告：如果日本顽固地选择诉诸战争，他们在这一关键时刻，"很可能先向朝鲜派兵，然后向发现我军舰队的任何地点展开攻击，以求确保自身军事行动的安全，并使我军舰队瘫痪"。有鉴于此，将军呼吁，舰队应该采取主动，进入日军展开军事行动的区域。阿巴扎将军支持总参谋部的观点，他也认为，为保证舰队的安全，也为了给陆军争取部署时间，他们都应当摆出进攻姿态。

尽管这种看法有理有据、无可指责，但问题在于，俄国对和平的幻想太强烈了。沙皇在会议束后致电远东总督："最好的情况是让日本人——而不是我们自己——首先开战。如果他们不直接针对我方展开军事行动，您就不应阻止他们在朝鲜南部或是远至元山的东部沿海登陆。但如果是在朝鲜西部，不管其舰队是否有登陆船队伴随，只要向北越过了北纬38度线，您就可以在对方未开第一炮的情况下先行进攻。"

68

这样的命令实际是在暗示，俄军舰队可以出海继续监视日军的行动，并阻止对方进入西朝鲜湾。如果他们真的遵守了这份最新指示，那么，战争的进程都将与实际情况大相径庭。然而，尽管几周前，俄军便针对日军的行动展开了部署，但它们采取的必要手段却非常有限。自12月10日以来，一等巡洋舰"瓦良格"号（Varyag）便停泊在济物浦，充当驻防舰只（Stationnaire），它将依据驻朝鲜公使巴甫洛夫先生的命令，保护当地俄国特派团的安全。假如日军在宣战前登陆，它将不会加以阻拦，但该舰也得到命令，需要在夜间特别保持警惕，并随时汇报局势。然而，由于该舰的电报系统出现故障，事情进行得很不顺利。1月18日，炮舰"高丽人"号（Koreetz）前去支援，但这2艘军舰都停泊在港内，根本无法为舰队的进攻行动及时提供预警。在这种困境下，总督的参谋人员寝食难安，他们的不安情绪体现在了一份备忘录中。备忘录要求道：为安全起见，处于暴露位置上的舰只应采取更严格的警戒措施。鉴于当时除了不充分的夜间警戒外，舰队事实上什么也没有做，因此这些参谋人员要求总督下令，派出快速巡洋舰在朝鲜沿岸的格列飞群岛（Cliffford Island）和成山角①（Shantung Promontory）附近的海域巡逻，观察日军舰只和运输船队的动向——哪怕在每个阵位上只派遣1艘船也好。此外，参谋人员还进一步指出，由于没有掩护停泊区的障碍，舰队应当在晚上转移锚地，但同时他们也请求不要使用防雷网，因为防雷网会影响舰队在紧急情况下的快速出动。虽然参谋人员积极迎战日军的意图很明确，但总督并没有理会这些建议。事实上，总督只同意派遣一艘巡洋舰在必要时外出巡逻，而即便如此，这项任务也要到10日才会付诸实施。针对其他建议，他只是要求舰队司令解释：为何障碍物没有准备完成，为何让舰队进入海湾的计划还没有制订完毕？同时，他还坚持认为，防雷网是相当有必要的，如果舰队进入锚地，更是每晚都应布设。[15]

事实上，如果俄军采取了这种简单的防范措施，战争的走向可能将大不相

① 译注：即山东半岛最东端。

同。但对俄国人来说，一切都太晚了。当天晚上 12 点 40 分，在相关命令发出前，旅顺驻军司令斯特塞尔将军[①]（Stessel）打电话给海军方面，询问锚地附近的炮声是怎么回事。对此，后者回答说，他们正在演习，以"防范鱼雷攻击"。直到半个小时后，总督才了解到，这是一次真正的袭击。更重要的是，尽管有各种警告，但当日军发动首轮打击时，俄军作战计划的基石还是陷入了分崩离析。

---

[①] 译注：阿纳托利·斯特塞尔（1848—1915 年）出身于一个日耳曼裔家庭，父亲是陆军高级军官。他于 1899 年开始在远东担任旅长，并在镇压义和团运动的行动中有着突出表现。日俄战争爆发初期，斯特塞尔接到任命调任关东州要塞区总督，并将驻军的具体指挥官交给斯米尔诺夫将军（Smirnov）。但斯特塞尔拒绝接受这一任命，并和斯米尔诺夫爆发了诸多冲突。在后续的战斗中，他总体奉行消极防守的原则，而他犹豫不决的个性更是给战斗带来了许多问题，1905 年 1 月，在外围阵地相继沦陷后，颓丧的斯特塞尔决定向日军投降。战后，斯特塞尔作为旅顺沦陷首要负责人回国受审，最初被判处死刑，后来减为 10 年有期徒刑，不久后又因特赦获释。1915 年，斯特塞尔在文尼察的家中去世。

## 注释:

1. 参见拉连柯（Larenko）的《旅顺港编年史》（Chronicles of Port Arthur）。

2. 见罗森致兰斯多夫的信，7 月 20 日，出自《俄国陆军战史》第 1 卷第 1 部分第 632 页。

3. 参见《俄国陆军战史》第 1 卷第 1 章第 303 页。

4. 参见《海军文集》中《对日俄战争海上行动的记录》一文。

5. 参见《俄国陆军战史》第 1 卷第 1 部分第 329—330 页。

6. 目前不清楚演练针对的是哪些港口，不过，在日军发布于 1904 年 1 月的作战命令中可能提到了其中一部分港口。

7. 当时俄军舰队的编制可参见本书的附录 A。

8. "奥斯利亚比亚"号在拉斯佩齐亚从 10 月 7 日停留到 12 月 12 日。"迪米特里·顿斯科伊"号则于 10 月 26 日从波罗的海出发，在 11 月 23 日到次年 1 月 5 日间都停靠在比塞大，而 10 月 10 日从喀琅施塔得（Kronstadt）出发的"曙光女神"号也一度在 11 月 11 日到 12 月 22 日间于此停泊。此外，各驱逐舰则在 11 月 25 日至 26 日相继进入该港。同时，俄军还有 2 艘鱼雷艇在里斯本，另有 2 艘正在前往里斯本的途中。

9. 参见库罗帕特金《俄国陆军与日俄战争》（The Russian Army and the Japanese War）第 1 卷第 188—193 页。

10. 参见《俄国陆军战史》第 1 卷第 1 部分第 353—354 页。

11. 参见《俄国陆军战史》第 1 卷第 1 部分第 355 页。

12. 参见"荆棘"号（HMS Bramble）6 月 23 日的报告。

13. 参见《俄国陆军战史》第 8 卷第 1 部分第 3 章。

14. 参见《萨哈罗夫将军（Sakharov）的备忘录》，出自《俄国陆军战史》第 1 卷第 1 部分第 356 页。

15. 参见《俄国陆军战史》第 8 卷第 1 部分第 3 章。

∧ 位于雷瓦尔（即今天爱沙尼亚的）锚地，即将出航前去增援太平洋舰队。俄国战列舰"列特维赞"号和"胜利"号。在撤出陆军的同时，俄军也加强了他们的海上存在

∧ 俄国政治掮客亚历山大·别佐布拉佐夫。他在远东的活动和在上层社会的游说，成了俄国走向对日作战之路的一个重要诱因

∧ 1902年起出任俄国内政大臣的维亚切斯拉夫·冯·普勒韦。和前任的政策不同，他在任之初支持对日强硬

∧ 阿列克谢·阿巴扎海军少将。他是俄国主战集团的另一位重要人物，也是别佐布拉佐夫在俄国上层社会的重要盟友

∧ 1898年大连港的全景鸟瞰图。这座精心建设的商港实际是俄国远东战略中的一个败笔——这座城市极易陷落，而且当地的港口设施将为日本攻击旅顺提供诸多便利

∧ 奥斯卡·斯塔克海军中将，战争爆发前的俄国太平洋舰队司令。在他的指挥下，俄军舰队的士气和战斗力受到了极大影响

∧ 安德斯·维伦纽斯海军少将。在日俄战争爆发前，他奉命带领另一支分舰队增援远东，但其中只有部分舰船赶在开战前抵达了

△ 1904年年初，刚抵达旅顺的战列舰"太子"号和装甲巡洋舰"巴扬"号。它们是维伦纽斯舰队中少数在开战前抵达旅顺的舰只

＜ 完成舾装、驶离法国土伦港的战列舰"太子"号。该舰实际是刚竣工便踏上了前往远东的航程

＜ 开战前夕的海参崴港。其中可以看到部署在当地的俄军装甲巡洋舰，与旅顺相比，当地的地理位置更优秀，但远离交战区的短板注定了它不能成为俄军的主要基地

∧ 埃瓦尔德·冯·施塔克尔贝格海军少将。在日俄战争前夕和爆发之初，他担任俄军海参崴分舰队的司令一职

∧ 上村彦之丞。在日俄战争期间，他负责指挥第2舰队，该舰队的主力为装甲巡洋舰

∧ 东乡平八郎。日俄战争中日军舰队的最高指挥官

∧ 被英国政府购买后的战列舰"凯旋"号。该舰和姐妹舰"敏捷"号一道原本为智利政府订购，且日俄战争爆发前，日俄两国一度都表达了购买意向。该舰后来在1915年5月被德国潜艇U-21号击沉

∧ 被日本海军买下后，暂时停泊于热那亚港的"日进"号，该舰和姐妹舰"春日"号原本分别为阿根廷海军的"马里亚诺·莫雷诺"号和"贝纳迪诺·里瓦达维亚"号。2舰同属于意大利"加里波第"级装甲巡洋舰的改型。该级舰在当时的海军军售市场上非常受欢迎，总共建造了10艘，并出售给阿根廷、西班牙和日本等国

∧ 当时欧洲报纸的插画，描绘了水手在热那亚接连不断登上"春日"号的景象

^ 维伦纽斯舰队的旗舰"奥斯利亚比亚"号，从法属突尼斯的比塞大港启程前往苏伊士运河，摄于日俄开战前夕。该舰曾试图在苏伊士运河拦截2艘日本装甲巡洋舰，但未能成功

^ 旅顺地面驻军司令斯特塞尔将军。在战争期间，他被俄国宣传机器称为"旅顺港的铁人"，但他的实际角色远没有如此英勇无畏

^ 当时报纸的插画，在日俄断交之后，俄国驻日本公使罗森男爵及家人在横滨港被遣送回国

# 第二章

# 日军的开局

关于日本的作战计划，我们暂时没有权威的信息可参考。但通过分析其作战任务中展现出的战略思路以及实际的战斗进程，我们仍然可以做出一个大致的推断。

与日军相比，呈现在俄国人面前的是一幅完全不同的局势，由于问题更为棘手，他们的对策也较日军大不相同。在1904年2月15日获悉日军已在济物浦登陆时，仍担任陆军大臣的库罗帕特金将军曾对俄方的作战计划做了这样一番简要概括：

> 整个战役的计划，应该非常简洁明了：
>
> 1. 凭借舰队争夺制海权。
>
> 2. 采取行动以阻止日军登陆。
>
> 3. 广泛使用非正规部队进行防御，直到集结起足够的兵力为止。
>
> 4. 假想的攻势行动包括：
>
> （a）将日军逐出满洲地区，
>
> （b）将日军逐出朝鲜；
>
> 5. 在日本本土登陆，击败日军的守备部队，并镇压民众的反抗活动。

这份宏观而明确的计划迎合了俄国政府的心声，也正是这一点，让将军成了执行上述计划的最佳人选。尽管他本人曾公开反对过引发战争的政策，但在第二天，他还是接到了前往满洲地区担任俄军总司令一职的命令。

把这份最终作战计划同将军之前的备忘录相对比，不难发现一个悖论，而这一悖论贯穿了战争的始终，并让俄国陷入了绝无胜利可能的境地。对俄国来说，为取得胜利，他们必须进行全面战争，也只有如此，他们才能彻底击败敌人，并摧毁其抵抗力量。然而，正如库罗帕特金将军始终相信的那样，俄国的军事实力还远远不足以应对这种战争。另外，无论满洲地区还是朝鲜，都不是俄罗斯帝国的一部分，甚至连"偏远省份"都算不上。与俄国在欧洲、近东以及中东那些利益浓厚、历史悠久的地区相比，这两个地区不仅位置偏远，而且在利益上也微不足道。因此，俄国很难用它们来唤起民族精神，进而为战争提供额外的动力。

更糟糕的是，对日本来说，情况恰恰相反。日本人想在战争中实现的目标可谓极为关键，同时也是激发每位臣民狂热的根源所在：它们不仅代表了一种生死攸关的利益，还象征着崇高的爱国精神，对此，日本上下自然极为重视，并准备好了为其流尽最后一滴血。另外，在战略层面，这些目标又被浓缩到了一块特定的土地上，因此与俄国只有彻底击败对手才能赢得胜利的情况不同，日本人要想打赢战争，只需要专心夺取这块土地，同时在当地保持强大的军事存在即可。他们的敌人则很快会意识到：驱逐他们的举动将完全得不偿失。所以，对日本人而言，他们实际是在通过一种低限度形态的战争，去谋取一个包含巨大利益的目标。不仅如此，这一目标还会在战争中唤醒他们的民族精神和国家潜力。

在这种形态的战争中，日本所觊觎的地区又是一片理想的战场。朝鲜是一个三面环海的多山国家，不仅容易被海上行动封锁，而且只要少量部队就可以守住。同时，它离日本的主要基地很近，海上交通线非常短，并且易于进行防御。但俄国面临的情况则不然：朝鲜与其相距数千英里，中间隔着一片人烟稀少的荒芜土地，且沿途的居民大多居心叵测。事实上，这种环境和当年威灵顿（Wellington）在托尔斯－维德拉斯（Torres–Vedras）之战中赖以取胜的环境很像[①]，而且可以称得上是后者的放大和增强版。

在一场具有上述因素的战争中，双方的主要目标将不一定是歼灭敌军部队，

---

① 译注：托尔斯－维德拉斯之战发生在 1810—1811 年的拿破仑战争期间。当时，为了阻止法国大军占领里斯本，威灵顿利用该地的地形，以托尔斯－维德拉斯为最前哨，修建了三条堡垒防线。从 1810 年秋天到 1811 年年初，他们在海上支援和西班牙游击队的配合下，击败了人数众多的法国大军。

而是谋求夺取特定的关键地区。其中，军队也只有占领和控制了这些地区后，才能成为影响战争的关键要素。至于具体的手段，则是抢先控制这些目标，然后迅速转入防守。这种做法不仅能确保部队掌握主动权，同时还能获得防御优势，并且不会挫伤士气。而敌人却只能被迫持续发动虚弱的攻势，其力量则会在此期间不断损耗。很快，他们将会发现，最终的胜利与其付出的生命和资源相比可谓得不偿失。

尽管这种战争模式有诸多可取之处，但在大陆国家之间的战争中，它们却很少被使用，其原因很简单：在相邻的大陆国家之间，战争形态的决定权并不掌握在较弱的一方手中。即便后者先发制人、发动有限战争，它的核心地带也很快会遭到反攻，并令冲突转变为全面战争。

因此，在毗邻的大陆国家之间，除非双方争夺的目标可以掩护一国的心脏地带，并阻止敌军发动大规模的反攻，否则有限战争就绝对不是一种"稳定的"战争形态。由于地理原因，这种情况很难在大陆国家之间的战争中出现，甚至是完全未曾有过。在欧洲大陆的战略家们看来，这种模式只存在于无法承受全面战争的弱小国家之间，它的本质不过是一种尴尬的替代方案。然而，在海上战争或两栖战争中，情况则完全是另外一回事。尤其当海洋成为主战场时，这种战争形态不仅可以有效地孤立目标地区，还能阻止敌军发动压倒性的反击，而这些最终都在朝鲜身上得到了淋漓尽致的体现。

原因很简单。当像日本这样的岛国进行有限战争时，其遭遇敌军反击的可能性将不取决于双方陆军力量的对比，而是哪个国家拥有制海权。由于在朝鲜南部没有基地，俄国根本无法在远东海域集结起足以入侵日本的大军。只要日本仍然控制着朝鲜，俄国便无法占领这样的一个基地。换言之，夺取朝鲜这片领土不仅没有让日本在形势上陷入不利，还能杜绝敌人对本土的反击，事实上，这一举动实际是防止对方反扑最有效的手段。

鉴于自身的海上优势，日本在国内很快克服了反对"有限战争"的意见。对它来说，采用"有限战争"简直是理所应当，这不仅是因为它是交战国中较弱的一方，而且"有限战争"也是实现目标最直接和最有利的手段。这就引出了一个问题——日本该怎样进行战争？

在"有限战争"的战争形态中，会出现三个差异明显的阶段。在第一阶段，正如库罗帕特金将军所说，交战双方会抢占关键的目标。但正如我们所见，由于俄军力量不足，无法控制朝鲜南部海域，故而在这方面，他们根本无力阻止日本。

第二阶段，日军会逐步巩固防御，并在敌人尽其所能实施反击时，让自己立于不败之地。在这个阶段，摧毁敌军的有生力量将成为日军最直接的目标——这主要是因为，日军能否守住相关的地区，将完全取决于一点：即敌军发动反击，以求打破僵局时，他们是否有能力挫败其行动。在这种情况下，被动防御显然是无济于事的。为遏制投入战场的俄军，日本必须在力所能及的范围内实施两次进攻。首先，他们必须在未来掌握绝对的制海权，以便把敌人束缚在脆弱的陆上交通线上。不仅如此，在满洲地区，他们还必须对铁路发起攻击，尽其所能破坏敌人的陆上交通线。我们尤其要牢记的是，这也是日军在满洲地区开展军事行动的主要战略意图：其实满洲并不是日本觊觎的对象，在政策中也只是朝鲜的缓冲区域，至于从当地驱逐俄军，其目的也是为了保护朝鲜。

虽然这些陆上和海上行动是防御性的，但外在表现却极具攻击性。在日方确保了自身处境的安全之后，战争便会进入第三个阶段。在这个阶段，日军会在力所能及的情况下对敌人施加压力，以便向对方表明，如果战争继续下去，其蒙受的损失将比所得利益更为巨大。因此，在这个阶段，日本将努力诱使俄国承认当前的形势。为实现这一目的，库页岛无疑是一个理想的目标，另外，占领当地也符合日本民意，这也为作战提供了又一个正当理由。对日本来说，库页岛的价值不仅体现在战略上，同时它还是一块"尚未收复"的国土。在历史上，日本曾控制过库页岛的全境，但就在日俄战争前大约半个世纪，俄国开始在当地建立起定居点。1855年，俄国更强迫日本承认了这些定居点的合法性，随后又将日本势力逼退到了该岛的南半部分。尽管有协议在先，但在1875年之前，俄国仍然在坚持不懈地进行渗透。日本无力抵抗，最终被赶出了整个地区。对日本来说，这一耻辱可谓刻骨铭心。因此，占领库页岛也成了一次事关国家荣誉的、有雪耻色彩的行动。另外，由于在对华战争结束后，日本割占了澎湖和台湾，这次行动还会把他们控制的岛链延伸到北方。同时，如果占领库页岛的行动收效有限，日本还将把威胁行动的范围扩展到海参崴。另外，为进一步孤立这座要塞，他们需要深入满洲腹地以及夺取铁路枢纽哈尔滨，不过，随着行动升级，他们将极有可能直面俄国的庞大陆军。事实上，哈尔滨已经是日军可能或必要行动范围的极限。

到这里，日军作战计划的大方向无疑变得清晰了。然而，整个问题还有一些遗漏之处。为简化论述，我们到现在还没有谈及旅顺，而一提到旅顺，问题就会复杂得多。这是因为旅顺港问题涉及两个方面，在日本公众的意识中，旅顺是一块比朝鲜更为重要的土地，俄国之前的占领，更是给他们的民族自尊心造成了伤害，这是一种时间无法平复的幻觉，而在狂热的战争情绪的催化下，日本试图弥补这种创伤的期望变得愈发强烈。正如他们所言："那些战死者的英魂，将永远无法在俄罗斯的旗帜下安眠。"

因此，对日本人来说，夺回这座要塞便有着这样的象征意义：它标志着日本有能力维护国家的尊严，并反抗俄国人的自大和傲慢。由于民族精神是战争的血液，从这个角度，旅顺港也成了和朝鲜同等的关键目标。但另一方面，其中也有纯粹的战略考量，只是它在逻辑上属于次要地位。正如我们所见，在第二阶段，战争将围绕争夺绝对的制海权展开，此时，除非敌军的主要海军基地落入日本之手，否则该目标根本无法实现。正是这一点，成了搅乱日军作战部署的重要因素：既然旅顺港是战争的主要目标，那么，他们就应该在第一时间尝试将其占领。但另一方面，作为永久掌控海权的手段，夺取旅顺的战斗又应该放在占领朝鲜之后展开。而且无论哪种情况，为占领旅顺而分散兵力，都会让满洲战场的局势变得更加棘手。对日本来说，像之前英法不顾俄军舰队的存在，攻打塞瓦斯托波尔那样，倾全力攻占旅顺的做法似乎并不可取。相反，他们认为应当派遣一支部队孤立这个目标，其中一部分进行围困，另一部分将沿铁路线发动攻势以掩护前者的行动。由于日军主力也要从朝鲜推进，因此，他们实际上是在两条孤立的战线上同时作战。这是一种极为不利的部署，因为它会让俄国获得内线优势，并将两支日军各个击破。因此，日军的作战计划显然不能局限于此，作为补救措施，他们还需要打开第三条战线——具体而言，这就是在两支部队间再派遣一支偏师，以便在其中任何一方遭遇进攻时，立刻施以援手。除此以外，这种安排还有一个好处，如果俄军未能及时应对，那这三支部队就可以对辽阳发动一次向心或包围攻势。一旦他们夺取了辽阳，日军不仅能更牢固地控制两个重要目标，还能在第三阶段向敌人施压，并为沿铁路发动的进攻行动创造有利条件。

很明显，在这三条战线上同时作战，需要对海陆部队进行精确的协调。作为影响战争成败的关键因素，这一点又依赖于指挥机关之间的配合——毕竟，正是它决定了海陆军能否步调一致、通力合作。正是这种机制，再加上对该机制性质的清晰领悟，让日本高层始终对战争的走向保持着清醒的认识。

当时，日本所谓"海军省"（Admiralty）的最高首脑是山本海军大将①（Yamamoto），他的职责与海军部长相当，对实际作战的发言权非常有限。而与之平起平坐的是一位参谋长，他会直接就作战计划向天皇负责——具体而言，他会向天皇呈交作战方案，并在得到批准后，将其转送给海军省付诸执行。这个部门被称为"海军军令部"（Naval Staff），其职能和陆军的"参谋本部"（General Staff）相近。当时，海军军令部的总长是海军大将伊东子爵②（Ito），据说，担任次长的伊集院将军③（Ijuin）是团队中的灵魂人物。

在和平时期，有两个机构充当天皇顾问，以协助天皇做出决策，并协调海军军令部和参谋本部的作战计划。首先是所谓的"元帅府"（Board of

---

① 译注：即海军大臣山本权兵卫（1852—1933 年）。山本权兵卫出生于萨摩藩的鹿儿岛地区，毕业于海军兵学校，早年担任过"天城"号、"高雄"号和"高千穗"号舰长，甲午战争时任海军大臣副官，从1898 年开始担任海军大臣，并主持了海军军备扩充计划。1907 年获封为伯爵，1913 年组阁，但次年因"西门子事件"被迫下台。1923 年再度组阁，并兼任外务大臣，但 1924 年即因为皇太子遇刺的"虎之门事件"再次下野。1933 年 12 月，山本权兵卫在东京病逝。

② 译注：即伊东祐亨（1843—1914 年）。伊东祐亨出生于萨摩藩的鹿儿岛，萨英战争时从军，先后出任过"龙骧""扶桑""比叡"号等铁甲舰舰长，1892 年升海军中将、横须贺镇守府长官，在甲午战争前升任联合舰队司令长官，并指挥了黄海海战。1895—1905 出任军令部长，在日俄战争结束后获封元帅。另外，本文的原文为"Vice-Admiral Viscount Ito"，即"海军中将伊东子爵"，但由于伊东祐亨早在 1898 年便升任海军大将，原文叙述显然有误。

③ 译注：即伊集院五郎（1852—1921 年）。伊集院毕业于格林威治皇家海军学院，1880—1890 年主要在国内担任参谋，期间发明了著名的炮弹引信——"伊集院信管"。1898 年，他开始担任军令部副长，并参与了日俄战争中作战计划的制订工作。日俄战争结束后，他先后担任第 2 舰队司令、第 1 舰队司令、军令部部长。日本海军著名的"月月火水木金金"（指没有双休日，而是把周六当作周五、周日当作周一的工作做法）说法，便来自他推崇的高强度训练作风。

Marshals），其成员包括了所有具有"元帅"（Gen-sui）头衔的陆海军将领，这一头衔与我国的陆军或海军元帅地位基本相当，可以被视为总揽战争全局的最高顾问。至于另一个机构则被称为"军事参议院"（Grand Council of War），成员包括了各位元帅、海军大臣、陆军大臣、海军军令部总长、参谋本部总长，还有其他特别任命的"亲任官"。而在战争时期，两者会并入一个名叫"大本营"（Imperial Headquarters Staff）的特别机构，其中列席的最高首脑是天皇。大本营除了军事参议院的成员外，还包括了整个海军军令部和参谋本部，他们将直接负责战争的指挥工作。同时，该机构还将负责拟定和传达天皇对各个司令官的敕令。而它的存在，也保证了日本的陆军和海军在战争期间紧密协作。

一旦对外宣战，日本便会在皇宫中设立大本营，其中的资深成员将指导军事参议院制订详细的作战计划。尽管该机构对相关作业的具体影响依旧无从得知，但可以肯定的是，这套机制在对华战争中得到了一丝不苟的执行，而在这场战争中，他们也肯定会沿着之前的足迹前进。我们曾经猜想过的种种理论，也即将在日方的开局中得到证明。

对日本人来说，最有利的开局部署计划似乎是毫无疑问的。他们的第一步必然是占领镇海湾以及朝鲜西南沿海的另一个基地——八口浦（Hakko Haven）[1]，以取得最有利的海上位置。随后，他们会果断地打击俄军舰队，并在击败俄国海军后，派遣一支海陆联合远征部队占领朝鲜南部地区；如果能做到出其不意，这些行动的效果将事半功倍。至于接下来要做的，就是尽快占领整个朝鲜，并推进至鸭绿江边境，在完成这个阶段的工作后，日军才会直接攻击旅顺。

对日本来说，能以怎样的速度、占领多少朝鲜领土很难预料。这在很大程度上取决于部队能否抓住时机——这本身又是一个重大课题。从军事角度看，守株待兔显然毫无裨益——它只会导致许多机会凭空丧失。因此，在战争爆发前，日本陆军早已准备好了主动进攻，不仅如此，他们还焦虑地认为，如果俄军不断向鸭绿江地区调兵，那么，主动权可能会落入敌人手中。然而，从政治上来看，日军却有按兵不动的必要，因为他们知道，俄国基于一己之私刻意拖延谈判的举动，会让日本在国际上陷入不利。不过，他们也能察觉到另外一些事实，这就是在国内的大多数人看来，俄国的用心已昭然若揭，此时，如果再推迟开战，舆论将让政府陷入异常危险的境地。因此，正如我们所见，在军方和政治家们看来，1月的第一周似乎是开战的最佳时机。

然而，海军方面却有不同的看法，他们认为，除非扩充实力，否则将没有完成任务的把握。之前，经过最后一次增兵，俄军不仅在主力舰队上与日方旗鼓相当，而且还向海参崴派遣了第4艘巡洋舰。这还不包括维伦纽斯将军的舰队，它们依旧在新巡洋舰返回日本的航路上。由于日军作战计划的前提是压制住敌军舰队，为此，他们必须具备足够的实力，在这种情况下，日本海军认为，为让2艘巡洋舰脱身，大幅推迟开战的时间是必要的。也正是这一点，让海军的声音最终占据了上风。这也说明日方对问题的认识非常清楚，他们宁愿冒着风险，在整整一个月里，坐视民众的情绪像25年前那样再次失控①，甚至丧失先发制人的主动权，也不愿意用一个蹩脚的开局，让战况陷入难以挽回的境地。

接下来，我们将尽可能透过海军的思路来分析局势。当时，摆在他们眼前的问题是，该如何让相关的陆军部队在汉城附近登陆，以便占领当地，并全速夺取北面约100英里外的、元山和平壤之间的半岛"脖颈"地区。在取得了这个立足点后，他们还要保证海上交通线的畅通，以确保援军能源源不断地运往当地。

在最初阶段，日本计划投入3个师团。但由于种种不确定性，日方并没有指望这些部队都能顺利抵达汉城，而是其中的一大部分会像俄军作战计划预料的那样，在釜山登陆，并从朝鲜南部前进；同时，日本还在釜山—汉城沿线采取了行动，以保证部队的物资供应。即使如此，这些部队的行动也依旧存在变数。根据我方军事代表在刚抵达时得到的官方消息，这一计划的成败将取决于占领部队能否及时抵达，并迫使敌军在汉城附近展开第一轮地面战。

---

① 译注：这里指的是1877年的西南战争，即前面所说的"萨摩地区的严重叛乱"。不过，两者的间隔实际是26年。

而在海军方面，未来则取决于首轮打击的规模和成果，以及俄军旅顺舰队会做出何种反应。

事实上，如果俄国舰队能大胆扑向日军交通线，那么，在陆军尚未如愿出动之前，很可能已经爆发一场大规模交战。届时，战况也将如库罗帕特金将军期望的那样，在早期围绕制海权的交锋中渐渐定型。但另一方面，如果俄军没有出动，那么，日方便会以夺取汉城作为行动的第一步，并同时派出舰队在旅顺和陆军的航线之间占据一个掩护位置。另外，无论碰到哪种情况，他们都会对海参崴舰队的干扰做好防备。

既然如此，日本又做了哪些具体的部署？11月位于朝鲜沿岸的演习结束后，舰队便回到了佐世保，并在这个有利位置上继续训练。同时，东乡中将也获得了舰队的统一指挥权，并计划再次巡航朝鲜水域。然而，在12月11日，日本收到了来自俄国的照会，其中显示的和谈希望极为渺茫，日本政府甚至一度拒绝讨论其中的内容，同时，巡航朝鲜的命令也被取消了。

这时，战争已是迫在眉睫。而且就我们看来，海上作战计划也必须确定下来。正是在这种情况下，围绕对俄作战问题，军令部总长伊东子爵在12月15日向东乡中将提出了一些他自己的看法。

根据《日本战史极密版》，军令部的总体想法是：先努力确定俄军的动向，然后先发制人进行遏制，其主要目的是重创敌军舰队，进而让己方在最初阶段就获得优势。在确立了"主动出击"的指导思想后，他们又进行了如下分析，以供东乡中将参考之用：

> 俄国将把舰队主力集结在旅顺，并把我国海军吸引至此，他们不仅会选择一个有利的地点开战，还会让我方舰队疲于奔命。

这一点似乎意味着，虽然日方想速战速决，但他们也看到了行动方案的固有弊端，那就是它一方面会消耗日本海军的进攻能力，同时还会把战场的选择权交给俄国人，并让战斗在敌人控制最严密的地方打响。另外，考虑到煤炭和补给品短缺的状况，俄军也不会把出击目标选为朝鲜南部的遥远海域。

　　海军军令部的第二个假设，是由于俄军已在海参崴部署了 4 艘巡洋舰和 6 艘鱼雷艇，他们可能会以此为基地，让这些舰船单独行动，骚扰小樽和函馆（Hakodate，位于津轻海峡沿岸），并迫使日军舰队分散兵力。

　　最后，海军军令部还认为，"如果机会允许，俄军会让旅顺和海参崴的舰队会合，以迎击我国海军。"而把这一点同第一条假设放在一起分析，似乎可以得出一个结论，即旅顺舰队很可能会在黄海采取避战态势，并希望在两支舰队会合后再展开决战。至少，这也是东乡本人当时的解读。

　　在回复中，东乡将军显然认可了军令部局势分析中的一部分：即俄军会主动出击，吸引他的舰队离开朝鲜海峡，并使得日军暴露出通往釜山的航道；同时，在两支舰队会合前，他们还会避免决战。在无法决战的状态下，日军将不能控制黄海，陆军的运输也将出现危险。对于上述情况，军令部似乎认为，只有通过发动传统的海上进攻来摧毁敌军舰队，才能让日军对海域的控制程度达到其期望的水平。

　　但东乡中将的看法不尽相同。关于前两个议题，即旅顺和海参崴舰队可能的行动，他认为，军令部的观点"非常接近事实"。但关于两者会合的问题，他回答说："这是我希望的，因为这会尽早决定制海权的归属。"随后，他开始继续阐述自己的观点，其中的内容可以表明，他脑海中始终把这场战争看成是一场联合作战，没有孤立地看待海军问题[2]。根据分析可以看出，他的观点来自这种理论：如果地理环境有利，为保障部队安全航渡，通过常规决战谋求绝对制海权的做法是毫无必要的。这种理论对当前作战也完全适用，当下日军只需要保持必要的局部制海权即可，而这一点仅凭防御就能够实现——因为此时，敌人并不具备彻底击败防御舰队的优势，也很难把后者赶出其主动占据的关键区域。

　　在回复中，东乡首先提到的是海参崴舰队。他解释说，除了派遣横须贺的驱逐舰队守卫津轻海峡之外，他不打算采取任何措施来应对俄军的威胁。他这样写道："我们最好对敌人在小樽的行动置之不理。"[3]

　　然而，如果局势需要，东乡仍会积极地抵御海参崴舰队的袭扰，此时，他会向北方派出一支舰队，并像我们后来看到的那样，为朝鲜海峡的陆军调动提供掩护。它将包括一些老旧舰船，由片冈将军①（Kataoka）指挥，并由从中国缴获的二等战列舰"镇远"号、三等战列舰"扶桑"号（Fuso）、3 艘二等巡洋舰以及竹敷港的对马水雷艇队组成。

至于俄军的旅顺舰队，东乡认为它们目前不会主动求战。根据这一假设，日本陆军可以在决定制海权的决战打响前便开始调动，不仅如此，他还相信，日方可以通过某些防范措施赢得充分优势，以保护陆军抵达目标区域。

为夺取局部海域的控制权，东乡认为，有必要采取如下行动：首先，他们应当在济物浦正南方的牙山湾（Asan Bay）建立先遣基地，同时在西北方向 70 英里外、巡威岛（Suni-do）附近的荒串池②（Rooper Harbour）建立驱逐舰基地，并铺设连接舰队基地的通信电缆。利用这些前沿阵地，舰队将对旅顺外海展开不定期的武装侦察，并以此吸引敌人。如果对方仍然选择避战，那么，日本就可以直接向朝鲜派出陆军。

与此同时，东乡还计划派出巡洋舰和驱逐舰巡逻成山角海域，另外，在八口浦至济物浦主航道正南方的大共拱岛（Baker Island）之间，他也计划设立一道类似的巡逻线，以进一步保障陆军运输的安全。为减少掩护行动的破绽，东乡中将还计划把前面提到的特别舰队部署到对马岛上的竹敷港，以便对付俄军的海参崴分舰队。

事实将证明，东乡的掩护措施可谓非常有力，尤其是两个前哨基地的设置，几乎杜绝了敌方发动奇袭的可能性；另外，如果敌人的旅顺舰队试图接近登陆地点，就一定会遭遇日军的 2 支驱逐舰队，并在撤离时遭到日方的追击。换言之，如果他们要截击日军的运输船，就必须先击败日军舰队。

另外，这项计划的好处远不止于此：它不仅能令陆军尽快投入战斗，后者还充当了海军的诱饵，如果敌人被吸引，那敌人就将在不利的环境下与日军交

---

① 译注：即片冈七郎（1854—1920 年）中将。片冈出生于萨摩藩，早年参加过萨英战争，后来前往欧洲留学，回国后担任过教官等职务，甲午战争期间作为"金刚"号舰长炮击了威海卫。1895 年 2 月转任"浪速"号舰长，指挥该舰参与了占领台湾的行动。后来，片冈历任"桥立"号和"八岛"号舰长、竹敷要港部司令等职。1903 年底任第 3 舰队指挥官，该舰队以老朽舰船为主，负责沿海警备、支援登陆等任务。战后，联合舰队解散，片冈先后担任过第 1 舰队司令、舰政本部长等职务，最终军衔为海军大将，1920 年于东京去世。

② 译注：巡威岛在朝鲜瓮津郡西南部的黄海近海，关于该岛的锚地，在一些日俄战争的书籍和文献中也被称为"巡威岛锚地""荒串地""荒串冲"等。

战——其战场不仅远离俄军的基地，而且舰队的活动也会严重受限。这时俄军将陷入一个困境：他们要么只能坐视济物浦和汉城落入日军手中，要么将在日本控制最严密的海域迎战东乡舰队。虽然实际情况还无从知晓，但也许正是这一点，成了俄方没有阻止日军登陆的原因。

当然，东乡将军也在回复中谨慎地指出，这种部署也存在弱点，因为它会导致兵力显著分散。他相信，旅顺舰队迟早会出动，所以必须未雨绸缪，保证己方舰队能迅速集结在一起。然而，这并不是他唯一希望采取的防范措施，为保证区域制海权万无一失，他希望在部队完成调动之前，尽可能剥夺敌军出海的能力。为此，他将毫不妥协地指挥舰队以发动一次果断的攻击。

虽然东乡做好了舰队决战的打算，并采取了种种准备措施，但他还是不希望它变成现实。如果敌军不太可能主动出击，那么，最好的做法是让他们继续待在港内，这样一来，就可以确保舰队的防御行动能顺利掩护陆军的运输——正是这种考虑，引出了后来东乡对旅顺的大胆突袭。

虽然东乡的根本想法是让舰队保持守势，但他同样希望保持高度积极的姿态。我们认为，这种做法可以算作为阻止敌军进攻而发动的小规模攻击。尽管得到了明确的指令，除非两国宣战，不能开展任何军事行动。但东乡还是积极敦促将他的驱逐舰派往八口浦，并确定敌人的部署，一旦政府正式宣战，他就可以攻击任何位于旅顺港外或大连的俄舰。

作为突袭行动的补充，东乡还建议，可以考虑让麾下的工作母船装满水泥和石块，自沉在旅顺港狭窄的入口处。最后，他还简明扼要地提到，如果上级愿意把赌注押在一场大规模的舰队决战上，那他们可以直接沿用自己在1900年提出的作战构想。虽然具体内容我们无从得知，但很明显，东乡并不愿看到这种情况。

东乡将军对其职责的看法表明，他对局势的把握自信而全面，这也暗中契合了我国海军的传统。诚然，从我国长期以来的实践来看，如果承担主攻任务的是陆军，那舰队理论上的主要职责就是防御，然而，在具体部署中，如果不摧毁敌方舰队，我方海军将未必能够顺利完成使命——在对手表现活跃、行动大胆的情况下更是如此；另外，即便敌人的表现相对消极，或是受制于地理因素而无法干扰陆军的行动，此时的我国也绝不会消极避战，相反，我们一定会发起精心筹备的攻势，以求取得决定性胜利。

需要指出的是，虽然这样的胜利是不可或缺的，但在战争初期并不属于当务之急。这一点同样适用于日本，对他们来说，当时最重要的是陆军能旗开得胜，而不是在海上发动攻击。

在东乡将军提出作战计划后的大约一到两天，日本方面再次试图购买"凯旋"号和"敏捷"号，但接下来的一个星期，他们最终购买的是阿根廷的2艘巡洋舰。

同一天，也就是12月23日，他们也对俄国的照会做了言辞坚决的答复，备战工作立刻随之开始。正如我们所见，由于俄国的远东总督仍然坚持立场，战争已注定无法避免。于是，东乡将军开始命令舰船装载威尔士煤，这也是海军准备行动的一个重要信号，同时，海军大臣的私人秘书也抵达了，并向将军秘密透露了谈判的情况和紧张的局势。

在这个高度紧张的时期，军令部一直在反复斟酌作战计划，并把大量精力投入到了完善东乡将军的方案上。虽然其内容刻意迎合了陆军需求，使得这样的作战计划很不受欢迎，但从这时开始，它还是成了日本海军的指导纲领，同时，它也和库罗帕特金将军提出的、双方舰队为争夺制海权而打响序战的猜想不谋而合。另外，东乡将军提出的两个设想，即在宣战前发动鱼雷攻击，随后对港口实施封锁——也在原则上被接受，日本海军已做好了执行这些任务的准备。

只要日方有集结舰队发动决战的打算，那么，日本海军就必须被整合成一个有机的整体。然而，在12月28日，它还是被拆分了开来，并组成了三个截然不同并且相互独立的"舰队"。

其中，第1舰队由坐镇"三笠"号（Mikasa）的东乡中将直接指挥，它包括了6艘一等战列舰（即"第1战队"）以及4艘二等巡洋舰。其中，后者被编为"第3战队"，由以"千岁"号（Chitose）为旗舰的出羽海军少将①（Dewa）指挥。同时，

---

① 译注：出羽重远（1856—1930年）出生于会津藩，幼名房吉，毕业于海军兵学校，早年曾担任过"浪速"号的接舰人员、"高千穗"号分队长、炮舰"赤城"号的舰长等职。甲午战争期间先后被任命为西海舰队参谋长和联合舰队参谋长。日俄战争爆发时出羽为第3战队司令，负责为战列舰进行侦察。1905年日本方面编成第4舰队，出羽担任司令一职，指挥了库页岛登陆作战。战后，出羽历任第2舰队司令、佐世保镇守府司令长官、第1舰队司令等职，最终军衔为海军大将，1930年在东京去世。

该舰队还包括了第 1、第 2 和第 3 驱逐队，麾下共有 11 艘驱逐舰，此外其编制内还有 5 个水雷艇队，每个艇队中都有 4 艘水雷艇。

第 2 舰队由以下部分组成：（1）第 2 战队，包括 6 艘装甲巡洋舰，司令是坐镇于"出云"号（Idzumo）的上村将军；（2）第 4 战队，包括 3 艘二等巡洋舰和 1 艘三等巡洋舰，指挥官是"浪速"号上的瓜生海军少将①（Uriu）。附属于该舰队的是 2 个驱逐队和 2 个水雷艇队，共有 16 艘驱逐舰和水雷艇。

第 3 舰队由片冈将军的所谓"海峡舰队"组建而来，并得到了大量海防舰和小型巡洋舰的加强。也正是由于这些加强的兵力，令它达到了 3 个战队的规模。其中，第 5 战队包括了"镇远"号和 3 艘所谓的"三景舰"[4]。第 6 战队包括了东乡正路海军少将②（M. Togo）指挥的 4 艘三等巡洋舰。第 7 战队则包括了指挥官细谷海军少将③（Hosoya）的旗舰"扶桑"号、海防舰"海门"号（Kaimon）和"济远"号（Saiyen），外加 7 艘炮舰和 1 艘通报舰的。另外，该战队还下辖有共 12 艘水雷艇的 3 个水雷艇队，外加附属的水雷母舰。

除上述舰船之外，第 1 和第 2 舰队还配属有辅助舰船分队。其中，每个舰队都拥有 1 艘水雷母舰、2 艘辅助巡洋舰[5]、1 艘工作舰以及配套的运煤、运水和补给船。另外，第 1 舰队还额外拥有 1 艘医疗船和 5 艘"特设运输船"[6]。

这种编制的主要目标，是让第 1 和第 2 舰队作为"联合舰队"、在黄海海域共同作战，抵御敌军的旅顺舰队，并为登陆部队提供掩护。至于第 3 舰队，则负责守卫海峡，并在防备来自北方的敌军巡洋舰的同时，分兵保护和协助登

---

① 译注：瓜生外吉（1857—1937 年）出生于日本加贺地区的一个藩士家庭，1875 年赴美留学，1892—1896 年驻法国公使馆海军武官。1897 年，担任防护巡洋舰"秋津洲"号舰长期间，瓜生因为一次撞船事故遭到处分，并被判禁锢三个月，但这次事件并未影响他的前途。日俄战争爆发前，已晋升为少将的瓜生被任命为第 4 战队司令，并参加了包括济物浦海战、对马海战在内的一系列作战。1912 年，瓜生晋升为海军大将，并在次年退役，1937 年去世于东京。

② 译注：东乡正路（1851—1906 年）少将出生于福井县，1877 年毕业于海军兵学校，1894 年作为炮舰"鸟海"号舰长参加了对旅顺等地的进攻作战，1895 年 1 月调任辅助巡洋舰"西京丸"舰长。甲午战争后，东乡正路又相继被指挥过"八重山""济远"登舰，并将从德国订购的"八云"号装甲巡洋舰驾驶回国。日俄战争期间担任第 6 战队司令，战后晋升海军中将、第四舰队司令官，1906 年 1 月因急病去世。

③ 译注：细谷资氏（1858—1944 年），毕业于海军兵学校。日俄战争前曾在"筑波""平远""千岁"和"浅间"等舰上担任舰长，1901—1902 年升任海军炮术学校炮术练习所所长，1903 年晋升海军少将。日俄战争期间担任第 7 战队司令，主要负责近海支援和运输船护送任务，1907 年转入预备役，1944 年在东京去世。

陆船队。事实上，这种组织体系也遵循了英国海军的传统做法：即把舰队分成"掩护舰队"和"运输船护航舰队"，两者彼此独立，并拥有不同的编制和任务。

虽然对舰队进行了大胆部署，但东乡中将也像之前建议的那样，采取了各种手段以保障舰队的集结。为此进行的第一步，是准备好连接八口浦和佐世保的通信电缆；而在佐世保和对马之间，日方也建立了电报联系。事实上，他们是把八口浦当成了一个舰队集结地——就像我们常常在阿申特岛①（Ushant）所做的那样。同时，他们还计划派遣一支特殊的辅助舰船和水雷艇分队跟随联合舰队航行，并在当地设置前哨基地和情报中心。八口浦之所以成为焦点，与其自身的自然条件有关，它可以给占领者带来优势。对此，海军军令部这样解释选择当地的原因："舰队进可威胁旅顺，退可掩护海峡地区。"这实际让它充当了一个掩护竹敷—镇海湾一线的前哨基地。另外，除有海军基地层面的意义，八口浦还有另一种特殊的价值，即可以充当沿朝鲜西海岸挺进的陆军部队的支撑点。事实上，在运输船队进入守备严密的牙山舰队基地前，当地作为保护屏障的价值都是不可或缺的。

在正式敲定整体战略构想后，东乡开始完善第1、第2舰队被纳入新编制后的"联合舰队战策"。其基本思路是，在双方旗鼓相当，但对方航速略低的假设前提下，以"T"字战法为主要战术，并在转入追击前，让第1和第2舰队保持分进合击的态势。另外，在单独行动时，各个战队也得到了相应的战术指示。[7]

另外，在双方主力舰队交锋前，日方还希望能先发动鱼雷攻击，以瘫痪敌军舰队，但这一作战方案的具体制订工作并没有由舰队司令东乡负责，而是交给了东京的海军军令部。这是因为该计划已经被纳入整体行动计划的一部分，于是，军令部次长伊集院将军便成了具体的负责人。同时，军令部还制订了阻塞旅顺港航道的计划，但这个想法已经超出了最初的方案，并准备投入至少5艘商船。

---

① 译注：阿申特岛在法国西北部海域，扼守着英吉利海峡的西部入口，且岛上有港湾可以庇护船队。由于其关键的地理位置，在风帆时代，英国经常将该岛用作舰队的临时集结地。

至此，联合舰队的整体作战计划已经成形，其核心目的仍然是掩护陆军的运输，而不是搜索敌军舰队并与之决战。同时，这一决定也由军令部的官员转呈给了东乡将军。虽然具体内容尚不得而知，但东乡将军最初的局势分析显然充当了其中的蓝本。

按照东乡将军的建议，日军将无视海参崴巡洋舰队在北方的活动。这种决策背后还有大本营的意志——根据俄国远东陆军的某些行动，他们认定，俄方相信日军会在波西耶特湾登陆，进而夺取海参崴。在此基础上，大本营得出推论——北方的俄军巡洋舰可能会采取防御态势。

另外，选择开战时机也是一个微妙的问题。1月13日，日本向俄国递交了最后通牒，但到月底，他们还没有得到任何回应。30日，当栗野先生奉命要求兰斯多夫给出确切的答复日期时，东乡也得到命令，要求他对舰队未来的部署做出详细阐释。第二天，东乡回答说，他打算在船队出发前两天，派出2个驱逐队、供应母船以及他本人的通报舰前往八口浦，并希望了解各方对这一决策是否存在异议。他还表示，自己不希望在刚开战时就封锁旅顺港，因为此时，他似乎仍然希望能在发动鱼雷袭击后伺机与敌舰队决战。最后，东乡还建议，陆军的登陆地点可以选在牙山。

与海军大臣协商后，海军军令部总长向东乡表示，他们不反对派遣驱逐舰，并会提前两天告知相关的决定。但这一部署并没有像他们想象的那样轻松获得通过。无论参谋本部还是外务省，都不愿看到海军不受约束、自由行动的局面出现。

另外，东乡建议的登陆地点也无法让参谋本部满意。1月7日，当俄方最新的照会抵达。日方有必要即刻开始备战时，远征部队便拿到了密封的命令，同时，其内容也被转呈给了海军军令部。这道命令构想了两种可能情况[8]：甲方案（Draft A）是在济物浦登陆，而乙方案（Draft B）则是东乡将军的主张——如果在更北面登陆存在风险，那么，日军就会采用乙方案。在乙方案中，陆军部队的最高指挥官将在牙山，或是文件内连续列出的4个更靠南的地点上岸，最后一个是离汉城有120英里路程的庇仁湾（Basil Bay）。如果情况表明，上述地点都不具备登陆条件，那么，部队将返回镇海湾，并等待进一步的命令。

参谋本部似乎对这个计划很有信心，他们唯一的要求是船队在出航前 24 小时应告知。但此时事态还是横生枝节：在应海军要求推迟开战期间，一场政治内讧再次在朝鲜首都上演。期间，亲俄势力似乎暗中得势，而俄军也在不停开赴鸭绿江畔。此时，参谋本部甚至拒绝在牙山登陆并发动进攻。他们向伊集院将军指出，牙山离汉城有 4 天的路程，鉴于远征部队缺乏组织完备的交通工具，从离开佐世保到抵达目标区域，他们可能需要花费一周的时间，届时，朝鲜首都的局势可能会出现巨大变化，发动进攻的最佳机会也将随之流逝。因此，他们坚持认为，尽管行动风险会上升，但部队仍需要在济物浦卸载。不过，东乡却没有赞同这一要求，登陆的地点最终定在了牙山。至于济物浦，则成了情况有变时的备选地点。

而与外务省的沟通上，情况同样相当棘手，而且对方并不愿轻易妥协。针对东乡的开战设想，他们提出了反对意见。他们认为有必要向海军军令部指出，虽然从战略角度，发动突袭也许是必要的，但在外交领域，如果在断交前开战，将必然会招致其他国家的责难。为了避免这种情况，攻击的时间需要与开战的时间"分毫不差"，同时，这也要求东乡将军必须把作战计划做得完美无缺。在同意了外务省的意见后，东乡又收到了一封来自伊集院中将的电报，后者试图了解几个问题：派出驱逐舰到攻击启动的间隔有多久；另外，驱逐舰队因天气原因无法出动，那他将用哪些兵力再次尝试发起攻击。

对此，东乡将军回复说，突袭将在命令发布后、于第二天日落到下一天黎明之间展开，如果因为天气干扰而无法行动，那么，同一支驱逐舰队将再次进行尝试。

但这一点没有得到同意，伊集院中将还进一步坚持说，突袭的日期必须定在谈判破裂的当天；另外，他还询问东乡：如果天气干扰了驱逐舰队的夜袭，是否会在第二天清晨带领主力舰队发起攻击？

对此，东乡将军的回答是：在敌军要塞脚下、他不会将战列舰投入进攻，如果驱逐舰不能在命令下达后的次日晚上行动，那么，他们就会在第二天夜间再次尝试——这是否可以满足外务省的需求？

但情况并非如此。2 月 3 日，一名军官从海军军令部出发，带着"非常重要的命令"拜见了东乡将军。他解释说，军令部认为让驱逐舰单独行动的做法非常危险，这些舰只理应得到护航，同时，舰队也应驶入射程之内提供支援，而且也只有当支援就位后，这些驱逐舰才能奉命自由出击。这一点已经和东乡将军建议并获得采纳的防御计划背道而驰，情况似乎很明显：政治领域的迫切需要，已经模糊了原本计划中进攻和防御的明确界限。

《日本战史极密版》明确指出，一旦两国断交，联合舰队的第一项行动任务将是"以雷霆之势打击敌人的黄海舰队"。但按照东乡将军之前的计划，他真正打算的，是发动一次规模有限的牵制攻击。换句话说，此时上级的命令已偏离了东乡的设想，但他别无选择，只能服从。就在军官动身前往佐世保，解释上级的新设想之后不久，大本营也做出了最终决定——翌日清晨，联合舰队司令接到了伊集院将军的电报，它实际相当于一份明确的指示，其中这样写道："兹决定，在两国断交的同时命令舰队起航，因此，提前两天派驱逐舰队前往八口浦的计划有必要改变。"

如果说，海军军令部认为，调整东乡计划的要点甚至修改其中的核心理念是必要的，那么，其背后的原因一定是他们意识到了当时的局势有多么紧张，以及外交和军事环境是何等的诡谲多变。

2月1日，驻俄公使栗野先生从圣彼得堡发出电报，表示俄方会进行答复，并且暗示了答复中可能包含的条款；但他也补充说，兰斯多夫伯爵仍无法给出一个具体的答复日期，因为这份文书在提交前，还会交给旅顺方面呈览。对日本方面来说，开战的最佳时机已经到来。按照栗野先生的预计，俄方的答复是不可能被日本方面接受的，其目的可能仅仅是继续拖延时间；但另一方面，如果在俄国提交答复之前开战，那么，之前圣彼得堡方面长时间的沉默将会把责任引向俄国一边，而日本则会得到世界舆论的同情。

此时，日本再也没有任何理由等待了，它的陆军已蓄势待发，海军也正严阵以待；同时，他们还获悉，2艘购买的阿根廷巡洋舰已于2月2日抵达新加坡，并计划于4日启程北上。而在俄国的维伦纽斯舰队中，除了到2月4日都没有离开苏伊士运河的"奥利斯亚比亚"号之外，其余的全部舰只均已在3日抵达了吉布提。此外还有报告指出，俄军最近正在向鸭绿江流域调动，"志愿舰队"

的辅助巡洋舰正载着增援和军用物资从黑海起航。在战前的最后一两周内，日方非常担心俄国已经知晓了自己的种种备战活动，为此，他们在2月3日召开了一次内阁会议，试图给这种紧绷的局势做一个彻底的了结。

然而，在讨论中，他们还是被驻芝罘情报人员的来电吓了一跳，电文中表示当天上午10点，在6艘巡洋舰和布雷舰的伴随下，俄军的6艘战列舰已从旅顺出海，但航向尚不得而知。这让日本得出了一个清晰和可怕的推论：他们已经耽搁太久了，现在俄军已经掌握了主动权，至于日军的计划——以袭击敌军舰队基地为掩护、通过跨海行动夺取汉城——正遭到针锋相对的挑战。一份急电立刻被送往了佐世保，要求驱逐舰队出海警戒，同时，所有舰船在夜间应只用无线电联络，此外还要在佐世保和竹敷港外布设雷区，一名军令部派遣的军官将携带全部命令抵达东乡将军的所在地。

第二天，也就是4日的凌晨，东乡将军也获悉，除了1艘战列舰正在维修之外，旅顺港内的所有舰船都已出海。因此，他预先命令舰队升火，并等待着开战命令的到来。

此时，局势的紧张程度已达到了顶点，日本召开了御前会议（Grand Council of the Empire），会上一致决定与俄国断交。但这一行动无法一蹴而就，它必须与舰队的部署保持协调，同时，日本陆军省（War Office）必须提前24小时通知部队登船。晚上9点，陆军部队的各位主官接到指示：可以开启密封的作战命令。同一天夜间，东乡将军也获悉，虽然还不能确定俄军舰队的位置，但如果其出现在佐世保外海，就将被视为战争行为，并应立刻对其实施攻击；如果是其他情况，他将在接获命令前按兵不动。同时，他还得到消息，远征部队将大举出动，并以最快的速度登船。

第二天清晨6点，用于抢占立足点的日本先头部队已经登船。这支部队由第12师团下属的4个大队组成——之所以选择这个师团，是因为其驻地离佐世保最近。同时，为掩人耳目，这些部队都没有进行动员，而是沿用着和平时期的编制，总人数只有2500人。在12个小时内，上述部队便在佐世保附近的早岐（Hayagi）集结完毕，2艘总运量为5500吨的运输船也做好了装运准备，同时，还有1艘1200吨的运输船将负责搭载修建码头用的物资以及小艇、汽轮等

快速登陆所需的设备。<sup>9</sup>

与此同时，密封的命令也交到了东乡中将手中，但开战的具体时机，则要根据旅顺舰队的行踪而定。当天，来自芝罘的情报让日方获悉，俄国舰队已在前一天晚上回港，但有报告说，当天下午又有3艘战列舰再次出航。至于济物浦和海参崴的俄舰则没有动静。

下午5点，当陆军接到启封命令的指示时，我方也获悉："东乡将军得到指示，将开始进行'准战争行动'（warlike operations）。"

虽然命令的原文无从得知，但我们仍可以从后来东乡的作战命令中，推测出其中的意图和主旨：在这方面，东乡实际遵照的是军令部的看法，即通过攻击旅顺，还有驻济物浦的2艘俄舰来掩护登陆行动，但他还同时要设法让上述行动与自己的防御思路协调一致。所以，他事实上采用了一种折中的方案，即在行动时把舰队分为两个部分：其中，第1舰队包括装甲舰分队和出羽将军的（二等）巡洋舰分队，此外还有5个驱逐队/水雷艇队，它们将在他的亲自指挥下攻击旅顺和大连，是真正意义上的"掩护舰队"。另一个舰队则由瓜生少将指挥，除了瓜生本人的巡洋舰分队，还有1艘第2战队的装甲巡洋舰和2个水雷艇队。它们的角色是"运输船护航舰队"，将在未来承担起保护并支援运输船登陆的任务。至于第3舰队或"海峡舰队"，则没有纳入东乡的联合舰队旗下，此时，该舰队依旧在片冈中将的指挥下独立行动，并直接听命于东京方面。在战略上，该舰队相当于第二支"掩护舰队"，反制海参崴分舰队是它们的使命。这一部署很像我国在拿破仑战争和更早先战争中的做法，其定位和西部舰队（the Western Squadron）或唐斯舰队<sup>①</sup>（the Downs Squadrons）非常接近。自然，第3舰队也要承担起夺取镇海湾和马山浦的任务。这也是确保日军占领阵位和建立海峡"屏障"的重要步骤。因此，尽管任务是纯防御性的，但他们却有幸发动了最初和最重要的攻击，即夺取事关一切后续行动的战略要冲。

东乡将军的作战命令，一方面贯彻了军令部的指示，另一方面也保留了采

---

① 译注：唐斯是英国海军经常使用的一处锚地，位于英吉利海峡东南部。

取防御态势的整体思路，这也意味着，其主力舰/装甲舰分队并不会直接扑向目标，而是将密切掩护陆军的行动，直到后者完成任务。同时，他还指定了六个集合地点，以作为所有行动的参照：

第一集合点：珍岛（Chin-do）南邻的小岛以西 [10]

第二集合点：济物浦港外的瓮岛（Baker Island）西方 [11]

第三集合点：牙山湾

第四集合点：巡威岛以东（即荒串池，东乡之前选定的雷击舰艇前沿基地所在地）

第五集合点：小青岛（Soi-chong-do）（即大青群岛最南方的岛屿）以南约 10 海里处

第六集合点：圆岛（Round Island）东南约 10 海里处（即大连湾东南偏东约 30 海里处）

按照将军的命令，舰队将在第二天抵达第一集合点，在第三天抵达大青群岛附近的第五集合点，第四天如果没有特别通知，集合点将是牙山湾。由此，日方安排好了前三天在运兵航线附近的掩护行动，并将牙山选为突袭旅顺后舰队的归航点。[12]

以上述计划为基础，东乡首先关心的，是让瓜生战队的"明石"号（Akashi）巡洋舰全速前往八口浦，并将所有情报通过新通信电缆传回给他本人。接着，在 6 日凌晨 1 点，即完成作战计划草案和附带的时间表之后，他把指挥官召集到旗舰上，并用大半夜的时间讲述了每个人的责任和使命。与此同时，地面部队的运输工作也已启动，船队从佐世保起锚并陆续前往指定位置。上午 9 点，战前部署开始，其中最先动身的是 2 队驱逐舰（共计 5 个驱逐队），它们将对旅顺发动攻击；与之一起出发的还有 2 个水雷艇队及配属的母舰和运煤船——它们将在出羽战队各巡洋舰的护送下前往第一集合点，并在当地待命并补充煤炭。两小时后，日军装甲巡洋舰也相继出港，前往小青岛的集结地。又过了一个小时，东乡将军也率领战列舰开赴同一地点。最后，在下午 2 点，瓜生海军少将的战队起锚，并同港外的运输船一起驶向瓮岛附近的海面。

直到起航时，东乡将军才意识到，他们刚刚迈出了通向战争的最后一步。下午2点，罗森男爵获悉，日本已与俄国断交，下午4点，圣彼得堡的栗野先生也发布了同样的通告——战争的帷幕就此拉开。[13]

## 注释:

1. 八口浦位于罗州群岛（坐标为北纬 30 度 42 分、东经 126 度 02 分）南部各岛之间，是一片有大片陆地掩蔽的锚地，周围非常适合布置雷区和防材。其内部的封闭水域面积约为 20 平方英里，但入口的宽度只有不到半英里。

2. 参见《日本战史极密版》第 10 页等。

3. 当时日本陆军已将第 7 师团部署在了北海道，以应对该方向的威胁。

4. "三景舰"即"严岛"号（战队旗舰）、"松岛"号和"桥立"号。三舰的排水量均约 4000 吨，舰龄都在 14 年左右。其中前两艘建造于土伦（Toulon），后一艘建造于佐世保，主要武器为 1 门 12.5 英寸炮和 12 门 4.7 英寸炮，理论最大航速为 16 节。

5. 其武器为 2 门 4.7 英寸炮和 6 门 6 磅炮。

6. 日本海军现役舰队（不含基地守备舰只）1904 年 2 月 5 日的编成如下：

第 1 舰队

第 1 战队：战列舰"三笠"号（东乡平八郎中将旗舰）、"朝日"号、"富士"号、"敷岛"号、"初濑"号（梨羽少将旗舰），通报舰"龙田"号

第 3 战队：二等巡洋舰"千岁"号（出羽少将旗舰）、"高砂"号、"笠置"号、"吉野"号

第 1 驱逐队："白云"号、"朝潮"号、"霞"号、"晓"号

第 2 驱逐队："雷"号、"胧"号、"电"号、"曙"号

第 3 驱逐队："薄云"号、"东云"号、"涟"号

第 1 水雷艇队：第 69、第 67、第 68、第 70 号水雷艇

第 14 水雷艇队："千鸟"号、"隼"号、"真鹤"号、"鹊"号

第 2 舰队

第 2 战队：装甲巡洋舰"出云"号（上村中将旗舰）、"吾妻"号、"浅间"号、"八云"号、"常磐"号、"磐手"号（三须少将旗舰），通报舰"千早"号

第 4 战队：二等巡洋舰"浪速"号（瓜生少将旗舰），三等巡洋舰"明石"号，二等巡洋舰"高千穗"号、"新高"号

第 4 驱逐队："速鸟"号、"朝雾"号、"春雨"号、"村雨"号

第 5 驱逐队："丛云"号、"不知火"号、"夕雾"号、"阳炎"号

第 9 水雷艇队："苍鹰"号、"鸽"号、"雁"号、"燕"号

第 20 水雷艇队：第 62、第 63、第 64、第 65 号水雷艇

辅助舰队

第 1 特务队：炮舰"大岛"号、"赤城"号，水雷母舰"春日丸"，辅助巡洋舰"台中丸""台南丸"，工作船"三池丸"（Miike Maru），医院船"神户丸"（Kobe Maru），舰队运输船"山口丸"（Yamaguchi Maru，运水船）、"福冈丸"（Fukuoka Maru，运粮船）、"金州丸"（运煤船）、"仁川丸""武州丸""武阳丸""天津丸""报国丸"（以上 5 艘船均为特别运输船）

第 2 特务队：水雷母舰"日光丸"，辅助巡洋舰"香港丸""日本丸"，工作船"江都丸"（Kato Maru）；舰队运输船"太郎丸"（Taro Maru，运水船）、"彦山丸"（Hikosan Maru，运煤船）

附注：水雷母舰"熊野丸"和辅助巡洋舰"亚美利加丸"（America Maru）当时正在船厂改装，尚未加入上述序列。

第 3 舰队

第 5 战队：二等战列舰"镇远"号，二等巡洋舰"严岛"号（片冈少将旗舰）、"桥立"号、"松岛"号

第 6 战队：三等巡洋舰"和泉"号（东乡正路少将旗舰）、"须磨"号、"秋津洲"号、"千代田"号

第 7 战队：三等战列舰"扶桑"号（细谷少将旗舰），海防舰"海门"号、"济远"号，炮舰"平远"号、"筑紫"号、"磐城"号、"鸟海"号、"爱宕"号、"摩耶"号、"宇治"号，通报舰"宫古"号

第 10 水雷艇队：第 43、第 42、第 40、第 41 号水雷艇

第 11 水雷艇队：第 73、第 72、第 74、第 75 号水雷艇

第 16 水雷艇队："白鹰"号、第 71、第 39、第 66 号水雷艇

附属舰船："丰桥"号、"有明丸"（Ariake Maru）

7. 具体内容参见本书附录 B。

8. 参见《日本战史极密版》第 1 卷第 38 页。

9. 其中前 2 艘船只于 1 月 8 日被军方雇佣，随即被派往吴港，并在当地听候海军调遣。这两艘船的雇佣方均为日本陆军省，随即又被置于东乡将军的指挥下。每艘运输船配备有 10 间马栏，并按照计划搭载了 5 条大型舢板（每条舢板可运输 40 人或 6 匹马），同时配备了舢板船夫，以及若干套修建 50 米长栈桥的材料。上述 2 艘船原定于 1 月 13 日离开吴港前往佐世保，但在前一天日军雇佣第三艘运输船之后，两船似乎也向后者转移了一部分舢板和登陆器材。

10. 珍岛是八口浦正南方最大的近海岛屿，在低潮位时，标示集合点的南邻小岛经常与该岛连为

一体。其具体坐标为北纬 34 度 22 分 30 秒、东经 126 度 07 分。

11. 当地有两处"瓮岛"（Baker Island）。其中的"大共拱岛"（Taikongon-to）位于济物浦港入口处的狭窄水道附近，另一处则位于该岛西南偏南 30 海里处的东经 126 度子午线上。虽然原文中的"济物浦港外"似乎指的是前者，但其他信息无疑表明，后一地才是日军舰只真正集合的地方。详情可见《日本战史极密版》第 1 卷第 30 页。

12. 人们通常认为，东乡正是在此时接获了"歼灭俄军舰队"的命令，仿佛其任务是发动进攻。事实上，虽然天皇的敕令中可能会出现这一词语，但东乡显然没有从战略的角度对待它，而只是将其当成了一个按原作战计划行动的信号。《日本战史极密版》第 1 章第 4 节中这一情况的叙述是："在 1904 年 2 月 5 日 17 点，东乡联合舰队司令长官接到命令，要求其出港歼灭俄军舰队。6 日凌晨 1 点，他召集所有高级军官，宣读了天皇敕令，并出示了应执行的各项命令。"虽然类似内容也在《日本战史极密版》第 7 章第 1 节第 3 段中再次出现——"当东乡将军接到歼灭俄军舰队的敕令时"——不过，考虑到敕令总是带有感情色彩，我们有理由将它和真正展现战略思想的作战命令区别看待。

13. "16 点"为圣彼得堡时间，此时为东京时间 23 点。

∧ 战争爆发之初，俄国方面印刷的宣传海报《面朝大海，严阵以待》。与画中展现的乐观景象不同，在战争爆发之初，俄国的战略处境实际相当不利

∧ 日俄战争时担任日本海军大臣的山本权兵卫。这是他摄于晚年时期的照片

∧ 伊东祐亨，中日甲午战争中的联合舰队司令，日俄战争中任军令部长一职

∧ 伊集院五郎，日俄战争期间担任军令部次长。同时，他也是"伊集院信管"的发明人

104

∧ 第1战队的旗舰"三笠"号。日俄战争期间，东乡在该舰上全程指挥了整个海上战役，该舰后来作为纪念博物馆保存至今

∧ 八口浦所在位置示意图，当地在今天韩国西南部的罗州群岛中央，因为有多个出入口而得名

∧ 出任日军第3战队司令的出羽重远少将

∧ 第1战队的战列舰"富士"号。该舰和"八岛"号属于同一型号，2舰均订购于19世纪90年代中期

∧ 防护巡洋舰"千岁"号在日俄战争期间担任第3战队旗舰，该照片在1901年摄于朴次茅斯

∧ 第2战队的旗舰"出云"号。该舰也是日俄战争期间上村将军的旗舰

∧ 第4战队的旗舰"浪速"号。该舰于1885年在英国下水

∧ 日俄战争中担任第6战队旗舰的"和泉"号，本照片摄于1909年。该舰原为智利巡洋舰"埃斯梅拉达"号，在甲午战争期间被日方紧急购入

∧ "三景舰"之一的防护巡洋舰"严岛"号，日俄战争中担任第5战队旗舰。该级舰最大的特点就是安装了1门12.5英寸（320毫米）主炮，它们是为了对付北洋海军的铁甲舰而专门设计的

∧ 日本海军时期的前中国铁甲舰"镇远"号。该舰在日俄战争期间隶属于第5战队

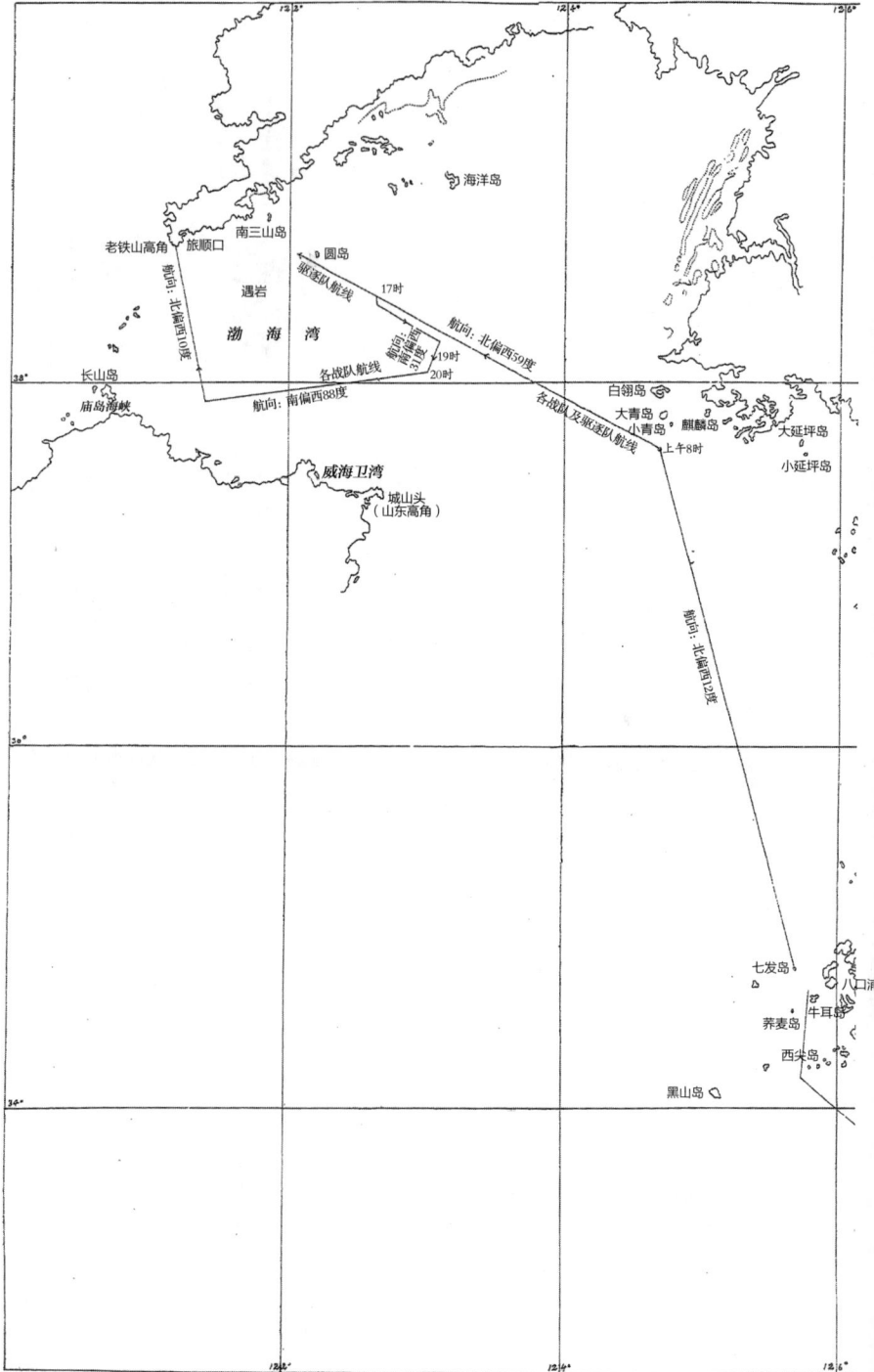

老铁山高角　旅顺口
南三山岛
遇岩
圆岛
海洋岛

渤海湾

驱逐队航线
17时
航向：北偏西59度

航向：北偏西105度

航向：北偏西31度　19时
各战队航线
20时

长山岛　　航向：南偏西88度
庙岛海峡

白翎岛
大青岛　麒麟岛
小青岛
上午8时

各战队及驱逐队航线

大延坪岛
小延坪岛

威海卫湾
城山头
（山东高角）

航向：北偏西12度

七发岛
荞麦岛
西尖岛

牛耳岛

黑山岛

朝 鲜 海 峡

长竹水道
所安群岛
撅子岛
九针岩
巨文岛
丽瑞岛

对马岛

壹岐岛

航向: 北偏西70度
航向: 北偏西75度

八口浦

佐世保

济州岛

五岛列岛

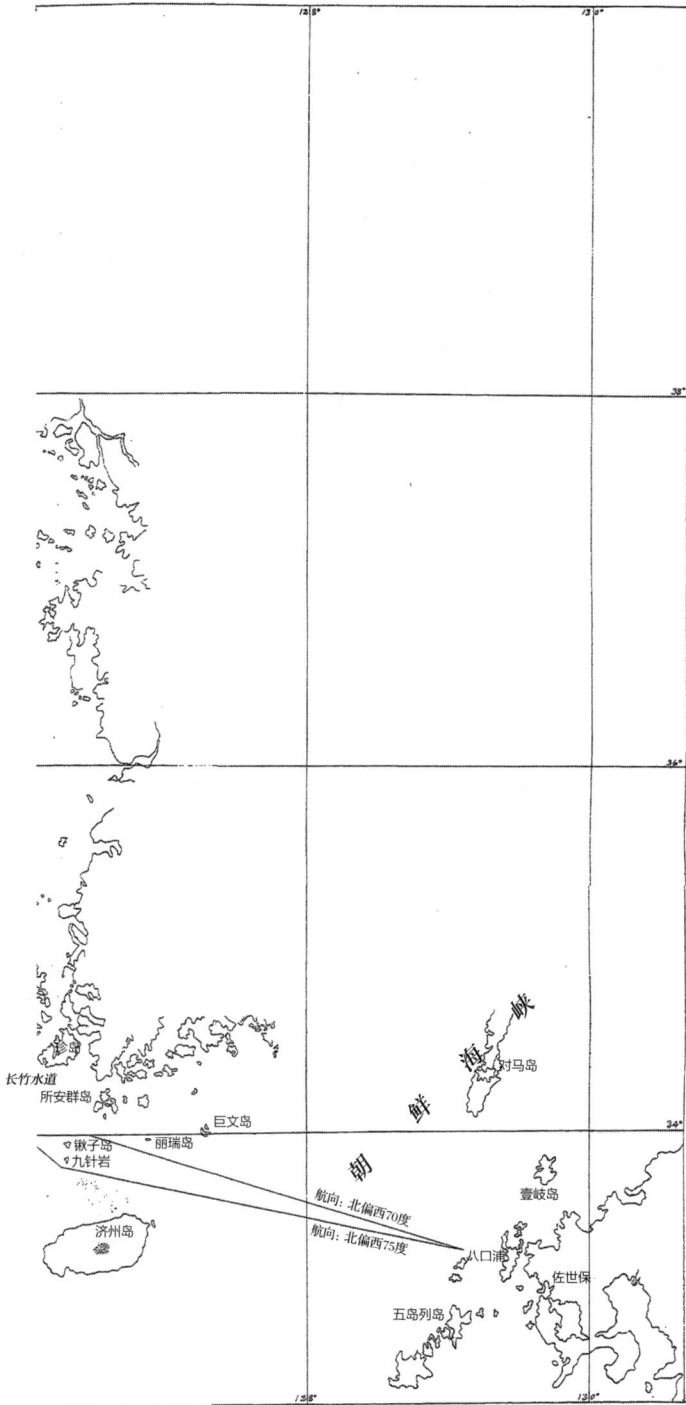

〈 日本联合舰队第一次突袭
旅顺口的预定航线示意图

1. 日军第4战队司令瓜生外吉　2. 日军第3舰队司令片冈七郎　3. 日军第6战队司令东乡正路　4. 日军第7战队司令细谷资氏

∧ 下水于1877年的老式铁甲舰"扶桑"号，该舰在日俄战争中担任第7战队旗舰

# 第三章

# 掩护陆军夺取汉城的行动，对旅顺的牵制攻击

按照英国式联合作战的惯例，东乡将军组织了麾下的所有部队，开始向战场边缘地区集结。此时，我们应该谨记一个事实，他的行动是基于这样的假设，即俄军旅顺舰队并不会出动至远达朝鲜南部的海域。因此，东乡选择的集结点是荞麦岛①（Single Island），该地位于黑山群岛（Mackau Group）和八口浦基地所在的罗州群岛（Naju Group）之间的海峡中央。2月7日下午3点左右，舰队顺利集合，但有一艘驱逐舰不见踪影——之前，在第3战队的护送下，两队日军驱逐舰曾前往第一集合点补充水和煤炭，但就在驶入锚地的过程中，这艘驱逐舰却与母船相撞，失去了行动能力。对日本人来说，这是一个糟糕的开始，但它给士气带来的负面影响却被另一次事件抵消了：就在当天早上开赴荞麦岛的途中，他们俘获了2艘俄国商船，其中一艘恰恰名为"俄罗斯"号（Rossiya）——对日本人来说，这显然是一个振奋人心的好兆头。

然而，这次拿捕远不是最初的敌对行动——第3舰队早已忙碌起来。5日从吴港启程后，片冈中将的2个巡洋舰分队和4个水雷艇队前往了位于竹敷的基地，然后开始进行部署，以持续监视海峡地区，并应对海参崴舰队的袭击。同时，第7战队或者说"海防舰队"，也在细谷少将的带领下奉命"前往朝鲜南部沿岸，并在当地见机行事"。事实上，当这一切发生时，战争便已打响。6日下午，可能是细谷将军部下的4艘舰船开进了釜山湾（Fusan Harbour），同时，一队日军也占领了镇海湾附近的马山浦。[1]

---

① 译注：根据英文名，笔者能找到的航海书籍均未指出该岛的位置，不过，根据本书和《明治三十七八年海战史》中的描述，该岛应该是今天韩国新安郡黑山面附近海域的荞麦岛。该岛位于罗州群岛中牛耳岛西南约8海里处，坐标为北纬34度31分18秒、东经125度41分8秒。

由于朝鲜是中立领土，因此，以上部署还很难算作是战争行为，但另一方面，日军很快以此为基础大举活动起来。6日早些时候，位于竹敷的"济远"号接到一条有线电报，要求其截击"叶卡捷琳诺斯拉夫"号（Ekaterinoslav）——一艘隶属于"俄国志愿舰队"的5600吨快速商船，刚于5日从海参崴起航前往敖德萨。在6日上午9点前，该船在釜山以北海域被日军截获，另外，为避免国际法上的纠纷，日军特意将拦截地点选在了3海里的朝鲜领海界线外。另一艘被捕获的是1500吨的"奉天"号（Mukden），尽管它于5日早些时候便从长崎（Nagasaki）出港前往海参崴，但还是被押回了港内——日本方面认为，该船所处的区域是敌对行动开始的"事件现场"（locus in quo），已不能算作是中立区域。[2]

与此同时，东乡也在荞麦岛起草着最后的训令。他之所以让舰队在此地集结，是因为训令的内容有赖于最新的情报，而当地，又在他们和东京的情报中心进行直接联络的极限范围上。八口浦的通信电缆已投入使用，他在前一天晚间派出的"明石"号回报说，旅顺舰队前往大连绕了一圈之后便回到了港外锚地。但同时也有情报显示，有3艘战列舰在前一天下午再次驶离。然而，这些舰船并没有在济物浦出现——除了各中立国的巡洋舰之外，只有"瓦良格"号和"高丽人"号停泊在当地。

收到这条情报后，东乡将军对局势依旧有些举棋不定。他发布了一些训令，对最新的作战计划做了明显调整。按照两天前深夜，他在佐世保军官会议上发布的命令，全体舰队将直接进入第五集合点，即小青岛（位于大青群岛最南端）以南一片海域。各个战队计划于8日上午8点同时抵达，然后伴随驱逐舰队，在当天晚间突袭大连和旅顺。这一安排遵照的是军令部之前的决定，其中联合舰队将为驱逐舰队提供支援。然而，行踪不定的俄军舰队却在东乡脑海中挥之不去，仿佛是在劝诱他改弦更张，即在不违背上级命令的同时，让舰队前去严密守卫跨海远征的目标区域。事实上，直到确定俄国舰队没有出海之前，他都没有命令舰队发动突然袭击。

无论如何，东乡都在当时做了一个决定，即命令出羽将军的巡洋舰战队单独前往第五集合点，并对大青群岛附近海域展开搜索。这个决策背后的考虑大概是：如果俄军打算突袭济物浦，此处将是他们最有可能集结的海域。为此，4艘巡洋舰在4时15分脱离了编队。15分钟之后，瓜生将军也奉命率领包括"浅间"号（Asama）在内的舰队带领运输船前往瓮岛附近，他们的沿途掩护也将由出羽舰队负责——另外，后者还得到了命令，先经过格列飞群岛附近，再驶往最终的目的地。而在5点，2个装甲舰战队也在5个驱逐队的伴随下出航，但目标却不是第五而是第四集合点，即荒串池附近。

对这一变动，日方资料没有解释其中的原因。我们唯一能知道的是，东乡将军打算在当地卸下舰载水雷艇——这个原因显然不太站得住脚。不过，荒串池的位置却暗中提供了更重要的信息：该地位于第五集合点以东约30海里处，距瓜生将军所在的（第二）集合点大约只有60海里。这一位置应该刚好在无线电的有效通信范围内，在这里，他们可以与（位于济物浦的）"千代田"号①（Chiyoda）保持联系，并收到该舰发回的最新情报。因此，这种部署实际上遵照了东乡自己的原始方案。

之前，军令部在计划中遵循的实际是"寻歼敌军舰队"这一原则。在能确定敌方行踪时，它的确是一条值得遵循的铁律，但问题在于，它只在某些特定的情况下才适用。如果敌人选择避战，或是从"搜索舰队"守护的区域背后发动袭击，那它就可能导致严重的战略误判——美西战争期间，桑普森海军少将（Sampson）驶向波多黎各（Puerto Rico）的错误行动就是一个案例②。在这种情况下，更明智的做法无疑是：让舰队回到真正的防御位置上，在敌人试图袭击需要保护的目标区域时，掌握敌人的行踪。我们知道，由于外交领域局势危急，使得军令部只能驳回东乡将军的设想，转而采用更冒进的计划；但另一方面，作为肩负责任的主官，这种策略却是不能被接受的。正是因此，东乡实际采取的部署是：既遵照军令部的指示，同时又在力所能及的情况下，紧紧掩护运输船到最后一刻。然后，在荒串池，他肯定能联络上在大青群岛展开搜索的己方巡洋舰，并和前

---

① 译注：该舰从1903年12月18日便停泊在当地，以作为租界驻防舰监视当地的局势。

② 译注：在1898年美西战争爆发后，为拦截和消灭西班牙从本土派来的增援舰队，美军舰队司令桑普森一接到后者出航的消息，便离开了战略中心古巴，率师前往他臆想中的敌人目的地——波多黎各。但事实上，西班牙舰队并未前往当地，而是绕道从加勒比海成功抵达了古巴东南部的圣地亚哥。

往牙山的瓜生将军保持联系。如果俄方确实想干扰日军登陆，届时，东乡肯定会在敌人攻击之时或之前掌握对方的行踪。而他在当地卸下舰载水雷艇的事实则进一步表明，他至少在考虑决战的可能。

然而，问题却随之变得更复杂了，因为后来证明，这些预防措施根本毫无必要。第二天早上10点半，东乡在旗舰上接到了出羽将军的报告，出羽在报告中表示已经完成了对大青群岛的搜索，期间并没有发现敌人。同时，运输船队也没有发来求救信号。这让东乡将军决定，立刻起航前往圆岛附近的最后一个集合点，至于舰载水雷艇，也没有卸载，对此，日方给出的原因是海况过于恶劣，但同样显而易见的是，鉴于战斗发生的可能性很低，这种战前准备显然有些多余了。

从政治的角度，如果日军出动的时机再差一些，那么，东乡舰队突入朝鲜海域的行动，完全可能被俄方视为一次公开的挑衅。我们尤其需要记住的是，之前，旅顺方面从圣彼得堡接到的最后指令是：除非日军企图在朝鲜北部登陆，否则舰队就不得干涉。另一方面，如果俄军想要展开截击，唯一合适的地点就是之前日本巡洋舰刚刚搜索过的岛屿附近。但正如我们所见，不管俄方是否真有采取此类行动的打算，远东总督都认为，在对"朝鲜北部"的定义有更明确的了解前，他都不该贸然发布命令。因此，虽然他在1月31日曾让舰队驶入了港外锚地，并于2月4日下令进行了惊动东京方面的短途巡航。但在次日返回锚地后，他觉得当前最理想的部署，还是让舰队原地待命并设法见机行事。然而，指挥部却非常清楚局面的危险性：比如，在2月7日，马卡罗夫（Makarov）海军中将①便开诚布公地向海军大臣警告了可能的情况。马卡罗夫写道："如果日本舰队所处的锚地是敞开的，而且所有舰船都停泊在一片毫无遮掩的海岸边，

---

① 译注：斯捷潘·马卡罗夫（1849—1904年）出身于乌克兰的一个水兵家庭，年幼时随家人一道迁居远东。1863年，马卡罗夫参军，并在俄国海军在太平洋上的一艘帆船上服役。在多次远航期间，他的杰出表现引起了上级的注意。1870年，他发明的一种堵漏垫更是得到了高层的关注，该发明后来被送往维也纳世界博览会。在1877—1878年的俄土战争中，马卡罗夫指挥鱼雷艇将一艘土耳其军舰成功击沉在了巴统港（Batum）。19世纪80年代到90年代期间，马卡罗夫不断晋升，期间他指挥了多次远航，以及对北极和远东的测绘工作，同时还主持设计了史上第一艘破冰船以及贝加尔湖的破冰铁路轮渡工程。日俄战争爆发后，他立刻赶到远东，接管了士气低落的太平洋舰队。在他不久后因旗舰触雷而身亡之前，整个舰队恢复战斗力的工作一度大有起色。日本方面也承认，马卡罗夫指挥的俄军表现出的士气和主动精神都堪称前所未有。

那此时我方最理想的战术，肯定是在谈判破裂后的第一个夜晚，尽全力对其实施打击。同样，如果居于上述处境中的是我军舰队，日本人也绝不会放过这样一个能重创我们的良机。"[3]

如前所述，旅顺方面一直在两种决策间摇摆不定：其中一种，是保护舰队免遭突然袭击；而另一种，是在日军出现后立刻出击。这导致了犹豫和拖延，还干扰了防御工作的开展。俄国的官方海军杂志这样写道："我们的预防措施，包括禁止人员在日落后上岸，让所有速射炮和鱼雷管处于待发状态，熄灭所有灯光（但不限于全体舰只），并让部分炮组人员彻夜值守在战位上。同时，我们还组织了巡逻：每晚都有 2 艘值班驱逐舰前往港外 20 海里处，还有 1 艘炮舰被部署在港外 10 海里处。2 艘执勤巡洋舰也随时保持着升火状态，它们将在有侦察需要的情况下出动。最后，还有 2 艘值班舰船在舰队周围用探照灯搜索海面。但除此以外，我们没有采取其他措施。"[4]

不幸的是，正如后来证明的那样，沙皇"让日本人开第一炮"的命令，导致这些措施收效甚微。因为执勤船只得到的命令仅仅是用探照灯照射靠近港口的船只，并派出一名舰上的军官进行检查。总之，它们没有得到开火的权力。同样，如果在外海搜索的驱逐舰遭遇了可疑状况，它们还需要回报给旗舰，而在此期间，它们还像平时那样打开着灯光，并禁止在未接到命令的情况下擅自行动。无可否认，远东总督在当时并没有采取任何破坏和平的措施，但他遵从沙皇命令的愿望是如此迫切，仿佛连上膛的舰炮走火都会令他心神不宁。当几天前，斯塔克将军恳请他命令舰队进入备战状态时，得到的回答仅仅是："这为时尚早。"虽然在另一方面，斯塔克将军每晚都命令麾下的舰船"准备防范鱼雷攻击"，但在舰队中，这道命令却被当成了和平时期的演习。另外，由于部队纪律涣散，它从来也没有得到认真执行。在一些舰船上，炮组士兵甚至在战位上呼呼大睡。虽然防雷网都准备就绪，但正如前文所述，海军的参谋人员却在犹豫，因为他们担心其布置会影响舰队的机动能力。甚至在获悉双方已经断交之后，俄方也没有采取进一步的备战措施：沿海炮台没有接到作战警报，而且位于老铁山（Liau-ti-shan）的灯塔也彻夜通明。总的来说，政治方面的危急局势和相互矛盾的命令纠缠在一起，让俄军舰队的防护措施完全流于表面。

　　而这一切，也恰恰是东乡将军逼近时旅顺俄军的情况。对俄军的戒备措施，东乡其实并不是毫无预料。几周前，他便得到消息，俄军正在采取预防措施，以抵御突然袭击。因此，为应对俄军拉响警报的情况，日军的作战安排几乎事无巨细。其中最引人注目的是一份给驱逐舰的命令，命令上说如果遭遇重创并失去浮力，那驱逐舰要努力在旅顺西部老虎尾半岛和大陆相连的脖颈处冲滩，做好携带轻武器、给养和刺刀登陆的准备。届时，全体船员将尽快弃船，并全力夺取最近的炮兵阵地。

　　当天中午，各驱逐舰怀着激动的心情，从东乡将军手上接到了最终的进攻命令。到 18 点，他们将以 13 节航速前往第六集合点，即圆岛东南 10 海里处；随后，各舰将脱离舰队，并兵分两路，前去实施攻击。至于主力舰队，则将顺次转向 16 个罗经点①，随后，各个战队将以第 3 战队为先导，以 3000 米（3300 码）为间距、在 10 节速度下往回行驶两个小时。然后，他们将在 20 时右转 8 个罗经点，驶往成山角方向，并保持这一航向到 22 时；接着，他们会转向北偏西 85 度，即沿着与山东半岛北部海岸线平行的航向航行。最终，他们会沿这条航线于第二天清晨 5 点左右抵达旅顺港以南。此时，他们将转向北偏西 15 度，以驶往关东半岛的尽头——老铁山角。

　　然而，日军在航行时间上还是出了偏差。18 时，他们还没有完全抵达集合点，其具体位置仍在圆岛东南微东（S. E. by East）约 30 海里处。尽管如此，东乡将军仍向驱逐舰队发去信号："按原定计划进击，祝行动成功。"接着，当舰队回转 16 个罗经点时，所有军舰都用登舰礼向这些驱逐舰致敬，并三呼"万岁"，仿佛是在激励它们去奋勇从事这项危机四伏的冒险行动。

　　然而，在东乡将军精心制订的计划中，却有一处明显的疏漏：驱逐舰群实际脱离了编队，没有一艘通报舰与之保持联络，甚至到它们完成攻击进而抵达圆岛海域的指定会合点时，都没有前去接应的舰船。因此，东乡根本没有办法尽早了解袭击的结果；但另一方面，他对舰队下达后续命令的基础却又取决于此。这一疏忽可谓相当匪夷所思，而且我们很快将看到，它将导致极为严重的问题。

---

　　① 译注：每个罗经点为 11 度 15 分，16 个罗经点即 180 度。

如前所述，在 5 日舰队返回旅顺后，曾有情报显示，有 3 艘俄国战列舰再次出海。也许这正是日方选择把驱逐舰分成两队的原因。其中第 1 队包括第 1、第 2 和第 3 驱逐队，麾下共拥有 10 艘驱逐舰，目标是旅顺港；而另一分队则包括第 4、第 5 驱逐队，共计 8 艘，目标是大连。这种安排可谓非常蹩脚，意味着日方将有一半的攻击力量错失目标。为此，整个计划一开始就厄运连连。另外，虽然这份计划由东京的军令部一手制订，但具体细节却由每个分队内部、各个战队的司令官们在完全自主的情况下一起商定。作为第 1 分队中最资深的指挥官，浅井大佐①（Asai）和同僚们的决定是，在抵达旅顺港入口时，先悄悄查明敌舰的位置，然后趁机在月亮升起时，即午夜时分至午夜 1 点 40 之间，发动第一轮袭击。在浅井大佐发出信号后，驱逐舰将先驶过港湾入口的导航浮标，然后第 1 驱逐队左转、其他 2 个驱逐队右转，沿俄舰的停泊地发动雷击。但是，他们似乎忘记了安排一件事：如何避免航线彼此混淆。当时海况平静，水面只有些许薄雾，总之，除了天气略微寒冷外，这几乎是完美无瑕的夜袭环境。然而，当抵达圆岛东南约 5 海里处时，第 1 分队突然意识到，第 2 分队的驱逐舰正从前方横穿而过。为此，浅井大佐被迫降低航速，其舰只的队列也变得散乱起来。随着队形的恢复和第 2 分队的驶离，他再次下令驶往老铁山灯塔的方向。大约晚间 10 点 30 分，舰首右前方出现了若隐若现的探照灯光，这表明之前的情报是正确的——敌人已经有所戒备。即使如此，他们还是继续向着老铁山进发。几分钟后，仿佛是好运降临了一样，一阵雾气从右前方飘散过来，遮蔽了探照灯的光线。同时，日本人也进一步意识到，敌人并没有安然入眠。

许多灯光在舰首右舷方向来回移动。日本人基本确定，来者就是俄军巡逻舰，而且正在转舵，并朝着所见的可疑目标驶来。浅井大佐见状立刻减速，随着灯光快速逼近，日方更加清楚地意识到，这些在西北方航行的船只实际是 2 艘俄

---

① 译注：即浅井正次郎（1856—1923 年）大佐。浅井出生于爱知地区，毕业于海军兵学校，1883 年晋升少尉。19 世纪 90 年代担任过横须贺水雷队攻击部驱长、佐世保水雷队敷设部司令、"吉野"号副长、"天城"号舰长等职务，1903 年末出任第 1 驱逐队司令。日俄战争初期的 1904 年 6 月，浅井正次郎由于未能取得重大战果而转任辅助巡洋舰"熊野丸"舰长一职，1905 年 6 月转任佐世保水雷团团长，次年晋升少将，1923 年去世。

军驱逐舰——作为俄军的外海巡逻力量，尽管实力薄弱，它们依旧带来了很大麻烦。为闪避俄舰，浅井大佐被迫稍稍靠右航行，并在对方径直从后方驶过时熄灭了尾灯。最初一切平安无事，他们都在敌人毫无察觉的情况下从敌人近旁驶过。但尾随的第2驱逐队却没有那么顺利，该队的领舰试图遵照浅井大佐的做法，转向右舷、熄灭灯火，但当俄军巡逻舰从正前方通过时，该舰只能降低航速，直到接近停航状态。在无尽的黑暗中，这种状况引发了严重混乱——当时，位于二号位置的驱逐舰依旧保持着航向，当该舰偏离阵位、开始右转时，它突然发现，先导舰几乎是横在了自己的前面。虽然2艘船都拼命试图倒退，但相撞已不可避免：二号舰舰首严重损伤，几乎当场瘫痪；领舰的船锚基座也被撞毁，不过依旧可以航行，不久，其身影便消失在了黑暗里。至于队尾的驱逐舰，则完全失去了和僚舰的联系，最终，它还是找到了受损的二号舰，并开始在周围警戒。后面的第3驱逐队的行动同样被打乱：为闪避俄军驱逐舰，它们全部被迫提前停航。当俄国巡逻舰驶离后，其他驱逐队早已在视野中消失，因此，第3驱逐队根本无法重新回到之前的阵位，只能转为单独行动。

　　幸运的是，几分钟后，老铁山的灯光变得清晰起来，让日军得以修正自身的方位。现在已经过了23点，空气中带着一丝寒冷，但夜晚依旧晴朗而宁静，这种入冬后的天气，就和所有人暗自期待的一样，对作战成功大有裨益。在接下来的半个小时里，浅井大佐带着剩下的4艘驱逐舰继续前进。午夜前，在方向北偏西半个罗经点（N. 1/2 E.）处，敌军的探照灯变得明亮起来，还转向了日军所在的位置。面对这种情况，浅井大佐只能慢速前进，并耐心等待着机会降临。期间，俄军的灯光一直忽远忽近地频繁扫射，午夜后不久，它们更是突然定住，径直照在了日军舰队的身上。随着时间流逝，日军俨然已经暴露，但过了几分钟，这些光柱又都纷纷移走了。在浅井大佐看来，战机可能稍纵即逝，因此，他毫不犹豫地发出了事先确定好的信号。

　　不到10分钟，他们便接近到了极近的位置上，不仅能在漆黑中辨认出敌舰的轮廓，还能通过烟囱和灯光猜测出对方的舰型。在判断双方相距600米（660码）时，浅井大佐按照预定计划向左转舵，为保证鱼雷发射的精度，他将船速减到最慢，然后急转全速向南撤退。队内其他3艘驱逐舰也采取了相同的行动——

尽管注意到敌舰队已有所察觉，它们仍坚持靠近到了 400 米（440 码）至 500 米（550 码）处，并发射了 5 枚鱼雷，其中几枚似乎正中目标。就在第一枚鱼雷命中敌舰 5 分钟后，敌军舰队也开始还击，尽管有些驱逐舰中弹，但它们都有惊无险地逃脱了。而紧随其后的是第 2 驱逐队硕果仅存的领舰，它完全是单独摸索着找到了目标。该舰按原计划转向右舷，并在 1000 米（1100 码）距离上发射了 2 枚鱼雷，但没有目测到命中，最终，该舰也成功安全撤退。

在俄国巡逻舰引发混乱后，第 3 驱逐队的 3 艘驱逐舰中只有 2 艘还在结伴航行，殿后的那艘则消失得无影无踪。很快，这 2 艘军舰便发现了第 2 驱逐队的受损驱逐舰，后者的僚舰就在其舰尾方向值守。察觉到该舰没有沉没的危险后，第 3 驱逐队司令向未受伤的驱逐舰发出指示，令其在后方占据阵位并跟随第 3 驱逐队继续前进。此时，俄军的火炮和探照灯已经警觉，他们的任务变得更为艰巨。但即使如此，日军鱼雷兵对武器威力和准确性的信心都没有动摇，甚至在极限射程下也是如此。在确信逼近到 1500 米（1600 码）距离后，他们果断地发动了雷击，接着由于某种原因，在领舰向左转弯时，其他 2 舰则选择了右转。上述 3 艘驱逐舰都发射了 2 枚鱼雷，但没有观测到明显的命中迹象。0 点 45 分，各舰都脱身向圆岛驶去。在大致超过 15 分钟的战斗中，他们共发射了 15 枚鱼雷。第 2 分队发现大连港空空如也，只有 1 艘满载日本难民的轮船——其身份直到发动雷击前才得到确认。因此，这 8 艘驱逐舰实际是扑了空。总之，在东乡将军的 19 艘驱逐舰中，只有 8 艘真正参与了攻击。

尽管如此，战斗并没有完全结束。第 2 驱逐队受损的二号舰"胧"号（Oboro）和迷航的殿后僚舰"涟"号（Sazanami）仍滞留在战场上[①]，它们的英勇行动尤其值得一提。其中"涟"号的迷航，是因为在俄军驱逐舰引发的混乱中误把敌方探照灯当成了友舰，但察觉到真相之后，该舰迅速转向，并发现自己已完全掉队。即使如此，它仍不屈不挠地决定单独发动攻击。起初，敌军的探照灯活动异常频繁，"涟"号一直处在它们的照射之下，但在 1 点 30 分左右，所有探

① 译注：作者在这里的表述有误，"涟"号实际来自第 3 驱逐队。

照灯突然全部指向天空，这让该舰看到了冲向敌方舰队中心的机会。在700米（770码）外，"涟"号发射了2枚鱼雷，然后开始全速逃逸。半小时后，"胧"号也修理好了损伤，并摸索进了港内。

午夜1点，"胧"号遇到了其他返航的舰只，尽管舵机已不甚灵活，但它仍然决定独自前进。由于俄军探照灯的反应渐渐迟钝，因此，它得以缓缓潜入港内，并且设法在2点之前在约1200米（1300码）外发射了2枚鱼雷，随后才开始撤退。期间，"胧"号虽然多次引来俄军探照灯光和炮火，但最终还是毫发无损地从东南方脱离了战场。事实上，在场的俄军并没有展开真正的反击，所有巡洋舰中，只有"新贵"号徒劳地独自向外海追赶了30海里。战斗结束，大多数日军驱逐舰都驶向了位于圆岛背风处的指定集结点，随后心满意足地在5点开往荒串池锚地。

考虑到有利的条件，日军完全可以在奇袭中取得更大的战果：事实上，俄国人根本没有收到敌人来袭的警告，而是到最后一刻才有所察觉，其巡逻的驱逐舰更是直到日军第3驱逐队发动袭击后才驶进港内——至少，当第3驱逐队的殿后舰扬长而去时，人们才看到俄军巡逻的驱逐舰进入港湾。斯塔克海军中将写道："这次袭击非常出乎意料，和最新得到的可靠消息截然相反，这导致本人座舰上的乘员最初以为是'列特维赞'号（Retvizan）上的一枚鱼雷意外发生了爆炸，因为在这天，它们才做好发射准备。"

当时，斯塔克刚刚辞别了在旗舰上举行会议的舰队参谋长和港口司令。整个夜晚似乎非常宁静，锚地内的16艘舰船停泊成了4行，性能最好的船只最靠近外海。其中，具体负责用探照灯搜索的是"列特维赞"号和"智慧女神"号（Pallada），结果它们最早中雷。"阿斯科尔德"号（Askold）和"月神"号（Diana）号则是执勤巡洋舰，当时也只有它们在升火待命。除了巡逻舰之外，所有驱逐舰都在港内，执勤的炮舰则没有出航。因此，直到24点30分（日本时间），俄军才接到警报，当时"列特维赞"号已注意到"智慧女神"号的探照灯发现了2艘日本驱逐舰。当值的军官立刻下令："抵御鱼雷攻击。"但该舰还没来得及开火便已中雷。"智慧女神"号在10分钟后的24点41分才发现敌情。尽管它拉响了警报，但又犹豫着不敢开火，担心把巡逻的驱逐舰当成了敌舰，直到看见一枚鱼雷朝自己冲来之后才开始射击。该舰上的军官报告说，当时共有7枚鱼雷袭来，但最终只有1枚命中。接着，按照俄国人的说法，所有射界未被遮挡的舰船都在开火，并且一直持续到凌晨2点左右。"阿斯科尔德"号则报告说，作为最靠近外海的船只，它的机动空间非常狭窄。当时有枚鱼雷几乎从它的舰尾下方擦过，而且因为前进及时，它才没有被10码内的另一枚鱼雷命中。因此，在日军发射的19枚鱼雷中，只有3枚真正命中了目标[1]，而且中雷的3艘军舰都保持着浮力，这让它们得以立刻撤离战场，不过，它们还是在设法进港时相继坐底。[5]

这场海军史上的首场大规模鱼雷攻击在发动时，几乎拥有冬季环境下一切有利的气象因素。另外，当时战争才刚刚打响，行动的日军都斗志坚定、士气高昂，他们的目标是一群锚泊中的敌人，俄军不仅士气低落、准备不足，而且极少有舰队像当时的俄军那样，处在如此毫无遮蔽的状态下。既然如此，为何日军的战果如此有限？如果我们有意寻求答案，其实不难注意到一些问题。首先，这是由于目标的信息并不准确，导致日军只有一半的驱逐舰抵达了战场，而这类变数在战时非常常见；其次，虽然俄军的防御巡逻措施不完善，而且没有得到开火的许可，但防御措施仍能将日军的部署搅乱；第三，许多日本鱼雷之所以偏离目标，是因为俄军舰队已经开火，而且探照灯也展开了搜索[6]；第四，随着干扰的增多，每个驱逐队的雷击距离也渐次加大。甚至有可能在强光、炮弹爆炸激起的水花以及寒冷导致的麻木影响下，除了第1驱逐队外，其他驱逐队都未能在有效射程内将鱼雷射出。毕竟，在如此紧张的情况下，人员其实很难保持一贯的战斗素养，而战斗素养，又恰恰是类似战斗中不可或缺的因素。

作为特殊情况，试图从中推导出普遍结论的做法明显是不妥的。因为除了1895年对威海卫的袭击外，这种大规模雷击战还是第一次发生，同时，使用的鱼雷的威力也比较有限。关于进攻方和防御方的实力对比，我们唯一可以断定的是，尽管当时的环境对袭击者极为有利，但俄军大部分敷衍的预防措施都成

----

[1] 译注：另一枚鱼雷命中的是战列舰"太子"号。

122

功妨碍了日军的攻击。其发挥的作用是如此之大，以至于所有人都对此始料未及。另一方面，虽说鱼雷的威力和准确性都有了大幅提高，但这种行动仍然需要丰富的经验，因此进攻未能一气呵成。当然，我们不是说袭击之所以未能得手，是因为日军鱼雷兵缺乏进攻精神，相反，导致这种情况的原因似乎有两个：首先，在防御火力和探照灯的震慑下，日军错估了射击距离；另外，军官们对鱼雷的性能又太过自信。日军的水雷部队是一支有凝聚力的队伍，其军官都曾在相关舰艇上服役多年，平时的演习和高昂的士气让他们想当然地以为：鱼雷是一种威力巨大、射程可观的特殊武器，但这种观点背离了战场上的实践。这一切，又让他们顺理成章地相信，抵近发射的做法是不必要的，而向驱逐舰配发长程和短程鱼雷的做法，更是加深了这种误解。总之，对探讨当前的技术条件下，类似袭击可能产生的结果，旅顺之战显然不是一个有说服力的论据。

日军主力舰队由于事先未采取任何措施与驱逐队保持联络，因此他们对这次空前的伟大试验的结果一无所知。5 日上午 9 时许，当日军驱逐舰队完成重新集结，从圆岛开赴牙山时，东乡的舰队正位于驱逐舰队的活动范围以外，即芝罘以北约 20 海里处。现在，主力舰队登场的时刻到了，东乡为此将航向转向了老铁山。至于他的第一步，则是试图查明雷击行动的战果。为此，早上 8 点，部署在老铁山角以南约 20 海里的出羽将军带领 4 艘巡洋舰驶向了旅顺港锚地。期间，他并没有得到抵近侦察的专门指示，而是仅仅获悉，如果在海上遭遇了强大的敌军，他应试图将其引诱到装甲舰分队正在赶赴的一个位置，即遇岩①（Encounter Rock）以南海域（位于旅顺港东南约 20 英里处）。

出羽将军渐渐将航速提高到了 13 节，9 点后不久，他透过弥漫的晨雾辨认出了俄国舰队：12 艘战列舰和巡洋舰，还有若干炮舰、驱逐舰和布雷舰正部署在外围，它们看上去乱哄哄地聚集在一起。在这些舰只中，有三四艘船似乎严重倾斜，或是已经搁浅。舰队没有活动的迹象，只有 2 艘巡洋舰和一些驱逐舰"在附近缓缓航行"。随后，他接近到了 7500 米（8200 码）处，依旧没有被敌

① 译注：又名财神礁，位于大连港正南约 37 公里的黄海海域。具体坐标为北纬 38 度 40 分 22 秒、东经 122 度 9 分 46 秒。

人发现。在继续驶近500米（560码）后，他开始从容地侦察敌情。尽管距离非常近，但俄军依旧一炮未发，也没有在视野内活动——这让出羽将军非常满意。虽然他此时麾下有一整个战队，但这次行动的本质仍是一次武装侦察，他完全没有必要继续逼近，并引来敌人的火力。根据当前的观察，出羽将军相信，袭击获得了成功，且俄军士气极为低迷。带着这种看法，他迅速返回了遇岩海域。由于观测距离超过3海里，他的结论其实是存在问题的：事实上，俄军已经升火，同时还进入备战状态并升起了战旗；"阿斯科尔德"号和"贵族"号（Boyarin）正向外海巡逻；舰队在发现自己正被监视后便立刻出动，只是因为日军巡洋舰正在高速撤退，他们才又重新返回了锚地。[7]

对上述情况一无所知的出羽将军，在10点前不久向舰队司令汇报了侦察结果，并极力建议"让第1战队和第2战队迅速出动，轰击港外的敌军"。就在这时，1艘俄国商船从东面出现，并立即被日军俘获。这艘商船的名字"满洲"号（Manchuria）无疑象征着一个好兆头，日军也因此士气大振。半小时后，出羽将军再次向东乡做了汇报，并激动地积极重申了之前的提议。他在电报中表示："敌军士气低落，我认为，立即发动袭击将会取得巨大战果。"

然而，这次攻击却并不在预定计划之内。按照日军的原始设想，只有当驱逐舰的行动彻底失败时，装甲舰才会冒险在敌军岸炮的射程内展开进攻。显然，驱逐舰的行动并没有失败。对此，日本方面的史书中写道："然而，在接到第3战队的侦察报告时，东乡司令官认为如果敌人的状态真是如此，那这次攻击将很有必要，哪怕让我方暴露在要塞炮火下也在所不惜。"因此，东乡做了如下回复：第3战队在后方占领阵位，他将亲自指挥一个战队为先导，向旅顺方向挺进。11点时，他直接转向敌军，将航速增加到15节，同时发出了这样的信号："我们将攻击敌军主力舰队。全体进餐。以格列飞群岛作为集合点。"显然，此时的他已下定决心，冒着一切可以承受的风险，与敌人决战。这时，1艘巡洋舰出现了，它在射程的极限位置上向旗舰"三笠"号开火。这艘巡洋舰是"贵族"号，在2个小时前被派出进行侦察。当时俄军的主力舰队刚返回锚地，于是该舰立刻回航，并用尾炮发出了"敌方舰队正在逼近"的警告。东乡司令官立刻下令迎战，并挂出了这样的信号旗："胜败在此一战。各员一致励志努力。"

就在不久之前，俄军的堡垒和信号台也发现了敌情并拉响了警报，但是，由于斯塔克将军正在岸上从总督处"接受指示"，舰队出航出现了一定的拖延。在大约 10000 米（11000 码）外的日军看来，俄国舰队"仿佛挤作一团"，在接近到 8500 米（9300 码）距离的时候，日军向西转过 5 个罗经点，以便超越刚刚成形的俄军战列。这一天天气晴朗，只有岸边飘荡着薄薄的晨雾，微风从南面吹来，掠过了波澜不惊的海面。正午时分，在 8000 米（8700 码）的距离上，"三笠"号进行了一次试射。8 分钟后，俄军舰列也全部开始射击。当时，"三笠"号和俄军各舰的距离在 7500 米（8200 码）到 6800 码（7400 码）不等，该舰随即用所有 6 英寸以上的火炮回应敌人的火力，舰队内的其他舰只也相继加入作战。不久之后，俄军掉头转向东方，两支舰队在反向航线上不断靠近。而 2 艘俄军巡洋舰，即单独出航的"巴扬"号和"新贵"号，现在已经转向。"巴扬"号来到了队末，而 3000 吨级的三等巡洋舰"新贵"号则大胆地冲向了敌军。[8]

随着日军逐渐找到准头，他们的炮弹迅速命中目标，但腾起的浓烟也模糊了敌舰的身影。不仅如此，一个事实正逐渐显现出来：敌军的士气并不像出羽将军认为的那样低落。随着日军驶入堡垒的射程，俄军炮火的烈度也在不断增加。不到 5 分钟，"三笠"号便被一枚重型炮弹命中，这枚炮弹先是被弹开，然后在军舰上空爆炸，并炸伤了（第 1 舰队的）机关长（Engineer-in-Chief）、1 名参谋[①]和其他 5 名官兵，还损坏了部分后舰桥。对日本人来说，这也是他们第一次在战斗中遭到炮弹直击。很快，又有更多的炮弹落向了第 1 战队——仿佛俄军的火力完全集中在了他们身上。2 分钟内，日军便有 2 名军官阵亡，还有 17 名士兵受伤，同时，敌军原本散乱的炮火也变得逐渐精确，这让日军更加难以准确射击，不仅如此，他们还无法分辨自己的弹着点。日本方面的史书写道："我方炮弹有的在附近水面爆炸，激起片片水柱；有的命中敌舰，令对方周围腾起了黑色烟雾。滚滚浓烟遮挡了敌人，让我军很难确定射程。"此时，日军

---

① 译注：原文为"Flag-Lieutenant"，直译为副官或侍从官，但根据日方战报，其身份实际是第 1 舰队的参谋。

的整个阵列都卷入了激战：所有军舰都在全力以赴倾泻着火力；同时，每艘舰船也都各自选定了目标，并不时为了更高的射击效率或更清晰的视野频频转换着对手，但即使如此，俄军的火力也没有被压制住。

大约 12 点 20 分，日军旗舰已经靠近了老铁山，此时东乡将军决定：各舰依次向外海转舵 8 个罗经点。战斗进行到了危急时分，俄国人也完全意识到了机会。就在"三笠"号转舵的同时，西面所有的俄军炮台都将火力集中到了转向点上，至于其他岸炮，则瞄准了日军的装甲巡洋舰。冒着密集的炮火，日军在未受损伤的情况下完成了转向，并迅速驶出了岸炮的射程。此时，俄军的火力变得散乱起来，这让日本人相信，他们已经被压制住了。但随着上村将军的装甲巡洋舰抵达转向点，俄军的火力再次增强，整个海面都被暴风雨般的弹幕淹没。期间，日军装甲巡洋舰被数次命中，幸运的是，在跟随第 1 战队脱离俄军射程前，他们只有 12 人受伤，而且没有舰船严重受损——只是，这种状况更多是源于运气，而非准确的判断。期间，"新贵"号为进入射程，始终冒着敌军的猛烈火力勇敢前进。当装甲巡洋舰开始转向时，"新贵"号已经冲到了距敌 3000 米（3300 码）处。据信，该舰向日军舰队发射了 1 枚或数枚鱼雷，但这些鱼雷都错失了目标。接着，该舰水线下的位置遭到了一记重击，于是只能被迫仓促后撤。[9]

虽然目前损失轻微，但东乡更担心的是非装甲舰队，因为就在此时，它们也即将跟随装甲舰接受严峻的考验。现在，所有俄军火力都对准了它们，以至于"周围弹如雨下"。当第 2 战队完成转向时，它们的处境更是危险至极，以至于东乡并没有让它们继续前进，而是命令其集体转向以脱离战场。这一机动最终完成了，而且它们在逃离时只蒙受了轻微的损伤。但根据俄军方面的记录，它们在一段时间内曾面临着被拦截的危险，因为当斯塔克将军看到日军向外海机动之后，他又将航向调转了 16 个罗经点——按照他的说法，这一举动是为了重新投入战斗。但随着日军继续撤退，他最终又让舰队撤回了锚地。

就这样，战斗在持续约 40 分钟后结束了。整个过程中，日军总共只有不到 90 人伤亡，而且没有 1 艘舰船严重受损，但有两个事实毋庸否认：首先，出羽将军并没有充分抵近侦察，而且大大低估了俄军的抵抗力量；其次，东乡将军之前的判断（即反对在岸炮射程内与敌军交战）完全合情合理。如果他知道己方的猛烈炮火不会对敌人造成什么损伤，他肯定会进一步坚持如此。而在俄军这边，他们的伤亡不超过150人，除阵列前方的4艘巡洋舰"巴扬"号、"阿斯科尔德"号、"月神"号和"新贵"号承受了大部分火力之外，没有其他船只严重受损。因为自身的英勇行动，渺小的"新贵"号承受了最猛烈的打击，但即使如此，该舰也在10天内修复完毕。

在这种情况下，东乡将军决定重新采用最初的作战计划，并立刻返回基地。这不只是因为与俄军再度交战将带来风险，同时，他们还必须在入夜前脱离俄军驱逐舰的行动范围。对此，上村将军徒劳地进行了反对，他坚持说，自己的战队受损轻微，应当在清晨时分再度发动攻击。但东乡将军坚持认为，自己的使命已经完成——他不仅看到受伤的俄舰被带回了港口，更清楚在一段时间内，地面行动都将不会有被敌方海军干扰之虞。同时，他还向副手指出，从现在到明天，俄军都将在港内避战不出，位于日舰的攻击范围之外。在东乡看来，当务之急是回到基地，准备"下一步的行动"。毕竟，在第一轮奇袭发动之后，最明智的做法显然是，回到战区的正中心，并让大本营根据奇袭的结果调整后续部署。为此，他将继续向基地航行，同时也会进行佯动，以摆脱敌军驱逐舰可能的追击。他让第3战队直接前往牙山的集合点。至于他本人，则率领2个装甲舰战队前往山东半岛方向，如果抵达威海卫北微西（N. by W.）约35海里处，他将转舵前往东南，并在三四次转向后开往格列飞群岛一带。最终，他于次日上午8点抵达当地，随后驶向了牙山湾。

在舰队内部，东乡的决定似乎遭到了强烈质疑。有人在议论如果是纳尔逊会怎样做，也有人说，消极避战很丢脸。但以当时的情况论，这些批评都没有切中要害。整个行动真正的问题在于：由于对某些战争基本原则的无视，无论是在策划还是执行中，日方都犯下了难以弥补的错误。所以，虽然人们都在谴责失败，但实际的情况是：面对既成事实，勇敢地中止行动，才是东乡司令当时最明智的决策。

我们尤其要记住的是，按照东乡的原始设想，整个行动只是用驱逐舰队发动牵制攻击，至于让舰队倾巢出动并进入岸炮的射程，则完全不在他的计划内。这次袭击也更多是一次预防行动，意图在于掩护部队安全航渡。只是由于开战后迫切的政治需要，东乡才勉为其难地选择了让舰队毫无必要地出击——对他来说，这也是一种无奈的举措。可问题在于，虽然他把主力舰队集结在了敌方港外，但具体目标不是"寻歼敌军舰队"。相反，他真正的想法是让舰队在驱逐舰突袭失败后发动进攻。换句话说，这次行动仅在形式上是一次进攻，其根本意图却与之南辕北辙。具体而言，其根本目的不是摧毁敌军舰队，而是掩护陆军的行动。

同时，日本人还没有意识到，既然他们让舰队集结到了敌方港外，此时最有必要采取的行动应该是：凭着集结带来的有利条件，尽力保证战果最大化。换言之，日军兴师动众地部署了主力舰队后，就应当大胆发动进攻，最有利的时机就是驱逐舰队发动突袭后。

不过在当时，虽说驱逐舰的行动为舰队出击创造了可能性和有利条件，但日军并没有抓住机会。此外，当时还盛行着夸大新武器威力的倾向，这让日军没有意识到一点：在发动关键一击时，鱼雷最多只是一种事先削弱敌人的手段，或是舰艇发动进攻前的辅助措施。最后，按照"进攻必须一气呵成、持续有力"的普遍原则来看，驱逐舰队的突袭也必须有后续行动作为伴随，而该原则也要求日军主力舰队必须抓住机会参战。

总而言之，如果这才是军令部希望贯彻的原则，他们一定会发现，东乡实际是在重重压力下做了尴尬的折中。这种折中让进攻与防御的界线变得混淆不清，而且就像绝大多数战略上的妥协一样，其结果往往是在实际战斗中无法做到两者兼顾，最终只能落得一无所获。

事实上，除非东乡将军拥有更多自主权，否则，凭着破绽百出的开局，日本人将注定无法如愿以偿。但这一点又是东乡凭一己之力无法做到的。由于需要兼顾军令部的命令，他根本没有足够的自由来合理部署行动。很显然，如果他决心派主力舰队支援驱逐舰，肯定会将其提前部署在一个有利的位置上，并在袭击成功之后跟进。

另外，在许多不存在外界干扰的层面，东乡自己也忽略了某些必要的准备。如果他当时命令一艘巡洋舰与驱逐舰队保持联系，甚至仅仅是在突袭结束后派巡洋舰在圆岛附近与驱逐舰队会合，那么，他很可能会在出羽将军出去侦察后，通过无线电提前一两个小时了解到突袭的战况。另外，如果他在后续侦察中投入整支舰队，而不是一个巡洋舰战队，他们也仍然肯定有时间趁敌军因受驱逐舰袭击而士气低迷的当口发起攻击，此时，俄军的岸炮也肯定是无法做好准备的。事实上，俄军自己也认为，如果日军能在破晓之后发动袭击，其结果一定会相当致命。为此他们写道："东乡将军理应在驱逐舰之后跟进，派出所有舰艇扑向措手不及的旅顺舰队。他不应该像现实中那样等到次日才进攻，而是需要在两三个小时内逼近，并在近距离充分发扬火力。届时，日军炮火可能将在岸炮开始猛烈回击之前摧毁我军舰队。而到了清晨，不仅我军舰队已进入战斗状态，而且岸炮也做好了开火准备。"[10] 换句话说，日军实际是在没有充足理由的情况下，给了俄军三四个小时的喘息时间，当他们真正发起进攻时，不仅俄军已经恢复了镇静，而且由于冬季白昼较短，为避免俄军驱逐舰的反击，他们执行任务的时间也很不充裕。

但日军的失误远不限于此。他们是在事后才做出派遣主力舰队出击的决策，而这一决策又十分仓促，它在行动计划中只是做了粗略的安排，甚至可能连必要的准备都没有。考虑到这一关系战争成败的决策又是根据一位下属的潦草侦察做出的，因此，该行动无疑蕴含了巨大的风险。

由于完成任务不彻底并因此误报了军情，出羽将军理应遭到批评。但同时，在处理下属的汇报时，东乡司令也存在几乎同等的过错，因为针对下属的报告，他实际采取了一种轻信的态度。鉴于整个行动极为重要和危险，因此，他做决策时应参照的必须是通过正规手段获得的极为可靠的信息，否则决策就会出现问题。不幸的是，东乡赖以判断战局的情报恰恰存在错误。不过，需要指出的是，与他们在战前准备中的疏漏相比，误判本身简直不值一提——它根本不能被当成是行动失利的借口。

发动攻击的时机不当，判断依据的信息有误——这两项错误导致产生了严重后果。在开战阶段，错失战机让海军官兵感到自己辱没了使命，同时，其影响还超出了士气层面，并让日本海军付出了数月的艰辛努力。期间，不仅舰队蒙受了重大损失；随着摧毁俄军舰队的任务被分摊给陆军，陆军白白牺牲大量士兵，才弥补了海军最初的过失。更为遗憾的是，如果俄军真的陷入了恐慌，这些损失原本是可以避免的。日军唯一欠缺的是在当时展开一次大胆的进攻。

## 注释：

1. 对于这些行动的细节我们不得而知。上述资料的来源包括了我国远东舰队司令官的通信、驻汉城公使朱尔典在 2 月 7 日的报告，但最主要的依然是《日俄战争中的海上战斗：一位日本海军少将撰述的官方战史》（Opérations Maritimes de la Guerre Russo-Japonaise Historique Officiel publié par l'état Major Général de la Marine Japonaise）第 2 卷第 160 页的内容，即法国总参谋部翻译的《明治三十七八年海战史》公开版，在本书中以"日本战史公开版"表示。

2. 参见《日俄战史》（Hist de la Guerre Russo-Japonaise）第 31 页，日本海军省国际法教授诺加·阿里戈（Noga Arigo）著。

3. 参见《海军文集》1912 年 6 月号。

4. 参见《海军文集》1912 年 6 月号。

5. 《海军文集》给出的俄舰受损细节如下：

> "列特维赞"号左舷被鱼雷命中，舰上的电灯瞬间熄灭。该舰向左倾斜，为扶正船体，舰员向右舷的弹药库中注水，这令 11 度的倾斜缩减到了 5 度。不久之后，全舰的电灯重新亮起，又过了 45 分钟，该舰开始升火，并做好了移动准备。在涨潮前 3 小时，该舰在入口附近的浅滩上坐底，导致航道变得极为狭窄。另外，爆炸还当场杀死了水下鱼雷发射舱内的 5 名水兵。
>
> "太子"号的舰体最初向右倾斜，后来转向左倾。由于倾斜一度达到了 18 度，舰员被迫向右舷的舱室中注水，舰上的电灯也全部熄灭。升火之后，该舰在 12 点 50 分（即日本时间 1 点 45 分）开始行驶，并利用引擎差速绕过整个舰队，开入了进出港航道。该舰在此处开始接受拖船的牵引，但在抵达内港之前便已搁浅。舵机舱内的 1 名水兵溺水身亡。
>
> 命中"智慧女神"号的鱼雷几乎在水面上航行，最终击中了一个装满煤炭的煤舱。该舱室随即被进水淹没，导致舰只发生 4.5 度倾斜。由于冲击力被煤炭吸收，中雷位置上方的弹药库并没有发生殉爆，不过，冲击波还是撕裂了一座提弹井的防火门，火焰掠过炮位，一直蔓延到舰员住舱。大火在船上蔓延，爆炸产生的窒息性气体和毒气在住舱甲板和机舱弥漫，10 分钟后，大火才被扑灭。在中雷后，该舰启动了全部 6 台泵机，试图全力排出积水，还暂时填补了破口。随着锅炉升火，该舰开始移动，向灯塔附近的一处浅水区驶去，并最终在该水域下锚。"智慧女神"号上共有 7 名舰员身亡，所有舰员都被毒气影响，其中有 32 人产生了不良反应，大多数都在袭击后的第二和第三天就医。

6. 按照日军驱逐舰的正式报告，只有第 1 驱逐队宣称取得了命中。《海军文集》对此这么描述：

> 在审视了这场夜战之后，我们发现日军驱逐舰正是顺着探照灯光发现了各舰的位
> 置。同时，我们还注意到，所有 3 枚命中的鱼雷都是在我军开火前发射的，其他雷击
> 则毫无效果。由于安装了防雷网切割装置，日军鱼雷的航速和准确性都受到了很大影响。
> 另外，尽管日军在报告中表示当时的雷击距离只有几链，但实际上，真实的开火距离
> 要远很多。

7. 参见《海军文集》和博布诺夫海军上校的记述。

8. 这里采用了《海军文集》的说法，而《日本战史极密版》对此的描述是"敌军在锚地纹丝不动"，只有 "阿斯科尔德" 号、"新贵" 号和"巴扬"号这 3 艘巡洋舰例外。

9. 《日本战史极密版》只提到有 1 枚鱼雷从 "磐手" 号前方掠过，但上村将军及其参谋长加藤大佐却对我国海军武官表示，当时各有 1 枚鱼雷从"出云"号舰首和舰尾 30 码外掠过。"新贵"号上的斯蒂尔海军上尉则宣称该舰没有发射鱼雷，具体内容可参见《"新贵"号》第 25 页，不过，该书的记录并不是十分可信。

10. 参见《海军文集》。

∧ 日军舰队向旅顺开进

∧ 隶属于"俄国志愿舰队"的"叶卡捷林诺斯拉夫"号是日军在开战初期俘获的4艘俄国商船之一。该船后来改名为"韩崎"，先后作为日本海军的水雷母舰和潜水母舰服役到1939年

132

∧ 日俄战争爆发前不久拍摄的旅顺港，当地也是日军首要的攻击目标，其中左侧是旅顺东港，远方醒目的山丘是黄金山

∧ 日军第1驱逐队的旗舰"白云"号，摄于1902年该舰在英国竣工时。对比俄军的记录，在夜袭期间，该舰很可能命中了俄军巡洋舰"智慧女神"号

∧ 当天夜间另一艘得手的驱逐舰是同样隶属于第1驱逐队的"晓"号。该舰据信各一枚鱼雷命中了"列特维赞"号和"智慧女神"号

∧ 日俄战争爆发前夕，停泊于外海的俄军舰队。其中右前方是战列舰"太子"号，最左侧则是一艘"彼得罗巴甫洛夫斯克"级

∧ 描绘日军驱逐舰冲向俄军停泊地的油画。远处的巡洋舰是"智慧女神"号

∧ 当时欧洲报纸上的绘画：《俄军战列舰"太子"号中雷的瞬间》

∧ 次日清晨，在救援船"强壮"号（Silach）协助下进行抢修的战列舰"列特维赞"号

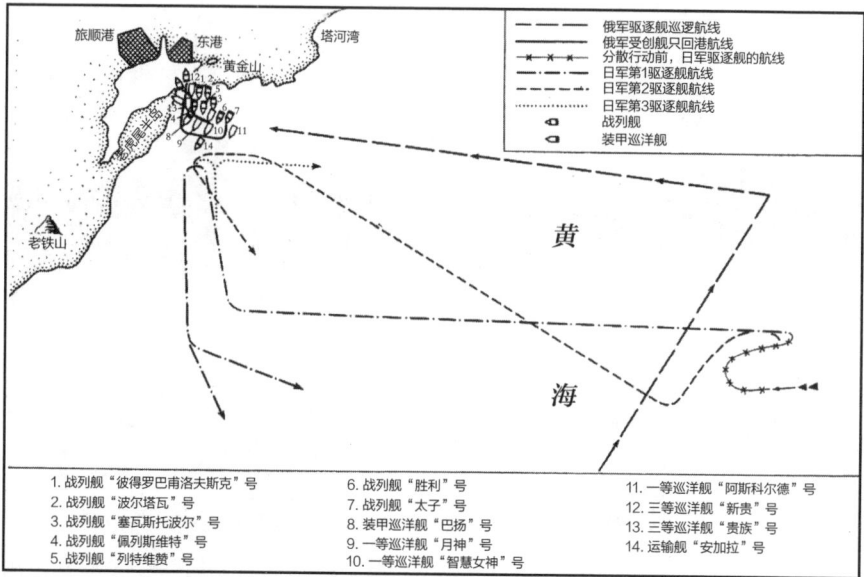

| | | |
|---|---|---|
| | | 俄军驱逐舰巡逻航线 |
| | | 俄军受创舰只回港航线 |
| | | 分散行动前，日军驱逐舰的航线 |
| | | 日军第1驱逐舰航线 |
| | | 日军第2驱逐舰航线 |
| | | 日军第3驱逐舰航线 |
| | | 战列舰 |
| | | 装甲巡洋舰 |

黄

海

1. 战列舰"彼得罗巴甫洛夫斯克"号
2. 战列舰"波尔塔瓦"号
3. 战列舰"塞瓦斯托波尔"号
4. 战列舰"佩列斯维特"号
5. 战列舰"列特维赞"号
6. 战列舰"胜利"号
7. 战列舰"太子"号
8. 装甲巡洋舰"巴扬"号
9. 一等巡洋舰"月神"号
10. 一等巡洋舰"智慧女神"号
11. 一等巡洋舰"阿斯科尔德"号
12. 三等巡洋舰"新贵"号
13. 三等巡洋舰"贵族"号
14. 运输舰"安加拉"号

∧ 日军驱逐舰夜袭旅顺行动示意图

∧ 袭击次日清晨拍摄的战列舰"太子"号。俄方报告中提到，该舰"最初向右倾斜、尔后转为向左倾斜"

∧ 由于旅顺港内船坞数量有限，因此，俄军只能用临时制造的外壁创造出一个隔水环境，然后再修复受损的水线下舰体。这里展示的就是一个隔水外壁被运往"太子"号时的景象

∧ 俄国商船"满洲"号。该船在日军突袭旅顺期间，在旅顺外海被日本舰队俘获，该船后来成为日本海军的修理舰"关东"号

∧ 由于受损最为严重，"智慧女神"号后来只能入坞修理，该照片可能摄于2月中旬后，此时其舰体周围搭起了脚手架

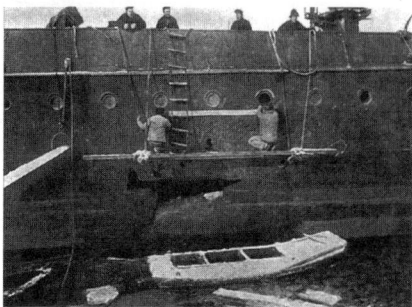

∧ "新贵"号首次作战中的中弹位置特写。幸运的是，该舰在战斗中几乎没有人员损失

∧ "智慧女神"号的一名水手站在舰体的破口位置

∧ 在日军水面舰队来袭前夕，停泊在港外锚地的"新贵"号，其背后是战列舰"胜利"号

∧ 当时欧洲报纸上反映日军驱逐舰突袭旅顺的绘画。虽然当时的各种条件都对袭击者有利，但探照灯光、炮弹爆炸激起的水花等仍极大干扰了日军的行动

∧ 反映俄军炮台袭击日军舰队的插画

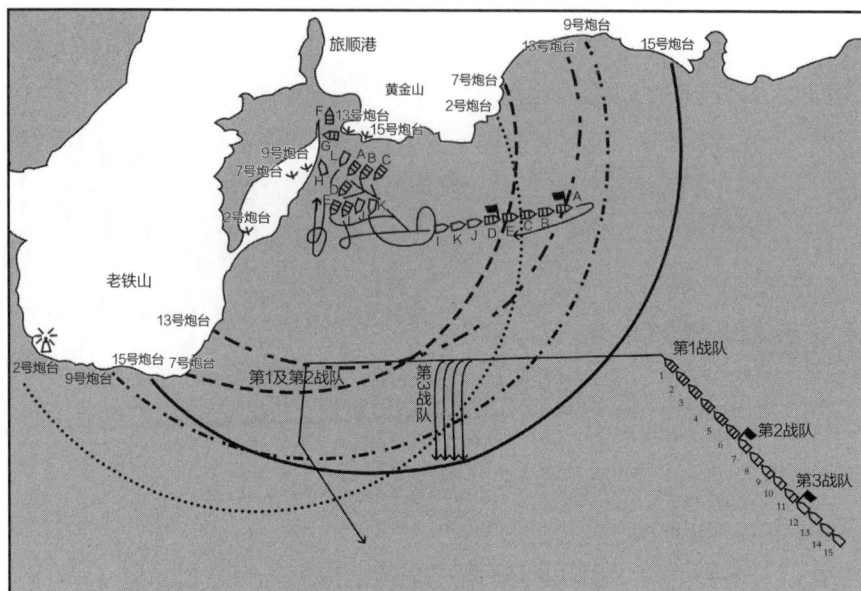

旅顺港

黄金山

9号炮台

13号炮台

15号炮台

7号炮台

2号炮台

F 13号炮台
15号炮台
9号炮台
7号炮台
2号炮台

老铁山

13号炮台

2号炮台

15号炮台 7号炮台
9号炮台

第1及第2战队

第3战队

第1战队

第2战队

第3战队

**日军舰队参战舰只**

1. 战列舰"三笠"号
2. 战列舰"朝日"号
3. 战列舰"富士"号
4. 战列舰"八岛"号
5. 战列舰"敷岛"号
6. 战列舰"初濑"号
7. 装甲巡洋舰"出云"号
8. 装甲巡洋舰"吾妻"号
9. 装甲巡洋舰"八云"号
10. 装甲巡洋舰"常磐"号
11. 装甲巡洋舰"磐手"号
12. 二等巡洋舰"千岁"号
13. 二等巡洋舰"笠置"号
14. 二等巡洋舰"吉野"号
15. 二等巡洋舰"高砂"号

**俄军舰队参战舰只**

A. 战列舰"彼得罗巴甫洛夫斯克"号
B. 战列舰"波尔塔瓦"号
C. 战列舰"塞瓦斯托波尔"号
D. 战列舰"佩列斯维特"号
E. 战列舰"胜利"号
F. 战列舰"太子"号
G. 战列舰"列特维赞"号
H. 一等巡洋舰"智慧女神"号
I. 装甲巡洋舰"巴扬"号
J. 一等巡洋舰"月神"号
K. 一等巡洋舰"阿斯科尔德"号
L. 三等巡洋舰"新贵"号

︿ 日军水面舰队第一次攻击旅顺示意图

# 第四章

# 登陆济物浦，摧毁俄军警戒舰船

在东乡将军准备撤退以"展开后续作战"的同时，他所掩护的登陆作业也已结束。虽然登陆圆满成功，但期间仍出现了一些波折。当2月7日凌晨4点30分，运输船队和护卫舰队在荞麦岛附近同主力舰队分道扬镳时，有消息显示3艘俄军战列舰已经出海。尽管最新情报显示，位于济物浦的敌人只有"瓦良格"和"高丽人"号两舰，但行踪不明的敌舰仍存在与之会合的可能。因此，瓜生将军实际承担着确定登陆地点和保护航渡部队的任务。为此，他决定在第二天清晨抵达瓮岛附近后，再根据情报做出决定，而这一区域也是东乡将军指示驻防舰"千代田"号与之会合的地方。届时，后者将尽力提供济物浦的最新情报，以及东京和芝罘发来的有线电报。

除了受到3艘俄军战列舰的威胁之外，瓜生将军可谓有恃无恐，因为其麾下不仅有亲自带领的4艘巡洋舰[1]（包括3艘二等和1艘三等巡洋舰），还有装甲巡洋舰"浅间"号以及2个水雷艇队。同时，这些水雷艇队也都有各自伴随的母船，此外还有1艘运煤船。一旦它们遭遇敌军，运兵船和商船将迅速散开。如果有船只掉队，它们将前往沙长浦[①]（Shoal Gulf）暂时停靠，并等待后续命令。沙长浦是一个幽深的海湾，入口位于瓮岛东南约30海里处。

由于东乡司令的掩护兵力极为强大，除非行踪不明的俄军战列舰早已抵达济物浦，否则日军的行动将不会受到干扰。另外，在运输舰队稍前方靠近外海的位置，出羽将军的巡洋舰正在经由格列飞群岛前往大青群岛，大致位于瓜生舰队航线以西约20英里处。当出羽将军第二天抵达时，东乡将军的联合舰队也将抵达荒串池附近。为确定自己所处的环境，瓜生将军派遣麾下的1个水雷

---

① 译注；又名浅水湾。

艇队兵分两路，分别搜索牙山湾和济物浦入口外的德积群岛（Prince Imperial Archipelago）。另一个艇队依旧跟随瓜生将军行动，但由于夜间风急浪高，该艇队不幸与舰队失去了联络。

在济物浦港内，"千代田"号正在英国巡洋舰"塔尔伯特"号[①]（HMS Talbot）的掩护下准备出航——无论是脱身前往瓮岛，还是在俄军派遣舰队到来时拼个鱼死网破，该舰都做好了万全的准备。期间，该舰经历了几个小时的煎熬，因为2艘俄舰在不停变换泊位，这迫使"千代田"号必须占领一个既足以监视2舰，同时又能出海的位置。另外，5日中午，该舰的舰长村上大佐[②]（Murakami）便得到了战争即将爆发、主力舰队已接到出海命令的消息。第二天中午，该舰更从来自东京的电报中得知，运兵船队已经起航，所以他定在8日早上8点在瓮岛附近与瓜生舰队会合。后来，该舰的处境变得更加凶险，因为新情报显示，在俘获2艘俄国商船后，双方已经进入了事实上的战争状态。由于担心敌人在闻讯后抢先动手，他似乎还特意致电东京，要求获得在夜间发射鱼雷的许可。事实上，他已经装填好了鱼雷，但上级鉴于港内有中立国舰只，所以并未同意他的请求。另外，瓜生将军还特地发出严令，要求村上不得采取违反国际法的举动。

于是，"千代田"号在提心吊胆中度过了一整夜——毕竟，俄军随时可能接到开战的情报。但到7日早晨，附近仍然没有任何异常。于是，当天下午，村上大佐悄悄开始升火。夜幕降临后，他发出了最后一封"港内一切照旧"的电报，然后关掉灯光，并利用"塔尔伯特"号的掩护，在没有鸣响汽笛的情况下悄然回收了小艇。结束上述工作后，"千代田"号同样小心翼翼地升起了船锚，随后安然驶出了港口。

8日清晨，该舰在瓮岛附近与瓜生将军进行了无线电联络，并向后者传达了最新的情报和指示。除了禁止在有外国军舰在场时发动攻击之外，他还特意添加

---

① 译注：国内也有"猎犬"号的译法，但该舰实际是英国海军的传统舰名，最有可能来自百年战争时期的英军将领约翰·塔尔伯特。
② 译注：指村上格一（1862—1927年）。村上出生于佐贺地区，早年作为"吉野"号水雷长参加了甲午战争，后于1903年担任"千代田"号舰长。日俄战争期间晋升为"吾妻"号舰长，并率领该舰参加了对马海战。战后，村上担任了许多技术岗位职务，如吴港兵工厂厂长和舰政本部部长等，最终军衔为海军大将，于1927年去世。

了一条信息，也正是这条信息，令瓜生将军必须做出一次事关重大的艰难抉择。该信息来自日本驻汉城的陆军和海军武官，他们认为无论是出于政治上的原因，还是维持秩序的需要，日军都应刻不容缓地进入汉城，所以他们希望日军在济物浦登陆。[2] 另外，村上大佐还补充了一条自认为相当可疑的谣言，即俄军已在大青群岛北面的长山串（Choppeki Point）登陆。8点30分，"千代田"号在瓮岛附近与运输船队会合，而之前掉队的水雷艇队也重新归队。收到村上大佐的报告后，瓜生决定听从同僚们的请求，向济物浦派出登陆部队，以防止汉城爆发亲俄政变。

为更好地理解瓜生将军的困境以及他采取的种种举措，我们必须了解济物浦的地理环境。济物浦港的入口实际位于两座岛屿之间，它北面是舞衣岛[①]（Richy Island），南面是灵兴岛（Yung-hung-do）。舞衣岛以南则是一个小岛——海女岛[②]（Philip Island）。至于灵兴岛以北，则是一片礁石，且这片礁石一直延伸到了钟屿[③]（Pender Rock）所在的位置。而在钟屿和海女岛之间有一条4海里宽的航道，在航道以内3英里处坐落着八尾岛（Yodolmi），也就是济物浦港真正入口的起点。这是一条长近10海里的航道，大致从东北方向一直延伸到了日军的登陆场。从八尾岛上溯六七海里，则是"瓦良格"号和"高丽人"号的泊位。在同一锚地停靠的还有"塔尔伯特"号以及3艘分别来自法国、意大利和美国的中立舰船。根据这种情况，瓜生将军似乎认为登陆完全可行：如果俄舰依旧停泊在中立舰艇之间，那它就将很难攻击运输船；如果对方选择出港，他手头的兵力也足以应付。因此，中午后不久抵达牙山湾口时，他便在旗舰上召集了所有指挥官，并发布了作战命令。

由于八尾岛被视为整个通商口岸的边缘，因此，如果俄舰出现在界线外，它们将立刻遭到攻击并被击沉；但如果在界限以内，如果俄军不抢先开火，日军将继续按兵不动。在遵守这一要求的同时，"浅间"号、"千代田"号、1艘二等巡洋舰以及1个水雷艇队会带领运输船直接入港。经过八尾岛时，水雷艇队将继续前进，并尽

---

① 译注：又名无依岛。
② 译注：海里岛或海马岛。
③ 译注：相应地点的韩语名为"추서"，是灵兴岛北面的一片礁石。由于此处尚无正式中译名，因此笔者暂按韩语翻译。

量避免展现出敌意。随后，其中 2 艘水雷艇将在炮火无法波及的区域下锚，另外 2 艘水雷艇则奉命占据可以立刻攻击敌舰的位置。同时，2 艘较小的巡洋舰将靠近之前"千代田"号长期使用的一个泊位，"浅间"号则负责继续护送运输船，并在最有利于登陆的位置下锚。为避免受到潮汐影响，部队将立即登陆，在他们全部上岸前，卸载工作将不会中断。舰队中的其余舰船会在海女岛附近停泊，而"浅间"号将在日落前重新与旗舰会合。在另一个水雷艇队中，有 2 艘水雷艇计划由瓜生将军直接指挥，另外 2 艘则准备于夜间在八尾岛附近待命，防止俄军逃脱。黎明之前，瓜生将军将把舰队主力调至牙山湾。至于部署在济物浦的 2 艘巡洋舰，则会在登陆完成后归队。最后，如果随行的水雷艇队发现敌军进入了主航道，他们将立刻前去跟踪，并在对方驶过八尾岛后发动进攻。

当完成上述部署后，新送达的情报让瓜生将军相信，登陆已经刻不容缓。这份情报是由几名陆军军官直接从济物浦乘坐小型汽轮送来的，上面显示在过去的 48 小时内，汉城的局势岌岌可危。这让日本当局认为，只有迅速派遣部队，才有可能挽回局面，这些军官之所以匆忙出发，也是为了确定运输船的位置。另外，他们补充说，俄舰没有变换泊位。同时，之前一直在牙山附近海域搜索的水雷艇也前来报告，称当地的局势平静如常，这让瓜生将军决定立刻行动——他认为此时冒险是值得的。他还请求陆军部队的指挥官木越将军[①]（Kigoshi）在抵达济物浦后让部队全速登陆。

这里需要指出的是，在海陆联合作战方面，日本与我国的做法存在差异，而且是本质上的区别。尽管在对华作战期间，受我国的主要影响，日军也和我们一样，将海外部队的运输工作交给了海军，但此后，这项工作便由陆军接管，在地位上则基本与铁路运输平级。为此，参谋本部成立了一个"运输课"[②]（Transport Department）总揽所有的运输和登陆任务，至于海上作战，则成了海军的唯一工作。正是因此，日本海军才会如前所述，同陆军进行协商，并在

---

① 译注：即第 23 旅团长木越安纲（1854—1932 年）少将，当时他还兼任韩国临时派遣队司令官。木越后来于同年 11 月晋升为第 5 师团长。战后于 1912 年 12 月出任陆军大臣，最终军衔为陆军中将。

② 译注：即铁道船舶课。

职责范围内确定航线、登陆地点和航行次序。同时，他们也会保护部队换乘和登陆作业的安全——不过，他们的任务也仅限于这些。陆军的任务则包括提供登陆用的船艇（主要是船上的舢板，功能相当于我国的平底驳船）以及卸载和上岸所需的设备等。众所周知，尽管海军的舰载小艇确实可以用于协助登陆作业，但从根本上说，舰队的任务仍然是提供掩护，至于卸载部队和设置立足点等工作则完全由陆军的碇泊场司令部（Army Disembarkation Staff）负责。这种做法明显违背了我军的传统理念，即让参加联合作战的部队精诚合作、同心一体。在相关行动中，我国的经验和成功鲜有其匹，日本之所以会无视这些成果，也许是受到了德国人的影响——毕竟，后者一直轻视英国的战争史。总的来说，凭借演练，再加上对碇泊场司令部人员的精心挑选和培训，该系统似乎一直运作正常——至少在天气良好或是航行条件在陆军力所能及时是如此。但我们很快就将看到，一旦上述环节出现严重问题，该系统就会陷入崩溃，日本人最后又或多或少重新采纳了我国的办法。就当前的行动而言，日本人仍然采用的是原本的做法，这让瓜生将军无法直接指挥部队的登陆作战。同时他还因此发现，尽管局势紧张，但自己的部署实际取决于碇泊场司令部的行动效率。不过，由于对行动拥有最高指挥权，他仍可以命令运输船队在上午6点前离开，甚至在未完成登陆时也不例外。[3]

　　紧张的局势不仅让日本军官做出了通风报信的举动，还让当地的俄国人坐立不安。一方面，种种迹象表明，危机已经一触即发；另一方面，俄国驻朝鲜公使巴甫洛夫先生整整两星期都没有收到从旅顺来的电报。为此，公使决定，在当天下午派遣"高丽人"号带着写给总督的信件出航，试图解释当前的情况并获得后续指示。因此，当瓜生将军的先遣部队驶过八尾岛时，便注意到了该舰正在出港的动作，于是日军进入战斗状态，但也竭力掩饰着自己的敌意。他们的意图至少实现了一部分："高丽人"号仍在若无其事地前进，当驶过日军巡洋舰和水雷艇的队列时，日军哨兵都在向该舰致敬。日本军舰对俄舰似乎无动于衷，只有"浅间"号左转了一些，以便隔在运输船队和俄舰之间。然而，日军的水雷艇却牢记着自己的任务：攻击行驶在主航道上的敌舰。为此，它们迅速转过16个罗经点并发起了追踪。在靠近八尾岛的过程中，有1艘不幸搁浅了，但另外 2 艘都在 300 米（330 码）的距离上各发射了 1 枚鱼雷。这 2 枚鱼雷都错失目标，"高丽人"号见状立刻开火。当时，位于河道上游约 5000 米（5500 码）的"浅间"号正伴随着运输船，该舰于是转向并带领船队回撤。然而在此时，"高丽人"号已经注意到瓜生将军的战队堵在了港外，因此在发射了几枚炮弹后便停止射击，转身向济物浦返航。鉴于这种情况，"浅间"号又通知运输船队恢复航向，重新沿航道而上，自己也掉头继续护送行动。

严重的事态让瓜生将军必须改弦易辙，为此，他取消了在海女岛附近下锚的部署，但也没有留在港外，而是让 3 艘军舰接近济物浦锚地以威慑俄军。然后，他派三等巡洋舰"明石"号前去护卫运输船，他自己则再次去港外占据夜间泊位。同时，随着运输船纷纷下锚，能容纳 50 人的舢板也被陆续放下，登陆在 18 点 15 分开始，在整个过程中，"瓦良格"号都没有反抗的迹象。

由于事件本身极为反常，在场所有的中立国军官几乎陷入了类似俄军的尴尬处境。除了日军企图对"高丽人"号发动雷击外，他们唯一知道的是，当天清晨，美国陆军武官刚刚搭乘俄国商船"松花江"号（Sungari）从上海抵达，并宣布战争将在当天开始。"瓦良格"号舰长收到的命令也只是不得在开战前阻挡日军登陆，并禁止擅自离开济物浦。因此，"瓦良格"号只能一面尽快做好抵御夜袭的准备，一面同"塔尔伯特"号的舰长进行了接触。

在会晤中，"瓦良格"号舰长表示，他不打算采取敌对行动，同时，他还建议，英军舰长作为在场军衔最高的中立国军官，应前去拜会日军司令，并为其争取某种对等的安全保证。英军舰长表示同意，在抗议了日方对港口中立地位的侵犯行为之后，他告知日本军官，俄方没有破坏和平的意愿，对此，他得到了日方的一项保证：除非俄军率先攻击，否则日本将不会主动发起进攻。这一点立刻被传达给了"瓦良格"号，于是这晚平静地过去了。

尽管瓜生将军曾经预计，登陆作业将很难在次日早上 6 点前完成。然而，由于碇泊场司令部掌管的是一个正规的港口，日军登陆体系的表现几乎天衣无缝。他们是如此积极，以至于木越将军不久前打出信号向同僚表示，登陆在 2 点 30 分就可以完成。按照这种进度，运输船早晨就可以启程。由于战争行动已经开始，"浅间"号在昨天晚上按计划归队，紧随其后的还有"明石"号和水雷艇。只有"千代田"号依旧部署在港内，以便同敌军和中立舰船保持必要的沟通。平静的局势并没有持续到夜晚结束以后，早上7点，"塔尔伯特"号的舰长接到了瓜生将军的正式通知，说战争已经开始。同时，在通知中，瓜生还表明了他的意图，那就是如果到正午时分，俄军仍然拒绝按照他的要求离开港口，日军将对其停靠地进行攻击，但攻击不会在下午4点前发动。同时，他要求中立国舰船预先离开泊位，以免被误击。但这一请求遭到了拒绝。英国军官在一封正式信件中宣布，他受舰队司令之托，有责任保护英国的船只和财产免遭损失，随后，他还拒绝了传信给"瓦良格"号舰长的请求。

同时，每位在场的中立国舰长都收到了一封内容相同的通知。约一小时后，除了美国人之外，所有舰长都登上了"塔尔伯特"号，试图商讨如何让行动协调一致。同时，"瓦良格"号舰长也抵达了，他刚接到日军要求离港的通牒，并希望他的2艘船能在中立国舰只的护送下离开当地水域。但中立方认为这一点非常不妥，因为在保护别国港口的中立地位时，中立方的权利实际非常微妙，他们的任何行为，都有可能给交战方带来帮助，这让他们只能选择拒绝。同时，鉴于港口仍属于朝鲜领土，在泊地实施的攻击又将侵犯朝鲜的中立地位，因此，他们决定联合起来进行抗议。同时，这些抗议也得到了岸上外交人员的赞同和支持。海军军官们还进一步同意，如果俄舰出航，他们将继续以升火状态留在原泊位上，同时让小艇待命，准备救援双方的伤者。不过，假如俄军没有行动，他们也将在2点起锚，跟随"塔尔伯特"号出港躲避炮火，并在战斗结束后共同努力拯救生命。

因此，大约10点整，"塔尔伯特"号的小艇载着1名海军上尉，将各方的联合抗议书递交给了日本舰队司令。但是，种种焦虑很快就消散了，在离开"塔尔伯特"号时，俄军舰长宣布，他计划突围，并直接迎战日军。无论出现什么状况，他都不会投降，也不会在中立的锚地战斗。返回本舰后，他招来麾下所有的军官并阐明了自己的想法。2艘军舰都表示热烈支持他的决定，而且所有人都同意，如果这些战舰再也无法战斗，他们就将其炸毁。

11点过后不久，为践行这项英勇无畏的决定，"瓦良格"号起锚，在僚舰的伴随下驶入了主航道。当它们驶过时，所有中立国舰船的仪仗队都在向它们致敬。

随着接近八尾岛，"瓦良格"号可以看到排成一列的6艘日本巡洋舰正横亘在港湾入口处——这种部署其实和日军的原计划大相径庭。事实上，瓜生将军根本没有料到俄舰会试图突围。向港口传达完通知后，"千代田"号回到了海女岛附近的锚地，宣称俄舰没有移动的迹象。因此，瓜生开始为制订一项计划而忙碌起来，试图将俄舰击沉在泊位上，同时又不误伤中立国的舰艇。但另一方面，他之前的部署却是彻底封锁港口。为此，其旗舰"浪速"号（Naniwa）和"新高"号（Niitaka）将在大阜岛（Humann Island，位于海女岛东南约7海里处）附近占据监视阵地，并封锁通过途经各岛前往远海的主要航道。装甲巡洋舰"浅间"号则会单独部署在靠内的位置，即海女岛以南的一片海域。在瓜生将军以南6海里，即昌岛①（Cat Island）附近海域，另外2艘巡洋舰将和"千代田"号组成第二道封锁线，其中"千代田"号会在外侧警戒远海方向。

午前时分，"浅间"号打出了敌舰正在出港的信号。瓜生将军匆忙命令舰队各就各位，预定部署在昌岛附近的2艘巡洋舰开始向南疾行，而"千代田"号则奉命留下伴随笨拙的"浅间"号。至于瓜生的旗舰，则和"新高"号保持着一致步调，但它们并没有赶往指定的位置，而是跟在了"浅间"号后方。随着"浅间"号进入火炮射程，它于12点20分[4]在7000米（7700码）距离上鸣响了8英寸主炮，很快便有2发炮弹命中，随后它的6英寸炮也开始射击。几分钟后，附近的日军舰只也从远距离开火，并将所有火力集中到了"瓦良格"号身上。"瓦良格号"带着极大的勇气承受了日军15分钟的攻击，12点45分，该舰的舵机被击伤，多数火炮也陷入瘫痪，只能前往八尾岛附近寻找掩护并试图修复战损。在这种情况下，"浅间"号立刻接近，其他船只也接到信号赶来拦截。面对这种情况，"瓦良格"号放弃了去八尾岛的想法，而"浅间"号则继续取得命中，并摧毁了俄舰仅有的2部测距装置，1枚8英寸炮弹在水线下撕开了一个巨大的裂口。另外，"瓦良格"号医务室也出现火灾，可使用的火炮只剩下了2门尾炮。除了炮弹在水面爆炸产生的破片外，"瓦良格"号总共被3枚8英寸以及8枚6或4.7英寸的炮弹命中。另外，试图从八尾岛以北逃脱的"高丽人"号则遭到了"千代田"号的追赶，也严重受损。大约13点钟，2艘舰回

---

① 译注：当地在韩语中名为"창도"，无正式中译名，故暂按韩语翻译。

到了济物浦锚地，但日舰并没有穷追不舍，只有"浅间"号和另外一两艘舰船进行了短暂的追击。13点15分，2艘俄舰快抵达锚地时，这些日舰便被召回，并在海女岛附近和舰队进行了重组。

由于局势极端复杂，日方原本可以用更为巧妙的手段解决问题。按照瓜生将军的最初部署，他显然打算把敌人放进外海，摆脱中立方在场的尴尬情况，进而困住敌舰并将其击沉。但在开始阶段，他便急躁地破坏了这个计划，结果不但没有歼灭敌舰，反而将其赶回了中立战舰当中，这让情况再次变得像之前一样棘手。

在济物浦，各方都非常同情俄舰的境遇。外国军舰派出悬挂红十字旗的小艇，以便为其提供医疗援助。战斗中，俄军共有1名军官和30名士兵阵亡，另外还有8名军官和185名士兵受伤。损伤检查表明，2艘舰已无法继续战斗——为了荣誉，它们付出的努力已经足够，按照决定，这2艘军舰要被炸毁。除了美国人之外，所有中立国军官都同意在舰上接收解除武装的俄国船员。凌晨4时，"瓦良格"号被凿沉，"高丽人"号则自行炸毁。

而在港外，瓜生将军仍对行动的圆满成功一无所知，正在安排对港口的夜间封锁，以便在次日清晨对受伤的俄舰再次展开进攻。但就在忙碌时，他们听到了"高丽人"号上的爆炸。1艘巡洋舰和1艘水雷艇立即被派去进行调查。他们报告说"高丽人"号已经自毁，"瓦良格"号上腾起了火焰，船员显然已经弃船。随着夜幕降临，熊熊燃烧的火焰变得愈发明亮，这让瓜生将军感到现在的局面已经不值得担心，自己唯一需要警惕的就是俄舰上的小艇可能孤注一掷发动雷击。为此，日军采取了种种预防措施，并严密监视着海域。黎明时分，无线电中传来了驱逐舰队成功袭击旅顺的消息，而且周围也没有出现其他俄舰的烟柱。为此，在派其他巡洋舰和水雷艇进行过侦察后，瓜生将军按照原计划带领舰队驶向了牙山的总集结地。中午时分，他们遇见了得胜归来的驱逐舰，两小时后，东乡司令也带领联合舰队抵达，并得到了他们取得全面胜利的消息。

**注释：**

1. 即"浪速"号（旗舰）、"高千穗"号、"新高"号和"明石"号。

2. 当时有传言显示，有一个被当局查禁的大型秘密结社正在汉城活动，其目的是推翻当时的朝鲜王朝，令国家摆脱日本的控制，其掌握的特权将由俄国人接手。据信，这一结社的领导人曾和巴甫洛夫先生不断通信，而在开战时，他们的计划已经成熟，可以随时开始行动。参见《武官报告》第 1 卷第 9 页。

3. 参见《日本战史极密版》第 1 卷第 66 页。关于日军的运输系统，相关内容可参见《武官报告》的第 1 卷第 61 页、第 2 卷第 547 页、第 3 卷 579 页以及最重要的第 5 卷第 174 页。

4. 这里使用的全部是日本时间。

∧ 俄军防护巡洋舰
"瓦良格"号，该舰
在战争爆发前夕停泊
在济物浦，这是该舰
服役后不久的照片，
当时其依旧使用着醒
目的白色涂装

〈 1904年2月初，停
泊于济物浦的"高丽
人"号，该舰曾在八
国联军侵华期间参与
过炮击大沽炮台的行
动，并在此期间被清
军火力击伤

〈 日本巡洋舰"千代
田"号在战争爆发前
夕同样停泊在济物
浦，该舰的处境一度
非常危险

∧ 点燃弹药库后，"瓦良格"号残骸上腾起的烟柱

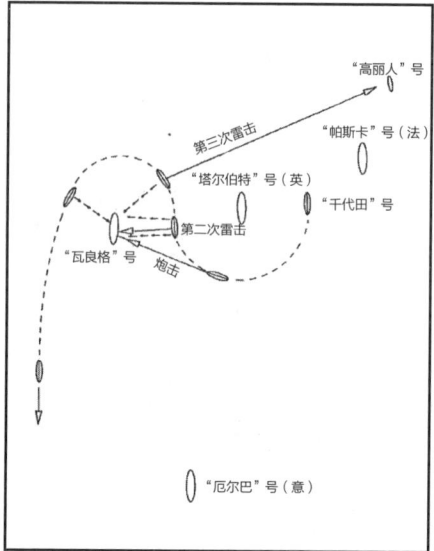

∧ "千代田"号舰长村上大佐制订的突袭俄舰计划，后来，由于上级的反对，该计划没有实施

∧ 日本装甲巡洋舰"浅间"号，该舰的加入极大增强了日军进攻舰队的火力

∧ 这张模糊的照片显示的是归队后的"千代田"号
在黄海上航行的景象

∧ 日军舰队到来前不久的"瓦良格"号,左侧就是
意大利巡洋舰"厄尔巴"号(Elba)

〈 描述在场的各国水兵向出航迎战日
舰的"瓦良格"号致敬的绘画

∧ 在战斗结束后,返回济物浦的"瓦良格"号,浓烟正从舰尾腾起

海女岛

月尾岛

"维克斯堡"号（美）　小月尾岛
F　　　　　　"瓦良格"号（俄）　"帕斯卡"号（法）
"厄尔巴"号（意）　"塔尔伯特"号（英）

E　D
A　B　C

图例
1 "苍鹰"号
2 "鸽"号
3 "雁"号
4 "燕"号
J "高丽人"号

J

F
D
B A

八尾岛

C A
B

I H G

发射鱼雷　3　4　J
发射鱼雷　2
2　1
3 1

0

图例
A "浪速"号
B "明石"号
C "新高"号
D "千代田"号
E "高千穗"号
F "浅间"号
G "大连丸"
H "小樽丸"
I "平壤丸"
J "高丽人"号

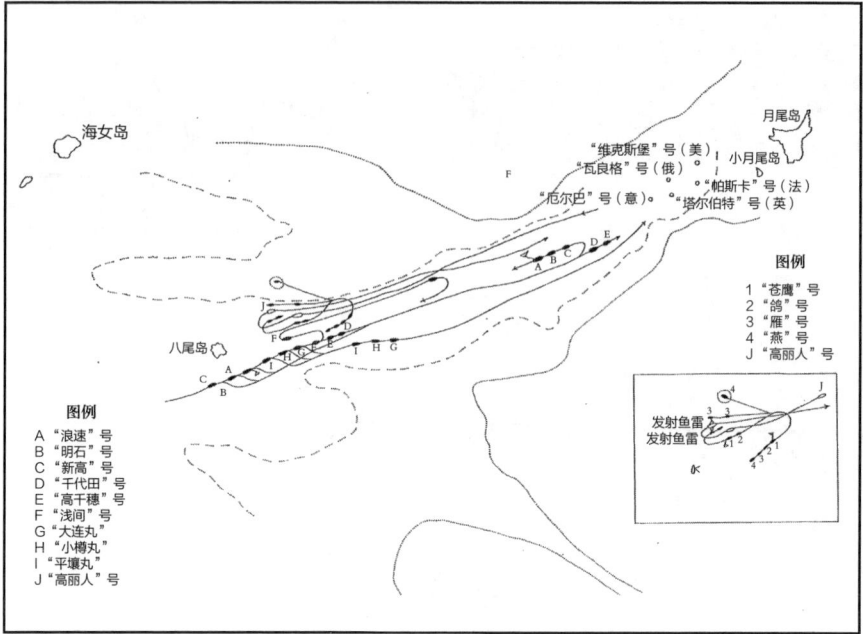

∧ 日本舰队进入仁川以及拦截和袭击"高丽人"号行动的示意图

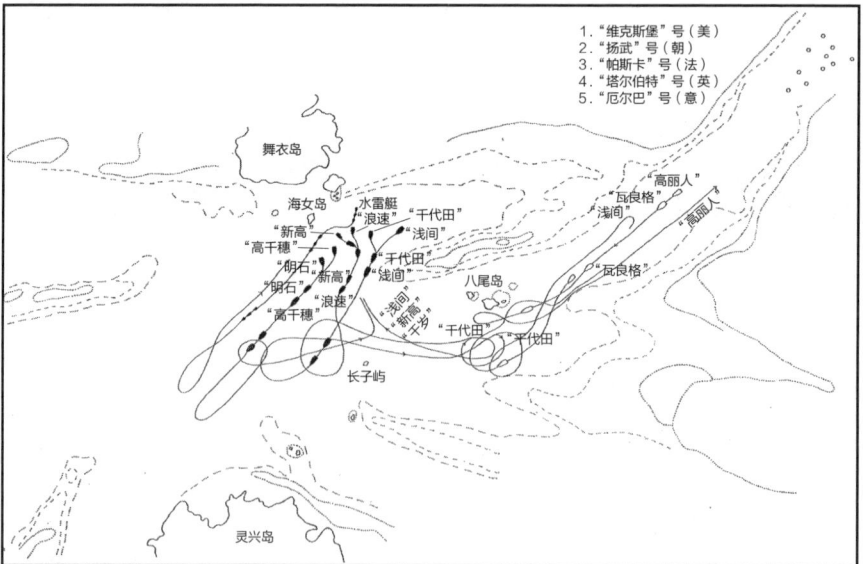

1. "维克斯堡"号（美）
2. "扬武"号（朝）
3. "帕斯卡"号（法）
4. "塔尔伯特"号（英）
5. "厄尔巴"号（意）

舞衣岛

"高丽人"

海女岛　水雷艇
"浪速"　"千代田"　　　　"瓦良格"
"新高"　"浅间"　　　　　"浅间"　　　"高丽人"
"高千穗"　　"千代田"
"明石"　"新高"　"浅间"　　　　　　　"瓦良格"
"明石"　"浪速"　　八尾岛
"高千穗"　　　　　"浅间"　　　"千代田"　"千代田"
　　　"新高"　"千代"
　　　"千代田"

长子屿

灵兴岛

∧ 济物浦海战示意图

∧ "高丽人"号的残骸，由于毁坏严重，该舰后来被日军拆解

∧ 返回锚泊地后笑逐颜开的"三笠"号舰员

∧ 与战列舰队一道归航的驱逐舰队

∧ 搭乘小艇转往岸上的日本陆军士兵

〉登陆当日夜间正在济物浦街头待命的日军士兵

∧ 攻击旅顺结束后停泊在集结地的日军舰队，该照片摄于战列舰"朝日"号上

∧ 在济物浦准备登陆的日本运兵船

< "瓦良格"号的残骸，摄于1904年晚些时候，该舰后来被日本方面打捞和修复，并改名为"宗谷"号

# 第五章

# 加速占领朝鲜南部，
# 日军首次封锁旅顺

尽管舰队内部对开战后的行动颇为失望，但日军大本营将这些行动视为一次战略上的成功，并认为这足以扫清对未来战况的疑虑。在天皇下发给东乡将军的敕语中，很可能就体现了他们对战斗结果的看法。敕语这样写道："朕知悉，联合舰队完成了掩护陆军在韩国登陆的任务，并在扫荡其西海岸的同时袭击了旅顺港的敌舰，还一举击毁其中数艘，我方因此气势大振。朕闻之尤为欣慰。"

从敕令提到的战果中我们似乎可以推断，按照大本营的看法，这些行动的主要目的是确保陆军的登陆行动，而不是赢得海上战斗的胜利，换言之，在大本营看来，只有当海军为地面行动的成功铺平了道路时，他们的胜利才真正具有意义。另外，在战争第一阶段，他们对舰队的要求也只有保证航道安全，同时创造某种有利环境，杜绝敌军在海上发动大规模袭扰——最终，舰队确实毫无损失地完成了任务。诚然，大约有 24 小时的时间，他们曾对敌舰的受损情况存在怀疑，俄军却丝毫不担心相关情报被敌方利用，竟在媒体上全面公开了损失，于是，日方得到了急需的情报——这些都是无法凭借其他手段获取的。种种信息让日军相信，俄方至少有 2 艘最强大的战列舰和 1 艘最好的巡洋舰被击伤，甚至可能无法修复，因此，俄军舰队将在相当长的时间内，无力发动强大的攻势。

这一判断并没有错。同样显而易见的是，这次突袭还摧毁了俄军作战计划的基础。具体而言，俄军作战计划建立在两个先决条件上：首先，面对一支很难击败的舰队，日军不会对旅顺发动直接攻击；其次，日军舰队还会同俄国争夺黄海的制海权。但现在，这两个先决条件都不复存在了，随着俄军舰队陷入瘫痪，旅顺港面临着沦陷的危险，或者会被日军的跨海行动孤立。在这种情况下，他们将别无他法，只能转而进行防御。更值得担忧的是，关东半岛尽头的鸠湾[①]（Pigeon Bay）、双岛湾（Louisa Bay）和大潮口湾（Eight Ships Bay）沿岸几乎没有岸防工事。众所周知，在没有威海卫作为前进基地的情况下，日军的跨海行动将面临巨大风险，但俄国远东总督却在家门口给自己埋下了一个最大的隐患，即不顾军方的抗议建设了大连，这最终会让日本人坐享其成。直到战争打响后，这一问题才得到重视：在日军舰队发动袭击后的当天晚上，俄军派出巡洋舰和驱逐舰进行了侦察，确认敌人已经撤离。接着，布雷舰"叶尼塞"号（Yenesei）出动了，并在巡洋舰"贵族"号的护送下前往大连湾。但祸不单行，该舰在 11 日清晨完成任务时，触发了一枚自己埋设的水雷，并带着拒绝弃船的舰长一起沉到了海底。在察觉真相之前，人们一度相信这是日军的另一次驱逐舰袭击。于是，"贵族"号带着 1 个驱逐舰分队出航，结果"贵族"号同样触发了水雷，最终俄军只能弃船。当时，"贵族"号没有立即沉没，但其舰长却和"叶尼塞"号上的同僚产生了强烈的对比，他居然命令一艘驱逐舰将该舰击沉。该命令被质疑了 2 次，并经过了 2 次确认。2 枚鱼雷破膛而出，但都错失目标。驱逐舰舰长认为，"'贵族'号的命运不该是沉没"，于是将其留在了原处。触雷的第二天，驱逐舰发现它仍漂浮在大连湾的水面上，于是从上面移走了一些杂物和设备。直到触雷的第二天晚上，风暴才终结了该舰的生命。后来，调查法庭认定，其指挥官存在"处置失当"的行为。

上述灾难发生后，布雷行动被委派给了一名专业的高级军官，他就是刚刚抵达的罗施钦斯基将军[②]（Loshchinski）。在完成和扩展了因"叶尼塞"号沉没而耽搁的大连湾雷区后，他又将注意力转移到了西面的各个海湾，而不是大连东部的小窑湾（Deep Bay）和大窑湾（Kerr Bay）。之所以这样做，是因为南山作为连接关东半岛和大陆的狭窄脖颈地带，其处境尤其令人担忧：该地不但充

---

① 译注：又名洋头凹，即今天旅顺西部的羊头湾。

② 译注：米哈伊尔·罗施钦斯基（1849—1917 年）出身于乌克兰的一个世袭贵族家庭，早年作为水雷技术军官参加了俄土战争，先后担任炮舰"捷列克人"号（Terets）、训练舰"别列赞"号（Berezan）和战列舰"十二使徒"号（Dvenadsat Apostolov）舰长，后于 1901 年晋升海军少将，1904 年 1 月奉命前往旅顺，并主管近海防御行动和布雷工作。日俄战争结束后回国，并相继在海军部和海军参谋部供职，1908 年以中将军衔退役，1917 年逝于彼得格勒。

当了防御从辽东方向来袭之敌的第一道防线，而且对从小窑湾和大窑湾登陆的敌人，其作用也极为关键。为完成任务，俄军敷设了约 700 枚水雷。这项工作花了 12 天，并标志着半岛西侧尽头各海湾的防卫部署已准备就绪。[1]

同时，受损的舰船都被拖进了港口，唯一的例外是在航道入口处坐底的战列舰"列特维赞"号。在丧失了行动能力后，它暂时只能作为保护港湾入口的水上炮台使用。巡洋舰和驱逐舰此前始终在巡逻，但在终结"贵族"号的风暴来临后，所有舰船都被召回了内港。

当时要塞内准备不足和士气低落的现象，我们不想在此逐一详述。事实上，我们只需要记住一个俄方所公认的观点：俄军相信，不管日军用什么部队立刻发动攻击，旅顺都会立即陷落。既然如此，日方是否该尝试发动一次这样的进攻呢？的确，一旦旅顺陷落，俄国舰队将灰飞烟灭，届时，日军将完全控制黄海，从而在开战之初就把觊觎的目标掌握在自己手中。俄国最担心的情况将变成事实，他们将别无选择，只能把陆军集结到遥远的北方并试图重新夺回满洲，但那个时候，俄军面对的将会是一个自信而强大的敌人。

但问题是，没有迹象表明，日军大本营曾认真考虑过在战争最初阶段一举夺取旅顺。正如我们即将看到的那样，面对巨大的风险，他们选择了退缩，而且我们可以推测，他们宁愿选择中规中矩的作战方案，也不愿意做这种激进的尝试。事实上，如果此时在关东半岛发动进攻，将对尚未完成的的行动（在朝鲜巩固阵地）带来负面影响。另外，日军也没有同时开展上述两项行动的能力。出于政治上的考虑，日军将陆军的动员推迟到了宣战之后。于是，他们既没有足够的部队，也没有必要的运输手段，来从事如此突然和繁重的任务,更何况这场进攻只有立刻发动才有效果。诚然，如果行动成功，它会给敌方的武装力量带来决定性的打击，但所有迹象都表明,这一点违背了日军作战计划的基本思路,另外,如果行动失败,一切努力都将化为乌有。

不仅如此，这一设想也违背了东乡本人的意愿——对所有可能的登陆行动，他事实上有着最终的决定权。在他看来，行动的规模和程度都应取决于一点，这就是海军取得了怎样的战果。此时，俄军防卫旅顺的轻型舰艇依旧毫发无损，同时，他也没有得到关于俄舰损失情况的可靠信息——这一切都决定了他的当

158

务之急是制订一份新计划，以求守住当前的战果。2月11日，即日军舰队在牙山集结的第二天，恰逢纪念日本帝国诞生的"纪元节"（Kigensetsu），日军举行了大型庆祝仪式：所有军舰都挂满旗，发射礼炮致敬，且所有水兵都向东朝着天皇的方位遥拜。然而，他们也没有休息。在此前的战斗中，4艘战列舰的上层建筑都受到了不同程度的损伤，3艘装甲巡洋舰和第3战队的"笠置"号（Kasagi）也被炮弹击中。冒着凛冽的北风，所有人都在奋力加紧维修，驱逐舰也在展开加煤作业，就在进行上述工作的同时，东乡将军也发布了关于后续作战的最新命令。东乡将军按照他惯常的方式总结了局势，随后便公布了具体命令。"综合各部队的战况报告，"他这样开始道，"可以判断旅顺港外的敌军舰队遭到了我军驱逐队和各战队的沉重打击，其中一些舰船只是侥幸没有沉没，并被勉强地拖进了港内。"随后是接下来行动的目标：第一，摧毁旅顺港外的残留敌方舰船；第二，封锁旅顺和大连；第三，在朝鲜西海岸建立作战基地，该基地预定为牙山。接着，他开始继续描述命令的细节。

为了完成第一个任务，出羽将军将立即带领3艘巡洋舰，护送在大连无功而返的2个驱逐队，经大青群岛前往旅顺港。期间，他们将侦察敌军的状况，并在力所能及的范围对敌军舰船发动突袭。随后，各舰将经荒串池回到八口浦锚地。

第3战队的巡洋舰和上村将军的装甲巡洋舰战队则肩负着第二个任务——封锁旅顺和大连。其中，东乡司令对"封锁"的定义很耐人寻味，其概念大体上是现代的，与以往人们对这一术语的理解存在许多差异。护送驱逐舰出航后，出羽将军将朝成山角东部航行，设置一条阻止任何舰船穿过的封锁线，并于13日日落后驶回八口浦。同时，上村将军将视情况带领装甲巡洋舰于当天或次日下午启程，并在13日清晨，即驱逐舰发起攻击后侦察旅顺口。随后，他们将前往出羽将军曾途经的海域，在镇锒岛①（Mu-i-tau）正东20海里处设置一条搜索线，接着沿通往上海的贸易航线向南搜索到14日黄昏，最终带着可能的战利品，在八口浦与舰队主力会合。至于战列

---

① 译注：又名莫邪岛，位于山东半岛东南角，如今已与陆地相连。

舰分队、出羽将军麾下的第 4 艘巡洋舰以及其他驱逐舰由于正在接受修理，将不会参与此次行动——同时，东乡司令也希望用它们建立一处供后续作战使用的基地。

第三项任务由瓜生将军负责，即守卫更靠前的牙山基地，同时警戒济物浦港的入口。执行完任务后，出羽麾下的 2 艘巡洋舰也会赶来增援。[2]

鉴于过去几天的紧张行动以及当时的天气，这些任务可谓相当繁重，东乡将军同样也认识到了问题的严峻。他在命令中提道："所有舰船都不应屈服于严寒，全军都应相信上天的庇佑，奋勇履行各自的工作和职责。"在东乡将军看来，由于之前未能夺取决定性胜利，舰队内出现了一种危险的情绪，因此，他在命令中还增加了这些郑重的告诫："一定不能轻视敌军的弱点，而且务必愈加警惕，不要给敌人分毫的机会。麻痹是最大的敌人，即使在梦中也不要忘记这一点。"

东乡将军的号召注定会引起舰队的强烈回应。另外，由于天气一度转好，日军的行动压力也得到了减轻。不过，接踵而至的一场风暴不仅让俄军巡洋舰躲进了旅顺港，也让日军的行动无法正常开展。这场风暴从北方吹袭而来，裹挟着令人眩晕的暴雪和极端的严寒，并使得海面波涛汹涌。出羽将军同所有的驱逐舰失去了联系，在抵达大青群岛的集合点后，他被迫留下 1 艘巡洋舰，试图让其收容所有驱逐舰，自己则前往荒串池暂避。出羽将军于荒串池发现了第 5 驱逐队的 2 艘驱逐舰，而到了晚上，之前留下的巡洋舰也赶来了，但后者并没有找到任何一艘船。同时，他还收到了上村将军的无线电报，电文中称：在大风的影响下，因为担心燃煤不足，上村被迫放弃对旅顺的侦察，目前正在经八口浦前往东南高角（Cape Mu-i-tau）的途中。在回电中，出羽将军报告了自己的位置以及和驱逐队失散的消息，并表示打算留在原地直到集合完成。

第二天，即 13 日，天气虽然有所好转，但气温比以往都低，甚至可以用"寒风刺骨"来形容。然而，清晨时分，第 5 驱逐队的其余舰船都来到了荒串池，并决心在当天中午展开行动。就在他们准备出击之前，第 4 驱逐队的 1 艘军舰也入港报告说，它们的僚舰之前曾在牙山避风，现在正准备单独袭击旅顺。于是，该舰立刻携带着一封致驱逐队司令长井中佐[①]（Nogai）的命令前去追赶，并要求他们在未来见机行事。至于出羽将军则和另一个驱逐队留在原地。夜幕降临后，

160

天空开始下雪，和之前一样猛烈的狂风再次刮来。虽然他们在清晨坚持出海了，但由于狂风无时无刻不在增强，俨然超过了所有人的忍耐极限，这令出羽将军只能在 10 点半下令推迟行动。

经历了痛苦挣扎后，长井中佐麾下的 2 艘驱逐舰也做出了相同的决定。但另一方面，中佐本人指挥的"速鸟"号（Hayatori）却没有放弃，并和"朝雾"号（Asagiri）继续结伴前进。2 舰很快失去了与大部队的联系，但都在风暴中独自奋力前行。它们绝望地摇晃着，在狂暴的海浪中飘来荡去——似乎一切已达到了驱逐舰能承受的极限，它们仿佛被海冰包裹，船员因为风雪险些集体失明，但没有什么能阻挡它们，它们最终抵达了旅顺。港外出现了敌军驱逐舰，在规避之后，日舰不顾猛烈的炮火，于入口航道处发射了鱼雷，最后开足马力扬长而去。随后，长井中佐驶向圆岛的指定集合点躲避风暴，"朝雾"号则直接去了荒串池。

此时，出羽将军和第 5 艘驱逐队仍留在当地。虽然无所作为，但"朝雾"号提供的信息还是让他们陷入了犹豫。显然，旅顺方面仍在单纯地采取守势。同时，来自要塞的狂乱火力显示，他们实际是在朝见到的所有目标射击，这间接表明：除了近海巡逻的驱逐舰之外，港外可能没有任何俄国军舰。鉴于此，出羽将军认定，次日展开鱼雷攻击是纯属无益的行为。他有责任返回八口浦，进而将情报送到牙山的瓜生将军那里。为此，15 日午前不久，他便带领麾下的战队和驱逐队动身，前去与位于基地的总司令会合。

由于各分队行踪不明，东乡将军的计划实际是被打乱了，同时，他还从大本营收到一条急电，上面显示一项新的冒险行动已经开始。正如我们所见，对海上作战的战果，大本营的看法可谓极为乐观。在他们眼中，日本已经获得黄海的制海权，足以保证部队立即进行航渡。事实上，对他们来说，尽管加速行动的风险巨大，但带来的优势也显而易见。因此，他们才在没有征询东乡将军建议的情况下，就决定不顾风险，利用海路加快对朝鲜的占领。为此，第 1 军

---

① 译注：即第 4 驱逐队司令长井群吉（1857—1927 年）。长井群吉出生于鹿儿岛地区，早年曾担任水雷艇艇长、"吉野"号炮术长、"桥立"号炮术长、"大岛"号舰长等职，日俄战争前夕就任第 4 驱逐队司令。后调任"扶桑"号舰长，1905 年年底出任"镇远"号舰长，最终军衔为海军少将。

的其余部队将不再遵照原计划从釜山或元山登陆，而是直接前往济物浦。其中，第 12 师团的剩余部分将即刻启程，另外 2 个师团则会尽快跟进。

在牙山，瓜生将军从济物浦方面收到了这条令人震惊的消息。为此，他只能每天都派出 1 艘军舰关注事态的发展。他得到的传言是，部队可能会随时抵达，同时，他也没有从出羽将军处得到旅顺舰队按兵不动的报告。在极度担心的情况下，瓜生将军发出电报请求确认："鉴于济物浦守备虚弱，且敌军驱逐舰安然无恙，我认为如果部队已开展调动，局面将异常危险。"而军令部长的回电在 15 日送达了，其内容如下："第 12 师团即将在济物浦登陆，并已于 10 日启程……此举是为了尽快利用海战胜利给敌军制造的混乱，并将不顾任何可能的危险。"

东乡将军同样吃惊，他收到这条消息是在 14 日。但面对新情况，他依旧毫无怨言地下达了指示。他在最新的命令中，提到了"为决战做准备"。如果这句话真的意有所指，那它一定表明日方放弃了原有思路。东乡将军宣布，联合舰队将监视敌军，保卫陆军的海上运输线，而且这条运输线也是需要绝对守住的底线。以此为基础，他首先根据出羽舰队的任务，对其进行了相应的加强。根据在荒串池获得的最新消息，东乡命令"浅间"号立刻出航，并将其暂时配属给出羽舰队。该舰还肩负着另一项任务，即通知出羽之前的命令已经取消。另外，如果出羽舰队的燃煤足够，出羽应立即对旅顺实施侦察，并让所有驱逐舰前往牙山同瓜生将军会合。

16 日清晨，在八口浦以北海域，"浅间"号发现了返航中的出羽舰队。鉴于掌握的情报，继续侦察已毫无必要，为此，出羽当即做出决定，命令"浅间"号跟随他们继续前往八口浦。

于是，在这样一个关键时刻，东乡不仅将整支舰队全部置于麾下，还获得了所需的全部情报。针对即将展开的行动，他迅速采取了必要措施。此时东乡已经获悉，第 12 师团将陆续分 6 批启程。之所以出现这种部署，主要是因为在开战后，日方无法征集到足够的船只，这给运输带来了困难。不过，分批运输的做法有一个显著优势：如果部队要穿过危险海域，此举可以分散遇袭的风险。除却征集运输船的问题之外，它无疑也是一个重要的考虑因素。值得一提的是，该做法也在后续的行动中得到了沿用。

但另一方面，为所有批次的运输船提供护航，却是舰队无力做到的。为防止敌军袭扰，东乡将军安排了专门监视海域的巡逻队。从八口浦到牙山湾入口之间大约有 170 海里的航程，为展开掩护行动，日军设置了两个巡逻中心点：第一个位于鞍马岛（Amma-to，在八口浦以北约 50 海里处）以西约 15 海里处；另一个位于第一巡逻点北面 50 海里，即于青岛（Ochon-to）以西 10 海里处。前一地点驻扎有东乡将军的通报舰"龙田"号（Tatsuta），后一地则有二等巡洋舰"笠置"号，这 2 舰将奉命搜索周围 20 海里的区域。当时，无线电的可靠通信距离是 60 海里，因此可以确保八口浦与牙山之间的通信稳定。同时，为了在牙山附近建立防区，瓜生将军的舰队还额外补充了 2 个驱逐队，以便在济物浦港出口处的蔚岛（Shopaiul Island）执行警戒任务。为补全警戒链，细谷将军将率领海峡舰队旗下的第 7 战队前往巨济岛以西。其中包括将军的旗舰三等战列舰"扶桑"号、2 艘海防舰、7 艘炮舰、1 艘通报舰以及配属的水雷艇队，他们的任务是"固守整条航线"，此举将让日军守住朝鲜海峡的西部航道，使其免遭海参崴舰队的打击。同时，片冈将军将坐镇竹敷，带领麾下的另外 2 个战队扼守东部航道。因此，运输船将无须护航，只用从一个支撑点开往下一个支撑点。如果航行期间航道上出现险情，运输船将得到无线电警告，然后撤往安全水域。

至于舰队主力，则将以一种极端激进且前所未有的方式参与掩护作战。借助阻塞船封锁旅顺的想法并非来自东乡，相反，他甚至表示过反对：出于对部下的爱护，他认为此举断送了部下的生路。当该建议最初被付诸讨论时，他的想法也只是用水雷母舰来实现目标。而最终采用的这一颇具英雄主义色彩的计划，则是有马中佐[①]（Arima）在去年 10 月份提交的。当时，有马中佐是"常磐"号（Tokiwa）的副长，他通过舰长将计划提交给了海军军令部。同年 12 月月底，他被任命为东乡将军的先任参谋（Flag Commander）。当时，日俄双方的关系

---

① 译注：即有马良橘（1861—1944 年）中佐。有马良橘毕业于江田岛海军兵学校，早年曾担任过天皇的侍从武官，1903 年从"常磐"号舰长调任舰队参谋，并且一手制订了以阻塞船封锁旅顺的作战计划。1904 年 5 月，他转任巡洋舰"音羽"号舰长，次年先后任"笠置"号舰长和竹敷要港部司令官，战后历任海军炮术学校校长、海军兵学校校长、第 3 舰队司令官等职，最终军衔为海军大将。

已经高度紧张，他为此重提了之前的计划，想必该计划也得到了上级的支持。当该计划被批准时，我方也获悉，日本海军军令部"决定根据海上局势的发展，将其纳入战役计划予以实施"。为此，日军征用了 5 艘平均排水量约为 2000 吨的商船。同时，有马中佐则秘密开始遴选军官。

日军经过怎样的考虑，最终选择了这种影响深远的做法，我们完全不得而知。但有一点值得一提，东乡将军尤其希望该行动不要在开战阶段实施。我们可以认为，这种观点也许是出自海军军官的本能，毕竟他们总是希望通过舰队决战夺取制海权。只是，由于海上局势的发展，这一点在当时根本不可能实现。正如《日本战史极密版》中所说："对敌军军情的侦察报告显示，他们躲在了港湾深处，舰船受损，士气低落，出港作战的意愿极为微弱。"[3] 此时，日军又很难在短期内找到实施第二次打击的机会，而陆军的调动又迫在眉睫。在这种情况下，他们绝没有理由忽略任何能带来额外安全保障的措施，而在当时，除了对港口进行阻塞外，日军没有其他可用的有效手段。诚然，如果作战成功，敌军舰队将会长期被置于日本海军的打击范围外，战争的成败也将由陆军决定，但对海军来说，此举却是势在必行的。同时，大本营也认为，现在行动的时机已到。因此，在 2 月 14 日这天，自 1 月中旬便已准备就绪的阻塞船都接到命令前往了八口浦。

但在护送陆军航渡的过程中，险情依然存在。日军仍然需要提防海参崴分舰队——也正是在此时，他们开始感受到了俄军舰队分兵策略的威胁。在旅顺港首次遇袭的那天晚上，施塔克尔贝格将军接到了远东总督的来电，要求其执行下发的特殊指令，但前提是巡航时间不超过 7 天。为此，他立刻任命莱岑施泰因上校[①]（Reitzenshtein）为司令。后者在破冰船的协助下，于 2 月 9 日带领全部 4 艘巡洋舰出海，向着津轻海峡的入口驶去。他们于 11 日清晨抵达了目的地，

---

① 译注：尼古拉·莱岑施泰因（1854—1916 年）出生于圣彼得堡，父亲是宫廷枢密官，他早年曾在鱼雷艇和雷击舰上服役，还曾被派往德国负责"阿斯科尔德"号巡洋舰的监造工作。在日俄战争爆发初期，莱岑施泰因替代身体不佳的施塔克尔贝格将军指挥了海参崴舰队的第一次巡航，后来在 3 月调往旅顺，指挥当地的巡洋舰队。1904 年 7 月，他晋升为海军少将，在黄海海战结束后，他指挥受创的"阿斯科尔德"号抵达上海，并随该舰一同被羁押到战争结束。回国后，莱岑施泰因继续在海军服役，最终晋升至海军上将，于 1916 年 6 月退役，并在同年冬天去世。

但直到第二天才有所斩获。首先与之相遇的是 1800 吨的"奈古浦丸"（Nagonoura Maru），当时该船正在前往小樽的途中。在拿捕中，该船被勒令弃船，随即便被炮火击沉。俄军的第二个猎物是 1 艘大约 300 吨的沿海货船①，该船同样遭到了炮击，但最终带伤逃进了海峡入口处的富山港（Fukuyama）。在后续巡航中，俄军一无所获，由于天气愈发恶劣，再加上"留里克"号引擎状态不佳，莱岑施泰因上校决定放弃在日本沿海的行动，转而跨海前往元山港以北的新浦（Shinpo）。然而，就在抵达目的地前，他们遭遇了那场曾在黄海吹散日军舰队的风暴，于是他们只好向海参崴返航，最终于 14 日安全入港。

当俄军北方舰队的活动消息传到大本营时，恰逢日军首批部队启程，这让日军一度认真考虑过削减海峡舰队的兵力。另外，自年初以来，俄军炮舰"满洲人"号（Mandzhur）一直停留在上海，日方已多次向北京方面提出抗议，要求其遵守中立宣言，敦促该舰尽快离港，但这些抗议根本毫无效果。于是，从政治角度，而不是海上作战的角度，日本有必要表现得更为强硬。不顾舰队方面的反对，军令部要求片冈将军派出东乡正路战队处理整件事情。对日本政府来说，为此大举分兵是必要的。但从海军的角度，其派遣的兵力规模却远远超出了任务所需，甚至可以说，其原因完全来自于政治层面——为保证中国能在别国的压力下严守中立，日本有进行威慑的必要性。

这无疑是一个典型案例，即中立国的态度有时会影响一个国家的战略部署，也令东乡司令的正常部署受到了干扰。他获悉，在东乡正路少将离开期间，他需要从麾下抽调兵力增援海峡舰队，因此，他只能从关键的牙山地区调走航速 20 节的三等巡洋舰"明石"号。[4]

于 17 日启程的东乡正路少将，在第二天抵达了长江水域。在把麾下的 2 艘军舰部署到外海方向警戒的同时，他还派遣"秋津洲"号（Akitsushima）沿江上行到了吴淞（Wusung）地区。该舰到达此地后，要求"满洲人"号在 24 小时内出海，并宣布自己将在当地停留 24 小时以进行监视。如果俄舰不遵从要求，

---

① 译注：该船的船名为"全胜丸"。

那么，日方将据此认为中国政府没有遵守中立声明，届时，日军巡洋舰将被迫采取一切必要的措施。到22日，该舰都未能收到满意的答复，只能向东乡正路将军回报。后者随后登上"秋津洲"号，亲自前往吴淞。

同时，主战场的局势变化却要求他们不能再远离朝鲜海峡。在吴淞，他们接到了召回令。26日，在加煤后，东乡只留下了"秋津洲"号单独对付俄军炮舰。同一天晚上，该舰的指挥官正式获悉，旅顺方面已命令"满洲人"号解除武装。31日，上述使命完成后，"秋津洲"号终于得以归队。[5]

鉴于第6战队离开时发生的种种事件，这次行动可谓相当冒失。就在其出航后的第二天，东乡司令向联合舰队下发了一道新命令，意图是赶在俄军主力舰队修理完毕前剥夺其作战能力，手段则包括阻塞港湾入口、用间接炮击继续挫伤他们的士气等。[6]具体部署是：出羽将军带领第3战队和1个驱逐队前往大青群岛集合，随后，驱逐舰将奉命展开侦察，并为跟进的阻塞船扫清航线。第三天夜间，它们将引导阻塞船前往指定地点。为抵御敌军袭击并救走船员，每艘阻塞船都会有1艘水雷艇伴行，为此，部署在牙山的2个水雷艇队将奉命加入他们的序列。装甲舰分队则会前往荒串池，并与来自牙山的第1和第4驱逐队会合，随后两者将合兵一处，在第三天掩护阻塞船的行动。瓜生将带领自己的战队以及2个驱逐队、1个水雷艇队留下待命，坚守牙山地区并接应陆军部队。

同一天，日军征召了操纵阻塞船的敢死队（kesshitai）。尽管只需要56人，但为执行这项危险的任务，日军的竞争异常激烈：至少有2000人报名。除了10名军官以外，日军最终挑选出了67人，到20日，他们已全部准备就绪，行动也随之开始。

尽管如此，陆军参谋本部依旧对朝鲜局势忧心忡忡，为应对事态，他们甚至迫不及待地在海军组织好掩护工作前便开始调动陆军。在开战第一天，日军几乎兵不血刃就占领了汉城——这对他们是一次不敢想象的成功，而这次行动又鼓舞了他们，让他们开始主动寻求获得更大的胜利：如果能占领平壤和元山间的半岛脖颈地区，那么，不仅汉城的安全将会得到保证，夺取整个朝鲜南部也将变得易如反掌。这一目标如果要实现，日军又必须做到行动敏捷。当时的形势相当危险，虽然旅顺陷入了恐慌，但远东总督却坚定地拒绝了从凤凰城和鸭绿江一线撤回部分驻军以掩护辽阳集结地的请求。整个第 3 东西伯利亚师（3rd East Siberian Division）都在对朝鲜边境虎视眈眈。同时，当地还有密西琴科将军①（Mishchenko）麾下的一个外贝加尔哥萨克旅，其骑兵分队已开始横渡鸭绿江。在这种情况下，陆军显然不能原地等待。15 日，也就是日本海军划定"警戒区"7 前两天，他们便从长崎派出了第一支运输船队，该船队最终搭载部队于 17 日上午在济物浦登陆。随后几天，又有 4 队运输船紧随其后。最后两批运输船航渡期间，恰恰赶上日军舰队分批从八口浦出航，因此，它们得到了妥善的护航。到 22 日午夜，当舰队受另一场风暴影响在荒串池暂避时，陆军第 12 师团已经全部上岸，另外 2 个师团（即近卫师团和第 2 师团）也已在广岛准备启程。然而，由于日方的进展如此迅速，上述部队都遭遇了运输船短缺的问题，只有第 2 师团的 2 个联队顺利出航。另外，导致运输船紧张的还有一个原因，那就是一部分船只曾被调走，以运输另外 2 个不属于第 1 军的联队。这 2 个联队来自第 4 师团，需要执行一项特殊的防御任务。对日军来说，第 1 军的乘胜追击固然至关重要，但他们也需要拥有稳固的后方。为实现这个目的，日军必须占领位于半岛脖颈处与平壤遥遥相对的元山，于是，这一任务便被交给了上述 2 个联队。既然如此，他们为什么会被派往济物浦呢？日军原本希望通过海路直接运输，但俄军舰队的部署迫使他们改变了计划。正如我们所见，施塔克尔贝格将军最近一直尝试干扰日军的运输，同样，海峡舰队也遭到了削弱，这使得直接前往元山的行动危机四伏。因此，日军大本营宁可耽搁一些时间，让他们经由汉城前往目的地，也不愿承担不必要的风险。最终，日军便经由汉城占领了元山。

另一方面，日军则准备通过海路占领平壤。因为如果由陆路进军的话，从汉城到平壤需要 12 天的时间，但沿途可获得的给养非常有限。此外，在地面部队出动之前，日军还需要预先建立 4 个通信哨站。为加快行动进度，瓜生将

---

① 译注：帕维尔·密西琴科（1853—1918 年）出生在今天俄罗斯联邦的达吉斯坦共和国境内，早年参与过俄国在中亚的军事行动，后被派往远东，负责指挥中东铁路的护路部队。1903 年，他被任命为独立外贝加尔哥萨克旅的指挥官，并率领部队开进朝鲜，在此期间，他的表现赢得了上级的表扬。1905 年 1 月，密西琴科指挥 7500 名骑兵突袭了营口，他本人在行动中受伤。痊愈后，他成为乌拉尔—外贝加尔哥萨克骑兵师的师长。一战期间，密西琴科曾担任军长，二月革命后被解除职务，后来在 1918 年愤而自杀。

军奉命从海上运输一部分步兵，前往位于荒串池东部一处幽深港湾尽头的海州（Hai-ju）。通过这种部署，日军可以省下一周左右的行军时间。随着瓜生任务的完成，这支部队在 2 月 17 日及时占领了平壤，从而阻止了俄军骑兵可能的干预行动。

针对海军的护航行动，日军采取了一切可能的保密措施。其预防工作可谓事无巨细，甚至连八口浦基地都长期不为外界所知，同时，16 日，他们还切断了旅顺至芝罘的通信电缆。但即使如此，旅顺的俄军还是获得了他们关心的所有信息，比如日军正在准备阻塞船的情报。虽然俄方并未采取反制措施，但其驻军仍然进入了警戒状态。他们主要防范的是另一次鱼雷攻击，而日军也确实是如此开启了行动。

按照东乡司令的安排，第 5 驱逐队应在行动前扫清障碍。到 23 日晚间，日军舰队已在圆岛附近集结完毕。随后驱逐舰前往老铁山一带，并趁着月落时分潜入锚地。一路上，它们都没有被探照灯发现，后来遭遇了搁浅的"列特维赞"号。因为日军相信港湾入口处有几艘巡洋舰值守，于是该驱逐队便在发射了所有鱼雷后扬长而去。由于距离很远，这些鱼雷无一命中，其唯一的作用就是彻底惊醒了守军。撤退时，日军遭遇了猛烈的炮火攻击，但没有一艘军舰受伤。大约 1 小时后，第 14 水雷艇队也护送着阻塞船抵达了，他们看到一切似乎风平浪静。这些水雷艇最初没有发现任何敌舰，但还是很快暴露了自己，并陷入了猛烈而散乱的炮火中。对阻塞船来说，想要悄然潜入已经毫无机会，但半小时后，它们还是在坐镇于最大阻塞船——约 3000 吨的"天津丸"（Tenshu Maru）的有马中佐指挥下，从昏暗的近海悄悄向前行驶。位于老虎尾①的探照灯现在变得异常活跃，并且扫荡着整个海面。当阻塞船进入照射区时，它们立刻遭到了集火攻击。在令人眩晕的灯光下，有马中佐的"天津丸"逐渐驶向海岸，最终搁浅在了入口 3 英里外。第 2 艘船"报国丸"（Hokoku Maru）注意到了这一错误，在靠右的位置上继续前进。紧随其后的"仁川丸"（Finsen Maru）也效法了这一举动，

---

① 译注：原文为"Tiger Hill"，对应日方资料，实际为老虎尾。

不顾炮火坚定地向着入口驶去。一进入狭窄航道，"列特维赞"号上的探照灯光和火炮便立刻聚拢在了它们身上。这艘搁浅战列舰发射的一枚炮弹击中了"报国丸"的舵机，使得该船腾起了大火，并引燃了炸药引线。"报国丸"立刻在港湾入口西侧搁浅，船员在熊熊大火中弃船。"仁川丸"一直在其右侧，但在转向准备冲入航道时，它猛然撞上了一块礁石，只能就地弃船自爆。第 4 艘和第 5 艘阻塞船的情况甚至比第 1 艘船更糟。船员们不仅对指挥官的错误毫不知情，还在强光的干扰下对入口的位置做出了严重误判。最终，它们在自认为正确的位置上自爆，由此结束了整个阻塞行动。

除 1 人阵亡外，其他船员都成功获救。其中 3 艘阻塞船的船员被赶来的水雷艇英勇救起，另外 2 艘的船员则用自己携带的小艇划向了芝罘。一段时间内，日军舰队无法得知他们的下落，但在发现踪迹后，东乡将军对他们的安全表现出了极大的关心，并派出 1 位海军少将带领 2 艘战列舰和 1 艘辅助巡洋舰将他们接走。①

这次阻塞行动虽然大胆，离胜利近在咫尺，但本质上依旧是一次完败。在日军方面，他们最初毫不了解情况。清晨，出羽将军奉命前去侦察，他在传回的报告中宣称：旅顺入口似乎已被 2 艘沉船堵塞。他还看到了港外的"巴扬"号以及正带领 5 艘驱逐舰回港的"新贵"号，不过两舰似乎无法进入。事实上，由于俄军岸炮依旧会攻击视野内的所有目标，这些俄舰在清晨天色足够亮，不至于引起岸炮误击时便已出航。其中，"新贵"号和随行驱逐舰的任务是前往老铁山附近，接应 1 艘在鸠湾海域守夜、提防日军登陆的驱逐舰，在看到了出羽将军的巡洋舰以及海平线上的整支日军舰队之后，"新贵"号立刻掉头撤退，期间，双方还在无效距离上进行了几轮交火。

鉴于出羽将军的报告，东乡司令决定推迟炮击，以便派出驱逐舰在当晚对理应困在港外的巡洋舰实施夜袭。这项任务被交给了第 4 驱逐队，该分队在之前遭遇风暴时有着突出的表现。它们在行动中的表现极为冷静：先是绕过警戒

---

① 译注：这些船员分别来自"仁川丸"和"武州丸"，他们先是在第二天下午抵达了渤海海峡中央的北隍城岛，随即从岛民手中征用了 4 艘帆船。在接下来的一天，他们一路向南航行，最终在登州上岸，并很快在清朝士兵护送下抵达了芝罘。

艇，然后根据朦胧的灯光向敌军巡洋舰可能的位置发射了鱼雷。然而，它们没有对俄舰造成任何伤害。次日清晨，其中 3 艘军舰"巴扬"号、"阿斯科尔德"号和"新贵"号仍然出港前去保护己方的驱逐舰。

但即使如此，日方相信，这些俄舰不过是滞留在了港外，并决定双管齐下，在后续行动中既炮击旅顺，又摧毁上述舰船。出羽将军和其指挥的舰队一道被派往老铁山，以防对方从此处逃跑，同时，2 个装甲舰组成的战队则从大连一侧向安全区的边缘不断逼近。一场军舰和地面要塞之间的炮战就此爆发，期间港口遭到了几轮间接炮击，但双方并未遭受任何损伤。大约 12 点半，即炮击持续45 分钟后，俄军巡洋舰退进了港口，日军也随之撤走。虽然从这次炮击的唯一目的，即打击敌军士气的角度来看，日军完成了任务，但很明显，阻塞行动遭遇了失败。

出羽将军则更为幸运一些，当他在老铁山外海巡航时，2 艘完成夜间执勤任务的俄国驱逐舰进入了日军视野。它们当时正试图潜回旅顺，出羽发现后立刻开始追逐。尽管其中一艘逃之夭夭，但另一艘则进入鸠湾躲藏了起来。经过短暂搜索后，该舰被发现，并被远程火力击沉[1]。整个行动于是就此结束。

下午，除装甲巡洋舰外的所有分队都航向荒串池，以准备下一轮行动。由于意义重大，该行动不仅需要改变舰队的整体部署，还需要对舰队的组织结构进行调整。因此，上村将军接下来将率领麾下的舰队前往八口浦（而不是荒串池）加煤。另外，如前所述，日军还从长江口召回了东乡正路将军的舰队。

---

① 译注：这艘俄军驱逐舰是"难忘"号。该舰在被日军"吉野"号巡洋舰击沉前便已搁浅，船员也全都弃船。后来，俄军试图从残骸上移走部分有用的设备，但在金州陷落后，俄军地面部队撤退前，只有 2 门 47毫米炮被拆了下来。

## 注释：

1. 俄军雷区的布设情况如下：2月9日—11日，"叶尼塞"号在大连湾布雷400枚；2月16日，"阿穆尔"号在大窑湾和小窑湾共布雷121枚；2月18日，"阿穆尔"号在大连湾布雷119枚；2月20日，"阿穆尔"号在三山岛水道（大连湾附近）布雷60枚。

2. 参见《联合舰队机密令第124号》，出自《日本战史极密版》第1卷第106页。

3. 参见《日本战史极密版》第1卷第122页。

4. 当时的东乡正路战队（即第6战队）由"和泉"号（旗舰）、"秋津洲"号和"须磨"号这3艘三等巡洋舰组成。第4艘"千代田"号尚未归建，仍部署在济物浦。

5. 相关内容参见《日本战史极密版》第2卷第162页。解除武装的流程包括移除全部弹药、炮闩、鱼雷的战斗部和雷管以及所有轻武器和引擎的重要部件等。该舰全部124名官兵也在许诺不继续参战后，乘坐1艘法国班轮回国。

6. 参见本书附录D。

7. 这些"警戒区"原本对中立船只开放，但现在这些水域内将布设雷区，所有驶近的船只都应接受临检和强制引航。各地被划为"警戒区"的详细时间如下：东京、函馆、小樽、佐世保、竹敷和舞鹤，2月10日；长崎，13日；豆酘（位于对马岛南部），14日；纪伊水道，17日。在战争期间，为了掩盖军事行动的准备工作，或是为了制造某种假象，日军后来又相继将其他一些区域划为警戒区。

∧ 1904年2月11日，误触自身水雷沉没的俄国布雷舰
"叶尼塞"号。该舰约200名船员中有120人阵亡，它
是这场战争中水雷的第一个牺牲品

∧ 2月12日触雷的巡洋舰"贵族"号。该舰的沉没是
当时俄军诸多问题的缩影

∧ 荷兰报纸《电讯报》（De Telegraaf）反映"叶尼塞"号布雷行
动的插画

∧ 米哈伊尔·罗施钦斯基将军。他在保卫旅顺
近海的战斗中扮演了重要角色

< 在旅顺港外进
行水雷布设训练
的俄军驳船，摄
于1903年。战争
爆发后，近海的
布雷任务主要都
是由这些小型船
只完成的

∧ 日本宣传画：《"速鸟"号和"朝雾"号不顾恶劣天气突袭旅顺》，但与画面中描绘的情况不同，这2艘军舰发射的鱼雷并没有命中敌舰

∧ 1904年2月11日，日本"纪元节"当天拍摄的日军舰队和船队

〈 旅顺阻塞作战的方案提出者——有马良橘。这是他1920年时的照片

这三张照片摄于战争爆发初期，展示了停泊在海参崴的俄军装甲巡洋舰"俄罗斯"号

174

∧ 俄国绘画：《海参崴巡洋舰队第一次出动》

∧ 俄国炮舰"满洲人"号。该舰在战争爆发时停泊在上海，后来在得到上级允许后自行解除了武装，并在当
地停留到战争结束

∧ 日军巡洋舰"秋津洲"号。该舰曾在战争爆发初期去上海向"满洲人"号和中国当局施加压力

〈 开赴远东前线的俄国军队。随着时间流逝，日军在海上和陆上面临着越来越大的压力

〈 第一次闭塞作战前夕，集结在朝鲜附近海域的阻塞船队

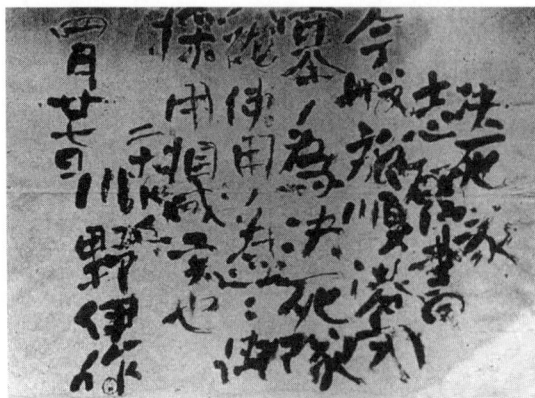

△ 日军川野伊作二等兵为报名参加旅顺封锁作战而写下的血书

△ 英国报纸描绘的第一次封锁行动示意图

◁ 2月22日下午时分，联合舰队各舰用登舷礼为阻塞船送行

◁ 搁浅在旅顺入口航道附近的战列舰"列特维赞"号。该舰在第一次阻塞行动中极大干扰了日军的行动

∧ 绘画:《遭到"列特维赞"号炮击的"报国丸"和"仁川丸"》

∧ 平安归来的"仁川丸"和"武州丸"乘员。他们先后乘小艇和帆船抵达了山东,后来被日军派遣的舰只接送回国

〈 被击沉在鸠湾的俄国驱逐舰"难忘"号

〉被击沉在老虎尾半岛附近的日军阻塞船"报国丸"

〈 第一次阻塞行动中被击沉的日军阻塞船,摄于电岩炮台

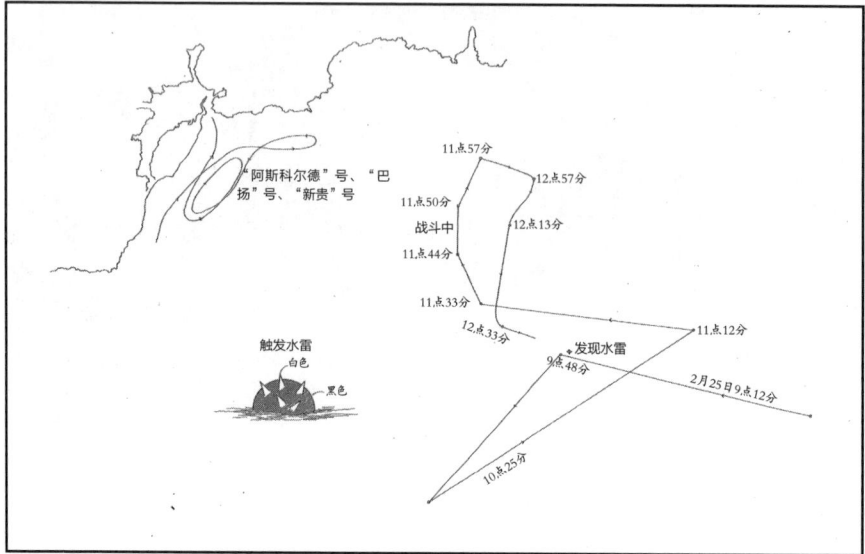

∧ 日军对旅顺第三次攻击行动中的战列舰航线示意图（以"三笠"号为例）

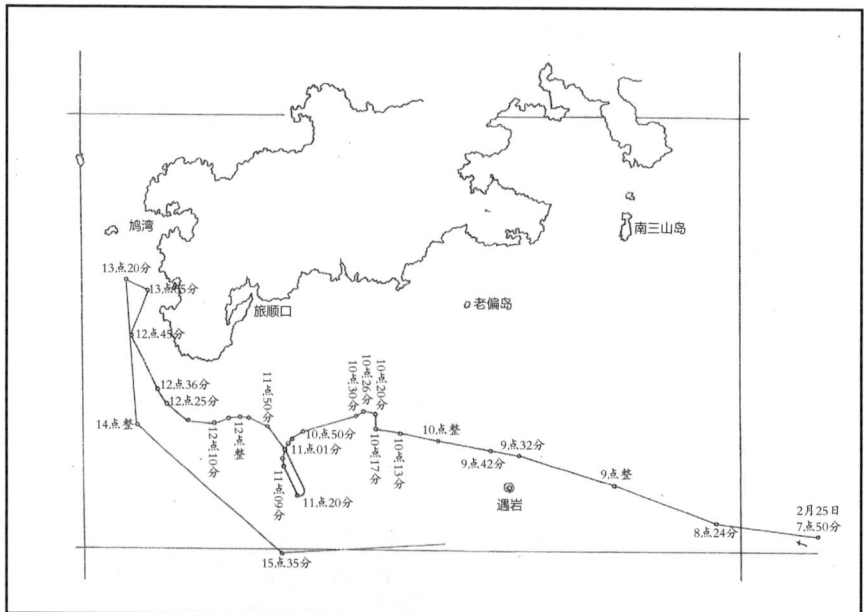

∧ 2月25日，出羽战队对旅顺以西海域搜索行动示意图

# 第六章

# 2月20日至3月12日的行动

自战争爆发已过去一周，日军的进展完全超出了他们最乐观的期望：他们不仅遏制了俄军舰队的行动，并在地面战场取得了同样的胜利。2月23日，第12师团的骑兵抵达平壤，从汉城出发的步兵分队也在两天后抵达当地。占领平壤—元山一线后，他们事实上已经控制了至关重要的朝鲜南部地区，进而改变了整个战争的走向。此时，大本营的当务之急是守住并巩固初始阵地，同时让第1军的其余部队尽快推进到鸭绿江沿岸。

因为地面行动的加速带来了更多要求，舰队同样要为此忙碌。这不只是因为他们掩护陆军运输线的行动失败了，同时，俄军海参崴巡洋舰队在日本海的活动，也促使日军采取果断的手段。

第一次巡航结束后的10天内，施塔克尔贝格将军一直按兵不动。但2月底，日军还是不断收到情报，显示有军舰在朝鲜北部海岸出没，还有消息称，俄军已经从波西耶特湾附近的边境向元山开进。2月28日，日方又接到消息称，有4艘巡洋舰于4天前在元山现身——毫无疑问，它们就是海参崴舰队。

实际情况是，2月24日，即东乡将军封锁旅顺的当天，日军占领元山的报告也传到了海参崴。由于在施塔克尔贝格将军的特别任务中，阻止该港变成日本的海军基地是最重要的部分，因此他决定立刻出动。26日抵达当地后，他并没有发现预想中敌军先头部队的踪迹。因此，他选择沿着海岸向北一路搜索。到27日清晨夜幕降临时，他再次回到了元山，但同样没有发现敌人。于是，他重复了之前的行动，对敌军所有可能藏身的海湾进行了彻底检查，最终于29日返回了海参崴。[1]

虽然行动本身不值一提，但结合俄军从陆路进军的情报，日军大本营还是决定采取措施，趁着黄海海域局势允许，让俄军的北方舰队不再制造动静。

　　相应地，2月29日，军令部向东乡将军发出了如下指示："如可能，你应当从麾下抽调一支强有力的分队，派遣他们前往海参崴进行武装侦察。"根据现有的资料，东乡将军对这项命令的理解是："通过在亚美利加湾①（America Bay）和波西耶特湾向敌方炫耀武力，对敌军地面部队实施牵制。"换言之，其主要目标是阻止俄军干预第1军的集结及其向鸭绿江推进的行动——这也清楚地体现在他次日发给上村将军的命令中。为此，他要求上村带领5艘装甲巡洋舰[2]，外加2艘第3战队的巡洋舰[3]，一路全速前进，经由最短的航线赶往海参崴，攻击和威慑当地的俄军舰队，同时在亚美利加湾或波西耶特湾实施佯动，牵制这些区域的地面部队，甚至诱使对方增派援军。但另一方面，舰队也不应在该地区逗留超过3天，并要随时通过对马的无线电台和位于元山、城津②（Songchin）两地的电报站同上级保持联络。[4]如果可能的话，上村还应派遣部分舰船前往元山，安抚当地的日本侨民。最终，各舰会返回佐世保加煤，再回到八口浦接受后续指示。[5]

　　根据上述指示，上村将军拟定了详细的作战计划，并得到了舰队司令的批准。3月2日，该舰队从八口浦启程。

　　虽然这次行动源于东京方面的直接命令，但其得到了东乡司令的全权同意。最近的情况让东乡司令相信，俄军主力舰队将不会大举出动。据了解，著名的马卡罗夫海军中将已被任命为旅顺舰队的司令官。在他抵达之后，日方感觉俄军的策略将以避战为主，并想方设法消耗敌人。如果日方将舰队全部集中在黄海，那无疑是正中了敌人的下怀。

　　这份局势判断符合实际——它也要求日军舰队必须继续忙碌下去。在日军大本营眼中，旅顺方面的局势已经相对缓和，这成了他们督促军队冒着更大风险加速推进的动因。对他们来说，平壤的价值不仅在于和元山构成了一道拱卫朝鲜南部的防线。同时，平壤湾内的镇南浦港也提供了一条捷径，让陆军能绕

---

① 译注：即今天俄国境内的纳霍德卡湾，位于海参崴以东。
② 译注：即今天朝鲜东海岸的金策市。

开平壤和首尔间长达 150 英里的崎岖道路。事实上，即使在路面封冻的情况下，行军通过这一路段都需要 12 天，如果遇到冰雪融化，当地就几乎无法通行。因此，在暂时确保了黄海的制海权后，日军大本营便决定：让第 1 军的剩余 2 个师团从镇南浦而不是济物浦登陆，进而从当地开赴鸭绿江。此举的风险其实相当大，因为旅顺的俄军驱逐舰仍然实力强大，而且行动活跃，同时，镇南浦离太平湾只有不到 100 海里，而太平湾又为俄军驱逐舰提供了一个理想基地。不过，尽管风险巨大，日军依旧有时间预先防备——当然，其前提条件是平壤附近的港湾没有结冰，不然正常的运输行动将遭到妨碍。从某种意义上说，冰情才是驻汉城日军当局最关心的问题。

战争爆发后，日本海军便已意识到，他们必须在陆军基地不断北移的过程中提供策应，只是需求可能不会来得太快。不过，他们还是对当前的情况有所预料。早在 2 月 22 日，瓜生将军就以私人名义，向济物浦方面咨询了镇南浦海域的冰情，以及是否会有部队在当地登陆的计划。他从济物浦方面的回复中获悉了未来的部署计划，同时还接到了一份来自陆军的请求，对方希望他派出人手前往当地检查海冰。鉴于阻塞行动刚刚开始，他只能答复说，他的所有舰船都奉舰队司令的指示部署在了济物浦，不能仅为了陆军的需求而擅自调动。直到 3 月 2 日，瓜生才收到东乡司令的指示，开始陆军想要的调查。

当时，东乡司令正在八口浦——自 2 月 27 日从荒串池抵达后，他便全神贯注地制订海上行动计划，以求加快地面部队的推进速度。日本海军最大的隐患是旅顺港的巡洋舰和轻型舰艇，为此，他首先要确保俄军没有在太平湾或里长山列岛设置前进基地。在战争开始前，不断有报告说俄军打算在当地设置鱼雷艇基地，据传，他们一直在太平湾忙碌，不仅设置了加煤站和通信站，还试图架设连接旅顺港的通信电缆。为此，在阻塞旅顺的行动结束后，东乡将军首先在 2 月 26 日重组了荒串池的舰队，并把出羽将军麾下的 2 艘巡洋舰、2 艘战列舰同第 5 驱逐队分离出来，派它们单独前往岛屿附近，摧毁发现的任何通信设备。

27 日抵达太平湾后，出羽将军的登陆部队很快发现，除了一座码头和空荡的燃煤仓库之外，这里没有一丝被俄军占领的迹象。事实上，在日军初次袭击旅顺的那天，远东总督便派了1艘船运走了当地的煤炭和原来留下看守它的小股卫兵。在第一次交战期间，该船幸运地溜回了旅顺，没有被日军发现。于是，出羽将军在烧毁部分燃煤仓库，留下码头供将来使用后，便心满意足地向八口浦返航，以便同舰队司令会合。

东乡将军的其余工作极为繁重。当大本营发出指示，要求上村将军前往北方应对俄军的骚扰时，为重组舰队，东乡必须废除位于对马海域的独立指挥机构，并将第3舰队（即海峡舰队）置于自己的麾下。通过这些举动，他能够同时调遣所有舰艇，而这些又至少在表面上是审时度势之下的最佳选择。为此，片冈将军将直接听从他的指挥，同时上村舰队也不会被正式从建制中剥离。然而，正如我们将在未来所见，大本营在关键时刻做出了一项令人不快的部署，并接管了上村舰队的控制权，这让上村将军认为，他们这是在绕过自己的上司越级指挥。[6]

依据新部署，日军舰队进行了重组，但让相关任务更加繁重的是，东乡将军根据陆上战局的发展，要求对前进基地进行搬迁。虽然牙山湾的锚地和防御设施的建设已经取得了很大进展，但事实证明，自从日军拥有了局部的海上优势后，与荒串池相比，该地在位置上已展现出了种种不便。而在荒串池以东25海里，一片人迹罕至的荒凉海湾和群岛深处，有一个只有日本人和当地人才知道的大型海湾——海州湾。如前所述，一支日军部队曾从当地登陆向平壤推进。这里是一个名副其实的"埃斯孔迪多港"①（Puerto Escondido），宛如海盗们在西属美洲大陆（Spanish Main）藏身地的翻版。无论对旅顺展开行动，还是沿着朝鲜海岸支援陆军推进，其位置都远比牙山更好，不仅如此，敌军的鱼雷艇也很难渗透。东乡将军当即选中了这个地方，并尽快接通了通信电缆。2月28日，他致电瓜生将军，表明海州将成为联合舰队未来的前进基地，并取代瓮岛成为第二集合点，届时，瓜生在牙山湾的行动将终结。

---

① 译注：位于墨西哥西海岸，字面意思是"隐蔽港"。相传在一次劫掠中，安德烈·德雷克（英国著名海盗弗朗西斯·德雷克的兄弟）曾在此停靠，并躲过了西班牙围剿部队的搜索。

当天，东乡司令还正式获悉，片冈将军的舰队已被纳入他的指挥，他也由此得以继续推进具体的部署。首先，八口浦不会被放弃，因为它是日军内线阵地的中心、监视黄海入口的要冲。为此，日军设置了一支常备的警戒部队，该部队包括细谷将军第7战队所属的1个水雷艇队和2艘炮舰。至于第7战队的主力，则部署在镇海湾外的巨济湾（Cargodo Gulf），以守卫靠近本土的一段运输线。同时，以巨济湾为基地的还有2艘辅助巡洋舰，它们将轮班巡航镇锣岛周边海域，截断敌军的海上运输线，并拦截在中国沿海运送违禁品的中立国商船。

关于地面部队的支援、护航和掩护任务，日军的具体安排如下：

当大军北上时，细谷将军将承担最关键的支援任务，因为其麾下的海防舰战队特别适合近海作战。为此，他将从巨济岛出发前往海州，只在当地留下1艘海防舰和1艘炮舰，并在八口浦部署2艘炮舰作为常备警戒单位。同时，他的舰队还将得到瓜生将军麾下的2艘炮舰、4艘辅助巡洋舰和2个水雷艇队的加强。凭借上述部队，细谷将军将配合陆军在镇南浦的登陆行动，并在陆军突向鸭绿江期间与之协作。

至于护航任务，则交给了片冈将军的2个巡洋舰战队。在接到命令之前，他们将继续在竹敷港守卫朝鲜海峡。这一安排也意味着，随着事态发展，除了轻型舰艇和镇海湾的警戒部队外，日军最终将不会在这一关键海域上遗留其他保卫兵力。

在东乡司令的直接指挥下，位于黄海的其余日军舰队将充当掩护部队，当然，由于一支分队已开赴海参崴方向，日军的兵力实际遭到了严重削减。3月2日，上村将军带领麾下6艘装甲巡洋舰中的5艘，和出羽战队的2艘巡洋舰一道离队（俄军舰队实际是成功吸引了近2倍于己的敌军），第6艘装甲巡洋舰则被派给了出羽本人，以补偿刚刚调走的舰艇。同时，瓜生战队内的4艘巡洋舰将继续跟随主力在黄海执行掩护任务。舰队最主要的工作是继续完成对旅顺的全面封锁，在前一次进攻失败后，东乡将军便致电请求再调派4艘阻塞船，将它们自沉在港湾入口左右两边。[7]

但船只的准备需要时间，部队也无法即刻启程。平壤湾的入口已被浮冰封闭，预计还要一周左右的时间才能消融。为在这段间歇期有所作为，同时继续威慑敌军，东乡司令决定再次进行一次驱逐舰袭击，并从老铁山的死角区对敌军发起炮击。[8] 这次行动原定与上村将军在海参崴出现的时间同步，但受恶劣天气的阻碍，东乡舰队到3月6日还滞留在八口浦——此时，上村将军已经到达了目标附近。

受前一天浓雾和暴风雪的影响，直到6日上午7时，上村才发现阿斯科尔德岛（Askold Island），该岛位于广阔的彼得大帝湾远端（即东部），湾内则坐落着海参崴。岛上的信号站立刻报告了日军舰队的行踪。由于当天是星期天，俄军水兵全部在岸上，他们立刻被召回，舰艇则开始升火。同时，日军则继续向着港湾的东部入口前进。海参崴坐落在一个半岛的末端，该半岛向西南伸入了彼得大帝湾，并将内部分成了两片更小的海湾，即西部的阿穆尔湾（Amur Bay）和东部的乌苏里湾（Ussuri Bay）。在半岛的尽头，另一片凹陷的海湾又将陆地分开，这片海湾就是金角湾（Golden Horn），而海参崴港便坐落在其沿岸。在远海方向提供掩护的是俄罗斯岛①（Kozakavitcha Island），此外，还有一连串较小的岛屿向外一直延伸到大海湾中，并进一步分离了阿穆尔湾和乌苏里湾。而在最靠外海的岛屿和大陆之间，是阿穆尔湾的入口，该海湾同乌苏里湾由一条海峡相连。这条海峡位于海参崴半岛的尽头与俄罗斯岛之间，被称作"东博斯普鲁斯海峡"（Eastern Bosporus），该水道也通向金角湾的入口。在其东部或所谓的乌苏里湾口（Ussuri mouth），则布置着主要防御工事，这让敌军很难从海上实施攻击。同时，由于拥有两个进出口，海参崴港也很难被彻底封闭。

随着上村将军沿着西北偏北（N. N. W.）航向驶入乌苏里湾。他看到几股烟柱从积雪覆盖的低矮山丘背后升起，这些山丘也能隐藏金角湾的俄军舰队。尽管它们充当了良好的参照点，但烟柱很快就消失了，日军再也看不见船只的踪影。到了中午，日军舰艇抵达了覆盖港湾的冰层边缘。虽然他们开始破冰前进，但

---

① 译注：原文"Kozakavitcha Island"是该岛在英军海图中的名字。当地隔海峡与海参崴、金角湾遥相呼应。

行动相对缓慢，为寻找冰层较薄的地方，他们不得不多次改变航线。当时天气极其冷，舰船被冰覆盖，但在 12 点 42 分，他们还是取得了足够的进展，将军于是派出了 2 艘无装甲巡洋舰，让它们在炮台射程外监视港口的入口地区。上村将军又继续往港湾深处行驶了 45 分钟，并来到离东博斯普鲁斯海峡还有 8 海里的区域。然后，他直接向海峡方向转舵，并在 14 点前不久①进入射程后右转，使航线与海岸平行，8 英寸炮也开始间接射击。由于地面要塞没有还击，他决定转舵并继续靠近。到 14 点 10 分左右，他驶近到离海岸约 4000 米（4400 码）的距离上，然后再次朝向东北，与海岸平行前进，同时重新开始射击。在 6 英寸舰炮从 5000 米（5500 码）到 8500 米（9300 码）不等的距离上轰击地面要塞的同时，他的 8 英寸舰炮则从 10000 米（11000 码）—13500 米（14800 码）外朝着曾有烟柱腾起的金角湾船坞不停射击，期间俄军依旧没有回应。10 分钟后，上村将军朝东南偏南（S.S.E.）方向掉头，并于 14 点 27 分停止了射击。

期间，日军造成的破坏几乎可以忽略。由于日本舰队受到了海冰的阻碍，俄军刚好有足够的时间起航，并在日军毫无察觉的情况下从金角湾驶入了东博斯普鲁斯海峡。期间一场严重的撞船事故险些发生，他们又被迫停下脚步，这导致日军始终在向空空如也的港内倾泻弹雨。

大约 14 点 30 分，他们开始朝阿斯科尔德岛的方向撤退。半小时后，已恢复秩序的俄舰开始行动起来，这让日军看到了烟雾。不顾短暂的白昼即将结束，上村中将决定掉头查看。然而，他们最远也只抵达了东博斯普鲁斯海峡，此时天色已经昏暗，陆地的阴影让日军什么也看不见。最终，上村把他的舰队撤至外海过夜。在此期间，他似乎仍在怀疑俄舰是否真的在港内。因为就在他北上时，他从海峡舰队的先头巡洋舰那里收到了一份报告，称俄舰已经再次出动，而在浓雾中，他又截获了一封俄语的无线电报。因此，在第二天清晨时分，他决定让舰队分散开来,前去侦察亚美利加湾和阿斯科尔德岛东临的射手湾（Strelok Bay）。一无所获后，他决心再次进行一次威慑行动，并于中午时分又出现在了

① 译注：原文为 13 点，这似乎和前面"行驶了 45 分钟"的记录相悖。

入口附近。

这一次，他们看到了港内的俄军舰队，但现场没有烟柱，对方显然不打算出港迎战，岸炮也没有开火射击。鉴于求战无望，上村决定执行计划的其余部分，并转移到波西耶特湾。下午，他们对此地进行了细致的搜索。第二天，他们沿着朝鲜海岸航行，在当天晚上与驻城津的日本领事交换了情报，并于9日进入元山停泊。在几个小时的逗留期间，他们发现此地风平浪静，于是起航前往佐世保，准备在那里加煤后重新与主力舰队会合。

就干扰俄国的军事部署而言，这次行动的影响微乎其微，然而，它却在士气上给敌人带来了巨大影响：大量海参崴的平民开始返回俄罗斯内地，而且在接下来的一个月内，连纳维奇将军[①]（Linevich）开始强烈抱怨（如果之前不曾有过的话），日军一旦登陆，自己指挥的舰队将面临兵力严重不足的问题。[9]

这一行动完成于东乡原计划袭击旅顺的日期之前。直到上村将军于3月9日回到元山时，日军主力舰队才抵达圆岛的最终集合点。当时，东乡的整体想法是，让驱逐队在夜间出击，并让2艘通报舰"龙田"号和"千早"号[②]提供支援。其中第1驱逐队将负责解决在老铁山守夜的敌军驱逐舰，第3驱逐队将前往旅顺，对发现的一切目标实施攻击。如果在港外一无所获，它们可以布设安装自燃信号灯（Holmes lights）的诡雷，阻止俄军在清晨出港，并消耗他们的弹药储备。翌日，东乡会指挥舰队开始炮击，同时，他还向整个舰队发出敌人可能会出港的警告，所有舰只都必须做好迎战准备。

为何日方做出了这种推测？相关资料没有给出理由。但毫无疑问的是，这显然与马卡罗夫中将有关，他已经在前一天抵达了旅顺。在与库罗帕特金将军同日接受任命后，他便以最快速度向遍体鳞伤的舰队赶去。在此期间，他还做

---

[①] 译注：尼古拉·连纳维奇（1839—1908年）出身在圣彼得堡的一个乌克兰裔家庭，1855年入伍，他在高加索山区对抗当地人的战斗中积累的经验，在俄土战争中成就了他的名气。后来，连纳维奇被派往远东，参加了镇压义和团的行动。1903年，他被任命为阿穆尔省省长和外贝加尔地区的军事总督。在日俄战争中，他最初担任第1满洲集团军的司令，1905年库罗帕特金被撤职后，他接过了后者的职务。1906年，连纳维奇退休，不久之后去世。他的战时日记则于1925年被匿名出版。

[②] 译注：原文为"Chitose"，即"千岁"号，但按《明治三十七八年海战史》的说法，参战的实际是"千早"号，英文为"Chihaya"。

出了一些必要的安排：2月14日，他向一个由海军部高级军官组成的委员会提交了自己的需求，该委员会也是海军大臣应他的要求专门组建的。委员会主要负责补给和情报，其首要任务是成立一个情报机构搜集敌军的动向和作战意图；同时他们还要做好准备，以便在旅顺陷入孤立后用芝罘的邮政系统传递消息。17日，马卡罗夫动身前往远东，并预计在18天内到岗上任，同时他还相信，途中耗费的时间，足够他和新参谋班子制订出命令和组织规范。

最初的成果是马卡罗夫中将在19日向海军部提出的一份报告，上面表示应大幅增加轻型舰艇的数量。具体内容包括将8艘新竣工的驱逐舰拆为零件，通过铁路运往旅顺，另外，还应当建造40艘小型鱼雷艇，并以同样的方式将它们运输过去。他写道："这些小艇将负责夜间的港口警戒，在天黑前两小时以16节航速出港，于晚11点抵达离港口100海里外，而这一区域也将成为它们的活动范围。夜间，这些小艇将成为各自辖区内的主宰。"在报告的第三部分，他还督促说，目前最有必要采取的措施，是让维伦纽斯舰队继续航向旅顺港。[10]之前，在听说有从红海召回该舰队的打算后，他便向圣彼得堡方面提出过建议，表示自己愿意主动肩负起会合的责任。现在，他再次强调了这一举措的重要性。他写道："如果这支由3艘正规军舰和7艘驱逐舰组成的舰队无法在战区现身，那么，我将根本无法抽出一支类似规模的分队，以执行必要的作战任务。我认为让该舰队前往远东是绝对必要的，否则，这会对士气带来极为严重的负面影响。"尽管寸步不让，但他的建议几乎都未能得到落实，唯一的例外是小型鱼雷艇，它们的建造工程已经开始。

即便如此，司令部还是希望马卡罗夫完成一项不可能完成的任务。在他上任时，司令部刚刚得知上村舰队在海参崴港外现身，因此，一份建议书立刻摆在了马卡罗夫将军面前。建议书这样写道："我们认为，敌军舰队之所以在海参崴港外出现，主要是为了阻止我军巡洋舰队出击，或是截断其与基地的联系。鉴于敌人的活动正愈发放肆，我们认为，这给我们带来了一个有利的机会：我军舰队可以从旅顺出动，将敌人赶出辽东海岸。"

从这个角度，东乡对俄军舰队出海的猜测是正确的，他最新收到的情报是：俄军有5艘战列舰和4艘巡洋舰依旧可以出港。另外，当时还盛行着一条看似可靠的传闻：俄军新司令一上任就将指挥舰队出动。不过，就当时而论，马卡罗夫将军并没有这种打算。期间发生的唯一大事，就是在他抵达的当天，"列特维赞"号被拖进了港内。鉴于舰队的士气普遍低迷，因此，马卡罗夫将军下达的第一道命令，就是让各舰降下已飘扬了一个月的战旗。[11]

　　随着马卡罗夫的到来，舰队上下的气氛确实变了。他带来了一些熟练的船坞工人，这可以加快舰只修理的速度，同时随他到来的还有一支舰队将从波罗的海出发赶来救援的消息。他的人格魅力发挥的作用更大，昂扬的斗志取代了之前的冷漠和沮丧。在一次高级军官会议上，他对与会者宣布，他的策略是在增援抵达前谨慎利用舰队和资源，但同时也会尽其所能打击敌人，消耗他们的力量。"每个人，"一位在场的军官回忆道，"都感受到了他蕴藏的巨大能量。谁都知道，他会驱使大家工作，永不停歇，因为他自己就是一个不知疲倦的工作狂。"

　　马卡罗夫言出必行，就在东乡开始进行一系列新行动的当晚，一场战斗爆发了。战斗期间，俄军首次展现出了主动精神。夜间，俄军无线电传回了日本舰队逼近的消息，此时，马卡罗夫将军并没有像之前那样，只让少量的警戒舰艇迎战，而是命令驱逐舰全体出击。当时，俄军适合出海的只有2个驱逐舰分队，其中还有2艘遭遇故障，因此只有6艘具备出海能力。由"果敢"号（Ryeshitelni）和"守护"号（Steregushchi）组成的较弱分队奉命对太平湾进行侦察，另一支由4艘驱逐舰组成的分队①负责巡航旅顺港水域。[12] 结果，当日军的第1驱逐队抵达老铁山时，立刻被当地不明数量的敌军驱逐舰所震惊。同时，敌人有昏暗的海岸线作为掩护，而日本人则背对着月光，并在接近时不慎打出了灯光信号。现在，日军的身影完全暴露，日军自己的视野中则是一片模糊，而且一度相信，他们当时遭遇了至少6艘敌舰的攻击。

　　当敌人冲进视线时，这些日舰正在转舵，队列骤然变得混乱不堪。当时双方的距离是如此之近，而且对方的行动是如此突然，碰撞几度难以避免。随之而来的是一场混战，有时，双方距离甚至可以近到互掷手榴弹。没有人能真正

---

　　① 译注：即"强力"号、"留心"号、"坚强"号和"无惧"号。

了解当时的情况。此时的日舰全都离开了阵位，并不断闯入友舰的火炮射程，但也有几分钟，双方都卷入了狂暴的近战。战斗中，几乎所有日舰都多次被击中、击穿，但幸运的是，没有一发俄国炮弹爆炸。随着2个驱逐舰分队开始背向而行，一段时间后，他们最终驶出了彼此的射程。战斗中，虽然没有一艘日军驱逐舰失去机动能力，但第1驱逐队没能完成摧毁敌军警戒舰只的任务，而且他们付出了24名官兵伤亡的代价[1]，只能驶向主力舰队寻求庇护。而俄军驱逐舰同样遭到了严重损坏，其中2艘主机失灵，1艘被友舰的鱼雷击中，只能勉强漂浮。[2]在人员伤亡方面，俄军有2名军官身负重伤[3]。各舰直到黎明时分才全部回到旅顺港。

另一支日军驱逐队[4]同样由4艘舰只组成，并得到了通报舰"千早"号的支援，他们的运气更好一些。在靠近港湾入口处时，他们最初一无所见，甚至看不到"列特维赞"号的踪迹。于是，他们便依照指示布设了诡雷和自燃信号灯。后者曾遭到了短暂的轰击，但很快，对方就停止了开火，其他手段也没能让驱逐舰再次吸引来炮台的火力。虽然他们不断处在探照灯的照射下，但火炮始终保持着沉默。事实上，现在俄军炮台有了更好的开火纪律，并因为害怕误伤己方驱逐舰而特意没有炮击。直到天明前，日军都在进行尝试进攻，但最后还是只能撤往老铁山与主力舰队会合。

随后，他们发现了被派往太平湾的2艘俄军驱逐舰。在返回时，俄军2艘驱逐舰先后遭遇了1艘日本巡洋舰和若干驱逐舰的拦截。为躲避这些舰船，俄军被迫

---

① 译注：另一份报告与这一数字有出入，其显示"霞"号有1死3伤，"朝潮"号1死3伤，"晓"号4死3伤，共计6死9伤。

② 译注：按照俄方资料，这一说法有误。在当天的战斗中，"无惧"号安然无恙，"留心"号只受到了轻微损伤，"强力"号被多枚炮弹击中，其中1枚来自日舰"朝潮"号的76毫米炮弹在舰首附近撕开了一个较大破口，但不影响航行，只有"坚强"号受到重创，最终被"留心"号拖回了旅顺港。根据受损报告显示，在战斗中，该舰水线以上部分有7处破口，水线以下也有1处，但这些破口都是炮弹造成的，并不存在文中所述的被己方鱼雷命中的情况；另外，在战斗中，俄方只有"坚强"号试图发射鱼雷，但未能成功，其余3艘舰船均没有使用鱼雷的记录。

③ 译注：按照俄方资料，当天其实际损失为2死19伤。其中"坚强"号舰员1死11伤，"强力"号舰员1死8伤。

④ 译注：即第3驱逐队。

返回外海，现在正试图从东南偏南方向驶入港内。日军立刻转向以切断俄舰的航线，并将对方赶向老铁山附近主力舰队的射程内。俄舰见状迅速向右转舵，并试图驶入大连附近的水雷区躲避。日军则穷追不舍，由于速度占优，他们很快逼近到了300米内，一场激战随之爆发。虽然2艘俄舰顽强抵抗，但还是被多发炮弹命中，并陷入了困境。其中，第二艘驱逐舰"守护"号开始急剧减速。到破晓时分，追逐的双方已经进入了俄方岸炮射程，于是后者开始射击。虽然领头的俄舰有1座锅炉被炮弹命中受损，舰长也受伤无法指挥，但它仍然保持着一定的航速，并在轮机长的指挥下向旅顺驶去。看到无法阻止该舰撤退之后，所有4艘日军驱逐舰转而包围了"守护"号，并向该舰发射着压倒性的火力。

现在天色已经大亮。为实施炮击，日军的各个战队正前往各自的位置，出羽将军的任务是观测港内的炮弹落点，并因此来到了交战区周围。他注意到了附近的情况，并发现俄军岸炮正对驱逐舰猛烈开火，导致"千早"号这样的通报舰无法上前支援，于是，他派出了麾下的装甲巡洋舰"常磐"号——战斗的高潮就此到来。日军可以看到，"新贵"号正驶离旅顺港前来救援，俄军的新任舰队司令就在该舰上坐镇。一得知战斗爆发，他立刻在舰上升起将旗，在命令"巴扬"号尽力跟随后便乘舰出海了。与此同时，俄军驱逐舰"守护"号已经沦为了无法动弹的残骸，战旗也不再飘扬。其中一艘日舰试图靠近和俘获它，而其他日舰则聚在周围，以展开紧急修理，并将伤员送往装甲巡洋舰，但俄国人根本不打算投降。当日舰靠帮时，日军发现甲板上有大量尸体，还有一些俄军水兵奄奄一息，所见之处没有一名军官，也找不到一名尚未挂彩的俄军水兵。其中有一两人被活捉带走，还有几个在日舰靠近后便游向了救生艇①。舰上的金氏通海阀（Kingston valves）打开了，但日军无法接近其所在的位置。为确保该舰不落入敌手，2名忠诚的水兵把自己反锁在机舱，登舰人员用尽手段，都无法劝诱他们走出这个活棺材。最后，日军准备对受损俄舰进行拖航。

期间，出羽战队始终在附近值守，但俄军的岸炮火力渐渐变得猛烈而精准，不

---

① 译注：最终，该舰仅有4名乘员被日军救起。

仅"千早"号,甚至"常磐"号都只能在接走伤员后撤出射程。马卡罗夫将军见状立刻掉头,而在另一边,下沉的俄舰已由待命的日军驱逐舰拖走。然而,拖曳的钢缆很快断裂,同时,日军还看到"新贵"号正在"巴扬"号的伴随下再次赶来,意图搭救友军。战斗一触即发,但此时,瓜生将军的战队出现在了地平线上,并向预定战位径直驶来。他的任务是从旅顺港正前方通过,并摧毁大连湾外三山岛(San-shan-tau)上的信号站和其他建筑——日军认定它们是一处水雷敷设站。获悉战况后,瓜生立刻升起战旗,并前来迎战俄军巡洋舰。马卡罗夫见状便停止了行动。出羽此时也打出信号,要求放弃战利品,于是所有日军驱逐舰撤向了安全水域。瓜生将军见俄军巡洋舰不会脱离陆上要塞的掩护,便前去执行之前的命令。在他离开后,马卡罗夫将军第三次起航,前往残骸所在海域,但并没有发现驱逐舰的踪迹。该舰已经载着所有乘员沉没。就在这时,一些日军战列舰出现在远方,当时正值低潮,俄军战列舰无法出动,马卡罗夫将军只能无奈回港。

此时出现的战列舰来自东乡本人的战队,它们正赶来救援被孤立在老铁山海域的第1驱逐队。意识到它们的困境后,东乡决定将炮击任务交给副手指挥的"富士"号(Fuji)和"八岛"号(Yashima),自己则率舰提供掩护并接走伤员。至于驱逐舰,则需要离开战场,并在各自通报舰的护送下前往新基地——海州,当时已有2艘工作舰抵达了那里。

东乡将伤员收容完毕后立刻驶向了港湾前方的一片水域,从当地可以看到炮弹的落点。在实施炮击时,日舰沿着老铁山南岸航行,从海角灯塔一直行驶到了老铁山高角(Rotetsu Tau)附近水域。在这一区域,它们可以免遭俄军岸炮轰击,但假如驶过了老铁山①,黄金山炮台就将可以全力射击,为避免中弹,日舰将只能后退。在副手发射了预定数量的炮弹后,东乡将军代替进入了炮击阵位。其开火距离为13000—15000码,由于要塞的火力和沿岸的雾气,观察弹着点实际非常困难。尽管如此,这项任务还是小心地进行着,由于有海角的山顶作为参照物,炮击精度似乎相当准确。大部分炮弹落入了航道和内港的部分区域,

---

① 译注:原文为"Rotetsu-zan",即日语"老铁山"的发音。

其中几乎没有哑弹。但仿佛奇迹一般，虽然日军消耗了 150 发弹药，俄舰中却只有"阿斯科尔德"号中弹，而且受损相当轻微。瓜生将军则对三山岛发动了猛烈炮击，这让俄军极为错愕，虽然在开战初期，这里曾设置过瞭望哨，但哨所已被撤空，只剩下了一个检疫隔离所。在耗费了相当的弹药后，由于浪涛汹涌，日军无法登陆，只能带着未完成的任务暂且撤走。

尽管日军再次击沉了 1 艘驱逐舰，并宣称完成了"在港外羞辱敌人"这一精神层面的目的，但根据俄国方面的说法，在士气上，其影响实际和日军的期望完全相反。他们认为，马卡罗夫将军的行动不仅让日军无法有效开展炮击，而且当"富士"号和"八岛"号撤退时，士兵们更是爆发出了阵阵欢呼——他们相信，日舰已被己方的炮火击退了。而东乡按计划大举返航时，又赶上俄军战列舰驶出锚地，这给人带来了一种印象：日军正望风而逃。于是，我们看到了以下这样的描述："当天的战斗极大振奋了士气，俄军舰队的士兵们明白，在马卡罗夫的领导下，这支舰队已成为一支真正的战斗力量，让日军不敢轻易来犯。"[13]

对日军的战斗意志来说，这次战斗的结果如同当头一棒。随着头脑冷静下来，他们开始意识到，俄军的开火纪律和准确性得到了极大提升，因而他们更不敢对岸炮阵地轻易发动进攻。舰队上下一时难以适应这种谨慎心态。3 月 12 日，所有战队集中在海州的新基地时，一条小道消息不胫而走，说旅顺舰队已不再是他们要对付的目标。按照传言中的说法，东乡司令已经接到命令，把旅顺和被困于此的俄舰交给陆军解决，在陆军迫使俄舰出海前，他将不得从事任何冒险行动。

根据初战获得的经验，马卡罗夫将军对战况有了一些自己的看法。在这里，我们将引用他的记述，其内容则来自他从斯塔克将军手中接过指挥权后，对后者乐观指示的回信。马卡罗夫将军认为这些指示的唯一意图，就是"在西朝鲜湾和渤海湾发动攻势"。为检验进攻能力，日军离开后，他带领舰队进行了一次短途巡航。虽然所有舰船趁着一次涨潮便全部出海（这是一项前所未有的功绩），不过这次最简单的演习表明，在得到更充分的训练前，他们完全不适合开展任何形式的积极作战。针对司令部的奢望，他根据亲身所见，对局势进行了坦率和全面的评估，并以报告的形式交给了远东总督：

　　我原本确信旅顺有 24 艘驱逐舰可供调遣，并在今天命令可用的驱逐舰和舰队共同出海，但最终，只有 8 艘驱逐舰和 2 艘鱼雷艇可以出动。而这 8 艘驱逐舰中，有 1 艘在离港时报告锅炉破裂，还有 1 艘引擎无法修复，只能返回港口。巡航从 8 点持续到 16 点，当我们回到外港锚地时，我希望这些驱逐舰能留在外面。这样当舰队转移锚地时，他们就可以全程伴随。但驱逐舰分队的指挥官报告说，他们已没有淡水，因此，3 艘驱逐舰只能立即入港。如果驱逐舰只可以携带供航行 12 小时的淡水，那么，它们将无力参与任何远程作战。对这一问题，我将展开全面研究。

　　我还必须向您报告，舰队内有许多舰船在战前才服役，因而它们的舰长都缺乏编队航行的经验。今天出港变阵时，这一问题很快在我面前得到了印证。

　　舰队之前没有训练过快速出港和返港，当天，虽说 9 艘大舰首次成功利用涨潮一次性出港，并在下次涨潮时一齐回港，但港口的条件不适合船只出入。与此同时，我发现，如果有船只在外部锚地过夜，它们将遭遇极大的危险，何况敌人还完全掌握了制海权。

　　可取的做法是挖深入口，这样，不仅在正常吃水时，甚至在船体破损进水时，船只都可以随时进入。只要有时间，我就会着手准备此事。

　　我们和敌人相比，在许多方面都存在差距，比如说当天我军以 12 节速度航行时，所有船只在转向时都表现良好，但当我发出以 14 节航速前进的信号时，队列就开始散乱。"新贵"号的无线电在航行时根本无法工作，我还无法向 5 海里外的"月神"号发报。我也将设法解决此事。

　　驱逐舰动力设备频繁的损坏尤其让我担心。它们每次在夜间执行任务，都会出现一定的故障。

　　"智慧女神"号的维修进展令人欣喜，"列特维赞"号则被带入了内港锚地，但中雷舱室的积水依旧无法排净。在港口司令和舰长的要求以及我本人的首肯下，它目前被安置在浅滩上，但由于潮汐的作用，淤泥开始在舰身下方出现并沉积起来。此外，我担心它的破洞内会充满泥水，导致自身重量增加。总之，"列特维赞"号的情况令我非常担忧。

之前，我已经向您汇报说，我希望按照营口的样式，在旅顺建造一座简易泥码头，以便供小型舰船停泊，港口司令官和普列斯廷（Prestin）中校认为这非常可行。虽然这项工作对本地的挖泥船来说可谓轻而易举，但在过去4天中，除了选址钻探外，还没有展开其他任何工作。

其他待办事项由于内容繁杂，我不打算向您一一汇报。一个有代表性的例子是煤炭的日常消耗，有些舰船甚至入港锚泊时，每天也会用掉23吨煤炭。除了种种杂事外，令我担忧的还有舰长们对作战指令的熟悉程度——这些指令是作战时需要遵守的。为此，我已经同将军和舰长们进行过谈话，并计划于次日对今天演习中我做的评估文件进行研讨。正如您所看到的，除了应对当前的战事外，为能让舰队胜任当前的任务，我们还有大量问题亟待解决。尽管问题丛生，而且驱逐舰表现不佳，但我认为仍有冒险尝试夺取制海权的必要性。虽然从谨慎的角度看，这种做法也许为时尚早，但之前瞻前顾后的举措无疑更不可取。另外，拥有远程无线通信能力的敌人更容易集结力量，即使其某些分队兵力相对较弱，也可以利用速度逃离。目前，敌军的航速通常能达到14节，而我军只有10节。

关于侦察，我认为有必要向您汇报的是：开赴强大敌军控制下的海域进行独立侦察可能是一种得不偿失的行为。在这方面，我的计划是让驱逐舰冒险前往朝鲜诸岛一带攻击运输船，但除非找到修复的办法，否则各舰的舰况根本无法完成该任务。

对这份文件，俄国官方的海军杂志做出了如下评论：

上述文件阐释了马卡罗夫所处的战略困境。从马卡罗夫将军与总部之间的其他通信中也可以看出，无论如何，日本人都企图在营口或辽东半岛沿岸打一场决定性战斗。因此，马卡罗夫将军会首先致力于训练舰队、修理受损舰只，然后再转入攻势，并与日军主力进行决战，一举夺取制海权。如果日军冒险在辽东或者渤海湾登陆，马卡罗夫将会不等战舰全部修复完毕，便投入阻止日军登陆的关键一战中。

因此，我们可以认为，新舰队司令正确地理解了当时的局势，并为自己设置了一个妥当的战略目标。

收到马卡罗夫的报告后，总督在原则上表示同意，但依旧增加了两点建议：首先，他要求马卡罗夫只在战况紧急，如日军在辽东半岛大举登陆时，才与日军舰队全面交锋；如果这种状况没有出现，总督的希望是，等到俄军越过朝鲜边境时再发起作战，届时，增援部队也将从波罗的海开抵。其次，他建议马卡罗夫在转入全面交战前，调来海参崴的巡洋舰队增强其实力。

总督的建议与马卡罗夫的看法完全契合，因此海参崴迅速接到了一条命令，其中规定：在舰队司令亲自通知后，巡洋舰支队应和旅顺舰队联合展开攻势，其指挥官将离开海参崴开往日军的登陆场，并和来自旅顺的舰队主力一起迎战敌军。

因此，马卡罗夫作战计划的核心思想其实是，让两支舰队分进合击，与日军进行决战。如果日方开始在辽东半岛大举登陆，俄军更将不顾兵力劣势，立即主动出击；假如日军在一段时间内没有登陆，那么，旅顺方面将采取各种各样的阻滞行动积极防御关东半岛周围的水域。面对后一种情况，海参崴舰队将以短期巡航为主，并为主要任务做准备，即在发动进攻时为主力提供支援。

针对舰队总司令需要解决的战略问题，这一决定无疑是正确的。

关于他的战术思想，我们有一套完整的《航行和战斗指导》可以参考。[14] 像东乡将军和同僚们制定的规范一样，其中也反映了当时流行的战术思想，并意味深长地展现了制订者的个性。值得注意的是，第 14 和 15 条有依靠缩短战列来集中火力的内容，但对一支训练不足的舰队来说，这种机动不仅非常困难，而且可谓危险重重。另外，在转舵 16 个罗经点后让副手占据先导位置的想法也非常有趣。此外，为下属赋予行动自主权的倾向也值得关注，因为条目中规定，如果巡洋舰队司令发现有机会包抄敌人，那么，他可以脱离战列独立行动。但需要指出的是，无论是派出巡洋舰对敌军的非交战面实施攻击，还是抢占"T"字阵头或包抄敌军后路，这些思路实际都和东乡相同，但其中存在某些缺陷：比如没有意识到海战的交火距离已变得很远。另一方面，在现代的战斗条件下，假如当面之敌航速与己方相当，甚至更快，并且训练更充分、火力更精准，那么，己方要想实施横越或包抄实际上很难。同时，由于敌军巡洋舰队实力占优，马卡罗夫交给巡洋舰队的任务会让他们陷入被切断后路或是被歼灭的险境。总而言之，马卡罗夫可能低估了对手的战术技巧和机动性，还相信能在战斗中通过大胆部署驱逐舰的战法干扰当面之敌。虽然我们无法确定，在这位能力出众、精力充沛的领导人手中，这种部署最终会如何破坏日军的行动，但双方作战训令的对比表明，其结果不外乎两种情况：一种是双方以分队 / 战队为单位，集体陷入混战；另一种是战列舰和巡洋舰各自保持阵列，成队展开交锋。

## 注释:

1. 参见《日本战史极密版》第 2 卷第 9 页。

2. 即"出云"号、"吾妻"号、"浅间"号、"八云"号和"磐手"号。"常磐"号和"千早"号（通报舰）则和东乡舰队共同行动。

3. 即"笠置"号和"吉野"号。

4. 亚美利加湾和波西耶特湾分别位于海参崴港所在的彼得大帝湾的两侧，这次佯动会让俄方误以为日军试图在当地登陆，进而从背后夺取海参崴。城津是一处通商口岸，在元山东北 125 英里、舞水端西南偏西 25 英里处，坐标为北纬 40 度 40 分、东经 129 度 15 分。

5. 关于后续指示的详细内容，可参见《日本战史极密版》第 2 卷第 3 页。

6. 为保障近卫师团登陆，日军舰队的部署如下：

掩护舰队

黄海方向

司令官：东乡海军中将

第 1 战队（6 艘战列舰），第 3 战队（出羽海军少将，1 艘装甲巡洋舰及 2 艘二等巡洋舰），第 4 战队（瓜生海军少将，3 艘二等巡洋舰及 1 艘三等巡洋舰），2 个驱逐队

日本海方向

司令官：上村海军中将

第 2 战队（5 艘装甲巡洋舰），第 3 战队一部（2 艘二等巡洋舰）

护航舰队

指挥官：片冈海军中将

第 2 战队（"镇远"号及 3 艘二等巡洋舰），第 6 战队（东乡正路海军少将，4 艘三等巡洋舰）

支援舰队

司令官：细谷海军少将

第 7 战队的 2 艘海防舰，6 艘炮舰以及 4 艘辅助巡洋舰

八口浦防区

2 艘炮舰，1 个水雷艇队

镇海湾

1 艘海防舰，1 艘炮舰

7. 此命令的详细内容可参见附录 E 及本章附图。

8. 参见《日本战史极密版》第 2 卷第 168 页附注部分，及《俄国陆军战史》俄文版第 9 卷第 4 部分第 181 页和第 184—186 页。

9. 该舰队包括战列舰"奥斯利亚比亚"号、巡洋舰"曙光女神"号、"迪米特里·顿斯科伊"号和 7 艘驱逐舰。

10. 参见《海军文集》，其内容转引自俄国海军参谋部历史委员会（Historical Commission of the Naval Staff）提供的资料。

11. 参见《海军文集》。

12. 参见《海军文集》，1912 年 9 月号。

13. 参见《海军文集》，1912 年 7 月号。

14. 具体内容可参见本书附录 C。

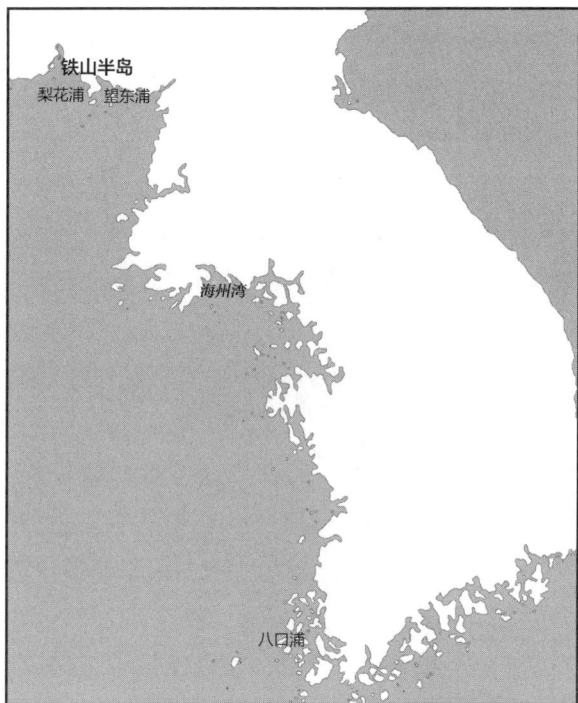

〈 海州湾锚地位置示意图

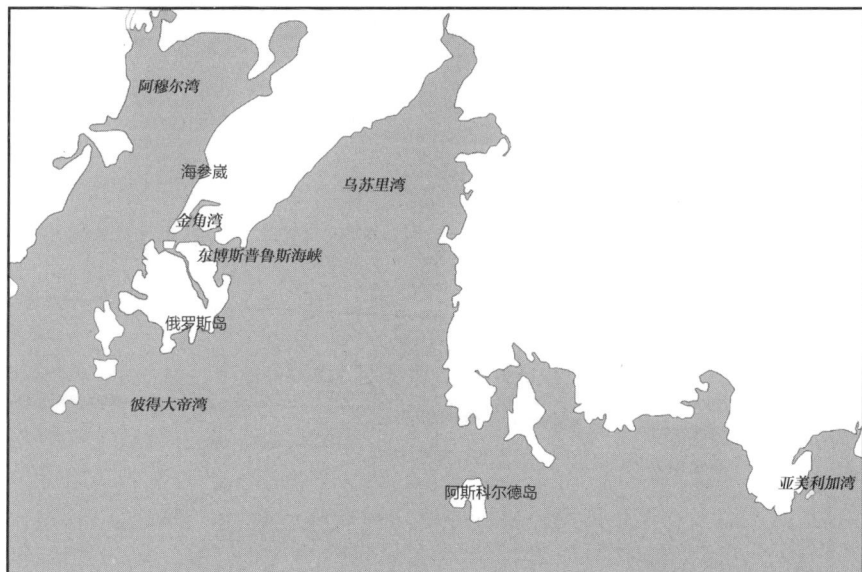

∧ 当时日军测绘的海参崴地形和防备工事位置图

200

∧ 前去袭击海参崴的日军装甲巡洋舰

〉从一艘日军装甲巡洋舰舰首拍摄到的海参崴近海的浮冰。它们给日军的行动带来了很大麻烦

∨ 日军炮击海参崴行动示意图

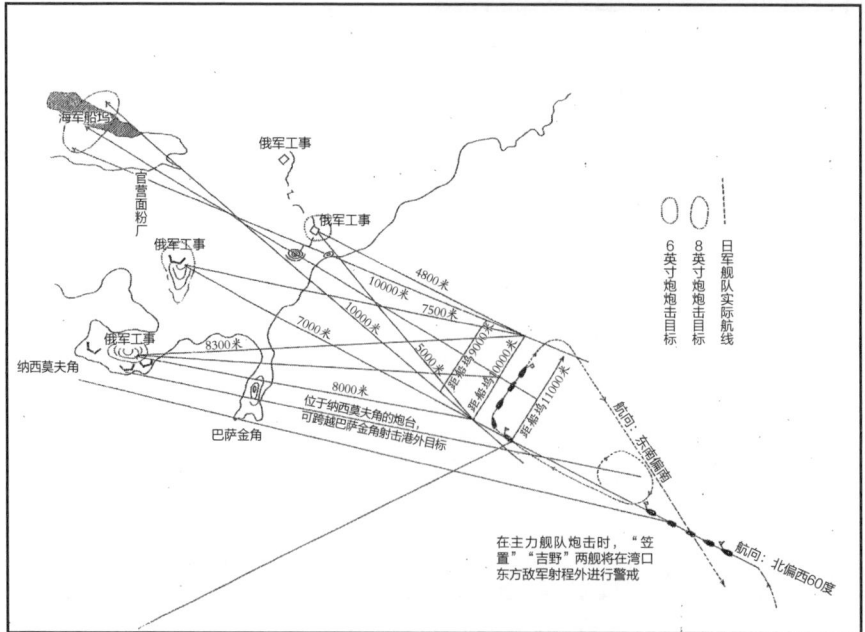

∧ 俄军新任太平洋舰队司令马卡罗夫将军。他一上任，便采取了一系列旨在扭转不利局面、提高舰队战斗力的举措

∧ 正在被拖入港内的"列特维赞"号，当天正值马卡罗夫将军到任

〈 反映3月10日，旅顺港外驱逐舰交战的日本宣传画，虽然场景不无夸张，但日本水兵确实在白刃战中登上了俄军的"守护"号

〈 这张模糊的照片展示了"守护"号驱逐舰沉没前的景象

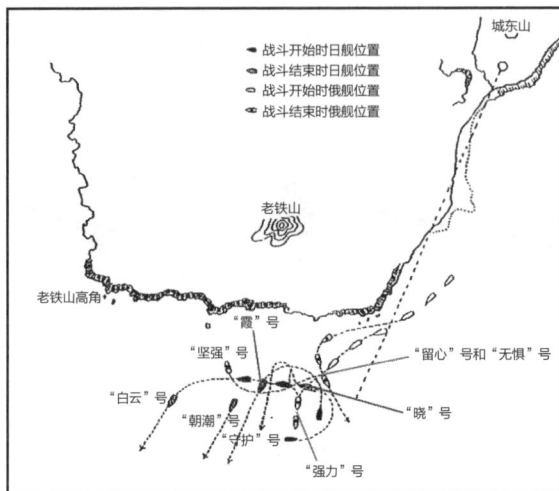

> 3月10日，日军击沉"守护"号战斗示意图

> 经过英国报纸《泰晤士报》的报道，"守护"号2名无名水兵的壮举逐渐为俄国公众所知。1911年，俄国政府在圣彼得堡为他们树立了雕像

虚线为原定航线
实线为改正后的航线

鸠湾　大连湾　光禄岛　长子岛
第三日4点　8点
老铁山高角　旅顺口　南三山岛
航速各战队航线　各驱逐队航线　圆岛
第三日8点　18点
航向北偏西10度　渤海湾　航速12节
庙岛列岛　第三日6点　航向正南
19点　第二日正午　各战队航线　航向：北偏西59度 航速12节　次日正午
航向：西北微西又偏西1/2个罗经点　白翎岛
庙岛海峡　航向：西北偏西又偏西3/4个罗经点 航速8节　大青岛 麒麟岛
芝罘　23点　小青岛 巡威岛
威海卫　8点30分 第五集合点
城山头
荣成湾

△ 日军第四次攻击旅顺行动示意图

鸠湾　黄金山　崂崒嘴
模珠礁
老铁山
老铁山高角及灯塔　岬角在该点北偏东67.5度
北偏西59度　岬角在B点北偏东63度
北偏东48.5度　方向：东偏南1/2个罗经点
0

△ 第四次攻击旅顺期间，日军间接炮击行动预定计划示意图

# 第七章

# 掩护近卫师团和第 2 师团航渡，第 1 军向鸭绿江集结

我们需要记住的是，当俄军制订作战计划时，有一个假设前提：尽管旅顺舰队兵力有限，但一定能阻止或是迟滞敌军在西朝鲜湾（即长山串以北海域）登陆。但现在，这样的登陆已是箭在弦上。不仅如此，登陆行动还是日军进逼鸭绿江畔的一个重要步骤。该行动要求在沿岸的每处可行地点建立补给基地，并且向北延伸到中朝界河的河口附近。这种补给体系需要日军完全控制西朝鲜湾——很显然，这也是自开战后，俄军最不愿看到的局面。

日本人对风险心知肚明。早在第 1 师团开赴济物浦期间，他们便知道旅顺之敌已被第一轮突袭重创，但依旧对局势保持着一种审慎的态度。现在，种种消息显示，得益于马卡罗夫将军振奋人心的领导，旅顺舰队正在恢复作战能力，他们的焦虑有增无减。不仅如此，日军满怀信心的第一次闭塞行动已经失败，而东乡要求的第二批封锁船则需要装载石块和水泥，至少还要两周才能准备就绪，阻塞行动更要到月底才能发起。但此时，他们的任务却比以往艰巨得多。整个 3 月，他们都需要警惕俄军对陆军的交通和补给线发动猛烈袭击。

然而，陆军不可能等到局势稳定后才开始行动。随着俄军在辽阳和凤凰城集结的消息传来，俄军的作战计划正变得愈发清晰。由于俄军肯定会全力遏制日军向鸭绿江推进，并像日军担忧的那样，同时在海上和陆上发动反击，因此，日军在推进时必须全力以赴、一气呵成，并在俄军准备好反击之前攻击俄军的集结地。

这份对战局的展望，建立在日军长期浸染的德国军事理论上，以此为基础，

第 1 军的指挥官黑木将军[①]（Kuroki）依照参谋人员的规划，成立了一支混成先遣部队。这支部队包括该军麾下的所有骑兵，他们将立即向平壤挺进，以便和舰队协同，从陆上和海上双管齐下、保护登陆地点的安全；同时，他们还将继续前进，占领清川江（Chechen River）畔的安州地区。

安州位于平壤北方约 50 英里处，在该地，通往鸭绿江的道路再次与海岸毗邻，让日军可以建立一个重要的滨海补给基地。鉴于军情紧急，日军必须争分夺秒，黑木将军甚至没有等到细谷将军传来镇南浦海冰消融的报告，便在 3 月第二周的早些时候从日本派出了先遣支队。10 日，同海冰搏斗了 5 天后，细谷将军和碇泊场司令部发出了可以登陆的电报，首批 4 艘运输船很快抵达，其余几批也将相继跟进。

以上这些，就是东乡司令在上一轮炮击完成后，于次日（3 月 11 日）清晨在海州重组舰队时所要面对的局势。旅顺舰队的活动依旧是他的心腹大患。事实上，马卡罗夫之前已经成功利用一次涨潮，将不下 30 艘舰船移出了港口，还一直航行到了渤海海峡上的庙岛群岛附近——日军显然不能对此熟视无睹，同时，东京也接到了不同于以往的消息。其中一份消息来自日本驻巴黎武官，宣称马卡罗夫将军已经下定决心发起攻势，并向太平湾和镇南浦派去了驱逐舰。但东乡将军颇有把握地认为，旅顺舰队还无力展开这样的冒险行动，同时他还告诉大本营，这条谣言一定是有意传播的，意图是干扰陆军的行动。不过，危险仍不容忽视，毕竟，俄军随时可能将岛屿用作鱼雷艇基地。为此，他立刻命令出羽将军带领巡洋舰和 1 个驱逐队出发，展开一次新的搜索。

与此同时，鉴于一场大规模交战可能爆发，日军有必要将作战单位全部集结到海州，因此舰队的整体部署也做了相应调整。就在东乡司令返回基地的当天，上村也从海参崴回到了佐世保。在装甲巡洋舰队加煤的同时，原本充当护航舰

---

① 译注：黑木为桢（1844—1923 年）出身于萨摩藩士家庭，原姓帖佐，1893 年任第 6 师团长，参加中日甲午战争的威海卫之战，战后调任近卫师团长、西部都督等职务。他于 1903 年晋升为陆军大将，1904 年 2 月出任第 1 军司令官，并参加了鸭绿江战役、辽阳会战、奉天会战等一系列战斗。1907 年 9 月以军功被封为伯爵，1914 年退役，并担任枢密顾问官直到去世。

队的 2 个巡洋舰战队（来自片冈舰队）仍在对马岛附近据守着朝鲜海峡。东乡将军决定继续沿用这种部署。为此，片冈将军便奉命正式接管了对马附近的海域，上村则被召到了海州。他于 3 月 14 日护送近卫师团的第一支主力梯队起航，随行的还有黑木将军、所辖的参谋人员以及派往汉城的特使伊藤侯爵<sup>①</sup>（Ito），后者的任务是从政治上推进日方的占领政策。

细谷将军的舰队也得到了加强。当他离开巨济岛附近海域，前去充当地面支援舰队时，我们都记得，为保卫镇海湾，他曾在当地留下了 1 艘海防舰和 1 艘炮舰。但现在，由于镇南浦的登陆场的位置太暴露了，现有兵力很难保证防御工作万无一失。为此，他恳求让上述 2 艘舰只归队。鉴于镇海湾岸炮阵地的施工进展很快，因此，他的请求得到了批准。[1]

现在值得注意的一点是，据我们所知，俄军并没有阻挠镇南浦登陆的计划，而且他们仍然全面处于守势。但在日军这边，鉴于行动本身的风险，大本营却深信俄军会有所动作。上村将军和第 1 军司令部一道起航后，东京方面产生了一种错觉：马卡罗夫已经率舰出海。这种想法显然源自马卡罗夫 3 月 11 日的那次巡航，而且有报告显示，元山附近海面曾出现过探照灯光。他们由此做出推断：2 支俄军舰队开始试图联手行动。为此，东乡将军也接到命令立即对旅顺展开侦察。但此时，出羽将军刚从对群岛的第二次搜索中返航，报告显示，当地的情况几乎和上次相同，唯一的例外是俄军企图在太平湾烧毁一座之前未被日军捣毁的燃煤仓库。当地人则报告说，自上次日军造访以来，岛上已没有俄国人的踪影。根据东京的指示，出羽将军又于第二天，即 3 月 15 日被派往旅顺。同时，2 艘通报舰也奉命出动，以保障出羽将军与刚部署到大青群岛主岛——白翎岛（Ping-yong-do）的警戒舰船之间的无线电通信。此外，东京的命令还要求八口浦的无线电台向上村将军发出警告，并让坐镇对马的片冈将军在海峡铺开水雷艇队——如果有舰只试图穿过海峡，他们就将全力发起攻击。

---

① 即日本前首相伊藤博文（1841—1909 年）。他后来成为第一任韩国统监，并极力推动将大韩帝国变为日本的保护国。1909 年，伊藤博文在前往俄国途中，于哈尔滨火车站被韩国义士安重根刺杀而死。

到 16 日，紧张的局势终于得到了缓解。出羽将军在无线电中报告，旅顺方面一切平静，这条消息立刻被传到吴港，搭载近卫师团的下一批运输船在闻讯后立刻启程。同一天，上村舰队抵达了海州，黑木将军和运输船则继续向镇南浦前进。第二天，出羽将军也率部归队了。

现在，4 艘阻塞船①已经抵达，东乡将军需要再次征募志愿者。日军的反应和之前一样热烈，所有参加过行动的老兵都自告奋勇再次上阵，但这些老兵无论怎样费尽口舌，都无法说服东乡将军同意让他们再次直面死亡考验。事实上，只是因为行动需要这些领导者的丰富经验，东乡才最终做了让步。诚然，最后的部署需要时间，但考虑到部队正在航渡，日军也必须给旅顺方面制造更多麻烦。自上次炮击已经过去了 10 天，在之前每次袭击后，敌人都会得到一段时间的喘息。考虑到他们现在肯定抱有相同的期待，日军决定打破常规——这次，他们决定先发起炮击，随后便实施下一轮阻塞行动。

但无论什么情况，在第二次阻塞行动之前，查明敌军的防范措施都是必要的（如果它们果真存在的话），搜索目标包括探照灯、防材和夜间警戒舰只等，为完成该任务，2 个驱逐队会在发动炮击的前一天晚上展开一次佯动。

鉴于袭击提高了俄军出海的可能性，日军舰队的部署也和之前大不相同。这次炮击将从西南方向展开，炮弹将飞越老铁山，同时只由 2 艘战列舰实施。其余战列舰和装甲巡洋舰将迎战闯入黄海的敌人，而第 3 战队将在港口附近观察炮弹的落点，并在敌舰有出动迹象时率先通报。瓜生将军和第 4 战队将不参与攻击，他的任务是留守在海州，并等待后续命令。[2]

东乡将军的防范措施并非没有道理。在旅顺，马卡罗夫一直忙着准备抵御这场迫在眉睫的袭击。为阻止阻塞船入港，他在航道入口处安装了 3 座新的探照灯，并在"列特维赞"号移走后（之前该舰的火力曾发挥了重要作用）于黄金山脚下设置了一个新的海岸炮兵阵地，2 艘炮舰被安置在航道处，它们之间布置着防材，从而避免了水雷艇突入港内。为确保日军轮船不会像之前那样沿着

---

① 译注：即"千代丸"号、"福井丸"号、"弥彦丸"号和"米山丸"号。

老虎尾半岛潜入，俄军还在入口以南约 0.5 海里的地方自沉了 2 艘商船，这 2 艘商船首尾相连。在它们中间，俄军还发现了一些当年中国人修建的障碍，现在这些障碍也得到了修复。为应对炮击，俄军还在老铁山上建立了一个观察哨，在其引导下，无法出海的"列特维赞"号将和另一些受损舰只一道对敌舰发动间接炮击。对其他舰只，马卡罗夫将军也做了相应安排。

得益于马卡罗夫的充沛精力，其成果很快便清楚展现在了日军面前。日军的驱逐舰发现了新设置的探照灯、活跃的巡逻舰船和沿岸的观察哨，这导致它们无法悄然靠近目标。开火后，奉命炮击的 2 艘战列舰也发现，不断有炮弹落在周围。同样，它们也很难得到观测船的协助，因为当出羽战队出现在观测点附近时，4 艘俄军巡洋舰便开始出动，其火力是如此猛烈，以至于腾起的烟雾遮蔽了一切。看到俄军的反应如此大胆，东乡将军立刻命令上村率舰向其靠拢，并亲自驶向旅顺寻求决战。就在他采取这一行动时，敌军战列舰也渐渐出现——它们已接到命令，只要水位允许就立刻出击。然而，俄军全部出港已是午后时分，这让日军有时间在天黑前全部撤走。

事实上，这次行动更像是一场武装侦察。双方都没有遭受惨重损失。尽管俄军的火力十分精确，而且相信自己重创了 1 艘日本战列舰，但后者甚至没有被炮弹直接命中。俄军舰船的逃脱同样只能用奇迹形容，他们开始出港后，日军的炮弹便朝着入口落下。虽然当时双方相距 14000 米（15300 码），但通过让船身倾斜 1.5 度，日本人还是以合适的仰角发射了 98 发炮弹。这些炮弹都落入了航道和港湾，但没有 1 发直接命中。这次战斗再次让旅顺的俄军燃起了希望，并让日军进一步意识到了任务的艰巨性。对日军来说，这次战斗还充当了令他们再接再厉的诱因——现在，他们脑海中只剩下一个想法，这就是重新发动进攻。战后，舰队甚至没有像往常一样返回基地，而是直接开赴大青群岛与阻塞船会合。

到 23 日晚，一切都准备就绪，东乡将军发布了作战命令。他在命令中写道："联合舰队将再次出海，这次我们唯一的意图仍是封锁旅顺入口，并将其变成一个水池，届时，敌军的主力舰队会失去战斗力，他们的基地也将因此陷落。"为此，4 艘装甲巡洋舰将和第 4 战队一道留在海州，并随时等候东乡将军的命令，战列舰队和出羽战队则会同 3 个驱逐队和 1 个水雷艇队对阻塞船进行护送：其中 1 个驱逐队负责扫清俄军的警戒艇，另外 2 个将引导阻塞船，并试图在对方开火后用探照灯和炮声迷惑敌军。而水雷艇将紧随阻塞船行动和接走乘员。巡洋舰会在黎明时分抵达港外，以支援轻型舰艇，战列舰队则将部署在最终的集合点，即遇岩附近。这些部署让日军陷入了一种紧张的气氛中，这种紧张气氛也体现在了东乡命令的最后一段：“如果我们的行动坚决果断，就算鬼神也会退避三舍。”

这次行动于 24 日早些时候开始。清晨 6 时，负责领航的巡洋舰战队开始出港，他们从大青岛航道（Te-chong-do Channel）穿越了大青群岛，但就在此时，鬼神却突然用浓雾宣示了自己的存在。此外，猛烈的西北风掀起了大浪，让舰队很难继续冒险航行。很快，东乡将军便意识到无法继续前进：尽管这严重挫伤了士气，他还是被迫下令暂停行动。接踵而至的是一段无所作为的时期，日军上下倍感焦躁。狂风和海浪变得愈发猛烈，舰队甚至无法在原地停留，而是被迫向着荒串池撤退。当天和次日，他们都只能按兵不动，直到 26 日凌晨，最终的行动才正式开启。

他们在当天晚上开始了尝试。这一次，阻塞船并没有试图从近海隐蔽前进，而是径直从开阔海域发起了冲刺，期间，船员们展现出了无与伦比的果断和勇气。当晚的条件可谓极为理想：狂风停息，浓雾散去，随着月亮在 27 日凌晨 3 点落下，整片海域变得极为昏暗，因此日军立刻趁机发起了冲击。但旅顺方面的所有俄军正严阵以待。事实上，早在日军离开海州时，马卡罗夫便带领舰队前往老铁山航道进行了一次巡航，并且几个小时前刚刚从圆岛附近的集结地返回；同时，俄军在入口处安排了 2 艘驱逐舰执行守卫任务。当警报第一次拉响时，将军本人便向着停泊在航道上的一艘炮舰[1]赶去。同时，3 部探照灯也被点亮，它们在目标仍距 2 海里时便发现了对方，猛烈而准确的炮火顿时呼啸而去。但面对光束和水柱的遮蔽，阻塞船仍在继续前进，而且它们的航向依旧准确。不顾俄军的拦阻火力，第一艘阻塞船在入口处抛下了锚链，然后自爆沉没——其位置就在黄金山脚下为阻止封锁而设置的炮台附近。随后，第二艘船从右侧径直冲向

---

[1] 译注：该舰是“海狸”号。

指定位置，但被执勤驱逐舰发射的鱼雷击中[1]，只能在先导船的右侧自爆沉没，由于依旧离航道很远，因此其发挥的作用几乎可以忽略。

第三艘船也遭遇了不幸，并在一处更糟糕的位置沉没[2]。然而，最后一艘船的表现却极为出色，虽然它航速极慢，而且还远远落后，但抵达之后，它也清楚地看到了其他船只的自沉位置是多么不利。于是，该船怀着令人钦佩的冷静态度继续前进，绕过了第二艘阻塞船的船首，驶向与第一艘船自沉位置平行的航道中央。随后，该船放下了船锚，但不幸的是，该船的引擎无法顺利倒退，即使放下第二副船锚也无法保持固定。于是，该船漂向了入口的另一侧，来到了上次阻塞行动中位置最佳的沉船附近，并在此被鱼雷无情击中[3]，沉没在了"列特维赞"号先前搁浅的位置上，离完全阻塞航道只有一步之遥。

尽管如此，救援工作依旧要展开，这也是行动中最艰巨的任务。但在阻塞船的乘员中，只有4人阵亡、9人受伤[4]，他们在搭乘小艇逃生时也没有遭遇更大的损失。救援的轻型舰艇则迎着猛烈的炮火坚持履行使命，而在另一面，俄军警戒舰只也不顾己方岸炮的误伤，同样大胆地试图进行拦截。随后发生了一场短促的交战，其中1艘俄舰因为机舱中弹而陷入瘫痪，只能在黄金山脚下抢滩[5]。最终，日军的船员都被救出，只有一些人员在撤退时不幸挂彩。

战斗就这样结束了。虽然日军表现出了极端的勇敢和冷静的态度，并且离成功近在咫尺，但其行动在本质上仍然是一次失败。第二天早晨，东乡率领舰队前来掩护展开救援的轻型舰艇时，他看到俄军舰队从旅顺缓缓驶出——首先是巡洋舰，随后是战列舰。当日本人再次撤回海州时，他们已意识到一个问题：

---

① 译注：该船是"福井丸"号，击中该船的是科里尼茨基海军上尉（Krinitsky）指挥的俄国驱逐舰"强壮"号。

② 译注：这艘阻塞船之所以偏离指定区域，与战场上的一次偶然事件有关，当时，俄军驱逐舰"强壮"号为向友军报警，拉响了舰上的汽笛，日军阻塞船将其当成了先头船发出的转向信号，并因此远离了目标区。

③ 译注：该船是"米山丸"号，用鱼雷击中该船的是驻守在附近的驱逐舰"果敢"号。

④ 译注：阵亡者包括后来被日本奉为"军神"的广濑武夫少佐，当时他是阻塞船"福井丸"号的指挥官。弃船后，广濑折返船舱，寻找负责点燃自沉炸药但仍未到救生艇集合的杉野孙七上等兵。在不得已放弃搜救后，他刚走上甲板，便被俄军炮弹击中头部而死，时年36岁。

⑤ 译注：该舰是"强壮"号，当时这艘在防御作战中表现抢眼的驱逐舰遭到日军"千鸟"号和"燕"号水雷艇的集中攻击，全舰有7人阵亡，另有12人受伤。

港口依旧畅行无阻，基地依旧正常运转，俄国舰队也保持着积极行动的态势。

然而，东乡将军完成了肩负的另一项任务：尽管直接意图完全落空，但他用行动吸引了俄军的注意力，阻止了俄军阻挠日本陆军的调动。从牵制的角度来看，这项行动算是取得了圆满的胜利。3月28日，东乡舰队再次集结在海州基地，第二天，最后一批陆军部队也在镇南浦完成登陆。黑木将军则牢牢控制了安州，并在北面紧邻的两条河流上架起了桥梁。当天，他的先头部队还击退了俄军的骑兵，并在北上鸭绿江的主干道上夺取了第一个重要据点——定州（Tiessu）。

虽然到目前为止一切顺利，但陆军的后续推进仍遭遇了巨大困难。黑木将军最初的设想是，在突向鸭绿江期间，他的先头部队应当从安州前进到义州（Wiju），即主干道抵达鸭绿江畔的地方，以掩护大部队的集结地。然而，他不久便意识到，除了数千名正在撤退的骑兵外，自己前方已不存在任何障碍，于是他命令全体部队尽快北上。但困难在于，侦察表明北上的三条道路中只有一条可以通行大军，另外两条道路不仅路况极差，而且缺乏横向联络条件，这让黑木将军只能将部队悉数部署在沿海的道路上。在这种部署下，传统的补给手段将无济于事。如果日军必须按照黑木将军的期望推进（局势要求也是如此），那解决问题的唯一方法，就是在主力部队前方建立一系列补给站，而海运又是为这些补给站提供物资的唯一手段。在英军中，这种支援工作向来是支援舰队的分内之事，但日军的具体情况我们并不清楚。正如我们所见，陆军部队海外作战的运输和补给理论上都会由自己承担，但实际上，这种体系早已被证明存在缺陷。这要求舰队必须直接提供协助，而细谷将军也得到了东乡司令的指示，要求尽其所能协助陆军推进。

大军从平壤启程后，第一批问题便浮出水面。为解决问题，细谷将军使出了浑身解数。3月30日，他在清川江（Anju river）入海口的西湖里①建立了一

---

① 译注：原文为"Hai-sei-hen"。尽管在日方资料中并没有对应地名，但有资料提到日军在清川江口的西湖里建立了一个补给基地，因此，原文的名称可能是误记。另外，该地也有可能指的是清川江口附近的海生岘。

个永久补给站，当地也是陆军获取补给物资的主要埠头。但黑木将军还提出了另一项请求，在安州的补给站刚刚投入使用后，他便从平壤向细谷将军发送了一封电报，要求他将海上补给线延伸到鸭绿江流域。之前，黑木将军便不断从当地人手中征募船只，并试图利用现有的运输体系，依靠自己麾下的碇泊场司令部进行尝试。利用这些运输工具，他试图将一支先头部队派往刚刚占领的定州，但由于小艇缺乏海军人员的引导，这一尝试最终失败了，现在黑木将军只能请求海军接手运输工作。细谷将军欣然接过了任务，并和陆军一道展开侦察，以寻找适合的登陆场所。

鉴于俄军在鸭绿江畔集结的兵力庞大，布置前进补给站的任务可谓风险重重，而且越靠近鸭绿江，情况越是如此。然而，在离义州约 25 英里远[3]的铁山（Chorusan）地区，日军却在一处乱石嶙峋的半岛上找到了理想地点。该地有两条道路通往外界的主干道，而且地形也易守难攻。半岛的脖颈部分只有 5 英里宽，无论是望东浦（Botoho）还是梨花浦（Rika-ho）的海湾入口，细谷将军都可以用舰炮火力覆盖此处。同时，第三个设置补给站的地点则定在了宣川湾附近。[4]黑木将军立即向铁山半岛派遣了一个碇泊场司令部，4 月 4 日，炮舰已控制了所有要地。同一天，望东浦的海湾开始了运输工作，碇泊场司令部则在孟江①（Rika river）江口——未来将成为一座主要补给站——设置完毕。期间，日军先头部队也在与之共同前进，从陆地方面掩护补给站，其骑兵分队更是在 5 日占领了义州。同时，一支海军侦察分队也开入了鸭绿江，并占领了远至龙岩浦（Yong-am-po）的河口地区。[5]

大军推进的准备工作已经一切就绪。黑木将军可以大胆地进行必要的部署，因为他的补给线不仅没有随着推进而拉长和变弱，反而在海军的支援下得到了加强和缩短。4 月 7 日，日军主力的第一批纵队已从安州启程。同时，为响应黑木将军的大举推进，东乡也发布了最新的作战指令。

---

① 译注：又名战场川，其入海口就是梨花浦。

**注释:**

1. 此时的细谷战队下辖 3 艘海防舰、8 艘炮舰、4 艘辅助巡洋舰，外加 2 个水雷艇队、1 艘布雷舰和舰队布雷工作队。

2. 具体内容可参见本书的附录 F。

3. 《武官报告》却表示两地之间有 4 天的行军路程。

4. 《武官报告》中的提法与之略有出入，其中宣称供近卫师团和第 1 师团推进的给养先是在梨花浦和望东浦登陆，后来则被运往梨花浦以西一处名叫"Quempo/Kui-om-po"的海湾。

5. 虽然没有直接证据表明黑木将军特别重视铁山半岛的战略价值，但我们仍可以从当地的位置、地貌以及日军对相关行动的表述中推出这一事实：在《日本战史公开版》第 2 部分中，他们将第 1 章第 3 节命名为"在铁山半岛的支援行动"，而在黑木给细谷少将的电报中，也将执行相关任务的部队称呼为"铁山碇泊场司令部"。同样显而易见的是，如果没有这样一处补给站，位于主力前方 4 日路程的第 1 军先遣队将处境堪忧。另外，由于陆路难以运输给养，黑木将军能出动的部队将只有原先的一半，此时，如果没有这个便捷和安全的撤退地点，日军势必会面临难以承受的风险。当然，由于俄军反应迟钝，铁山半岛最终没有在这些方面展现自身的价值，不过，它仍然为先遣部队充当了一个能在紧急状态下迅速撤退的立足点。

214

∧ 英国报纸上的绘画：《1904年年初，向鸭绿江行进的日本士兵》。为节省体力，日军将行李交给了民夫

∧ 日本第1军指挥官黑木为桢。在战争最初阶段，他的任务是指挥部队沿着朝鲜海岸线向北推进，并横渡鸭绿江

＞1904年年初的朝鲜，在行军间歇进餐的日军士兵

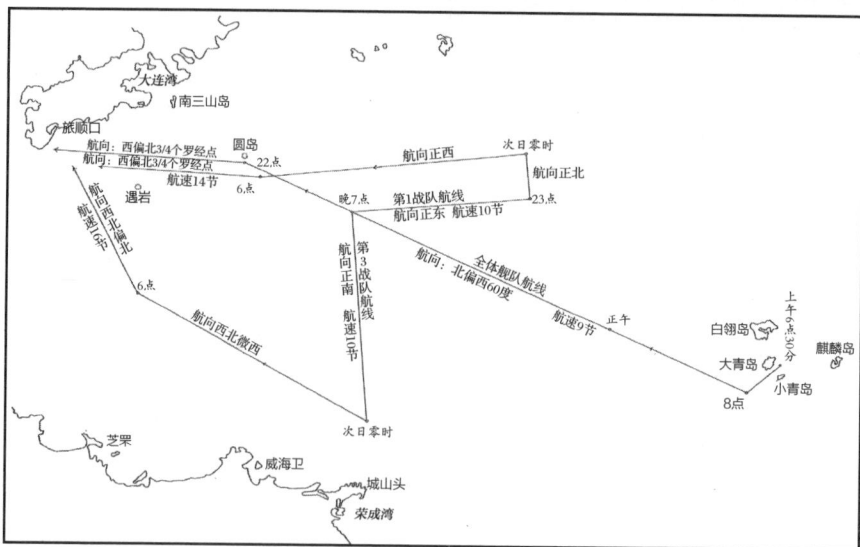

∧ 日军对旅顺港第五次攻击（3月22日）行动示意图

215

∧ 日军用于进行第二次阻塞作战的船只在锚地集结

∧ 阻塞船"福井丸"号的特写。该船由广濑武夫少佐指挥。
后来广濑少佐在行动中阵亡，并被日本当局封为"军神"

∧ 联合舰队的官兵用登舷礼目送各艘阻塞船出发，本照片
摄于战列舰"朝日"号上

∧ 第二次阻塞作战中遭受俄军探照灯照射和集火射击的阻
塞船。日本画家东铁钲太郎绘

∧ 划小艇从俄军火力下奋力逃生的日军船员

∧ 绘画：《广濑少佐回船搜索失踪部下》

216

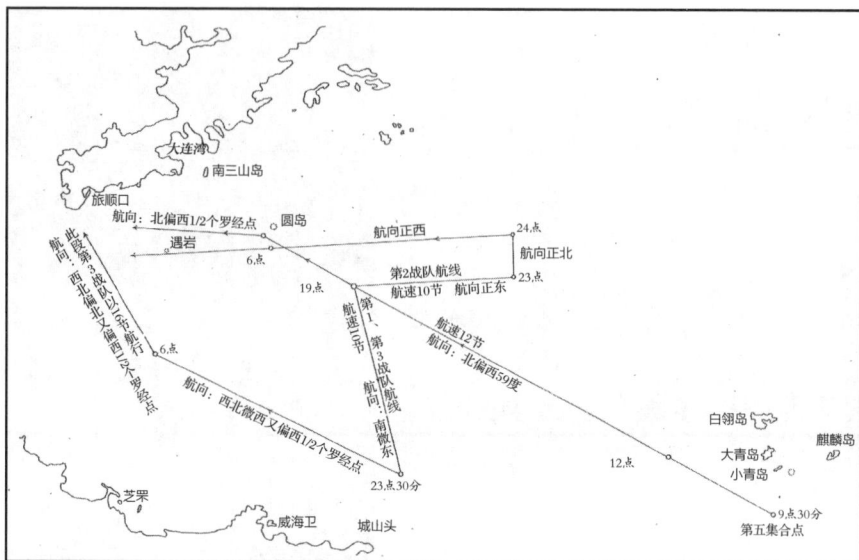

∧ 日军舰队对旅顺港第六次攻击（3月27日）行动示意图

图中文字：
大连湾
南三山岛
旅顺口
航向：北偏西1/2个罗经点
遇岩
圆岛
航向正西
24点
航向正北
此段第3战队以16节航行
6点
19点
第2战队航线
航速10节 航向正东
23点
航段第3战队以 西北偏北又偏西1/2个罗经点
第1、第3战队航线
航速三节
航向：南微东
航速12节
航向：北偏西59度
6点
航向：西北微西又偏西1/2个罗经点
23点30分
白翎岛
麒麟岛
大青岛
小青岛
12点
9点30分
第五集合点
芝罘
威海卫
城山头

∧ 描绘日军与俄军骑兵在定州交锋的日本宣传画，这场交锋也是双方陆军在朝鲜进行的第一场主要战斗

∧ 搁浅在旅顺港外的"福井丸"号残骸

∧ 战斗结束后,被冲上海岸的广濑武夫的遗体,后来俄军以军礼对他进行了安葬

∧ "福井丸"号生还官兵。前方水兵手持的两个木盒中,分别盛放的是失踪者杉野孙七兵曹的一缕遗发和指挥官广濑武夫的一小块残肉

∧ 第二次阻塞作战结束后的旅顺口,虽然日军阻塞船进一步缩窄了可通行的航道,但仍然未能完全封闭整个港口

# 第八章
# 东乡拟定计划，掩护陆军主力出动

　　虽然海军忠实满足了朝鲜日军的需求，但舰队司令的责任也变得愈发繁重。为建立和保护各个物资补给站，细谷舰队的战线已经拉长到了令人担忧的地步。由于形势，他无法再像过去一样把兵力集结起来，努力保护最初的几座基地。相反，他只能不断拆分自己的舰队，但其派往各地的兵力又不足以抵御马卡罗夫将军可能发动的攻击。因此，在种种作战部署计划中，东乡将军首先考虑的就是对这些支援行动提供保护。但问题是，目前舰队已经很忙，此举将不可避免地带来许多新问题。另外，由于第二次封锁旅顺的行动失败，局势的紧张程度也有增无减。

　　由此产生的宏观影响中有一点是毫无疑问的，那就是交战双方都清楚地认识到自己眼前的战局已经变得更加绝望。在马卡罗夫将军看来，日军的封锁行动几乎是成功的，而且肯定会有后续行动。他知道，如果再有 1 艘运输船满载石块沉在之前 2 艘最成功的阻塞船之间，旅顺港就将遭到无限期的封闭。因此，他将全部精力放在了阻止敌人的封锁上。而日军最近的一次尝试表明，即使在完全中弹瘫痪的情况下，日舰都完全有可能独自进入航道，并就地自沉。为避免出现这种情况，俄军又在入口对面自沉了 2 艘船只，这使得日舰必须经过多次拐弯才能入港，而这只有在其舵机完好，且驾驶者技术高超的情况下才能做到。在这道障碍靠海的方向，俄军还设置了一道长达 1000 码的防材。这道防材与原先的防材平行，位于锚地的西侧，即之前沉船所在的位置。由于材料紧缺，在接受测试时，新防材的坚固程度被发现不甚理想。于是，作为额外的预防措施，俄军还在外海布设了三排电击发水雷，其向东一直延伸到了模珠礁①（Lutin Rock）附近海域。

---

① 译注：旧名"老母猪礁""母猪礁"或"牧猪礁"，在旅顺港入口东南近海处。

而在老虎尾半岛一侧的旧防材靠外约 1000 码处，俄军也设置了一个类似的雷场，其从海岸向外延伸了 1000 码左右。这种安排下，任何敌船都会在冲入港内时遭遇障碍。为完善部署，1 艘巡洋舰还奉命随时停泊在航道内，以扫清日军阻塞船之间的海域。①

为应对日军持续不断的间接炮击，早在 3 月 12 日，俄军便在日舰首次展开行动的海域布设了一个雷区，同时还在全速建设火力能覆盖该区域的炮台。另外，里长山列岛的情况也引起了俄军的担忧。最近，日军的侦察活动的信息已传到了旅顺，这让俄国人产生了一种印象：敌人一定会在当地设立前哨基地。根据我们手头的资料可知，日军舰队的消失和传到司令部的报告让俄军开始相信，正如他们长期担心的那样，日军可能正在集结一支登陆大军。无论如何，马卡罗夫将军都必须妥善处理当前局势。期间，他遭遇了众多困难：他手头只有 4 艘巡洋舰，只能勉强满足决战时掩护舰队的需要，无法将它们投入相对次要的任务。[1] 在这种情况下，马卡罗夫将军唯一的选择就只有求助于不甚可靠的鱼雷舰艇。于是，1 个驱逐舰分队奉命出动，负责搜索附近的各个岛屿。但由于气象条件恶劣，这个驱逐舰分队有一周都没能启程。

然而，在马卡罗夫面临的众多问题中，最严重的莫过于军官素质低下。他很难找到称职的驱逐舰指挥官，而且不久前，俄军的舰长还经历了频繁调动。俄国主力舰队中的情况几乎同样糟糕，每次出海都会发生事故，期间还出现过一两次严重的碰撞。4 月 11 日天气转好后，马卡罗夫再次将舰队带到了大连湾，这时情况出现了些许改善。尽管舰长们再也没有冲撞对方，但他们对命令的执行依旧很不娴熟，这让马卡罗夫极为恼火。

虽然东乡司令没有上述问题的困扰，但他的焦虑丝毫不亚于敌人。诚然，他已经完成了主要任务，即把第 1 军顺利护送上岸，并协助他们推进到了鸭绿江畔的有利位置。但这些成果远不意味着结束——今后，他还将肩负起更沉重的任务。

---

① 译注：参见本章附图。

在第 1 军部署完毕后，陆军参谋本部确信，只要他们渡过鸭绿江，就可以将朝鲜全部收入囊中。这场作战将在当月底发动，而此战不但象征着陆军全面部署最后阶段的开始，还将揭开战争第二阶段的帷幕。届时，我们会看到，其中将包括两场非常巧妙的行动：首先，第 2 军必须投入辽东半岛，孤立旅顺港并夺取铁路线；同时，他们还应当让一支联络部队在朝鲜湾深处登陆，以便对俄军集结地发动向心进攻。² 除了克里米亚战争外，日本海军的这项使命堪称史无前例，它意味着，他们必须靠近一座港口，进入当地雷击舰艇的作战半径，再把部队运送上岸；而另一方面，他们又没有完成对该港的彻底封锁，而且港内还驻扎着一支元气尚存的舰队，更何况这支舰队还经常出动。此时，参谋本部仍在为开局中的侥幸得手而沾沾自喜，似乎全然没有意识到交给舰队的任务有多么沉重。对此，东乡司令却没有任何幻想，对他来说，为掩护酝酿中的登陆，除了让敌军彻底无法出海之外，他根本找不到另一种方法——无论付出多大的代价，他都必须封闭旅顺港。在获悉第二次尝试失败后，他便提出申请：要求再征调至少 12 艘封锁船只。

为调动第 2 军并向舰队运送物资，日方的运输船已经捉襟见肘，而这一要求更是压得相关部门无法喘息。我们手头的日本史书宣称："虽然敌军进行了一次有 5 艘战列舰、4 艘巡洋舰和 10 艘驱逐舰参加的大规模佯动，但在 3 月 26 日，军事参议院还是得出结论：敌人并没有大胆出动与海参崴舰队会合的意图。相反，由于消极避战，他们的士气已经相当低落，肯定会按兵不动，坐视我方陆军在辽东半岛大举登陆。"但就在他们得出结论三天后，东乡将军便送来了那份令人瞠目的需求报告。海军军令部立即意识到，为制订未来的行动规划，有必要同司令本人进行一次"关键的会晤"，因此同一天，便有 2 名参谋人员被派往了海州。

大本营很快发现自己需要直面一个事实，即海军和陆军的观点存在矛盾。而在海陆联合作战中，这种情况又是无法避免的。由于求战心切，面对酝酿中的行动，大本营将目光放在了随之而来的丰厚回报上，并准备好了为此大举冒险。另一方面，他们却根本不在乎控制风险的人是否做好了准备，是否赞同他们的观点。在东乡将军看来，一场危机在所难免，由于他对局势的认识更为清醒，对装备的性能也有深刻的理解，这让他带着强烈的责任感对行动的利弊进行了权衡。可是，受到上次冒险成功的刺激，在大本营看来，日军肯定能在下次行动中大获全胜。虽然从战场之外审视，两次行动的环境可谓极为相近，但对站在旗舰甲板上眺望敌方军港的东乡将军来说，两者实际上截然不同。对他来说，一个新的影响因素已经出现。尽管这个影响因素是一种个人因素，但它又至关重要，因为马卡罗夫的将旗已经飘扬在旅顺上空。

出于理所当然的原因，虽然东京方面也许无法认识到这种变化的全部意义，但在涉及敌军是否会发动攻击时，个人因素显然是答案的关键。而且东乡将军也迫切需要弄清几个问题，俄军主帅的更迭究竟意味着什么？敌军舰队究竟是已经一蹶不振，还是已经重新振作起来了？

对东乡将军来说，如果想让陆军在他歼灭敌军舰队前通过这片海域，他就必须让对手瘫痪在港内。但另一方面，他本人对马卡罗夫的意图一无所知，因此，他宁愿选择在此时高估一些敌军的战斗力，而不是轻信大本营那种自负的观点。因为自交战以来，双方的斗智斗勇已经持续了几周，而且俄军在此期间曾令日军蒙受了巨大损失。这一点原本就是俄军靠着劣势的装备实现的，而现在，东乡将军每周都能看到对手的士气和作战效率不断提升。东乡将军非常清楚，只有积极应战，才能一劳永逸地阻止对手出动。而对像马卡罗夫这样的指挥官来说，他的按兵不动，又显然是在准备某些惊人的行动。东乡已经猜测到，俄军一定会竭尽全力与北方舰队会合，当获悉第 2 军即将起航后，东乡更是将全部精力都投入舰队的部署上，以阻止预想中的俄军行动。

片冈将军在对马接到了警报，警报要求他随时准备就绪。同时，大本营也接到了加强海峡地区岸防能力的请求。至于东乡本人，则将巡洋舰分散部署在山东半岛和海州之间，这样，如果俄军舰队试图南下，他便会在第一时间接到警报，而没有参与支援黑木将军的舰船也奉命聚集到了他的麾下。正如我们看到的那样，这项任务可谓相当沉重，为此日军甚至撤回了八口浦和济物浦的警戒舰船。凑巧的是，此时 2 艘购自阿根廷的巡洋舰"日进"号（Nisshin）和"春日"号（Kasuga）已经竣工出海，并作为宝贵的生力军加入了日军序列。这 2 艘军舰立刻被派往海峡地区，以加强片冈将军的舰队——之前，为增援细谷将军，该舰队的实力已被不断削弱。

以上就是 4 月 3 日，2 名参谋军官抵达海州时的情况。所有将官和战队司令（其中也包括各驱逐队和艇队的指挥官）立即被召到"三笠"号，漫长的讨论随之展开。在阻塞船的问题上，东乡将军寸步不让，但大本营强烈反对。事实上，就在接到请求两天后，东乡便从海军军令部收到了如下电报："目前，我们保有的所有日本商船都投入了海陆军的运输工作中，所以可以用于闭塞作战的船只也只能从它们中抽调。此外，如果用尽这 12 艘商船也无法取得全面或部分的成功，那您可能还将继续请求征调数艘船只。然而，我们却必须谨慎考虑海陆军的运输问题，因此无法立即做出决定。同时，我们还派遣了海军参谋财部中佐①（Takarabe）携带大本营的文件前往你处。当他携文件抵达后，您应根据上面内容，以国家利益为重进行衡量。在您审慎而全面地考虑过本问题后，我们请求您将建议转呈给我们。"

大本营为何会派遣特使？我们可以推测其原因。虽然东乡知道大本营表示反对，也知道此举会给海陆军的运输造成影响，但他更懂得一点：军队的运输依赖于舰队，而舰队能否完成使命，又取决于它能否遏制敌方舰队的干扰。这种考虑最终压倒了一切，并让封锁旅顺成了东乡眼中不可或缺的工作——为此，他必须再不惜代价征调 12 艘阻塞船。这一点也与我国在拿破仑战争②末期发展出的联合作战理论高度重合，并代表了两栖作战艺术的最高水平。

因此，会议结束后的第二天，东乡便致电军令部总长，表示封锁旅顺的行动已经比以往任何时候都更为必要，如果 12 艘船无法全数提供，他们至少也要尽力调拨一部分。两天后大本营传来了答复：12 艘运输船已经选定，但陆军参谋本部只同意割舍他们麾下的 4 艘运输船，另外 8 艘需要从舰队的补给船中征用。

东乡为何坚持己见？因为在指挥官会议上，日军还做出了一项更重要的决

① 译注：即财部彪（1867—1949 年）。日俄战争期间，财部彪在大本营担任作战参谋。后来晋升为海军大将，并在 20 世纪 20 年代三次出任海军大臣。另外值得一提的是，他也是当时海军大臣山本权兵卫的女婿。
② 译注：原文为"Great War"，在本书成稿的一战之前，该词经常用来指代拿破仑战争。

定，即选择了第2军的登陆地点。按照日军的体制，这一问题完全将由东乡将军决定，因为他也将作为海上的最高指挥官，处理船队航渡的护航问题。他唯一的限制，就是必须根据作战计划所需，将登陆地选在大本营指定的某个战略区域内。该舰队具体需要关注的地区，则是青堆子湾（Tunguz Bay）和大连湾之间长约100英里的一片海岸——该区域内的任何一地，都可以选作登陆地点，但最好离目标更近。而在我国的军事实践中，我们一直采用的原则是：选择既不会遭遇敌军拦阻或干扰，又离目标相对最近的地点。但现实中的问题在于，在有效的攻击距离内，这样的登陆点并非总是存在。这就需要决策者在两方面进行权衡取舍：如果过近，他们就会遭遇敌军的地面抵抗或是海上干扰；如果过远，基地和目标之间的补给线就会被拉长，出其不意的攻击优势也将不复存在。对我们而言，现实中一般处理这种问题的方式是，让海军和陆军主官进行会晤，共同判断这些优势孰轻孰重。如果双方认定，最大的危险来自海上，那么，决定权将被交给舰队司令；如果来自陆上，陆军指挥官将下达最后的命令。在当时的情况下，最大的危险确实来自海上，可能正是因此，行动的决定权才最终交给了东乡司令和军令部。不仅如此，甚至没有一位陆军军官列席会议。

然而，这场会议却选择了一个对陆军极为有利的地点。根据既定作战方针，日军的主要目标是大连，首要任务是夺取这处俄军设置在家门口的现成基地。一旦该基地陷落，它将立刻投入对旅顺的围攻作战中，同时为沿铁路推进、朝辽阳发动向心攻击的大军左翼提供补给。日军固然明白大窑湾和小窑湾这两座海湾离大连最近，但这两地已被布设了水雷。在与里长山列岛近陆点遥遥相对的城山头①（Terminal Head）之外更远的区域，据信俄军还没有采取任何防备手段。日本人对这片海岸可谓了如指掌，因为对华战争期间，他们就曾在此地登陆。所以，他们根本不需要进行侦察，就能充分保障行动的突然性。至于部队卸载的具体地点，则定在了盐大澳②（Yentoa Bay），其南缘一直延伸到城山头。

---

① 译注：日方资料中有时称"尾角"。
② 译注：即今天大连市金州区猴儿石附近海域，大致坐标为北纬122度15分、东经39度17分。

这一选址也有很多不利因素：比如整片海滩水位极浅，而且理论上处在了旅顺雷击舰的夜间活动范围内。不过，后者的不利影响却在某种程度上被里长山列岛的存在抵消了——当地离目标区域极近，日军可以利用或改造这片天然障碍，从而实现扬长避短。但即便如此，对日军舰队来说，除非他们能封闭旅顺港，否则任务仍将十分棘手，这就要求他们义无反顾，为闭塞作战而牺牲一部分船只：尽管行动可能会失败，但至少情况不会因此更坏。如果陆军做好了冒险准备，那海军也理应当仁不让，最终，相关方面决定让两次行动齐头并进，即不论旅顺的封锁行动成功与否，陆军都应把登陆作战进行下去。

另外，会议的决定又没有局限于此。此时，距封锁作战或登陆仍有近一个月的时间。在这段时间，日军将利用一种新武器打击旅顺舰队。其作战思路要求日军彻底改变战术，因为最近的经验证明，面对俄军的顽强固守，舰炮和鱼雷的作用都十分有限。由于缺乏有效的观测手段，间接炮击的效果又完全不稳定。同样显而易见的是，任何情况也无法引诱敌人离开岸炮的庇护贸然出击。然而，日军还可以使用布雷战术，因为俄军并非总是消极避战，如果日军不在他们周围，他们就会时常出动，所以，日军完全可以在其经常往来的水域布置一个雷区。此时即便俄军的主力舰队拒绝露面，日军也可以让一支实力较弱的舰队充当诱饵，将俄军引入雷区。然而，炮击的想法也没有完全被放弃。虽然俄军布置在老铁山脚下的雷场让日军战列舰无法足够接近，但这2艘新巡洋舰却是个例外。由于安装了改进型炮架，它们的炮管可以上扬到一定角度，在雷区之外轰击内港。为实现这一目的，它们目前正奉命从海峡地区赶来。同时，双方爆发大规模交战的可能性也没有被忽略。期间，诱饵舰队将创造一个机会。按照安排，装甲舰队将进入预定位置，如果敌军被引诱到了10海里外，日军舰队会对其发动大规模袭击——除此以外，驱逐舰还首次接到命令，要求"在白天发动突进袭击"。

新行动的命令在4月7日发布。布雷行动将由2个驱逐队、1个水雷艇队伴随布雷舰"蛟龙丸"（Koryo Maru）一同执行。同时，另一个驱逐队将肃清俄军警戒艇并充当后援。护卫舰队包括第1战队和出羽战队，并得到了上村将军麾下2艘装甲巡洋舰的加强，其中出羽战队奉命在次日扮演诱饵。配属于上村舰队的"日进"号和"春日"号会在稍后跟进，但早些时候将在遇岩附近同东乡司令的舰队会合。上村将军接到的命令是，向敌军展示 2 艘新舰的存在，炫耀自己增强后的实力，如果敌人不出动，他麾下的其他舰船都将停留在敌军的观察范围外。第 4 战队和其他闲置单位将和上次行动一样继续留在海州，直到后续命令传来。

各战队的部署方针和上次行动基本一致[3]，但其中还出现了一项变化：这次，各驱逐队（或艇队）的临时隐蔽点以及各战队的最终集合点都选在了太平湾。其原因似乎是：如果天气不适合布雷，那么，该地将成为轻型舰艇分队的理想庇护所；作为最终集合点，该地也为细谷将军在朝鲜海岸的活动充当了一个极佳的掩护区。不仅如此，太平湾和辽东半岛沿海之间的众多岛屿，也是解决未来行动中各种微妙问题的关键。虽然日军不知道马卡罗夫已下令对该地进行侦察，但总体而言，阻止敌人亡羊补牢仍是必要的。为此，他们必须在严加警戒和监视这些岛屿的同时，对自己的意图进行掩饰。

鉴于东乡将军和参谋人员面对的复杂局势以及海战中预测敌军行动的巨大难度，上述部署背后的作战模式就尤其值得研究。虽然其中有许多内容都与打击敌军舰队有关，但它们并没有偏离方案起草者肩负的防御使命，同时还几乎涵盖了制衡敌军每种反击行动的手段。

## 注释：

1. 由于这种尴尬局面，俄军战前分兵的做法遭到了批评。批评者认为，如果马卡罗夫将部署在海参崴的巡洋舰纳入麾下，那他不仅可以严密监视日军的运动，避免遭遇突然袭击，他还可以利用这些军舰干扰日军的行动，给对手制造麻烦。但需要指出的是，如果俄军真的将所有舰船集中于黄海，日军同样可以采取类似的行动遏制其行动。因为日军可以将监视海参崴舰队的兵力抽调过来，所以他们在巡洋舰上的优势也将继续存在。相关内容可参见《海军文集》1912年9月号。

2. 参见前述章节的相关内容。

3. 内容可参见本书附录 F。

∧ 战争初期，停泊于旅顺东港内的驱逐舰群。它们的舰况和军官素质都令马卡罗夫极为担忧

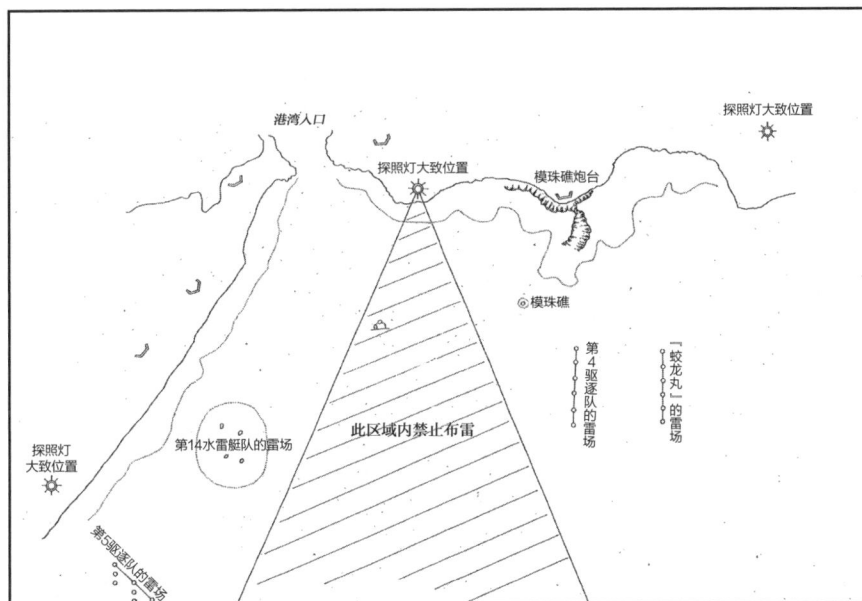

港湾入口

探照灯大致位置

探照灯大致位置

模珠礁炮台

模珠礁

此区域内禁止布雷

第14水雷艇队的雷场

第4驱逐队的雷场

「蛟龙丸」的雷场

探照灯大致位置

第5驱逐队的雷场

∧ 日军雷区部署位置示意图

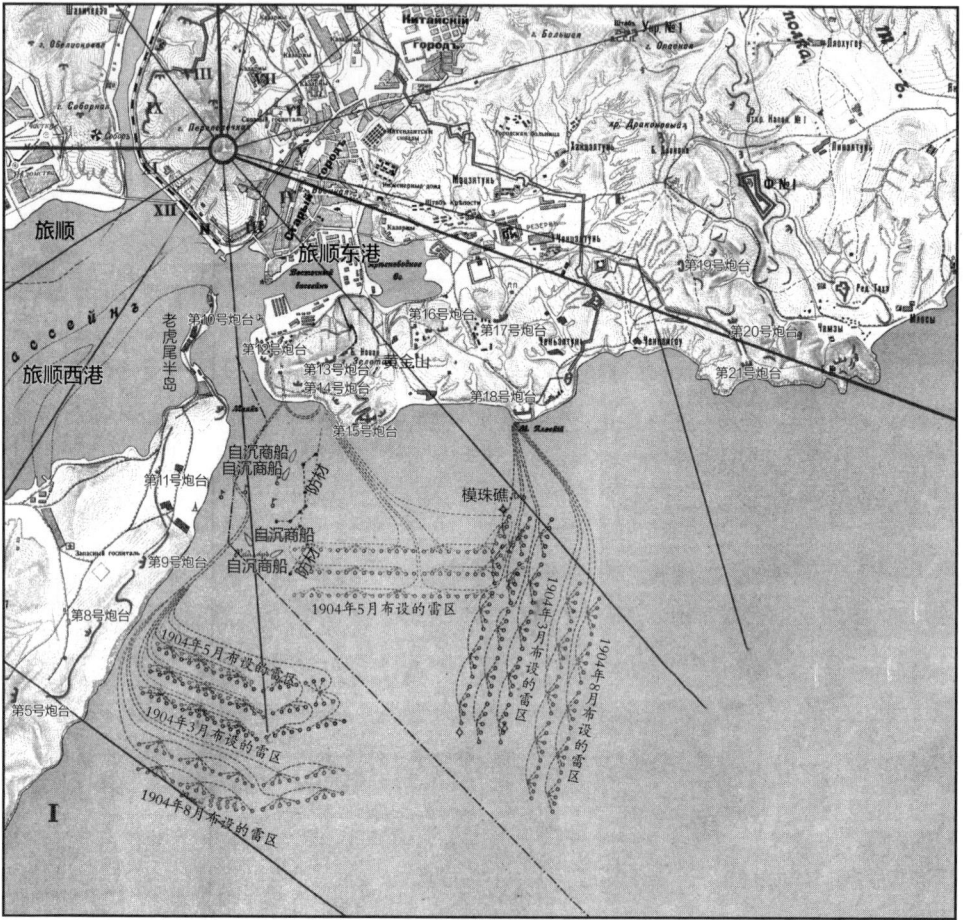

△ 旅顺外海俄军防御设施部署示意图

# 第九章

# 陆军蓄势待发，马卡罗夫之死，第四次炮击旅顺

在前述计划中，行动定于命令发布后的第二天，即 4 月 8 日开始。但当日恶劣的天气不仅阻止了俄军对群岛的侦察，还搅乱了与日军的一切行动计划。整整三天时间，日军舰队都被迫滞留在海州。黑木将军也不得不停止前进，由于无法得到近海舰队的支持，他的先头部队实际陷入了孤立状态。另外，风暴还冲垮了桥梁，导致道路无法通行。直到 11 日，日本的海军和陆军才得到恢复行动的机会。

正是在这一天，马卡罗夫将军对大连湾进行了一次徒劳的巡航，并在返回时派出了 2 艘驱逐舰前往里长山列岛，以执行拖延已久的侦察任务。同一天晚上，当俄军舰队回港时，日军开始大举出动。到 12 日 15 点，日军已经抵达了位于太平湾的集合地，于是作战就此开始。18 点之前，布雷分队离开了队列，主力舰队则继续执行原有的夜间封锁使命。出羽将军带领充当诱饵的战队首先向成山角方向运动，随后开始向着旅顺方向折返。至于战列舰，则先向东航行，并在 23 点后向西转向圆岛南部的一片区域，并计划在次日清晨与来自海州的装甲巡洋舰相会。

随着夜幕降临，环境开始变得对行动有利。此时海面已经平静下来，昏暗的天空中下着蒙蒙细雨，极大限制了探照灯的搜索范围。布雷分队靠近后，可以看到所有灯光都在来回扫荡，显然敌军在各个区域都保持着高度警惕。事实上，马卡罗夫已料到了日军会在天气好转后发动袭击，但同时，他又不认为该派出硕果仅存的几艘巡洋舰定期巡逻。相反，他自己登上了在航道守夜的"月神"号，并派遣驱逐舰前往里长山列岛袭击任何搜索到的目标。他还特别嘱咐，虽然两地的航程足够当夜往返，但他仍会派遣"巴扬"号在清晨前去接应，护送它们

安全回港。假如"巴扬"号无法出动，驱逐舰就需要前往大连暂避。就在午夜之前，当他完成对"月神"号的视察，确保所有人员都严阵以待时，一部探照灯发现了若干可疑目标，这些目标的方位在入口南偏东60度附近。由于是在蒙蒙细雨中出现的，它们的距离一定不可能太远。舰长要求开火，但将军担心这可能是某些无能的驱逐舰指挥官发生了偏航，因此没有同意。在下令第二天清晨对该方位进行仔细搜索后，他开始安下心来，并在4点钟后回到了旗舰"彼得罗巴甫洛夫斯克"号（Petropavlovsk）上。

稍后不久，东方出现了烟雾，显示他的驱逐舰正在返回。但随着天色变亮，一切都已经很清楚，最初出航的8艘驱逐舰中只剩下了2艘。当时的情况是这样的：12日22点，俄军驱逐舰全部抵达太平湾，和三个小时前去往里长山列岛的日军舰队失之交臂。这时大雨倾盆，天色昏暗，有3艘驱逐舰陆续失去了联系。其中2艘只能设法回港（次日出现在日军视野中的正是它们），第3艘则完全陷入了孤立——这一点也成了次日清晨重大行动的导火线。

上半夜，日军的布雷分队一直在忙碌。依照接到的指令，他们在俄军外部锚地的两侧分两批布设了共48枚水雷——根据观察结果，俄军舰只经常前往这个方向，以求获得岸炮的庇护。其中一批水雷布置在模珠礁以南，以防俄军舰艇向东行驶；另一批则布置在白狼山[①]（White Wolf Hill）以东，以防俄军舰队航向老铁山附近海域。[1]午夜时分，一切大功告成，布雷分队随即撤往圆岛以南的位置，以便同东乡将军会合。

在此期间，担任后援的驱逐队始终在东面20海里处进行掩护，并因此和从群岛返航的俄军驱逐舰相遇。其中前2艘趁着漆黑悄然溜走了，但掉队的"可怕"号（Strashni）发现了日舰，并误以为自己和大部队恢复了联络。直到清晨6点左右，天色破晓时，它才意识到了错误，开始全速返航，4艘日军驱逐舰见状穷追不舍。在双方都冲向旅顺时，一场激烈的战斗就此展开。在这种情况下，"可怕"号几乎没有成功返还的可能：它当时寡不敌众，且离最近的岸炮阵地也有20海里之遥。

---

① 译注：在今天辽宁省大连市旅顺口区柏岚子村附近。

但即使如此，该舰还是进行了英勇的抵抗，迎着炮火顽强坚持了15分钟。期间，它发射了1枚鱼雷，但这枚鱼雷从2艘打头的日军驱逐舰中间穿过。就在这时，"可怕"号遭遇了致命一击：炮弹击中了另一具发射管，并引爆了装填就绪的鱼雷。看到该舰腾起大火，舰尾下沉，日军便将其弃置在了旅顺港外15海里处。而在西面，日军还发现了正在航向港湾入口的另一艘俄军驱逐舰。尽管日军试图追击，但徒劳无功。看到目标的逃脱已成定局之后，它们又回到了受创的猎物附近："可怕"号的进水已很明显，日军只能试图将其拖走。但此时，俄军装甲巡洋舰"巴扬"号已经出港前来救援，日本人只好扬长而去。

现在已接近7点，在"可怕"号消失之前，日军最后看到的景象是该舰在不断下沉。"巴扬"号立刻开始全速追击，但它很快意识到，对方实际是在向着大部队撤退。事实上，出羽将军的战队正按计划从南方赶来，以便执行诱敌计划。"巴扬"号很快遭到了整个日军战队的攻击，只能在救起5名水兵（显然是"可怕"号的全部幸存者）之后一边猛烈回击一边后撤。虽然该舰被迫放弃进一步的搜救，但这一努力并非毫无效果，因为出羽将军的注意力完全集中在了它身上，当时刚从里长山列岛返回的俄军驱逐舰主力才得以悄然溜走，而等到日军开始拦截时已望尘莫及。在港口外，"巴扬"号得到了另外3艘巡洋舰——"新贵"号、"阿斯科尔德"号和"月神"号的接应，而俄军旗舰"彼得罗巴甫洛夫斯克"号则在另一艘战列舰"波尔塔瓦"号（Poltava）的伴随下徐徐驶出。鉴于肩负的使命，出羽将军立刻转舵16个罗经点航向西南，引诱敌人航向白狼山外海的雷场。但马卡罗夫将军不为所动，因为他已经通过无线电从"巴扬"号那儿收到了"可怕"号遇难的消息。"巴扬"号则看到了日军撤退的情况，并准备再度返回沉船现场。马卡罗夫将军随即发出信号说，他将跟随"巴扬"号继续搜寻幸存者，因此其航线幸运地避开了模珠礁附近的另一处雷场。

此时，整片海岸都笼罩在浓雾和硝烟中，因此出羽将军无法摸清敌人的行踪。在失去接触前，他再次掉头转向东北，以便继续吸引敌舰。事实上，马卡罗夫当时正在沉船现场航行，以便搜索任何水面上的幸存者。然后，他开始穿过浓雾往回行驶，其结果是，8点半过后，2位将军突然发现自己都进入了射程。随着双方队列中的军舰陆续从浓雾中现身，它们开始相互射击。对出羽将军来说，显而易见的是，俄军已决心对其发起猛攻。因此，他认为有必要向东乡司令示警。于是，他按照计划，转头向着主力舰队驶去。

东乡将军听到呼救刚好是在上午9点。几小时前，布雷分队刚刚带着成功的报告与之会合，同时，来自海州的上村舰队也进入了他的视野。在调入2艘新的装甲巡洋舰后，东乡命令他在遇岩以南待机，自己则率队向旅顺方向逼近。因此，在接到出羽将军电报的15分钟内，他便抵达了交战现场。随着真正的决战机会到来，东乡立刻向上村将军发出召唤，并升起了自己的战旗。

但马卡罗夫并不会轻易上钩。在注意到敌军战列舰队的存在后，他便放弃了追击并转身离去。由于麾下只有2艘战列舰和4艘巡洋舰，他根本无法与日军的6艘战列舰和4艘装甲巡洋舰抗衡，这还不包括出羽将军的非装甲舰队。尽管如此，他也绝不会被轻易赶入港内。除了"塞瓦斯托波尔"号（Sevastopol）外，马卡罗夫麾下的所有战列舰都驶出了航道，试图在岸炮的保护下与对方交战。因此，在离海岸2英里时，他转舵向东，开始组织战斗队列。当队列成形且"塞瓦斯托波尔"号也进入阵位后，马卡罗夫开始率队加速，向着北偏东22度的方向行驶。[2]日军这边的东乡也察觉到了对手的意图，他随后命令上村转舵驶出敌军视野，而他本人则准备守在附近观察随后发生的一幕。

对日本舰队来说，这一定是个难以言喻的激动时刻。所有迹象都显示，8艘俄舰正径直驶向日军布置的水雷区，只是它们目前仍然完好无损。就像我们看到的那样，旅顺港舰队的每个人都忘记了昨晚发生的一切，也忘记了去搜索不明船只出现过的海域。当时，东正教复活节刚结束，马卡罗夫将军已值守了一整夜，而俄军驱逐舰长们的表现也一如既往的糟糕。清晨发生的事件又充当了一个诱因，这些都使得他们忘记在出航前，对相关海域进行必要的清理工作。[3]

悬念没有持续多久。几分钟后，上村将军接到了脱离接触的命令，而俄军旗舰则赶到了模珠礁附近。随后，就像往常一样，马卡罗夫开始向西南方向折返，当骇人的爆炸发生时，俄军旗舰几乎立刻陷入了失控状态。另外两次爆炸紧随其后，顿时，该舰便被一大团浓烟和水雾笼罩，而烟雾上面则是被抛入半空的桅杆、烟囱、炮塔和舰桥。在火光映衬下，该舰的螺旋桨从水中抬起指向了天空——又过了一分钟，该舰便彻底消失了。尽管日军取得了胜利，但他们仍然被当时的景象所震惊。他们后来写道："这一光景着实凄惨至极。"而对俄军来说，这一幕并不意味着苦难的完结。

面对飞来横祸，俄军的表现仍然令人钦佩。按照他们的叙述，虽然有些人被震晕，有些人跪地祈祷，但现场没有一丝的喧哗和混乱。[4] 大部分人只是冷静地进入战位，小艇也被放下以实施救援，同时，副司令乌赫托姆斯基亲王[①]（Prince Ukhtomski）则悄悄接过了指挥权。进入先导位置后，他打出信号，下令舰队跟随他沿着阵亡司令官的既定航线行驶。就这样，他带领各舰穿过水道驶向白狼山。但问题在于，当地还布置着另一处雷区。虽然在开始转舵时各舰都平安无事，但随着他们转过第 16 个罗经点，二号舰尾部传来了一声巨响——"胜利"号触发了水雷。该舰虽然没有沉没，但这种局面却压垮了俄军的神经。随之而来的是恐慌：船只开始胡乱转向，碰撞险些就要发生；有人高呼发现了潜艇，炮手闻讯后便立刻向水面射击，甚至连岸炮也加入了"合唱"。现在，俄军的状况变得愈发危险和混乱。弹片四下横飞，甚至强行命令停火都无济于事。军官只有拼命地把士兵拽下炮位，才让他们恢复了神志。这时，乌赫托姆斯基亲王才带领各舰入港，其中领头的"胜利"号只能蹒跚跛行，而且倾斜十分严重。

出于某种无法解释的原因，当俄舰撤退时，日军一直在冷冷旁观。由于当时一片混乱，因此即使是远程炮击也会带来不可估量的影响。然而，日军始终一炮未发，这显然是由于它们远离现场，无法确定当前局势所致。虽然在灾难发生前，雾气已渐渐散去，一度让日军得以分辨出俄军舰队的轮廓，但他们随后看到的只有一大片浓烟，这些浓烟再次为战场蒙上了一层迷雾。他们可以看到 1 艘敌舰已经沉没，这也是他们知道的全部。但他们并不知道沉舰的身份，直到后来俄军开始胡乱开火，他们才派出了 1 艘巡洋舰前去侦察——东乡的无

---

① 译注：帕维尔·乌赫托姆斯基（1848—1910 年）亲王于 1873 年从海军军官学校毕业，并作为一名专业的水雷技术军官开始了职业生涯。19 世纪 90 年代，他先后担任过装甲巡洋舰"弗拉基米尔·莫诺马赫"号和战列舰"彼得大帝"号的舰长，并在日俄战争爆发前调往远东。在斯塔克解职后，马卡罗夫尚未抵达前，他曾在短时间内代理指挥舰队，后来又相继担任马卡罗夫和维特捷夫特的副手。在黄海海战中，尽管表现勇敢，但由于舰队在其临时指挥期间出现混乱，且无法赢得同僚的信任，他仍被解除了舰队指挥权。1906 年因病退役，1910 年去世。

所作为可能就是如此导致的。俄军旗舰沉没时才 10 点半，接敌的时间还很充裕。然而，直到最后一艘俄舰驶入港口前，东乡将军都只是在港外满意地来回巡弋。随后，他才撤出了俄军雷击舰艇的威胁范围，并驶向了太平湾以南的指定集合海域。

对俄军来说，这种突如其来的骇人打击可谓前所未有。其旗舰消失得如此之快，以至于所有人都措手不及。各方似乎一致认为，其沉没的原因不在水雷本身，而是弹药库和锅炉的连锁反应。[5] 在该舰的 735 名乘员中，只有 8 名军官和 81 名士兵得救，但马卡罗夫将军不在其中。"胜利"号更为幸运一些，由于爆炸点在主煤舱之下，其吸收的冲击力让该舰最终有惊无险。如果旗舰也像它这样走运，俄军一定会欢庆自己吉星高照，但退一步说，这支舰队的 9 艘船在两个雷区转舵 16 个罗经点，并且只触发了 2 枚水雷，这本身就是一个奇迹。不过，这次逃脱本身根本不值得夸耀，因为俄军失去了最重要的人物。换言之，舰队的灵魂已经灰飞烟灭了。

尽管形势有利，但东乡并没有见机行事，直接攻击敌舰，而是多次错失大好机会。对此，我们只要回想起第一次奇袭时的情形，就可以理解他的决定：当时，他也改变了作战计划，但结果不甚理想。无论具体原因如何，4 月 14 日早上，他一率舰队在太平湾抛锚，便决定执行计划的其余部分，"以进一步威胁敌人"。当天晚上，他会继续用雷击和布雷等手段展开威吓，第二天清晨则会派出 2 艘新巡洋舰从老铁山西南发动一次间接炮击。但上村将军将不参与这次行动，对后者来说，他必须率领 4 艘巡洋舰赶回海州，以执行其他的任务。另外 2 艘则仍然隶属于出羽将军，他将负责观测弹着点，而东乡则会率领战列舰队掩护岸轰舰船。

除了再次将敌军钳制在港内，这些行动都收效甚微。夜间，3 个驱逐队和 1 个水雷艇队被派往港口附近，并再次在锚地布设了诡雷。期间，它们几乎没有遭遇干扰：由于俄军始终未开一炮，他们得以抓住机会，仔细观察了敌军探照灯的活动规律，以便为将来的大规模封锁提供参考。第二天上午 10 点前不久，日军在俄军新雷场外的一片海域开始了炮击，如前所述，其新巡洋舰的炮塔内安装了改进型炮架，令火炮的射程超过了 10 海里。因此，它们得以在距离海岸

4000 码的地方占领阵位，不过，由于俄军水雷开始漂移，这一区域也并不绝对安全。在战列舰队航向指定位置期间，"三笠"号就曾两次与水雷擦肩而过。期间共有 4 枚水雷被发现，最终都被桅顶的火炮击毁。

炮击的作用同样非常有限。10 点 08 分，"春日"号从老铁山灯塔南偏西 55 度至 60 度的方位，且与老铁山灯塔相距 2700 米（3000 码）至 4800 米（5200 码）远的位置，朝 17000 米（18600 码）至 18000 米（19700 码）外的区域开火。"日进"号则被布置在了老铁山西南 2 英里处，其射击距离更近——大约在 12300 米（13500 码）至 16300 米（17800 码）之间。期间，日军遇到的主要问题是观测困难。起初，所有炮弹都落在了入口西侧的城东山（Jotozan）附近，由于俄军实施了无线电干扰，他们根本无法修正弹着点。为此，日军只能派遣"高砂"号（Takasago）传递观测信号，此后，炮弹才开始落入港口西部水域。[6]期间，"春日"号共发射了 15 枚 10 英寸炮弹，"日进"号则发射了 46 枚 8 英寸炮弹[7]，整个炮击持续了数个小时。它们也遭遇了来自老铁山新要塞的火力，但最终 2 舰用副炮将其压制。而俄军唯一的损伤记录则来自"塞瓦斯托波尔"号，在努力还击时，该舰 12 英寸炮的炮架受损，在战争其余阶段都无法使用。如此距离的炮击堪称史无前例——鉴于其目标只是打击敌人的士气，因而毫无疑问达成了目的。

看上去，俄军已被彻底吓倒，甚至停止了一切海上活动。一接到马卡罗夫将军失踪的消息，坐镇沈阳的远东总督便匆忙赶回，并接管了舰队的指挥工作。他的将旗在"塞瓦斯托波尔"号上升起，但此举并未激起任何舰船的斗志，其蒙受的打击更无法在短时间内恢复——俄军苏醒的战斗意志被摧垮了。至于东乡，则在港外进行了一次更为挑衅的巡航，然后安心带领舰队回到了海州基地。

## 注释：

1. 根据日本海军军令部向我国使馆武官提供的情报，当时日军在港外 2 海里处一共布设了 4 排水雷，每排水雷有 0.25 海里宽，每枚水雷间隔为 90 码，装药量为 400 磅硝化棉。这种水雷是日方研制的新型号水雷。

2. 参见《海军文集》1912 年 9 月号。

3. 按照一名俄国海军军官的说法："当天，为急于援助掉队的'可怕'号……他（马卡罗夫）极为愤怒，并未像往常一样采取防备措施。"这一说法出自《日本战史公开版》第 1 卷第 123 页（俄方记录部分）。

4. 参见《日本战史公开版》第 1 卷第 123 页（俄方记录部分）。

5. "彼得罗巴甫洛夫斯克"号沉没事件调查委员会的报告称，水雷的爆炸冲击到了该舰前方水下发射管内的鱼雷引信，导致鱼雷爆炸，进而引爆了鱼雷舱内的 2.5 吨棉火药。附近 12 英寸舰炮的弹药库也被引燃，并波及了其他弹药库和锅炉。参见《海军文集》1912 年 9 月号。

6. 校射信号包括 5 种："命中""近弹""远弹""未击中——左""未击中——右"。

7. "春日"号有 1 门 10 英寸和 2 门 8 英寸主炮，"日进"号有 4 门 8 英寸主炮。同时，2 艘舰均有 14 门 6 英寸副炮。

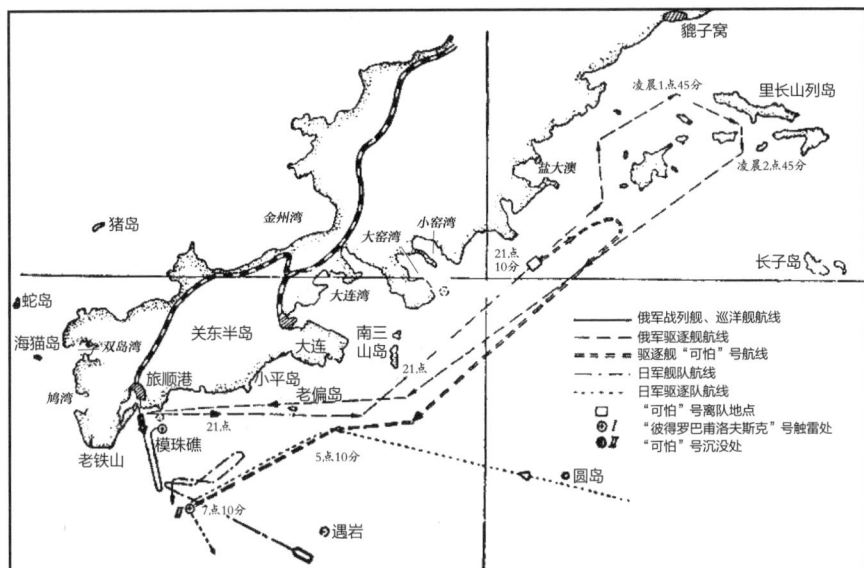

∧ 4月12—13日夜间，俄军驱逐舰行动示意图

图例：
- —— 俄军战列舰、巡洋舰航线
- ----- 俄军驱逐舰航线
- ▬▬ 驱逐舰"可怕"号航线
- —·—·— 日军舰队航线
- ··—··— 日军驱逐队航线
- □ "可怕"号离队地点
- ⊕ "彼得罗巴甫洛夫斯克"号触雷处
- ⊙ "可怕"号沉没处

< "可怕"号的最后影像。该舰的人员损失极为惨重，全体舰员只有5人获救

∨ 13日清晨，俄军巡洋舰"巴扬"号出港时的景象，右侧是担任入口警戒任务的2艘炮舰，远方的内港锚地中，战列舰队正在起锚和升火

238

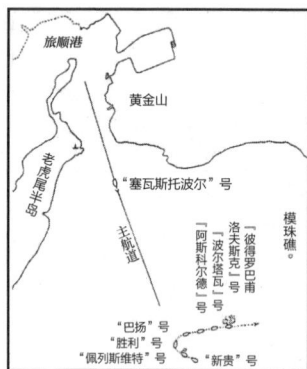

> "彼得罗巴甫洛夫斯克"
> 号触雷前后，俄军舰队的行
> 动示意图

1. "阿斯科尔德"号
2. "巴扬"号
3. "月神"号
4. "塞瓦斯托波尔"号
5. "佩列斯维特"号
6. "胜利"号
7. "新贵"号
8. "波尔塔瓦"号

△ 当时欧洲报纸上，反映"彼得罗巴甫洛夫斯克"号爆炸沉没的绘画

△ 当时俄军在黄金山拍摄的"彼得罗巴甫洛夫斯克"号触雷时的照片

△ 从旅顺驶往事发现场试图搭救生还者的小艇

△ 在战列舰"塞瓦斯托波尔"号上观察情况的俄国官兵

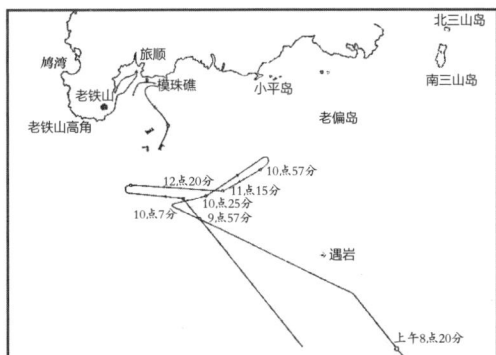

∧ "彼得罗巴甫洛夫斯克"号沉没后,日俄舰队的行动示意图

∧ 海军少将乌赫托姆斯基亲王。他在马卡罗夫阵亡后临时接过了舰队指挥权

< 带着倾斜驶入旅顺入口航道的"胜利"号

< 利用安装在舰体外的隔水外壁,俄军后来修复了"胜利"号的损伤。照片中便是工程人员为该舰固定隔水外壁时的景象

∧ 2艘"春日"级巡洋舰新加入舰队时的景象，该照片摄于战列舰"朝日"号上。它们的到来不仅扩充了日军的实力，还令日军有机会在安全区域内炮击旅顺港

# 第十章

# 陆军部署的最终安排，上村将军在日本海的牵制行动

日军主力 4 月 16 日在海州的集结，标志着日军开启了战争的另一个阶段，这个阶段的战局走向不仅耐人寻味，还承上启下，其特点可谓前所未有。对日军来说，这个阶段可以被特别界定为"联合作战时期"。期间，不仅其作战计划翻开了一个新篇章，执行的手段也和以往大有区别。从这时开始，海陆军将携手并进，因此我们也会把陆战和海战作为一个整体看待，并兼顾两个层面的呼应和叙述的清晰。事实上，这场战争已变成了一场两栖战争，其海军和陆军不仅紧密融合在了一个战区内，而且每一项工作都服务于彼此——这一点几乎无可争辩。

当舰队停靠时，地面战场的形势是这样的：由于天气原因，在鸭绿江畔集结的工作出现了延迟。这项工作原计划于 4 月 19 日完成，但自从所有桥梁于 11 日被修复后，整项工作才得以继续推进。当时，日本大军都在开进途中，黑木将军也于 15 日离开安州赶赴前线。但这两三天的停滞也引起了他的担忧，因为大批俄军正在从辽阳出动，前去增援"东部支队"（Eastern Force）。故而，在完成集结前，日军都将面临非常巨大的风险。不仅如此，即便大军完成了集结，也需要等足够多的架桥器材抵达后才能渡河——目前，这些器材正由细谷将军火速运往铁山。

目前，日军还不甚确定第一场会战何时能够打响，但按照总体的作战部署，会战应当开始于第 2 军在辽东半岛登陆之前。根据黑木将军得到的指示，这次登陆应当在 5 月 1 日展开。[1]

换言之，鸭绿江会战应在登陆前两三天内发动。有鉴于此，东乡将军也在继续进行部署。据报，第 2 军将于 20 日起陆续从日本启程，其集结点位于平壤湾内的镇南浦，最后一批运输船定在 30 日抵达此处。在此之前，12 艘闭塞船会在海州

就位，向辽东半岛的运输行动则会在第1军横渡鸭绿江的同时开始。

对舰队来说，当时其最有利的因素是：他们拥有两周的富裕时间。按照海军省的安排，他们将尽可能地远离战场，以便为舰员提供急需的休整。在关键时刻来临前，他们将不再对旅顺港实施牵制性攻击。

然而，休整的决定却不适用于整个舰队。我们依然记得，俄军的作战计划存在一项弱点，这令其参谋人员倍感焦虑，并引发了很大的分歧。在巩固辽阳集结地的同时，他们也认识到其中存在的一处软肋：凭借海上运输的优势，日军可以轻易威胁到滨海省和海参崴，并将俄军牵制在北面。而在东京，日军大本营也认为，实施这种佯攻的必要性和条件都已具备。其中，相关的必要性在于，当前南满的俄军正在迅速增加；另外，他们现在已经获悉，在之前的袭击中，旅顺舰队损失惨重，这就给佯攻创造了有利条件。尽管舰队在黄海方向依旧责任重大，而且还亟须休整，但他们仍然做出了分兵的决定。为此，上村将军被派往了日本海，近来行动较少的2个战队将随之参战。

尽管这一想法可能直接来自东京，但它依然得到了东乡将军的批准。按照日方在官方战史中的说法："他判断敌人已经损失了1艘战列舰、1艘驱逐舰和1名总司令，士气将一落千丈，目前断然不敢出港；同时，这一设想还会牵制海参崴的敌军，阻止他们向辽东半岛集结，还可以将俄舰摧毁在港内。机不可失，他下令上村将军尽快赶往海参崴。"按照这份叙述，可以看出日军舰队这次分兵的意图：它和前一次对海参崴的行动一样，都有支援陆军的因素，也很符合当时海军肩负的主要使命。当时正有大批部队从日本启程前往一处秘密地点，如果把这项行动同日军在波西耶特湾和亚美利加湾的威吓行动结合起来，它们将构成一种多重佯动，并发挥出巨大的干扰效果。

委派给上村将军的舰队包括其麾下的4艘装甲巡洋舰和1艘新舰；配属的瓜生战队拥有4艘防护巡洋舰，另有1艘巡洋舰从海峡舰队抽调而来。此外，上村舰队的阵容还包含1个驱逐队、2艘隶属于海峡警戒艇队的水雷艇，外加伴随它们的母船和运煤船。[2] 上村将依靠这些兵力，负责整个日本海的警戒，并保障海峡地区的安全。除此以外，日军将不会在当地部署其他兵力。在上村开赴黄海期间，片冈将军曾率第5和第6战队值守在海峡地区。现在，片冈已接到命令，如果上村抵达了镇海湾，那片冈将奉命调离海峡地区，并带领2个战队以及舞鹤的水雷艇队同主力舰队会合，以便为陆军提供护航和支援。

遵照上述命令，上村在舰队集结于海州的同日率部离队。4月18日，他抵达了镇海湾，开始在当地加煤并等待下属舰船陆续集结，片冈将军也得以前往东乡司令所在的基地。在主力舰队方面，除了一些无法推迟的细微整备工作，这里的一切都很平静。但即使如此，日军还是尚未确定第1军和第2军之间联络部队的登陆点——这一行动不仅是大举行动前的最后一步，还是日军作战计划中唯一出乎俄方预料的部署[3]。其中的关键是在部队上岸前保持隐蔽性——为实现本目标，日军需要在出动前尽可能保密。另一方面，此时局势已是箭在弦上：4月19日，东乡将军接到命令，要求在严格保密的同时启动这项重要任务。同样关键的是，他们还需要确保舰队用作前进基地的岛群可以用于联合作战。为这一任务，次日，出羽将军带领1艘装甲巡洋舰、2艘防护巡洋舰、3艘水雷艇以及他本人的通报舰离队，前去执行上述两项使命。

出羽的任务是首先清理太平湾的水雷，在该地和海州之间铺设通信电缆，随后扫荡里长山列岛的航道和锚地。

备选的登陆地点定在了西青堆子岬①（West Tunguz Cape）向东至大洋河②（Ta-yang Ho）之间15英里的区域。这片区域恰恰位于第2军的登陆点和第1军在鸭绿江的集结区义州之间。

这项工作同样需要极端谨慎。它要求任何舰船都不能出现在岸上敌军的视线内。因此，在率队前往太平湾期间，出羽将军征用了4艘帆船。在保证安全的前提下，它们先是被拖到了尽可能靠近西青堆子岬的地方，随后被水雷艇牵引着继续接近。随着缆绳解开，便衣测量队开始搭乘它们前去进行必要的勘测。但22日夜间，它们带着一份令人沮丧的报告回到了出羽舰队的锚地，因为这一行人发现，虽然青堆子

---

① 译注：西青堆子岬即青堆子湾最西部的海角，位于今天辽宁省大连市下辖的庄河市境内，坐标为北纬39度42分、东经123度16分。

② 译注：又名大羊河，其入海口在今天辽宁省东港市以西。入海口的坐标大致为北纬39度48分、东经123度40分。

湾东角附近的一片狭长海滩最适合登陆,但运输船最多只能驶到离海岸4.5英里处,而且当地居民报告说,整片海岸的条件都很恶劣。出羽将军并不满意:他派出麾下的1艘装甲巡洋舰和1艘其他巡洋舰前去搜索里长山列岛,第三艘巡洋舰则会向舰队司令汇报情况,至于他本人,则决定待在通报舰上亲自搜索整个地区。随后两天,一场大雾令所有工作停滞不前,到25日,出羽将军才得以乘水雷艇潜入,并在西邻青堆子湾西角的一处海湾找到了一条狭长的沙滩。在该地,运输船能于离岸4海里处下锚,而汽艇可以抵达0.5海里内,小船则可以自行靠岸。通过无线电报告了发现之后,出羽将军于次日回到了海州基地。

在日本海,曾在青堆子湾推迟了日军发现登陆点的浓雾产生了更严重的影响——它给海参崴舰队提供了一个始料未及的出击机会。自3月中旬以来,这支北方分舰队便迎来了一位新指挥官——耶森海军少将①(Iessen)。在耶森的个人魅力和声望的影响下,俄军变得斗志昂扬。他们的行动仍称不上活跃,但这并不是消极避战所致。因为在马卡罗夫将军的指导下,北方分舰队的任务已经发生了变化。现在,他们不再是袭击日军交通线的配角,而是一个强势作战计划的组成部分。我们也许记得,直到阵亡前,马卡罗夫都在努力集结兵力,试图阻止第2军在辽东半岛或牛庄顺利登陆;为此,北方分舰队也将不计风险,和他一道对登陆地点发动进攻。因此,耶森将军早已接获命令,要求全力实现这一目的。为此,他寸步不离海参崴,以便在命令下达后立即出击。届时他将秘密起航,并趁着黄昏和夜色突破朝鲜海峡。完成此举后,他又将前往通信中指示的日军登陆点,并在当地与旅顺舰队会合。[4]

因此,在耶森将军到任后的5个星期,他所做的只是在白天率领舰队出海训练。直到4月22日,该舰队才收到一份期待已久的命令,上面要求舰队在次

---

① 译注:卡尔·耶森(1852—1918年)出身于一个波罗的海日耳曼裔家庭,父亲是一名兽医。耶森早年进修了水雷技术和海军炮术,并凭借对专业知识的精通得到了上级的肯定。在19世纪90年代,他先后担任过"涅瓦"号(Neva)汽船、"亚洲"号巡航舰的舰长,并在1898—1902年期间担任"雷霆"号装甲巡洋舰(当时沙俄海军性能最好的舰船之一)舰长。后来,耶森曾短暂担任过旅顺舰队副司令,但被马卡罗夫将军调往海参崴指挥巡洋舰队。战争中,他率领海参崴舰队给日军制造了极大的麻烦。由于耶森性格狷介,很难与上级保持良好关系,因此他在1906年便以中将军衔退役,后来成为里加(Riga)一家大型船厂的厂长,1918年11月30日在彼得格勒去世。

日出港巡航，但没有说明目的地。事实上，按照指示，他们必须对此严格保密，甚至直到驶出东博斯普鲁斯海峡前都不应将其公开。对这次俄军仓促出战背后的原因，我们依旧不甚清楚，但它也许与鸭绿江畔日军的积极活动有关。此时，黑木将军已抵达义州——他的大军也于前一天全部集结于此。在抵达的同时，黑木将军还通知细谷将军，自己大概将在4月30日横渡鸭绿江，并请求海军支援。作为回应，在同东乡司令协商后，细谷将军派出了一支由2艘炮舰、2艘水雷艇和4艘武装汽艇组成的舰队。[5] 就在耶森将军发布巡航命令当天的早些时候，细谷将军派出的支援舰队也出现在了河口附近的龙岩浦。另外，还有报告称日舰出现在了元山。总之，鉴于这些敌情，耶森此次巡航的首要任务是护送鱼雷艇前往元山，摧毁发现的任何目标。行动成功后，舰队将跨越津轻海峡，袭击函馆周边海域。

另一方面，当时上村舰队刚刚抵达元山附近。之前，他在镇海湾签发了若干命令，重申了行动目标，直到20日才从当地出动。他在这些命令中写道："近来，我们无法收到任何关于海参崴舰队的情报。但根据最近的一则消息显示，它们有时会在白天出动，晚上则退入港口。我舰队的任务是，把辽东俄军的注意力吸引至海参崴，并且伺机摧毁敌军舰队。"由于急于投入战区，他决定让舰队途经元山时补充煤炭和淡水——这也是他们在当地出现以及后来更改计划的原因。

入港时，上村获悉俄军已越过朝鲜边境，并出现在了沿海道路上的多个位置。大约在19日，一支250人的分队据报从舞水端①（Cape Bruat）内陆方向的吉州（Kil-tsiou）出发，向靠近遮湖湾（Ostolopof Bay）的北青（Pouk-tsien）挺进，其目标是日军在当地的通信站[6]，而此处离元山只有不到100英里。上村司令立刻与当地陆军的守备队长进行磋商，且双方一致认为必须采取措施应对威胁。为此，陆军守备队长曾建议，应当在沿岸地区进行一次联合行动，活动区域则应当远达条约口岸——城津附近地区。该地曾有一处日本租界，但不久前面对

---

① 译注：该地位于朝鲜东北部的咸镜北道境内，毗邻日本海，坐标为北纬40度50分14秒、东经129度42分52秒。

俄军的威胁而被放弃。上村同意这一建议，并认为他们还应投入第 11 水雷艇队，以及满载煤炭和大米的附属运输船"金州丸"（Kinshu Maru）。前提条件是它们必须在 28 日回港，因为届时，他也将率领舰队返回元山。

完成上述安排后，该舰队于 23 日上午从元山起航，前往彼得大帝湾的集合点。[7] 而此时，耶森少将正在从海参崴启程——俄军似乎注定将遭遇一场劫难。事实上，他们是在迎着敌人驶去，而且在"留里克"号因机舱故障折返后，耶森麾下只剩下了 3 艘巡洋舰。

但在上村将军弄清湾内的情况前，他发现浓雾开始在地平线上升起，到中午时分，雾气已经笼罩了舰队，一整天都没有散去。到第二天早上，情况更是雪上加霜。对耶森将军来说，这当然不是理想的情况，他被迫两次下锚取消出港，直到日落时分才得以离去。期间，两支舰队都按兵不动，但 24 日上午 8—10 点间，他们又都截获了对方的无线电信号。由于这些信号与旅顺港截获的电报频率相似，耶森将军判断日军舰队一定在 20 海里以内。但即使如此，他仍保持着原有的航向，因为他知道，日军指挥官的作战计划已很难进行，而且可能已经开始从近岸折返远海。在这种情况下，耶森用汽笛招来轻型舰艇分队，向他们发出了指示：如果听到了"集合"的笛声，就表示自己正转向东南。此时的轻型舰艇需要继续单独行动，并尽量在次日清早赶到阿斯科尔德岛与之会合。而在另一边，随着上村继续北进，雾气变得愈发浓密。到 16 点，虽然上村确定抵达了集合点，但天气仍毫无改观，这让他只能取消原先的命令，并带领全体舰队向南撤往外海。

上村沿该航线行驶到次日清晨 6 点，并推测已航行到舞水端以东 120 海里处。由于天气依旧恶劣，上村认为，目前最好的做法是回到元山，并在当地等待雾散。三小时后，耶森将军出港，随行的还有麾下的鱼雷艇。

在此期间，日军位于元山的登陆小分队一直在等待出发的时机。"金州丸"上运载了 1 个中队[8]，并计划在北青以北的利原①（Ni-auen）附近上岸，试图以此切断俄军的撤退路线。然而，由于浓雾的影响，他们一直无法出动，直到 25

---

① 译注：日方资料又作"利源"，该地位于遮湖湾和北青以北大约 18 公里处。

日6点，即上村将军下令回港时，才得以起航。对日本人来说幸运的是，当俄军鱼雷艇入港时，他们只发现了1艘日本商船，俄军随即进行了搜查，并用鱼雷将其击沉[①]。14点，他们在港外重新与耶森将军会合，并准备向北途经新浦岬[②]（Shestakof Point）前去袭击函馆。对俄军来说，这是一段愉快的航行，因为他们不仅避开了上村舰队，还截获了从元山出航的日军登陆分队。

离开三小时后，他们遭遇了220吨的"萩之浦丸"（Oginoura Maru），并随手将其击沉。在此期间，他们还发现日军正在利原湾（Pallada Road）重新登船。此前，这些日军并没有在利原发现报告中的敌军，于是匆忙赶回船上，并在18时从当地起航返回。但在航行途中，天气进一步恶化，水雷艇被迫前往利原湾以南遮湖半岛（Cape Schwartz）附近的一个小海湾——遮湖湾暂时躲避，还因此抛下了"金州丸"。5个小时后，在阴差阳错之下，该船在新浦岬外海闯进了俄军队列。由于误认为俄军是上村舰队（另一些说法则宣称是英国舰队），该船最初停止了航行，直到一名军官走上甲板后才发现了错误。走投无路之下，该船只能将部队藏在舱内，但在船员被押走后，这些部队的存在随即暴露。由于日军拒绝投降，俄国登船队只好离去，并对该船实施了雷击。[9]日军士兵见状冲向甲板，用步枪向最近的俄军巡洋舰开火。面对俄军回敬的副炮火力，这些日军仍然在顽强抵抗，但他们都在15分钟后和运输船一道沉入了海底。另一些士兵则历经千难万险乘坐小艇上岸，还有一些沦为俘虏。耶森将军从他们和船员口中得知，正如他猜测的那样，一支日军舰队曾在他的基地附近活动。

没有一丝迟疑，耶森立刻取消了函馆方向的行动，转而掉头向北前往海参崴，试图查明港口是否仍然可以通行。在发现畅通无阻之后，他于27日傍晚安全回到基地。

由于上村将军的航向面朝陆地，为小心起见，他直到当天午后才返回元山。在这座港口，他得知俄舰已经现身，同时，当地的日本领事虽然想尽办法联络远征队，但始终没有获得任何回信。另外，日本领事还报告说，俄军曾在当地布雷，

---

① 译注：该船是约600吨的"五洋丸"。
② 译注：即朝鲜咸镜南道新浦市最南端的岬角，与马养岛隔海峡相望，坐标为北纬40度0分33秒、东经128度09分18秒。

进港已不甚安全。在这种情况下，上村将军最初的设想是率领装甲巡洋舰和驱逐舰立刻全速朝北前进，试图将敌军舰队拦在港外。虽然他如此发布了命令，但稍早前失去联络的水雷艇队也在此时赶回，并汇报了被迫抛下运输船的经过，而运输船本身依旧没有音信。这些水雷艇立刻被派回展开搜索，此外，上村也根据手头的最新情报判断出他已无法追上敌军舰队。于是，他决定放弃追击的想法，先尽力搜索失踪的运输船，然后再履行之前的战斗任务。日军舰队当晚在港外下锚，次日出发前去向北搜索沿岸水域。就在此时，水雷艇前来回报，他们最远驶到新浦岬都未能发现敌军或运输船的踪迹。随后，这些水雷艇又奉命在通报舰的协助下继续搜索，而上村将军则继续向北航行。白天，不断有舰船残骸被捞起，随后还发现了一艘小艇，这些迹象都证实了运输船的命运，继续搜寻其下落已毫无意义。

28 日 17 时，日军舰队抵达了彼得大帝湾外的"位置 D"，并开始执行调整后的既定任务。其第一步是派遣水雷艇队在斯科普列夫岛（Skripleff Island）以南 1 海里布设一处雷区，而舰队则会在夜间向外海行驶，并于 29 日白天回到阿斯科尔德岛附近。届时，水雷艇将与之会合，并汇报任务的完成情况。接着，在整个水雷艇队的护送下，艇队的母船"日光丸"（Nikko Maru）会在什科特岛附近布设另一处雷区，该雷区位于前一处雷场以南。完成这项任务后，"春日"号将隔着第一片雷场实施间接炮击，但就在舰队靠近时，他们发现有 1 枚俄军水雷正漂浮在海面。鉴于情况危险，上村将军不仅放弃了炮击，还取消了委派给"和泉"号（Idzumi）的布雷任务。然而，日军依然布设了原计划中的第四处雷场，该任务由"高千穗"号（Takachiho）执行，其位置在柯里海峡（Currie Channel）的西部入口附近——该任务是在轻型舰艇的掩护下冒险完成的。所有作业于 12 点 35 分完成，日军共布设了 75 枚水雷。此时，天气恶化的迹象已经相当明显。于是，上村将军决定放弃后续行动返回元山，并同接获无线电报从佐世保赶来的运煤船会合。

30 日晚间，上村回到了锚地，在这里，他不仅弄清了运输船的下落，还了解到这次徒劳的巡航究竟遭遇了怎样的失败。另外，在他离开沿海地区期间，整个元山已是人心惶惶，他只得为此致电东京方面和上级，请求获得下一步指示。来自海军省的回复是，上村必须遵照东乡司令的命令行事。不久后，东乡司令的命令便传达下来，要求上村接管对马海峡的防务，并以竹敷作为未来的基地。

上村奉命在 5 月 2 日出发——这次不走运的行动至此结束。

历史上类似的行动可谓屡见不鲜，这些行动共同体现出了海战的一个显著特征，即其战斗过程就像是盲人之间的博弈，而这次幸运明显眷顾的是俄军。虽然日军在行动的筹划阶段表现出了卓越的判断力，且其营造出的局面，也势必会引诱海参崴舰队冒险出击。事实上，如果不是 24 日清晨出现的大雾，2 支舰队一定会交手，而且俄军几乎无法安然逃脱。另外，如果不是因为情报出错，日军水雷艇就不会在俄军抵达前几个小时离开元山，届时双方的轻型舰艇必然会开始交火——这场战斗又完全有可能在港外拖住耶森将军，并坚持到日军舰队赶来。最后，如果"金州丸"选择跟随护航舰艇暂时避难，那么，俄军就不会得到那条让他们放弃突袭函馆的情报，并在上村将军实施封锁之前进入港内。

在上村离开期间，黄海的局势出现了巨大变化。4 月 24 日，第 2 军司令奥保巩①（Oku）将军抵达海州，并同东乡将军就未来行动的细节达成了一致。同时，运输船和阻塞船也相继就位。其中前者停泊在镇南浦，后者则部署在海州。在鸭绿江畔，一切同样进展顺利，日军渡河的日期已确定为 30 日。轻型舰艇分队在梨花浦完成了所有架桥材料和榴弹炮的卸载，随着这些装备被运往前线，渡河工作也开始进行。在日军鸭绿江舰队威胁俄军位于安东②（Antung）的右翼期间，陆军也占领了义州正面的岛屿，必要的架桥工作已经可以开始。

然而，局面依旧悬而未决，因为第 2 军还没有确定起航的时间。原先预定的日期——5 月 1 日已被放弃，直到 25 日，即与奥保巩将军会晤后的第二天，东乡才发布关于阻塞船的命令，并开始招募驾驶船只的志愿者。与前两次相比，这次日军的反应更加热烈，甚至让上级感到手足无措：此前，海峡舰队的官兵根本没有表现自己的机会，所以他们在应征时的表现尤其狂热；另外，许多曾经参与过阻塞行动的人员也再次报名，导致应征者的数量最终超过了名额的 10

---

① 译注：奥保巩（1847—1930 年）出身于丰前国小仓藩的一个下级藩士家庭，早年从军，并在幕末讨伐幕府余党的战争和西南战争中多次负伤。1894 年，他作为第 5 师团长领兵参加了中日甲午战争，1897 年任近卫师团长，其后历任东京防御总督、东部都督等职，1903 年晋升陆军大将。1904 年日俄战争爆发后，奥保巩出任第 2 军军长。1906 年出任参谋总长，1930 年去世。
② 译注：即今天我国的辽宁省丹东市。

倍以上。然而，日军必须做出选择，其最终采用的方案，也反映了战争环境下一种特殊的军人心态。

在上一次行动中，正如我们所知，为了保护勇士们的生命，东乡将军曾拒绝了参与过这种壮举的官兵，只是因为行动需要有经验的领导者，他才会同意让同一批军官再次亲临险境。而这次行动，经验将比以往更为重要，因为俄军对同类袭击的防范已经十分完备，何况大军的安危也将取决于此。更重要的是，此时，日本运输船队正在承受着巨大压力，这次新尝试更会让他们的损失雪上加霜：行动预计投入超过25000吨的运输船，其价值将超过30万英镑。由于事关重大，日军必须确保万无一失，可即使如此，一条敕令还是传达下来，要求禁止在行动中使用老兵。毕竟，按照日本人的道德信条，一遍遍志愿参与这种行动已很难算是一种美德，相反，它更像是某种犯罪。因为这些志愿者对"敢死"（Kesshi）表现出了病态的迷恋——这是绝对不允许的。因此，尽管日军早在第二次行动中便用冷静和娴熟的表现证明，经验和对环境的熟悉才是决定胜败的关键，但东乡将军还是只愿从新志愿者中挑选乘员。最终，海峡舰队的呼声压倒了一切，尽管他们此前并没有亲临现场，甚至是参加过一次战斗，但几乎所有官兵都从中选拔而来。就这样，尽管选拔工作偏离了实际需求，方法也存在不妥，但上级还是被他们昂扬的斗志打动了。于是，面对悬而未决的战局，日军做出了决断，并把为国牺牲的使命交给了未经战火考验的人员。

随着选拔完成，每个参战人员都斗志昂扬，同时，他们还特意采取了许多措施，以减少失败发生的风险。为此，27日，这些军官被分别安排在3个驱逐队上，在梨羽海军少将①（Nashiba）的指挥下前往旅顺海域，随行的还有梨羽本人统辖的战列舰队。幸运的是，次日晚上，由于能见度良好，他们得以在近处窥视了目标，29日，他们回到海州基地。

---

① 译注：梨羽时起（1850—1928年）出生于长州藩，参加海军前曾担任过铁道测量员，19世纪80年代转入海军。在甲午战争期间，他接替了阵亡的"赤城"号舰长坂元八郎太指挥该舰。后来，梨羽历任"桥立""镇远""高砂""常磐"等舰舰长。日俄战争前担任第1战队司令官，但其座舰在旅顺港外触雷沉没，梨羽因被友军及时救起才逃过一劫。1905年，他调任旅顺口镇守府舰队司令官，负责辽东和旅顺占领区的海面警备工作，1907年转入预备役，1915年退役，1928年去世。

　　同时，日军也对舰队的各项任务做了最终安排。基于 24 日东乡同奥保巩将军在海州的会晤，决议要求大军分 4 批从镇南浦出航。第一批将由导航船只和护航舰只伴随行动，其余的批次除非环境特别危险，都应依照航线自行前往。对自行出航的运输船来说，护航完全没有必要，因为在它们出动时，主力舰队将处在掩护阵位上。三天后，东乡将军将船队的护航支援任务交给了片冈将军，并向他麾下的各战队司令发出了详细指示。

　　至于细谷将军及其麾下的第 7 战队大部（即没有在铁山和鸭绿江支援第 1 军的舰船），当时正被部署在镇南浦守卫第 2 军的最终集结地。[10] 他们的任务是抢占上岸地点，并指导登陆作业。换言之，他们是真正意义上的"支援舰队"。

　　片冈将军将率领"日进"号和第 5、第 6 战队（即他亲率的战队和东乡正路战队）提供全程护航，并预定在平壤湾外的椒岛（Choda Island）与运输船会合。包括阻塞行动在内的掩护工作将由东乡司令直接指挥，而设置新前进基地的任务，则由担任"战时舰队集合地港务部长"（Harbour-Master of the Fleet's War Rendezvous）的三浦海军少将[①]（Miura）一手负责。

　　虽然这些都和我们的传统作业模式非常接近，但其中还是有一个特点值得特别讨论，因为它在当时还没有先例。由于具体的上岸地点将完全由海军选择，为此，舰队也需要在没有陆军协助的情况下夺取整个登陆场。这一部署可谓相当新颖，而且需要为此做出一些特殊安排。佐世保海兵团（Naval Barracks at Sasebo）有大量已动员的预备役军人，他们原本将用来补充舰队的损失。由于相关需求极小，因此，在决定将第 2 军派往辽东半岛后，日军就开始采取措施，利用他们组建一支 1000 人规模的陆战队（naval brigade），以夺取滩头阵地。入选人员立即接受了严格的登陆训练，并且"每天都在演练陆战的种种细节。他们奉命翻山越岭、攀爬峭壁，试图以此锻炼体格，并让身手变得更为灵敏"。4 月 22 日，即第 1 军在鸭绿江畔集结完

---

　　① 译注：三浦功（1850—1919 年）早年服役于幕府海军，幕府舰队投降后，他被选拔进海军兵学校接受深造，1871 年 12 月晋升为海军少尉。甲午战争期间，三浦功担任过"旅顺口海军根据地知港事"一职，并于 1896 年被派往英国接回战列舰"富士"号。日俄战争期间，他担任战时舰队集合地港务部长和舰队附属港务部长等职，主要负责锚地的清理、扫雷和船只打捞等工作。由于管理有方，因此当时日军中有"三浦以前无三浦，三浦以后亦无三浦"的说法。

毕的当天，2 艘辅助巡洋舰[11]奉命运载这支部队，最终，它们于 29 日抵达海州。在东乡将军的直接命令下，这些人员在当地被编为 2 个大队，每个大队下辖 3 个中队，军官名额中的空缺则由舰队内的人员填补。整个陆战队由野元海军大佐[①]（Nomoto）指挥，其麾下有名海军少佐[②]担任参谋，同时，其麾下的每个大队也都由一名海军少佐[③]指挥。各个中队长则是海军少尉或中尉；海军中尉和军曹则普遍担任下属小队的指挥。此外，其编制内还有 1 个工作队（Carpenter's Party）、1 个预备弹药队、1 个卫生队和 1 个给与部[④]，各大队麾下还有 1 队信号兵。最后，日军从舰队中抽调人员组建了 2 个野炮队，每队都由海军中尉出任队长。上述工作完成后，他们一直在海州进行准备，如果行动命令下达，他们就将成为先头部队。

尽管当时还没有确定登陆日，但黑木将军在 30 日所面临的局势已经极为有利，他宣布可以在当天进行强渡。其余事项也都准备妥当：第 2 军的最后一批运输船全部到达，阻塞船的战前整备工作也宣告就绪，来自舞鹤的水雷艇也与舰队会合。这些条件，让东乡将军得以在 30 日下令全军出动。次日，即 5 月 1 日，也就是黑木将军推进的同时，他将派出阻塞船实施掩护。第一批运输船将在 3 日离开镇南浦，并于 4 日实施登陆。此时，距战争打响仅过了 12 周的时间。

---

① 译注：即野元纲明大佐（1858—1922 年）。他于 1874 年参军，早年担任过驻俄海军武官、"浪速"和"常磐"号巡洋舰舰长。日俄战争初期，他负责指挥日本海军的陆战队，但不久即调离，成为"朝日"号舰长。担任驻俄武官期间，野元与俄国海军军官尼古拉·荣格（Nikolai Jung）结为好友。后来荣格作为"鹰"号（Orel）战列舰参加了对马海战，并身负重伤，在其弥留之际，野元大佐专门前来探望，这在当时成为一段佳话。野元后来以中将军衔退役，1922 年去世。

② 译注：原文为"Commander"，即海军中佐，但根据《明治三十七八年海战史》，其军衔应为海军少佐，这里可能是英方的误记。

③ 译注：原文同样为"Commander"，据《明治三十七八年海战史》，应为少佐。

④ 译注：原文为"Commissariat Party"，主要负责军需物资的分发和炊事工作。

# 注释:

1. 参见《英国官方战史》（C. I. D.）第 1 卷第 109 页。

2. 当时上村的兵力配置如下：

> 第 2 战队，"出云"号（旗舰）、"吾妻"号、"春日"号、"常磐"号、"磐手"号（三须少将旗舰）及通报舰"千早"号；
>
> 第 4 战队，"浪速"号（瓜生少将旗舰）、"新高"号、"高千穗"号、"对马"号以及来自第 6 战队在竹敷入列的"和泉"号；
>
> 辅助舰船，"日光丸"（水雷母舰兼布雷舰）、"金州丸"和"严岛丸"（舰队运输船）。

3. 相关内容可参见前方章节的叙述。

4. 参见《海军文集》1912 年 9 月号。

5. 炮舰的武备如下：

> "摩耶"号，2 门 15 厘米（6 英寸）炮、2 门 3 磅炮、2 座机关炮；
>
> "宇治"号，3 门 12 磅炮、3 座机关炮。

6. 此说法出自《日本战史极密版》第 2 卷第 12 页，但驻汉城公使朱尔典在电报中表示：继 30 人的先头部队之后，有数千名哥萨克骑兵在 14 日抵达了吉州；在城津（位于吉州以南 30 英里），日本领事带领所有本国随员乘一艘汽船逃走，俄军则在 16 日占领了这座港口。但在 22 日，官方报告显示，这些俄军已经向北撤退。在占领期间，俄军焚毁了当地的日本租界以及临近的仓库。

7. 即所谓的"位置 D"，在海参崴以南约 50 海里处，其具体坐标为北纬 42 度 20 分、东经 132 度 10 分。

8. 运载部队的数量说法各异：《日本战史极密版》称"1 个中队"，朱尔典先生称有 126 人，窦讷乐爵士（Sir C. Macdonald）称有 300 人，《日本战史》公开版则提到该船运载着"有 3 名军官、1 名士官和 120 名士兵的第 9 中队，以及配属的 2 名参谋军官和 2 名士官"。

9. 该船是"五洋丸"（Goyo Maru），排水量 600 吨，当时正运载着海产品。

10. 除却派往铁山和鸭绿江的舰船，仍归细谷将军调遣的舰只包括：三等战列舰"扶桑"号、海防舰"济远"号、炮舰"平远"号和炮舰"筑紫"号以及 1 个水雷艇队。

11. 即"日本丸"号和"香港丸"号。

254

< 1904年春天，停泊在海参崴的巡洋舰"壮士"号。当时，在耶森的领导下，海参崴分舰队展现出了新面貌

∨ 跟随巡洋舰队出发前往元山的俄军第203、第204和第205号鱼雷艇

∧ 日军运输船"金州丸"号。该船于4月25日被俄军巡洋舰击沉，该船战前隶属于日本邮船，排水量约3500吨

彼得大帝湾

波西耶特湾

完成炮击

24日16点，接应水雷艇，并间接炮击海参崴

29日14点

罗津湾

24日正午

28日17点

29日5点

24日8点

28日8点

水雷艇靠近海参崴布雷的同时，舰队向外海行驶

29日零时

25日零点

28日4点
30日零点

城津湾

利原

24日零点

28日零点

25日11点

"金州丸"搭载陆军上陆地点

30日5点

利原湾

发现"金州丸"残骸

新浦

发现"金州丸"残骸

23日20点

发现"金州丸"残骸

27日14点
30分

25日20点

30日正午

26日零点

27日11点

元山

25日8点

23日正午 23日13点
30分

实线：23—26日，上村舰队的行动
虚线：27—30日，上村舰队的行动

∧ 4月23—30日，上村舰队行动示意图

# 第十一章

# 俄军的回应，鸭绿江之战，第 2 军的调动，第三次旅顺封锁作战

直到最后一刻，俄军都未能识破日军的作战计划。他们唯一掌握的可靠情报是日本拥有 3 个军，且其中 1 个军遭遇了莫名其妙的延误，目前正集结在鸭绿江畔。另外 2 个军已经登船或正在登船，但目的地没有人能说清。这是因为他们手头的情报错综复杂，每名在编或非在编的间谍，或是每个驻扎在友好和非友好的中立国家的武官，都一股脑地把大量情报抛向了国内。经过分门别类，俄军司令部发现自己得到的信息其实是：从海参崴到渤海湾畔的长城一线，都有可能成为日军的登陆地点。[1]

面对这种情况，俄军恰如其分地认定，上述信息全无参考价值可言。因此，在防御战的最初阶段，他们更应当遵照的是某些笼统的军事原则。总而言之，他们决定坦率面对这样一个事实：鉴于两栖作战是本场战争的基本特征，而他们又无法在敌人出动前确定其行动路线，那此时唯一合理的战略就是专注应对当下最严峻的威胁。

以此为基本框架，俄军做了一份局势评估，并在 2 月 15 日，即日军先头部队恰好在济物浦登陆时，向沙皇做了汇报。当时远东总督的观点是，在旅顺舰队瘫痪后，日军的目的一定是利用对黄海的控制迅速推进到满洲，进而破坏吉林或是哈尔滨的俄方铁路线。毕竟，由于舰队没能阻止日军在朝鲜北部上岸，这两个区域便暴露在了对方的矛头下。总之，现在的日军可以在任何地点登陆，同时，总督还认为，日方的前 2 个军可能会在 3 月底集结完毕。

以上，就是众多情报中俄军推定无误的部分。他们的疑点则集中在第三支大军将采取的行动上，对此，他的参谋人员给出了五种可能性[2]。第一种是，这支大军可能像在 1894 年时那样，用于攻击旅顺。在这种情况下，日军势必会在

大连湾至大孤山①（Ta-ku-shan）之间的某一区域登陆，而想要通过主动部署来阻止这次登陆又是不可能的，因为这将导致兵力过度分散。另一方面，虽然舰队原本具备单独阻止登陆的能力，但现在他们非常疲弱。因此，现在俄军唯一合理的战略是：接受自己无力阻止登陆的事实，然后见机行事。这也意味着他们必须放弃将关东州驻军分散部署，兼顾每个可能登陆点的想法。相反，这些部队应当被集中在某些中心区域，无论日军在哪里登陆，俄方都可以阻止其实现战略意图。俄军最终选定的"中心区域"就是旅顺，为此，他们事先在关东半岛脖颈处的南山（Nanshan）构筑了一处前沿阵地。这一阵地可以掩护大连，但面对两栖部队的进攻，它依然存在缺陷，而且正如我们将看到的那样，当攻击迫在眉睫时，这一缺陷将表现得愈发明显。

尽管如此，至少对当时的俄军来说，这仍不失为一份四平八稳的计划。由于对海军缺乏信心，他们毫无疑问只能寄希望于陆战，至少在这个领域，双方的兵力还能称得上接近。从这个角度说，日军在貔子窝附近登陆，反而有利于俄军。不仅如此，俄军甚至希望敌人占领这一线，因为这会让日军陷入漫长而残酷的围攻战，并让他们的大部分兵力远离辽阳的俄军集结区。[3]

总而言之，俄方推理出的第一种可能性，是日军将用第三个军直接攻击旅顺港。第二种可能性是，日军会把登陆点选在鸭绿江以西的某个地点。在此地，他们可以占领俄军用来掩护集结地的凤凰城一线，并在此对抗从鸭绿江方向前来的俄军。

第三，该军也有可能在鸭绿江以东登陆，并与前2个军合兵一处，共同突入满洲地区。

第四，该军还有可能被直接用来攻击海参崴，随后向吉林或哈尔滨推进，但这种情况的可能性极低。

最后还有一种耸人听闻的假设，即该军将在牛庄或辽东湾（Liau-tung Gulf）登陆，并与集结在长城一线的中国军队会合。尽管这条路线看起来最为有

---

① 译注：在今天辽宁省丹东市境内的孤山镇附近。

效，但在执行层面也最为危险。不但是因为海岸条件不利于登陆，而且只要俄军用一支小部队牵制住在朝鲜的 2 个军，那这支登陆部队便很容易被来自辽阳的大批俄军击溃。

根据上述情况出现的可能性，俄军进行了相应部署。他们在海参崴保留了 1 个军，其兵力足以应对日军突袭要塞或沿着铁路向吉林快速前进。正如我们在前文中所见，他们在关东州也进行了类似部署，这意味着，守军肩负的最高使命仅限于通过持久战阻止日军在本区域实现战略目的。为贯彻这一思路，旅顺舰队的基本行动将是防御和迟滞敌人。由于俄军判断他们的海军和陆军都无法阻止日军在辽东登陆，因此，他们都必须将精力集中到守卫关东半岛上，尤其要在所有可能的登陆场布置雷区，其范围从小窑湾经大潮口湾，一直延伸到南山防区另一面的金州湾（Kinchau Bay）附近。至于小窑湾到大孤山沿岸，由于俄军无力采取措施阻止登陆，因此当地将只有哥萨克巡逻。而向东直到鸭绿江的区域，俄军也会派出类似的巡逻队，以探查日军有无夺取凤凰城附近阵地的企图。同时，负责掩护辽阳主集结地的"东部支队"则会派骑兵渡过鸭绿江，并尽可能前进至元山—平壤一线。

在战争初期，俄军司令部不顾纷至沓来的矛盾情报，始终坚持着这种部署。但是，由于日军行动出现了难以解释的拖延，使得该计划也受到了一定的掣肘。虽然日军在海上战场取得了成功，但他们并未展露出任何孤立旅顺港或是在鸭绿江畔集结的企图。俄国人能看到的是，3 支日本大军中的 2 支仿佛被他们挡住了，在旅顺舰队的英勇抵抗下，日军的封锁计划也以失败告终。这意味着什么？这使得俄军产生了一种广泛的错觉，那就是他们也许完全误判了日军的作战计划。许多人以为，日军的目的似乎仅仅是夺取旅顺和海参崴，然后在不横渡鸭绿江，甚至是不越过元山—平壤一线的情况下，迫使俄国直面列强的压力，接受其提出的和平条件。[4] 不过，到目前为止，根本没有迹象表明日方曾在这方面进行过刻意误导，上村将军在日本海的牵制行动也与此全然无关。

事实上，俄军指挥部的参谋人员早已误入歧途。因此，4 月 19 日，根据远东总督的建议，沙皇开始下令在哈尔滨组建一支强大的预备队，这让库罗帕特金将军赶忙表示反对。他认为，唯一有必要更改计划的地方在于南部战场：日军阻塞旅顺港的不懈努力表明，他们似乎是有意将其彻底封闭，以便登陆部队开入辽东湾，进而在临近滨海铁路线的牛庄或盖平①（Kaiping）登陆。另外，为了同中国军队会师，日军登陆地点还可能选在辽河以西。同时，将军还直率地向沙皇表示，目前还无法确定日本第 2 军和第 3 军的登陆地点。为防止大连和大连湾以及牛庄和盖平等重要地段遭到攻击，俄军已采取了预防措施。如果日军在鸭绿江和貔子窝之间，或是辽河以西的任一地点登陆，他们将不会面临抵抗，最多只会遭遇哥萨克巡逻队。另外一处被修改过的地方是，如果日本人越过元山—平壤一线，由查苏利奇（Zasulich）中将②指挥的"东部支队"将前进到鸭绿江。而后者此前从库罗帕特金将军处得到的命令是，如果日军强渡，他将渐次退回到凤凰城附近的阵地，并只进行殿后迟滞作战。5

尽管直到 4 月底，俄军参谋人员都没有识破日军三线作战的思路，但他们也并非措手不及。相反，他们仍然利用可以调遣的陆军部队以及遭受重创的舰队，做了力所能及的准备工作。甚至可以说，根据俄军的预判，如果日军真的在辽东半岛东岸登陆，就会对自己的最终胜利大有帮助，因为他们将借这场行动获得充分的集结时间，进而以此为契机展开一场迅猛的进攻。

即便第 1 军在鸭绿江畔的集结已经确凿无误，但这份情报仍然没有改变库罗帕特金将军的观点。在他与总督之间，确实存在很深的分歧，但针对当前的主题，我们只会对实际下达的命令进行分析。在向旅顺的陆军司令——斯特塞尔将军传达这一消息期间，库罗帕特金将军警告说，他预计日军会在西朝鲜湾和辽东湾同时登陆，换言之，其登陆点将位于其防区的两侧，随后，日军将针对旅顺港或是集结于辽阳的俄军主力展开大规模进攻。在前一种情况下，日军

---

① 译注：即今天我国辽宁省境内的盖州市。

② 译注：米哈伊尔·查苏利奇（1843—1910 年）早年参加过俄土战争，在不到 36 岁时就晋升为上校。他后来相继担任过团长、旅长和第 6 步兵师师长等职，并在 1902 年晋升为中将。日俄战争爆发后，查苏利奇被任命为第 2 西伯利亚军的军长，在其麾下有 16000 名步兵、5000 名骑兵。该军构成了俄军的东翼，并被称为"东部支队"。在日俄战争期间，查苏利奇的表现相当消极和迟钝，导致他备受批评。1906 年，查苏利奇退役，并于 1910 年去世。

可能会尝试在关东半岛上南山背后的地段登陆，以求夺取这一阵地。届时，斯特塞尔将军的军团将被切为两段，此时，俄军主力就需要赶去为要塞解围。[6] 根据这一判断，俄军显然有必要在关东半岛集结足够的驻军，但即使如此，其地面兵力还是无法阻止敌军在小窑湾至大孤山之间登陆。在构成旅顺驻军的 2 个师中，只有 2 个团能被抽调出来分别部署在南山和大连。这也是两栖作战中的典型情况，进攻方的优势也在此处得到了展现。即便俄军的方案得到了贯彻执行，日军仍然拥有出其不意的战略优势，因为他们根本无法准确预测其跨海袭击的行动路线。

日军究竟在多大程度上识破了俄军的防御计划，我们依旧不得而知。但我们可以看出，他们对战况走向的分析，和库罗帕特金将军的猜测非常接近。无论他们是否预测到了会在登陆时遭遇抵抗，他们都清楚，真正的抵抗将来自海上。因此，他们迅速行动起来，试图消除俄国海军实施拦截的可能性。

日军主力舰队和阻塞船的起航时间，定在了 5 月 1 日 17 点，即实施登陆的三天前。此时已是万事俱备，他们唯一还需要了解的，就是黑木将军在鸭绿江畔的行动进展。最近抵达的消息显示，日军在登岸后接受了首次考验，但在战术和斗志层面，他们的表现都压倒了俄军。当时，日军的总体设想是：将俄军牵制在从义州到下游安东的阵地上，然后在其上游大约 7 英里处渡河，从而从对方的左翼或内陆方向实施包抄。[7] 而这次行动的成功，又在很大程度上取决于保密。为迷惑敌军，黑木将军尽其所能，试图让俄军的注意力集中在下游地区。在这方面，他又因为一件事情而获益匪浅：曾有一批架桥器材经海运抵达了鸭绿江，但因为俄军炮兵的阻拦无法逆流而上运往义州，只能和轻型舰艇分队一道待在河口附近。但在 25 日，黑木就地运用这些材料，在义州下游搭建了一座假桥。就在真正的攻击完成准备的同时，他又让轻型舰艇分队逆流而上，对俄军右翼发起佯攻，仿佛是在为这一侧的渡河行动提供掩护。

在查苏利奇将军的麾下，这一方向的俄军得到了安子山①（Anshi-shan）和

---

① 译注：即今天辽宁省丹东市西南部的安民山。

娘娘城①（Roroja/Nyo-nyo-jo）炮兵阵地的掩护，这几处炮兵阵地均位于安东下游数英里处。遵照黑木将军的请求，日军轻型舰艇分队奉命出动并准备将其摧毁。这场牵制行动于 29 日开始，日军舰队逆流而上驶过了龙岩浦。在此地，炮舰进入了敌军的火力射程；至于水雷艇，则继续上溯；装炮汽艇径直驶向了安东，并在沿途向视野内的所有敌军火炮和部队开火射击。30 日，日军又对这场佯攻进行了重演，炮火袭击持续了一夜。5 月 1 日清晨，各舰都尽力航行到了上游位置，并对安东下游的所有目标进行了攻击。

这些行之有效的工作，让查苏利奇将军确信，敌军打算经由假桥对其右翼发动总攻。受这种想法的影响，直到日军发动攻击前夕，查苏利奇将军都把手头的兵力集中在了安东及其后方。因此，黑木将军发现他在俄军左翼的行动相当轻松：在只有千余人损失的情况下，日军不仅把俄军赶出了阵地，还包围并俘虏了整支俄国后卫部队。14 点，俄军的损失已经达到了日军的 2 倍以上，24 门大炮中有 21 门被日军缴获，其残余部队只能全面向凤凰城撤退。

尽管库罗帕特金将军没有被完全蒙骗，也警告过查苏利奇，他的左翼和中路可能会遭遇大举袭击，但这一错误有许多值得谅解之处，因为这种状况在联合作战中相当常见。[8] 换言之，如果敌人发动的是一场与海军密切配合的战略攻势，那么，防守方指挥者的内心肯定会倾向于一点：敌人肯定会在条件允许的情况下，选用一种能得到海军配合的作战方案。除非得到确切情报，他的判断必然会倾向于此。但同时，这种想法也会为进攻方利用，成为其实施奇袭的有利条件。无论如何，海洋的存在让局势变得错综复杂，它成了让日军轻易取胜的决定性因素。海军的贡献得到了东京方面的充分认可，因此，天皇才会同时将贺电发送给黑木将军和细谷将军。

这场速胜带来了深远的影响。因为正如我们所见，它还决定着第 2 军的出动。而在东乡将军确定行动时间前 3 个小时，他们便将胜利收入了囊中，据此，东乡将军得以按期护送阻塞船离开海州。同一天 17 点，他带领全体舰队，以一

---

① 译注：即今天辽宁省丹东市振兴区的浪头镇境内，现名"小娘娘城"。

种异常激动和自信的态度拔锚启程。

在前一天发布的各项命令中，东乡照例先解释了当时的情况。命令这样写道："旅顺之敌的状况似乎一如往常，只是偶尔有报告显示，他们的驱逐舰会在周围巡弋。我方第1军预计于今天或明天横渡鸭绿江。海参崴之敌几天前出现在元山，目前下落不明，第2舰队正对其采取反制措施。奉上级命令，联合舰队将与第2军相互配合，其中，第2军将于5月4日在盐大澳登陆，揭开这场战略联合行动的序幕。"

可以看到，现在日军的"联合舰队"指的是第1舰队和第3舰队，其中，第1舰队的任务是提供掩护，其编制包括东乡亲率的（第1）战队和出羽将军的第3战队。值得一提的是，在第3战队中，除了出羽率领的4艘二等巡洋舰外，现在还包括装甲巡洋舰"八云"号（Yakumo）和"浅间"号。第3舰队的任务是护送和支援，其麾下除了片冈将军亲率的（第5）战队，还有装甲巡洋舰"日进"号、东乡正路战队以及细谷战队未部署在朝鲜沿岸的部分。[9] 这一舰队将如我们所见，在5月3日之前始终与陆军运输船保持接触，期间，第1舰队将护送阻塞船，并在3艘炮舰、3支驱逐队、4支水雷艇队的伴随下支援这次进攻。[10]

日军径直驶向目标，但如果在2日19点时天气不利于作战，轻型舰艇分队将转往太平湾，而第1舰队和封锁船会于次日清晨在五马岛①（Wuma-tau，该岛在里长山列岛外围，即其西北偏北15海里处）东部停靠。从此时开始，如果天气情况允许，舰队将在3日中午恢复行动。同时，日军还签发了一份给轻型舰艇分队的详细命令，以便作为行动的参照。支援它们的舰船中还包括2艘炮舰，它们之前一直在守护镇南浦基地，但现在该基地已被放弃。另外，如果阻塞行动失败，它们还将承担起后续的职责，对旅顺港实施近距离封锁，而在白天，第1舰队将接过它们的任务。

在舰队遵照上述命令出航时，天气依旧风和日丽。但在途中，风浪开始增强，天气看起来如此恶劣，东乡将军只能决定推迟行动。尽管其中1艘阻塞船因为机

---

① 译注：即今天大连长海县长山群岛中的乌蟒岛。

械故障只能被送往太平湾避风，但作为船队的总指挥官，林中佐[1]（Hayashi）选择继续前进。5月2日19时，他们已抵达圆岛东南的最后一个会合点，此时风浪已经平静了下来，于是行动继续进行。

在众人的厚望下，封锁船离开了队列，但在22点，狂风再一次从南面吹起。海况变得极为恶劣，层层乌云遮蔽了月光。这种灾厄对最老练的船员也不啻为一种折磨。但驾驶这些阻塞船的人员全部是新手——现在，日军出于道德信条而进行的迁就，终于让他们付出了代价。各阻塞船小队的序列变得愈发混乱，它们不仅彼此失去了联络，还与支援的轻型舰艇分队失去了接触。随着天气不断恶化，林中佐只得放弃行动。他渐渐减速，试图让后方的第二艘船跟上来，以便向其传达命令，随后，他又转向左舷，以便让其中一艘炮舰发出信号。但由此产生的结果却是一片混乱。船只依旧四散在海面上，只有两三艘船还跟在先导船身后。其他大部分船只都失去了联络，只能盲目前进。轻型舰艇分队的情况也完全一样。虽然每个驱逐队和艇队都不顾海况恶劣，最终抵达了援救船员的指定位置，但除了在海面上苦苦挣扎外，它们根本无计可施。同时，恶劣的天气还摧残着阻塞船的引擎，让它们愈加不堪重负。

封锁行动该如何展开？之前，日军下达了复杂的命令。阻塞船将分成4个小队，其中第1小队包括4艘船，第2、第3小队有3艘，这些船只将排成单纵阵鱼贯前进。最后一个小队只有2艘船，将排成横列在末尾布放水雷。但所有的精心准备最终都化为泡影：由于群龙无首、航速不一，它们的队形已经不复存在，每艘船都在四下摸索，试图搞清一个问题：是该继续前进，还是掉头返回？期间，它们还多次险些相撞。总之，当时的一切已很难查清，我们唯一可以确定的是，船只间出现了巨大的空档，它们独自或是三两成群地前进，在被探照灯的光柱发现后，便被俄军警戒舰只和岸炮阵地逐一摧毁。

---

[1] 译注：即林三子雄（1864—1904年）中佐。林三子雄出生于大阪，早年留学德国，曾担任"秋津洲"号航海长、"初濑"号副长、"鸟海"号舰长等职。日俄战争期间，他指挥了对旅顺的第三次封锁，但由于判断失误，该行动以惨败告终。林三子雄后来重新就任"鸟海"号舰长，在1904年5月26日的对岸支援作战中，因座舰被炮弹命中而当场战死。

对于这类攻击，马卡罗夫将军曾制订过非常完善的防御部署计划，而且俄军官兵也对这种状况倍感熟悉，海军炮手被派去操作岸炮，其开火的准确度和速度都达到了炉火纯青的地步。不仅如此，他们还在阻塞船预定通过的航道上布设了东部雷场，在雷场以外也设置了防材和阻拦网。总之，相比俄军此时的防御，日军的前两次阻塞作战几乎如同儿戏。随着各艘阻塞船被俄军发现，它们立即被火焰风暴笼罩。炮火、探照灯的照射和恶劣的海况结合在一起，令阻塞船根本无法保持正确航向。但带着非凡的决心，几乎所有阻塞船都蹒跚地穿过了上述障碍。其中，先导船扫清了所有障碍物，并在将其撞成碎片后抵达了港湾入口的西侧。该船于是就地下锚自爆[1]，但其所在的位置依旧过于靠外，一个小时后，另一艘阻塞船也遭遇了与之相同的命运。

还有2艘船似乎毫发无损地通过了雷场，但接着便一头撞进防材，就地自沉。它们所起到的唯一作用，仅仅是加固了俄军用沉船构建的屏障。还有两三艘船在雷区中触雷，它们沉没的位置对封锁行动没有任何意义。

由于担心后面有其他船只，2艘布雷船不敢执行命令。因此，在拆除了所有水雷的引信并将其丢弃后，它们相继冲向了航道，和其他船只一样毫无意义地牺牲了。在组成闭塞舰队的11艘船中，至少有8艘毫无意义地牺牲掉了，但真正令人困惑的是，尽管它们克服了汹涌的海浪、狂暴的炮火、各种障碍物阻挠以及探照灯来回照射的影响，但没有一艘船找到主航道，它们的英勇无法掩盖本次行动已经彻底失败的事实。

进行救援时，日军的表现几乎和之前一样英勇。当时，一名乘员获救的可能性简直微乎其微，然而，轻型舰艇分队却不顾炮火，忠诚地履行了使命。这些舰只不顾波涛汹涌，冷静地搜索着自己忠诚的战友。这项工作漫长且紧张：不仅封锁船上的伤亡极端惨重，而且大部分救生艇要么被炮火摧毁，要么被海浪冲走。最终，只有4艘舰船救起了生还者，其余则一无所获。有少数人因为

---

① 译注：按照俄国方面的记录，各战列舰配属的舰载鱼雷艇也参与了阻击行动。其中多布然斯基海军准尉（Dobrzhansky）指挥的"胜利"号舰载艇，几乎在领头的日军阻塞船自爆的同时，用鱼雷击中了该船。

264

精疲力竭被冲上岸，最终沦为俘虏；另一些人即便能划走小艇，但也只有少数在俄军的火网下侥幸生还。当一切结束时，日军发现8艘船上的全部158名船员中，最终只有67人被友军船只救起，其中4人后来死亡，另有20人受伤；而敌军救起了17人，剩下的74人从此音讯全无。

以上也是东乡将军在次日9点，按作战计划靠近港口时得到的消息。也许，他本人根本没有料到这次阻塞行动已经发起。12个小时前，当天气开始恶化时，他已意识到不该让运输船出动，为此，他还派遣了1艘巡洋舰前去阻止。由于清晨的雾气过于浓密，东乡将军根本无法看清现场的情况。即使如此，他还是在港外与林中佐相遇了。当时，林中佐发现大部分船只未能跟随他返航，于是再次试图驶向航道，只是因为舵机故障，他的尝试才没有成功。从林中佐口中，东乡将军了解到了整个不幸尝试的前因后果，而且一切都无法挽回了。然而，当救援艇载着剩余的幸存者相继返回时，他们并没有感到些许沮丧，也没有想到沉船的位置有多么不尽人意。按照他们提供的乐观报告以及没有1艘俄军舰船出港的事实来看，东乡将军得出结论：尽管遇到了种种困难，但该行动依然取得了成功。直到下午晚些时候，当地局势都很平静。直到此时，东乡一直在港外，以指挥对幸存者的后续搜救，但期间始终没有敌人现身。这让他产生了一种想法：行动的成功几乎是确定无疑了。

在从焦虑中得到了相对解脱后，东乡将军现在可以继续安排第2军的登陆。我们似乎可以认定，东乡认为当晚要求运输船队停止行动的命令还没有送达，因此，他立刻开始下令占领阵位，以便掩护航渡行动。其中，出羽战队将奉命前往T地点。该地位于外长山列岛的主岛——长子岛①（Chang-zu-do）西南偏西（W. S. W.）4海里处，东乡自己则前往海洋岛东南偏东（E. S. E.）7海里处的一个区域（即S地点）。截止到此时，日军都没有派遣驱逐舰队到旅顺实施封锁。对此，东乡将军似乎认为，保护远征船队最稳妥的办法就是遵循一个原则：对目标区域实施"近距离掩护"（close cover）。毕竟在接近该区域时，船队暴

① 译注：即今天辽宁省大连市长海县境内的獐子岛。

露于危险的概率最高，而且敌军也最有可能发动攻击。有鉴于此，轻型舰艇分队都应前往光禄岛①（Kwanglo-tau）的东湾，在当地进入阵位，以便为前来的运输船充当屏障。[11]

　　然而，4 日上午，他们都没有见到运输船的影子。很明显，暂停行动的命令已经得到了及时执行。随着天气迅速改善，东乡将军致电细谷将军，要求其继续行动，他自己则前往光禄岛东湾停靠。同时，东乡将军还召回了在外长山列岛的出羽战队。因此，当登陆部队从平壤湾出发时，他已经将所有掩护部队集结在了一起。

---

① 译注：即今天辽宁省大连市长海县境内的广鹿岛。

## 注释:

1. 参见《俄国陆军战史》第2卷第1部分第4章。

2. 参见《俄国陆军战史》第2卷第1部分第4章。

3. 参见《俄国陆军战史》第2卷第1部分第4章。这一想法也揭示了俄军对貔子窝的登陆反应如此迟缓的原因。不仅如此，许多证据还清楚地表明，他们认为"漫长而艰巨的围攻"将影响日军在满洲的推进速度，从而为友军的部署创造有利条件，而最终，这一切会让受挫的日本人主动求和。

4. 4月18日，即日军上村舰队展开牵制行动的当天，俄国驻伦敦大使馆武官发送的报告更坚定了俄国人的看法。该报告表示：日本为让伦敦的银行家认购债券，日本筹款人将这些内容和盘托出，宣称这就是日军的作战计划。具体内容可参见《俄国陆军战史》第1卷第632页的318号附注。

5. 但库罗帕特金的作战思路遭到了阿列克谢耶夫的干扰，因为后者敦促他进行顽强抵抗（参见《英国官方战史》第1卷第112页）。

6. 参见《英国官方战史》第1卷第142页。

7. 参见《英国官方战史》第1卷第113页。

8. 参见《英国官方战史》第1卷第117—118页。

9. 当时的第3舰队由如下部分组成：

> 第5战队（司令官片冈七郎中将）："严岛"号（旗舰）、"镇远"号、"松岛"号、"桥立"号、"日进"号、"宫古"号（通报舰）
>
> 第6战队（司令官东乡正路少将）："明石"号（旗舰）、"须磨"号、"秋津洲"号（通报舰）
>
> 第7战队（司令官细谷资氏少将）："扶桑"号（旗舰）、"平远"号、"济远"号、"爱宕"号、"磐城"号、"筑紫"号、"赤城"号、"鸟海"号（护卫封锁船）、"大岛"号（护卫电缆敷设船）、"海门"号（在平壤湾负责警戒）

10. 关于命令全文，详见本书附录G。

11. 日军还在光禄岛东湾为驱逐队和水雷艇队设置了煤水供应基地，这一点也呼应了命令中的要求。不仅如此，日军麾下的各个战队也在6日奉命前往当地，以补充水和煤炭。

∧ 日军炮舰"摩耶"号。该舰于1888年服役，曾在鸭绿江战役期间参与了支援地面部队的行动。这是该舰在1892年时的照片

∧ 日军炮舰"宇治"号，摄于1902年。该舰也随"摩耶"号参与了鸭绿江战役

〈 第三次旅顺阻塞作战期间，"朝日"号的舰员欢送志愿者乘汽艇前往封锁船上

∧ 横渡鸭绿江的日军骑兵和步兵。由于出色的战术佯动和欺骗，他们以较小的代价完成了任务

∧ 阻塞船"朝颜丸"号的成员合影。该船全体船员中只有一人生还

∧ "佐仓丸"号全体乘员在出发前的合影。他们在阻塞失败后登陆与俄军作战，除船长白石葭江少佐重伤被俘外，其他人员几乎全部阵亡，白石少佐后来也在旅顺陷落前因伤重不治去世

〈 欧洲报纸绘画：《日军从九连城附近搭建的浮桥渡河》

∧ 5月2日傍晚时分，与主力舰队分离的第三批阻塞船队

∧ 目送阻塞船队远去的日军主力舰

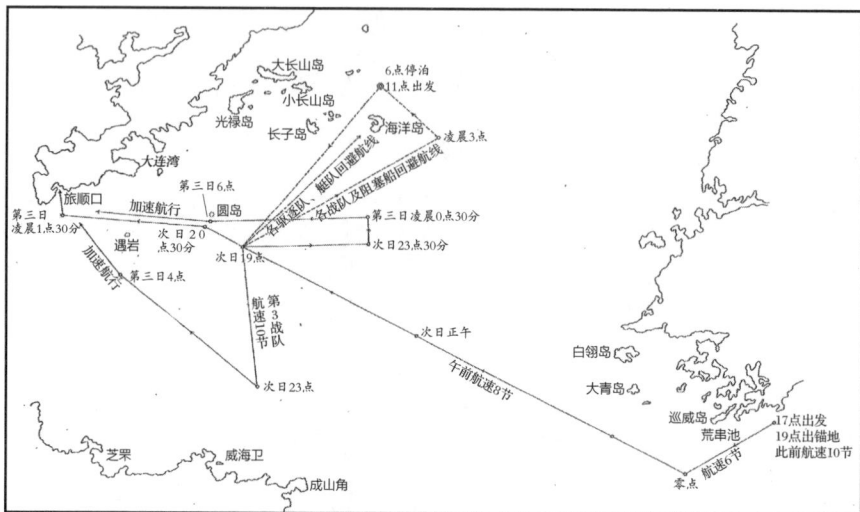

∧ 日军第三次封锁作战舰队行动路线示意图

∧ 旅顺口陷落后，在日军驱逐舰上拍摄的阻塞船残骸。其中近处是第三次行动中沉没的"远江丸"号，远处则是第二次行动中沉没的"米山丸"号

∧ 第三次阻塞行动结束后，旅顺港外随处可见沉船的残骸和桅杆

〈 第三次阻塞行动结束后，旅顺港外日军封锁船残骸位置示意图

# 第十二章

# 第 2 军的登陆

当 5 月 1 日，东乡将军率领阻塞船队离开海州时，曾留给保护运兵船的片冈将军如下命令：细谷将军需要带领 2 艘海防舰、2 艘炮舰和麾下的通报舰一道前往镇南浦，并在 3 日带领第一批运输船出海。

而片冈将军将在港外的椒岛附近进行接应，其接应兵力除了他本人的战队外，还有前来增援的"日进"号、东乡正路战队和 4 个水雷艇队。他们将就地接过护航任务，并派遣细谷将军带领陆战队先行，以谋求夺取登陆场。三浦将军也与之同行，他的特殊使命是在盐大澳入口处的城山头和光禄岛之间设置防材，而光禄岛也是里长山列岛离盐大澳最近的地点。由此阻塞了从旅顺通向登陆地点后的最近航路后，三浦需要对岛屿和水道进行勘测，以求为舰队建立新的前进基地。另一艘炮舰"大岛"号（Oshima）将负责完成从太平湾到登陆点之间的通信电缆架设。目前暂时配属于闭塞船队的炮舰"赤城"号（Akagi）和"鸟海"号（Chokai）稍后也将增援在盐大澳的支援舰队。

收到指示后，片冈和细谷将军前往平壤湾，与第 2 军司令官陆军大将奥保巩男爵商讨细节问题。会议于 5 月 2 日在军部搭乘的运输船上召开。3 日，按照计划，细谷将军跟随第一批运输船起锚。根据同奥保巩将军的协商结果，该批运输船总共 30 艘，其中前 7 艘载有陆军碇泊场司令部和配套的器材，另外 23 艘载有陆军第 1 师团和第 3 师团的主力。然而，他离开河口前，湾外的片冈将军发来无线电报，传达了东乡司令停止行动的命令。为此，细谷将麾下航速最快的炮舰"筑紫"号（Tsukushi）派往里长山列岛，通知在当地接应他的其余炮舰，同时带领运输船返回锚地。在当地，东乡正路将军率部接过了使命。次日，即 4 日清晨，继续行动的命令传来时，他得以在 9 点前带领陆战队前往盐大澳[1]。至于运输船队，则在片冈将军指挥的 2 个巡洋舰战队、2 艘辅助巡洋舰和 4 个与水雷艇队的伴随下，于午前时分跟进。

日军采用的这条航线并不是最安全的。若从安全角度论，他们应当从北面前往盐大澳，这样一来，他们就可以用里长山列岛充当屏障，而他们实际选择的航线更为直接。但对运输和护送任务来说，此举却让局面变得更为棘手了。此时，日军部署依照的原则似乎是：让护航舰在应对敌军攻击时有充分的行动自由。因此，运输船队才会驶往海洋岛北部的一处海域，然后在外长山列岛和里长山列岛之间向西航行。至于护航舰队则使用了一条更偏南的路线，其途经海洋岛和外长山列岛以南，从而把掩护区域覆盖到了两者航线的交汇点，即城山头和光禄岛之间水道的位置。

不过，护航舰队并不是唯一的掩护力量。无论东乡最初的打算如何，到此时，他已经能根据战况报告确定：旅顺港并未被彻底封闭。于是，他只好以敌军舰队仍能够自由出动为假定前提进行部署。他具体采用的做法是：派遣舰队对港口实施近距离封锁，同时利用护航舰和轻型舰艇守护在登陆部队周围。这个决定肯定是 4 日清晨、他将所有掩护舰队集结到光禄岛东湾时做出的（因为正是在当天白天，日军开始卸下舰载小艇，以便让它们在舰队离开后协助登陆）。随着准备工作在日落前完成，出羽将军也奉命与第 3 战队一道出海，以执行"封锁任务"，最终，他们在 5 日早些时候出现在了旅顺港外。同一天黎明时分，即登陆部队抵达时，东乡司令已带领第 1 战队在旅顺港外与同僚们会合。整个白天，他们都对该港保持着近距离封锁的态势。

当运输船和护航巡洋舰在城山头水道再次碰面时，他们发现，三浦将军已经开始为设置防材而忙碌了。另外，虽然东乡将军已经动身前往旅顺，但大部分舰载小艇都被留了下来协助登陆作业。所有工作都在有序进行，在没有任何耽搁的情况下，护航舰队进入了防材所在地的靠岸一侧，运输船则开往了东面的海域，并向着盐大澳远端各自的指定位置驶去。

大约清晨 7 点，运输船来到了登陆点约 2 英里外的位置，即 3 英寻①等深线的所在地——在这片区域，它们即使中雷也不会完全沉没。与此同时，片冈将军也密切关注着险情，并采取了种种预防措施。除了奉命在夜间与主力舰队换

①译注：3 英寻约合 5.49 米。

防的 4 个驱逐队和 1 个水雷艇队外，所有轻型舰艇分队都在他麾下集结到了盐大澳海域。其中，2 个分队立刻出动，朝着旅顺方向对沿途的海岸和港湾进行搜索，其搜索区将一直抵达大窑湾。在关键时刻，这一举动不仅吸引了敌军观察哨的注意力，而且还在未来对俄军的部署产生了微妙的影响。在卸下舰载小艇支援登陆后，片冈将军并未在海湾逗留：在留下东乡正路战队用于近海警戒后，他本人带领战队出海，前去监视当地和旅顺之间的航线。这也意味着，他的护航任务已经完结，其舰队分别转入了掩护和支援任务。

当运输船下锚时，细谷将军已带领先遣队取得了巨大进展。他们的任务是占领登陆场。和上一场战争①不同，其选择的地点不是貔子窝本身，而是一段长约 2 英里的海滩。这段海滩坐落在貔子窝西南约 10 英里处，背靠着一座 250 英尺高的山丘，山脚下坐落着猴石村（Hen-sa）。在前往当地时，细谷将军碰到了在先前派出的"筑紫"号。他从该舰处得知，登陆地点没有发现敌情，但在貔子窝有 200 名敌军骑兵。在把搭载陆战队的船只带入泊地后，威吓这些俄军便成了当务之急。此时，他的战队已得到了离队的炮舰"赤城"号、"鸟海"号和"大岛"号的增援。于是，他一方面亲自带领 2 艘炮舰对整个登陆场进行了火力侦察，同时，他还派出了"赤城"号应对来自北方的威胁。后者立刻利用舰炮对貔子窝以南的海岸进行了火力侦察，但并未发现任何敌情。然而，当"赤城"号派出小艇，开展更近距离的搜索时，一部分敌军部队迅速现身，于是小艇被立刻召回，这些敌人则被日方用炮火驱散。当"赤城"号在中午回报时，他们没有发现其他敌情。显然，在场的俄军只是哥萨克侦察巡逻队中的一支——如前所述，他们被部署到了海岸地区。尽管这场摩擦的意义无关轻重，但如果再加上日军水雷艇在大窑湾的侦察，我们很快就会看到，这些行动导致了俄军无法迅速判明登陆地点，等到他们发觉时，一切都为时已晚，根本无法派出足够的兵力实施干预。

俄军的抵抗为何弱得可以忽略？答案显然是：日军在行动第一阶段始终保

---

① 译注：指中日甲午战争。

持着隐秘感和敏捷性。天明时分，细谷将军进入海湾，并且开始炮击。由于炮击完毕后，周围仍然没有出现任何敌情，他又派出"大岛"和"鸟海"号炮舰前去搜索三官村（San-kwan-cho）附近的海岸。这个村庄位于海湾西面约 3 英里处，但在当地，日方还是没有发现任何敌情。至于战队的其余部分都停靠在海滩正对面的小岛——黑岛（Kha）附近，在海岸和运输船泊地之间只留下 1 艘炮舰用于传递信号。

6 点 30 分，陆军运输船抵达时，各舰停止了炮击，陆战队第 1 大队开始出动。不幸的是，当时正值低潮，小艇纷纷在海岸线的 1000 码外搁浅，这造成了相当程度的延误。士兵们不得不跳进齐腰深的海水中，一路涉水前进。尽管如此，他们仍然在 7 点过后不久成功上岸，一枪未发地攻占了小山丘。第 2 大队立即跟进，8 时 40 分，火炮也成功登陆。

海滩背后的整个高台被迅速占领，且所有制高点都布置了有堑壕保护的观察哨。第一波部队出发后不到三小时，掩护阵地便被日军占领，并被牢牢控制着，以等待陆军部队赶到。

按照日本人的通常做法：当一支大军跨海作战时，他们会像在地面上那样，自主进行各种安排。因此，这次登陆中的种种举措才尤其值得注意。在该行动中，上级给海军下达的命令不仅仅有发布航行指示，还有保护运输船、用炮火掩护登陆场，甚至是派出登陆部队等任务。另外需要指出的是，舰队所属的各种小艇也要充当运输船上舟艇的替补。不过，舰队仍要把护航当成最重要的使命。[2]

在这种情况下，海军身上的任务负担远远超过了他们的本职工作。因为他们不仅要独自占领滩头和掩护岸上的部队，还要为支援登陆派出大部分的舟艇。

当陆军运输船抵达时，这些来自舰队的小船都围在细谷将军的旗舰"扶桑"号周围，其总数不下 90 艘，共由 660 名官兵负责驾驶。然而，这并不意味着卸载工作将由海军接管。像往常一样，陆军自己也拥有由舢板和征召的当地船只组成的登陆舟艇分队，但有许多似乎从没有被使用过，至少在运兵方面是如此。在完成一次航行后，大部分船只都被碇泊场司令部留下修建绵长的浮动码头，以弥补海岸附近地势倾斜带来的种种不便。

遗憾的是，由于手头的资料有限，我们很难确定海陆军在作业中各自所占的份额和责任。总的来说，我们可以认为，在日本人的登陆体系中，陆军承担着大部分责任，而海军作为辅助，只是为其提供了便利。因此，在公开版的日本战史中，我们会看到相关内容以"上陆援助"（Assistance rendered in the disembarkation of the troops）为标题，暗示海军只是配角。然而，在该行动第一阶段，一切似乎又是由海军负责。正如我们在该战史中所见："与上陆援助相关的命令，将由细谷将军下达给'扶桑'号的副长——中村海军少佐[①]。"他的指挥部设在滩头，麾下有2名主管小艇指挥的同舰尉官，其中1人在船上，另1人在滩头。书中写道："他们全权负责海军舟艇的分配，并将它们引向了运输船队。"随后，陆军部队的指挥官会为下属分派自认为合适的船只。然而，根据大方针，海军舟艇仅限于运送官兵和随身行李，运输驳船则只装运马匹和岸上设备。

因此，陆军实际是在同时调遣自己和海军的舟艇分队。虽然我们并不清楚，各批次的小艇是否由海军军官指挥，但根据可能在镇南浦的会议上颁布的命令来看，陆军部队的主官需要负责将部队和物资运输上岸。同时，每个单位都为相关作业任命了4名军官：其中1人负责运输，1人负责指挥舢板（除非它们有海军舟艇拖带），1人在栈桥附近监督舟艇尽快离场，最后1人负责维持部队上岸和前往集结点时的秩序。这种分工似乎为某些摩擦充当了诱因：虽然2个军种在战前都进行过登陆演习，但没有记录显示他们曾进行过联合演习，或者习惯于接受另一方的指示。

至于滩头作业由谁负责，这一点同样无法查明。通常情况下，指导工作的是陆军碇泊场司令部，必要的设施将由工兵修建。但在当时，各方都必须听从第2军司令的指示，同碇泊场司令（Anchorage Commandant）协商开展作业。至于其中海军军官的权力有多大，他和负责防波堤作业的陆军军官关系如何，

---

① 译注：原文为"Commander Nakamura"，即中村中佐。据《极密·明治三十七八年海战史》，其军衔应为少佐。中村少佐全名为中村虎之助，其生年不详，出生于佐贺地区。他于1904年起担任"扶桑"号的副长，1905年时晋升为中佐，并继续在"扶桑"号上服役。中村的最终军衔为大佐，后于1945年12月17日去世。

276

我们全都不得而知。

无论后来的波折是否与日军的登陆组织体制有关，有一点是可以肯定的，他们的进展并不理想。8点时，山头已经插上了日军旗帜，这表明登陆地点已被占领，按照规定，此时陆军的先头部队将立刻上岸，从海军手中接过掩护阵地。虽然细谷将军迅速下令，但直到三小时后，陆军的先头部队才登上海滩，又过了三个半小时，陆战队才全部返舰。[3] 即便如此，海军炮队还是待在岸上，直到陆军炮兵登陆后才被替换。

由于海面依旧波涛汹涌，舢板极易遇险，整个作业的难度自然可想而知。按照一名日军运输主管人员的报告，其中一些舢板当场倾覆，而且在他看来，海军接手任务已是势在必行。[4] 但即使如此，整个白天，陆军碇泊场司令部和工兵（在先头部队之后登陆）仍在构建栈桥和岸上指挥部，海军小艇则向滩头运送了9500人，在天黑前登陆的人员总数无疑更多。整个夜晚，卸载仍在继续，期间，始终有水雷艇（在场的艇队已有10个）看守着海湾的所有入口。[5] 到清晨，风浪变得凶猛，许多工兵的成果都毁于一旦，甚至栈桥的分段也支离破碎，由小艇组成的桥桩纷纷被淹，作业被迫暂时中断。

不过，已上岸的部队并没有止步不前。继占领旅顺—貔子窝道路上的三家屯（San-chia-tun）后，一小队步兵和工兵继续推进，前去切断对岸普兰店（Pu-lan-tien）一带的铁路，该地离登陆场所在的海岸大约有15英里。这些行动完成得如此迅速，以至于俄军很快陷入慌乱，而且俄军匆忙实施的反登陆部署计划也被打乱。

直到5日清晨，俄军才收到第一份明确的事态报告。6点刚过，一名军官奉命跟随骑兵侦察队前往貔子窝，试图赶回一群牛，期间他发出了如下电报："上午5时10分，7艘运输船和2艘鱼雷艇在大长山岛（Dachan-shan）背面下锚，远方海面还有4艘大型军舰正在接近，其中1艘船停在了光禄岛的山下。"[6] 这些船只必然属于日本远征军的先遣分队，包括了细谷将军护送的碇泊场司令部和陆战队。城山头的观察哨显然也发现了他们的行动，但由于无法与总部建立电话联络，这些报告直到后来很晚才送抵。[7] 然而，来自貔子窝方向的消息已经足够。几个星期以来，已经有许多匪帮在附近游荡。3—4日夜间，通往旅顺的电报线缆一度被切断，这更印证了中国人当中的一则流言：有一支日本大军已经出港，他们的登陆点和上次战争一样，都定在了貔子窝。侦察队的报告似乎也证实了这一消息。午后，另一支侦察队报告说，所有沿海哨所都在向普兰店撤退，此时，远东总督才开始匆忙下令阻止敌军登陆。

虽然之前俄军普遍相信，日军会从大连湾和金州方向攻击旅顺，但参谋人员的分歧是如此巨大，以至于他们根本没能制订出一套真正的防御方案。他们所做的一切，仅仅是让福克①（Fok）将军带领驻军 2 个师中的 1 个部署到了前沿地区。这片地区从大连一直延伸到金州，包括位于南山的堑壕工事——守卫关东地峡的第一道防线。但这一既定的核心阵地并无法让福克满意，他认为日军一定会从海上进行迂回。这种判断影响了他的思想，让他根本无法下定决心坚守下去。作为他的直属上级，斯特塞尔将军也有类似的看法，因此在他指挥的 5 个三营制团中，只有 1 个被派往了金州和南山，其余则集结在了大连、大连湾和南关岭（Nan-kwang-ling）一带，即他认为的日军主攻方向上。[8] 而现在，远东总督又命令斯特塞尔派 1 个营前往盐大澳，同时命令施塔克尔贝格（Shtakelberg）将军②在普兰店的前卫部队派出 1 个营向貔子窝行军。[9] 根据上述指示，5 日上午 5 时，福克将军向第 13 团的 1 个营下达命令，令其从南关岭开赴 30 英里外的盐大澳，1 支侦察分队和 1 个炮兵连则经铁路前往普兰店，并从当地再开往 30 英里外的貔子窝。同时，由于目前情况依然允许，总督决定利用沙皇的许可离开旅顺。此时，奉命接替马卡罗夫的斯克鲁伊德洛夫（Skruidlov）

① 译注：亚历山大·福克（1843—1926 年），早年毕业于圣彼得堡的炮兵学院，1871—1876 年服役于沙俄的特别宪兵部队，1900 年作为旅长参与了镇压义和团运动的行动，1904 年以第 4 东西伯利亚步兵师师长的身份参加了旅顺战役。在日俄战争前期，他因为表现迟疑和懦弱屡次导致俄军失利，最终在 8 月因为拒绝增援前线而被解除职务，随后在司令部候任。1904 年 12 月，康德拉琴科将军阵亡后，他被重新提拔为旅顺地面方向防御的指挥官。他也是第一个敦促上级投降日军的高级军官，这一切令他在回国后备受批评，并被送上了军事法庭，但在 1908 年无罪获释。退役后，福克作为一名志愿兵在保加利亚陆军麾下参加了巴尔干战争，并于 1926 年在该国去世。

② 译注：这位"施塔克尔贝格将军"名叫格奥尔基·施塔克尔贝格（1851—1913 年）。他出生于一个日耳曼裔贵族家庭，早年作为骑兵军官参加了在中亚的军事行动，1902—1904 年间担任第 1 骑兵军军长。日俄战争爆发后被任命为第 1 西伯利亚军的指挥官。他在得利寺之战中被日军击败，并在辽阳会战期间被炮弹震伤。他后来因在黑沟台会战中拒绝服从命令，强行对日军阵地发动进攻而被解除职务。1913 年在纳尔瓦（Narva）去世。

将军①还没有抵达,于是,总督在临行前便将舰队交给了维特捷夫特将军——一位优秀和勤奋的行政军官,但欠缺担任前线指挥官的能力。阿列克谢耶夫将军离开要塞前的最后几小时,将全部精力花在了直接从海上攻击敌军这件事上。他的想法是,派出 12 艘具备基本战斗力的驱逐舰,让它们前往貔子窝攻击所能发现的任何运输船。然而,他的海军参谋们却指出了其中的种种难处,最关键的问题是:登陆场在驱逐舰的夜间行动范围之外。这意味着巡洋舰需要在清晨掩护撤退,而这一举动又将让巡洋舰面临灭顶之灾。因此,5 日上午 11 点,总督匆忙乘火车离开前,除了制订某些作战计划之外,俄军都没有采取任何对策,他们只是遵从着上级的最新命令:在所有舰船修复前,海军不得发起作战行动。

在总督动身之后不久,福克将军便接到了许多报告,称敌军已在城山头登陆,随后传来的确切情报显示,日军舰船正在大窑湾扫雷。[10] 后一条情报让他确信,日军一定会在这两地上岸,同时,由于担心派出的部队被截断,他收回了之前的命令。将军的新指示及时送达到了普兰店的炮兵部队,并阻止了他们向海岸推进。然而,其他部队已经从当地开拔,当其前锋在夜间抵达貔子窝后,却发现"赤城"号已在中午离开,同时日军也在正面步步紧逼。见状,这些俄军只能撤退。清晨时分,日军占领了这一区域,并开始建设补给基地。同时,另一些俄军也抵达了现场,但立即被占领三家屯的日军击退。

现在,俄军放弃了所有抵御登陆的想法。据撤退的部队报告说,上岸的敌人约有 1 万人。鉴于这一点,库罗帕特金下令俄军全面撤退,甚至连普兰店也放弃了。当日军破袭小队出现时,当地已没有任何俄军,只剩下了一小队护路人员,这使得日军得以在暂时切断铁路后全身而退。日军之所以没有彻底破坏铁路,完全是考虑到了未来的需要。但即便如此,从物质和精神层面来看,这

---

① 译注:尼古拉·斯克鲁伊德洛夫(1844—1918 年)出身于一个海军军官家庭,在俄土战争期间作为杆雷艇长表现英勇,并成为俄国家喻户晓的英雄。19 世纪 80 年代,他担任过"迪米特里·顿斯科伊"号装甲巡洋舰和"甘古特"号(Gangut)战列舰舰长等职务。后来,他在 1903 年晋升为黑海舰队司令,并于马卡罗夫将军阵亡后被调往太平洋舰队,但未及到任,日军便包围了旅顺,于是上级只好将其召回。斯克鲁伊德洛夫后来以海军上将衔退役。十月革命后,他的身体状况因为恐惧和贫困而急剧恶化,1918 年 10 月,他在饥寒交迫中死于彼得格勒。

次袭击已足以让俄军无法积极干预登陆的进程。

此时，日方依旧对俄军的决定一无所知，对他们来说确凿无疑的是，6日，事态已到了非常危急的地步。当天，第一批运输船卸载的工作完全被天气所阻，同时，第二批共11艘运输船也在毫无保护的情况下从镇南浦抵达了。此时此刻，如果他们突然遭遇来自旅顺的大胆攻击，后果必将十分严重。而在俄军方面，远东总督也在北上途中发来消息，强调对敌军运输船的鱼雷攻击十分必要，但维特捷夫特将军和参谋人员却在制订一份备忘录，试图反对任何形式的出击。在日本人眼中，俄军在紧要关头表现出来的木讷只能这样解释，就是旅顺已被彻底封闭，舰队根本无法出航；而且在5日的封锁作战中，东乡也对旅顺进行了一次彻底侦察，期间俄军没有任何动作。看上去，阻塞船似乎已完成了使命，但这还不足以放松警惕。当驱逐队接过夜间封锁任务后，东乡撤回了舰队编制内的2个战队，但是，其中的出羽战队只是暂时开往外海，到清晨时分便会返回并替换轻型舰艇分队。接下来的一天，主力舰队则会接过使命，出羽则会返回新基地。东乡司令最终于6日早些时候率战列舰队抵达盐大澳，在当地，他发现登陆行动已经因为天气原因暂停，在这种情况下，他开始制订一套更复杂的封锁体系，以保证陆军基地能彻底免遭袭击。

该体系的整体思路，是通过夜间派遣轻型舰艇分队、白天派遣主力舰队的方式，对旅顺实施近距离封锁。为此，日军组织了2批轻型舰艇，且每批舰队都由2个驱逐队和2个水雷艇队组成。这2支舰队轮流值班，在晚间或傍晚时分换防，清晨返回基地加煤，同时汇报任务进度。他们标准的行动程序是，轻型舰艇每天14点出发，驶往位置V，即大连湾外海的南三山岛（South San-shan-tau）东南约8海里处。在这里，他们会同昼间执勤舰队交换情报和领取任务概要，并驶向港外的夜间执勤位置——沿途,他们还需要掩护昼间执勤舰队撤退。为方便夜间识别,每一天，各舰都将按照固定规律更换烟囱涂装。清晨，各舰将再度返回基地，并在位置V进行交接。同时在7点，接班舰队也会有1艘船在当地出现。

主力舰队也采用了类似的部署：战列舰队值第一班，出羽战队值第二班，但他们的每一班都将持续两天。[11]

东乡将军没有参加这些行动。在联合作战中，作为海军司令，他的所有活动都遵照着一项原则, 那就是尽可能与陆军指挥部保持联络。因为他知道, 只有如此, 他们才能在第一时间满足陆军的需求。为此, 他始终在里长山列岛的旗舰上统筹着全局, 尤其是新舰队基地的建设。战列舰队被交给了坐镇 "初濑" 号 (Hatsuse) 的梨羽少将指挥, 而梨羽进行的第一次巡航, 也可以被视为整个封锁行动的典型案例。6 日 18 点离开基地后, 他缓缓向南前进至圆岛稍远处的一处地点, 这里距离旅顺大约 50 海里。他在清晨 5 点 30 分就位, 并带领第 1 小队的 3 艘军舰直接前往港外, 至于其他舰船, 则被派往大连湾外的位置 V。中午时分, 2 个小队重新会合, 在封锁位置上停留 5 个小时后, 他们撤往盐大澳方向, 其中 1 艘船出列前往位置 V 与友舰交接。在随后的一段时间, 梨羽所部将不开入港湾, 并于次日清晨返回封锁位置, 直到 3 点前, 他都将在旅顺港外来回航行, "期间航向为东北偏东 (E. N. E.), 以此威慑敌军"。最终, 该舰队于 9 日清晨 8 点回到了基地, 而出羽将军则在前一天晚上离港, 与之完成了交接。

以上就是日军远程掩护登陆场时的部署, 至于各种防材和片冈将军的 2 个轻型巡洋舰战队, 则构成了第二线。作为防御体系的组成部分, 东乡将军一抵达便将这些舰船部署在了城山头水道的防材背后, 让它们负责锚地的警戒。另外, 还有 1 艘舰船被派往了位置 V, 负责在白天密切监视敌军, 并搜索进入大连湾的中立船只。如果周边没有敌情, 以上 2 个战队就会被派去支援新舰队基地的建设。

新基地位于里长山列岛的心脏地带, 那是一片长约 10 海里的水域, 它夹在两座大岛之间, 周围还有四座充当屏障的岛屿。其中北部的狭长岛屿是大长山岛 (Da-chan-shan), 在它南岸的峭壁下, 就是日军舰队的锚地。除了东西部各有一处入口外, 新基地在南面也有两条水道可以入内。日军用两列浮标、拦网和绳索组成的屏障封闭了东入口和一处南部入口, 同时在另外两个入口也设置了类似的障碍, 只留下了一条狭窄的通道供船只进出。另外, 他们还在周围布置了诡雷和探照灯作为额外的防备措施。所有工作进行得谨慎而有序。出羽将军还肩负了一部分其他任务, 这就是对障碍物进行至少两天一次的检修。得益于工作船和辅助舰的广泛参与, 所有施工均在 14 日前完成, 而舰队从 9 日便开始使用这一锚地。

此时, 登陆作业也完全恢复了, 这主要得益于 7 日以后的良好天气。7 日当天,第三批 19 艘运输船独自抵达了登陆场，它们周围既没有护航舰只，而且航线附近也不存在任何巡逻体系，危险始终与它们为伴。由于日军无法从登陆场的防御中抽出舰只，这在当时也是一种无奈之举。不过，在 6 日这天，当东乡将军结束风平浪静的巡航，从旅顺港外返回后，他还是从片冈将军处抽调了 2 艘巡洋舰，前去为第四批运输船提供护航。这批运输船共有 17 艘，原定于 7 日离开镇南浦，然而，这批运输船的出航命令却被取消了，巡洋舰也被召回，一道被召回的还有此前守卫平壤湾的水雷艇队。

推迟行动的原因，是日军决定更换登陆场。当地的环境是如此恶劣，以至于在场的海陆军官员被迫召开会议，讨论将其迁往一处更适合的地点。他们选定的地点靠近三官村，在原登陆场以西大约 3 英里处，那里也是日军在行动首日实施炮击的区域。[12] 该地的海滩水位更深，波浪更小，而且我们获得的资料还显示，"当地海陆连接处的状况也更为良好"——于是在 9 日，日军做出了迁移登陆场的决定。随着第四批运输船同日抵达，登陆速度也变得更快。但即使如此，进度的滞后情况仍然十分严重：全部 77 艘运输船中只有 35 艘在完成卸载工作后驶离。

但登陆的迟缓并非没有好处，它让俄军对局势发展几乎一无所知。次日（10 日），库罗帕特金将军从前线收到一份报告，其内容似乎是：日军只有 1 个师团在盐大澳登陆。将军对此评论道："既然如此，日本人到底在哪？我的看法是，貔子窝附近的登陆只是一次佯攻，或者说，日军正在其他地方按部就班地集结，以待发起真正的行动。如果在貔子窝的行动只是一次佯攻，那他们真正的登陆点在哪？在盖平（辽东半岛西北方向）？还是在营口（牛庄）？我必须提醒施塔克尔贝格将军。"[13]

施塔克尔贝格将军麾下是所谓的"南部支队"，他们保护着辽阳集结地免遭从辽东半岛登陆的日军攻击。他的前卫部队由祖伊科夫将军[①]（Zuikov）指挥，该部之前曾沿铁路南下到了普兰店，但如我们所见：因为日军登陆已是既成事实，他们只能从当地撤退，目前位于普兰店以北约 30 英里的得利寺（Te-lissu）附近。如果日军将主要登陆点选在了库罗帕特金将军怀疑的地区，这支前卫部队显然

---

① 译注：时任第 9 东西伯利亚步兵师下属第 2 旅的旅长。

将身处险境，同时，施塔克尔贝格将军也立刻得到了警告，要求密切留意牛庄和盖平。针对这一事态，远东总督在当天晚些时候向库罗帕特金发去电报，他在其中补充说，自己非常确信日军的主登陆场将在辽东半岛西岸。于是，次日，祖伊科夫将军奉命继续撤回步兵，并将其集结到盖平。但即使到了此时，"海雾"的影响仍然没有消散。同一天，即 11 日，一封来自沙皇的电报指出，沙皇希望让"南部支队"在更靠北的地方集结。库罗帕特金的想法也大体与此相同，他随即命令施塔克尔贝格，把其亲率的先头师团和祖伊科夫将军所部撤退到海城，即主集结地的南部边缘，至于盖平，则只派骑兵加以监视。[14]

于是，仅仅是因为俄军无法确定海上攻击的方向，日军便安然完成了卸载。12 日早些时候，即忙碌了一周之后，日军终于完成了所有部队的登陆作业。第二天，岸上的海军指挥所撤编，所有小艇返回母舰。

这段日子充满了艰辛，让所有人精疲力竭。《日本战史公开版》中写道："自5 日开始行动到 12 日工作结束，他们已经竭尽所能，经常置身于不良天气下，有时甚至忙到了废寝忘食的地步，并运输了小艇能够搭载的一切。最初只有海军运输指挥官（Naval Transport Officer）安排的人员和小行李，最终，他们却几乎把陆军的全部家当都运上了岸。"

他们的工作环境固然是艰苦的，不过，这种"艰苦"的另一层含义是指其沿用的体系存在诸多瑕疵：在 8 天内，共有 3 个师团登陆，但其中没有补给和弹药运输队，甚至没有战地医院。[15] 卸载完毕后，各运输船只能独自全速踏上归程，并携带着陆军急需的物品尽快赶回，在此之前，部队实际是被困在了滩头，更无法展开任何积极作战。此时，他们唯一能做的就是占领掩护阵地，以守卫建立在滩头一带的新基地，并尽快准备好对旅顺实施孤立。

尽管如此，他们仍有必要庆幸自己完成了一项空前的壮举。在敌军舰队仍具备战斗力，且己方甚至未掌握局部制海权的情况下，日军不仅将足以封闭敌方海军基地的部队运上了岸，其上岸地点还处在 2 支敌军的攻击范围内。最终，他们巧妙地完成了任务，甚至没有留给敌人任何阻止登陆的机会。

## 注释：

1. 此时细谷少将的兵力为："扶桑"号（三等战列舰）、"海门"号、"济远"号和"平远"号（海防舰），炮舰"爱宕"号、"磐城"号和"筑紫"号，所属的通报舰，外加运送陆战队的2艘辅助巡洋舰"香港九"和"日本九"。其中，"海门"号和"磐城"号被派往里长山列岛，协助三浦海军少将进行测量工作。

2. 参见《武官报告》第5卷第173页。

3. 参见《日本战史》公开版第2卷第19页。

4. 参见《武官报告》。

5. 在现场的水雷艇队包括第1、第2、第9、第10、第12、第14、第20和第21艇队。至于第6艇队则在平壤湾进行警戒，第16艇队则跟随各驱逐队在旅顺港外执行封锁任务。各艇队的部署区域为城山头外海、光禄岛东角和西南角外海哈仙岛东角（Khat-yan-tau East Cape）南部海域，以及里长山列岛北口附近。

6. 参见《旅顺口保卫战》第156页，施瓦茨和罗曼诺夫斯基著。

7. 参见《旅顺口保卫战》第157页，施瓦茨和罗曼诺夫斯基著。

8. 参见《俄国陆军战史》第8卷第1部分第143页。

9. 关于这支部队，可见本章后续部分的叙述。

10. 俄军报告的行动，是由片冈将军奉命执行的：当时，他派遣2个水雷艇队搜索了大窑湾、小窑湾和黄嘴子湾（Stream Bay），但没有扫除水雷。这些舰艇只进行了侦察，并报告称未在沿岸发现俄军部队。具体参见《日本战史极密版》第360页。

11. 此时出羽战队（即第3战队）由二等巡洋舰"千岁"号（旗舰）、"高砂"号、"笠置"号和"吉野"号，以及装甲巡洋舰"八云"号和"浅间"号组成，但这些舰船从未共同进行过部署。在第一轮值班结束后，出羽奉命让"笠置"号留在基地，以便后者跟随战列舰队执行封锁任务。在完成第二次轮班后，他再次留下了"浅间"号、"高砂"号和"笠置"号，缺额则被战列舰"富士"号和刚被东乡特意从上村舰队召回的新装甲巡洋舰"春日"号填补。

12. 当地又名三家子（San-chia-tzu）。

13. 参见《俄国陆军战史》第2卷第1部分附录，第138页，附注387。

14. 参见《俄国陆军战史》第2卷第1部分第209—210页。

15. 在动员状态下，日本1个师团包括11400名步兵、600名骑兵、36门火炮、750名工兵，或者说共有12750名战斗人员。除此之外，师团内部还有5500名非战斗人员，其中绝大部分都隶属于辎重部队。根据这些事实可以推断，当时日军登陆的总人数可能接近40000人。

∧ 日本炮舰"赤城"号。在盐大澳海域，该舰主要负责为登陆部队充当斥候。战争初期，该舰的表现相当活跃

∧ 在盐大澳与"赤城"号共同行动的炮舰"鸟海"号，本照片摄于1889年

∧ 第2军司令官奥保巩将军

∧ 在盐大澳附近登陆的日本
海军陆战队

〉盐大澳第2军登陆场的繁忙
景象

∧ 格奥尔基·施塔克尔贝格
将军。在日军登陆后，他肩
负起了重新打通与旅顺陆上
联系的任务

∧ 在盐大澳外海拖曳登陆船艇的铁甲舰"扶桑"号，该舰也是细谷将军的旗舰

∧ 在第2军登陆地点外进行远程掩护的日军主力舰，照片远方隐约可见运输船的船影

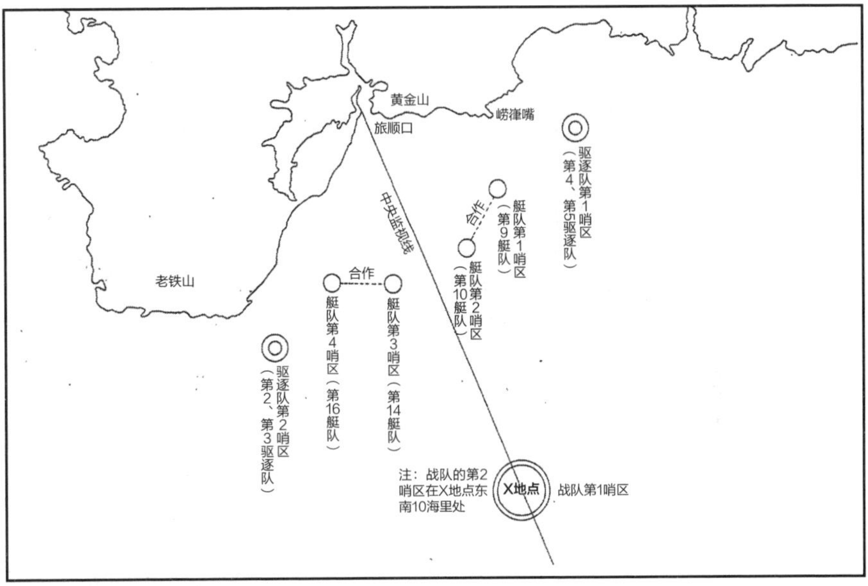

∧ 日军封锁旅顺时的各哨区位置示意图

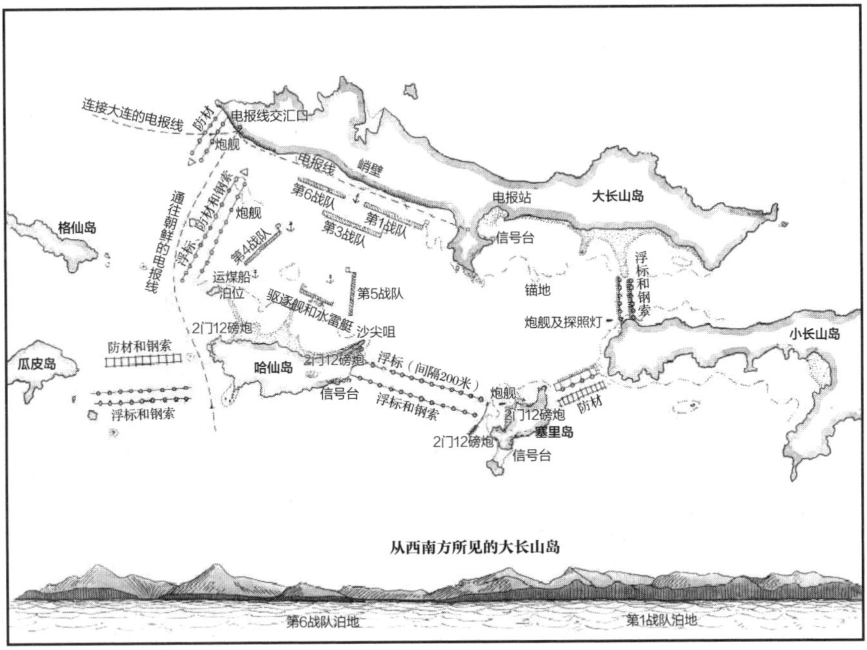

从西南方所见的大长山岛

∧ 里长山列岛基地布置示意图。在封锁旅顺期间，当地是日军舰队的主要停泊点

∧ 5月9日，进入里长山列岛基地的日军舰队。摄于辅助巡洋舰"香港丸"上

∧ 停泊在里长山列岛基地的日军辅助船只。图片中央是医院船"神户丸"

∧ 亚历山大·福克将军，时任第4东西伯利亚步兵师师长。他的部队负责旅顺外围的防御，在日军登陆后，他的表现非常消极和迟缓

∧ 尼古拉·斯克鲁伊德洛夫将军。他在马卡罗夫阵亡后被任命接管太平洋舰队，但未及到任，日本第2军便切断了旅顺与外界的联系

∧ 威廉·维特捷夫特将军。在旅顺陷入围困后，他实际肩负起了指挥舰队的职责，由于经验不足，加上不利的战略处境，他注定将扮演一个悲剧性的角色

# 第十三章

# 协同第 2 军前进，"初濑"号和"八岛"号的沉没

当 5 月 10 日，即俄军真正意识到自己所处的危险局势时，东乡将军为进一步恶化对手的处境，又签署了全新的一批指令，并试图以此分担奥保巩将军的任务。这一天，片冈将军奉命率领麾下的若干部队清扫和调查大窑湾。此外，他们还得到指示，"如果没有异常情况"，他们应让陆战队在大窑湾和大连湾之间的大孤山半岛[①]（Taa-ku-shan Peninsula）上岸。

这道指示表明，对日本陆军的当务之急，海军也在全力以赴。当时的情况也确实急需海军伸出援手。由于俄军"东部支队"未能拖住横渡鸭绿江的日军，库罗帕特金将军现在只能转而采用最初的作战计划，这就是将部队集结在满洲北部。当日军据报首次出现在盐大澳时，他更坚定了自己的看法：这一登陆地表明日军无意一举袭取旅顺。如果他们真是如此，就一定会在南山防线背后登陆，而库罗帕特金将军自己也必然会立刻对要塞进行支援。现在，他可以安心地让奥保巩卷入旷日持久的围攻任务，他自己则可以轻松地在更北方实施集结。此时，撤离辽阳的工作已开始，正如我们所见，这项行动始于将军受变幻莫测的战局影响，将施塔克尔贝格的"南部支队"集结到辽东湾尽头之时。

但远东总督极力主张让集结地尽可能地靠南，而这也成了库罗帕特金的绊脚石。当时，日本第 3 军仍然行踪不明，而正在俄军"东部支队"和"南部支队"之间指挥骑兵监视海岸的密西琴科将军，也在 11 日发来一份报告，这让事态发

---

① 译注：日军战史中作"大沽山半岛"或"大崮山半岛"。此地位于大连，和前文中丹东市境内的"大孤山"不是一地。

290

展变得更为扑朔迷离。他提供的情报显示，日本第 1 军的左翼部队正在攻城略地。该行动似乎表明，日军计划经岫岩（Hsiu-yen）迅速攻击海城，同时，日军还打算在牛庄登陆，并从貔子窝方向推进作为策应。也正是在这一天，俄军停止了从辽阳撤退的行动，施塔克尔贝格将军转而开始在曾经集结的地区坚守——这一举动既是为了抵御日军在盖平或牛庄登陆，同时也断绝了旅顺与外界恢复联系的希望。因此，俄军被迫接受了这样的既成事实：他们不仅无力阻止敌军攻击旅顺，而且主集结地的处境也没有得到任何改善。

而日本方面的状况则极为理想。奥保巩将军没有了来自北方的后顾之忧：除非施塔克尔贝格所部重新南下，他现在可以立刻对金州发起攻击。所以，奥保巩立刻派遣了 1 名副官拜见东乡司令，报告说他定于 15 日开始行动。他还额外提到，在此期间，敌军可能会从盖平南下，因此，如果舰队能够对盖平或牛庄进行炮击，无疑将给地面军事行动带来极大帮助。[1] 接到这一要求后，东乡将军开始着手安排，以便满足陆军的要求。

此时，原计划在南山正面迎战日军的福克将军，已经把师团主力进行了靠前部署，其先遣队建立了一条防线，该防线始于大窑湾尽头的大和尚山①（Mount Sampson），止于金州以北的第一个车站。[2] 对这条防线，奥保巩将军的意见是，他将于 16 日发起攻击，随后在次日攻打金州。14 日，东乡也通过一道命令向舰队通报了当前局势。同时他还宣布，如果清扫大窑湾的工作进展顺利，陆战队将于 16 日和 17 日登陆当地。根据我们的推断，这次行动只是为了对敌军右翼实施迂回，或者是声东击西，从而为奥保巩的金州攻势提供便利。不过另一方面，其目的似乎又不仅限于此。对此，日本官方战史的解释是，盐大澳并不是一个理想的上陆地点，"不仅海岸状况不佳，而且离陆军的首要目标——大连过于遥远，同时，当地也很难防止敌军的袭击，等等。于是，东乡司令决定在大窑湾建立一个登陆场。"[3] 问题在于，这一行动困难重重，当不利条件逐一显现时，东乡只好将其局限为一场牵制作战，但同时，他也没有完全放弃让陆战队上岸

---

① 译注：即今天辽宁省大连市金州区的大黑山。

的想法。另外，有一点也毋庸置疑，此举是为了给陆军的先头部队建立一个新基地。鉴于奥将军手头缺乏运输工具，其当务之急自然是缩短交通线，从某种意义上说，这一为第 2 军专门实施的行动，实际正是早先在朝鲜沿岸铁山半岛为第 1 军进行的成功行动的翻版。

这次行动始于 12 日，即第一批陆军部队完成登陆时。片冈将军派遣了 1 个水雷艇队扫清海湾，他本人则会用旗舰和装甲巡洋舰"日进"号上的炮火搜索半岛。为蒙蔽敌人，梨羽将军还会在轮班执行封锁任务期间，对关东半岛西北部的鸠湾和双岛湾实施佯动，并摧毁所能发现的任何岸炮阵地。

为避免"异常事态"，东乡将军下达了一份言辞恳切的命令，要求在旅顺港的入口布设水雷。这次行动的主要目标是阻止敌舰队出港，或是阻止其与来自海参崴的巡洋舰会合。它的执行被交给了改装炮舰或舰载水雷艇（它们都非常适合承担这一任务）；同时，正规的布雷舰队则被召到了八口浦地区。这次行动事关重大，正如我们将看到的那样，它将影响东乡将军为掩护陆军推进而做的所有部署——期间，日军也将面临越来越多的难题。

当时，东乡已经接到了两项新任务，这些任务都将严重拉长他的战线。首先，第 2 军的登陆意味着，日军需要立即在 2 支大军之间安插 1 支接应部队，从而完成整个作战部署。执行这项任务的是陆军第 10 师团，现在他们正在镇南浦待命。于是，在日军开始清扫大窑湾的同一天，上级也命令东乡派出 1 支分队，以便将运输船引导至青堆子湾海角附近的区域，并为登陆提供支援。最初，日军决策层选择的是出羽将军所部，但由于封锁行动意义重大，出羽显然无法抽身，因此，该任务最终被交给了细谷舰队，参与行动的军舰包括出羽的旗舰和 3 艘炮舰。此外，第 7 战队其余各舰则暂时由东乡司令指挥，以备奥保巩将军的不时之需。

尽管舰队自身压力重重，但面对陆军同袍的要求，东乡始终没有犹豫。毕竟，在地面行动和海上佯动之间，两者的关系实际是相辅相成的。经过接二连三的局势评估，远东总督最终决定发起一次行动，试图穿透围绕着日军行动的重重迷雾。但同时，正如奥保巩将军料到的那样，俄军参谋人员仍饱受一个问题的折磨：无法排除日军在牛庄或盖平登陆的可能。有鉴于此，俄军参谋人员认为，现在还不能把施塔克尔贝格所部调离辽东湾的腹地；相反，他需要把部队从牛庄调到位于大石桥（Ta-shih-chiao，即牛庄支线与铁路干线分岔的位置）的交通枢纽，同时让大部分骑兵部队留在盖平，并且在海城保留一支预备队。作为奥保巩将军的当务之急，他自然需要让俄军留在当地，因此，他请求在上述区域的近海地带开展一次佯动。

最终从上级手中接过任务的，是东乡正路少将的第6战队，为了方便他们在近海作战，第7战队的其余舰船现在也由他指挥。少将的目标是在15日开入辽东湾，对盖平方向实施佯动，但他的任务又不仅限于此：在完成炮击后，他将于17日回到金州海域（陆军会在这一天发动攻击，同时，如果条件允许，陆战队也会在另一侧海岸登陆），用舰炮支援主要行动。

在联合行动即将打响之际的16日，东乡也将亲自在旅顺外海发动一次强有力的牵制攻击。"我认为，"他在命令中写道，"上次行动已经成功封闭了旅顺港，但即使如此，我仍要动用整个第1舰队进行直接封锁。"为了这一目标，他将和预定轮值的梨羽舰队会合。同时，片冈战队和大量轻型舰艇也将一道出动。其中，片冈的任务是威吓和炮击大连沿海的故军，如果扫雷行动传来了可喜的报告，他还将派遣陆战队在大孤山半岛上岸。

但问题在于，作为海军能提供的最有效协助，这次行动的前景十分暗淡。论进展，在大窑湾的扫雷行动始终让人沮丧，而随后发生的一连串灾难，更是对战争的走向产生了无可估量的影响。如前所述，片冈将军于12日派遣4个水雷艇队在旗舰和"日进"号的炮火支援下开始行动，但第一天便有1艘水雷艇触雷沉没[①]。次日，整个行动已经暂停。不过，东乡将军仍在14日给东京方面的报告中表示，这次佯动达成了目的。[4]14日，日军的清扫行动恢复，但这一次，片冈将军所辖的通报舰"宫古"号（Miyako）触发了一枚水雷。虽然所有船员成功获救，但该舰仍然沉没，整个行动也再次中断。次日，行动恢复，但离完成依旧遥遥无期，最终，行动被一道来自东乡的亲笔命令彻底取消了，因为"异

---

① 译注：该艇是第48号水雷艇。

常事态"已经发生——这多灾多难的一天彻底改变了海上战场的局势。

12日，出羽将军麾下只有2艘船可以用于封锁值班，即"千岁"号（旗舰）和"吉野"号（Yoshino）。而"笠置"号正位于大窑湾，"高砂"号则在和电缆敷设船一道行动，试图回收旅顺至芝罘之间的海底电缆。但同时，出羽将军也得到了战列舰"富士"号和2艘装甲巡洋舰（即"八云"号和新服役的"春日"号）的增援。13日，他像往常一样来到港外。尽管沿岸雾气弥漫，他们依然能看到俄军驱逐舰出港的情景，这显然是俄军正在清理航道入口。当14日从夜间执勤岗位返回时，海雾迫使他们只能在离岸约20海里的地方逡巡，根本无法查明敌军的行动。夜间，出羽率部撤退，在航行过程中，他们先是前往"位置V"同守夜的轻型舰艇会合，随即驶往外海，并准备在凌晨1点30分，即行至圆岛东南微南（S. E. by S.）大约35海里时，转舵向北返回基地。但在1点左右，雾气笼罩了舰队，"春日"号随即与友舰失去联络。期间，虽然该舰曾在半个小时内恢复过接触，但噩运从未远去，就在舰队转向时，噩运再次降临到日军头顶。"春日"号径直向着"吉野"号冲去，切入了对方水线以下的船体。短短几分钟，"吉野"号便开始急速下沉，舰长被迫下达了弃船令。船员们纷纷前往甲板集合，向搭乘第2号机动艇离舰的天皇御影三呼万岁。虽然其他小艇也被相继放下，但这一仪式引发的延误酿成了严重后果。就在舰员各就各位时，该舰突然倾覆，并将除第2号机动艇之外的所有附属船只拖进了海底。在黑暗和浓雾中，日军几乎无法展开救援。最终，该舰全部419名乘员中，舰长、30名军官和287名其他人员都随舰身亡，只有机关长、3名军官以及94名其他人员（其中2人后来不治）被"春日"号的小艇救起，还有少数人在友舰的帮助下侥幸生还——全舰幸存者加起来也仅此而已。"春日"号同样受损严重：该舰的撞角向左弯折达到29度，抽水泵必须时刻保持运转。当出羽将军赶到事发地点后，"春日"号随即接到命令返回基地。由于工作舰无法修复损伤，该舰又只能在临时堵漏后回国接受修理。

虽然损失惊人，但和几个小时后发生的事情相比，这场灾难简直是微不足道。雾气不仅无法使出羽将军像平时那样靠近旅顺，还帮助俄军开展了一项在战争中前所未有的行动。此前，俄军一直打算在日军的公海交通线上布雷，但鉴于这种手段不甚光彩，斯塔克将军始终表示反对，有段时间，维特捷夫特也抵制这一计划，只是由于战场压力越来越大，他最终才让步。另外，在此前，布雷舰"阿穆尔"号（Amur）的舰长已注意到日本封锁舰队固定的行动规律，因此建议在对方的常用航线上布设一个雷区。对此，上级最终同意，表示一待时机成熟，他就可以行动起来。14 日，他终于等来了适合行动的天气。由于雾气低垂，该舰甚至能在不暴露自己的同时看到日舰的桅杆。正是因此，"阿穆尔"号得以在毫无觉察的情况下，被"新贵"号护送着溜出了港口。在离开旅顺港入口，沿南微东（S. by E.）航行了大约 10 海里后，该舰以 50 或 100 英尺为间隔布设了一排水雷。水雷区延伸长达 1 海里，并且横贯了日军的航线。[5]

这天晚上，梨羽将军奉命按计划出海，以便与出羽舰队交接班，在此期间，他们似乎没有对这种革命性的武器表现出一丝的忌惮。当时，梨羽将军拥有战列舰"初濑"号（旗舰）、"敷岛"号（Shikishima）和"八岛"号，随行的还有巡洋舰"笠置"号和通报舰"龙田"号。清晨早些时分，他先是派遣"笠置"号前去侦察港湾入口，而在 6 点 45 分，日军主力抵达遇岩海域后，他们开始向西北方转舵，直到抵达港湾入口东南偏东大约半个罗经点（S. E. 1/2 E.）15 海里远的位置。当时，地平线上可以看到护送电缆敷设船的"高砂"号，不远处还有东乡正路少将的战队（该战队刚于早上 5 点离开盐大澳，正准备对盖平发动牵制攻击）。在港外，返回的"笠置"号表示，港湾入口处没有异样。有鉴于此，梨羽将军重新派遣该舰去近海方向侦察，自己则率部沿着东微北（E. by N.）方向行驶，并从前方横越了港湾入口。其实，日军平时的巡航路线还要更为靠南，而梨羽之所以会采用上述航线，是因为报告显示周围没有敌情。于是，阴差阳错之下，日军沿着这条航线径直驶向了雷区。10 点 50 分，即当日本军舰行至老铁山东南大约 10 海里处时，"初濑"号触发了一枚水雷。一声轰响后，该舰开始倾斜，舵机舱大量进水，左侧引擎也完全失灵。梨羽将军见状，迅速指挥各舰同时右转 8 个罗经点，但这是没有用的，几分钟后，殿后的"八岛"号也遭遇了不幸。尽管传来了两次爆炸声，不过该舰仍然漂浮在海面上。对日军来说，这一连串事件是如此猝不及防，以至于梨羽将军打出了"小心潜艇"的信号，"敷岛"号则开始向海面射击。但此时，梨羽将军恢复了镇静，他命令视野内的"高砂"号离开电缆敷设船,前去施救"八岛"舰。同时,他还派遣通报舰召回"笠置"号,以便对其座舰实施拖曳。但当 11 点 30 分"笠置"号驶近时,"初濑"号的舰尾游廊已没入水下,舰体也出现了 4 度的倾斜。尽管如此,"笠置"号仍向其抛去了一条绳索,但就在拖带时,无助的旗舰又触发了一枚水雷,令它的主炮弹药库遭遇了灭顶之灾。伴着震耳欲聋的轰响,滚滚黄烟从"初濑"号舰内喷涌而出。该舰的两座烟囱坍塌,主桅折断,上甲板被炸飞到半空。一分钟后,该舰有半截沉入水下,船首则高高地指向天空。由于灾难是如此突然和彻底,日军的人员损失数目极为惊人:"龙田"和"笠置"号只设法救起了梨羽将军、舰长、21 名军官及 313 名士兵,其余 38 名军官和 458 名士兵则随舰一同沉入了大海。[6]

"八岛"号依旧漂浮着,凭借堵漏垫和全力运转的排水泵,坂本舰长[①](Sakamoto)得以在 12 点 30 分利用自身的动力缓缓驶向遇岩。他的想法是,即使该舰无法挽救,也至少要让它沉没在敌军视线之外。

事实上,这场灾难也发生在俄军瞭望哨的注视下,他们除了看到"初濑"号沉没,还看到了"八岛"号正在踉跄后撤。现在,他们终于收获了一个千载良机,尽管马卡罗夫将军已不在人世,但这个机会却能令俄军像他极力促成和期盼的那样对敌人反戈一击,进而一举扭转海上战局。

不仅如此,这种机会在当时还堪称绝无仅有。日军方面,东乡将军和其余战列舰正在离基地 60 海里的地方,上村舰队位于竹敷。维特捷夫特将军手头至少有 3 艘适合出海的战列舰,但他却选择了按兵不动,对水雷的恐惧牢牢地支配了他的行动。同时,上级的命令也禁止其在全部战列舰修理完毕前出航,这些因素让维特捷夫特拒绝派遣舰队出战,甚至连 1 艘巡洋舰都没有出港。即使如此,日军的处境依旧相当凶险。俄军在旅顺仍拥有 16 艘可以行动的驱逐舰,而且它们全都接到了出海指示,但问题在于,这些驱逐舰的目标并不在于此。

---

① 译注:坂本一(1859—1948 年)出生于高知县,1874 年进入海军兵学校,日俄战争前历任"赤城""丰桥""千代田"和"笠置"号舰长,1903 年 10 月开始指挥"八岛"号战列舰。在该舰沉没后,他在同年 8 月调任大连湾防备队司令官,1916 年转入预备役,最终军衔至海军中将。

当时，它们被编成了两队，其中一队得到的命令是，在不直接发起攻击的前提下，"冲向敌军，袭扰受损的战列舰"，至于另一队的命令，我们仍不得而知。在两队的司令碰面后，他们一致同意第二队驱逐舰应在北面吸引敌军注意力，而第一队则应向南绕过敌人，以便抵达朝鲜沿海，对日军的交通线发起一场为期 24 小时的奇袭。从中，我们也许可以得出推论：维特捷夫特将军确实计划利用这个机会，但没有意识到其中蕴藏的重大价值。受制于懦弱的性格，他只决定对敌人发起一次小规模攻击。

充分了解随后发生的事件后再回过头来看，这一决策堪称俄军犯下的最致命错误。事实上，当时日军还没有布雷封锁港口，如果俄军在"阿穆尔"号出航前一天主动扫清航道，当日本舰队触雷时，主动出击将并非难事。届时，他们不仅将歼灭梨羽舰队，还会把东乡正路战队一网打尽，进而让日军一蹶不振。另外，此举还至少可以摧毁对手的局部海上优势，并给地面战场的形势带来重大影响。因此，尽管雷区让俄军赢得了胜利，但让战列舰按兵不动却成了他们的一大败笔。换言之，俄军犯下的错误，实际和日军首次袭击旅顺时犯的错误如出一辙。

东乡将军之所以遭遇了这一重大挫折，是因为他认为港口已被封闭。他从未预料到敌军会强行出港；另外，从海上封锁的角度，他的昼间巡航也是不必要的——这种在港外"羞辱"敌人的做法，唯一的好处是能维持己方的士气。由于敌军驱逐舰的威胁一直存在，受创的日军舰队立刻意识到，他们的处境已是极端不利。

当"八岛"号奋力驶向外海，巡洋舰在"初濑"号的沉没海域忙于搜救时，日军发现俄军的驱逐舰队正在出港。当时，梨羽将军已经在救起他的通报舰"龙田"号上升起将旗，并重新接过了指挥权。鉴于"八岛"号的倾斜愈发严重，他立刻命令"笠置"号前去援助。然而在此时，"笠置"号注意到了俄军第 2 队驱逐舰的存在。在驶入战列舰的视野后，对方的领舰开始稍微左转，试图与日舰的航向平行。接下来，俄军的打算显然是在日舰前方抢占阵位，并在调头回驶时发动攻击。"笠置"号立刻向这些新的威胁冲去，并挡在了相向而行的驱逐舰和友舰之间。几分钟后，赶来事发地点的"高砂"号清楚地看到了另一支向南高速航行的舰队，只是因为"八岛"号倾斜严重，它才没有擅自离开。幸运的是，一支援军从南方赶来了：它们是东乡正路海军少将率领的 4 艘轻型巡洋舰——"明石"号、"须磨"号（Suma）、"千代田"号和"秋津洲"号。当触雷事故发生时，这些军舰正在遇岩附近行驶。11 点时，东乡正路少将在当地接到了一条来自未受损的战列舰"敷岛"号的无线电报，得知了事情经过。随后，他立刻决定只派遣麾下的第 3 小队（包括来自细谷战队的 3 艘炮舰）和 2 艘水雷艇继续对盖平展开佯动，而他本人和其他 2 个小队则转舵驶向近海，并全速赶去援救梨羽将军。这个举动让他们碰巧遭遇了主力舰队的余部，当时那些舰艇正在"敷岛"号的带领下向外海航行。正是通过"敷岛"号，他们了解到了"八岛"号的遭遇，于是，东乡少将一方面派出"须磨"号提供护航，一方面采取了各种必要措施。就在他们完成安排、准备返回接应炮舰时，敌军驱逐舰突然在远方现身。

此时，梨羽将军已在"龙田"号上与敌军交战，在看到"须磨"号赶来后，他判断自己可以不必伴随受伤的战列舰。同时，"高砂"号也卷入了战斗，东乡少将也在朝敌人驶去。此时，俄军驱逐舰发现自己遭到了 6 艘巡洋舰的攻击，猛烈的火力让他们难以招架。按照俄方的说法，日本人首次使用了带定时引信的高爆弹。这些炮弹的攻击效果相当好，纷纷扬扬的弹片几乎覆盖了驱逐舰。尽管没有一艘俄舰受创，人员伤亡也微乎其微，但抵抗的意义已经不大，2 队驱逐舰只能后撤。而日军巡洋舰则一直追击到 3 点 50 分，只是因为忌惮岸炮才不得不放弃。当日舰调头撤退时，他们看到"新贵"号正出港接应后撤的驱逐舰，这也是日军第一次意识到了封锁行动的失败。

虽然在此时，受损战列舰暂时脱离了险境，船上人员和四散在现场的小艇也得到了保全，然而援军仍然需要防备新的袭击。东乡司令意识到灾难降临已是 3 个小时后，但即使如此，除了常规的夜间警戒舰船外，他还是在 2 点派出了 3 个驱逐队前去进行救援。进入事发现场后，他们并没有看到"八岛"号，但在搜寻幸存者期间，这些舰艇的存在还是有效杜绝了危险再次出现。

虽然在灾难发生后很长时间内，危险都没有远去，局势也因此变得异常紧张，但现场并没有出现大范围的恐慌。不可否认，日军始终担心遭到潜艇袭击。

俄军见日舰对海面开火后，也朝不存在的"潜艇部队"发送了许多明文无线电报，试图加剧对手的紧张情绪。但退一步说，日军向海上的不明物体频频开火也是一种可以理解的举动，因为他们显然把这些当成了潜艇的指挥塔。不过，在驱逐舰被击退后，局面很快得到了控制：东乡正路少将带着3艘巡洋舰执行原来的任务，"敷岛"号被派去通知基地；"高砂"号继续护送电缆敷设船；梨羽将军将带领"龙田"号、"须磨"号和"笠置"号看护受损的战列舰。

只是，受损战列舰的状况仍在慢慢恶化。在此之前，已经有尽可能多的舰员登上了救生艇，这些小艇被拖曳着缓缓前行。4点20分，该舰航行到了遇岩附近海域，随后开始掉头航向基地。然而没过多久，到5点时，该舰的倾斜度达到了15度，由于螺旋桨离开了水面，该舰只能停止前进。虽然日军进行了种种拖航准备，但最终没有成功。几分钟后，坂本舰长打出信号，宣布该舰正在下沉。同时，他在遇岩东北偏东约5海里、水深30英寻处放下了一只船锚。此时，梨羽将军和"笠置"号刚刚从追击中返回，随即便发出了弃船的命令。天皇御影和机密文书首先被转移到了"须磨"号上，舰员在尾部甲板集合，向缓缓降下的军旗致以最高敬礼。接着，所有人在三呼万岁后登上了小艇。遵照将军的命令，"须磨"号载着该舰的乘员前往基地。"龙田"号也离开了，该舰将前往位置 V，联络值夜班的轻型舰艇。只有"笠置"号被留了下来，独自看守这条在劫难逃的军舰直到夜幕降临。

没有人亲眼看到该舰的结局。依靠"敷岛"号发来的无线电报，东乡将军得知了该舰的实际位置，随后立即命令剩余的驱逐队全速出动，"尽其所能护卫该舰"，另外2艘工作船也奉命前往现场。但随着浓雾重新弥漫开来，赶去的舰船都一无所获。另外，恶劣天气还导致"龙田"号在进入锚地时不幸搁浅，它也成了当天日军诸多不幸的最后一幕。[7] 次日清晨，三浦将军同样派遣一支分队进行了尝试，但他们看到的只有茫茫海雾。最后，在下午，"须磨"号和东乡司令派遣的驱逐舰设法抵达了"八岛"号的下锚点，但该舰此时已经踪影全无。

我们只有将目光投向地面战场，才能真正了解这些损失对战局的影响，以及日军当时表现出的冷静究竟有多么可贵。因为在15日这个黑色星期日，奥保巩将军也将对金州发动攻势。

　　但此时，该军还有 2 个师团和 1 个骑兵旅团正在海上，他们的第一批运输船预定于 17 日抵达。同时，日军的陆上交通工具以及推进所需的物资也都在陆上，虽然他们曾考虑过在大连附近建立一处基地，但这一做法根本不可行。至于细谷战队，则被部署到了镇南浦，正准备将两支大军之间的联络部队运往青堆子岬。日军下一步的战略部署，必定是把第 2 军的基地转移到大连，但这也将让他们进入俄军驱逐舰的攻击范围内。如果俄军试图全力实施攻击，那么此时将成为他们的最佳时机，因为日军的全部舰船都用在了保护陆军部队上，此外，经过上次打击，他们又损失了三分之一的战列舰。除了这些无可挽回的不幸之外，他们最近还损失了 1 艘二等巡洋舰、1 艘通报舰及 1 艘水雷艇，另外还有 1 艘通报舰及 1 艘装甲巡洋舰失去了战斗力，其损伤是如此严重，导致它们将无法在未来的危急时刻发挥作用。不仅如此，日军还损失了大约 70 名军官和近 750 名士兵。

　　虽然大本营大度地没有追究当事主官的责任，但他们仍深感震惊。他们立即意识到，这些损失将带来"深远的战略影响"，因此必须严格保密。海军军令部长则在奉命评估上述事件时写道：

　　　　在接下来的陆海军协同作战中，海军的任务将异常沉重和危险。同时，其为履行使命而需要采取的行动也将变得更为艰难。虽然最近几天发生的一连串意外根本无法避免，但不可否认的是，它给了敌军恢复士气的机会，并让其得以趁机进行某些具有决定意义的行动。因此我非常诚挚地请求，如果您的上次封锁行动已经令敌方大舰无法出港，那么，您只需派遣轻快的小型舰艇监视港湾入口，并保证它们与舰队主力之间的正常联络即可。

　　面对训诫，东乡将军采取了怎样的部署？他当时已经意识到港口并未被彻底封锁，至少巡洋舰可以自由出入。随后，他采纳了军令部长的建议。从此时开始，他实际上放弃了通过近距离封锁敌军来掩护陆军行动的想法，并用远程封锁行动取而代之。这也意味着，其主力舰队将被部署在尽可能远离港口的地方，但如果敌军出海，他们也必须能及时拦截，监视港口的任务则完全留给了巡洋舰。

根据这一思路，鉴于里长山列岛锚地位置良好，环境有利于防御，水文条件也适合战列舰停靠，当地随即被选为日军主力舰队的固定锚地。白天的监视任务则交给了出羽将军，其战队所述的各小队将轮流执勤；至于夜班轻型舰艇的任务，则没有改变。然而，这一封锁体系仍然存在缺陷：旅顺的俄军舰队仍然能够通过一次全力冲刺，在东乡设法集结起舰队准备好截击之前逃之夭夭。有鉴于此，东乡必须找出一种让敌人无法迅速顺利离开港口的办法。为实现该目的，他现在决定在港口外定期布雷。如果俄军舰队想要出海，就必须事先进行清扫，由此拖延的时间，将保证日军能及时从基地赶到被封锁的港口外。17 日，在东乡司令的指示下，由辅助炮舰改装成的 4 艘布雷舰已准备就绪，但它们的工作却因为天气原因而耽搁了一天。直到 19 日晚上，在出羽将军的护送下，它们才成功在港湾入口布下了雷场。几天后，另外 12 艘此前遵照东乡将军请求而为上述任务专门改装的舰船也投入现役。它们由之前"八岛"号上的舰员操纵，整个炮舰队的 16 艘船只也由该舰的前舰长——坂本大佐统一指挥。期间，俄军的清扫行动一直收效甚微——只要天气允许，日军就会继续重新布设水雷。此后，一旦俄军试图出港，东乡总是能得到充裕的预警时间。而这种封锁作战中出现的新现象，实际上也模糊了"近距离封锁"和"远距离封锁"的区别。

在该系统投入运转的同一天，位于东京的大本营决定公开"初濑"和"吉野"号遇难的消息，以便利用敌军"在公共航道布雷"的恶行让民众同仇敌忾。至于第二艘战列舰沉没的事实则被精心掩盖了，而且军方还严令禁止提及此事。据说在写信时，操纵改装布雷舰的前舰员仍必须假装自己还在战列舰上服役。对此，数百位知晓真相的船员都忠实地服从了命令，这也是为什么在日本，该舰的沉没消息直到很久之后才为公众所知。[8]

## 注释：

1. 参见《日本战史公开版》第 2 卷第 32 页。

2. 参见特列季亚科夫《南山和旅顺口》第 28 页。

3. 参见《日本战史公开版》第 2 卷第 27 页。

4. 根据《俄国陆军战史》记载，当时除了略微加强哥萨克观察哨的兵力并调动了若干火炮外，没有任何迹象表示俄军变更了部署。然而，15 日夜间，指挥前沿防线的特列季亚科夫上校却表示，他接到命令，要求将 1 个连、1 个侦察分队和 2 门火炮派往大窑湾和大和尚山之间的区域。相关内容可参见《南山和旅顺口》第 29 页。

5. 参见附图 D "俄军雷区" 部分。

6. 据称，该舰的沉没地点在离海岸 9.5 海里处，当地距离老铁山顶峰 10.5 海里，距旅顺港入口 11.5 海里。

7. 该舰直到 6 月 12 日才摆脱坐底状态。

8. 根据我们得到的消息，在下达这道命令的同时，日军还采取了极为严格的审查措施：士兵的书信只有经过军官检查后才能寄出，军官的书信都要交由指挥官审阅，且这一规定在舰队上下都得到了贯彻实施。

∧ 日军通报舰"宫古"号，摄于1902年。该舰于5月14日在掩护大连湾扫雷分队时触雷

∧ 日军巡洋舰"吉野"号。该舰曾在甲午战争中表现抢眼，在封锁旅顺期间，该舰遭到装甲巡洋舰"春日"号的冲撞沉没

∧ 在旅顺港外布下关键雷区的"阿穆尔"号。该舰和"叶尼塞"号同级

〈 日俄战争爆发时，"吉野"号主要军官的合影。沉船时，该舰的军官只有4人生还

∧ 与"初濑"号几乎同时触雷的战列舰"八岛"号。该舰与"富士"号同级，1897年服役

∧ 战列舰"初濑"号。该舰系"敷岛"级的三号舰，于5月15日触雷沉没

〈︿ 当时欧洲报纸上反映日军战列舰"初濑"号沉没的绘画。由于日方刻意隐瞒了"八岛"号沉没的消息，媒体曾普遍相信日军只有"初濑"号一艘战列舰沉没

〈 "初濑"号和"八岛"号触雷时，分舰队的指挥官梨羽时起少将。他本人幸运地逃过一劫

〉这幅绘画表现了"初濑"号沉没时的一个插曲：其倒塌的主桅砸毁了一艘救生艇

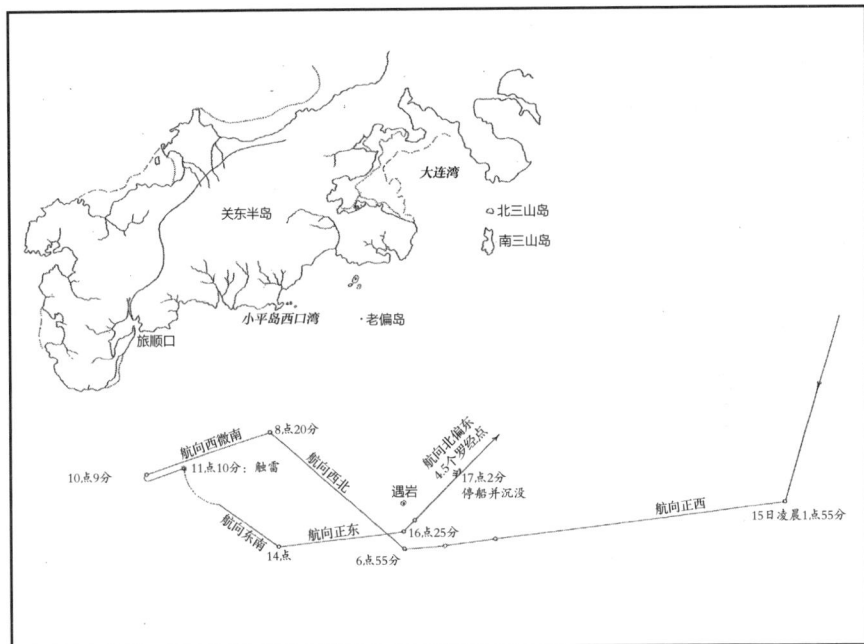

△ 战列舰"八岛"号触雷前后的航线示意图

△ 通报舰"龙田"号。该舰在15日参与了搜救落水舰员和抵御俄军轻型舰艇的行动,但在返回基地期间不慎触礁受损,照片中展示的是该舰试航时的状态,1902年,该舰更换了锅炉,烟囱也从1个增加为3个

∧ 由幸存战列舰舰员操纵的第11号改装炮舰，该舰原本是大阪商船会社用于中国长江航线的商轮"大仁丸"

‹ 战列舰"初濑"号的遗物——舰载水雷艇。该艇在战列舰沉没前不久被作为警戒艇留在了里长山列岛基地，照片右侧可见战列舰"富士"号

‹ 在驱逐舰的护卫下，日军的舰载水雷艇分队前去侦察旅顺港外的敌情

∧ 如上一章节所述，除了改装炮舰外，日军主力舰的舰载水雷艇也承担了部分布雷任务，这里展示的就是它们满载水雷时的景象

∧ 第11号改装炮舰全体官兵的合影

# 第十四章

# 第 2 军推进期间的联合行动，主要部署的最后阶段

　　由于发生在15日的灾难以及困扰着日军舰队的浓雾，东乡司令被迫取消了几乎所有协助陆军推进的行动。但另一方面，奥保巩将军却没有停止部署，在15日大举出击后，他先是击退了一支强大的俄军侦察部队，随后于次日占领了位于金州附近一座村庄中的俄军前沿阵地，其战线左翼更靠东的地方已抵达大和尚山的山脚。早先，海军陆战队便希望经大窑湾和大孤山半岛推进到此处，但由于登陆行动失败，占领当地的任务还是留给了第 2 军的左翼。面对日军当天的战果，福克将军把整个师撤往了大连—大连湾一带，只留下了第 5 团守卫南山防线和金州；另一方面，奥保巩将军截断了铁路，从而完全切断了旅顺港同北方的联络。

　　在这次行动期间，日本陆军不仅没有得到来自大窑湾方向的海军协助，同时，由于一连串灾难带来的挫折，东乡正路少将的舰队也未能在另一侧出现。按照原计划，他们应当前往盖平，而到16日中午，他们才终于在塔山①（Tower Hill，此地位于盖平以南约 12 英里，在距海岸两三英里的地方有铁路线穿过）附近海域与炮舰重新会合。在巡洋舰"千代田"号离队前往辽河口侦察的同时，日军舰队开始分批用舰炮从盖平向南实施火力侦察，目标一直延伸到了塔山以南地区。不过，他们沿途发现其舰炮很难有效破坏铁路设施。期间，日军发现了几队奉施塔克尔贝格将军之命监视海岸的骑兵部队，随即用炮火将其赶走。从某种意义上说，日军取得的成果微乎其微，但作为佯攻，这次行动仍然取得了全面的成功。因为此时，库罗帕特金将军刚好收到一份报告，宣称日军已在

---

① 译注：即今天辽宁省营口市鲅鱼圈区的青龙山。

辽东半岛西海岸登陆，目前正在向盖平快速推进。虽然其内容子虚乌有，但日军舰队在近海的活动，显然会加剧俄军对这一行动随时可能发生的担忧。事实上，现在俄军更加确信，日军即将突入施塔克尔贝格将军所部的集结地，其直接目的是夺取铁路枢纽大石桥并孤立牛庄。因此，库罗帕特金将军就更不能让施塔克尔贝格的部队调离。从这一角度来看，东乡少将的行动实际上解除了奥保巩将军的后顾之忧。[1]

次日，一些新情报加深了库罗帕特金将军的错觉。情报显示，有1万名日军已经在4艘巡洋舰的护送下离开日本前往牛庄。这份报告所指的日军，大概是奥保巩将军期盼的第一批增援部队。加重了俄方疑虑的是，还有消息显示，日本军舰再次在盖平附近海域现身，不过这条消息也没有任何事实依据。而在日军方面，东乡少将的舰队在16日17点完成重组后回到了金州湾，继续实施第二部分计划，即为奥保巩将军的右翼提供战术援助。然而，写满灾难的故事仍在延续。午夜后，曾在另一侧海岸引发混乱的雾气飘向了这些日舰。当时，雾霭是如此浓密，以至于东乡少将被迫下令：各舰应寻找合适的位置下锚停船。就在日军进行机动期间，炮舰"赤城"号与姐妹舰"大岛"号发生碰撞。所有的抢救措施都无济于事，"大岛"号的船员只能在举行例行的仪式后弃船。虽然人员全部得救，但该舰还是迅速沉没了。同一天，日军还有1艘驱逐舰在大连附近触雷[①]，它也成了日军在5天内的第7例损失。

17日7点30分，由于能见度恢复，该舰队得以继续执行任务。其中一艘巡洋舰被派往蛇岛（Iron Island），并通过设在老铁山航道上的所谓"中央观测哨（Central Observation Station）"同舰队主力取得联系，而东乡少将则和其余舰船在中午时分抵达了金州湾[2]，并立刻开始轰击敌军在金州湾南缘的黄龙尾咀[②]（Wedge Head）观察哨，而另一支分队则不顾敌军的猛烈炮火开始迅速清扫湾内的水雷。大功告成后，东乡少将开始大胆地驶入湾内，向金州方向发动炮击。

---

① 译注：该舰是第3驱逐队的"晓"号，其触雷位置在老铁山东南海域。
② 译注：在日方史料中被称为"楔头"或"劈头"。

然而，在这次预定的联合行动中，其他各方并没有展开行动：主力舰队和运载陆战队的巡洋舰都没有现身，甚至连陆军也毫无动静。奥保巩将军之所以选择按兵不动，是因为 15 日有消息显示，俄军正在盖平北面集结；同时，他还不确定海军取消了多少相关的部署。我们唯一知道的是，他仅仅是巩固了横跨铁路两侧的阵地，并进一步迫使俄军前哨阵地后退，直到全部占领了正对着南山防线的一连串山丘。接着，他开始掘壕据守，并在增援部队赶来前暂停了所有的后续军事行动。

了解了情况后，东乡少将停止了对金州的炮击，并朝夏家河子（Sha-oe River）附近的海湾西侧移动。在那里，铁路再次接近了海岸。确定附近海域没有水雷后，他派遣"赤城"号和"宇治"号（Uji）对桥梁实施了炮击。虽然炮火没有给桥梁造成伤害，却阴差阳错打击了敌人的士气。当时，恰逢斯特塞尔将军结束了对南山防线的视察，正乘火车返回旅顺。虽然司机一直在全速行驶，但炮舰的火力是如此猛烈，列车车头当场中弹瘫痪，将军和参谋们不得不骑上马匹，在炮火中夺路而去。这次事件也让将军误以为自己遭遇了日军登陆，于是匆忙下令抵抗。来自旅顺和福克将军麾下的部队纷纷火速赶赴现场，但警报很快便被取消了。日落时分，东乡少将撤回了舰队，并于次日晚上（18 日）回到基地上报了损失，但他们的行动还远远没有停止。

19 日，在加煤加水后，东乡少将奉命前往盐大澳监督运输船的卸载。在他离开期间，奥保巩将军的增援部队陆续抵达，其中第一批运输船于 15 日出发，并在 17 日当天开始上岸。到 23 日，运输船全部已驶入海湾，在舰队的协助下，它们每天都在卸载。

与此同时，细谷将军也完成了自己的任务，让连接两支大军的第 10 师团得以投入战场。这支部队将被部署到大洋河和大孤山附近，并将以此为根据地展开作战。为了这一使命，14 日，细谷将军便带领"扶桑"号、"平远"号（Heiyen）及装甲炮舰"筑紫"号前往位于平壤湾的会合点。其麾下的第三艘海防舰"济远"号则预定和另外 2 艘炮舰"爱宕"号（Atago）和"宇治"号一道在青堆子岬加入护航。另一艘炮舰"磐城"号（Banjo）早已离队，最后一次侦察登陆场。由于兵力极为微弱，细谷将军对登陆的帮助也相当有限，为此，东乡将军事先警告过大本营。认识到这一点后，大本营特地在作战命令中提示陆军，必须自己着手解决船艇问题。

作为登陆部队的指挥官，陆军中将川村男爵[1]（Baron Kawarhura）征调了大批舢板。舢板先是沿着海岸移动到了鸭绿江，随后又在大洋河口的一座小岛附近集结起来。同时，细谷将军也承担起了当前海军的新任务——占领登陆场。为此，他特地从船员中抽出了 1 支配备轻武器的中队和 1 支野战炮小队。

17 日一切准备就绪时，返回镇南浦的"磐城"号却带回了一份令人沮丧的报告：现场找不到合适的登陆点。由于地面战场局势紧急，该部队必须立即登陆，川村中将和细谷少将都认为船队应立刻出发，同时，"磐城"号也奉命再次前去搜寻。次日（18 日）4 点，第一批运输船和护航舰只陆续出航，"济远"号在途中加入队列。黄昏时分，船队在岸上视野范围之外下锚，地点在与舢板分队会合的岛屿附近。此时，他们决定尝试登陆的区域是东青堆子岬所在半岛西侧的南尖子[2]（Nan-chien）——位于大孤山西南约 15 英里处。天亮后，"磐城"号便驶向近海，用舰炮实施火力侦察，并驱走了当地的少数俄军侦察兵。在该舰的火力掩护以及 2 艘装炮汽艇的直接支援下，陆战队登上滩头并占领了半岛的脖颈地带。8 点时，日本国旗已在山头升起，陆军部队开始上岸。但当地的泥滩比盐大澳还要糟糕，而且其环境也毫无遮蔽，只要有些许风浪，登陆作业都将被迫暂停。幸运的是，这一天风平浪静、天气晴朗，在刚刚抵达的炮舰"爱宕"号和"宇治"号的协助下，登陆作业进展迅速。夜幕降临前，所有步兵（共计 6个大队）、1 个炮兵中队和 1 个工兵中队都已上岸，同时，登陆行动还真正做到了出其不意。期间，除了少数俄军巡逻队，日军并没有遭遇真正意义上的监视和抵抗。此前，俄军密西琴科部的任务，就是派遣骑兵监视当地海岸，但由于"东

---

[1] 译注：即川村景明（1850—1926 年）。川村景明原姓野崎，参加过萨英战争、戊辰战争，中日甲午战争期间曾率部在台湾作战，日俄战争期间作为第 10 师团的指挥官被派往中国。后来，他麾下的部队不断增多，编成为日军的"鸭绿江军"，他也在此期间晋升为大将，并被任命为该军的军长。战时，川村以体恤士兵著称。1915 年获封元帅，1926 年去世于东京。

[2] 译注：即今天辽宁省庄河市的南尖村。

部支队"被黑木将军击退，该部也开始往凤凰城方向撤退。这种情况当然不是库罗帕特金将军愿意看到的，在获悉这一情况后，他立刻命令恢复对沿海地区的骑兵巡逻。但在这个关键时刻，俄军却未能及时赶到，其结果是，直到三天后，库罗帕特金才得知日军已经登陆，而且即使到了此时，他手头也没有一份关于日军登陆兵力的详细报告。

20 日，也就是日军上岸后的第二天，登陆作业全部完成。在海军陆战队奉命归舰的同时，川村将军派遣了 1 个中队前去夺取大孤山，以便与黑木将军派来执行同一任务的第 1 军所辖骑兵分队会师。[3] 在这一任务完成后，川村便可以着手将部队集结在大孤山，同时，其直属的骑兵、炮兵、工兵和辎重部队也正在陆续上岸。第一梯队的卸载共花费了 4 天，但后半部分工作实际是由陆军的碇泊场司令部单独进行的。由于其他区域对支援舰队的迫切需求，东乡将军现在急需抽调他手头的每一艘船。20 日夜间，大本营正式发出通知，可以停止对大孤山地区的海上援助。闻讯之后，东乡立刻向细谷将军发出了召回命令。第二天，炮舰离开了登陆现场。22 日，随着第一批部队全部上岸，细谷将军也带领其余舰船奉命离去，陆军则需要利用手头的资源保障第二批运输船的登陆顺利进行。

接下来，海军将肩负起另一项使命。当细谷将军抵达基地时，他发现所有人都在热火朝天地进行准备。因为当时，奥保巩将军正准备继续展开进攻，为此，细谷将军立即从东乡正路少将手中接管了登陆场，后者则可以同出羽将军轮班派遣巡洋舰监视旅顺的敌军——与之前相比，这一新任务更为沉重。

导致这种情况的原因是，大本营在最新的命令中进行了催促。令大本营担忧的不只有奥保巩将军止步于金州城外的事实，还有近来海军的损失；另外，他们还逐渐了解到，之前的阻塞行动未能完全达成目的；同时，俄军也正在波罗的海组建一支新舰队。这一切都要求日军加快脚步向旅顺推进，但此时，奥保巩将军在南翼只部署了 2 个师团，其余的部队则正在北面向普兰店—貔子窝一线推进，其粮秣和辎重则是从后一地点的补给站不断运往前线。

然而，东京方面似乎不赞成这种部署。我们手头的资料写道："在这一刻，大本营认为，为保证后续军事行动的开展，当务之急是占领大连湾。18 日，他们向奥保巩将军下令,要求他带领首批登陆的部队占领当地,同时抽调一切兵力,肃清金州前线的敌人。"

根据这一命令,将军在南线集结了 3 个师团和 1 个炮兵旅团,同时在没有彻底放弃貔子窝的情况下,把北线的右翼部队撤到了大沙河(Ta-sha-ho)一线。当然,仅凭这道命令,其实很难断言日军的作战计划已从孤立旅顺变成了强攻旅顺。我们知道,至少东乡将军本人始终将大连作为海陆联合行动的主要目标:占领当地将不仅便于日军孤立旅顺和攻打辽阳,对实施围攻也同样大有帮助。不过,对于这道新命令的真正意义,日本官方也给出了进一步的解释。正如我们在官方战史中所见:"鉴于目前敌军增援舰队(即波罗的海舰队)的消息以及我军舰队的状况,大本营认为有必要尽快占领旅顺,并摧毁当地的俄军舰队。"[4] 虽然他们的最初设想可能就是这样,但如果实际情况不然(事实上,不少迹象都显示他们确实更改了作战计划),我们不妨回想:日军大本营曾提到过,最近的损失将"产生深远的战略影响",而这种"战略影响",其实就包括了作战计划的变更。另外,还有一点可以肯定,即便尽快夺取旅顺的命令意味着日军修改了作战计划,但他们还远远没有意识到这一任务的艰巨性。从一开始他们就低估了这座要塞的抵抗能力:对华战争期间,袭取该要塞的光辉战绩仍然萦绕他们脑海中,正是因为这一点,他们相信当地很快就会沦陷,并且不会影响对辽阳发动的向心攻势。

## 注释:

1. 参见《俄国陆军战史》第 2 卷第 1 部分第 302、303 页，以及帝国国防委员会编纂的战况日志（N. I. D. Diary）第 83 页。

2. 参见《日本战史极密版》第 332 页。除了粗略提及"中央观测哨"外，日方资料并没有详细介绍其舰队在辽东湾方向的通信体系。至于"中央观察哨"，似乎始终由一艘巡洋舰或驱逐舰值守，这些舰艇均来自在老铁山外海展开例行封锁的第 3 战队。该书至少三次提道："'秋津洲'号担任了'位置 Z'[在蛇岛（Iron Island）西北]上的警戒舰，并肩负起了迎击敌军以及与旅顺港外的主力舰队保持联络的任务。"而在陆军真正开始向旅顺推进之前，相关资料并没有提及与陆军的联络方式。

3. 参见《日本战史公开版》第 2 卷第 31 页。

4. 参见《日本战史公开版》第 2 卷第 24 页。

∧ 与"赤城"号相撞沉没的日本炮舰"大岛"号。该舰系"摩耶"型炮舰的改良型号

∧ 炮舰"磐城"号。在南尖子登陆期间，该舰主要负责测量登陆场

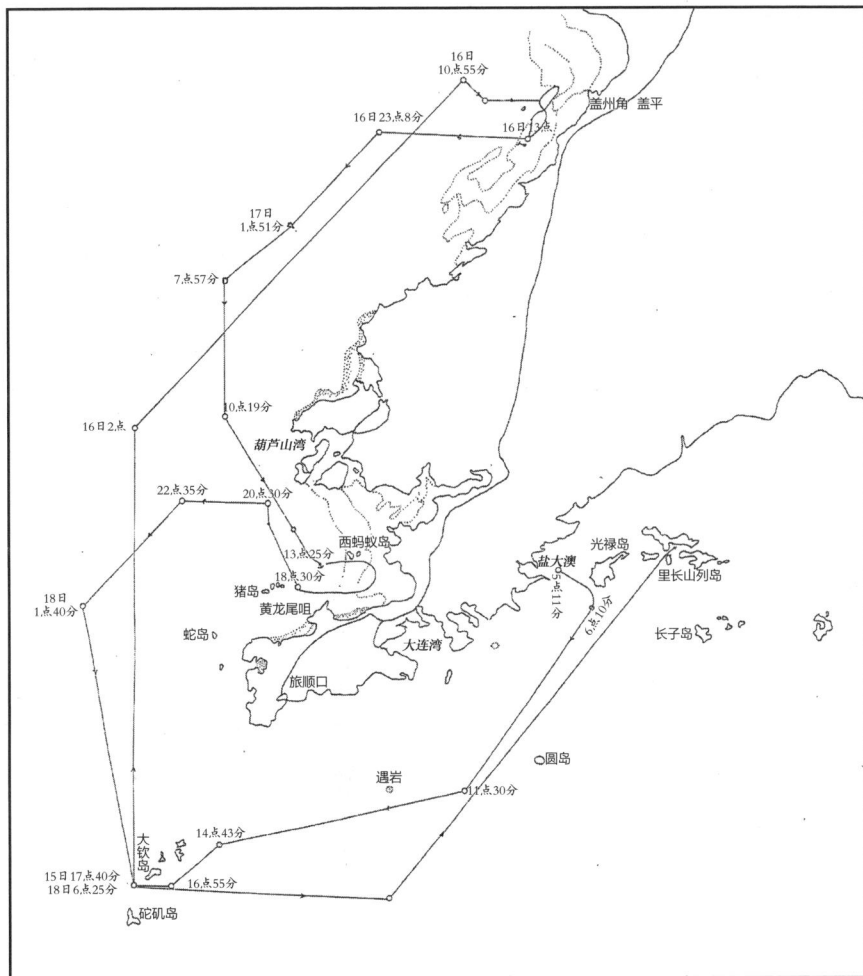

∧ 5月15—18日，日军第6战队在辽东半岛西侧的行动路线示意图

# 第十五章

# 南山之战

这道新命令也意味着，日军必须立即对坚固的南山防线发动进攻。南山是一块在关东地峡中部骤然隆起的高地，位于金州以南约 1 英里处，其两侧被一大片洼地环绕。这些洼地向西北一直延伸到金州湾，向东南则一直通向了大连湾中最幽深的海域——红涯套①（Hand Bay）。因此，该地对海上和地面战场几乎有同等重要的意义，这一点也曾被刚到任的马卡罗夫将军所明确指出。在前往旅顺途中，他停下审视了这片阵地，建议在两侧都安装可以朝大海开火的重炮[1]。但这项工作此时还未完成，因此南山的命运发生了重大改变。它意味着，交战双方都可以从金州或红涯套方向实施包抄——对此，俄军和日军都有着清楚的认识，其主官也都要求海军提供援助。

东乡将军可能根本没有从红涯套展开行动的计划，因为当地水雷密布，但从金州湾方向是可行的。但问题是，此时此刻，他那支遭受重创的舰队已是不堪重负，没有多余的兵力可以派出。唯一适合该任务的单位是以海防舰为主的第 7 战队，但这支部队另有任务在身。作为其指挥官，细谷将军麾下的大部分兵力仍在青堆子岬，其余的则正在盐大澳忙于协助奥保巩将军的增援部队登陆。自从"大岛"号沉没以来，他们的日程事实上已被排满。同时，东乡将军也认识到旅顺并没有被完全封闭的问题，所以如果绝对必要，敌军舰队也许会出港放手一搏。此时此刻，他不由得开始担心盐大澳登陆场的安全，因此，他不仅不能调走任何舰艇，反而还要求不堪重负的东乡正路战队继续守卫当地，直到细谷将军能从青堆子岬海域抽身，但目前为止，它的实现似乎依旧遥遥无期。

---

① 译注：即今天大连市东北方向的红土崖子湾，该地又名"红土堆子湾"。

　　有鉴于此，奥保巩将军决定不等待海军的配合，率先在24日进行最后的部署。这一天，他的作战意图和乐观期望，也被写进了东乡给舰队的训令中。其中这样写道："第2军已经开始进攻行动。之前他们已经占领金州北部和东部的一片区域，今天开始准备大举进军。26日凌晨，他们计划夺取南山防线，然后再推进到大连湾西岸。"第2军之所以在26日才发起总攻，是因为他们需要事先夺取金州，以便为后续行动打下基础，而这场先遣行动将于25日开始。在获悉了将军的意图后，东乡决定施以援手。因此，东乡向舰队发布训令的当天早晨，他还向奥保巩发去了一封电报，表示如果天气晴好，他将于25日和26日向金州湾方向派遣一支分队，以协助地面部队推进。考虑到这一部署至关重要，奥保巩立刻下令将作战推迟到次日。

　　东乡之所以会伸出援手，是因为细谷将军在青堆子岬的任务进展迅速。如前所述，细谷将军的动作如此之快，以至于在20日晚间，东京方面便下发了归队许可。22日，其麾下舰船都回到了里长山列岛。次日清晨，该部奉命开赴盐大澳，并从东乡正路少将手中接过了当地的防御工作。

　　当天，奥保巩将军的最新一批增援部队也正式抵达。他们的登陆同样进展极快，这让东乡认为，他有了抽调舰船前往金州湾的条件。23日，他果断做出决定：从盐大澳召回重型炮舰"筑紫"号和"平远"号，并派2艘轻型炮舰"爱宕"号和"鸟海"号带领1个水雷艇队与之会合。在开赴金州湾执行任务期间，整个分队将由"筑紫"号舰长西山海军中佐[①]（Nishiyama）全权指挥。这支舰队除了各种副炮以外，还有3门10英寸和12门4.7英寸的舰炮——足以对付野战工事，陆军也将因此获益匪浅。

　　在前面提到的训令中，东乡还为联合作战下达了详细指示。事实上，在力所能及的情况下，从金州或红涯套方向协助陆军，只是这次海上行动的一部分，

---

　　① 译注：西山保吉（1863—1913年），日俄战争前历任"桥立"号炮术长、海军大学校教官、"筑紫"号舰长等职务。在1905年日俄战争结束后，调任"满洲丸"号舰长。尔后，西山保吉又相继担任过"笠置"号舰长和"日进"号舰长等职务。1913年转入预备役，最终军衔为海军少将。

同时，他还必须保证西山分队免遭来自旅顺的袭击。为此，他从出羽舰队中抽出了3艘轮值的军舰，即装甲巡洋舰"八云"和"浅间"号以及二等巡洋舰"笠置"号，并将它们交给了"八云"号的松本大佐①（Mastumoto）统一指挥。东乡要求该分队在24日13点启程，并在天黑前全程保护炮舰。任务完成后，该分队将面向外海，在遇岩附近警戒，并于次日在旅顺外海30—40海里处执行例行的封锁任务，即"监视敌军并为金州湾外海的分队提供间接掩护"。假如敌军舰队出港，他们将尽力对敌军进行袭扰，如果对方企图扑向炮舰，松本需要向驻守在老铁山航道待命的驱逐队发出预警，松本自己则将前往黄龙尾咀外海的虎平岛②（Milne Island）附近海域。

而在关东地峡的另一侧，为把敌军的注意力引向大连，片冈将军将带领第5战队，伴随着2艘搭载陆战队的运输船、若干炮舰和1支轻型舰艇分队共同行动。此前，这些舰船曾在22日对大连湾方向和大孤山半岛进行过一次佯动，他们将在24日再次出击；次日，东乡正路的舰队也将从原任务中解脱，展开类似的牵制攻击行动。这项任务完成后，他们将替换松本大佐麾下的执勤巡洋舰，而后者会奉命伴随炮舰一道归航。同时，布雷舰队将设法在旅顺港入口布设一片新雷区。最后，东乡司令对上述部署总结道："如果时机成熟，我将率第1战队出动。"这当然也意味着，东乡不打算让战列舰冒险掩护陆军，而是只准备将其投入海战。

对俄军来说，他们的处境显然因为日本海军的存在而急剧恶化了——这一点不仅成了影响战局的关键，还给了这条俄军决心死守的防线致命一击。南山防线的选址及其首批工事的建造都始于义和团运动期间，当时的俄军依然掌握着周边海域的控制权。但现在，周围海域已落入敌手，对他们来说，整条防线很容易被一次来自侧后方的登陆所包抄，如果他们选择坚守不退，守军就有全

---

① 译注：松本有信（1860—1930年），早年长期担任参谋，日俄战争前历任"千代田"号、"吉野"号舰长，并担任"八云"号舰长直到1905年。后调往舞鹤镇守府，历任镇守府参谋长和舞鹤水雷团团长等职务，并于1909年转入预备役，最终军衔为海军少将。

② 译注：当地又名湖平岛。

军覆没的危险。尽管坚守该防线需要 3 个团,但为了避免守军被切断,福克只在当地部署了 1 个团。至于另外 2 个团,则被留在后方担任预备队,借以阻止日军在其中一侧海岸登陆。这种做法在指挥官当中引发了争议,他们完全不清楚自己是该坚守到最后一刻,还是可以面对敌军的强大压力而节节后撤。斯特塞尔将军本人明显倾向于坚守,但他同时也承认,由于防线存在后顾之忧,远东总督和库罗帕特金将军都专门下达过指示,要求守军做好及时撤退的准备。作为守军的直接上级,福克将军也持有类似的观点。后来福克将军在军事法庭上不止一次地表示他十分清楚自己的首要职责是避免守军被彻底切断,为此,他曾拒绝了斯特塞尔再调拨 1 个团的建议,理由是这只会增加他撤退时的困难。作为防线的直接指挥官,第 5 东西伯利亚团的特列季亚科夫上校知道自己有被包抄的危险,但依然相信命令要求他战斗到最后一人。在向上级表明 1 个团远不够坚守所有阵地后,特列季亚科夫上校又得到了 4 个连和一些侦察分队的支援。这些部队都来自同一个师的其他部分,这些兵力不仅巩固了他的后防,还增强了其侧翼和正面的防御。[2]

在这种情况下,虽然东乡的佯攻规模有限,但仍然深远地影响了局势。那些行动让福克将军相信,尽管当前的折中做法虽然存在缺陷,却是唯一可行的部署方案。5 月 19 日,福克曾专门致电斯特塞尔,表示非常担心日军在大窑湾的活动。福克认为敌军会从当地穿过红涯套,进而在大连半岛登陆,或者是突向对面的戎克澳①(Junk Bay),并通过占领南关岭路口截断他的退路。因此,除了请求撤回 1 个团以守卫上述地区外,福克还要求将海军的交通艇派往戎克澳海域。斯特塞尔将军对此表示同意,而他在想方设法进行准备,以便让福克所部能从山路撤到旅顺的同时,还请求海军在主阵地两侧布防。但维特捷夫特只是回应说,日军在金州湾的任何行动都将遭遇惨败。不过,另一方面,维特捷夫特也确实把雷区延伸到了南山的两侧海岸,并让"海狸"号(Bobr)前

---

① 译注:当地是大连东北部的一处开口朝南的小海湾,即今天大连湾渔港的所在地。由于没有对应的地名,因此本书使用日军史料中的称谓"戎克澳"。

往红涯套驻防。25 日夜间，该舰在数艘驱逐舰的伴随下悄悄出港前往大连，期间并没有被日军执行封锁任务的轻型舰艇发现。

此时，日军的进攻还没有开始，但其第一战已定于右翼打响：第 4 师团将率先袭取金州。由于此举保护了在中路正面攻击南山防线的第 1 师团侧翼，它实际充当着行动的前哨战——否则，一旦日军要推进，就必须时刻在右翼提防着来自金州方向的威胁。此前，奥保巩将军曾将行动定在 25 日清晨，但到预定时间后，他却没有等来海军在右翼提供的支援。由于不愿意单独发动进攻，他选择暂时按兵不动。但另一方面，西山海军中佐其实已经在 8 点抵达金州湾，并派遣了水雷艇前去清扫该海域。随后，西山中佐所部开始小心翼翼地朝着海湾北侧的西蚂蚁岛（Ripon Island）行驶。中午抵达目标区域后，他下令扫清一条通往海岸的航道。但由于此时风浪太大、水位极低，日军不仅无法开展扫雷行动，更难向海岸靠近。有鉴于此，西山中佐认为必须取消对俄军左翼的炮击。同时，其他做法也断不可行，因为随着时间流逝，天气已变得更加恶劣。最终，他只能被迫命令 2 艘小型炮舰和轻型舰艇一道在西蚂蚁岛附近下锚，而他本人则带领"筑紫"号与"平远"号前往北面 20 海里处的葫芦山湾（Hu-lu-shan Bay）避风。期间，这些军舰与陆军部队失去了联络。因此，当奥保巩将军从阵地向海面眺望时，他根本没有看到任何舰船。等到 3 点后，他决定将进攻推迟到明天，同时命令第 4 师团夜袭夺取金州。按照新的计划，日军将在午夜时分占领当地，对南山的攻势将在 26 日清晨发起，随后他还向东乡报告了这一决定。5 点，推迟进攻的消息也被传达给了舰队，而且陆军还发来一份指示，希望明天再进行一次炮击尝试。

然而，噩运依旧困扰着日本人。在夜幕降临时分，日军部队趁着电闪雷鸣，在狂风暴雨中逼近了金州，但闪电却照亮了他们的身影，整个进攻行动因此受挫。守军随后得到增援，并破坏了日军的第二次企图。后者别无他法，只能从前线撤退。

此时，日军无疑离在午夜前夺取金州的目标相去甚远，而且他们不得不撤退。黎明时分，双方在城北的台地上形成了僵持局面。因此，中路的第 1 师团在挺进期间，发现自己陷入了侧翼暴露的窘境，于是他们只能停止前进，并接过夺取金州的使命。其中一支分队不顾侧翼完全暴露的事实，奉命迂回并夺取金州东门。与此同时，当地英勇的守军也迅速遭到炮火的削弱，因此，在战斗间歇，特列季亚科夫上校命令守军撤向南山防线。撤军行动于上午 4 点开始，当日军最终占领当地时，他们只遭到了一小队后卫部队的阻击。

大约凌晨 2 点 30 分，"赤城"号舰长藤本海军中佐[①]（Fujimoto）透过昏暗的夜色，看到了一道探照灯光正向着金州而去，这表明战斗正在进行。该舰迅速起锚，但狂风暴雨是如此猛烈，没有一艘友舰收到它打出的信号，而且一段时间内，日军根本无法开展任何行动。直到黎明时分，暴雨才渐渐停息，海面也变得平静起来。"赤城"号开始赶赴开火阵位，"鸟海"号的舰长林中佐也带领水雷艇队紧随其后。由于林中佐是上次旅顺闭塞行动的指挥官，他一心想的只有洗刷上次失败的耻辱。最初，一片浓雾笼罩着海岸，日军眼前一片模糊，更没有声响可以为他们指示目标。岸上的陆军同样对局势一无所知，南山仿佛被雾完全隐藏了起来。不过，5 点后不久，南山主峰逐渐出现在了视野中，炮兵纷纷开始射击。同时，2 艘炮舰也无心继续清扫水雷，为了弥补之前的无所作为，它们不顾危险地穿过了未清扫的海域。6 点后，随着南山顶峰进入视野，2 舰开始发起炮击。

此时，指挥"筑紫"和"平远"2 艘舰的西山中佐也在赶赴南山。当 2 舰抵达时，炮战已经达到高潮。西山中佐立即前进，以便为 2 艘先遣炮舰提供支援。当他接近时，发现水雷艇队的第 2 小队已经抵达了近海，并且"正在轰击南山沿岸的铁路线、桥梁、厂房和车站"[3]。但没过多久他们便停止了射击，可能是因为他们看到友军部队正在前进。按照日本方面史料的说法："他们看到'赤城'号和'鸟海'号不断靠近要塞，正竭尽全力支援岸上部队。"这时，分队指挥官西山中佐依照东乡将军的训令，认为日军会立刻向此地发起攻击，于是，他命令水雷艇队第 1 小队靠近敌军后方的夏家河子，对该地与海岸平行的铁路线实施炮击，切断或威胁敌军的撤退路线。[4]至于另外 2 艘水雷艇，则始终在提

---

① 译注：藤本秀四郎（1862—1923 年）出生于佐贺，早年担任过水雷艇队司令，"赤城"号也是他指挥的第一艘军舰。1904 年 6 月晋升为第 1 驱逐队司令，次年晋升大佐，并率部参加了对马海战。战后，藤本秀四郎历任吴水雷团长、横须贺水雷队队长等职务，最终军衔为海军中将，1923 年去世。

供引导服务，以便西山中佐的炮舰能驶入有效射程。

由于只安装了 1 门 3 磅炮，2 艘水雷艇对铁路的破坏程度微乎其微。然而，由于威胁到了俄军撤退路线，它们的行动可谓意义深远。俄军巡逻队发现它们后，便报告说日军登陆迫在眉睫。7 点 30 分，日军准备攻击南山时，福克将军立刻带领第 15 团的上校指挥官和所有营长，匆匆赶往了距离前线 13 英里的危险区域。该团两天之前刚从旅顺出发，原计划替换南关岭路口的守军。现在，在选定了一处能应对威胁的防御阵地后，福克于 8 点 45 分向该团下令，为了掩护全师撤退，如果日军登陆，该团必须坚守到底。一小时后，又一份报告称，日军正在南山防线后方登陆，登陆地点是一座村庄，该村庄坐落在南关岭高地延伸向海滨的山坡上。作为福克的副手，纳代因将军[①]（Nadyein）立刻从戎克澳附近的沙家沟[②]（Cha-ti-kiau）调去了第 13 团的 2 个营；另外，福克也下令第 15 团的 2 个营赶往同一方向，但他将援军削减到了 3 个连，而该团的主力则被派往南关岭。

令他担心的不只有日军的登陆行动，还有南山地区的局势，从南山传回的报告可谓令人震惊。很大程度上，这点要得益于西山中佐的贡献：在派遣 2 艘水雷艇前往夏家河子后，西山中佐也迅速驶近，将俄军战线纳入了射程，重型炮弹朝着俄军呼啸而去。随着俄军火力减弱，第 4 师团越过开阔地带，向山脚的俄军阵地进攻。看到日军不断取得进展，西山中佐可能是认为自己已尽到了职责，也可能是担心发生误击，便把注意力转向了上南关岭。之前为了防范日军在主阵地后方登陆，俄军在该地布置了一个面向海岸的野战炮兵阵地。而在此时，西山中佐脑海中的唯一想法，就是阻挠预想中的俄军撤退，毕竟该炮兵阵地也确实有着掩护撤退的用途，这可能影响了他的判断。无论如何，他的行

---

[①] 译注：米特罗凡·纳代因（1839—1908 年）早年参加过俄土战争，1894 年晋升上校，1902 年晋升少将。旅顺战役期间担任第 4 东西伯利亚步兵师第 2 旅旅长，并在 1904 年 5 月两次负伤。在 1904 年年底的战斗中，他主要负责指挥地面防线的东段，并于 10 月 22 日晋升中将。

[②] 译注：原文为 "Cha-ti-kiau"，在另一些欧洲同期出版的战史中被称作 "Tsadigou"，实际地名已不可考。不过据《日露战史》和 1912 年版俄国《军事百科全书》中的地图相互对照，该地大致位于今天大连市甘井子区大宋桥东南，《日露战史》中称该地为"沙家沟"。

动发起得太早了。8点30分，第4师团的前进已陷入停滞。随着潮水退去，他们的右翼试图涉水对俄军左翼进行包抄。但这一切都是徒劳的，俄军火力死灰复燃，挫败了日军的企图——只是因为蜷伏在海水中，进攻部队才没有全军覆没。

直到此时，西山中佐才转回了之前的目标（不清楚此举是否得到了陆军的通知），并倾泻了特列季亚科夫上校所说的"可怕火力"。特列季亚科夫说，日军舰队的主要目标是一个有8门炮的野战炮兵阵地，它也被称作第15号阵地，位于防线西侧尽头的左后方。这些炮位非常靠近大海，以便向海滩方向实施纵射。虽然这一轮炮击可能来自大舰，但小舰无疑也干扰了俄军的射击。大约11点，按照特列季亚科夫上校的说法，他左侧战线的堑壕已被彻底破坏而无法据守。稍后不久，他还接到报告，15号阵地中的所有火炮均已撤出炮位——日军包抄行动最大也是最可怕的阻碍就此不复存在了。随着潮水退去，日军的机动空间也更为广阔。之前一直蜷伏在水中，且被俄军认为已死的士兵抓住了机会，重新开始移动。

另一方面，退潮也令"平远"和"筑紫"号无法留在原地——不过，陆军也没有了后续的支援需要；由于人员损耗或弹药匮乏，所有的俄军火炮都陷入了沉默。此时，日军步兵发动攻击的时机已经成熟。因此，西山中佐将麾下的2艘大舰撤回了外海并在射程之外下锚，只留下"鸟海"号和"赤城"号在近海监视敌人，与后者共同行动的还有一直担任护航的2艘水雷艇，其中1艘水雷艇奉命被派出与第4师团的指挥官取得联络，以确定陆军是否还需要其他支援。

从海上远远看去，日军仿佛赢得了胜利，但真实情况远非如此。在所有三个方向，日军的突击都在俄军阵地中陷入了僵持，他们别无他法，只好就地构建工事。第4师团从沿海方向包抄俄军左翼的第二次尝试同样以失败告终，面对南关岭炮兵阵地的火力，整个行动变成了一场屠杀。在另一侧，俄军的"海狸"号和2艘驱逐舰也加入战斗，在雷场的保护下，日本巡洋舰对它们无可奈何。事实上，东乡将军禁止了一切主动交战的尝试，因为该做法实在过于危险。虽然上述俄舰的炮击效果似乎有限，但依旧给日军第3师团带来了士气上的影响——该师团<sup>①</sup>无法得到两翼的支持，导致其无法从正面发动进攻。

3个多小时后，局面仍然僵持着。事实上，俄军有理由认为自己赢得了胜利。就在日军停止进攻后不久，由于担心被落潮搁进己方雷区，"海狸"号只好向大连撤退。<sup>5</sup>同时，福克将军向特列季亚科夫上校表示，他计划让这一阵地坚守到底，期间，他不需担心右翼，但必须时刻对左翼保持警惕。上校回答说，他自己手头已没有多余的预备队，于是将军便将14号阵地上的2个连和一些火炮送到了该阵地的左后方。15点30分，奥保巩将军下令再次发起一轮全面进攻。日军在这次进攻中虽然抱着极大的决心，但最终仍惨遭失败。同时，由于没有了来自海上的后顾之忧，福克将军实际是利用来自大连湾方向的预备队包抄了敌军左翼，面对这种情况，中路日军对此完全无能为力，而右翼则被南关岭炮兵阵地逼退到了海里。如果福克能在当时抓住机会，利用剩余预备队有效增援特列季亚科夫上校精疲力竭的部队，那么阵地就可以坚持到晚上，届时俄军的整条防线都有机会恢复。然而，确保撤退的"首要任务"依旧在福克脑海中挥之不去，左后方虎视眈眈的西山舰队更令他感到担忧，让他不敢把被日军佯动牵制的兵力调往别处。

日军第二次进攻失败后，西山中佐派往岸上的军官也与第4师团师部取得了联络。在收到继续进攻的命令后，该师师长将其送回，并要求舰炮对准南关岭的俄军炮兵——自第15号阵地被摧毁后，这里的俄军炮兵便成了日军实施包抄的主要障碍。但此举并非易事，当时恰逢退潮，2艘大舰都无法靠近，即使是"赤城"号和"鸟海"号，水位也只能让它们勉强通过。但炮击势在必行，就在2舰进入射程的时候，突然遭遇了猛烈的炮火袭击。期间，林中佐一心想要洗刷掉上次失败的耻辱，命令"鸟海"号继续靠近，突然，1发炮弹重创了该舰，让中佐像他期望已久的那样，迎来了战死疆场的命运。尤其值得一提的是，尽管"鸟海"舰的大部分军官或死或伤，但1名年轻的海军中尉接过了指挥权，

---

① 译注：即第1师团。

继续带领该舰作战。同时，"筑紫"和"平远"号也利用涨潮相继加入战斗，并在射程的极限上展开了炮击。18点后，他们观测到俄军炮兵阵地沉默了下来。由于此时，日军已无法观测到炮弹落点，而且部队也开始再次推进，西山中佐决定停火，并带领分队驶离。

此时，第4师团支离破碎的右翼第三次踏入了海中。这次，由于潮汐变化，他们被迫在齐胸深的海水中跋涉。这些日军最终成功迂回了俄军左翼，然后开始转向内陆。而在俄军这边，由于弹药耗尽，阵地被重炮摧毁，虚弱的守军再也无法坚持下去，至于最近的预备队，则依然按兵不动。诚然，早在14点15分，福克将军的参谋长就向他表明，日军无意在其阵地左后方登陆，但威胁已经起到了作用：因为福克将军一心只想掩护撤退，所以他没有把任何一名士兵派往主防线，至于预定前去迎击登陆部队的俄军，现在也被调去南关岭，这种做法导致了俄军的溃败。日军的最后一轮总攻终于彻底击溃了俄军：19点20分，日军旗帜飘扬在了南山山顶。[6]

按照指示，西山分舰队随即开始撤退，并因此躲开了10艘从旅顺港前来袭击的驱逐舰。双方可能在黑暗中擦肩而过，因为当天晚上，俄军驱逐舰一度抵达了葫芦山[①]附近。俄军航行途中，有1艘驱逐舰在猪岛（Murchison Island）附近触礁报废[②]。其他舰船在救走舰员后，于次日空手回到了旅顺港内。

日军的第一场大规模海陆联合战术行动就这样结束了。无可否认，虽然两个军种之间的合作以成功告终，其中仍有许多地方不尽人意。在整个过程中，双方对联合作战的时机把握很差，部分是天气和潮汐状况所致，但主要是因为陆海之间缺乏有效的可视通信系统。同时，尽管运输船上有许多合格的通信兵，但海军却没有把军官或通信队派往地面指挥官的司令部，同时，西山中佐也无法得知陆军何时何地最需要炮火支援。事实上，如果上述部署得以推行，在西山中佐的支援下，第4师团很可能在第二次尝试时便已得手。按照俄军科斯坚

---

① 译注：原文为 Ha-lu-shan，似乎系 "Hu-lu-shan" 之误。
② 译注：该舰是"留心"号，俄军后来尝试打捞该舰，但因为天气恶劣，且该舰舰体破裂，相关工作最终未能开展。

326

科准将①（Kostenko）的说法，当时俄军的重炮群已失去战斗力，除了野战炮外，他们根本没有其他手段应对这次攻击——日军炮舰想要进行压制可谓轻而易举。[7]因此，如果日军提前进行了上述部署，南山可能会提早三四个小时沦陷。届时，无数生命将被拯救，由此剩下的时间、精力，当然还有弹药，都可以用于进行追击，甚至大连都很有可能在一夜之内被攻陷。[8]

尽管日军舰队没能妥善运用舰炮火力，但斯特塞尔将军却在一份电文中提到，它们决定了整个战局。他认为，日军舰炮摧毁了大部分俄军炮兵，特列季亚科夫上校和科斯坚科将军也对这一看法表示了认可和肯定。而施瓦茨上校和罗曼诺夫斯基上校则写道："必须承认，炮舰的火力非常有效，对日军帮助很大。"除此以外，由于担心日军会在后方登陆，福克将军以一种近乎无法理喻的态度将大部分步兵留在了后方，这也导致防线守军从来没有超过他手头兵力的三分之一。

虽然这种误判主导了俄军的部署，但它其实是一种正常现象。最值得深思的是，俄军最担忧的情况并没有发生，因此，我们就需要对日军在行动中的表现给予最严厉的批评。其海陆军之间的糟糕战术合作固然是一个问题，但真正的问题也许是，双方的合作仅仅局限在战术领域。尽管该战场非常适合灵活机动的海陆联合作战，但没有任何迹象显示，日军对该战法有丝毫的运用或是领悟。与当年沃尔夫（Wolfe）和桑德斯（Saunders）在魁北克的行动②，或是我们进攻法属西印度群岛时屡试不爽的做法相比，日军的行动在筹划上显得很是粗糙和稚嫩。从许多方面看，他们的理解仅限于在陆军进行海外部署的过程中，让舰队保护其交通线，或是用舰炮火力提供支援。他们的陆军一旦抵达作战基地，便不再是一支海上机动力量（floating force），此时，由于没有了身为"海上机动力量"（或"准海上机动力量"）时的灵活性，其突袭或袭扰敌军时的优势

① 译注：即米哈伊尔·科斯坚科（1855—? 年），生平不详。日俄战争期间，他担任旅顺要塞军事法庭的首席军法官，最终军衔为中将。
② 译注：即英国将领詹姆斯·沃尔夫（1727—1759 年）和查尔斯·桑德斯（1715—1775 年），他们分别是"七年战争"期间的英国在魁北克战役中陆军和海军的最高指挥官。在战争期间，桑德斯不断派遣舰队在圣劳伦斯河上进行勘测，寻找登陆点，还对魁北克进行了严密的封锁，完成了大军的运输工作，这些都为沃尔夫从背后袭取魁北克创造了有利条件。

也将荡然无存。

　　另一方面，最令俄军惧怕的，又恰恰是联合作战的突然性和隐蔽性，这让他们无法发挥南山防线的优势。如果日军借助海上行动灵活机动的特点，对福克将军的撤退路线实施佯攻，他们只需要略施加一点压力，就可以迫使对方抛弃阵地。另外，当地的战场环境也对我军熟悉的这种战略机动十分有利：这里有许多区域都可以供海陆联合部队大显身手。起初，最引起俄军担心的位置是大孤山、大窑湾，甚至是大连，最后，他们又认定另一侧海岸的营城子（Ying-cheng-tse）半岛最适合日军行动。营城子半岛是一座被大海环抱的高地，有一块宽2英里的平原将它同其余陆地分开，这一平原也为登陆者提供了良好的射界，同时，他们也可以从海上两个方向对俄军侧翼实施炮击。另外，当地还有五六个良好的登陆点——无论任何风向，其海面都很平静，水深也足以供大船靠近，另外，周围也没有合适的地貌能让俄军进行有效抵抗。

　　假如一支日军小部队能在当地站稳脚跟，并得到第5战队舰载重炮的充分支援，那无论俄国人投入多少兵力，都将很难撼动其防御。另外，按照斯特塞尔将军的一贯看法，他始终认为海上还有一支行踪不明的日军，这些日军曾经在鸠湾和双岛湾一带活动让他不敢将部队大规模调出旅顺。至于福克将军同样不敢调出守军，否则大连就会无人防守。不仅如此，日军还可以轻易得到增援，只要他们守住立足点，不只是南山，从大连通往旅顺的俄军铁路和主干道都有可能面临巨大危险。在过去数周，俄军一直在山间小路进行准备，以便在主要撤退路线面临登陆威胁时，让福克将军的师能够穿过山区撤退。而且在他们看来，这次行动将不只是一次简单的收缩，而是一场总撤退，俄军将由此撤往旅顺港前方的狼山①（Wolf Hills）。另外需要指出的是，在这条路线上，所谓的"隘口防线"（Position of the Passes）原本并不存在，只是因为日军推进迟缓，整条防线才得以完成构建。9

　　日军之所以没有实施上述佯攻的原因不得而知。缺乏运输船可能是一个原因，另外，东乡将军也因为缺乏舰船而被束住了手脚。但无可否认的事实是，不管他们

---

①译注：当地在一些资料中又名"凤凰山"。

此举的理由是否充分，日军的部署都很拙劣，而且有失主动，他们投入的兵力也简直是大材小用。期间，日本陆海军我行我素以及将大军刻板地集结于俄军正面的做法，简直让人觉得不可理喻。当我们了解到，日军动用了3个师团来对付俄军1个团多一点的部队时，这种问题就更加明显。据我们所知，当时没有一个人建议过让行动的兵力与实际需要相称，并给其他部队更多的自由。

在此期间，日军行动的亮点只有一处，那就是西山中佐始终坚持占领敌军撤退路线。此外，即便是东乡向大窑湾派遣陆战队的提议，其本质也更像是一次战术配合，离真正的战略牵制行动依旧相去甚远。同样，日军也不能把海上形势当成反应迟钝的借口。因为俄军只有派出主力舰队，才能真正阻止日军在北面的海岸登陆。此时，就算日军登陆不顺利，并导致俄军舰队出海，它也将给东乡将军带来其迫切需要的机会；何况与彻底摧毁旅顺舰队带来的回报相比，海军登陆部队所承受的风险简直称得上微不足道。另外，假如这次牵制行动能获得成功，奥保巩将军将迅速率部占领大连，这将带来无可估量的巨大回报。

事实上，军种之间漏洞百出的配合，给日本陆军带来了不必要的压力——其英勇的表现，最终也让他们精疲力竭。此时，日本陆军唯一能做的，就是在这片经过14小时鏖战才夺取的阵地上扎营。俄军不仅逃之夭夭，还带走了附近所有牲畜，对大连进行了疏散和破坏。由于雷场让日军巡洋舰无法逼近，因此日军几乎根本无法干预俄军的行动。战斗结束后的第二天，所有参与联合作战的舰船都回到了基地。

但对日军来说幸运的是，俄国人并没有妥善利用这段喘息时间。尽管南关岭的地形比南山更有利，但他们没能在当地做任何抵抗；这导致他们很快便放弃了大连——28日，大连落入日军手中。在过去一周，虽然当地的部分仓库被搬空，但更多的依旧完好无损，同样，俄军数次摧毁码头的尝试也失败了，这让日军得到了建立海上基地所需的一切，如码头、仓库、厂房和发电厂等，甚至连铁路也完好无损。虽然当地的机车已被撤往旅顺，但日军却俘获了大量车厢。可以说，日军获得了与其拙劣行动完全不匹配的战果——这些和他们自己的努力无关，是俄军捕风捉影的心态葬送了一切。[10] 就算如此，日军还是相当满意，他们认为联合行动的"主要目标"已经达成——战争的新篇章就此开启了。

## 注释：

1. 参见《海军文集》，1912 年 7 月号第 87 页。

2. 关于地面行动以及福克将军鉴于敌军可能在后方登陆，而撤离南山防线和退往旅顺的详细情况，可参见本书后文附录 H。

3. 参见《日本战史极密版》第 339 页。

4. 参见《日本战史极密版》第 339 页及《日本战史公开版》第 2 卷第 36 页。夏家河子坐标为北纬 39.1 度、东经 121.29 度，其靠近金州湾的最南角——双坨子。

5. 参见施瓦茨和罗曼诺夫斯基《旅顺口保卫战》。书中宣称该舰几乎弹药耗尽，但事实上，该舰共发射了 7 枚 9 英寸炮弹、22 枚 6 英寸炮弹，外加超过 200 枚小口径炮弹和 51 发破片弹。

6. 这种涉水包抄敌军防线的做法曾在我军的两次联合作战中取得过成功：一次是在 1585 年，弗朗西斯·德雷克爵士夺取西属美洲卡塔赫纳（Cartagena on the Spanish Main，即今天哥伦比亚共和国的卡塔赫纳）的行动；另一次是 1600 年，弗朗西斯·韦尔（Francis Vere）在弗兰德斯沿岸进行的敦刻尔克之战，但在这两次战役中，地面部队的行动都得到了舰炮支援。

7. 相关内容可参见《日本战史公开版》第 2 卷第 40 页中翻译的俄军供述。相关内容也得到了特列季亚科夫上校的证实，不过后者也表示，除了第 15 号炮位之外，只有少数火炮被拆卸运走。同时，由于缺乏人员或弹药，大部分炮兵阵地最终都陷入瘫痪。

8. 日军的伤亡大约有 4500 人，而俄军为 1400 人。俄军伤亡几乎相当于整个据守在南山的第 5 团的人数总和。同时，俄军还损失了 30 门重炮、62 座野战炮和机关炮（枪）以及大量弹药。

9. 参见附录 H 及施瓦茨和罗曼诺夫斯基著作的第 242 页。在战斗的第二天，康德拉琴科将军制订了一份派遣福克所辖师团占领狼山沿线的计划，并于 28 日带去与福克会面。会面时，福克建议在必要时进驻"隘口防线"，以便掩护撤退，康德拉琴科将军对此表示同意。但特列季亚科夫上校却表示，南山的撤退开始后，福克将军便命令第 5 团的所有辎重队撤回旅顺。施瓦茨和罗曼诺夫斯基上校对此评论说："据我们所知，当时上级并没有决定利用这条防线进行真正的抵抗。"同时他们还表示，当时的部队士气过于低落，根本无力抵御穷追不舍的敌军（见第 246 页）。

10. 库罗帕特金将军在军事法庭上说道："当时或许存在一种危险情况，那就是敌军舰队护送 1 艘运输船在金州防线后方出现，并且开始登陆。在这种情况下，我们将被迫紧急从金州防线调动部队前往后方地带。"

∧ 奉命支援陆军进攻金州和南山的"筑紫"号。该舰最初由智利海军订购，由英国工程师乔治·伦道尔设计，后来在竣工前被转售给日本，其装甲防护薄弱，但安装了2门10英寸重型火炮

∧ 与"筑紫"号一同行动的"平远"舰由中国的福州船政局建造，后来在甲午战争中被日军俘获。由于吃水较浅且安装有重炮，该舰在日俄战争中经常用来支援地面部队

∧ 南山俄国守军的指挥官特列季亚科夫上校。这是他后来升任将军时的照片

∧ 西山支队在辽东半岛西部支援陆军时,片冈将军也在半岛东部展开了巡航。照片中可以看到1艘三景舰和缴获自中国的铁甲舰"镇远"号

∧ 俄国炮舰"海狸"号。南山之战期间,该舰曾和驱逐舰一道被部署到南山东侧的红涯套海域,协助地面部队抵御日军进攻

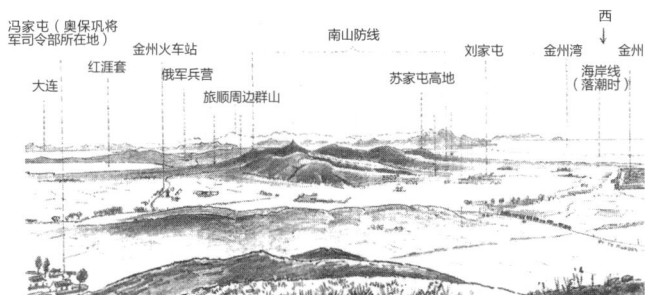

〈 英国出版的《日俄战争官方战史》上附带的南山地势示意图

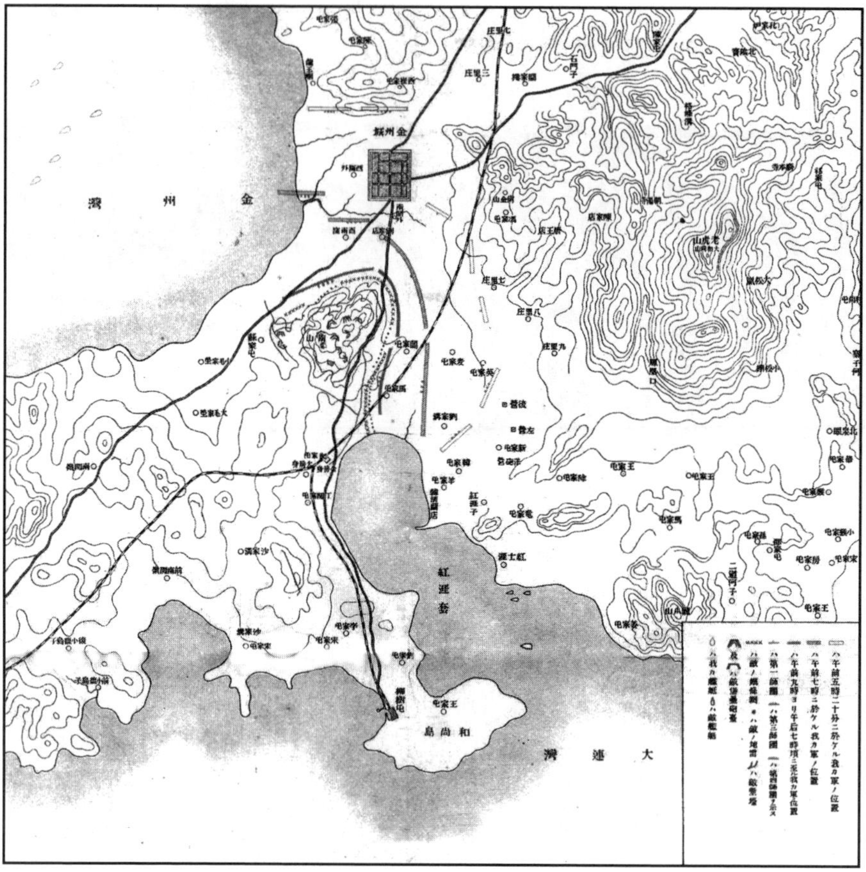

︿日军战史中的南山周边地形图

〈展示日军第三次进攻失败后，南
山正面尸横遍野景象的欧洲报纸
上的绘画

∧ 对金州的进攻打响前，第2军司令官奥保巩率参谋人员骑马赶赴前线视察敌情

∧ 金州之战期间，集结在三十里台子地区的日军炮兵部队

334

∧ 日军进攻首日16点时拍摄的南山。山脚下还隐约可见炮弹爆炸激起的烟尘

∧ 南山正面的沟壑。这些天然的障碍被俄军当成了抵御日军的屏障，另外图中还可看到俄军在山顶修建的营房

∧ 俄军在南山遗弃的野战炮和重炮

336

∧ 攻占南山后的日军在南坡稍事休整

∧ 被俄军凿沉在大连港内的商船

∧ 俄军撤出大连时，被付之一炬的行政长官官署

∧ 大连发电厂内依然完好的发电机组。虽然俄方对城市进行了破坏，但仍有大量战略物资落入日军之手

# 第十六章

# 俄军在 6 月的反攻，日本海军的对策，上级责备维特捷夫特

最初预料到将与日本开战时，俄军便已意识到：一旦以商港为目标而兴建的大连落入敌手，对方就将获得一个攻打关东半岛的理想基地。而且所有人都公认，在日军夺占当地之后，除非俄军甘愿冒着风险从满洲方向发动强大的解围攻势，否则旅顺的命运将注定无可挽回。正如我们所知，这种考虑极大影响了俄军的集结，并让他们将地点选在了更为靠南的辽阳地区。而在集结完成前，由于局势使然，他们又被迫提前开始挥师前进。

和当初在朝鲜的局势一样，日军在辽东的目标也是一片具有特殊意义的土地。不仅如此，他们还再次掌握了战争的主动权；另外，借助海陆联合作战的内在优势，他们还可以迫使俄军在其最无希望和把握的地点，仓促发动一场虚弱的攻势。俄军也感觉到，日军的开局打乱了库罗帕特金的作战计划。这一计划的基础是旅顺可以长期坚守，届时，俄军将在辽阳——如果情况允许，甚至将是更北面的地点——伺机而动，并在集结了足够的兵力后，发动一场势不可挡的攻势。然而，这种部署思路有一个根本前提，那就是需要大连始终安然无恙。如今随着大连失守，这一前提条件已经不复存在。

早在 5 月 19 日，即旅顺港被孤立、南山防线有可能腹背受敌时，远东总督便将两种选择摆在了库罗帕特金将军面前，但这两种选择都违背了将军的本意。在这两种选项中，其中一种是牵制住日本第 2 军，用主力进攻黑木率领的第 1 军；另一种则截然相反，即牵制第 1 军，同时把奥保巩的第 2 军赶下海去。由于南山已经陷落，库罗帕特金将军随即宣布，他将采用后一种部署，但事实上，他又没有贯彻这一方案，因为在挥师前进时，他始终存在某种顾虑。当时，不仅两支日军的连接部队已在大孤山就位，同时，黑木将军的右翼正大举前进，威胁到了俄军和北方之间的联络。因此，库罗帕特金被迫限制行动的规模，只命

令施塔克尔贝格准备前进，其目标也不是解救旅顺，而是牵制敌人以减轻守军的压力。他写道："阁下所率军团的任务是迅速对敌军主力可能部署的旅顺方向发动进攻，削弱对方在关东半岛的攻势……在此期间，您不应试图同占据优势的敌军进行决战……您南进的最终目标是夺取金州，随后开始向旅顺推进。"[1]库罗帕特金的决定似乎得到了圣彼得堡方面的批准。但另一方面，此举在当时又是不可行的，因为在鸭绿江和大孤山方向，另外两支日军的威胁依旧巨大，更不用说日军舰队在辽东湾的牵制行动了，这些都给35000名俄军的行动带来了巨大威胁。但不可否认，这也是俄军在战争中第一次发动攻势。

　　旅顺方面同样意识到了新的危险局势。随着南山陷落，所有人深信日军将继续前进，并发动总攻占领旅顺。因此，俄国海军在5月27日召开了一次会议，商讨如何缓解危机。大多数在场的军官都认为，由于太多的受损船只无法出海，舰队不可能积极出动，此时，他们唯一的办法就是协助要塞防御到最后时刻，然后自己尽力突围而去。向总督汇报决议时，维特捷夫特将军还表示，他会向守军提供至少30门6英寸舰炮和100门小口径火炮，这也许可以为扭转南山陷落后的败局做出些许贡献。

　　按照我们的传统来看，这种做法无疑令人费解。但由于情况特殊，我们必须要解释一些问题。按照我国的传统做法，舰队从不会用于保卫基地，因为我们认为，只要局势有一丝希望，即便不能赢得胜利，舰队至少也要设法打击敌人，为最后的局势发展做出贡献。当时俄军的情况，其实与路易斯堡（Louisburg）战役①和塞瓦斯托波尔战役类似，这两场战役中的守军都丧失了这种信心。在日军2月发起首次突袭后，俄军的士气便被摧垮。虽然马卡罗夫将军极力让他们振作起来，但在其不幸阵亡后，俄军便再次一蹶不振——他们士气低落、训练不足、指挥不力。在这种情况下，如果让全体官兵贸然出动，冲入遍布水雷的海域去打击一支更强大的敌军，届时，他们将陷入任人宰割的境地。总之，当俄国舰队没能利用水雷战的成功趁势

---

　　① 译注：路易斯堡战役发生在"七年战争"期间的1758年。当时面对占据优势的英国舰队，驻扎在该地的11艘法国战列舰将大部分火炮和船员送上了岸，随后其中一部分自沉在港湾入口，还有一部分作为浮动炮台参加了保卫要塞的作战。

打击日军时,他们便注定不可能再发挥关键作用。随着斗志消散,他们只能寄希望于波罗的海舰队,但问题在于,作为扭转战局的希望所在,波罗的海舰队还需要在黄海拥有一个基地,同时,他们面对的敌军也不应像现在这样强大——只有上述条件都具备后,俄军才有扭转战局的可能性。诚然,通过大胆反击,旅顺舰队也许会给敌军造成重大打击,但此举也会让守军失去海军舰炮和人员的支援,而在当时,人们又普遍相信,没有两者的协助,旅顺将根本抵挡不住一次大规模攻击。届时,由于基地失守,俄军将失去战局的关键——黄海的制海权。如果没有它,陆军将无法向前线投入足够的兵力,把日军赶出占领的土地。总之,他们已经认定,如果没有黄海的制海权,无论战争持续多久,他们都不可能取胜;其战略的目标依然是赢得胜利,而不只是或多或少地消灭一部分敌人。

以上就是俄方自己的看法。然而,由于士气低落,他们并没有认识到日方的处境有多么危险,事实上,只要俄军出港进行一次佯动,都足以令日本人陷入窘境,并让日军的登陆一败涂地。他们还没有看到,保卫要塞的主战场其实在海上,因为进攻方的弱点也恰在于此:甚至在没有伤筋动骨的情况下,东乡将军便因为顾虑俄军的存在,专心采取了警戒态势,这种部署不仅让他无法直接援助陆军,还让他难以保护物资和增援的正常输送(需要指出,后两者也是影响日军进攻力度的关键因素)。简而言之,按照我们英国人的看法,这一切根本不该成为让一支"存在舰队"沦为"瘫痪舰队"的借口。

尽管远东总督的意见和库罗帕特金将军相左,但他本人也没有更好的提议。6月1日,远东总督只给出了一个模糊的答复:虽然舰队有责任协助保卫旅顺,但它们也应当出海并采取更果断的行动。但在维特捷夫特将军和参谋们看来,如果在外海与敌军决战,必定会以失败收场。因此,他们并没有贯彻其中的指示,经过几天的商议后,他们仍然决定把舰队投入要塞的被动防御中。

而日本海军显然没有如此瞻前顾后的必要,就目前而言,他们的任务非常明确,就是让要塞彻底陷入孤立状态。5月26日,即日军攻占南山的当天,他们宣布对关东半岛实施贸易封锁。迄今为止,除了军事违禁品外,当地与外界的物资运输依然保持着通畅,甚至连哨戒都相当松懈。然而,日本驻芝罘领事却获悉,尽管移除了连接旅顺的通信电缆,但俄军依旧能利用小型帆船同总部之间保持定期联络。这种小船并不害怕水雷，只要在夜晚悄悄沿着海岸航行，它们就能够从当地自由进出。因此，东乡将军敦促日本政府采取更严厉的措施，于是他在 24 日接到了对当地实施封锁的指示。

封锁令适用的范围覆盖了整个半岛，并一直延伸到日军占领区的边界，即貔子窝至普兰店外海的海湾一线。在东海岸，日军的部署没有实质上的调整，然而，在南部，庙岛列岛却成了一个需要特别关注的问题，因为从山东沿海出动的帆船经常以此基地，在夜间偷偷进入关东半岛西南部的海湾。为遏制这种活动，日军的辅助巡洋舰将在当中的砣矶岛（Toki-tau）不定期驻扎。而西侧的辽东湾方向，由于该地一直守备松懈，因此就需要多加留意。但另一方面，由于当地对主战场的影响有限，正如我们将在未来所见，整个封锁将在奉命抵达此处的陆军协助下共同完成。

关于封锁的具体办法，交付给指挥官的指示中有一点尤其值得注意：所有违禁品，包括输送给敌军的"食品"，除非可以为己所用，都应当投入海中就地销毁。至于涉事帆船的处理则要根据情况而定，其中一份指示表明他们有击沉中立船只的权力，但其他文告显示，不管当事船只是前往还是离开旅顺，它们都仅会遭到遣返。

现在，海上封锁成了东乡将军的第一要务，他最关心的问题自然是俄军会如何应对。他在 5 月 30 日的训令中写道："我们的策略较过去将受到更多限制，随着敌军在旅顺港内陷入困境，他们可能垂死挣扎以阻挠我军，舰队的每一部分都必须保持高度戒备，而且要随时待机，以便能及时出动追踪和摧毁向外海突围的敌人。"同时，他还致电大本营，要求再调拨 1000 枚水雷，用于封锁旅顺、海参崴，并阻碍波罗的海舰队的到达。从这些举措中我们可以发现，东乡希望将俄军舰队困于港内，并尽量依赖陆军将其摧毁。对我们来说，这种手段可谓相当陌生，因此，我们必须通过当时的特殊环境加以分析。事实上，东乡的决定，其实是不利环境的必然结果，因为当时，他实际是在被迫用日本海军的全部力量去对付一支与自己几乎旗鼓相当的敌军，而且这支敌军还拥有一支强大的且接近完好无损的预备队。因此，他必须将有战斗力的舰艇当成预备队使用，以便应对不时之需，同时，他采取了相应的第一步。前一天（即 5 月 29—30 日）

晚上，辅助布雷舰首次冒着炮火，在接近港湾入口处布下了一个雷区。

在舰队的其余任务中，尤其以清除大连湾的水雷最为棘手，也只有如此，日本陆军才能获得永久的行动基地，以便对俄军舰队实施攻击。这项任务被交给了片冈将军，同时，他也需要依照陆军的需求提供支援。在得到长官同意后，他立刻派遣了 1 名参谋和 1 名炮术中尉与陆军指挥官保持联络。在水雷被扫清前，日军都不能利用这片新夺取的地区向敌人施压，而且显而易见，扫雷很费时间。目前，陆军将只能通过条件不甚理想的盐大澳获得补给，那里也是细谷战队所在地。30 日，最后一批陆军部队上岸后，其后续任务的关键就是让刚抵达的补给和弹药运输队尽快登陆，没有这些辎重部队，奥保巩将军将在滩头动弹不得。

当时，奥保巩共有约 75000 人，这也是上级派给他的全部兵力。关于他打算如何部署，我们并没有明确的资料，但不管该军的主攻对象是旅顺，抑或是位于满洲的俄军，有一点可以确定：在最初的指示中，日军的目标似乎是后者。指示这样写道："第 2 军将和舰队一道在辽东半岛以南建立作战基地，其北界定在大沙河（Ta-sha-ho）—普兰店一线，南界则应在金州—大连，当地将成为一处基地，令其可以与第 1 军联手攻击敌人。"然而，奥保巩的意图依旧是在北方采取守势，他虽然占领了指示中的北部边界，但只在此保留了 1 个师团和 1 支骑兵部队（另一个派往当地的师团刚刚在盐大澳上岸）。他的主战线实际位于南面，在金州留下 1 个师团的预备队后，他将主力推进到了西起牧城湾（Society Bay）最南端，东至小平岛（Ping-tu-tau）东侧，即老虎滩湾沿岸的台子山①（Ta-tzushan）一线。导致这一举动的原因，也许是海上战场的不利局势让他们被迫调整原有思路，但施塔克尔贝格的进军，又再次让日军对当前的部署产生了疑虑。

5 月 30 日，日本方面获悉，施塔克尔贝格的骑兵已出现在了盖平以南 50 英里处，位于铁路沿线的得利寺（Telissu）地区，离奥保巩将军守备薄弱的左后方——普兰店大约只有 25 英里的距离。虽然很明显，奥保巩必须将战线转向北

---

① 译注：原文为 "Ta-tzushan in Hsiao-ping-tau Bay"，即"小平岛湾沿岸的台子山"。对照《日露战史》插图第三十一号，作为日军战线的最东端，台子山位于老虎滩湾西侧，在小平岛东北约 15 公里处。另外，"台子山"的地名今天已废弃不用，其位置大致在大连市中山区鸟语林景区一带。

方，但他也没有放弃速战速决夺取旅顺的乐观想法。在这种情况下，他决定将该军一分为二，而且这种做法他很可能一开始便考虑过。其中，奥保巩将军本人将亲自指挥 3 个师团，这些部队将和另一个奉命前来加强的师团一道组成新的第 2 军，并面向北方；另外 2 个师团将构成第 3 军的核心，当年作为旅团长，在攻克旅顺时大放异彩的乃木男爵①（Nogi）奉命从东京抵达，接过了该军的指挥权，并将负责对要塞发动进攻，而他的部队也成了海军最关心的对象。为此，东乡将军已做好准备，以便尽其所能提供支援，同时，就在报告显示得利寺出现敌军骑兵的第二天，东乡还下令陆战队做好准备，在大孤山半岛和大连湾西口角②（Dalny West Entry Point）登陆，届时，他们将在片冈中将的指挥下行动。²

但他们后来发现，当地并没有投入陆战队的必要，但即使如此，官兵们依旧主动请缨，为此，东乡立刻咨询了奥保巩将军——当时，后者处境并不乐观。按照初始计划，奥保巩应对俄军发动强有力的反击，然而，由于辎重部队仍然在登陆，他根本无法采取行动。在遭到哥萨克的穷追猛打后，其麾下负责掩护的骑兵部队正在撤退，同时，前线还发来报告，当面有大批俄军威胁到了其右翼的安全，位于貔子窝的补给站更是局势危急。奥保巩预计，他可能会在 6 月 5 日遭到敌军的攻击，但当时他已把 2 个师团集结在了左翼的普兰店，在大沙河沿岸到海边则只部署了 1 个师团。在这种情况下，他认为自己可能将被迫放弃貔子窝，并于 6 月 4 日呼吁海军协助他对当地的物资进行疏散。东乡司令当天便命令细谷将军将"济远"号派往当地，同时，该舰还将派遣 1 支登陆队，协助疏散险境中的补给站。由于对局势放心不下，

---

① 译注：即乃木希典（1849—1912 年）。乃木出身于日本长州藩藩士家庭，1868 年随山县有朋参加戊辰战争。1871 年毕业于陆军士官学校，1877 年参加平息西乡隆盛叛乱的西南战争。1885 年晋升少将，任第 11 旅团长。1886 年赴德国研究军事，归国后，乃木不仅改掉了放荡的生活作风，同时还极力建议效仿德国，进行全方位的军事改革，并培养军官严肃质朴的品质。中日甲午战争期间，乃木率领第 1 旅团攻占旅顺，1896 年率领第 2 师团参与了入侵台湾的行动，并于 1896—1898 年担任台湾总督。后来担任第 11 师团长，不久因部下涉嫌贪污而去职。日俄战争期间作为第 3 军长，他指挥了旅顺的围攻，当时，他的部下蒙受了惨重损失，他的两个儿子也相继战死，巨大的压力令他相当愧疚。战后出任学习院长，1912 年明治天皇去世后不久，乃木亦和妻子一道自杀，卒年 62 岁。

② 译注：该地在大连市中山区棒棰岛景区以北。

东乡还在同一天将陆战队派往了盐大澳，并告诉奥保巩，他可以随意差遣这支部队，前提是只需要告知细谷将军何时希望其登陆。后来，东乡司令在给细谷的命令中甚至表示，如果情报显示存在必要，细谷甚至可以不等待陆军的要求自行派出陆战队。[3] 此举并不意味着东乡放弃了对该部的指挥，相反，他的想法和我国海军的传统很接近：在不放弃控制权的前提下，让陆军能摆脱看守海岸基地的窘境。[4] 无论如何，这都是他出于互助精神，在职责范围内做出的一项慷慨之举。

奥保巩并没有立刻接受这一援助。他根据形势表示，暂时不需要这支援军，但如果有需要一定会及时提出。事实上，预想中的俄军进攻并没有出现。随着事关重大的一天到来和过去，敌军连丝毫大举进攻的迹象都没有——情况愈发表明，他们的进军仅仅是一次牵制行动。因此，第二天，疏散貔子窝的行动宣告中止，"济远"号的登陆分队也被召回。

俄军为何会出现难以理解的耽搁？答案是他们需要防范活动于大孤山的日军——现在已经被称作"第4军"。当俄军开拔的消息传来时，其第二批运输船队已经抵达，6月2日，其指挥官川村将军也收到了如下指示："第10师团必须做好准备，在命令下达后立刻向盖平进发，并全力朝前推进。"行动时，川村将军将取道左翼的岫岩，同时，黑木将军也将抽调一支部队充当前卫，以便为他的行动创造条件。该部的任务是掩护前沿的物资堆积场，但同时，它们的存在也对正在盖平集结的俄军"南方支队"构成了显著威胁。面对这种情况，库罗帕特金将军认为，施塔克尔贝格不应继续集结，更不应该进攻奥保巩所部。令他更感棘手的是，受到海上局势的影响，来自第4军的威胁似乎显得更严峻了。在日军发布封锁声明后，东乡正路少将接到指示，前往盖平方向加强封锁。在川村将军接到新命令之际，东乡少将得到的任务是：再次对盖平实施牵制行动，调查当地的海岸线，以便为奥保巩将军建立先遣补给基地打下基础。

这次行动预定于次日开始，但浓雾再次笼罩了海面，东乡少将直到6月7日才得以出发。此时，库罗帕特金将军基于自己的判断，已向施塔克尔贝格下发了前文提到的明确指示。虽然施塔克尔贝格的目标仍是设法吸引关东半岛的敌军，并对先遣部队展开迅猛的攻势，但同时，他也需要避免与优势敌军决战，并把重夺南山作为目标，此举也将成为解救旅顺的第一步，另外，我们很快将会看到，这将是一场海陆精心配合的联合行动。

与此同时，川村将军也在大举推进。6月8日，他的部队夺取了岫岩。同一天，东乡少将出现在了盖平沿岸。7日早些时候，他乘坐"明石"号，带领其他3艘三等巡洋舰、2艘炮舰和1个水雷艇队进入了辽东湾。其中，水雷艇立刻被派往金州湾执行封锁任务。在其检查的80艘帆船中，有1艘是于当天中午在复州湾（Fucho Bay）捕获的，船上有2名携带文件的俄军军官。这2名军官随即和文件一道被押上了"明石"号。据说，日方由此获知了俄军铁路运输的重要情报，其很可能和当前施塔克尔贝格向得利寺的调动有关。无论如何，在派遣1艘巡洋舰前往辽河河口后，东乡少将立即向塔山进发，开始向铁路和发现的所有敌人开火。一列火车因为在盖平遭遇炮火拦截而被迫后退，导致整条铁路上的运输陷入瘫痪。同时，东乡少将还主动炮击了桥梁，只是因为距离太远，目标并未遭到任何实质性的损坏。

当这些巡洋舰进行炮击时，1艘日军炮舰前去对远至盖州角（Kae-chu Point，位于盖平以西）沿岸方向进行侦察，试图寻找一处适合设置后勤基地的区域。同时，被派往辽河的巡洋舰回报说，当地情况一切平静。

该舰的目标，是开战后一直在此过冬的俄国炮舰"海狮"号（Sivuch），此外，当地还停泊着英国军舰"淘气"号（HMS Espiegle）和1艘美国炮舰。后来，这2艘中立军舰都在海冰解冻后离开了，但"海狮"号留在了辽河。最初，俄国人为了尊重通商口岸的中立地位，曾一度解除过"海狮"号的武装，后来由于担心日军登陆，而且考虑到牛庄在作战计划中的重要地位，他们又重新占领了当地，还恢复了"海狮"号的武装。这让日军有必要特别留意。[5]

收到巡洋舰的报告后，东乡少将撤回了整个战队，并在复州湾下锚过夜，当地也与施塔克尔贝格将军的右翼遥遥相对。次日清晨，他们回到塔山，再次对铁路实施炮击。在沿途北上期间，他们再次搜索了辽河，另外，在塔山正南方部分海岸，由于当地已被选为预想中的补给基地，他们也进行了细致的勘测。日军这项工作的影响远远超出了目标本身：当时，俄军司令部获悉另一个师团刚从日本出发，虽然该师将被派往盐大澳增援奥保巩将军，但鉴于东乡战队的存在以及他们正在进行的调查，日军在盖平登陆的可能性也不容忽视。因此，

346

库罗帕特金将军再次对两翼发出警报，并认为他必须暂停施塔克尔贝格所部的集结。随着命令下达，俄军的进攻戛然而止。鉴于此，奥保巩决定反攻。此时，他的辎重部队正在迅速上岸，增援的师团也即将赶到。作为准备步骤，他希望向普兰店集结兵力，不过此举也必然会让基地暴露。解决问题的关键在于陆战队，7日，他请求将其投入部署。他的要求是让这支部队守住登陆场，而希望据守的前线则位于大沙河下游，即从貔子窝的道路到大海一线。东乡司令立刻表示同意。次日（即8日）13时30分，陆战队全体上岸，在与师团本部进行会晤后，该部被配属给了最右翼的旅团，同时与骑兵旅团建立了联系，当时，后一支部队正在河的远方掩护全军的右翼和貔子窝一带。<sup>6</sup>

其余舰队将致力于掩护十万火急的大连湾扫雷行动，并守卫扫雷作业区。对旅顺港入口的布雷行动也在积极进行，同时，他们还需要经常协助乃木将军侦察全军的左翼。除了这些琐碎的工作外，目前的重中之重依旧是海上封锁，来自东京的警告更增加了日军的紧张，警告显示，旅顺舰队即将突围，或许将前往德国控制下的胶州。

这种担心并非没有依据。如前所述，一场声势浩大的海上行动将与施塔克尔贝格的进攻遥相呼应。旅顺舰队和海参崴舰队都将参与，但无论是协调行动，还是行动本身，俄军都面对着重重难题。当时，俄军的太平洋舰队由马卡罗夫将军的接任者——斯克鲁伊德洛夫将军指挥。在上任途中，后者曾视察过海参崴，但就在他动身前往旅顺前，当地便陷入了孤立，这令他无法和主力舰队取得联系。因此，他麾下的太平洋舰队被重组成了两个部分，其中，第1舰队包括现有的所有单位，即旅顺分舰队和海参崴分舰队；而第2舰队则由正从波罗的海开来的增援舰船组成，他们由海军少将罗杰斯特温斯基<sup>①</sup>（Rozhestvenski）指挥。海

① 译注：季诺维·罗杰斯特温斯基（1848—1909年）。他17岁时加入海军，并参加了俄土战争。1898年晋升为海军少将。1902年德俄两位皇帝会面时，因指导举办的海军观舰式而获得尼古拉二世的关注和器重。调任海军参谋长后起草了一份远东俄国海军力量强化方案。日俄战争爆发后不久，他被任命为波罗的海舰队司令，率部出发增援太平洋舰队。整个航程几经波折，他急躁的性格加剧了下属的不满。最终在对马海峡，这支士气低落、训练不足的舰队被以逸待劳的日军击败。战后，他被判处死刑，但在沙皇的干涉下改判为有期徒刑，于1909年去世。

军中将别佐布拉佐夫①（Bezobrasov）奉命出任第1舰队司令，但他同样滞留在海参崴，于是，旅顺舰队便一直处在维特捷夫特优柔寡断的指挥下，此前，一切都已淋漓尽致地表明，他本人完全无法胜任这一岗位。

当时，俄军的局势几乎毫无希望可言，甚至看上去有些荒谬可笑。5月15日，"壮士"号（Bogatuir）在海参崴港外触礁，尽管用尽了各种手段，该舰最终还是困在原地一筹莫展。一方面是指挥不力的主力舰队；另一方面是远在千里之外，手头只有3艘装甲巡洋舰的3位舰队司令。而且由于日军的严密封锁，他们和旅顺之间的联络也存在诸多问题。于是，俄军精心设计，力求让各部团结协作的指挥部署，就这样陷入了四分五裂。因此，对他们的海战表现，我们必须怀着理解和同情来加以评判：这种四分五裂并不是他们的过失，而是因为马卡罗夫将军悲剧性的死亡和日军在孤立旅顺时的敏捷行动。在这种情况下，作为一个军种，俄国海军能做的，注定只能是为友军提供一些援助而已。

虽然这种情况对战争产生了重大影响，但日军依然对此一无所知。在俄军方面，显而易见的是，如果要守住旅顺，他们就必须展开一次大规模的联合行动，然而，指挥体系的崩溃却在俄军主官中间引发了持续的争论、犹豫和推诿。海军委员会在5月27日的决议自然让斯特塞尔将军的幕僚们颇有微词。虽然他们不想退还舰炮和物资，但同样对舰队一味避战的做法非常不满，他们不相信海军已无力干扰日军或是援助自己的战友。因此，在收到总督关于积极行动的指示后，旅顺守军的灵魂人物——康德拉琴科将军②（Kondratenko）设法促成了

---

① 译注：彼得·别佐布拉佐夫（1845—1906年）是前文提到的政治掮客亚历山大·别佐布拉佐夫的远亲。他在1860年投身海军，先后担任过炮舰和风帆巡航舰舰长。1892年起开始指挥装甲巡洋舰"海军元帅"号（General-Admiral），并指挥该舰运送俄国代表团参加了美国芝加哥世博会。1904年1月晋升中将，4月成为名义上的第1太平洋舰队司令。同年6月初，他指挥3艘巡洋舰袭击朝鲜海峡，击沉了日军2艘运兵船。同年9月，他被调往波罗的海舰队，1906年去世。
② 译注：罗曼·康德拉琴科（1857—1904年）出生在高加索地区的第比利斯，早年服役于工兵部队，1879年进入军校深造，1884年成为总参谋部的随员。在多年的参谋生涯后，他于1895年被任命为团长，1901年晋升为少将和阿穆尔军区参谋长。后来，他被任命为第7东西伯利亚步兵旅旅长。该旅后来扩编为师，并参加了旅顺战役，同时，他本人也晋升为中将。作为工兵军官，康德拉琴科在战斗中竭尽所能改善了要塞的防御部署，还多次亲临战场鼓舞士气，成了守军的灵魂人物，但他在1904年12月的一次炮击中受重伤而不治身亡。他死后不久，旅顺即告投降。战后，为了纪念康德拉琴科的表现，日本方面特地为其树立了纪念碑。俄国海军后来也有一艘军舰以他的名字命名。

一次会谈，试图和维特捷夫特达成更为积极的共识。作为结果，6月2日，俄军在舰队旗舰上召开了一次由海陆军高级军官共同参与的会议，主要议题是讨论舰队是否应当尽早出海。另外，如果舰队真正出海，其首要任务究竟将会如何：是协助要塞的防御和解围，还是集结起来，抱着与敌军决战和争夺制海权的目的，设法航向海参崴？[7]

对此，维特捷夫特将军首先指出，目前舰队并不适合出战。当下至少有 100 门炮和 20 具探照灯已经运送上岸，但除了 600 名熟练炮手外，其他人还没有接受过任何射击训练。而且，除了舰队不具备作战能力外，煤炭也短缺，加上可能会在日方海域遭遇雷区，航向海参崴的行动将危险重重。此外，他和海军内部的同僚们认为，在舰队离开后，旅顺要塞将很容易从海上攻陷。

斯特塞尔将军同意舰队的支援对防御战至关重要，但他还认为，联合行动的首要目标应当是打击敌人的交通线，阻止对方后续增援登陆，其次是支援库罗帕特金将军的解围行动。康德拉琴科将军对此表示赞同，而且他和要塞炮兵司令一致认为，舰队应当采取类似的积极行动，行动的基地也应当是旅顺而不是海参崴。要塞指挥官斯米尔诺夫将军[①]（Smirnov）的思路则更为开阔，他认为除非取得制海权，否则任何联合行动都很难奏效，而这一点只有在与海参崴舰队会合后才能实现，但鉴于最近日军的损失，放手一搏的时刻已经到来。最终，除了斯特塞尔将军要求与会者把意见写成书面报告外，各方并没有达成任何决议。

事情就这样僵持到 6 月 4 日，当天，斯特塞尔向维特捷夫特递交了一份康德拉琴科将军起草的备忘录，宣称它代表了全体官兵的最终意见。该备忘录坚持这 2 名主官之前的基本立场，即以旅顺为基地，对敌军采取积极行动，斯米尔诺夫的方案则被排除在外。和备忘录同时递交的还有库罗帕特金将军的一封

---

① 译注：康斯坦丁·斯米尔诺夫（1854—1930 年）出身于敖德萨的一个小贵族家庭，早年毕业于炮兵学校，1900 年被派往远东担任旅长。在日俄战争爆发后不久的 1904 年 3 月，被调往旅顺担任旅顺要塞司令官。虽然名义上是守军中的第二号人物，但他的实际权力却被上司斯特塞尔和他的亲信福克架空。在战役期间，双方多次爆发冲突，斯米尔诺夫不止一次公开批评了斯特塞尔消极迎战的策略，而斯特塞尔则经常在同沙皇的电报中将战局不利的责任推脱给斯米尔诺夫。在战争结束后，斯米尔诺夫曾在军事法庭上作证，还曾与福克将军为名誉而进行了决斗。十月革命后，斯米尔诺夫流亡南斯拉夫，最终在当地去世。

急件，其中阐述了救援行动的内容。为讨论陆军的备忘录，维特捷夫特立刻召集了一个海军委员会，并在 5 日举行了第一次会议。

读过全体官兵的意见后，各指挥官和其他高级军官得出共识：除非舰队立刻出击干扰日军的行动，否则舰队将和旅顺守军一道覆灭；这是因为日军一定会从大连不断逼近，在两地之间，根本没有能阻挡他们的阵地。但与此同时，继续将舰炮留在地面防线的薄弱区域也非常关键。经过漫长的讨论，与会军官达成一致，决定用一份备忘录作为回复。其中再次提到了舰队缺乏准备和训练生疏的事实，并表示由于上述情况以及日军雷区和阻塞船的影响，舰队出海面临着许多难以克服的困难。同时，维特捷夫特将军也直言不讳地表明，自己缺乏执行所需任务的能力，舰队的士气也极为低落，麾下只有不超过 6 艘适合出动的驱逐舰。面对出海的强烈呼声，他们虽然持保留态度，但鉴于后者的抗议，他们仍将接受全体官兵的诉求，并最终做出决定：一旦受损舰船修理完毕，各种条件具备，舰队便会带着所有未上岸的补给、人员和舰炮出战。行动最早的时间定于 6 月中旬。[8]

于是，俄军开始全力进行出海准备。不过，第二天，即 6 月 6 日，维特捷夫特将军又向总督发送了一份电报，电报中称，鉴于他本人对未来的行动有所保留，他请求总督进行裁决。他还在电报中指出，虽然除"胜利"号之外所有舰船都已准备就绪，但许多军舰的舰炮并不齐全，锚地的水雷也没有扫清，然而斯特塞尔坚持认为要塞"处境危急"，并要求他们尽快出海。既然如此，海军是否应当照办？这封电报似乎让斯特塞尔将军非常不快，双方随后在通信中爆发了争论。将军要求维特捷夫特明确给出起锚时间，维特捷夫特回答说，如果有必要，他甚至不打算等航道扫除水雷就出动。但他也再次表示，自己做此决定，完全是因为斯特塞尔宣称要塞"处境危急"。他还为此恳求道，如果实际局势更为乐观，他希望能花更多时间扫除水雷。但斯特塞尔将军不仅矢口否认了前面的说法，还把这些当成了舰队试图撇清责任的证据。他抗议说，自己从未说过"要塞处境危急"，只是说当前局势"非常棘手"，他还补充道，目前他们已挡住了敌人的进攻，但不知道平静能持续多久，由于缺乏海上侦察，他们对敌军的增援状况几乎毫不知情。[9]

这份回复提交于 9 日。第二天,斯特塞尔将军要求海军提供合作,支援他在前沿阵地中的部队;但海军实际的行动可以忽略。这主要是因为,其麾下的所有小型舰只都在忙着清除水雷,因为日军重新布雷的速度几乎和俄军扫雷的速度一样快。13 日,陆军再次提出请求,对此,维特捷夫特回答说,只有入口航道清理完毕,他们才能出航。

然而,双方的交涉很快便因为总督发来的两封电报戛然而止了,这些电报都发送于 11 日,即俄军真正试图用海陆联合行动减轻旅顺压力的前一天。它们也是对维特捷夫特之前请求的回应,在电报中,他要求维特捷夫特采取行动以满足陆军的需要。其中不仅有关于主动出击的指示,还不容许有任何讨价余地,这也意味着,如果有所违背,他将为此付出代价。与此同时,他还必须采取一切可能的措施,以保障港口出入口通畅。另外,该命令还提醒他,日军舰队已经因为近来的损失而被严重削弱,为此,维特捷夫特必须更全面地衡量行动的风险,并意识到海上战场的胜利对整个战争的决定性意义。斯特塞尔将军也得到了警告,他对舰队司令的逼迫应当适可而止:他本人的责任是坚守要塞到最后一刻,但作为舰队的指挥官,维特捷夫特还需要负责舰队的安全,因此斯特塞尔将军绝对不能认为,他们可以为了要塞而牺牲整个舰队。综上所述,从此时开始,俄军已经做出决定,海军应尽早抓住机会出战,但具体时机将由舰队司令决定。相应地,各项准备工作由此重新开始,已经上岸的火炮也被重新归还给舰船。[10]

同样值得注意的是,在维特捷夫特获得的指示中,目前还没有任何向海参崴突围的确切提法。6 月 1 日,总督曾就相关问题发送了一份电报,但该电报并没有顺利送达。电报写道:"我正在采取一切措施解除旅顺之围,但是……舰队也有必要在保卫要塞的同时,做好出海与敌军决战并将其击败,然后驶向海参崴的准备。"然而,这份电报直到 16 日才抵达旅顺,就在两天前,传来了一封修改后的电文。这份电文发送于 6 月 5 日,上面写道:"如果舰队一出海便击败了敌人,而且旅顺依旧在坚守,那么,舰队的任务将不是前往海参崴,而是协助解除对要塞的围困,支援我军救援旅顺的部队。"

# 注释：

1. 参见科登尼埃（Cordonnier）的《日本人在满洲》第 1 卷第 230 页《在尼古拉参谋学院的演讲》（Lectures at the Nikolai Staff College）。

2. 参见《日本战史极密版》第 287 页，联合舰队命令第 505 号，5 月 30 日。

3. 参见《日本战史极密版》第 339 页，6 月 4 日。

4. 这种原则最早于 1757 年由陆军将领利戈尼尔勋爵（Ligonier）提出，以供指挥远征罗什福尔（Rochefort）的军官参考。

5. 该舰由瑞典建造，排水量 1134 吨，有 1 门 9 英寸炮、1 门 6 英寸炮和 6 门 9 磅炮等。

6. 参见《日本战史极密版》第 340 页。

7. 参见《俄国陆军战史》第 8 卷第 1 部分第 330 页等。

8. 参见《维特捷夫特海军少将的报告》，出自《俄国陆军战史》第 8 卷第 2 部分，附录 19。

9. 参见《维特捷夫特海军少将的报告》，出自《俄国陆军战史》第 8 卷第 2 部分，附录 19 及第 333 页等。

10. 参见《维特捷夫特海军少将的报告》，出自《俄国陆军战史》第 8 卷第 2 部分，附录 19a 和 19c。

∧ 日军舰队在旅顺外海捕获的中式帆船。在港口遭遇封锁后，俄军经常用这些船只运载补给品和情报

∧ 在海参崴港外触礁的俄军巡洋舰"壮士"号。这次事故令当地俄军分舰队的战斗力大打折扣

〈 ⌒ 日军在大连湾清扫出的俄国机械水雷

⌒ 1904年5月，停泊于旅顺港内的轻型舰艇。关于这支舰队的未来部署，俄军内部产生了诸多争执

△ 1904年5月，停泊于旅顺港内的俄军舰队。左侧是战列舰"太子"号，右侧是战列舰"佩列斯维特"号

△ 5月29日傍晚，前去旅顺港外布雷的日军辅助炮舰，摄于战列舰"朝日"号上

﹥位于辽河上的俄国炮舰"海狮"号。为处理这个威胁，日军曾专门派出舰船前去监视该舰的动向

# 第十七章

# 俄军解围失败，得利寺之战，别佐布拉佐夫的破袭战

　　总而言之，对俄军司令部来说，他们并没有因为更青睐海参崴，而不再选择把旅顺当主要的海军基地，这一点也清楚体现在了他们刚发给北方分舰队的命令中。其中心思想是，分舰队不应继续期望主力舰队北上，相反，分舰队应自主南下展开牵制行动，为维特捷夫特在黄海支援施塔克尔贝格将军的解围作战创造条件。6月12日，库罗帕特金抵达盖平，同意塔克尔贝格集结部队，向奥保巩发动进攻。同一天，别佐布拉佐夫将军也率领3艘装甲巡洋舰离开海参崴，奉命袭击日军在朝鲜南部的交通线。他得到的具体指示是取道对马海峡东水道（East Tsushima channel），用两天时间搜索和扫荡日军的运输线，然后经海峡西部原路返回。另外，如果情况允许，他将前往旅顺，并与主力舰队会合。因此，到此时为止，对于集结太平洋舰队一事，俄军预想的集结点都是黄海，而不是海参崴。[1]

　　实际上，当时俄军的整体思路是，在地面和海上集结一切可用的兵力解救旅顺。对俄军来说，当时这场联合作战的形势极为有利，其成功的希望也不容小觑。在满洲，他们遏制日本2个军的部署已经完成。随着东乡少将舰队离开辽东半岛西岸，日军在辽东湾尽头登陆的威胁也不复存在。在进行最后一次对塔山的牵制行动后，东乡少将一直试图打捞在猪岛搁浅的俄军驱逐舰，但该舰已经彻底报废。10日，他们开始朝基地返航。次日，获悉此事后，库罗帕特金将军批准在前线展开攻击。

　　然而，这一天奥保巩将军的辎重队刚好登陆完毕，这让他可以开始大举进军，据此，参谋本部下令向得利寺实施反击——这已在他们脑海中酝酿了很长时间。现在，日军抛弃了防御态势，其司令部开始专注于长期准备的北上作战的实施。

除了在塔山地区调查适合设置前进补给站的地点外，海军还接到请求，希望能在辽东半岛对岸寻找另一处基地。于是，随着第二批运输船在大孤山完成卸载工作，"海门"和"磐城"号便接过了这项任务。他们调查的地点是毕利河<sup>①</sup>（Pi-li River/Hitsuri River）河口，该地约在貔子窝以北12英里处。如果想法可行，此处可以让奥保巩的右翼更加方便地获得补给。

当时，舰队附属的陆战队依旧被部署在了奥保巩战线尽头的貔子窝，结合这次进攻来看，它的位置实际相当微妙。当时，他们得到的命令依旧是保卫登陆场，然而，12日，奥保巩将军要求指挥官略微向上游转移阵地，因为作为第3师团的一部分，该陆战队配属的旅团正在向上游方向调动。这一要求得到了批准，在留下一个分队和骑兵共同看守营地后，陆战队开始奉命行事。第二天，奥保巩将军真正开始进攻，同时要求陆战队继续前往内陆。

据说，在获悉施塔克尔贝格出动后，鉴于"战斗迫在眉睫"，整个陆战队都感到欢欣鼓舞。但根据官方的记录，这一调动已经"超出了他们的本职"，东乡司令一获悉此事，就立即命令细谷将军通知陆战队的指挥官："他的职责是守卫登陆场。另外，未来几天，他们还将接到一项重要任务，因此绝对不能继续向内陆前进。"[2] 遵照这项细谷将军于14日收到的命令，陆战队立即被召回了最初的位置。毫无疑问，每个人都对此深感沮丧，因为当天和次日，奥保巩率部在得利寺大败俄军。15日14点，施塔克尔贝格开始朝盖平撤退，其解围尝试完全失败。与此同时，奥保巩将军的最后1个师也正在卸载，登陆地点已不存在危险。几天后，陆战队被召回了运输船。[3]

从我们自己的实践来看，这次召回是完全正确的。因为其麾下训练有素的士兵都是预备役军人，原本将被用于填补舰队内的人员空缺。只要敌军舰队依旧存在，那么，将他们用于地面战场便是一种不合理的举动。另外，正如东乡司令所说，他还给这支部队分配了另一项任务，这项任务也同样符合我们的军事传统。事实上没过多久，他之前暗示的"重要使命"便真相大白了：组织一

---

① 译注：即今天辽宁省境内的碧流河。

支"海军陆战重炮队",协助第3军进攻旅顺港。

期间,如果舰队把支援奥保巩将军的行动当成自己的主要职责,那更有效的协助方式就是派遣东乡正路少将的舰队返回塔山,截断施塔克尔贝格所部的撤退路线。他们为何没有采取上述做法,其原因尚不得而知。按照日军对局势的判断来看,日军认为旅顺舰队不会恢复活动。6月4日,东乡将军发布了一道训令,其开头便提道:"旅顺的敌军舰队似乎已动弹不得。"直到得利寺战役结束后,他才接到消息,并被迫开始为了应付敌舰出动而专门集结舰队。日军之所以未能利用海陆联合部队灵活机动的优势,原因也许在于两个方面:一是缺乏经验,让他们不具有沃尔夫、阿伯克隆比(Abercromby)和莫尔[①](Moore)这样的洞察力;二是他们无法克服因缺乏预备队而产生的畏葸情绪——这让他们错过了一个我们眼中的绝佳战机。如果东乡少将能再次奉命实施炮击,那么,他一定会最大限度降低日军包围行动失败的概率,并至少能在一定程度上阻止俄军有序撤退,让奥保巩将军重新对敌军发动之前未竟的打击。对日军来说,虽然这次反击未能大获全胜,但仍不失为一次辉煌的胜利,他们以1150人伤亡的代价给敌军造成了约4000人的伤亡,此外还俘获了16门速射炮和大批军械辎重。不过,整个事件并没有就此结束,因为得利寺之战绝不是俄军海陆联合行动的开始和完结。

就在奥保巩将军传来捷报的同时,东乡却被海参崴巡洋舰队出现在对马海峡的消息搅得心神不宁。在施塔克尔贝格将军被击退前,他们的存在牵制着强大的上村舰队,并影响了海上战场的局势。当时,上村除了自己的4艘装甲巡洋舰和1艘通报舰之外,还有瓜生战队的3艘二等巡洋舰和1艘三等巡洋舰"对马"号(Tsushima)。换句话说,日军实际被迫从黄海抽调了两倍于海参崴舰队的兵力。而且除了上述巡洋舰外,上村麾下还各有1个由一等和二等水雷艇组成的水雷艇队,另外还有2个艇队部署在竹敷——自5月3日以来,他一直在利用上述部队保护海峡的安全。

刚上任时,上村对兵力进行了如下分配:瓜生带领4艘巡洋舰和1个水雷艇

---

① 译注:阿伯克隆比和莫尔都是18世纪末19世纪初,拿破仑战争期间英国陆军的著名指挥官。

队驻扎在镇海湾，守卫海峡西段；上村本人则率装甲巡洋舰和另一个水雷艇队停泊在竹敷湾口的尾崎（Osaki）。同时，各舰队都应抽调1艘军舰轮班巡逻。另外，上村还和竹敷要港部司令官角田将军①（Tsunoda）合作，将属于要港部的2个水雷艇队迁移到了三浦湾（Miurawan），以便对该地至冲之岛②（Okinoshima）之间的航道进行警戒。⁴根据我们手头的资料来看，这一部署直到6月中旬都没有变化。另一方面，鉴于大本营对敌军大举出击的担心，此举也相当令人费解，因为它会让海峡东部处于危险的敞开状态。同时，日军似乎也没有为往返下关海峡③（Straits of Shimonoseki）的主要运输线提供足够的安全保障：虽说运输船在往返时始终通行无阻，但除了船队以外，都没有得到任何护航。另外，对日军舰艇何时才会提供护航，我们更是一无所知。按照猜测，正如之前经常出现的情况，因为俄军北方舰队长期按兵不动，日本人可能误以为，敌方绝不敢冒险在强大舰队所在的海域现身。因此，日本人宁愿将单独航行的运输船置于被拦截的风险下，也不愿让舰队在例行公事中空耗精力。尽管如此，从保卫一片水域的角度，此举也算是犯了原则性的错误：日军面临的是一种远程封锁，由于这种封锁的性质使然，他们无法及时得到敌方舰队出海的情报。在这种情况下，虽然在尾崎的警戒舰船足以抵挡敌军突入黄海，但对守卫返程运输船的终点——下关海峡来说，尾崎却不是一处理想的内线警戒阵地。无可否认，由于尾崎的位置使然，敌军舰队在整个海域的活动时间不可能超过几个小时，但如果当地有重要船只通过，其处境仍将极为危险。在这关键时刻，日军面临的恰恰是这种局面。

6月15日，有2艘重要的运输船起航，其排水量都在6000吨以上，并运载了超过1000名军人。其中一艘是"常陆丸"（Hitachi Maru），该船正运载着后备近卫步兵第1联队的一个大队前往大孤山——该联队所属的近卫第1旅团的

---

① 译注：即角田秀松（1850—1905年）。角田出生于会津藩，早年担任过商船水手，后来转入海军，并曾在1875年的江华岛事件中指挥陆战队登陆朝鲜。他于19世纪90年代历任"浪速"舰长、佐世保海兵团团长、军令部第一局局长等职，日俄战争期间抱病出任竹敷要港部司令官，1905年12月因尿毒症去世。
② 译注：日语作"冲ノ岛"。
③ 译注：当地又名"马关海峡"，即今天的关门海峡，位于本州和北九州之间。

基地。当时，这个旅团已被黑木将军抽调出来前往左翼，协助川村将军威吓盖平方向的敌军。"佐渡丸"（Sado Maru）的目标是盐大澳，其运载的人员包括了1个大队的铁道工兵①和前往大连的电力工程师。第三艘运输船是3200吨的"和泉丸"（Izumi Maru），该船正在穿越海峡返航，上面载着在盐大澳登船的病患。

日军并没有专门采取措施保护船只，基于舰队的处境，上村将军的部署已经较最初做了相当大的修改：此时，他本人仍带领所有装甲巡洋舰部署在尾崎，但锅炉内保持着可维持10节航速的气压。同时，瓜生将军也从镇海湾被调到此处，因为他麾下的巡洋舰"高千穗"号和"新高"号必须在竹敷入港接受修理。他麾下最小的巡洋舰"对马"号奉命出海，前往冲之岛方向巡逻，通报舰"千早"号则向北实施警戒。在轻型舰艇中，有6艘停泊在竹敷，另外2艘跟随战队部署在尾崎。

因此，日军在整片海域的警戒力量只有"对马"号1艘船。黎明时分，该舰抵达了冲之岛东南海域，随后，掉头返航朝对马岛南部驶去，并于7点15分来到了海峡中央。在这里，透过弥漫的海雾，它看到有1艘蒸汽船正从对面驶来，于是调转航向前去查看。就在该舰即将完成转向时，又发现一团烟雾出现在冲之岛方向的东北海域。几分钟内，1艘大型四烟囱巡洋舰便进入了日方的视野，接着是另一艘四烟囱巡洋舰，而第三艘则拥有2个烟囱。这时，"对马"号意识到自己遭遇了海参崴舰队，并开始呼叫舰队指挥官。由于对方始终没有回应，该舰只能尽力向对马岛南部行驶，以便靠近位于豆酘（Tsutsu）的无线电站。

在航行途中，该舰始终在用密码报告敌情，但没有友军回应，于是，它开始重复用明码发报："海参崴舰队的3艘三桅舰（Three-masted Ships），正在冲之岛附近向南行驶！"由于敌人没有追击，而是继续沿着原航线行驶，因此"对马"号得以向视野内的4艘商船发出警告，让它们及时成功入港避难。但运兵船却没有接到该舰的预警。另外，由于周围似乎有无线电干扰，没有一条答复被"对马"舰收到。在这种情况下，该舰只得维持航向，并眼睁睁地看着敌舰消失在雾中。直到8点15分，

---

① 译注：即"野战铁道提理部"。

它才收到一封从竹敷发往尾崎的电报，该电报是"高千穗"号发给2艘旗舰的，显示友军已收到了警报。20分钟后，随着进入通信范围，"对马"号再次发出信号："敌舰在冲之岛附近现身"。随后，该舰调头驶向目标方向，以便将敌人纳入视野。

通过豆酘无线电站，日军旗舰早在7点40分便接到了警告，但由于部分电文无法解读，上村将军稍后才确定了其内容："敌军主力已经现身。"而在延误期间，他根本无法采取任何行动。不久，"磐手"号收到了来自"对马"号的明文警告："海参崴舰队的三桅舰3艘，正在冲之岛附近向南行驶！"现在，局势已显而易见。上村将军命令锅炉加压，准备以15节的速度带领竹敷港的所有舰船出海。同时，他还召回了"千早"号，并向下关方面发出了停航警告。当8点35分，轻型舰艇离开竹敷时，"对马"号的最新电报也刚刚抵达，根据其中的内容，上村决定把轻型舰艇派往岛屿最南端的神崎（Kozaki）附近海域，它们的具体任务是：把一切东行的船只引入竹敷，就地等待舰队归来。此时，"对马"号也与敌舰恢复了接触，并于9时传回一条信息："俄军正在冲之岛南部对一艘商船开火。"坐镇"浪速"号的瓜生将军立刻赶往现场，刚刚修理完毕的"新高"号也随后跟进，而日军的装甲巡洋舰直到9点45分才全部出航。

与此同时，俄军在整个海域如入无人之境，正如"对马"号的报告所言：大约上午9点，俄军截获了归航途中的"和泉丸"。"雷霆"号立刻上前开火，这艘运输船停船和投降前，已有30多名乘员伤亡。最终，大约100名病患和所有乘员被俄军带走，拒绝离开的人员则随它沉入了海底。

听到炮声的"对马"号向其他2艘运输船发出了警告，但此时，天空开始下雨，2艘船的视线一片模糊。大约10点，它们突然发现敌人已近在咫尺。虽然它们都拒绝停船并加速逃离，但"佐渡丸"还是被"留里克"号截获。由于运载的是非战斗人员，该船决定降旗投降。俄军给了它40分钟的弃船时间，然而，就在一切就绪之前，司令官突然命令"留里克"号归队，在这种情况下，该舰只得向战利品发射了1枚鱼雷。但"佐渡丸"并未因此下沉，俄舰只能向另一舷再补射一枚并留下它自生自灭。虽然2枚鱼雷全部命中，但"佐渡丸"依然漂浮在海上，最终被拖入港内。

运载近卫部队的"常陆丸"根本不打算投降。不顾来势汹汹的"雷霆"号，它冒着猛烈炮火试图前往岛屿背面隐蔽。来自海军的运送船监督官阵亡了，但英国船长约翰·坎贝尔（John Campbell）仍然坚定地驾驶着它，直到他本人也被炮火击伤[1]。一枚炮弹在机舱爆炸，英国籍的轮机长当场丧生。其甲板上已是血肉模糊，熊熊烈火在舱室内升腾。看到逃脱无望，须知中佐[2]（Colonel Suchi）郑重地销毁了军旗。据说，他在自杀时仍"面带微笑"。尽管他死前命令幸存者跳海逃生，但全体人员中只有不到150人被渔船救起生还。

在此期间，上村舰队始终没有出现。由于天气恶劣，在尝试转向离开西部航道之前，上村只得先以神崎为参照点摸索前进，直到中午时分才绕过这个岬角。在他前方是瓜生将军的"浪速"号和"新高"号，与之同行的只有1个水雷艇队。此时，他得到了一条发自"对马"号的无线电报，其中宣称敌舰共有4艘（显然"对马"号将1艘日本运输船当成了俄舰），明显正在向北行驶，位置在冲之岛以南15海里处。瓜生将军闻讯也奋力追赶，然而大雨倾盆，视野下降到不足3000码，他麾下的2个分队也彼此失去了联系，除了敌人在航线上留下的大片残骸外，他们没有发现任何敌情。同时，"对马"号也丢失了目标，直到13点30分，该舰才循着针对"常陆丸"的炮声再次在冲之岛以南约5海里发现敌人。此时，这些俄舰正在向西北方行驶，但不久之后，该舰又再次失去了接触。

接下来发生的事让人感觉似曾相识：通过截获的无线电，别佐布拉佐夫将军得知周围有支日军舰队。他认为，既然自己破坏了敌人的海上运输，当务之急便不再是克竟全功，而是设法尽快撤退。因此，在没有扫荡海峡西部的情况下，他率舰在雾气和大雨的掩护下扬长而去。

与此同时，上村将军正在冲之岛北面全速前进。根据"对马"号的报告，上村决心在岛屿附近拦截俄军。但在开进途中，雨势愈发猛烈，雾气更加浓重，视野变得极为恶劣。雪上加霜的是，他的无线电完全失灵。根据"对马"号传来的最后一条消息，在失去接触前，该舰和敌人的距离只有4000米（4400码），这

---

① 译注：坎贝尔船长后来伤重身亡。

② 译注：即后备近卫步兵第1联队的联队长须知源次郎中佐，原文称他是大佐（Colonel），实误。另外，部分日方资料显示，须知中佐实际是被弹片击中身亡。

让上村相信，拦截敌军的最好办法就是靠近巡洋舰所在的位置，因此，他在 14 点 30 分转舵向东南微东方向前进，赶往冲之岛南方。与此同时，他还认为，如果敌军确实在向北行驶，它们一定会从该岛西面驶过，因此，他下令做好近距离交火的准备，并要求所有鱼雷完成装填。随后一个小时，他们发现自己离冲之岛只有 2 海里，但没有发现敌军或"对马"号的踪迹。事实上，后者已转舵向西试图与上村会合，双方在浓雾中擦肩而过，最终，该舰与瓜生舰队相遇了。在"浪速"号报告了整个情况后，上村转舵西北偏北，以便向友舰靠拢。到 15 点 50 分，第 4 战队的 3 艘巡洋舰终于出现在了上村的视野中，但浓雾又再一次将其遮蔽。在这近一个小时的时间里，上村将军一直徒劳地试图从"对马"号的最后一封电文中猜测敌军可能的航向。我们手头的资料提道："由于电报通信极为频繁，他全无头绪。"其中隐隐显示，由于情绪过度激动，该舰队没有贯彻无线电的使用纪律。直到 16 点 45 分，他才给出回答："我认为敌舰已北上。"

然而，大量时间已被浪费。随着雾气变浓，能见度愈发恶劣。形势俨然盲人瞎马：此时此刻，作为舰队司令，上村该如何决断？事实上，他面前有三个选项：其一是留下继续守卫这片海域；其次是放弃该海域，对敌人实施决定性的打击；第三是在上述两种选项之间进行折中。按照巴勒姆勋爵①（Lord Barham）的观点，对这种无法困在港内的舰队，最好的办法就是在出港后截断它的退路。根据这一原则，上村将军理应直接航向海参崴，但此举相当于抛弃了原有的警戒区，并让海峡在长时间内可能遭遇敌军攻击，所以他决定采取折中手段，即开赴敌舰和基地之间的一点，同时不会与海峡地区失去联络。由于判断俄军撤退后会径直撤回，因此，上村将军命令各舰驶向对马以北约 200 海里的郁陵岛（Matsushima），而该岛恰恰处在直接前往海参崴的航线上。

然而，别佐布拉佐夫将军对这种情况早有预料。他完全猜到日军会径直向海参崴追逐而去，因此，他选择了一条完全出乎对方意料的航线，即前往日本

---

① 译注：即查尔斯·米德尔顿，第一代巴勒姆勋爵（1726—1813 年），是 19 世纪初拿破仑战争期间的英国第一海务大臣。

海沿岸继续展开袭扰。

俄军在次日（16 日）击沉了 2 艘帆船。在这个晴空万里的日子，隐岐诸岛（Oki Group）南方的岛前列岛（Dozen Island）也发现了这些袭击巡洋舰。3 点时，在隐岐诸岛靠北的诸岛上，日方观察哨发现，这些军舰押送着 1 艘大型战利品消失在了西北海域。这艘船是英国的"阿兰顿"号（Allanton，4000 吨），当时正载着煤炭从室兰港（Mororan/Endermo）驶往新加坡。它在隐岐诸岛附近海面与俄舰遭遇，在问询中，由于文件显示该船在上一航次中运送过违禁品，因此，俄军决定将其拘留和开走 [5]。而在接下来的一整天，东京方面都没有接到俄军行踪的确切通报，只有竹敷和角岛 [6]（Tsunoshima）方面传来了模糊的消息：当天早上曾传来过炮声。

此时，上村已完全被俄舰甩开。当他于 15 日晚间北上前往郁陵岛时，风雨变得愈发凶猛，水雷艇只能回港躲避，直到黎明时分，海面上的天气才稍微好转，此时瓜生将军的巡洋舰得以与之碰面。上村抵达郁陵岛海域已是上午 8 点，在接下来的一个小时内，周围的视野非常开阔，但看不到一丝敌军的踪迹。上村于是得出结论，敌军可能正经元山向北撤退。鉴于仍有机会实施拦截，因此，他立刻转向了舞水端方向。次日 5 点，他抵达目的地，但当地依旧没有敌军的踪影。无奈之下，他只得转向元山，试图与总部取得联系。他提前派遣"千早"号前去通报，但后者直到 18 点 30 分才同港外的舰队会合。此时，上村将军才首次获悉敌军曾出现在隐岐诸岛附近，还有报告称：当天早上，对马海峡东部传来了炮声。

据我们所知，上村得出了一条令人费解的结论：敌人正经元山或郁陵岛朝海参崴返航。基于这种判断，他再次驶向郁陵岛，但沿途依旧毫无发现。第二天，即 18 日，他们沿着航线继续向南扫荡，大约 16 点时，"浪速"号突然收到了 120 英里外发自对马岛北端大浦（O-Ura）无线电站的信号。然而，因距离太远，信号模糊不清。为了获得清晰的电文，该舰只能转舵朝无线电站行驶一段距离。18 点 40 分时，信号终于变得清晰起来。同时，来自竹敷的第 11 水雷艇队也赶来了，他们确认了新消息的真实性。令上村震惊的是，有 3 艘运输船已经沉没，当天早上，还有报告显示俄军舰队正在津轻海峡附近巡弋。此时，阻止俄舰回港的希望已烟消云散，同时，舰队的存煤也所剩无几。带着深深的懊恼，上村将军回到了尾崎。

我们并不知道，这种部署是基于军令部的明确指示，还是仅仅出自上村个人的判断，但不可否认，它们都存在严重的漏洞，进而酿成了一场完败。很大程度上，上村都没有充分利用手头的部队：他有足够的兵力，至少可以让一些轻型巡洋舰与己方的通信站保持联络，但他并没有这样做，同时，他还犯了一个常见的错误，即凭借不可靠的直觉作战。如果他的航线选在冲之岛和郁陵岛中央，同时在每个岛屿附近部署 1 艘巡洋舰，就足以了解敌人的动向，但他同样没有如此——这也意味着，在运气不好的情况下，他一定会做出重大误判。[7]

这是继 4 月 15 日的灾难以来，日军遭遇的最大失败，它也为陆军在得利寺之战的胜利蒙上了阴影。在东京，一个愤怒的代表团拜见了海军大臣，要求他给出解释。对此，海军大臣只能回答说：现有部署主要是为了防止海参崴舰队进入黄海，保护运输船的任务只能退居其次。当大量运输船组成特别船队通过时，海军总是会安排护航，但由于日军兵力有限，实在无法保护所有川流不息的船只，因此，这些船只能自求多福。不过，他承诺，鉴于近来的惨剧，他将做出特别安排，防止局面重演。

于是，这场规模浩大的海陆联合作战结束了，其结果是：旅顺注定将面对包围，日军则最终会从情有可原的轻敌情绪中猛然醒悟，并意识到围攻战和海上掩护行动依赖的交通线仍然面临威胁。其灾难性后果还带来许多负面效应：它动摇了日本民众对舰队的信心，同时，民众的焦虑还干扰了海军行动，而这也是海军在战时最担心的局面。即便如此，上级仍没有责怪上村将军。19 日，当获悉其返回尾崎时，军令部长拍发了如下电报："本次针对海参崴舰队的出击，你的处置和部署，在海军内部和对海上局势有所了解的人员看来是极为妥当的。然而有些人士对此一无所知，他们出于误解，或是受到运输船上死难者亲属的影响，对你进行了指责，甚至在报刊上颇有微词。有鉴于此，我们将采取若干办法令他们获知真相，希望你不要心存顾虑，而是积极行动起来，力图达成原本的目标。我们期待你取得辉煌的战果。"

**注释：**

1. 参见《一名"俄罗斯"号军官的日记》。6月13日，他记录道："我们现在终于知道了目标，我们将穿越朝鲜海峡东侧，并朝着济州岛前进，随后，我们将在济州岛和小黑山岛之间巡航两天，以截断日军和朝鲜南部的交通线。随后，我们将经由朝鲜海峡西部返回，如果无法突破封锁，就会朝着旅顺前进。同时，命令还要求截短桅杆，因为据说日军和我们一样，都会通过主桅的高度来判断射程。"另外，这名军官还提到，尽管战前各方要求上级配发"巴尔-斯特劳德"式测距仪（Barr and Stroud range finders），但此时该舰并没有安装这种装备。

2. 参见《日本战史极密版》第340页。

3. 这道派遣运输船前往盐大澳并重新装运部队的命令在19日送达，随后，陆战队在22日完成了登船作业。相关内容参见《日本战史极密版》第340页第2节。

4. 三浦湾位于对马岛东岸，与竹敷港遥遥相对，两者通过一条可供驱逐舰通行的航道相连。另外，在我军的航海指南中，"冲之岛"又被称作"小对马岛"（Kotsusima）。

5. 该船后来被海参崴战利品法庭没收，但船主向圣彼得堡海军部委员会提出上诉后，最终又于11月9日被放还。

6. 角岛是一座近海岛屿，位于下关海峡北面25海里处。

7. 参见《日本战史极密版》第4卷第5章第1节下的第2小节。

∧ 反映得利寺之战中，日俄双方骑兵
交战的插画

∧ 彼得·别佐布拉佐夫将军，俄军此次袭
击行动的最高指挥官

∨ 得利寺之战结束
后，第2军举行的纪
念战死者的仪式。在
这场战役中，日军以
较小的代价挫败了俄
军解救旅顺的企图

〈 防护巡洋舰"对
马"号。该舰也是俄
军舰队到来时唯一在
场的正规舰只，在敌
我悬殊的情况下，该
舰选择了保全自己

∧ 反映"雷霆"号击沉"常陆丸"的油画

〈 描绘须知中佐
销毁军旗的宣传
绘画

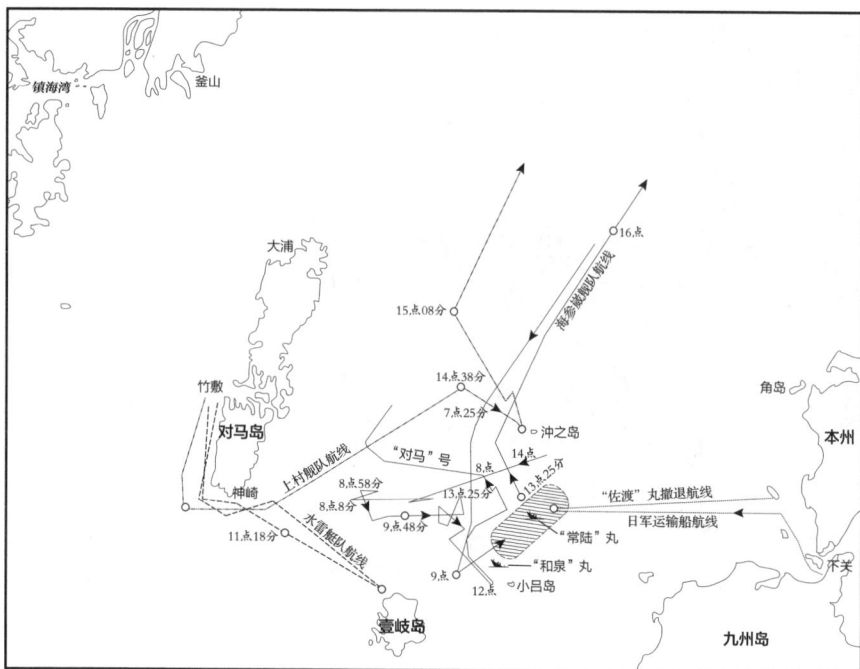

∧ "常陆丸"沉没事件前后，上村舰队及附属水雷艇队搜索行动示意图

∧ 反映"留里克"号等舰攻击"佐渡丸"的插画

∧ 在此次行动中被俄舰击沉的"常陆丸"，摄于1898年该船新竣工后不久。"常陆丸"曾是当时日本自主建造的最大商船

# 第十八章

# 旅顺舰队 6 月 23 日的出击

　　尽管对日本人来说，6 月 15 日的会战缓和了陆上的紧张局势，但舰队承受的压力并没有丝毫减轻。不仅如此，情况还恰恰相反，趁着得利寺的胜利，大本营跃跃欲试，期盼能据此发动计划已久的对辽阳的向心攻势。他们的设想是趁部队在雨季无法调动前，发起一场决定性的攻势，进而一举奠定地面战场的胜局。如果要做到这一点，日军必须刻不容缓。但在真正的调动开始前，奥保巩将军必须和其他 2 个军处在同一条出发线上，而实现该目标的前提，又是在靠近前线的沿海地区建立一个后勤基地。目前，他最靠前的补给站位于普兰店，物资则通过铁路运输，然而，由于没有俘获任何火车头，所以，这些车厢只能由苦力拖曳着前行，其运力只能勉强满足部队当前所需。由于后续进攻需要更多物资，奥保巩将军只能求助于舰队，因此，日本军舰在盖平以南调查了设置补给站的地点。

　　为了正确理解局势，我们需要记住一点：在某些情况下，如果遭遇了补给困难，或是受到了外部限制，军队在展开长途运动之前，就必须事先派出一个分队，夺取行军路线上的若干战略要地，依靠这些要地，大部队可以从容不迫地囤积物资。对日军来说，这些也恰恰是他们的当务之急。

　　但另一方面，这种做法也只是权宜之计。在大连湾的水雷清扫完毕，铁路运输基地建立起来之前，对奥保巩和乃木将军的部队来说，他们仍然没有任何永久的补给系统可以依赖。于是，相关工作被抛给了海军：6 月 14 日，三浦将军奉命从里长山列岛基地赶来，接过了陆军碇泊场司令部指挥权。他当时的任务包括：安排军需物资、重炮和铁路建材的登陆作业，承担全部的运输工作，设置抽水机并修复码头和船坞，清扫海湾，设置导航浮标，为港口防御设置防材和观察哨所。在这些工作顺利完成前，日军必须保留位于盐大澳的基地，因此，东乡实际有三处基地需要看守。另外，抛开这些繁重的工作，彻底孤立旅顺也势在必行。这不仅仅是因为日军需要对旅顺发动围攻，同时，别佐布拉佐夫的突袭表明，日军还需要完全切断旅顺和总部之间的联络，避免两支俄军舰队联合起来。

此外，日军也无法确定阻塞作战的效果。之前，当代表团拜见海军大臣时，后者曾经表示：俄军不会有比3000吨级的三等巡洋舰"新贵"号更大的舰只出港。俄军战列舰和大型巡洋舰的无所作为似乎也证实了这种说法。不过，至少东乡将军认为，俄舰的突围已是迫在眉睫。他手头的情报显示，在修复受损船只方面，俄国人变得比以往更加努力。同时，沙皇也下达指示，命令海军不应和要塞玉石俱焚，在城池陷落之前，他们应努力前往海参崴，或是向南逃逸与波罗的海舰队会合。

因此，东乡眼前的问题显然不容掉以轻心。为此，他仍然命令战列舰驻扎在里长山列岛，并用一个小队的巡洋舰监视港口，两天轮换一次，同时派遣相应的轻型舰艇分队展开夜间警戒。然而，以上这些部署，还有支援陆军的行动，都极大分散了日军的兵力。既然如此，如果敌军出海，东乡又该如何确保舰队能及时在正确的地点集结？他的解决方案体现在6月18日的一项训令中[1]。之前有巡洋舰参与的监视系统将被保留，巡洋舰清晨会在遇岩以西10海里处集结，隶属当值小队的舰船将从该地开始昼间巡航。在日落前一个小时，他们会向南航行，在圆岛南部和东部过夜。如果起雾，上述舰船将在长子岛最东端附近下锚。如果敌军出港，日军将奉命连续开火10次，并用密码发送意为"紧急"（Urgency）的无线电报。如果遭遇干扰，其中1艘巡洋舰将全速赶往基地。另外，最先接敌的舰只需要在射程外保持接触，并反复对敌军殿后舰和驱逐舰实施攻击，阻止其从南面逃离。至于当天执行封锁任务舰船，此时应集结视野内的所有轻型舰艇，并带领它们大举攻击敌军后方。另外，日军还向所有以大窑湾为避难地点的轻型舰艇下达了类似的命令，其中一个分队会专门负责保障封锁舰只和基地之间的联系。

鉴于敌舰目标不明，且离港后的航线也不得而知，因此，日军主力舰队的部署既要靠近对方的出发点，同时也应尽可能避开雷区，这也是它们选择遇岩的原因。但即便如此，敌军依旧可能在日方集结完毕前逃离。东乡将军的训令正是为此制订的。为更好地理解这些训令，我们必须先了解日军舰队的编制及经历的调整。总的来说，他们大体沿用了之前的组织体制[2]。其中，舰队司令直接指挥的是剩余的 4 艘战列舰和出羽战队。其中，出羽战队仍然沿用了第 3 战队的番号，包括 2 艘装甲巡洋舰（"八云"号和"浅间"号）以及 3 艘二等巡洋舰（"千岁"号、"高砂"号和"笠置"）。第 2 舰队麾下拥有第 5、第 6、第 7 战队，指挥官依旧是片冈将军，后者以"日进"号为旗舰。该舰和刚修复完冲角的姐妹舰装甲巡洋舰"春日"号于 12 日在吴港重新会合，并和小型巡洋舰"八重山"号（Yaeyama）组成了将军亲自指挥的第 1 小队；至于将军麾下的第 2 小队则是他原先亲率的舰船，包括老式战列舰"镇远"号和 3 艘老式巡洋舰"松岛""桥立"（Hashidate）和"严岛"号（Itsukushima），小队指挥官是坐镇"严岛"号的山田将军[①]（Yamada），以上 2 个小队也构成了第 5 战队。第 6 战队继续由东乡正路海军少将指挥，至于细谷将军的第 7 战队（或称海防舰战队），编制也同样没有改变。

对主力舰队来说，山田将军的小队和第 7 战队都不在管辖下，其中，山田小队已经有任务在身，即在敌舰出港后，保卫里长山列岛基地和盐大澳。与此同时，细谷舰队的海防舰和炮舰则需要保护运输船。受到这些因素的限制，如果敌军出港并向南突围，日军只能命令出羽战队带领 2 个驱逐队尽快驶向成山角方向；同时，片冈将军也会带领 2 艘装甲巡洋舰、第 6 战队和 3 个驱逐队前往成山角以东 15 海里的海域；主力舰队将与 1 个驱逐队和 1 个水雷艇队共同行动，以东南微东半个罗经点（S. by E. 1/2 E.）为航向，前往鸿岛[②]（Modeste Island）西北偏西 28 海里处。沿着这条通向对马海峡的航线，日军将行至山东半岛以东 30 海里的位置，当地也刚好位于山东半岛和大青群岛之间的狭窄水道上，水面宽度只有不到 100

---

① 译注：即山田彦八（1855—1942 年）。山田出生于鹿儿岛地区，是明治维新三杰之一大久保利通的远亲。早年长期担任参谋，1895 年 12 月成为"天城"号舰长，后来相继担任"天龙"号舰长、吴海兵团团长、"须磨"号舰长等职务。日俄战争初期担任"朝日"号战列舰舰长，1904 年 6 月晋升少将，并一直在第 3 战队旗下服役。战后最终升任横须贺镇守府司令长官、海军将官会议议员，1915 年转入预备役，最终军衔为海军中将。

② 译注：又名"梅加岛"或"红岛"，属于朝鲜半岛西南端的黑山群岛，位于朝鲜半岛大陆以西约 100 公里处，具体坐标为北纬 34 度 41 分 36 秒、东经 125 度 12 分 6 秒。

海里，足以确保日军在敌方进入开阔海域前抢先接敌。如果发现敌情，东乡给出的命令是：任何在白天率先接敌的战队，都必须设法牵制敌人，直到后续的战队赶到；如果是在夜间发现敌情，战队下属的轻型舰艇必须大胆出击。旅顺到山东半岛的距离，和里长山列岛到当地的距离相近，这也意味着，如果俄军舰队在夜间出航，除非遭遇拦截，否则他们完全有可能甩开日军主力并穿过上述狭窄水道。但另一方面，东乡将军认为自己有2—3节的航速优势，完全可以率先抵达鸿岛附近，从而在对方开入对马海峡前展开截击。

然而，我们并不能据此认为，东乡的本意是寻求决战。在命令的最后一段，他清楚地表明了自己的意图。其中这样写道："上述命令的内容是敌人出港后我军应采取的行动。其战略目标是阻止对方逃走——负责封锁的战队应时刻牢记此事，并设法让对方因我军舰只的存在而心生退缩。"他希望的情况显然是：通过频繁的恫吓，阻止敌军出港；其次，如果敌军出港，他就准备在遇岩附近集结兵力以实施拦截。假如他们未能在如此靠近港口的地方集结完毕，他就会设法确保在敌军离开黄海或是与海参崴舰队会合前与之交战。

对于战斗的结果，东乡倒是没有多少担心。我们得到的资料显示，日本人颇为确信俄军甚至没有1艘受损战列舰修复到了可以出海的状态，他们的整个计划都建立在"己方兵力占优"的假设上面[3]。上述命令公布两天后发生的一切更是坚定了日军的信心。20日，奥保巩将军发出请求，希望海军能将他的补给船护送到盖平基地。同时，大本营也向相关的军官发出通知，他们很快就会开始向辽阳挺近。川村将军则不再突向盖平，他的新任务是坚守阵地，并为前线积攒20天的给养。黑木将军也会采取类似的部署，并且建立前进补给站，这也需要舰队的支援。

尽管此举将增加负担，但为满足上述要求，东乡还是从片冈麾下抽出了第6战队，并对任务做了特殊指示。之前，作为该战队的指挥官，东乡正路少将原本应带领4艘轻型巡洋舰在山东外海拦截敌人，但随着该战队调离，片冈将军只能依靠2艘装甲巡洋舰和1艘通报舰掩护保卫指定的海域。在这种情况下，东乡司令的负担可谓相当沉重，而一份来自海军军令部的提醒更是让情况雪上加霜。伊集院将军在电报中说："随着旅顺的命运进入关键阶段，敌舰队一定会垂死挣扎，试图突围。尽管我确定您已做好了万全准备。但出于惯例，我仍要提醒您：不要让舰只远离战区，这样您才能在紧急情况下集中兵力，全力对付敌军。"

这份电报似乎与陆军先前的要求有关。它甚至可以算是某种摩擦——作为一种海陆军之间经常发生的现象，它只能通过巧妙和定期的协商才能解决。在这种情况下，东乡实际是接到了一条隐晦的指示：鉴于海上战场的形势，不管陆军有何需求，舰队的集结都不应当受影响。基于军种之间"相互尊重"的原则，这一点其实无可厚非。

不管这条电报的真实意图如何，东乡还是毫无保留地援助了陆军。秉持着以诚相待的特殊精神，他下令为陆军的补给船提供护航，同时还想方设法试图将危险降到最低。22日，即接到伊集院将军电报的当天，司令便明确指示刚完成封锁执勤的东乡正路少将在24日带领补给船前往补给站的所在地——号房（Gobo）[4]，并协助船队卸载物资。当天，日军还重新布雷封锁了旅顺港的入口。作为额外的预防措施，片冈将军接到命令，带领2艘装甲巡洋舰前往旅顺外海巡逻，跟随行动的还有水雷艇队以及山田将军麾下的"镇远"舰和"松岛"舰——这些舰船在23日上午进行了一次有力的威吓。同时，刚和东乡正路少将换班的出羽将军也提供了协助，他投入的舰船包括"八云"号以及2艘巡洋舰和日常配属的驱逐舰。

旅顺俄军始终相信，日军能察觉到自己未来的一举一动。这一点很耐人寻味，因为前面提到的训令和部署表明，日军根本不知道俄方已修复了所有战列舰，还下定决心大举出击。但情况确实如此。我们已经看到，6月16日之前，发自总督的电报让维特捷夫特对未来局势倍感疑惑。而在这一天，也就是东乡发布训令前的48小时，他组建了一个军事委员会。该委员会在全面评估了局势后，决定舰队应于6月23日的黎明满潮时出海，但具体目标不甚明确，将根据局势的发展而定。

我们依旧记得总督在上一道命令中的要求：只要旅顺有望坚守，维特捷夫特就应以此为基地，派遣舰队参与海陆联合解围行动。按照设想，如果他遭遇了一支较弱的敌军舰队并将其击败，这一目标就有机会实现，整个战役也将出现转机。

　　但问题在于，这段时期的俄军对日本舰队的动向一无所知，同时，他们还觉察到，日军似乎已经在盐大澳登陆完毕。另一方面，虽然"八岛"号沉没的消息被严密封锁，但日军的损失已渐渐为人知晓——至于其他舰只销声匿迹的原因，按照某些猜测，它们可能也失去了战斗力，被送回佐世保的"春日"号更是加深了这一印象。俄军认为，大部分敌军舰船都已回国维修，或是被派去监视海参崴。然而，维特捷夫特将军明确表示，他并不相信总督幕僚们关于日军舰队力量虚弱的报告，俄军当务之急是进行武装侦察，查明真实情况。虽然依据现有资料，我们并不清楚他的具体计划，但他在后来给总督的报告[5]中解释说："我预想的行动计划是在夜间出海，避开敌军驱逐舰。（按照参谋提供的情报）敌军舰队实力不及我军，并且分散在黄海和渤海湾的不同地点，我打算在（次日）白天前往里长山列岛，搜寻敌军主力或各部兵力。"这种说法基本属实。维特捷夫特在正式通报中宣称，经过与将官和舰长们的反复商议，他们"讨论和明确了可能的作战计划"。虽然也许并未出席讨论，但博布诺夫海军上校依然明确地说道："经过漫长的权衡，舰队决定出海巡航三天，试图搜索里长山列岛，并在兵力占优时进攻敌人。"[6]另外，维特捷夫特在20日向舰队发布的一份命令也表明，他们将奉总督之命出海，"协助地面友军保卫旅顺"，至于朝海参崴突围一事，则只字未提。总而言之，俄军的作战思路其实是：在头一天晚上避开日军驱逐舰，驶往开阔海域，然后掉头返航。期间，他们将对敌军基地发动进攻，或是消灭沿途发现或遭遇的较弱敌军。[7]

　　当时的俄军舰队已是外强中干，其中只有1艘军舰堪称武器齐备。在这段时间，共有22门6英寸炮、7门4.7英寸炮和42门12磅炮被提供给陆军，只有3门6英寸炮后来被退还。"塞瓦斯托波尔"号有1门12英寸炮无法使用，"胜利"号缺少8门6英寸炮，整个舰队一共缺少18门6英寸炮和23门12磅炮，被拆除的轻型火炮更是超过了50门。除此以外，还有600余名官兵上岸成了岸炮和探照灯的操作员，缺额只能从小型舰艇乘员、海军驻军和预备役人员中填补。在行动前夕，"胜利"号舰长因患病无法参战，只能把军舰交给"智慧女神"号舰长，同时，由于"阿穆尔"号与阻塞船相撞无法行动，该舰舰长又随之接过了"智慧女神"号的指挥权[8]。另外，一项新的参谋长任命更加剧了俄军的混乱，此人是长期领导地面驻军的马图谢维奇海军少将[①]（Matusevich）；至于真正表现出指挥才能的罗施钦斯基将军，则被总督调离。总之，就算维特捷夫特真的试图迎战敌军主力，其行动的前景都不容乐观。

执行该计划的瓶颈是日军的雷区。一段时间以来，俄军一直在积极清扫，驱逐舰每天晚上都要出动阻止日方的布雷行动。这项工作非常成功，它打开了一条宽700英尺、长7英里的水道，并在己方的两处防御性雷区之间清理出了一片锚地。然而，在应奥保巩的请求将第6战队派往辽东湾时，东乡又未雨绸缪，在港外布设了一片新雷区。尽管遭遇了俄军警戒舰船和岸炮的火力，这项工作依旧于22日清晨完成。次日晚间，当维特捷夫特将军准备起锚时，日军决定继续布雷，但这次，布雷分队遭遇了奉命前来保障航道畅通的2艘俄军炮舰和2个驱逐舰分队。一场混战随之爆发，最终俄军有2艘驱逐舰受损，而他们也相信自己击退了敌军，但事实并非如此。战斗期间，日军有2艘安装布雷装置的小艇悄悄潜入了俄军探照灯的内侧死角，并秘密在俄军东部雷场外围布置了一个雷场。由于对此事一无所知，所以维特捷夫特毫不迟疑地在23日清晨时分打出信号，让舰队起锚出海。

直到早上6点[9]前不久，在近海值夜班的日军驱逐舰才察觉到俄军的举动，并意识到了对方的真正动机。此时，晨雾还有一个小时就要降临海面。对日军来说，虽然新命令要求每个驱逐队的领舰安装无线电台，但这还没有落实到正在执勤的驱逐队。有鉴于此，驱逐队的指挥官只能前往遇岩附近寻找出羽舰队，耽搁的时间于是很长。8点，他们才找到"八云"号，东乡司令直到8点20分才收到该舰发来的"紧急"电报；但与此同时，片冈将军已经开始带领2艘装

---

① 译注：尼古拉·马图谢维奇（1852—1912年）早年服役于黑海舰队，曾经担任过炮舰舰长，后出任"科尔尼洛夫海军上将"号（Admiral Kornilov）巡洋舰和"留里克"号装甲巡洋舰舰长。1903年，他调任关东州海军驻军司令一职，1904年初兼任太平洋舰队第1驱逐舰分队司令，同年晋升海军少将，日俄战争爆发后不久调任舰队参谋长。在8月的黄海海战中，马图谢维奇在"太子"号上受伤，后来随该舰一同被拘押于青岛。不久后，在德国皇帝的特别准许下返回欧洲治疗，在战争结束后回国。战后，马图谢维奇晋升为海军中将，于1912年去世。

甲巡洋舰在港外进行威吓，在接到信号后，他迅速开往遇岩海域。同时，例行同"八云"号换班的"浅间"号装甲巡洋舰以及小队内的"笠置"号和"高砂"号，也闻讯前去与之会合。但即便如此，其他舰船仍需要很长时间才能抵达，在下令升火时，东乡预计，舰队至少要一个半小时才能出动。

当里长山列岛基地一片手忙脚乱时，令日军惊讶的是，负责警戒的驱逐舰发现，俄军正纷纷在港外锚地下锚，其地点非常靠近新铺设的雷区。当第二艘驱逐舰离开，前去向上级汇报当前情况尚有待观察时，俄舰依旧尚未全部驶出港外。按照俄国人自己的说法，他们发现自己正在雷区中央下锚，但奇迹般地毫发无损。对他们来说，幸运的是，这些水雷的布置很草率，其中有些露出水面，让俄国人发现了危险。因此，整个舰队得以留在原地，在相对安全的状态下等待水域清扫完毕。它自然导致了数小时的耽搁，这或许也在东乡的预料中。

当最后一艘驱逐舰前往基地报告时，之前受伤的3艘俄军战列舰还没有现身，因此，对真相一无所知的东乡还以为局势仍在掌控中。但是，他也认为有必要采取防范措施，并终止了奥保巩将军要求的支援。东乡正路少将也不例外，他接到留在原地的命令时正在里长山列岛，准备第二天为粮秣运输船提供护航。不久，他便被派往旅顺方向。这一重要行动的取消，也是"存在舰队"作用的有力证据。具体来说，随着长期蛰伏的俄军舰队重新开始活动，日军立刻放弃了前往号房的行动，而且我们还将看到，它只是一连串麻烦的开始，并将极大妨碍大本营作战计划的落实。

虽然相关指示没有变化，但为了给舰队争取集结时间，已带领"春日"号和"日进"号抵达大窑湾外海的片冈中将也开始召集周围的驱逐舰和水雷艇。而在他麾下的威吓部队中，山田小队的2艘军舰也正赶过来。这2艘军舰是从大窑湾附近巡逻归来的"镇远"号，与刚离开里长山列岛前来掩护扫雷行动的"松岛"号。它们会合后，便一起航向了老偏岛①（Cap Island）。山田小队的剩余部队位

---

① 译注：又名"帽岛"，在大连老虎滩西南的黄海中，具体坐标为北纬38度47分39秒、东经121度35分46秒。

于里长山列岛，他们在 9 点 45 分出航，前往光禄岛以南占据位置保护基地的安全。东乡司令则在 10 点 30 分，即收到"紧急"信号的两个小时后才离开基地，以 10 节的航速前往圆岛，直到出航时，他才了解到当面之敌的兵力。所以他才会在 11 点的正式通报中说道：和预想不同，俄军战列舰均已修理完毕，因此，他现在将被迫以四敌六。

这种局势对他产生了什么影响，我们无从得知。不过东乡本人的说法显示，他决定把敌人引到外海。这一点违背了他之前要求舰队主官进行威吓并阻止敌军出港的命令。但现在，鉴于敌军出动已是既成事实，我们似乎可以很自然地认为，他的想法变成了"在条件允许时迎战敌军，并狠狠打击他们"。但是，"诱敌出海"的思路并不意味着他打算与敌人展开传统的舰队对决，其计划还包括布雷和轻型舰艇的夜间袭击。在离开基地之前，他已经派遣舰载小艇在敌军背后靠近港口的位置布设雷场，同时，2 艘水雷母舰也将在次日清晨前往圆岛附近。但另一方面，鉴于之前下达的命令，我们似乎也能看出，东乡的意图是无论出现什么情况，都要让敌军在离开黄海途中蒙受损失，甚至为此赌上战争的成败。[10]

无论如何，完成集结的日军都将义无反顾。11 点后不久，在遇岩附近，片冈舰队与带领"八云"号和"千岁"号展开封锁的出羽将军会合，开始执行下达给自己的最新命令：带领轻型舰艇分队威吓敌人，而出羽则率队缓缓向西行驶。此时，俄国人依旧没有动静——他们正忙着清扫和击毁发现的水雷。直到清扫完毕的报告在接近 15 点传来时，这些舰船才纷纷起锚。

俄舰采用了一条向南的航线，而"镇远"和"松岛"号此时也刚好抵达老偏岛附近，它们不仅察觉到了敌情，还用无线电进行了准确回报。与此同时，片冈将军也派出大量轻型舰艇试图牵制敌军。他们发现，排成一列的敌舰正在缓缓前行，并由一队扫雷舰艇和驱逐舰担任导引。[11] 后者立刻遭到了日军先导舰艇的攻击，但按照俄国人的说法，这些日舰只是进行了"鲁莽的"干扰，和东乡将军"把敌人引到外海"的部署南辕北辙。见状，护卫的"新贵"号和 2 个驱逐舰分队立刻前去迎战，他们还得到了位于队列前方的"月神"号巡洋舰的炮火支援。由于没有旗鼓相当的护卫力量，日军轻型舰艇只好先行撤退。

此时，一直在观察敌军动向的"镇远"号已前去向东乡司令汇报，只有"松岛"号奉命留下继续监视局势，但该舰仍需要一段时间才能靠近。另一方面，来自基地的"笠置"号和"高砂"号已经和出羽舰队会合，尽管很难看清战况，但日军能听到远方传来的炮声。大约 15 点 45 分，鉴于炮声愈发猛烈，出羽决定派出刚随"浅间"号前来会合的"千岁"号及"千代田"号前去一探究竟，他本人也很快带领 2 艘装甲巡洋舰紧随其后。

在持续不断的交火期间，俄军开始追击撤退的敌军，但不久之后，他们便遭到了日军的反击。"新贵"号再次冲锋在前，但到了 16 点，第一艘增援的日舰进入了他们的视野。这时，俄军突然察觉到前方的异样，于是停止追击。看到撤退的日军轻型舰艇正向自己靠拢，出羽将军开始慢慢后退。据说，此举是为了继续吸引敌人来南方，而"笠置"号和"松岛"号则在两翼保持着监视态势。

此时，日军战斗舰队已抵达圆岛，并继续驶向遇岩。东乡正路少将已在当地待命多时，舰队进入了集结状态。目前，时间还很充裕。日军相信，轻型舰队的牵制行动阻碍了俄军的扫雷工作，因为按照报告，俄军依旧在和之前一样谨慎地缓缓前进。16 点，东乡将军抵达遇岩，他的舰阵已然成形，现在，决战的时机已经成熟。接下来，他真的会这样做吗？如果是的，他的决定又是否正确呢？

后来，东乡将军得到了人们的广泛称赞，因为突然发现敌方拥有巨大优势后，他主动选择了避战自保。不过，俄军所谓的"优势"缺乏根据，相反，俄国人相信，他们自己才真正处于劣势。真实情况究竟如何？事实上，按照常规的衡量标准，2 支舰队实际旗鼓相当，没有一方强大到了有把握与敌军展开决战的地步。当时，日军将用 4 艘战列舰对抗俄军的 6 艘战列舰，但除此之外，他们还有"镇远"号，装甲巡洋舰的数量对比是 4：1。即便不把"镇远"号计算在内，日军的装甲舰共有 139 门 6 英寸以上的舰炮；而俄军由于大量火炮被拆卸上岸，同等口径的舰炮只有 85 门。在 10 英寸以上主炮中，俄军以 23：17 占优，但在巡洋舰和轻型舰艇方面，日军拥有显著的优势。因此，我们很难相信，在航速更快、人员更富经验的情况下，东乡选择避战是认为实力不及对手。[12]

对他的真实想法，我们可以通过一些清楚的事实加以推测。大约 17 点 30 分，维特捷夫特已经可以自由选择航向，因为身处开阔海域，他决定遣散扫雷舰只，并开始组成战列线。此时，东乡正沿着西南偏西航行，以便让主力舰队远离俄军的视线，这一点明显符合他之前的设想，即向远海引诱敌军，但究竟他是想发动决战，还是让敌人在开阔水域陷入鱼雷攻击，依然不得而知，不过唯一可以确定的是，白天的时间已所剩无几。17 点 30 分，按照"松岛"号的报告，它发现自己横越了敌军航线，于是转舵 16 个罗经点，开始朝向东北偏东行驶。稍后不久，编成战列线的俄军开始以南偏东 20 度的方向，朝成山角前进。此时的俄军离海岸已有 20 英里，而且没有显示出任何撤退的迹象。这种坚定的态度让东乡相信，一场大战在所难免，而他必定陷入危险的处境。毕竟，敌军看上去正在突围，而阻止敌军突围又构成了他战略的基础，现在无论如何，他只能通过迎战来实现目的。为防不测，他向片冈将军发出命令，要求第 5 战队的"日进"号和"春日"号前来会合，随着这 2 艘军舰抵达，东乡于 6 点组成了一条与敌军旗鼓相当的战列线。同时，他还命令全部轻型舰艇准备攻击。

但关于东乡的具体意图，目前我们还不甚清楚。日军的报告显示，轻型舰艇在 17 点 50 分奉命准备，随后在 18 点 15 分，即大部队形成战列线后，开始执行"攻击"的命令。然而，根据《日本战史极密版》的说法，当时轻型舰艇接到的命令是"与敌军保持接触"，并在"太阳落山且敌军南下或是在港外逗留时"发动攻击——总之，日方的叙述存在分歧。

根据这道命令，第 3 驱逐队立刻前往旅顺以东海域，计划在午夜后展开进攻。另一个水雷艇队径直冲向了"太子"号——俄军队列中的先导舰。至于其他轻型舰艇，则继续与"三笠"号保持接触，但做出这种部署的原因，日本人没有给出解释。

此时，东乡仍在带领加强后的主力舰队朝东北偏东方向驶向遇岩，准备"等待敌军现身"，而巡洋舰队分别在右前和右后方占据阵位。大部分轻型舰艇处在舰队的非迎敌面，但如果要求它们做好攻击准备，它们将在战列线完成编组前，在左舷占据阵位。就在完成新部署时，俄军迎面出现在了遇岩西北方约 8 海里处，它们仍然保持着南偏东 20 度的航向。《日本战史极密版》写道："19 时 5 分时，敌舰队突然出现在我方右舷大约 16000 米（9 海里）外。由于其南下的航线将呈直角横越我军队列，于是第 1 战队转向西南，以压迫敌军的先导各舰。"这段描述似乎意味着，东乡转向是为了避免被敌人横越，并利用航速优势斜向压迫敌军的先头部队，进而为自身横越对手创造条件。尽管许多问题依旧有待澄清，但这道命令足以表明，如果俄军保持航向，东乡将决心开战，而在俄军方面，除了航向更为偏南之外，他们并未表现出任何撤退的迹象。19 点 12 分，东乡升起战旗，并发出了一份表明深感责任重大的电报："国家兴废在此一战。诸君奋勇努力！"

发出电报后，他下令增加到 14 节的战斗航速，但俄军舰队已经被落日的光芒笼罩，根本无法清晰辨认舰影。随着不断前进，日军逐渐从余晖中看清了敌人。到 20 点，即日落前半个小时，他们已接近到 12500 米（13700 码），东乡在原航向的基础上向右转舵 2 个罗经点，试图以此横越敌军的先导舰。夜战似乎在所难免，但训练不足的俄军选择了避战。随着东乡率部逼近，俄舰开始徐徐向右转舵，试图与日舰航向保持平行，避免被横越 T 字阵头。接着，日军也顺势转向右舷，如此一来，两支舰队便处在了相对不变的位置上。由于日军航速占优，这种局面并不会维持多久，如果双方都继续采用这种战术，俄军将必定受到压迫，向右穿过渤海海峡。这意味着，不经过一场近距离交战，维特捷夫特将无法突入开阔海域，但在近距离交战中，他直面的对手又注定无法轻取。换言之，不仅他作战计划的基础已荡然无存，当前的威胁也超出了他的应对能力。另外，他还注意到，一部分敌军轻型舰艇正准备突入他与母港之间的海域，其余则在为夜袭做准备。在局势无可挽回之前，他命令各舰相继转过 16 个转向点，朝着小平岛方向航行，在避开己方雷区后，俄军舰队又转舵向西，并在座舰重新占据先导位置后率领舰队回到了锚地。

后来，维特捷夫特给总督提交了一份解释，其中提到，整个作战计划之所以告吹，是因为"1. 出动时间太迟；2. 敌军优势显著；3. 战场上存在大量雷击舰艇，而我方可以迎战的只有 7 艘驱逐舰和 2 艘鱼雷艇。为此，我只得返回旅顺，在锚地抵御夜间鱼雷攻击，同时设法见机行事"。

看到敌军撤退，东乡立刻命令舰队全体转舵 8 个罗经点，并派遣 2 个巡洋舰战队展开追击，试图拉近与敌军的距离。虽然攻击的命令已经下达，但他的大部分轻型舰艇依旧引而不发，现在，行动的时机已到[13]。其中一两个分队已在日落时分出发，而现在，他们将全体前往旅顺以西的近海，截断敌人的撤退路线。

至于东乡本人的追击，则只持续了 15 分钟，我们得到的资料显示，鉴于太阳已经落山，"他认为应把攻击任务交给轻型舰艇"，毕竟，他已阻止了俄军的突围计划，他最初坚持的原则就是避免这种情况，只有被局势所迫时，他才会冒险与敌军战斗，总之，上述决定也是这一思路的体现。根据先前制订的作战计划，他将各个战队派往夜间阵位，杜绝敌军尝试重新逃脱的可能性。至于主力舰队则返回圆岛海域，2 个巡洋舰队被派往成山角方向实施拦截。[14]

对俄军来说，他们已不准备坚持原先的计划。现在，他们正为一件事忙碌，即抵御蜂拥而来的雷击舰艇，且随后一整夜，这事都令俄军忧心忡忡，但即使如此，俄方还是成功进行了防御，同时，这一战例也再次证明：在常规战斗中，鱼雷并不可靠。不过，当时的情况确实对袭击者极为不利。从一开始，月光就在背后照耀着日军的舰艇。月光是如此明亮，以至于俄军早就有所准备。面对守备森严的敌人，日军却得不到丝毫的遮蔽。不仅如此，让日本人震惊的是，俄军还不顾一切地穿过了遍布水雷的海域，这导致日军只有一两个分队在防雷网铺设之前攻击了锚泊的敌舰。事实上，如果他们一接到命令便大举出击，成功的机会或许更大，但是他们按兵不动的时间实在太长。在这种情况下，他们唯一的机会便是在敌军下锚时一拥而上，然而，日军没有做好协调进攻的准备：在此期间，不仅所有分队都在各自为战，甚至还出现了单独出击的情况。有些刚抵达现场就发动了攻击，有些则等到月亮落下才开始行动，还有些根本没有发现敌人，有的甚至因被其他分队干扰，直到天亮都无法行动。大部分雷击舰艇从东面驶入，随即与俄军舰队平行航行，并在发射鱼雷后向南逃脱，这意味着，各个分队在攻击前都将驶入岸上探照灯的照射范围。单独发动攻击的舰艇则会沦为俄军集火的目标。俄军不仅使用了副炮，还有炮塔内的重炮，其制造的闪光和火焰风暴让日军头晕目眩，以至于他们根本无法判定距离，更不用说准确发射鱼雷了。根据在场军官们的描述，当探照灯光映照在炮弹激起的水柱上时，景象宛如"琥珀色的火花在喷涌"，完全遮蔽了他们的视野。按照日军的官方记录，他们在 400 米（400 码）至 1500 米（1600 码）外发射了 67 枚鱼雷，但全部未能命中。根据俄军地面测距站的报告，甚至没有 1 艘日军舰艇驶进了舰队 3 英里内。由于次日在海滩上发现了 12 枚鱼雷，这种说法也许是夸大其词，不过从另一个角度来看，真正难以置信的也许不是日军鱼雷全部射失，而是他们的舰艇都轻易逃脱了。当时，俄军相信自己击沉了其中的 2—3 艘，但日军总共只有 4 艘舰艇中弹，其伤势甚至没有妨碍它们逃离。另外，俄军的逃脱也极为不可思议。在昏暗中全速驶向港口时，他们的航线偏离了安全水道，但期间只有"塞瓦斯托波尔"号受伤。该舰位于队列末尾，当袭击开始时还没能停船。惊慌中，该舰骤然向左舷偏航，使得该舰体前部触发了一枚水雷，导致其舷侧被撕开一条大裂缝，海水涌入 2 个舱室，不过即便如此，该舰还是设法抵达了白狼湾①（White Wolf Bay）的浅滩，并于次日清晨被安全拖入港内，除此以外，俄军没有任何损失。早上 11 点，整个俄军舰队穿过入口航道，从而摆脱了危险。

此时为止，日军重创敌军舰队的企图都遭遇了失败，他们为此感到难以置信。次日清晨，当东乡再次集结时，出羽战队奉命出动侦察敌情。水雷母船也同时抵达，并做好了再次突袭锚地的准备。但到 13 点时，他们发现俄舰已驶入内港，突袭机会已不复存在。因此，东乡将军只得返回里长山列岛，继续按原计划开展封锁行动。

---

① 译注：此地今天没有对应的地名，地点在旅顺港以南靠外海的白狼山脚下。

## 注释:

1. 参见本书附录 I。

2. 下列表格可让我们可以一瞥当时日军的舰艇编制，但负责近海勤务的第 7 战队并未包含在内。

第 1 舰队（司令官：东乡海军大将）

第 1 战队（战列舰队）

"三笠"号（旗舰）、"朝日"号、"富士"号、"敷岛"号（梨羽海军少将旗舰）

第 3 战队（司令官：出羽海军中将）

"八云"号、"浅间"号、"千岁"号、"高砂"号、"笠置"号

第 2 舰队（司令官：片冈海军中将）

第 5 战队

第 1 小队："日进"号（旗舰）、"春日"号、"八重山"号（通报舰）、

第 2 小队（司令官：山田海军少将）："严岛"号（旗舰）、"松岛"号、"桥立"号、"镇远"号

第 6 战队（司令官：东乡正路海军少将）

"明石"号（旗舰）、"须磨"号、"秋津洲"号、"千代田"号

3. 参见《海军武官报告》第 1 卷第 103 页。

4. 号房的坐标为北纬 40 度 14 分、东经 122 度 10 分，即熊岳（Siung-yau，盖平火车站以南约 14 英里）火车站以西约 6 英里处①。

5. 参见《俄国陆军战史》第 8 卷第 2 部分附录 15。

6. 参见《回忆第 1 太平洋舰队和海军陆战队的作战》第 8 章，该书的作者是一名海军军官，当时负责在岸上指挥海军驻军部队。

7. 目前唯一提到俄军此次出动将前往海参崴的官方说法，来自俄国海军总参谋部编写的大事记，其中，"6 月 23 日"条目下这样写道："第 1 太平洋舰队试图突围前往海参崴。"

8. 参见前各引注中提及的维特捷夫特将军的报告。

9. 此时是俄国时间 5 点 05 分。在叙述时，本章将全部采用日本时间。

10. "把敌人引到外海"的说法尤其需要注意，因为我们有很多理由相信，这一表述其实不甚严谨。相关的提法经常与 8 月 10 日的海战有关的描述中出现，但另一方面，直到当时，东乡都在竭力阻止敌军突入外海。从中我们或许能得出推论，它实际是一种振奋士气的提法——此举可以

---

① 译注：今天辽宁省营口市鲅鱼圈区的号房村。

让国民产生一种感觉，仿佛舰队已经严阵以待并会杀向敌军，进而一举将其歼灭；但另一方面，他并不会按照这种夸张的方式行动。这一说法也许只是表明，东乡并不愿意在近海与敌军交手。

11. 扫雷分队由6艘蒸汽驳船、2艘港口交通艇、2艘汽艇和6艘驱逐舰组成。

12. 具体数字对比如下：

日军
12英寸炮：16门，10英寸炮：1门，8英寸炮：14门，6英寸炮：106门
共计：139门
俄军
12英寸炮：16-1=15门，10英寸炮：8门，8英寸炮：2门，6英寸炮：78-18=60门
共计：85门

13. 《日本战史极密版》对此处的记述非常混乱。第12章第1节下的第384页写道："8点20分，东乡司令命令驱逐队和水雷艇队联合展开攻击。"而该章第2节第386页的第2小节却写道，在8点和8点17分之间，"攻击任务被交给了雷击舰艇"。第3节第392页则提供了这样一种说法：所有轻型舰艇在6点15分都接到了攻击信号，但显然只有第三驱逐队当即实施了攻击；其余各队则在大约8点15分，也就是敌军转向后才开始行动，跟随战斗舰队的各水雷艇队也是如此。这种情况出现的原因，一是他们游弋在战斗舰队附近等待机会，另一个是他们将进攻信号理解成了"在天黑之后行动"。另外，上述各艇都没有提到，上级在俄军转舵返航后下达过第二道命令。

14. 出羽战队的位置在遇岩外海58海里、东南偏东1/2个罗经点的位置上，东乡正路战队则在遇岩外海45海里、东偏南3/4个罗经点的位置。

∧1904年5月，滩头登陆场堆积如山的各种物资。随着后续攻势提上日程，日军在运输上面临着巨大的压力

∧由于缺乏车头，有段时间，日军只能利用人力推动铁路货车车厢前进

∧ 安装在轮式炮架上的47毫米舰炮和即将负责操纵的俄国水兵，摄于1904年6月。背后可见装甲巡洋舰"巴扬"号的烟囱

∧ 1904年5月，从舰船上抽调前往地面战场的水兵正在接受检阅。背后可见战列舰"塞瓦斯托波尔"号，但随着俄军部署的调整，部分水兵后来又被派回舰上

∧ 1904年6月，旅顺港内的战列舰"太子"号。不久之后，该舰将作为旗舰带领港内其余战舰进行一次短暂的巡航

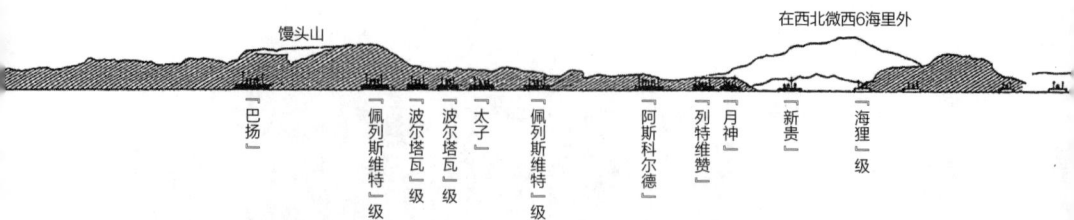

馒头山　　　　　　　　　　　　　　　　　　　　　　　　　在西北微西6海里外

【巴扬】　　【佩列斯维特】级　　【波尔塔瓦】级　　【波尔塔瓦】级　　【太子】　　【佩列斯维特】级　　【阿斯科尔德】　　【列特维赞】　　【月神】　　【新贵】　　【海狸】级

︿ 6月23日，根据日本驱逐舰"白云"号报告绘制的俄军出港时的停泊位置图

︿ 6月21日下午，正在战列舰后方集合，等待前往旅顺港外布雷的日军舰载水雷艇。它们在俄舰队出港前布设了几处雷区，但这些雷区未能发挥作用

﹀ 奔赴战位，准备对出港俄舰进行拦截的日本舰队，摄于19点10分左右

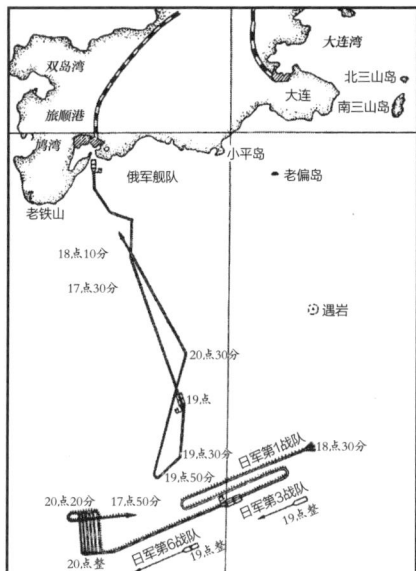

△ 6月23日，日俄两军舰队行动示意图

△ 尼古拉·马图谢维奇海军少将。他在6月23日俄军舰队出港前不久，被任命为舰队的参谋长

△ 在6月23日的出击中触雷受损，后来被拖回旅顺港内的"塞瓦斯托波尔"号（中左），可以看到其舰身出现了明显的倾斜

# 第十九章

# 旅顺之战，别佐布拉佐夫将军的第二次牵制

在 6 月 23 日俄军出动之后的一个月，海上的局势风平浪静，但另一方面，至少对日军来说，这却是战争中最关键的时期。就像许多类似的战斗间歇期一样，它经常因为缺乏亮点而被人们忽略，但从技术层面，它又值得详细研究：毕竟，这类时期虽然波澜不惊，但占据了海上战争的大部分时间，各方在此期间的斗智斗勇，也会在未来成为决定战局的关键。

虽然维特捷夫特的努力收效甚微，却对战局产生了深远影响。尽管从表面上看，俄军又遭遇了另一次尴尬的失败，但对日本人来说，这标志着一连串挫折的开始，并让他们清楚地意识到了自身处境有多么不利。当时，作战计划要求大军对辽阳实施分进击，并赶在雨季到来前的一周或十天内攻击俄军的集结地。正如我们所见，预备行动的命令早已下达，日军正准备兵分三路执行上述命令，但就在 6 月 24 日，即俄军出动的次日，日本的行动被迫终止。这不仅仅是因为俄军的行动让日军没能在号房建立起补给基地，导致奥保巩将军无法移动；同时，陆军的作战计划还建立在舰队已完全控制了黄海的假设上——此时，他们的交通线才不会面临遇袭的重大风险。但 6 月 23 日的事件表明，所谓的"绝对控制"并不存在：它不仅证明之前的封锁行动完全没有封闭港口，还让日军猛然看到了一个事实——俄军舰队不仅已修复完毕，还从一蹶不振的状态中恢复了过来。因此，整个局势发生了根本性的变化，如果恢复实力的俄军舰队能像海参崴的巡洋舰一样大胆出击，那么，日本陆军的补给线将面临巨大危险。

无论如何，这种危险都是大本营难以承受的。24 日晚间，川村将军正准备采取行动，连接大孤山和第 2 军的战线，此时，他收到了东京发来的电报："情况表明，俄军舰队有能力从旅顺出动。因此，满洲各军的给养船尚未确

定能否成行，希望第 2 军切勿越过盖平以北地区。原本准备在雨季之前展开的辽阳会战，现在也将被推迟到雨季之后。请据此安排您的作战行动。"另外，黑木将军也接到了一条类似的命令，要求他"遵照新计划进行部署"。奥保巩将军的处境甚至比东京方面掌握的情况还要糟糕：在大连港的水雷扫清、蒸汽车头运抵前，他最多只能推进到盖平，而且这项行动还要依赖海军在辽东湾建立的先遣补给基地，以便让物资从海上运来。显而易见，自俄军出港以来，东乡将军已不能在远离旅顺的海域展开任何行动——对他们来说，分兵是绝不可接受的。在这种情况下，奥保巩不得不通知川村将军，届时，他将无法与其齐头并进——虽然他的大军正在得利寺以北 13 英里处，但陆路运输却不足以满足麾下大军的日常所需，另外，在前进路线上，他也无法设置任何物资堆放点，因此，在一段时间内，他根本不能向盖平推进。[1]

对海上交通线的安全，日军司令部也许有紧张过度之嫌，但我们需要记住一个事实：当时日本民众已是群情激奋，政府已不敢再让对马海峡的惨剧重演。即使他们愿意承担类似的风险，此举的意义也非常有限，因为如果让第 1、第 4 军赶在第 2 军之前动身，只会将这两支部队置于险境；另一方面，没有海军的支援，奥保巩的第 2 军又根本无法动弹。

当时，日本陆军获得直接海上支援的希望非常渺茫，因为此时，舰队必须紧密地聚拢在一起——这不只是因为敌军恢复了行动，还因为舰队也是当时日军大本营计划中的一环，应力求稳健。大本营计划认为，当前的局势是：日军在战役中赖以自保的基础——黄海的制海权已不复存在，地面部队也失去了发动攻势的先决条件。为恢复局面，日军必须重夺黄海的制海权，也只有如此，陆军部队才能恢复行动自由和进攻的动力。而这项任务又要求舰队必须集结，因为按照日军的计划，舰队实际是地面部队的保卫者，在任务完成前，任何为了推动主要攻势而让东乡将军分散有限兵力的做法都极不可取。

问题的关键恰恰在于旅顺。显而易见，除非日军夺取当地，或是歼灭港内舰队，否则恢复局面将是痴人说梦。为此，日军将目光投向了乃木将军和第 3 军，而且舰队必须努力协助和支援乃木他们的攻势，在此情况下，每一艘舰船都将不可或缺。为了阻止敌军舰队逃脱，日军必须进行更严密的布雷封锁，投入更强大的巡洋舰警戒兵力，同时，还必须派出足够的近海舰船，对地面部队提供战术支援。

行动刻不容缓。当时，乃木将军的阵地始于大连以西的海湾，横跨半岛一直延伸到牧城湾的西头。他的决定是在左翼压迫敌人，夺取其占据的高地——尖山（Chien-Shan）。这一高地至关重要，它不仅可以俯瞰日军的阵地，而且还能将远至旅顺的俄军控制区尽收眼底。同时，由于大连港有两个区域的水雷已被扫清，东乡可以调整兵力部署，从中抽调出一个战队，提供陆军所需的海上支援。6月25日，三浦将军接到命令，将陆军运输船的上陆地点前移至大连湾，此举释放了第5战队。该战队此前一直在保卫盐大澳的旧登陆场，现在终于可以加入巡航的舰队。这支部队将以老偏岛为新警戒区，而在当时，该地依旧由不同的小队轮班值守。借此，第5战队可以继续掩护大连湾的扫雷行动，直到整个工作完成；同时也可以策应在第3军左翼近海开展的行动。至于细谷将军，他未来的任务既有掩护新基地，还有为陆军的后续攻势进攻支援。

但在执行后一任务时，日军遭遇了难以克服的困难。根据他们接到的情报显示，俄军在近海布满了水雷，只有经过全面清扫，两军的战术合作才能有效开展[2]。然而，乃木将军不愿意等待。他发起攻击，并取得了成功：26日，他不仅夺取了尖山，还将左翼推进到了4英里外的老座山[1]（Lao-tso-shan），当地离要塞东缘仅有6英里，整个行动几乎没有得到海军的配合。期间，虽然一些改装炮舰靠近并袭扰了俄军右翼，但受制于支离破碎的地形，其炮火的攻击效果相当有限。不过，它们仍然影响了敌人的士气，当地俄军指挥官在电话中向海军求援。罗施钦斯基将军奉命带领"新贵"号、2艘炮舰和13艘驱逐舰出港，在战斗的最后阶段开始猛烈轰击日军左翼。当时，轮班执行封锁任务的是东乡正路少将，他立刻通过机动将敌军逼退。第二天，由于判断日军会继续进攻，罗施钦斯基将军再次奉命出动，但由于对方戒备森严，他只能整天停留在塔河

---

① 译注：《明治三十七八年海战史》称"老坐山"。

湾（Ta-ho Bay），偶尔开几炮，并于晚间再次撤走。[3]

日本陆军的大胆推进，反而令海军非常不安：如果旅顺岌岌可危，俄军舰队也将被迫突围。26 日，一份报告称港内有烟雾升起，东乡将军闻讯立即出动，舰队整整一晚都守在拦截点上：期间，日军主力在大批轻型舰艇部队掩护下驻守在了黄海的中心地带，即旅顺港和朝鲜半岛之间。在他们和成山角之间是出羽将军的第 3 战队，东乡正路战队则位于左翼，其位置在芝罘东北约 25 海里处。这些部队实际上大致部署在以大连湾为圆心，半径约 60 海里的一片弧形区域内。[4] 黎明时分，日军驶近圆岛，发现一切风平浪静。东乡将军于是下令撤往外长山列岛，并因为雾气的影响在当地待到了月底。

在这段时间，东乡根据新局势重新制定了战斗指令，并于 7 月 2 日返回里长山列岛基地时将其公之于众。东乡估计，俄军有 5 艘战列舰、5 艘巡洋舰和 13 艘驱逐舰具备战斗力，如果"塞瓦斯托波尔"在队列中，那敌舰航速不可能超过 12 节。根据上述敌情判断，他写道："为了能够持续进攻，我军在制定战术时，应当仰赖于以下两点，即战列舰的航速优势和驱逐舰（水雷艇）的数量优势。"根据这一安排，日军的战斗部队将由第 1、第 3 和第 6 战队组成，第 5 战队将充当预备队。其中，4 艘驱逐舰和 8 艘水雷艇与主力舰队同行，另有 3 个水雷艇队奉命跟随预备队。主力舰队的阵形已在附图中给出。按照要求，日军应当在"距敌军 10000 米内时保持阵形，然后各个战队随机应变。"同时，各轻型舰艇部队应跟随指派的战队行动，并在没有交火的一侧待命。预备队将不直接参与交战，但应当位于己方视野之内，并在"必要时"加入战斗。可以看到，东乡的这种部署似乎受到了纳尔逊在特拉法尔加战役前备忘录的影响：这就是先亲自指挥舰队逼近至有效射程内，然后再将进攻的指挥权下放给各战队指挥官。为给下属提供原则性指导，东乡还签署了如下指令："第 1 战队将和第 5 战队的'日进''春日'两舰一道构成主力。'日进''春日'的主要职责是保护轻型舰艇，但如果有机会，两舰应掩护其攻击敌军舰列。"

抵御敌军鱼雷攻击的任务交给了第 3 战队的"高砂"号和第 6 战队的"千代田"号，其中前者将带领 1 个驱逐队，后者带领 1 个水雷艇队，分别部署在先导舰前方和后方。两个分队都接到了"独立采取行动，迎击'新贵'号和俄军驱逐舰，

## 战斗序列

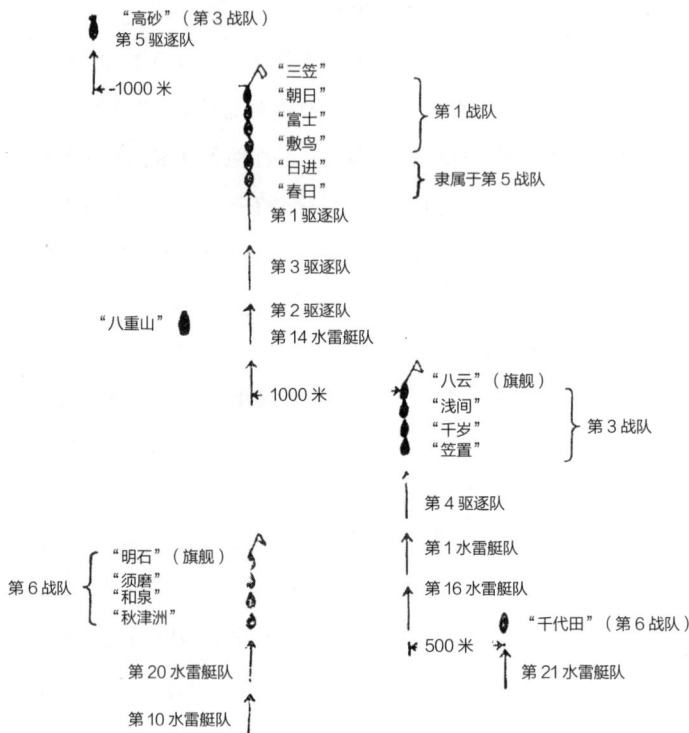

"高砂"（第3战队）
第5驱逐队

-1000 米

"三笠"
"朝日"
"富士"
"敷岛"　　第1战队
"日进"
"春日"　　隶属于第5战队
第1驱逐队

第3驱逐队

"八重山"　第2驱逐队
第14水雷艇队

1000 米

"八云"（旗舰）
"浅间"
"千岁"　　第3战队
"笠置"

第4驱逐队

第1水雷艇队

"明石"（旗舰）
第6战队　"须磨"　第16水雷艇队
　　　　"和泉"
　　　　"秋津洲"　"千代田"（第6战队）

第20水雷艇队　500 米　第21水雷艇队

第10水雷艇队

## 预备队

第5战队："镇远""严岛""桥立""松岛"；配属艇队：第2、第12、第6水雷艇队

"阻止对方实施鱼雷攻击"的指示，不过，命令也同样要求他们"可以高速伴攻敌军主力，令其陷入混乱"。

第3战队的其余部分（即"八云"号、"浅间"号和"笠置"号）主要对付敌军的其他巡洋舰，但也应"与第1战队合作，抓住机会攻击敌军后方"，伺机攻击敌军的轻型舰艇。

第6战队的任务是在不妨碍其他2个战队带领雷击舰艇出击的前提下，摧毁敌军小型舰和落单舰。

"八重山"号负责传递命令和信号。

随后，东乡提到了要采用的战术。战术基础是原战策中的"T"字战法和"L"字战法。但他补充说："如果敌军可以在4000米（4400码）距离内发射鱼雷时，我们便不应采用这种战术。相反，我方应当同时向没有接战的一舷转向，然后在适当的距离上恢复单纵阵。而在我们转舵时，位于未交战一侧的轻型舰艇也应一齐转舵。"不仅如此，他甚至指出，如果舰队无法准确占据预想的阵位，"第1战队应想方设法发挥速度优势，像上次作战一样尽力压迫敌军的先导舰。同时，如果这种局面出现，第3战队应向右脱离队列，对敌军后方发动猛烈进攻。"

关于鱼雷在战斗中的使用，东乡也补充道："到目前为止，实际经验表明，敌军对轻型舰艇的火力效果有限；只有弹片能命中我军。因此，我们甚至可以在白天实施雷击，而且完全有取得成功的可能。有月光的夜晚对我们更加有利，等到月落时分则完全没有必要（显然，最近一些分队的攻击表现让他得出了这一结论）。因此，今后我们将在白天展开鱼雷攻击，所有分队需要做好充分准备。具体战术是两个分队一起逼近，然后分别转向左舷和右舷同时实施攻击。"其细节如下图所示。[5]

这些战术标志着一项巨大的创新，并反映了现代海战的趋势是将不同类型的舰船悉数投入战斗，且无论舰种如何，它们都会提升打击的力度。

同时，东乡还修改了侦察单位的部署。但他采取的警戒模式依然是"开放式"

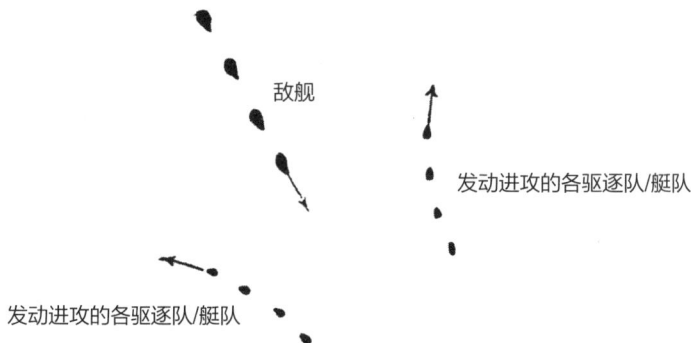

敌舰

发动进攻的各驱逐队/艇队

发动进攻的各驱逐队/艇队

的：具体来说就是，舰队主力集结在里长山列岛；同时有 1 个巡洋舰小队被派往港外，充当近岸或监视舰队，并支援轻型巡逻舰艇，也被称为"封锁执勤小队"。根据新命令，封锁执勤小队的轮班时间将从两天改为三天，晚上撤离昼间警戒哨（即遇岩以南 4 海里处的位置 P）前往位置 H（成山角东北 22 海里处）。另外，为了尽早发现俄军出动，日军还对轻型舰艇的夜间巡逻进行了细致的重新部署，因此，他们的隐蔽所和休整地也前移到了大连湾中的大孤山湾<sup>①</sup>（Odin Cove）。

如果警报在夜间拉响，舰队将以如下顺序从里长山列岛起航[6]：

首先，第 3 战队和配属的轻型舰艇分队将沿南偏东 6 度航向，在位置 T（位于长子岛东南 3 海里处）和 560 地点【位于小黑山岛<sup>②</sup>（Ross Island）以西 60 海里处】之间巡航。

第 5 战队[7]的"日进""春日"和"八重山"号以及第 6 战队和附属艇队将紧随其后，它们将沿南偏东 11 度航向，在位置 T 和 418 地点（在小黑山岛以西 40 海里）之间巡航。

除非有特殊的命令，所有舰船都将保持战斗航速。至于航向，则可以视敌舰出现的时间及行动进展向西做适当调整。

如果执行封锁任务的舰队和轻型舰艇分队与敌人失去目视接触，它们则应沿南偏东 46 度，从位置 P 驶往位置 H。抵达位置 H 之后，它们将跟随第 3 战队的航迹行驶。

如果与敌军失去接触，而且确信对方仍位于成山角以北，所有舰只应在 769 地点（位于成山角以东 25 海里处）集结。

东乡的设想是，一抵达位置 T，离开里长山列岛后，就将舰队分散部署于三条不同的航线上，其中，离敌军最近的是航速最快的巡洋舰，而战列舰的位置最远。除非事先发现敌军，否则，日军将沿上述航线，在小黑山岛以西建立一条封锁线。如果敌军位置和航速的情报准确无误，东乡将进一步转舵向西，以求尽早接触敌

---

① 译注：即日方资料中的"大嘴口"。
② 译注：又名"可居岛"，位于韩国西南海域，和我国庙岛群岛中的"小黑山岛"不是一地。

军。一旦负责监视的舰只失去联络，同时有理由相信敌军还没有驶过狭窄水域，他就将在成山角外海建立封锁线。

只要看一下东乡将军阻止敌军突围的部署，我们就不难理解，为何大本营会如此担忧交通线的安全。假如舰队将封锁线建立在小黑山岛附近，一旦维特捷夫特沿用上次的计划，在游猎一番之后返回基地，将无人能对俄军进行拦阻。

这种部署背后的考虑也许是：如果敌军在夜间突围，在日军察觉到异样之前，他们很可能已向南行驶了很远——这最终将导致决战计划流产。同时，决战还要求日军必须集结一切兵力。小黑山岛，东乡可以通过八口浦方面联络上村舰队，从而在这个最关键的时间和地点，把所有战斗力量集中起来。

这一作战思路也清晰地体现在了给同僚的一份命令中。6 月 30 日，被浓雾困在里长山列岛的东乡正在起草上述命令时，传来了海参崴的俄军巡洋舰再次出动，并且出现在元山外海的消息。他立刻要求所有运输船停航，同时将这一消息转呈给了上村中将。另外，他还提醒后者，除非有同俄军交战的绝好机会，否则不应远离自己的防区。这份命令表明，关于俄军的上次袭击，东乡并不认同海峡舰队的做法。这次，上村接到的指示是，无论如何，他都必须坚守朝鲜海峡这一战略要地，同时还应当派出巡逻舰艇，保证准确及时的通信。从中可以推断出，东乡怀疑海参崴分舰队会在这一关键时刻诱使上村离开战略中心，从而破坏自己的集结计划。因此，为了保证主要交通线的控制权，直到战斗打响前，上村都必须严格采取守势。考虑到随后发生的一切，这道命令的意义显得尤其重要。

事实上，东乡完全猜中了俄国巡洋舰在元山外海出现的动机。在获悉旅顺舰队于 23 日出动之后，远东总督立刻致电海参崴的俄军舰队司令，要求他对日军的海上交通线发起牵制攻击，协助维特捷夫特将军完成任务。尽管对友军行动的结果一无所知，但海参崴舰队依旧遵照了指示。为此，别佐布拉佐夫将军接到命令，并于 6 月 28 日，即远东总督收到维特捷夫特将军令人沮丧的报告前两天起锚出航[8]。别佐布拉佐夫投入的舰艇包括 3 艘装甲巡洋舰、8 艘鱼雷艇以及充当鱼雷艇母船的辅助巡洋舰"勒拿"号（Lena）。命令要求他带领鱼雷艇队前往元山，并对港口实施夜袭。随后，"勒拿"号将护送鱼雷艇返航，而别佐布拉佐夫将带领巡洋舰冲过海峡，前去扫荡济州岛（Quelpart）周边地区。在30日早些时候，俄军发起了对元山的袭击，并在港内发现了2艘小型商船。这2艘船随即被击毁，同时，岸上的日侨定居点也遭到了炮击。但这次行动唯一的实质影响，是俄军的1艘鱼雷艇不慎搁浅，只能自行炸毁①，而且它还导致了严重的延误，使得巡洋舰队直到中午才开始南下，很难赶在夜幕降临时穿越海峡，同时，上村将军也得到了及时的预警。

当天清晨，上村从东京获悉，俄军鱼雷艇炮击了元山，还有3艘巡洋舰在外海出现。这一时间对他来说很不凑巧。因为从上次的俄军袭击中，他已经得到了一条深刻教训：这就是必须尽早掌握俄军北方巡洋舰队活动的确切情报，因此，他决定在朝鲜半岛沿岸，位于元山和竹敷之间的竹边湾⁹（Chukupen Bay）建立一座信号站，并架好当地至郁陵岛的通信电缆。当天早上，瓜生将军正在指挥"浪速"号和1艘水雷艇为海军运输船"青龙丸"（Seiryo Maru）护航。该船来自釜山，上面运载着修建信号站所需的物资和人员。鉴于近来的悲剧，上述舰只的处境可谓相当危急，因此，上村将军决心尽快拦截敌军。毕竟，如果俄舰南下，整个船队极有可能全军覆灭。

和之前一样，上村正和麾下的4艘装甲巡洋舰在尾崎待命，通报舰"千早"号则位于竹敷。瓜生战队的其余舰船已在昼间巡逻区就位，其中，"新高"号位于C区域（在对马岛以北20海里），"对马"号在A区域（在日本沿海的角岛西北偏西约20海里），"高千穗"号则在两地之间的B区域。各舰将以上述区域为中心，在15海里的范围内活动，从而掩护釜山—角岛航线。全部轻型舰艇将充当夜间警戒部队，其中3个艇队（第11、第17、第18水雷艇队）可以随时出动，另外2个（第15和第19艇队）需要加煤加水。

在这种情况下，上午8点，上村命令麾下的战队准备升火，前往海峡西部。另外，上村还从竹敷召回了"千早"号，并用无线电通知"新高"号，要求它立刻前去追赶"浪速"号，并警告后者处境危险。而他自己将于日落前在迎日

---

① 译注：即第204号鱼雷艇。

湾（Unkofskago Bay）以东 20 海里处，即长髻岬①（Cape Clonard）附近海域与之会合。

同时，第 15 和第 19 艇队也将在当地加煤并与之会合，另外 3 个艇队奉命接管巡逻任务。根据命令，第 17 和 18 艇队将分别前往冲之岛西部和东部 10 海里外的防区，而第 11 艇队则接管了海峡西部尾崎和鸿岛②（Sentinel Island）之间的 D 区域。

8 点 35 分，出羽将军率领装甲巡洋舰出航前往海峡西部，但过了不到一个小时，他认为计划有必要改变。9 点 40 分，"千早"号与之会合，该舰奉命全速追赶前往竹边湾的运输船队，并设法将其召回。该任务完成后，该舰将在蔚山（Ulsan）外海的蔚崎（Cape Tikmenev）归队。半小时后，出羽将军从东京的海军军令部收到一封电报，上级认为，"浪速"号和运输船处境十分危险。不管是否是因为这份通知的影响，他接来下向"高千穗"号和"对马"号发出电报，要求 2 舰离开各自的警戒区，并在长髻岬加入他的序列。至于为何采取这种做法，我们目前并没有得到可靠的解释。[10]

他从军令部收到下一封电报的时间是 3 点 40 分，并由此得知在 9 点 30 分时，敌军的巡洋舰和鱼雷艇队向东南驶过了元山外海的鸭龙端（Kodrika Point）。此时，他还得知"浪速"号已和"新高"号会合，但运输船和敌军依旧不知去向，即使在他抵达集合点时也是如此。5 点 30 分，他发布了夜间行动的相关指示，要求舰队在 7 点以 10 节航速朝南行驶，前往 B 区域内的一个集合点【"385 地点"③，在三岛④（Mitushima/Mitsushima）东偏北 3/4 个罗经点外 30 海里处】，预计在 4 点抵达当地。届时，"新高"号将抵达见岛（Minoshima）北微西方向 23 海里处，即所谓的"498 地点"；而"千早"号则会来到蔚崎外海东微北又偏北 1/2 个罗经点（E. by N. 1/2 N.）方向 26 海里处（即"390 地点"），从而在主力舰队左

---

① 译注：又名"冬外串"，即今天韩国庆尚北道的虎尾串，位于今天韩国东海岸的浦项市附近，具体坐标为北纬 36 度 5 分 2 秒、东经 129 度 33 分 21 秒。

② 译注：位于巨济岛外海、对马岛和朝鲜半岛之间，和前文中出现的位于朝鲜半岛西南的鸿岛不是一地。

③ 译注：原文为"285 地点"，根据《极密·明治三十七八年海战史》纠正。

④ 译注：日语作"三ッ島"，在对马正北方的近海中。

右两翼实施警戒，直到后续命令下达。随着天气愈发恶劣，大部分水雷艇陆续掉队，只有2艘顺利与舰队会合。鉴于糟糕的海况，上村只得命令2艘水雷艇返航，并尽可能把所有僚艇集中到大浦无线电站附近，并在当地等待指示。6点22日，"浪速"号和"新高"号与上村会合，半小时后，终于传来了东乡司令要求坚守海峡的指示。上村将军早已预料到了这种情况，于是在7点开始掉头向南返航。

紧接着进入上村舰队视线的是"高千穗"号，"千早"号和运输船仍然没有音讯，因此，上村决定暂时将"高千穗"号留下以便获得联络，同时，他也从"对马"号获悉，该舰刚刚与舰队擦身而过，目前已经收拢了1个水雷艇队并正在追赶舰队。第二天（7月1日）早上，在角岛稍微偏北的地方，由于在曙光下依旧无法发现敌军，上村又转过16个罗经点，以便尽快同"对马"号会合。此时，"对马"号收拢的水雷艇只剩下了2艘，而后者立即被派去和其他水雷艇队会合，并前往海峡西部巡逻。

到11点，上村又返回了B区域内的集合点，期间，他收到的唯一消息来自"高千穗"号，它表示已发现"千早"号的行踪。同时，"千早"号还报告说，竹边湾的无线电站已经落成，运输船正在安全返回。"高千穗"号自己也在归队途中，且敌人没有一点踪迹。和上次的情况几乎一样，日军再一次失去了敌军的动向。有鉴于此，上村命令将航速提升到11节，转向南偏西38度方位，试图前往海峡与下关—八口浦航线的交汇处。

整个白天，日军都保持着这一航向，期间几乎没有收到任何情报。唯一的例外是来自元山的一份电报，上面显示俄军明显已在昨天中午北上。到18点，上村已抵达了海峡的最南端，此时跟随他的除了4艘装甲巡洋舰，还有"浪速""高千穗"和"对马"号。让人费解的是，这些舰船都在以单纵队行驶，只有"千早"号和"新高"号还在充当耳目。由于日方资料没有给出理由，我们只能认为：其根源在于指挥失当。当时，上村的战斗舰队实力远远超过了对手，但他仍命令5艘轻型巡洋舰中的3艘紧随其后。即使按照最简单的战术原则，这一部署都让人匪夷所思，因为这种做法必然播下失败的种子，甚至可以说，即使他采用最简单的搜索战术，都不会和敌舰失去接触。因为这时，他们和俄舰的航向应该大致平行，只不过没有发现对方。中午时分[11]，即他返回海峡后大约两小时，上村舰队开始穿越冲之岛海域，此时，他们已经可以看到海平面上的舰影。这些俄舰的航速一定相当缓慢，因为直到 17 点，它们才进入海峡。至于加速到 11 节的上村舰队，则大致位于其右后方。如果上村能把轻型巡洋舰分散开来，便有可能切断敌人的退路，但最终，这些军舰却被纳入了编队。由此，他遮蔽了自己的耳目，进而断送了所有切断敌人归路的机会。

根据已知的位置，我们可以推测，俄舰当时一定是在上次袭击的现场周围徘徊，因为直到 18 点 30 分之后，它们才穿过海峡，向西朝着济州岛驶去。然而在此时，仍维持着原航速的上村将军却跟丢了敌军。事实上，他们已经走在了敌人的前面。因为日军首次意识到俄国舰队的存在，是通过 18 点 14 分的一份无线电报，发送该电报的"浪速"号恰恰位于队列末尾。由于信号存在干扰，该电文无法解读，因此，上村将军仍在以原始航向前进。20 分钟后，在远方东偏北的区域出现了烟柱，然后在 18 点 40 分，3 艘海参崴的巡洋舰驶入了日军视野，它们正"一路南行"，大约在 15 海里外。[12]

但一切都太迟了——舰队早已与大好机会失之交臂，即便如此，上村仍然下令转向北偏东 60 度，以求"逼近敌军"。正如上村在报告中所说，这一航向的目标是冲之岛，当地部署的第 17 和 18 水雷艇队或许可以截断敌军的退路。同时，他一直在用密码向豆酘发送警告："发现敌军，派出水雷艇。"另外，为表明情况紧急，他还向竹敷多次发炮，而俄军以为这是在向自己开炮。

就在上村开始转舵追击时，俄舰已经调转航向，并排成单梯阵（quarterline），做好了且战且退的准备，同时也开始全力加速，试图尽快逃离现场。按照最初的航线，2 支舰队都在向彼此靠拢，随着日军不断提速，双方的距离也在缩短。除此以外，"留里克"号明显有落后的迹象，日军仍然有希望与敌人交手。上村派出"对马"号全速前去召集水雷艇队，轻型巡洋舰队剩下的 2 艘船奉命减速到 15 节，至于装甲巡洋舰，则以 19 节航速继续前进。但很快，随着双方的航向变成齐头并进，原本只有 15 节的"留里克"开始逐渐恢复航速，因此，即便日军加速到了 20 节，也始终无法缩短与俄军的距离。到太阳落下的 20 点，双方依旧相距 8—10 海里，而俄军的身影只是若隐若现。只过了几分钟，俄军舰队便从日军视线中彻底消失，但即使如此，日军的希望依然存在。日落前，日军仍能辨认出远方的若干船影。不过，这些船影可能只是在冲之岛附近巡逻的水雷艇，同时，俄军正径直朝它们驶去。8点17分，俄军确信遭遇敌情，突然打开探照灯，向着日军水雷艇开火，并再次暴露了自己。上村将军也小心翼翼地将探照灯转向右舷，以避免敌人悄然返回海峡，但同时，他也没有停止追击。

事实上，日军的2个水雷艇队都向俄舰发动了进攻。虽然在敌军南下时，他们都没有发现目标，但在7点55分，位于岛屿以西的第17艇队发现南面出现烟柱，此时，俄军正在日本巡洋舰的追赶下高速逃逸。5分钟后，第18艇队也注意到了这种情况。2个艇队随机开始转向搜索，并打算顺势占领有利阵位。然而，当天晚上能见度良好，2个艇队都在2000米（2200码）至3000米（3300码）外被敌军发现，猛烈的火力随即扑面而来，让日军只能暂时撤退，并等待天色更暗后再采取行动。于是，这2个水雷艇队先放走了敌人，又再次转身展开追击，但这次俄军将探照灯关上，导致日军的水雷艇追逐到午夜仍然一无所获。此时，海面已是波涛汹涌，而追击者只是一些排水量80吨的二等水雷艇，因此，尽管它们可以在理论上达到24节航速，但还是让敌人逃之夭夭了。在毫无斩获的情况下，这些水雷艇只好回到了警戒位置。

上村将军同样没能与敌人交手。俄军一熄灭探照灯，他便完全跟丢了敌军。但此时，他仍旧希望轻型舰艇的袭击令俄军暴露自己，并继续进行了一个小时的盲目追击。大约10点，他接到一条密码电报："敌军在冲之岛以西现身。"现在他该如何是好？因为这可能意味着出现了他最担心的情况——敌人正在向南折返。随着月亮升起，海上的视线变得清晰起来，但日军同样没有发现敌人的行踪，同时，上村还接到了严格指示：除非有完全的接战把握，否则他不应进行追赶。因此，他决定向海峡返航，在向东北方前进了一小段后，他开始沿着西南偏南1/4个罗经点（S. W. 1/4 S.）方向高速返航。午夜时分，他遇到了1艘因为碰撞而无法行动的水雷艇。该艇隶属于第18艇队，它报告敌军已消失在北方，但上村将军闻讯后，只是稍微减速，并保持着之前的航向。[13]

次日，即7月2日，由于担心敌人折返，上村依旧在下关地区巡航。但就在此时，东乡将军发来了一封急切的询问电报："你认为敌军位于何处？请尽快告知，因为这关系到我的警戒部署。"当晚，上村试图通过豆酘的无线电站做出回答，但这次尝试宣告失败，于是，他只能在 3 日早些时候改派 1 艘水雷艇前往壹岐（Iki）把电文送出。他在电报中只是表示，上次看到敌人时，对方正朝东北航行，但他们是否偷越了海峡则不得而知；同时，他一直在严密监视海峡，不过由于风急浪高，他麾下的艇队都在艰难跋涉。此时，由于上级依旧对局势倍感担忧，所以 3 日的一整天内，上村都忙于应付一再从东京发来的命令（上面要求他直到旅顺港陷落前，都不能远离海峡），期间，他始终在海峡巡弋[14]。也正是这一点，让他直到 4 日清晨，确信危险远去之后才回到尾崎，随后，各项部署一切照原计划进行。

实际上，俄军在撤退时并没有遭遇任何阻碍。躲避鱼雷攻击期间的一次轻微转向，让他们成功甩开了追击之敌。次日清晨，他们在北上途中与来自小樽的 3700 吨英国汽船"切尔腾汉姆"号（Cheltenham）相遇，当时该船正运载着供釜山—汉城铁路所用的枕木。俄军随即将其俘获，并于 3 日带着战利品安全返回了海参崴。

面对这支反复让日军蒙羞的舰队，上村再一次失去了良机。失败的原因究竟是什么？诚然，上村运气不好，海上情况也错综复杂——但这些都不是主要因素。真正的问题在于，他没有建立一套完善的海峡警戒系统，并以此杜绝失败发生的可能。他的部署有太多地方不尽人意，不仅偏离了海上战术的基本原则，对任务的性质和部队的编成也缺乏科学的认识，这些因素最终导致了失败。他的任务是封锁海峡，阻止 3 艘装甲巡洋舰、1 艘防护巡洋舰和 1 支弱小的鱼雷艇队袭扰陆军的海上交通线。为完成任务，他获得了 4 艘装甲巡洋舰、4 艘防护巡洋舰和为数众多的轻型舰艇。单从装甲巡洋舰的对比看，他的战斗舰队有显著优势，而根据防御作战的一般原则，如果敌军胆敢来犯，那他就应当占据有利位置，以便在反击时做到万无一失。为实现这一目的，他的主力绝不应轻举妄动，还必须把其他巡洋舰和轻型舰艇全部用于侦察，以此获得及时的预警。然而，我们却看到，在他的指挥下，舰队两部分职能经常出现混淆，不仅如此，他还时常根据风吹草动和不充分的信息，急忙带领战斗舰队，甚至是舰队的绝大部分兵力前去"搜寻"敌军。其结果是，他不仅错过了决战机会，而且还辱没了主要使命，进而让敌军突入了关键海域。

毫无疑问，身处险境的竹边湾分队始终困扰着上村，但这一点并不能充当他放弃防区的理由。当时，虽然竹边湾分队面临危险，但如果上村舰队出动，他们截获敌军的概率将不会比俄舰得逞的概率高很多；相反，只要他耐心守住关键海域，整个问题实际是会迎刃而解的。但我们也不能忘记一个事实：为弥补之前的过错，上村私下又不甘心以静制动。为了平息公众舆论，也是为激励全体下属，上村想抓住机会发起一场振奋人心的作战。但即使如此，他的做法依旧违背了海战理论，并导致了一系列的失败。

对日军来说，这次事件令局势雪上加霜。无可否认，上村将军完成了上级交付的守卫这块战略要冲的任务，但同样显而易见的是，两倍于海参崴舰队的日军仍在被牵制着，且直到双方一决胜负之前，这种局势都不会变化。正是因此，东乡不仅无法从当地收回任何兵力，同时他还有一些新问题需要解决：对于他的询问，上村的答复并不令人满意。有鉴于此，他只能从原本吃紧的舰队中抽出"八云"号和"千代田"号前往成山角以北 40 海里处巡逻，以便能在敌舰来袭时及时预警 [15]。同时，大本营提供的敌情动向也令他忧心忡忡。其中言之凿凿地提道：旅顺舰队的意图是与海参崴舰队联手，进而和赶来的波罗的海舰队合兵一处，组成一支势不可挡的太平洋舰队；即使上述意图无法实现，它们也有可能冲入某个中立国港口，借以保存自己的实力。虽然这类情报对东乡毫无价值，但它表明了一个事实：由于海军未能掌控局势，东京当局开始变得焦躁不安，而这种情绪，在战争爆发之初便已存在了。另外，它还表明，大本营之前从未意识到一个情况，即己方的交通线之所以安然无恙，并不是因为海军压倒了旗鼓相当的对手，而更多是俄军长期都毫无动作。现在，随着旅顺舰队重新活跃起来，真相开始显现，还带来了令人沮丧的后果。

关东半岛的局势更恶化了日军的处境。尽管初战告捷，但乃木将军后来再也无法取得进展。他甚至很难继续向前推进，只能做到原地据守。而在俄军这边，他们先是缓缓后撤到了"隘口防线"，很快又对尖山发动了英勇的反击，虽然俄军行动功败垂成，但乃木将军的最左翼却被迫撤出老座山，即他之前夺取的靠近半岛东部岬角的高地。

在这个方向，日军部队极力要求获得舰炮支援，东乡却无法抽调出任何舰艇，只能把海军陆战队交给乃木将军指挥。另一方面，俄军炮舰和驱逐舰对左翼始终虎视眈眈，乃木将军对海上支援的需求有增无减。在扫雷工作略有进展的情况下，东乡先将2艘炮舰调往了当地，后来，鉴于俄军活动愈发频繁，他又派出了"镇远"和"严岛"舰。另外，昼间执勤的出羽将军也接到命令支援陆军，但受制于恶劣天气，他的部下并未完成目标。在执行任务期间，海防舰"海门"号不幸罹难——该舰触发了1枚水雷，舰长以下至少有20人因此丧生。

此时，舰队的失利已经让陆军产生了一些负面情绪。事实上，只要陆军正在替海军履行分内的工作，这种情况就会发生。在战争中，让陆军认识到海军的局限并不容易，从德雷克受挫于里斯本（Lisbon）城下，到桑普森率舰队对圣地亚哥实施围攻，海陆军之间发生矛盾在联合作战中极为常见。而在陆军眼中，这种紧张关系之所以出现，是因为海军畏首畏尾而不愿承担风险。然而，陆军并没有意识到海战和陆战的不同，也不了解两者在风险上的本质差异——在陆地，士兵的损失可以很快得到补充，但在海上，舰船只会永远沉入海底。

产生这种矛盾的真正原因在于大本营低估了俄军的抵抗力量。此时，海军和陆军都无法在前线发力：前者需要等待扫雷工作的推进，而后者必须要到增援抵达后才能继续进攻，同时，地面的新攻势又会反过来加大海军的压力。当时，整个第9师团、1个预备旅团以及大量野战炮和重炮正搭乘运输船，源源不断从日本分批起航，他们毫无保护的状态也引发了日本海军两支舰队的警觉。除非大部分运输船安全抵达大连，否则这种尴尬的局面将一直持续下去。

在海上，原本平淡的局势还时常被俄军出动的警报打破，其中一条消息更是加深了日本人的担忧。之前，俄国驱逐舰"布拉科夫海军上尉"号（Lieutenant Burakov）曾成功偷越封锁抵达牛庄，现在，有情报显示，该舰又故技重演，而斯克鲁伊德洛夫将军也准备前往当地。于是，有谣言称，将军将搭乘该舰前往旅顺并接过舰队的指挥权。这类林林总总的警报频频迫使东乡出动占领拦截阵位，而在近海方向，双方的轻型舰艇、布雷船只和充当后援的巡洋舰也时常爆发交战。这些行动总体上让日军的布雷和扫雷行动进展超过了俄军，如果发动后续攻势的时机成熟，这些行动将为海陆联合行动创造更有利的条件。

对日军来说，摆脱困境已指日可待，同时，他们的地面攻势也蓄势待发。

自从召回了东乡正路战队之后，海军始终未能为奥保巩将军建立前沿补给站，于是，陆军接手了这项工作。他们竭尽全力，建起了自己的海上运输体系。随着这项工作不断推进，奥保巩将军的部队也开始向北缓缓进军。他们解决问题的办法是征集大量中国帆船，令它们绕航前往金州湾。这些船只将在当地装运启程，物资则从大连红涯套的第2军基地跨过地峡运来，这样就不必再冒险绕过旅顺。从金州湾出航后，它们可以安全地一路北上，前往位于号房的补给站，即海军之前进行测量的地方。到7月10日，奥保巩将军攻占盖平时，整个系统始终运转良好。接下来，他只需要囤积三个星期的物资，就可以向北实施总攻。7月14日，大山元帅①（Oyama）也抵达前线，接管了各军的最高指挥权。几天后，东乡司令获悉，陆军不仅将向北推进，为全力改变旅顺的局势，还将于21日大举进攻"隘口防线"。为此，东乡立刻开始准备从两翼支援这次行动。随着大连湾扫雷工作完成，近海舰艇如释重负，于是，他指示细谷将军从大连抽调一个分队前往半岛另一侧，威胁俄军的左翼。该分队由海防舰"济远"号、3艘正规炮舰[16]、2艘改装炮舰和2艘水雷艇组成。

当然，这支分队也增加了日军的压力，因为他们必须向渤海海峡派出1支巡洋舰队，并在当地提供掩护，换言之，他们需要在危机前夜修改封锁部署。鉴于地面行动迫在眉睫，他们已经确定旅顺舰队将为突围孤注一掷。就在日军预计俄军出动的前一天，一条令人担忧的消息不期而至。20日早些时候，所有哨位都接到通报：当天凌晨，有3艘海参崴巡洋舰穿过了津轻海峡。

位于东京的军令部立刻得出结论，这些巡洋舰的意图是与旅顺舰队会合。他们向上村将军发出的第一条命令，就是让他做好准备，尽快出航前往山东。但目前为止，虽然东乡的作战计划没有受到影响，但俄国海参崴舰队的出动依旧产生了让人措手不及的连锁反应。首先，英军舰队最近刚刚离开威海卫，这

---

① 译注：即大山岩（1842—1916年）。大山岩出生于萨摩藩，早年学习过炮术，在戊辰战争中指挥过新式步枪队，后来前往瑞士的日内瓦留学。中日甲午战争期间，他以陆军大将身份担任第2军指挥官，率部攻占了旅顺。对后来发生的大屠杀，大山岩负有相当大的责任。日俄战争期间，他以满洲军总司令官的身份监督麾下各军作战，并因此在日本获得了与东乡平八郎齐名的国民英雄般的地位。1916年他在观摩陆军大演习后因急病去世，卒年74岁。

让日军相信俄舰有可能在此地避难——为保全舰队，如果局势不利，俄军一定会毫无顾虑地开进这里。另一个问题是，当时里长山列岛和大青群岛间的海底电缆通信已经中断，东乡将军为与东京和上村舰队保持联系，只能派遣巡洋舰在太平湾和大青群岛中的白翎岛之间建立起无线电联系，但即使如此，双方的联络依旧时断时续。

21 日，即地面行动开始的当天，新消息进一步证实了军令部的猜测。在穿越津轻海峡之后，俄军消失在东南方向，似乎是要扫荡日本列岛周边海域。但另一方面，天气又暂时减轻了日军的负担。受大雨影响，地面行动根本无法展开，乃木将军被迫将总攻推迟到 23 日。这几天，由于通信电缆中断，东乡可能没有从东京收到任何消息[17]。期间，军令部已绕过他直接向上村将军发出命令，让后者离开了战略中心地带。在对此一无所知的情况下，东乡依旧根据之前的部署，向舰队发出了作战指示。

与此同时，执行封锁任务的驱逐舰也陆续抓获了一些俘虏，东乡从他们身上获得了有价值的信息。这些俘虏中有 2 名总督派出的军官，他们当时正试图返回牛庄。东乡从这些人身上得知了"塞瓦斯托波尔"号在 6 月 23 日入港时的情况，尤其是该舰的维修将至少花费 10 天。另外，他们还表示，斯克鲁伊德洛夫将军正在辽阳，旅顺舰队仍在由维特捷夫特指挥——6 月 23 日的行动也出自后者的手笔。不过，该行动仅仅是一次侦察，因为维特捷夫特仍在试图保持舰队完好。不管这些情报是否属实，有一点是显而易见的，维特捷夫特在日本陆军的压力之下一定会采取行动。基于这一点，东乡签署了作战命令。

在命令中，东乡首先解释了第 3 军攻击的总体思路，接着便据此阐述了自己作战计划的核心原则：虽然舰队的主要任务是做好准备迎击俄军的出动，但同时，他们也应当对陆军的行动施以援手。7 月 26 日，陆军的攻势将继续进行，当天黎明，"济远"支队预定在俄军左翼现身，而第 5 战队和 1 个特别扫雷分队将在老偏岛附近活动，以防止日军左翼遭到袭扰。第 6 战队白天将部署在遇岩附近，晚上则会撤退到 910 地点（即成山角以北 65 海里处）。战斗舰队则会部署在圆岛附近，并于晚间撤回外长山列岛中的长子岛。可以看出，这种部署也是现代作战环境下最可行的封锁模式，其基本思想仍然是阻止敌军逃离。该命令还进一步解释说，如果敌军试图集体南下，那么，所有日军舰队都将在遇岩附近集结，组成之前确定的战斗队形；假如敌军趁夜间或雾天在港外下锚，届时，轻型舰艇将抓住一切机会实施攻击。[18]

当天晚间，一次振奋人心的小规模战斗鼓舞了日军轻型舰艇的士气，并向外界展示了其执行命令时的积极态度。在日军左翼，海陆合作的关键是塔河湾，它位于乃木将军阵线的左前端。22日，一些俄军驱逐舰开入当地，有3艘决定守株待兔，趁夜间在日军布雷船前往旅顺途中展开伏击。其中就有"布拉科夫海军上尉"号——俄军性能最好的驱逐舰之一，该舰表现极为抢眼，曾在牛庄和旅顺间多次往返。然而，这个陷阱却被当地巡逻的日军水雷艇识破，后者的指挥官奉命发动进攻。他的计划是用来自"三笠"号和"富士"号的哨戒艇展开进攻——这些小艇都由他的下属军官指挥。同时，他自己则带领水雷艇和2艘辅助炮舰进行掩护，同时转移敌人的注意力。这一计策取得了圆满成功，有2艘俄军驱逐舰在近距离被鱼雷命中。"布拉科夫海军上尉"号就是其中之一，该舰被当场击沉，而另一艘[①]也彻底失去了战斗力。在过去几周，如此振奋人心的胜利还从来没有出现过，随着参战船只纷纷凯旋，乃木将军也开始行动。

然而，当天白天，局势的发展却和开局截然不同。电缆修复后传来的第一份情报显示，在过去几天，海参崴舰队已驶入东京外海，并大肆破坏贸易航线。东乡将军立刻做出了一项明智决定，这一决定也是他本人行事风格的鲜明反映。不管这些巡洋舰的冒险行动造成了多大破坏，他都会想方设法阻止它们回港炫耀自己的功绩。因此，虽然这一举措会削弱战略中心的兵力配置，但他仍然向上村将军下达命令，让他采取必要措施。东乡将军在电报中写道："你必须立刻带领第2战队（即4艘装甲巡洋舰）、'千早'号（通报舰）和2个一等水雷艇队赶往大岛（Oshima，位于津轻海峡附近）以西和白神岬（Shirakami Zaki）附近海域，阻截返航的海参崴舰队，并全力发动进攻……同时，对马海峡的守卫工作则应交

---

① 译注：该驱逐舰是"战斗"号，后来在7月24日被拖回旅顺。由于伤势严重，该舰始终未能修复，最终在旅顺港陷落前夕自沉。

给第4战队（即瓜生将军麾下的巡洋舰）以及其余轻型舰艇。"为了阻止俄军被赶入黄海东部，上村奉命派遣"千早"号在他北上期间与各通信站取得联络[19]，如果发现敌军有任何西进的迹象，他将立刻返回对马海域。

东乡司令用敏锐的洞察力判断，俄舰的目标并不是前往旅顺——它们虽然影响了作战计划，但仍显然是在从事牵制行动。同时，他还有把握地计算出，敌人已经达到了作战的最大半径，目前很可能正向着海参崴返航。从各个角度看，日军都将在这场较量中占尽先机。等待几小时后，他收到了上村将军的回电，但此时，他的内心已不再乐观。因为事实上，上村在收到东乡的电报之前，坐镇东京的军令部长已经命令他前往都井岬（Toi Misaki）——位于日本最南端的大隅海峡（Van Diemen Strait）附近，是穿越海峡所经的第一个海角。同时，这份命令还不止要求他带走装甲巡洋舰，还有麾下的2个战队以及半数性能最好的轻型舰艇。抵达当地后，上村将等待后续指示。接到命令[20]后，上村立刻汇报了东乡，并认为有必要遵照指示，而且他自己也正向着目的地赶去。

此时正值乃木将军进攻"隘口防线"前不久；在北面的大石桥（Ta-shih-chiao），奥保巩将军也正不断逼退前来解围的俄军。因此，旅顺舰队的出动已迫在眉睫。在这关键时刻，东乡将军却意识到，不仅海参崴舰队可能逃之夭夭，他联合作战的基础也危在旦夕。

## 注释：

1. 参见帝国国防委员会《日俄战争史》第 1 卷第 231、第 257 页。

2. 事实上，除了马栏河湾之外，俄军并没有在大连湾至小平岛以西 2 海里的海域布设任何水雷。

3. 参见《俄国陆军战史》（俄文版）第 8 卷第 1 部分第 363 页。

4. 具体部署位置为：

第 1 战队：位置 821，即圆岛外海 40 海里处，方向为当地东南偏东再偏东 1/4 个罗经点。

第 3 战队：位置 910，即遇岩外海 58 海里处，方向为当地东南偏东 1/2 个罗经点。

第 6 战队：位置 1110，即遇岩外海 45 海里处，方向为当地南偏东 3/4 个罗经点。

5. 参见《日本战史极密版》第 8 卷第 1 节第 416 页等。

6. 以下摘自《驱逐队、艇队巡逻明细》7 月第 1 号。

先任司令①指挥的驱逐队：A 哨区，即小平岛附近海域；

后任司令指挥的驱逐队：D 哨区，即老铁山附近海域；

先任司令指挥的水雷艇队：E 哨区，即遇岩附近海域；

后任司令指挥的水雷艇队：B 哨区，即大连湾南口海角附近海域。

另外，本书也这样描述道："如果遭遇恶劣天气，导致警戒兵力不足，当值战队应将一艘巡洋舰留在遇岩，负责执行夜间警戒任务。"

7. 此时片冈将军的旗舰为"日进"号，尽管在战斗序列中，该舰和"春日"号一同配属于第 1 战队，但依旧隶属于原本所在的第 5 战队。该战队的其余舰艇则被编入了所谓的"封锁"（即近海）舰队。

8. 参见《俄国陆军战史》第 8 卷第 2 部分第 69 页。对于这次失败，维特捷夫特直到 6 月 27 日才发出报告，而总督的回信则于 7 月 1 日送出。

9. 又写作"Cheku Pien"。

10. 由于印刷错误，日本史料对此处的叙述相当令人费解。关于军令部的电报，其中显示的接收时间是 10 点 09 分，随后是召唤 2 艘巡洋舰的命令，但该命令的接收时间却是 9 点 40 分。由于明显的时序错乱，我们只能猜测其中存在印刷错误。

11. 根据《一名"俄罗斯"号军官的日记》，此事发生在"大约正午时分"。如果这里俄军使用的是海参崴时间，此时大概是日本时间 12 点 12 分；如果是夏令时，则大约是日本时间 12 点 20 分。

12. 对发现日军的时间，"俄罗斯"号给出的记录是 6 点 30 分。上村将军则表示，在他们发现

---

① 译注：即资历最深的指挥官。

敌舰后一段时间，俄军都保持着原航向，显然没有意识到自己进入了日军的视野。这一点为上述记录提供了印证，因为俄军提到的 6 点 30 分实际是日本时间的 6 点 42 分或 6 点 50 分。

13. 根据"俄罗斯"号上军官的回忆，当时俄军相信遭到了 11 艘水雷艇的攻击，但实际上日军参战的雷击舰艇只有 8 艘。该军官同时还表示，日军曾误朝己方的水雷艇开火，不过，日本资料并没有提及此事。

14. 在给上级的电报中，上村还表达了对情报传递的不满，并建议重新使用"在山顶设立灯塔"这种传统的通信手段。

15. 通过这种部署，东乡实际是预先挫败了阿列克谢耶夫将军的计划——后者曾在 16 日通告维特捷夫特，在下次出海时，来自海参崴的巡洋舰将在"最远可达山东"的地方与其会合。

16. 即"平远"号、"鸟海"号和"赤城"号。

17. 辅助巡洋舰"日本丸"奉命保障无线电联络通畅，但通报舰"八重山"号在 20 日接过了这一任务。

18. 关于命令全文，可参见本书附录 J。

19. "千早"号奉命联络的通信站分别位于隐岐诸岛的西乡港（Saigo）、佐渡岛（Sado Island）上的弹崎（Hajiki Zaki）以及津轻海峡以南 50 海里处的舻作崎（Henashi Zaki）。

20. 这道命令的源头尚不清楚。《日本战史极密版》第 8 章第 2 节宣称："军令部长伊东大将认为……第 2 舰队有必要立刻从竹敷出动前往都井岬……7 点，他向上村将军下达了如下指示……"但按照第 3 节的说法，他也曾向东乡将军表示，这些命令实际发自大本营，至于他本人则是代为传达。这份解释似乎表明，当时伊东将军实际肩负着双重使命：一方面，作为军令部长，他可以向东乡司令提出建议；另一方面，作为大本营的海军幕僚长（Chief of the Naval Side of the Imperial Staff），他又负责传递天皇的敕令。因此，上村将军表示有必要遵照这条指示，而不是选择服从东乡的命令。

∧ 1904年7月初，停泊在大连湾埠头的日军帆船和运输船。从6月底开始，随着水雷逐渐清理完毕，日军将运输船的上陆地点改在了大连湾

∧ 在大孤山湾附近加煤的日军驱逐舰队。7月初，为便于封锁旅顺，东乡将军将轻型舰艇的加煤地点改在了此处

∧ 在旅顺港外执行封锁任务的日军舰队，照片中可见2艘"春日"级装甲巡洋舰

∧ 在旅顺港外巡航的日军防护巡洋舰队

414

∧ 日本巡洋舰"浪速"号。当海参崴舰队再次来袭时，该舰正护送"青龙丸"沿朝鲜东海岸北上，它的下落也引发了上村将军的担心

〈 上村舰队麾下的通报舰"千早"号，1906年摄于舞鹤港

〈 防护巡洋舰"新高"号，摄于1906年。在俄舰来袭时，上村只派遣了该舰和"千早"号为主力充当耳目

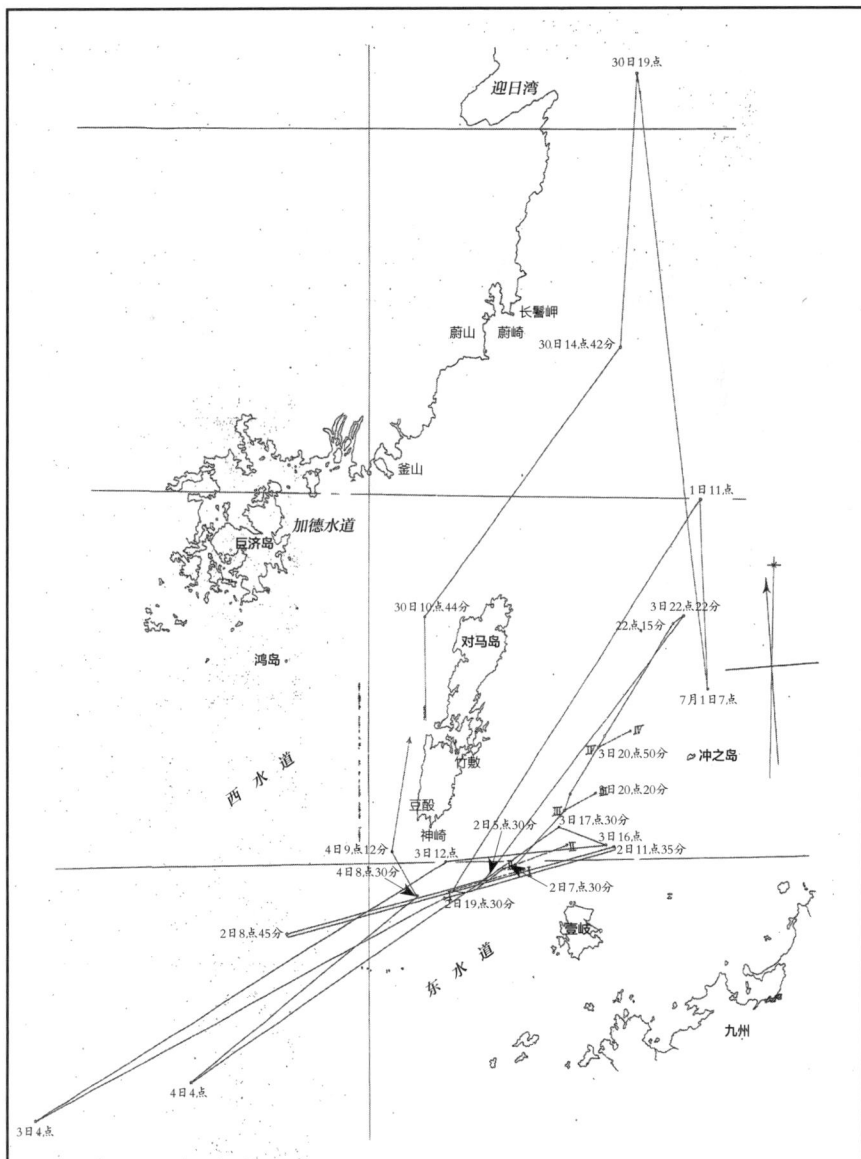

∧ 6月30日—7月4日，上村舰队搜索俄舰航线示意图

∧ 英国商船"切尔腾汉姆"号,该船在日本西北海域被俄舰截获。注意其船舷上方向内收缩的设计,它是19世纪末期,为规避某些运河按照舱面面积收取通过费的做法而专门诞生的船型

∧ 日军炮舰"海门"号。该舰于7月5日在南三山岛西南海域触雷沉没,包括舰长高桥守道中佐在内共有22人丧生

∧ 大山岩元帅乘坐"满洲丸"抵达大连时的景象

〈 "布拉科夫海军上尉"
号,这是战争爆发前该舰
的照片。该舰原本为中国
海军的驱逐舰"海华"号,
后来在八国联军之役中于
大沽港被俄国俘获。在旅
顺之战中,该舰被日军的
舰载水雷艇击沉

〉 在大石桥附
近的战斗中,
被日军破坏的
俄军鹿砦

〈 日军在大石桥
之战中俘获的
俄军车辆

# 第二十章

# 耶森将军的破袭战

如我们所见，这次袭击将严重干扰日本海军的部署。为全面认清它的意义，我们需要先分析俄军的处境，以及他们为挣脱越陷越深的战争泥潭而采取了哪些措施。

直到 6 月 30 日，远东总督才收到维特捷夫特于 27 日发出的行动报告。此时，要终止海参崴舰队的支援行动已经晚了，他在次日发出的回复函件中说，他实在无法掩饰自己因行动无果而终产生的愤怒与不满情绪。他写道："经过再三考虑，我实在无法找到足够的理由为你辩护。因为此次你不仅没有按照我的指示出海击败敌人，反而不顾触雷和鱼雷艇的夜袭返回了锚地。"总督认为，由于敌人明显不占优势，旅顺舰队就应当坚持战斗，而不是消极逃避。据此，他接着批评道，"之前我一再向你强调，这次出击的关键是击败敌人"，而不是向日军展示军舰已得到修复，或是港湾入口可以顺畅通行的事实。就当时而言，俄军最需要的是一次能缓解危机的胜利。不仅如此，随着时间流逝，这种需求变得愈发急迫，一方面是因为日军恢复了对旅顺的总攻；另一方面，库罗帕特金将军的解围行动也被黑木将军在鸭绿江方向的推进所遏制。他们预计，除非有降雨干扰，否则决定性的战斗会在未来几天打响。从上述看法中可以清楚地看到，总督并没有意识到这次半途而废的出击已干扰了日军的军事部署。实际上，这次出击表明旅顺舰队已经修理完毕，并能够自由出动。另外，它昭示着一支舰队已从长期休眠中苏醒并发动了一次真正的进攻，不仅如此，这支舰队还在积极行动，对日军交通线构成了切实的危险，黄海制海权也再次回到了悬而未决的争夺状态。

随着这一切的发生，日军又产生了对俄军两支舰队合兵一处的担忧，而这一点实际上也是总督的期望。但即使如此，总督还是敦促维特捷夫特：如果没有爆发战斗，就必须前往海参崴，而不是返回旅顺。也正是由于期待他如此行动，总督才会要求别佐布拉佐夫指挥巡洋舰队南下接应，前往济州岛助其一臂之力。即便维特捷夫特没有带走战列舰队，也应至少用巡洋舰和轻型舰艇牵制敌人，从而创造有利条件，但这些都没有实施。另外，总督还要求维特捷夫特理解命令他前往海参崴的目的：在舰队抵达当地后，即便无法在有利条件下与日军交战，也至少会减轻关东州的压力；同时，此举将改变战役的重心，让旅顺不再成为敌军的目标。从这段引人瞩目的论述中可以看出，俄军上层已经充分意识到，乃木将军的主要目标是舰队，而不是旅顺要塞本身。

总督给维特捷夫特的最终命令，也是这种局势评估下的必然产物。在命令做好一切出海准备的同时，总督还要求维特捷夫特抓住每个机会，派遣巡洋舰和轻型舰艇协助防御要塞，但又不应和要塞玉石俱焚。鉴于日军即将攻占旅顺要塞，所以，即使抛下"塞瓦斯托波尔"号，维特捷夫特也必须尽快突围。

在将这份函件发出前，总督还设法附上了一份刚从圣彼得堡获得的"敕令"。其中规定，只要补给充足且"塞瓦斯托波尔"号修理完毕，舰队就必须出海。在保证出口安全，并选择好有利时机后，维特捷夫特本人需要带领舰队起航，并尽可能设法避免战斗，径直驶往海参崴。最后，他还需要召开一次全体高级军官参与的会议，以制订作战方案。

维特捷夫特在7月3日收到了这些命令，但他始终坚持己见。他在5日答复称，不管出于何种目的，他都不会答应出航。因为任何一个了解当地情况的人都清楚，这种要求是不合理的，前一次行动已经表明，类似的有利时机是完全不存在的。此外，他认为，总督的幕僚们严重低估了敌人的实力，同时，他也表示，自己的能力有限，根本无法保证胜利。他写道："我不认为自己是一位称职的舰队指挥官，相反，我只是在'正式的指挥官'来临前，暂时代理了这一职务。"既然拥有最精良部队的优秀将军都节节败退，那么，他带领一支难以运转的舰队又如何能赢得胜利？他希望上级明白，如果他出港，俄军舰队的结局就将和1898年西班牙舰队在圣地亚哥的情况别无二致：首先，由于敌人有显著的航速优势，一场战斗将不可避免，此时俄军很难占据上风；即便行动的目标只是牵制日军，他也最多只能在近海方向活动；最后，就算舰队有机会成功逃脱，但由于敌军可以放心大胆地清理雷区，并在舰队支援下随意行动，旅顺将迅速陷落。为此，维特捷夫特总结道，对他本人来说，沙皇的意志当然是神圣的，所以，在当前，局势只有两种解决方案：一是和陆军携手抵抗，直到救援到来；二是舰队出海战沉。

总督在答复中坚持认为，这一问题最好由全体高级军官协商决定，而在第二封电报中，他甚至指明了突围的航线。同时，他还要求该舰队尽快离港，而不是像上次一样先停靠在港外。另外，他们应当选择多云的清晨或是晴朗有风的天气（fresh weather）出航，这样敌方轻型舰艇就无法顺利行动；最后，如果战斗无法避免，他们就应大胆与敌人交手。

旅顺舰队分别在 7 月 15 日和 16 日收到了这两封电报，一场会议在第二天召开。他们达成了一致意见，对此，俄军的官方报告给出了如下记载："由于水雷的威胁依旧存在，目前不存在万无一失的出动时机。因为持续不断的布雷行动以及沉船导致的领航困难，舰队也很难在有风的情况下离港。同时，敌军也可以凭借轻型舰艇的绝对优势重创我军，并挑选最有利的时机与我军交战。总之，除非要塞已濒临沦陷，令舰队无力采取措施（比如袭扰敌人侧翼）协助防御，否则，任何出海的尝试都是不明智的。"7 月 18 日，经过全体高级军官签名后，旅顺舰队将决议发给了远东总督。

与此同时，因为 7 月 8 日的命令迟迟没有得到得到回信，这一匪夷所思的现象让总督变得极为焦虑。整整一周，他都没有从舰队收到任何信息，但局势迫切需要行动来缓解，他据此认为，维特捷夫特早已不值得信赖。因此，大约在 7 月 15 日，即别佐布拉佐夫将军返航 10—12 天后，他决定放弃将所有舰队集结到海参崴的想法，并准备采取雷霆手段打破黄海方向的困局。为此，他决定完全不顾旅顺舰队的情况，派遣耶森将军亲自率领 3 艘巡洋舰穿越津轻海峡，直接对东京外海发动袭击。[1]

7 月 17 日下午，耶森将军以"俄罗斯"号为旗舰，开始了这项颇为冒险的任务。由于必须以经济航速航行，而且受到浓雾影响，他和舰队直到 19 日晚才抵达海峡。此前，他始终希望在夜间偷越，但由于雾气还没有从陆地飘向海面，他决定等到早上再行动。为此，次日清晨 3 点 30 分，当第一缕晨光降临时，他以 15 节的航速开入了海峡，再加上海流的影响，据说他的速度甚至达到了 21 节，只用几个小时便抵达了函馆。由于航线位于海峡中部，他不仅避开了水雷，而且几乎没有遇到任何抵抗。

此时，日军已极大削减了津轻海峡的警备兵力，这导致当地成了其布局的一处弱点。通过当地，俄军可以进入日本东海岸的不设防地区。尽管日军作战计划的基础就包括了设法威吓俄军，让对手远离东海岸，但他们为此抽出的兵力却非常有限。不过，与真正的原因相比，"兵力不足"倒是次要的。事实上，当时的日军根本没有任何戒备，这让俄军的突破变得轻而易举。当地所有的警戒力量只包括 2 艘老式三等海防舰"高雄"号（Takao）和"武藏"号（Musashi），3 艘 50 吨的三等水雷艇和若干武装汽艇。为了让这样一支部队遏制海参崴舰队的行动，日军需要最严密的警戒体系、最有效的情报搜集手段和最周密的组织筹备工作。但实际上，当地连监视系统都没有建立起来。当时负责这片海域的，是横须贺镇守府的司令长官（Commander-in-Chief of the Yokoska Naval Station）井上将军①（Inouye）。获悉俄军穿过海峡后，海军军令部询问：轻型舰艇、要塞和雷区之间有何种联络措施，又在哪里设置了巡逻区？而他只能回答说，目前只能依靠地面信号站联络，巡逻区域则根本没有。事实上，他只是以函馆为基地部署了哨戒艇，但为了安全，这些哨戒艇的活动范围都非常有限。与东乡和上村将军的精心安排相比，当地警戒系统的漏洞可谓骇人听闻。考虑到当地的战略位置如此重要，日军的疏忽就显得更加不可理喻，其中唯一可以解释的原因，就是本土指挥部长期错误地低估了敌军的威胁。

这种不完善的部署导致了一个结果：位于函馆的日军轻型舰艇分队原本实力弱小，现在还很快被俄军发现，以至于根本无法伤害敌舰。期间，它们没有实施任何攻击，甚至连岸炮也没有开火——它们的沉默证实了在海参崴的传言：

---

① 译注：即井上良馨（1845—1929 年）。他出生于萨摩藩，曾在萨英战争中负伤，成为海军军官后，历任"清辉""东""浅间"（第一代）、"扶桑"等舰舰长。19 世纪 80 年代后，他转入指挥岗位，先后担任海军军务局长、海军常备小舰队司令等职，并两度出任横须贺镇守府司令长官。日俄战争期间，他曾深受俄军袭击舰的困扰。其最终军衔为海军大将，1911 年获封元帅，1929 年因肝癌去世。

日军已将岸炮投入对旅顺的围攻。它们的数量是多少？其中又有多少抽调自津轻海峡？这些问题都不得而知。但无论如何，俄军都毫无阻碍地在上午 7 点穿过了当地。日军有 1 艘海防舰和 2 艘水雷艇在后方跟踪，但它们只能眼睁睁地看着敌人在海峡北端的惠山岬（Yesan Zaki）俘获了 1 艘小型蒸汽船。

这艘名为"高岛丸"（Takashima Maru）的船只也是俄军的首个战果。对它的处置，则充当了耶森将军后续行动的样板：其船员被迫登上小艇，划向海角北部的目的地，船本身则被俄舰击沉。几乎同时，俄军还对英国轮船"萨马拉"号（Samara）进行了拦截。经过一番犹豫后，俄军决定放行，该船于是得以继续向西雅图（Seattle）驶去。这些拿捕行动耗费了舰队一个上午，期间，一切都发生在惠山岬通信站的注视下。中午，耶森将军决定驶出岸上的观察范围，因为他截获了一条无线电报。这次事件也表明，在现代环境下，随着情报的传递更为灵敏，破交的难度也与日俱增。该电报的内容是："俄舰已经东行。所有船只必须推迟出发。"然而另一封截获的电文又带来了希望，耶森开始相信，之前在惠山岬附近追逐 2 艘船只的行动，已经让日本人产生了误判，电文中宣称："俄舰正在向北航行，并在沿途掳掠船只。"因此，他立即决定向南前往东京湾外的真正目的地，并开始朝东南转向。但即使如此，被击沉船只上的小艇仍发现到了他们的行踪，第二天清晨，东京方面也接到了预警。

19 点，在正对惠山岬的尻屋埼（Shi-riya Zaki）外海，耶森将军在东微南 60 海里处拦截并击沉了 1 艘小型帆船。随后，他又截获了 1 艘小型汽轮，但发现目标是艘满载妇女和儿童的客船后，他又将其释放了——第一天的行动于是就此结束。鉴于俄舰在海峡入口耗费了 12 小时，这一战果其实不算特别丰硕，但无论如何，他们都必须转移，趁着夜色，俄舰一路向南方驶去。

随后很长一段时间，日军司令部都没有收到该舰队的消息。期间，他们在 21 日发出了一条命令，命令的接收人是上村将军——当时，上村正在对马岛待命，并随时准备开赴山东附近水域。随着当天过去，没有任何后续消息传来，日军司令部产生了一种印象：俄军已经掉头返回。大约 4 点，他们向实施海上警戒的函馆水雷艇队司令发去指示，命令将沿岸的所有灯光熄灭，如果发现敌军且机会有利，他们绝不应避战，而是必须主动攻击。接着，21 日清晨 7 点，有渔夫发现敌军正在山田（Yamada）外海 40 海里处（位于海峡以南约 150 海里处）向南航行，但没有更详细的报告传来。22 日，日军收到了 2 份报告，但报告的内容彼此矛盾。第一份报告显示，俄军舰队中午出现在了那珂凑（Naka Minato）外海约 80 海里的地方，离东京湾入口的布良崎（Mera Head）海岸只有大约 100 海里；而另一份报告宣称，俄舰位于釜石以南约 80 海里处，在前一报告提到的海域以北约 100 海里处，仿佛俄军已经折返。午夜时分，位于东京湾入口处的吾妻山（Adzuma Yama）无线电站似乎收到了电波感应，但由于形势不甚明朗，日军完全无法查清事实，更无法据此下达合理的命令。

事实上，俄舰一直在向南航行，为尽量节约煤炭，它们的速度始终很慢。当 21 日上午 7 时，在山田附近被渔民发现时，这些俄舰在 12 小时内只行驶了 100 多海里。第二天，他们继续以更慢的速度前进，沿途一无所获。除了渔船外，他们的视野中空空荡荡，仿佛日本人已停止了所有海上运输。或许是为了麻痹日方，耶森把速度降到了最低，甚至比经济航速还要缓慢得多。按照"俄罗斯"号一名军官的说法：他们白天的航速是 5 节，晚上只有 3 节[2]。正是因此，直到 22 日上午 10 时 30 分，他们才抵达盐屋崎（Shiya Zaki）附近，当地离东京湾仍然有 150 海里。

但在当地，他们的运气开始好转。在该岬角以东 60 英里处，他们发现了英国轮船"阿拉伯"号（Arabia，2860 吨）。当时，该船正从波特兰（Portland）前往横滨（Yokohama）和香港，船上载着各种杂货，包括面粉和铁路枕木。它们的存在也成了俄军实施拿捕的原因，在"雷霆"号船员的押运下，耶森命令该船经过宗谷海峡（La Perous Strait）前往海参崴。[3]

在完成上述安排后，俄舰继续低速前进，但当天他们看到的只有渔船，这进一步表明，日军已经对出航船只发出了警告。第二天，即 23 日，情况没有丝毫改观：他们不仅一无所获，而且又增加了一个新的麻烦。"雷霆"号表示，凭剩余的燃料将无法返回海参崴。对俄军来说，这一情况简直匪夷所思。根据计算，每艘船都搭载了足够的煤炭，就算是经宗谷海峡返航，船上也将有 400 吨的富余。但由于某种原因，该舰的燃料消耗水平极为骇人，在一段时间内，耶森将军甚至怀疑该舰或整个舰队是否该立刻返回。然而，如果只带着"阿拉伯"号 1 个战果返航，此举就将无奈地暴露出舰队战斗力的缺陷：它会告诉敌人，俄军在主战场之外破交能力不足，无法有效展开牵制。但幸运的是，即便出现了最糟糕的情况，在穿越宗谷海峡时，他们仍然可能在库页岛的科尔萨科夫斯克①（Korsakovsk）加煤，因此，耶森将军最终决定推迟返航，继续展开游猎，这让舰队上下欢声雷动。然而，由于日本的禁航命令贯彻得如此彻底，俄军在第二天依旧两手空空。不过，日军司令部也没有获知任何俄军的动向，更没有下达后续命令，至于上村，也依旧驻守在对马。

考虑到将率装甲巡洋舰前往山东，上村正在重新安排海峡的警戒部署。警戒工作将由瓜生将军的4艘防护巡洋舰和6艘水雷艇负责，它们将分成2个部分。其中，水雷艇在对马岛南段分别监视海峡的东、西两条航道，而巡洋舰则以2艘为一组，在北面轮流值班。然而，当部署即将完成时，新传来的消息打乱了这一切。

23日晚上，俄军终于抵达了真正的目的地——一片丰饶的水域。24日黎明时分，他们发现已经驶过了东京湾外的豆南诸岛②（Dzunan Islands），并正处于从横滨前往日本南部和朝鲜的主要航线上。果不其然，在御前崎（Omai Zaki）以南约30海里处，俄国人很快看到一艘大型蒸汽船出现在前方。他们立刻展开追击，并发射了3枚炮弹将其截停。经核实，该船是4300吨的英国轮船"高级骑士"号（Knight Commander），上面装载着从纽约运往横滨的铁路建设材料。完成搜查后，耶森发现自己进退两难。尽管该船明显运载了违禁品，但他们不仅很难腾出人手将其开走，同时也缺乏驶往海参崴的煤炭。此时俄军只有两种选择，要么下令放行，要么将其击沉。不过，他们似乎从没有考虑过前一个选项，毕竟他们在海上航行了一周，而该船又是唯一的重要收获，同时也是本次行动意义的一例孤证。不管国际影响如何以及相关措施是否存在争议，耶森都决定驱走船员，将该船击沉海底。4

---

① 译注：即今天的科尔萨科夫，在库页岛最南部。
② 译注：即今天日本的伊豆列岛。

决定破交战效率的一个重要指标，就是处置目标船只的时间——它无疑也值得我们关注。俄军最早发现目标是 4 点 30 分，4 小时后，日军瞭望台依旧看到该船仍然与捕获它的俄舰一道掉头向东航行。随后开火声传来，上午 9 点观察员报告说该船已经沉没，敌舰再次掉头向西，随后消失不见。

在上午 10 点接到了这则消息后，海军军令部决定采取行动。两小时后，那条不幸破坏了东乡将军作战计划的命令传到了上村手中。该电报这样写道："3 艘海参崴舰队的舰只正在伊豆（Idzu）附近缓慢行驶，威胁到了往来商船。你必须尽快出动，带上配属的通报舰，前往都井岬[5]等待后续命令。"

此时，日军已推翻了最初的部署，其原因究竟何在？具体答案目前尚无从得知。不过，我们依然记得，日军最初的设想是，如果有迹象表明俄军开始西行，上村就应带领装甲巡洋舰前往山东外海，以便向东乡舰队靠拢，其余舰船则在海峡留守。但现在，上村舰队将集体前往东乡舰队接触不到的地方：具体来说，他们不会在山东外海建立封锁线，而是将奉命穿过大隅海峡前往都井岬海域。在《日军战史公开版》中，整个行动被避而不谈，而在《日本战史绝密版》中的解释是："军令部长……担心这支俄军会在威吓我方沿海地区后，试图与旅顺舰队会合。于是，他认为必须命令第 2 舰队立刻离开竹敷，前往都井岬等待命令，并根据敌情见机行事。"总之，它并没有把决策的因果始末解释得非常清楚：其中虽然提到了阻止敌人同旅顺舰队会合，但问题在于，如果真要达到这个目的，他们更应该要求舰队前往山东外海。可以推断，导致日军改弦更张的真正原因，是虎视眈眈的俄军舰队让他们相信威胁不只限于心理层面。这种情形就好比，俄军作为捕鸟人，在鸟儿的注视下张开了网，他们仅摧毁了 1 艘商船，日本人自己便跳进了圈套。

考虑到出现在东海岸的只有 3 艘巡洋舰，日军放弃作战计划的失误就更加明显。尽管他们或许知道"壮士"号已形同废船，但鱼雷艇队和母船"勒拿"号的去向仍不清楚。此时，朝鲜海峡处于敞开状态，俄军随时可能突袭日本陆军的主要交通线，然而，3 艘巡洋舰在首都外海现身的消息，还是让上村带领整个舰队离开了战略要地，并让海峡陷入了不设防的状态。

24 日 13 点，上村接到了这条让他心烦意乱的命令。此时，他和当时公认的智囊——参谋长加藤大佐①（Kato）究竟做何感想？一切迹象让我们猜测，他们完全不愿遵命。前一天，他们已经完成了相关部署，准备一接到命令就前往山东。按照他们的说法，上村麾下的轻型舰艇有一半已在对马岛西南和东南建立了警戒线。同时，瓜生将军正带领旗舰"浪速"号及"高千穗"号前往北面巡逻，他下属的第三艘巡洋舰"新高"号因为轻微的机械故障在竹敷修理，而第四艘"对马"号正在佐世保修理船舵。收到电报后，装甲巡洋舰战队立即奉命升火，瓜生舰队也被无线电重新召集起来，并奉命率领剩余的2艘巡洋舰与上村在都井岬外海会合。另外，"千早"号通报舰和3个一等水雷艇队也接到了类似的命令，剩下的3个二等艇队⁶将奉命留下守卫海峡，并由竹敷要港司令指挥。

15点，上村将军带领装甲巡洋舰战队和通报舰"千早"号出航，20点时，他仍然处在对马南端豆酘无线电台的联络范围内，当时，他还收到了东乡的电报，这封电报发出时，东乡刚刚获悉东京外海有俄舰出现。如前所述，他在电报中命令上村立刻带领第2战队（即装甲巡洋舰战队）和2个一等水雷艇队前往津轻海峡西侧入口。电报结尾则写道："我已请求大本营，通过大凑水雷艇队（即位于津轻海峡的水雷艇队）与你联系。"很明显，东京方面知道东乡的命令和看法，换言之，他们实际是主动推翻了舰队司令的决策，这也让上村满怀疑虑。又过了两个小时，他才真正下定决心。22点，他通过白岳（Shiradaki）无线电站向东京发出报告称：尽管接到了东乡司令的命令，但他依旧在向都井岬行驶。另外，他还要求获得更多的情报，而东京方面报告称，敌军最后一次现身是在御前崎（Omai Zaki，位于东京湾以西大约90英里处）外10海里处，正在向东返航。但即使如此，命令依旧没有改变。接下来，上村显然开始在五岛列岛（Goto Islands）航道附近徘徊，仿佛是在期待上级能收回成命。期间，

---

① 译注：即加藤友三郎（1861—1923年）。加藤出身于广岛藩的一个低级武士家庭，1888年海军大学校毕业后就任巡洋舰"吉野"号的炮术长，并随舰参与甲午战争的黄海海战。日俄战争期间，他先后担任第2舰队参谋长和第1舰队参谋长，并在旗舰"三笠"号上参加了对马海战；战后历任海军次官、吴镇守府司令长官、第1舰队司令长官等职务；1915年就任海军大臣，同年晋升为大将；1921年作为日本代表，参与签署了《华盛顿海军条约》；1922年任内阁总理大臣，但不久即因癌症病逝于任上。

他还通过志自岐①（Sisiki）的瞭望哨向东乡将军汇报，目前他正遵照大本营的命令前往都井岬海域。

当天夜晚，上村舰队共行驶了100多海里，并于25日上午8点驶离了野母崎（Nomosaki）。在当地，"千早"号带领2个水雷艇队赶来会合，随后，上村立刻将该舰派往日本本土最南端的佐多岬（Satano Misaki），即大隅海峡的入口处，以便从瞭望哨获得最新消息；但如果一无所获，该舰就应朝着都井岬前进。13点30分，上村在当地与该舰会合，并获悉当天早晨7点，敌舰在胜浦（Katsuura）外海4海里处出现，此时它们已位于东京湾远方，在上次观察位置以东约100海里处。据报告，它们仍在向东航行，并且正在开火射击。很显然，前一天晚上，它们已经开始回航，并越过了东京湾的湾口。但鉴于俄舰可能折返，对上村将军该继续前进还是掉头返航，大本营显然不便下达专门的指令。至于上村能做的，不过是报告自己抵达了都井岬，并在等待指示。然而，他很快发现，由于波涛汹涌，他无法就地为轻型舰艇分队加煤或加水。于是，他决定回到有明湾（Ariake-no-ura）避风，与东京方面直接取得联络。但他们从军令部②得到的唯一消息，就是铫子岬（Chosi Point）和胜浦间的警察和观察哨陆续发来报告，敌军仍在同一海域破坏海上交通线。

这些消息可谓非常准确。事实上，就在上村前往大隅海峡期间，俄军舰队采取了如下行动。当24日"高级骑士"号沉没后，俄军没有再度交到好运，只击沉了几艘运载鱼和大米的帆船，此外，他们还拦截了英国汽船"济南"号（Tsinan），但发现该船是客船后只好放行。除此以外，俄军没有看到1艘向外海航行的船只，同时，他们似乎还错过了一个极有价值的战利品，这也是日军司令部最关切的事情。根据相关情报，有艘商船正从美国方向驶来，船上运载着日本政府委托生产的大量硬币，尽管俄国巡洋舰就在附近海域活动，但该船仍然成功溜进了横滨。[7]

---

① 译注：即今天日本长崎县平户岛的志志伎。
② 译注：原文为"Admiralty"，即"海军省"。但对照《明治三十七八年海战史》，在搜寻俄军袭击舰期间，向上村发送指示的始终是军令部。

另外，对俄国人来说，煤炭存量的问题已经不容忽视，而且正如日本观察哨所见，耶森将军在 24 日夜间率舰后退了。俄军将过夜地点选在了大岛以南，但就目前所知，横须贺的水雷艇队似乎没有前去袭扰。俄国人不仅安稳地度过了夜晚，而且在夜间又发现了 1 艘汽船，于是该船被带往东面海域。清晨，他们查明目标是满载海产品的德国商船"提亚"号（Thea）。耶森将军决定将其击沉，然后率舰离开胜浦海域。[8] 上村将军所获报告中提到的炮声，就是源于这次事件。"俄罗斯"号的一名军官回忆说，执行炮击任务的是"留里克"号，它花 4 个小时，发射了 200 枚炮弹才将目标送进海底。

然而，几乎与此同时，俄军终于拿获了一个有价值的目标。它就是"卡尔克斯"号（Calchas）——一艘超过 6000 吨、性能优良的英国轮船，但它只运载了一小部分杂货，其中只有不到一半是可以算作违禁品的面粉和铁路建材。但鉴于该船的陈设和搭载的小艇数量，它似乎也非常适合改装为军用运输船，俄军决定将其拘押，并派人驾驶它途经科尔萨科夫斯克前往海参崴。在进行了必要的安排后，它们一同向外海驶去，并于 25 日中午驶出了日军的视野。[9]

俄军的上述活动营造了一种令人提心吊胆的气氛，导致东京方面很难保持冷静。接下来的一整个夜晚，虽然局势风平浪静，但不断有荒诞的报告从东京湾口的无线电台传来。26 日凌晨 1 时 15 分，它们给上村将军发出的一条消息更加剧了这种氛围，因为有消息显示，敌舰似乎正在向西行驶。

当时，上村舰队仍然在有明湾，瓜生将军已率部与之会合，而他们又在 3 点收到了另一条类似的消息。同时，军令部也发出指示，要求上村带领舰队前往室户崎（Muroto Zaki），即纪伊水道（Kii Channel）通往濑户内海的入口附近。至于濑户内海南口的丰后水道（Bungo Channel），正由来自吴港的 2 个水雷艇队据守。这些水雷艇平时都位于门司（Moji），守卫着下关海峡的入口，但一接到警报便奉命抵达了新的警戒阵地。

凌晨 4 点，上村准备继续行动，但在起锚前，他又收到了一条莫名其妙的消息。考虑到仍然有被召回的可能，他决定不驶出都井岬海域。但事实证明，它只是起航前的一则警告，当天，军令部的头一道命令便要求他尽快前往室户崎，这表明上级的意志并没有改变。于是，上午 9 点，上村继续沿预定航线行驶，并提醒舰队，他们预计于晚间同敌军碰面。16 点，该舰队驶过了足摺（Ashizuri）灯塔，并再次和东京取得了联络。但此时，沮丧的情绪已开始在官兵中蔓延，同时他们得知了前一天日落后，敌军曾在纪伊水道的入口处出现的消息。这条消息显然不容忽视，如果真是这样，敌舰要么会进入濑户内海，要么会向西前往旅顺，因此这一状况必须尽快澄清。于是，上村继续率舰向室户崎航行，抵达当地后，他命令"千早"号和轻型舰艇一道搜索水道；第二天清晨，"千早"等舰船将在室户崎归队，并报告沿途的发现。他自己则率领 2 个战队向南航行，以便在敌人向西航行时实施拦截。但就在轻型舰艇离队，上村本人指挥舰队准备出发时，一条来自军令部的新命令送达了。由于当天 18 时许，大王崎（Taio Saki，位于上村与东京湾之间）的无线电台报告敌军出现在了其监视区域内，因此，他们命令上村向着潮岬（Siwo Misaki）行驶，以便赶往纪伊水道的另一侧。但由于其他舰船已各就各位，因此，上村认为改变部署为时已晚，便未再多加理会，午夜时分，他沿搜索线向南航行了三个小时。随后，他开始转向，并在 27 日 6 点回到室户崎，期间没有发现敌人的踪迹，麾下的水雷艇队也没有前来与他会合，同样，无线电中也没有任何发现。

在这种情况下，上村向军令部汇报了搜索结果，但后者对此无动于衷。他们回答说，有 2 艘俄舰出现在天龙川附近海域（Tenriu Sea），无线电定向的结果表明它们已经向东行驶，因此，他必须继续前进，并在东京湾西口处的大王崎和长津吕（Nagatsuru）瞭望台附近等候命令，而上村将军也表示他将于 16 点在潮岬外海进行汇报。在当地，他获悉 3 艘俄舰曾于清晨在御座港（Goza harbour）内的滨岛（Hama-shima）露面，不过仅过了半个小时，他便被告知这条消息并不可信。而在东京以东方向，千叶县知事（Governor of the Chiba Prefecture）也报告称，在北朝夷村（Kitaasaina）水域可以看到三道烟柱，同时，布良崎以东也有炮声响起。这可能是俄舰试图拦截"朝鲜"号（s. s. Korea），该船当时正运载着铁路建材，并于次日抵达了目的地。

根据这一敌情，第 2 舰队随即被命令兵分两路。瓜生战队和水雷艇队将继续留在纪伊水道或返回竹敷，上村则必须带领装甲巡洋舰前往布良崎。面对这一要求，上村没有任何迟疑，立刻命令瓜生战队和水雷艇队返回对马海峡进行警戒，而他则向东京湾疾驰而去。次日，即 28 日中午，他的舰队抵达了目的地。整个夜晚，他的无线电台都一直受到大气环境的干扰，但他做好了接受荒诞消息的准备。在这方面，他果然没有失望。接近布良崎时，他们碰到了横须贺水雷团（Yokoska torpedo flotilla）的 7 艘水雷艇，后者报告说，无线电站曾收到一些无法理解的长波信号，同时，还有炮声在下田（Shimoda）外海响起。横须贺镇守府的参谋长猜测，此时俄舰必定已经通过了大岛南部，并将在午夜之后继续向东行驶，顺带截获所有向东京湾行驶的船只。当上村将军在布良崎外海停泊时，类似的消息更是纷至沓来，它们渐渐汇成了一种假象：敌军似乎隐藏在西南方的豆南诸岛。因此，在日落前，上村决定带领舰队和几艘横须贺的水雷艇展开搜索，不过直到第二天黎明来临前，他们依旧一无所获，这让整个舰队只能回到长津吕附近。然而此时，东京方面也再度开始胡思乱想：因为他们获悉，一名俄军军官在登上英国客轮"济南"号时曾经吹嘘说："在一两天前俘获了一艘极有价值的战利品。"军令部长于是认定它是一艘运煤船，而俄舰此行就是将其带往豆南诸岛加煤。既然如此，舰队为何不再去侦察？不得已，上村只能将舰队分开以扩大搜索面，可是就算如此，他们仍没有看到敌军的踪影。大约 19 点，他回到了布良崎外海，这时他最关心的是向瓜生将军发出警告，因为他觉得敌舰出于某种原因，已驶向了正北或西南方向。另外，他的燃煤也濒临耗尽，但军令部回馈给他的，只是一连串新的无线电命令。

上村的耐心被彻底耗尽了，他进行了不卑不亢的抗议。他说，敌军显然不在豆南诸岛附近，同时，他还提醒上级，最后一次真正发现敌舰，其实是 25 日在胜浦附近。既然事实如此，他和加藤大佐便大胆地指出，目前无线电通信并不可靠，而在战略层面，其做法也颇值得商榷。当地面通信站报告收到长波电报时，他本人只侦测到了一些大气杂波。换言之，通信站的报告实际是毫无价值的。至于开火声，上村根据经验认为，它们并不可信——模糊的烟柱也是如此。最后，他总结道："我最为担心的情况，是敌舰出于某种目的已经北返或是向西南驶去。受所在位置影响，我方无法与主力舰队合作，对此我相当担心。鉴于此，我希望能获准撤退。"

这份不卑不亢的请求听起来就像是一种责备，它很快收到了预期的效果。

30 日凌晨 3 点，新的命令传来，要求他在黎明时分出发返回对马[10]。但另一方面，东京当局仍对豆南群岛的局势感到不安，又嘱咐他们前去核实敌军是否离开了八丈岛（Hachijo，位于南方 150 海里）。上村只得奉命行事，在要求佐世保方面准备 4000 吨威尔士煤后，他开始在早上 5 点以 12 节航速出动，同时派"千早"号先行。行至一半时，后方有无线电台明显试图与其联络，在这种情况下，上村只好让"千早"号继续搜索，而他则回过头去交换情报。但一切都是徒劳的，直到 18 点他才接近布良崎，并获得了一条可以判读的信息。正如他之前所料，当天清晨，俄军已大摇大摆穿越了津轻海峡。

换句话说，俄军从来没有出现在日舰往返奔波的海域。期间，上村非常清楚，无论是开火声、烟柱还是无线电信号，其实多半是神经紧张的产物。就在 25 日上午俘获"卡尔克斯"号后，耶森认为返航的时机已到。根据东乡可能下达的命令，他认为唯一的机会就是经由宗谷海峡返航，而他的煤炭又刚好足够进行这次长途航行。于是，当上村将军依旧在 500 海里以西的有明湾逗留时，俄军正在以存煤所支持的最高航速全力北上。

27 日早些时候，即上村正从室户崎南下并接到俄军正在纪伊水道附近的消息时，耶森舰队实际正以约 10 节的航速穿越津轻海峡所在的纬度线。在这里，俄军驶入了一片愈发浓密的海雾，第二天，他们推算自己距离国后水道（Kunashiri Channel）只有不到 30 海里，但浓雾依旧没有消散的迹象。3 艘巡洋舰上传来的汽笛声表明，它们离彼此仍然很近，只有"卡尔克斯"号不知去向。由于无法找到航道，耶森将军只能转舵 16 个罗经点，并缓缓向南行驶。

此时，俄军可谓进退两难。鉴于"雷霆"号只剩下 8 天的煤炭，他们目前有两个选择：一是在原地等待雾散；一是冒险穿过津轻海峡。经过反复考虑，耶森选择了后一种方案，于是所有俄舰开始向南行驶。次日，即 29 日，大雾依旧未散。整整四天，他们的视野都空空荡荡，时刻担心自己冲上海岸。在确信抵达了海峡所在的纬度后，他们只能一边徘徊，一边祈祷雾气消散。直到 30 日上午，俄军才看到陆地——原来他们在浓雾中的推算几乎完全正确。耶森决定不再犹豫，于 11 点开进了海峡，并做好了在对面与敌军舰队交手的准备。

津轻海峡的警戒舰只出现了，但它们没有发动攻击，同样，由于担心浪费弹药，俄军也保持着开火纪律。日落时分，俄军终于将海峡甩在身后，而日军舰队依旧不见踪影。在夜幕下，俄军先是熄灭灯光，随即改变了航线，期间，他们甚至不敢相信自己的好运，并一直认为可能会遭遇夜袭。但敌人整晚都没有现身，8月1日15点，经过整整两个星期的巡航后，他们安全回到了海参崴；而在科尔萨科夫斯克完成加煤后，"卡尔克斯"号也在一周后抵达了，该船在穿过宗谷海峡时并没有被发现。

对我们来说，日军指挥部的失误完全不值得赘述。他们的决定错在过于武断。对此，我们最好这样理解：在战争中，计划总是很难得到全面执行，在敌军大胆采取牵制行动，试图打乱己方计划时更是如此——上述失误就是一个极好的事例。虽然在作战计划中，日军认识到了海参崴舰队的意图，但他们低估了后者可能发挥的作用，换言之，他们根本没有料到敌人可能会越过日本海展开行动。随着这一切变成现实，原本遥远的战火烧到了东京的大门口，政府也随之失去了理智。此时，虽然东乡司令提出了真知灼见，但他的建议并未得到重视。根据我们传统的作战理论，此时最好的做法应该是：不让袭击舰队返回基地。期间，如果对方开入外海，最好的对策莫过于派遣优势兵力阻断敌舰的回港路线，同时掌握对方的行踪。虽然此举无法阻止袭击，但在现代作战条件下，敌人的斩获一定相当有限，日方蒙受的损失也必将会被全歼敌军的战果所抵消。换言之，在当时的情况下，如果日军能遵照东乡的建议，将会轻而易举歼灭敌军。最终，他们为此付出了巨大代价，而收获的只有挫败感。

其中的问题在于，虽然整个方案简单明确，但难的是将决心贯彻下去。按照普遍的看法，日本民众就不会允许推行上述计划，然而，在本案例中，我们目前又并没有确凿证据表明民众施加过压力。相反，真正的决定性因素是上级的干预。至于是什么影响了他们的决策，进而导致如此尴尬的结果，我们又完全不得而知。在给上村的命令中，至少在名义上，上级都意在阻止耶森舰队抵达黄海，但显而易见，这不过是一个幌子，上级真正的意图是将舰队调往备受威胁的首都附近。同时，我们也知道，东乡将军下达了禁止分散兵力的命令，并计划把上村舰队安置在内线阵地上——这足以遏制俄舰驶往旅顺。换言之，虽然从个人层面，为应对海参崴舰队的袭扰，东乡做了力所能及的一切，但问

434

题在于，东京的最高指挥部并不愿为胜利冒类似的风险。

最后，我们还必须看到，这段插曲也充当了一个引人瞩目的案例，并展现出了最高司令部和舰队指挥官之间的矛盾。但其中值得深思之处又不在矛盾本身，而是战场指挥和司令部运作等方面。根据现有资料，我们可以负责任地指出，整个行动的干扰并非源自军令部，而是决定战争走向的最高当局。此外，关于自身的做法，他们又没有同舰队司令磋商，或是交换些许的意见。它是否合理？又会给战争带来怎样的影响？对于这一切，要下结论依旧为时尚早，恐怕只有当我们将来洞悉了事件的全貌后，才会得出最好的答案。

## 注释：

1. 对这次袭击的起源，官方的说法依旧没有公开。但根据《俄国陆军战史》第 8 卷第 2 部分中所记载的远东总督和维特捷夫特的通信，我们可以推测：就在总督向维特捷夫特发去此信后第二天，耶森率领舰队出动，开始了俄方这次没有叙述任何原因的突袭。

2. 这种航行状态持续了 24 小时，始于 21 日上午 7 点，期间俄舰的平均航速大约只有 5 节。

3. 后来，"阿拉伯"号和运往香港的 142000 普特面粉一道被海参崴战利品法庭释放，至于铁路建材和运往日本港口的面粉，则被没收。然而，后来圣彼得堡最高法院又推翻了没收这些面粉的判决。

4. "高级骑士"号的船主向俄方索赔 102000 英镑，但海参崴法庭裁定：该船和运载的货物属于合法战利品。在接到船主上诉后，圣彼得堡的最高法院后来也维持了原有判决。

5. 都井岬（北纬 31 度 22 分、东经 131 度 21 分）位于九州南部，大隅海峡外海附近。

6. 其下属的二等水雷艇排水量不足 120 吨，航速约为 24 节。

7. 该船有可能是运载铁路建材的"朝鲜"号（Korea），预定在 28 日中午至 29 日清晨 6 点之间入港。参见 7 月 27 日伊集院将军致上村将军的电报，出自《日本战史极密版》第 8 章第 2 节。

8. "提亚"号由一家日本企业租用，海参崴法庭裁定俄舰击沉该船属于正当措施。这一判决后来在上诉中被推翻，船主为此获得了 22000 英镑的赔偿，但没有就船上的日本货物提起上诉。

9. 因为运载违禁品，"卡尔克斯"号后来被海参崴法庭没收，但在英国政府向俄方交纳了 600000 卢布后获释。在上诉过程中，除了与船上小麦有关的部分，圣彼得堡法庭维持了之前的所有判决。

10. 当天，吴水雷团（Kure flotilla）的一半舰艇也奉命返回门司，但其麾下所属的另一个水雷艇队则在丰后水道继续值守到了 8 月 17 日。

∧ 俄国装甲巡洋舰"俄罗斯"号。该舰也是耶森将军开赴日本东海岸期间的旗舰

∧ 1904年夏天，停泊在海参崴的"留里克"号，摄于出航前往日本东海岸前不久

∧ 海防舰"高雄"号。该舰在日俄战争期间始终担任着津轻海峡的驻防舰

438

∧ 这些照片摄于1904年夏季，展现了装甲巡洋舰"俄罗斯"号准备出航时的景象

〈 海防舰"武藏"
号。该舰和"高雄"
号一样同属于1880
年代建造的老式军
舰,当时和少数水
雷艇一道,构成了
津轻海峡唯一的防
卫力量

∧ 两张摄于"俄罗斯"号巡洋舰在日本东海岸活
动期间的照片。在第二幅照片中,该舰似乎在炮击
一艘战利品,甲板上则有一些从船上缴获的煤炭

∧ 1904年7月,第2舰队的1艘防护巡洋舰在对马岛上加
煤,俄军在东海岸的活动使它们被迫调离了原定的防区

440

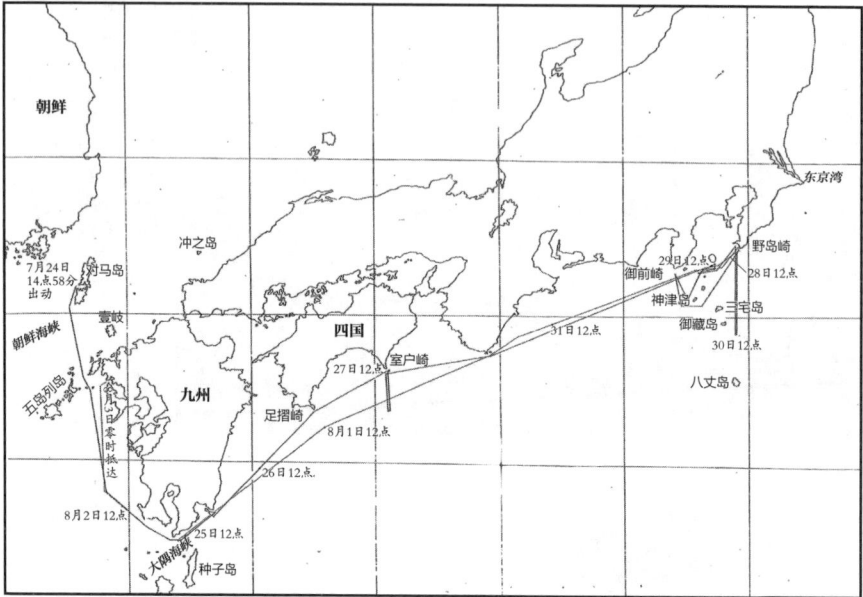

∧ 7月24日—8月2日，上村舰队在日本东海岸搜索的行动示意图

∧ 海参崴巡洋舰队的新指
挥官卡尔·耶森海军少将

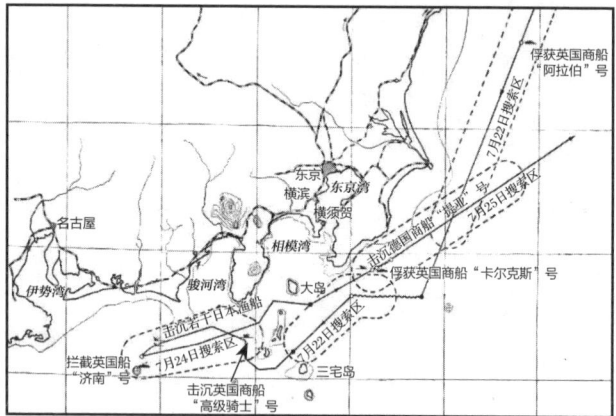

∧ 俄军海参崴巡洋舰队在东京湾外的活动示意图

# 第二十一章

# 7月24日至8月10日的旅顺口局势

当上村将军奉命离开驻地，前往无法为长官提供援助的海域期间，旅顺局势的发展可谓惊心动魄。对日军来说，此时他们不仅需要将舰队牢牢集结在一起，同时还需要用一次辉煌的胜利缓解当前的紧张局面。不幸的是，东京方面的错误干预，却中断了他们的集结，也断送了他们的胜利。由于地面战场的压力不断增加，俄军舰队强行突围已是迫在眉睫，同时，鉴于军事形势的总体发展，海军也需要义不容辞地提供支援。

7月24日，即耶森舰队在东京外海现身，东乡将军获悉副手已与他相隔千里的同一天，奥保巩将军突袭了大石桥前线的俄军阵地。这场战斗意在将敌军切断于辽河口地区，并夺取牛庄这一必不可少的交通枢纽和补给基地。陆军非常期待海军的支援，这不只是因为俄国炮舰"海狮"号仍在辽河上，同时也是因为海军支援非常有利于速战速决。但这种支援在当时并不可行，正如我们所见，东乡将军的所有舰只都肩负着任务：它们要么被派去支援乃木将军即将对"隘口防线"发动的攻势，要么投入到了封锁旅顺这项势在必行的任务中。因此，奥保巩的部队只能单独行动。

对大石桥的进攻持续了15个小时，到夜幕降临时，俄军依旧据守着阵地。然而，入夜后，当奥将军准备重启攻势时，俄军收到的消息显示：日军第4军正在他们的左后方推进，并威胁到了他们的撤退路线。因此，俄军决定放弃当前阵地，任由日军在清晨将其占领。尽管如此，俄军依旧撤到了北面20英里的海城，并于27日重新集结。由于没有海军配合，奥将军被迫抽调大部分骑兵前去占领牛庄。这一任务于25日晚间完成，动用了18个骑兵中队中的12个。俄国守军在日军接近时便撤走了，"海狮"号和4艘武装汽艇向着上游退去。整场行动于是就此结束。

对"隘口防线"的总攻预定于次日，即26日早些时候打响。为配合行动，

25 日，日军舰队便开始占据阵位，战术上的支援则由第 5 战队和济远支队负责。[1] 其中，第 5 战队将在老偏岛一带活动，攻击敌军在龙王塘湾（Lung-wang-tang Bay）的右翼，自日军 7 月 3 日撤出相邻的老座山高地后，战线便固定在了那里。至于济远支队，则绕航前往营城子湾（Ying-cheng-tse Bay），即俄军左翼的所在地。另外，由于当时执勤的是东乡正路少将的第 6 战队，因此，他们也肩负起了协助第 5 战队的任务；同时，第 3 战队将在老铁山外海占领阵位，并对半岛另一端济远支队的行动进行掩护。至于东乡司令，则将率领战列舰和"春日""日进"号占领昼间警戒区。在当地，他们可以与老铁山外海的第 3 战队保持密切联系，一旦俄军舰队试图逃脱，这些军队就可以迅速集结起来。

然而，就在各队开始行动后不久，雾气便夹杂着雨水降临了这片海域，令大部分军舰无法抵达指定战位。更令人不安的是，扫雷作业也无法进行，使得近岸支援行动开局不顺。

在战争中，由于近海行动很难在恶劣天气下开展，海军和陆军的战术合作总会遭遇波折，而水雷这一新事物的存在，更是增加了这种不确定性。当时，俄军在布雷作战中又占据了主动权，因为日本海军的军官们发现，他们的扫雷速度根本没有俄军的布雷速度快。因此，雷场依旧是日军近海作战的绊脚石，直到扫清整片海域前，陆军将根本无法获得应有的支援。

26 日，即日军进攻开始的当天上午，雾气依旧很浓，直到早上 6 点后，第 5 战队才设法离开了城山头外海的夜间警戒点。当第 5 战队抵达老偏岛时，夜间执勤的驱逐舰报告说，陆军对俄军右翼的突袭取得了成功，并再次夺取了老座山高地。此时，扫雷舰艇也冒着雨雾前进，以便巡洋舰能进入射程，而俄军防线的指挥官——康德拉琴科将军也抵达了现场，并决心不惜一切代价夺回高地。同时，他也警觉地发现，日军巡洋舰有逼近的迹象，为此，他向维特捷夫特发去急电，请求获得海军的支援。正如我们所知，尽管维特捷夫特面对远东总督的不断施压，刚对上一封出海命令表示过抗议，但依旧愿意全力协助陆军保卫要塞。然而，康德拉琴科的电报直到 10 点半才交到他手中，此时战列舰即使出海，也无法在夜幕降临前赶回。即便如此，他还是命令所有巡洋舰、炮舰和驱逐舰尽快升火。中午过后，它们已开始出动，只是由于要扫清航道上的水雷，它们才未能迅速出动；不过，在 15 点半俄军反击开始时，各舰还是成功驱走了日军的扫雷艇。同时，由于天气状况有所改善，再加上日军巡洋舰不敢在没有扫雷艇开路的情况下驶入射程，俄军舰队可以有恃无恐地支援地面部队。但即使如此，他们依旧收效甚微。整场反击作战在黄昏时分结束，舰队退回了旅顺，俄军虽然在老座山脚下建立了立足点，但日军的旗帜依旧飘扬在山顶。

在此期间，日军不仅没有做到战术协同，还付出了高昂代价。尽管第 6 战队并不直接参战，但命令仍要求他们对第 5 战队施以援手。在警戒区，东乡正路少将一得知友军陷入激战，便立刻向海岸方向驶去，试图尽力提供帮助。但在他抵达前，战斗便已结束，于是，他只得向老偏岛外海的夜间哨戒区摸索而去。在此期间，"千代田"号不幸触雷受损。水雷在该舰右前方爆炸，导致 7 名水兵当场身亡，此外还有 9 名军官以及 20 名士兵受伤。虽然乘员立刻做好了弃船准备，但在村上舰长的指挥下，这艘近乎瘫痪的军舰还是抵达了大连。

而在另一侧海岸，天气依旧恶劣，尽管济远支队的出现一度引发了俄军的恐慌，但他们的成果同样有限。在大雾散去后，狂暴的北风激荡着海面，打乱了日军舰队的队形。在此期间，"平远"和"鸟海"号失去了联络，此外，保障它们行动的舰艇也无法按时抵达。扫雷艇和水雷艇队被迫下锚避风，而"济远"和"赤城"号唯一能做的就是在远方待命，并在得知攻击已经在雾霭中打响后，向岸上发射空包弹。

然而，这次牵制行动并非毫无效果。14 点 30 分，维特捷夫特收到另一封急电，要求他为这一侧的守军提供海上支援。按照报告中的说法，当地有三四艘日军战舰正在猛烈炮击俄军的左翼，同时还有 19 艘可能搭载着部队的运输船。由于当地的海湾没有布雷，而且滩头也具备登陆条件，在俄国地面部队看来，局势可谓危机四伏。但另一方面，由于舰船必须有扫雷艇开路，而且无法在夜幕降临前抵达，维特捷夫特只能选择拒绝——即使出海，他们也会遭到敌军驱逐舰的袭击。

16 点 30 分，"平远"号和"鸟海"号赶来会合，整个支队终于集结完毕。此时，天气已经改善，日军开始尝试将扫雷艇和炮舰派往近海附近。即便 2 艘武装汽艇和炮舰已经可以开火，海浪仍然阻止了扫雷舰艇的作业，夜间，日军大舰仍然停留在海岸视野之外的地方。他们无所事事，只好期待能在明天挽回失败。但在 20 点，他们收到一条令人惊讶的电报，他们的期待也随之消散。该电报经过地面通信站、一艘负责联络"济远"号和细谷将军（位于大连）的炮艇传递而来，电报表示，陆军已不再需要他们的任何支援。[2]

这条消息让人着实费解，因为在半岛这边，尽管日本陆军的表现堪称英勇，但依旧没有取得任何进展，俄军左翼依然坚守着初始阵地。既然如此，为何他们会要求济远支队撤退？其中最好的解释是，牛庄方向的陆军更需要他们的支援，而且我们还将看到，陆军司令部正向东乡施压，希望他能分出一支舰队援助第 2 军。在这个过程中，陆军也许认为，只有乃木将军主动拒绝济远支队的协助，东乡才愿意调走这些舰艇。

次日，即 27 日，日军继续进攻，为响应斯特塞尔将军的请求，俄军炮舰和驱逐舰于夜间在"巴扬"号等 4 艘巡洋舰的护送下再次出动，以便为友军的右翼提供支援[3]。由于困难重重，和之前一样，它们到中午才将敌人纳入射程。此时，日本人已经将俄军赶出了老座山的山脚，并正对紧邻内陆的大坡山（Ta-po Shan）高地发动攻击。此时战局可谓千钧一发，鉴于当地与老座山之间的阵地有一条道路穿过，因此，守军的防御极为坚决，尽管日本人竭尽全力，他们依旧在离顶峰 500 码的堑壕处停了下来。如果没有海军的支持，日军似乎无法继续推进，但就像前一天的情况一样，第 5 战队依旧无能为力。当天，第 5 战队从夜间警戒阵地出发，先抵达了老偏岛，在看到俄军巡洋舰沿着海岸行驶后便加快了航速，但由于雷区的阻挡，他们只能抵达距敌人10000 码的地方，而且这并不在其老式火炮的射程之内。因此，当日军于下午再次进攻时，除了地面炮台外，他们还遭到了俄军舰队不间断的火力打击。在此期间，东乡正路少将的第 6 战队也做了类似的尝试，但同样无法靠近，更糟糕的是，驱逐舰发来的消息显示，战列舰"列特维赞"号已经和巡洋舰、驱逐舰会合，并且开始全力炮击地面部队。看到友军陷入绝境，日军驱逐舰队的指挥官请求调来"日进"和"春日"号。东乡正路少将同意了这一提议，并将其转呈给了在圆岛附近待机的舰队司令。13 点一接到消息，东乡司令便立刻向 2 艘装甲巡洋舰发去指示，而到 14 点 45 分，2 舰已将敌人纳入射程之内。在随后半个小时，它们的炮弹在精确操作下飞过雷场，落在 12000 米（13100 码）至 15000 米（16400 码）外的区域，俄军无法有效还击，只能被迫撤离。平静暂时降临到了绝境中的日军身上，他们等到夜幕降临，发动了另一轮攻击。

到目前为止，俄军在战术支援方面的成果远比日军丰硕，但一场惨痛的损失却给一切蒙上了阴影。装甲巡洋舰"巴扬"号回到港外锚地，即将驶进入口航道时，触发了一枚水雷，随后再也无法继续执行任务。此事对俄军士气影响很大，甚至比物质损失还要严重。早上，在这场灾难发生前，斯特塞尔将军再次请求海军向左翼派出支援，但维特捷夫特回答说，每艘可用的舰只都位于右翼，对此他无可奈何。由于日军没有在北面取得进展，斯特塞尔当时的决定是继续抵抗，鉴于此，他要求海军于次日继续提供援助。然而，由于唯一的装甲巡洋舰失去了战斗力，维特捷夫特感到压力巨大，他只能表示，海军未来在左右两翼都无法施以援手。不仅如此，"日进"和"春日"号的出现还表明，东乡的主力舰队就在附近。维特捷夫特于是解释说，由于"巴扬"号受损，1 艘扫雷艇也遭遇了相同的命运，再加上日军舰队就在港外徘徊，所以为给下次出海做好准备，他必须专心扫清锚地的水雷。虽然我们尚不确定，这一答复如何影响了后来的局势，但就像前面记述的那样，日军在夜晚攻击了老座山，这次他们一举得手。俄军两次试图收复失地，但都以失败告终。俄军的防线被撕开了，在黎明降临前，他们只能全军退往狼山——旅顺要塞永备工事外的最后一道阵地。就这样，当地的战斗迎来了结局。目前还没有证据显示，舰队对这段战斗的进程有过实质性的影响。

另外，如果考虑到维特捷夫特的处境，我们其实不难理解他为何不愿再施以援手。我们也许还记得，在 10 天前，他刚向远东总督提交了军事委员会的反对意见，并表示前往海参崴是一项不可能完成的任务。大约 7 月 23 日，他又接到了总督在 7 月 18 日（即耶森将军起航前往东京外海的第二天）起草的另一份函件——当时，军事委员会的意见还没有被转交到总督手中。那时，总督已经有 10 天没有从旅顺收到任何消息了，而日军的总攻迫在眉睫。如果维特捷夫特固执地决心与要塞共存亡，这无疑将导致最糟糕的后果。因此，总督的函件实际是一份意味深长的紧急呼吁，表明了他本人和沙皇的忧虑。他写道，沙皇认为舰队的当务之急是前往海参崴，不论风险多大，都好过与要塞同归于尽，至少在他们无法坚守到援军抵达的情况下是如此。他还提醒维特捷夫特，现在旅顺面临的情况和当年塞瓦斯托波尔面临的截然不同。当时，俄国舰队之所以在港内自沉，完全因为它们是一支风帆舰队，根本不具备和蒸汽舰队抗衡的能力；而现在，旅顺的战列舰比敌人多 2 艘，在这种情况下，坐视它们被日军岸炮轰沉简直是不可理喻，相反，它们必须在一场堂堂正正的交锋中与敌人战斗到底[4]。另外，总督还用尽办法，试图唤起维特捷夫特对胜利的渴望。他说，根据最新情报，许多日军舰船已严重受损，目前，敌人正在用改装商船替代瘫痪的战列舰和巡洋舰，而且由于海参崴舰队的袭击，他们还被迫分出兵力保护运输船队，在这种情况下，他唯一需要做的，就是在合适的时机发出突围通知，届时，海参崴舰队将出港接应，如果情况允许，他们甚至会将接应点定在山东外海。

但对维特捷夫特和军官们，总督的恳求没有起到任何作用，24 日，他们便在回复中用原有的观点进行了抗议。至于总督提到的"合适的突围时机"，维特捷夫特则表示，虽然 8 月 8 日的涨潮时分非常适合出动，但他也坚持认为，没有任何理由能让他改变心意。因为他曾目睹敌方舰队的阵容，其中没有用商船滥竽充数的情况；对于命令，他当然做好了服从准备，但他也需要最后一次负责任地指出，除非库罗帕特金将军已向北退却，否则发生的任何事件都不该成为出海的理由。另外，即使未受损的舰船全部成功突围，它们也很可能被敌军打散。

以上就是当时维特捷夫特的心态，而 7 月 27 日晚"巴扬"号的损失更浇灭了他心中仅存的斗志，现在，他脑海中只有一个想法，那就是绝对不应该进行突围。然而，同一天，局势要求陆军必须撤往最后一道防线——面对敌军的攻击，旅顺已是岌岌可危。显然，对于最后的行动，舰队必须尽快做出决定。次日，也就是 28 日，维特捷夫特召开了高级军官会议，试图寻找一条出路。在与会的 11 名军官中，只有 2 人——参谋长马图谢维奇将军和"塞瓦斯托波尔"号舰长冯·埃森海军上校[①]（von Essen）赞同突围前往海参崴，其余人员一致认为，他们必须坚守到底，并使用全部资源来援助守军。其中最引人瞩目的表态来自维伦海军上校[②]（Viren），此人将在未来晋升为舰队司令，并成为这些军官们的上级。根据记录，维伦当时的意见是："舰队必须留在旅顺，并和要塞融为一体。同时，所有舰船还应被分为两组：一部分进入外港锚地，另一部分则留在港内，且后者应当解散船员，并参与'要塞的防御'。"至于维特捷夫特将军，他同样支持大多数人的观点。[5]

这种观点背后的逻辑，在致总督的下一封信中得到了鲜明体现。7月30日，在上报"巴扬"号的损失时，维特捷夫特抗议说，事实比以往更清楚地表明，突围前往海参崴的想法完全不切实际。维特捷夫特表示，在港外有5艘战列舰（这表明他并不相信"八岛"号已经沉没）、4艘装甲巡洋舰、10艘其他类型的巡洋舰和近50艘雷击舰艇，它们共搭载了390门火炮。如果去掉维修中的"塞瓦斯托波尔"号，他手头能与之对抗的，只有5艘战列舰、4艘无装甲的巡洋舰和7艘驱逐舰，共计223门火炮[③]。因此，在"经过祈祷和全盘考虑后"，他决定让舰队留在旅顺，与要塞共存亡。同时，他还将"巴扬"号的火炮和机关炮都

---

① 译注：尼古拉·冯·埃森（1860—1915年）出身于圣彼得堡的一个德裔贵族家庭。他精通4门语言，于19世纪70年代末投身海军，1902—1904年担任"新贵"号巡洋舰舰长。后来被马卡罗夫破格提拔，并接管了"塞瓦斯托波尔"号战列舰。在他的指挥下，该舰的表现极为顽强，一直战斗到旅顺投降时。回国后，埃森得到了英雄般的欢迎。战后，埃森先是担任了第二代"留里克"号装甲巡洋舰舰长，不久即升任波罗的海舰队司令，1913年晋升海军上将。在一战期间，埃森指挥舰队进行了积极的行动，并保持了水兵的高昂士气。1915年，埃森因急病去世，时年54岁。

② 译注：罗伯特·维伦（1857—1917年）同样出身于俄国的德裔贵族家庭，在日俄战争初期担任装甲巡洋舰"巴扬"号舰长，并因为指挥出色得到了上级的好评。后来，该舰由于触雷受损，未能和舰队一道出海参加黄海海战。在这场海战中，维特捷夫特将军阵亡，临时接管舰队的乌赫托姆斯基亲王无法赢得同僚的信任，因此，维伦上校最终接过了残余舰队的指挥权。在他的命令下，所有舰船被拆除火炮，同时水手上岸作为步兵参加了保卫要塞的战斗，而他本人也在后来的战斗中受伤。战后，维伦相继担任了黑海舰队司令和喀琅施塔得要塞司令官，最终军衔为海军上将。1917年二月革命后，维伦被捕，不久后便在彼得格勒被水兵处决。

③ 译注：这里俄战列舰副炮的到位情况和第十八章的记载存在差异。这是因为在7月，不断有火炮被重新装回舰上。另外，原作者参考的资料可能也存在纰漏。按照较新的纪录显示：当时"波尔塔瓦"号和"塞瓦斯托波尔"号舰体下方炮位中的47和37毫米炮都被拆走，但有一些被重新安装在了舰尾游廊和上层建筑上。"佩列斯维特"号缺3门6英寸炮、2门12磅炮、2门3磅炮和4座37毫米机关炮，"胜利"号缺3门6英寸炮、2门12磅炮、1门3磅炮和4门37毫米机关炮，"列特维赞"号缺2门6英寸炮、2门12磅炮、2门3磅炮和6门37毫米机关炮，"太子"号缺4门12磅炮、2门3磅炮和2门37毫米机关炮。

送往了地面战场，并开始从舰上对敌军阵地发起间接炮轰。

不可否认，就像外界公认的那样，维特捷夫特无法胜任岗位，但他的两位上级却没有另派人取而代之。虽然旅顺与牛庄或芝罘的交通路线危险，但并没有被完全切断，在此期间，两位上司又从来没有试图前往这座港口。他们之所以如此，也许是认为冒险是不明智的，又或者，总督根本不认为舰队能成功突围。当时，总督似乎确信舰队已是在劫难逃，他心中也只剩下了一个期望，即让它们在沉没前消耗日军，并为波罗的海舰队的抵达铺平道路。

但东乡将军面临的压力一点都不亚于意志消沉的对手。随着俄军退往狼山，外界普遍认为此举预示着要塞即将沦陷，他们的舰队很可能在未来某天孤注一掷实施突围——问题在于，东乡并没有做好充分的迎战准备。此时，他精心设计的集结计划已被打乱。上村仍在千里之外的东京海域。整个海峡处于敞开状态，同时，周边海域雾霭弥漫，给敌人的逃逸创造了有利条件。因此，他只能让整个舰队在拦截位置上待命，而他白天则率战斗舰队留在圆岛附近，当敌军小艇出海袭扰陆军左翼时，他就派"日进"和"春日"号应对。

这种做法可以被视为现代近程封锁作战中的典型部署，其指导方针则是7月23日的命令，该命令一直持续生效到危机降临，期间，情况只出现了一次短暂的中断，即7月31日，日方得知耶森舰队似乎已北返海参崴，旅顺舰队几乎不可能出动时。另外，东乡还获悉，日军刚在旅顺灯塔周围布设了一片半径5海里的扇形雷区，于是，他抓住时机，命令舰队撤退加煤。为谨慎起见，他还将大连定为所有轻型舰艇的基地。在当地和大孤山湾，日军进行了专门的部署，以方便舰艇加煤加水。不仅如此，"鉴于局势紧迫"，他还采取了许多新措施，以确保在第一时间得到敌情：在俯瞰港口的各高地，日军建立了新通信站；同时，他们还派了一支海军气球小组上岸。

东京的上级不仅对战况倍感焦虑，还比以往更加担心交通线的安全。伊集院将军在7月31日的电报中写道："旅顺的形势非常紧张。所有运输船和通报舰都应严加警惕。我希望，如果有舰船发现了敌军，它们应当在保证自身安全的前提下，前往最近的港口或瞭望台通报敌情。"

东乡将军根本不需要这种提醒，因为他始终主动保持着警惕。8月3日，他回到了封锁位置，为保证战斗舰队随时在圆岛海域待机，他还采取了一种更为极端的手段。他下令舰队白天停泊在岛屿附近，并在入夜后不停运动，反复交替地向西或是向东航行。

由于第2军在辽东半岛北部的胜利和牛庄的陷落，原本紧张的局势现在变得更加焦灼。我们已经看到，维特捷夫特认为，海上战局将由地面战场的局势发展决定。而日本陆军也把加紧乘胜追击视作了当务之急。因此，旅顺解围战的成功与否，实际将由辽阳方向的战斗决定，而在这场双方都预料已久的战斗打响前，日军第2军又必须把后勤基地迁到牛庄，也只有如此，他们才能利用辽河作为补给线。为建设新基地，日军需要测量内河航道，还要扫清河口的水雷，此时，海军的支援是不可或缺的。如前所述，显然是出于这一原因，济远支队才会在攻击"隘口防线"期间，从支援乃木将军右翼的行动中奉命返回。济远支队一回到大连，便立刻接过了港湾入口的防卫工作——具体而言，其任务就是为来自里长山列岛集结地的运输船提供导航，同时保卫这些船只的安全；至于原本承担这项任务的舰只，则会被派往辽东湾。派往辽东湾的船只包括大型炮舰"筑紫"号（该舰拥有2门10英寸舰炮并带有轻装甲防护）以及2艘较小的炮舰"爱宕"和"宇治"号，再加上第12水雷艇队。它们的任务是配合第2军警戒辽河水域，同时密切监视上游的"海狮"号和俄国汽艇，并在不破坏中国中立地位的前提下将其截获和击沉。同时，它们还应搜查所有进入河道的中立船只，并根据陆军的需求及时提供援助。这些舰艇在8月1日驶入了辽河口，期间没有遭遇抵抗，而"海狮"号早已逃向上游。次日，在获悉该舰已被自行炸毁后，分队指挥官便将注意力转到了建设新基地上，同时，他们还为实力薄弱的守军提供了急需的炮火支援。[6]

当日军展开这一战略意义重大的部署时，东乡也在完善封锁体系，并竭尽全力对围攻战进行协助。8月3日，他将轻型舰艇分成了三组：其中一组包括1个驱逐队和1个水雷艇队，任务是监视鸠湾[7]；另外两组则各包括2个驱逐队和2个水雷艇队，任务是在一道构想中的航线——"中央巡逻线"（Central Patrol line，在入口航道南微东沿线）两侧侦察和搜索。其东面由第5战队（巡洋舰）的指挥官负责，而负责西面的是第3战队司令。如果敌舰出海，所有轻型舰艇将全力出击[8]，但鉴于上次行动中的表现，东乡将军认为有必要事先给出警告，提醒他们过去失败的原因。他在8月4日的命令中写道："在分析过各队的报告、俄国方面的情报以及袭击的结果后，我毫不怀疑地认为，我们的舰艇虽然自认为冲到了有效射程内，但由于进攻大部分是在夜间发动的，因此我们有许多理由怀疑，在当时的环境下，舰艇指挥官的距离判断存在误差。各队指挥官需注意，在未来的进攻中，为确保胜利，应一马当先逼近敌舰。另外，我还要提醒各位军官，必须调整好鱼雷的参数，否则你们一定会对错失歼敌良机而追悔莫及。事实上，在过去，许多施放的鱼雷都因此没能伤害敌军。当时机来临时，我衷心企盼所有官兵能带着勇气、冷静和技术，向敌军发动一场浩大且战果辉煌的攻击。"[9]

在这份命令中，有两点似乎显而易见。首先，东乡将军相信了俄国人的说法，即日军在有效射程外施放了鱼雷；其次，他当时仍倾向于一点：如果条件允许，他就会动用轻型舰艇，在敌军出现时发动打击。

而他支援围攻战的行动主要包括两个方面。首先，为增加协助陆军的地面部队数量，他将陆战队重组成了"海军陆战重炮队"。自6月底以来，该部便携带着10门12磅炮在乃木将军麾下效力。乃木将军将其配属给了左翼的第11师团，而且在进攻"隘口防线"的战斗中，他们有效支援了防御老座山和夺取大坡山的行动。同时，根据将军的命令，还有4门12磅炮被派往金州，以保护周围的铁路线免遭海上袭击。除此以外，由于东乡将军发现，军舰支援地面行动的效果有限，于是，海军还额外从佐世保调集了6门4.7英寸舰炮。因此，该部队增加了近百人，新成员主要来自瘫痪的"千代田"号巡洋舰。同时，整支部队还被分成3个炮队，统一由陆军攻城炮兵司令官指挥，但该部也拥有自己的指挥部、炮兵中队指挥官和辎重部队。其中，第一炮队拥有6门4.7英寸炮，第二炮队有16门12磅炮，最后一个炮队拥有4门12磅炮（其任务是专门保护铁路线）。整个重炮队共拥有1050名官兵。[10]

海上合作行动的主要内容是继续扩大扫雷区的范围，尤其是在敌军的右翼。在罗施钦斯基将军的指挥下，俄军轻型舰艇变得相当活跃，其驱逐舰开始频繁在老铁山和鸠湾方向布雷。这引发了双方轻型舰艇间的冲突，但都没有给对方造成实质性的损害。

在旅顺港内，俄军舰队仍试图死守这片土地直到最后一刻，并全力以赴地对日军炮兵阵地和军营发动炮击。8月5日，维特捷夫特向总督提交了一份新的报告，并在其中增加了一个让他决心继续坚守的理由：由于雾气弥漫，敌人现在可以轻易在已被清理的雷区布雷。虽然小艇一直在清扫远至港口防材的海域，但按照维特捷夫特的说法，他们每天还是会发现新的水雷。

但很明显，这种情况不会持续太久。在"隘口防线"的战斗结束后，海军重炮队已经成功在能俯瞰港区主锚地的地方架设了2门4.7英寸舰炮，同时还在左侧的一座山头建起了观察哨。8月7日，这些火炮开始直接炮击盆地、老城区和视野所及的港口，它们的炮火被认为非常有效。有几艘俄舰在炮击中受损，其中"列特维赞"号的伤势尤其严重，该舰2次中弹，维特捷夫特本人也受了轻伤。当天晚上，经过一整天的漫长炮火准备，日本人渡过洪水泛滥的塔河（Ta-ho river），向刚稳定下来的俄军右翼，即塔河湾西侧的大孤山①（Taku hill）和小孤山（Hsiao-ku hill）方向发动了决死攻击。由于夜幕和暴雨，这次行动功败垂成，但日军成功在两座山脚建立了立足点。对俄军舰队，这也意味着他们必须提前突围。但其具体时间又让俄国人毫无防备——因为总督已不愿容忍哪怕一点点拖延。

就在当天，俄军收到了一封总督发来的信件。在信件中，总督答复了一周前维特捷夫特的提议，即用舰队全力保卫要塞。总督明确表示不能接受这个决定，虽然每个要塞都有陷落的那一天，但舰队的作用是无可替代的。因此，他绝不会同意让它们和要塞玉石俱焚，也不会让它们白白沦为敌军手中的战利品——这些也是他的底线。为实现自己的意图，总督还宣布，鉴于旅顺的包围不可能在9月前打破，而波罗的海舰队也要到12月才能抵达，因此，唯一的出路就是尽快清理航道，并在尽可能避免与敌军交战的情况下，即刻向海参崴突围。他写道："我命令阁下必须严格遵照我的指示。"另外，维特捷夫特准备出航时，还应立刻报告，以便海参崴巡洋舰队能全力支援。为了不给对方拒绝的余地，总督告诉舰队司令，

---

① 译注：这是本书中出现的第三处名为"大孤山"的地点。此地在旅顺东部边缘，具体位置在今天的大连狮虎园附近。

上次旅顺海军会议的报告已被呈交给了沙皇，沙皇完全知晓其中的决定，因此才批准了他此次下达的命令。最后，总督一面发出提醒，希望维特捷夫特不要忘记"瓦良格"号的榜样；一面还发出警告，如果违背沙皇和他本人的命令，从而导致舰队在港内全军覆没，等待维特捷夫特的将是严厉的军法处置。面对这样一份通告，抗争是毫无意义的，尽管维特捷夫特依旧心有不甘，但随着炮弹落入港内，他还是开始积极准备出海事宜，而他负伤也恰恰是在此期间。

事实上，此时，维特捷夫特已经开始怀疑要塞还能坚守多久，日军肯定会在次日重新攻击大孤山和小孤山，如果成功，港口和航道将比以往更为暴露。次日清晨，日军不顾天降大雨，仍在试图推进。为遏制敌人，罗施钦斯基将军率领"新贵"号、2艘炮舰和8艘驱逐舰向着塔河湾驶去。俄舰大约在10点30分抵达，并从侧翼向进攻的日军猛烈开火。期间，由于扫清水雷的海域还不够靠前，日军舰队一度无可奈何。直到罗施钦斯基舰队进入战位后，才有一条消息抵达圆岛的日军司令部。与以前一样，日军立即派出"日进"和"春日"号，且2舰一出现，俄军就撤退了。不过，由于2舰最初离现场有40多海里，因此在它们赶去期间，罗施钦斯基将军仍可以肆意蹂躏岸上的日军部队。他不仅挫败了对方的攻势，还进一步加深了日本海军和陆军之间的隔阂。直到2艘巡洋舰抵达后，日军步兵才继续前进。他们后来进展迅速，并在入夜后夺取了这两座被敌人放弃的高地。

9日上午，日本国旗已在离旅顺盆地只有3英里的地方飘扬[1]，而维特捷夫特则把带领舰队出港的时间定在了次日。这一决定并非无人反对。反对者之一是格里戈罗维奇将军[2]（Gregorevich）。他此前一直认为，只有与敌人决战并夺取制海权，才能改变当前的局势。而现在，他一方面不愿看到舰队出港，另一

---

[1] 译注：8月9日，山田将军的第5战队还与俄军"新贵"号率领的轻型舰艇分队发生了交火。追击期间，俄军命中了"严岛"号，导致该舰有14人战死、15人负伤。但可能是为了保证叙事连贯，原作者在正文中并未提及此事。

[2] 译注：伊万·格里戈罗维奇（1853—1930年）出身于贵族家庭，19世纪90年代曾担任俄国驻英海军武官，1899年开始担任"太子"号战列舰的监造官和舰长，并在1903年率领该舰抵达旅顺。马卡罗夫将军阵亡后，格里戈罗维奇被提拔为海军少将和旅顺港口司令，战争结束后出任黑海舰队参谋长和喀琅施塔得海军基地司令。1911—1917年，格里戈罗维奇出任俄国海军大臣。在担任海军大臣期间，他倾向于进行保守的政治改革。一战后流亡法国，1930年在一贫如洗中去世。

方面，他坚持认为，如果必须突围，应当把"波尔塔瓦"号和"塞瓦斯托波尔"号这2艘速度最慢的军舰留下，这样其他船只才可以全速前进，否则，与敌军交战将是不可避免的。奉命继续留守旅顺的罗施钦斯基将军不仅支持他的看法，还主动提出带领2艘较慢的战列舰和所有轻型舰艇攻击大连，以掩护舰队主力转移。但维特捷夫特并没有听从上述意见，作为舰队司令，他的权力早已被架空，只能无条件地服从命令。于是，怀着对上级的忠诚，他决定带领全体舰队于次日清晨离开旅顺。

## 注释：

1. 第 5 战队由缴获自中国的老式战列舰"镇远"号和 3 艘老式巡洋舰"严岛""松岛"和"桥立"号组成，后 3 舰每舰都拥有 1 门 12.5 英寸主炮；济远支队则包括海防舰"济远"和"平远"号、"鸟海"和"赤城"号，外加 2 艘水雷艇和 2 艘改装炮舰。

2. 参见《日本战史公开版》第 2 卷第 54 页。

3. 根据俄国海军参谋部编纂的《大事概要》（Chronological Abstract）所载，当时出港的舰只包括"列特维赞"号、"巴扬"号、"阿斯科尔德"号、"智慧女神"号和"新贵"号，炮舰"勇敢"号（Otvazhni）、"吉兰人"号（Gilyak）和"轰雷"号（Gremyashchi），鱼雷炮舰"骑士"号（Vsadnik）和"乌克兰哥萨克"号（Gaidamuk），外加由扫雷艇引导的 13 艘驱逐舰。

4. 尽管日军采取了保密措施，但总督显然相信，日军已损失了 2 艘战列舰。另外，在克里米亚战争期间，随着马拉科夫瞭望台（Malakov Tower）的陷落、要塞外围防线的失守，塞瓦斯托波尔要塞已岌岌可危——当时，该地俄军舰队立刻选择了自沉。

5. 参见《俄国旧事》杂志 1908 年 4 月号，内容出自"海军部的相关记录"。

6. 该支队的行动细节可见《日本战史极密版》第 2 部分第 8 章，但内容不值得本书详细叙述。

7. 为此，日军建立了一个新的哨区，即"H 哨区"，该哨区位于老铁山西南 4 海里处。同时，A 哨区的位置则向西移动了 2 海里。其他各哨区则包括大连湾南口海域附近的 B 哨区、老铁山外海的 D 哨区和遇岩以西的 E 哨区。至于各哨区的轮值兵力，则分成了两组。第一组包括第 1、第 2、第 3 驱逐队，第 15、第 16 水雷艇队。第二组包括第 4、第 5 驱逐队，第 4、第 10、第 20 水雷艇队。每组在轮值时都将派遣 1 个分队前往 H 哨区，该分队也构成了事实上的第三个轮值小组。

8. 在派遣轻型舰艇攻击方面，当时东乡将军的意图尚不得而知。他在 7 月 23 日命令中的第 9 项曾提道：如果敌军停泊于外部锚地，或是趁着浓雾在白天出海，各驱逐舰和水雷艇绝不应放过任何攻击机会。他在 8 月 1 日给细谷将军的指令中则包含了如下内容："如果敌舰出港，贵方所属的各艇队（第 6 和第 21 水雷艇队）将和参与封锁的各战队联合行动。"8 月 3 日，东乡又向细谷舰队派遣了 1 个水雷艇队，同时还发去了这样的指示："贵官需要注意，及时在敌军出港后派遣麾下各水雷艇队，并配合其他分队的行动。"这两道命令都没有将进攻的时间局限在夜间或起雾后。不过，在效力上，后两道命令也许要服从于 7 月 23 日的命令（参见《日本战史极密版》第 13 章第 1 和第 6 节）。

9. 参见《日本战史极密版》第 13 章第 7 节。

10. 8 月 3 日，海军陆战重炮队的编制如下：

司令部

指挥官黑井悌次郎中佐（Kuroi Teijiro），参谋长是 1 名海军少佐，传令将校为 1 名海军少尉，军医 1 名、主计 1 名、上等兵曹 2 名、传令兵曹 1 名、通信兵曹 2 名、信号兵曹 2 名、簿记员 2 名、从卒 2 名、翻译 2 名。

## 第一炮队（6 门 4.7 英寸速射炮）

指挥官为 1 名少佐，副官为 1 名大尉，副官助理（即"下副官"）为 1 名上等兵曹，信号兵曹 1 名、翻译 1 名。

该炮队包括番号为第 1、第 2、第 3 的 3 个中队，每个中队都包括 1 名中队长（由大尉或中尉担任）、1 名中队下士官[①]、1 名后勤下士（即"给与下士"）和 2 名通信兵。

每门火炮（即小队）由 1 名上等兵曹担任小队长，1 名兵曹担任炮车长，此外还有担任炮组人员的 2 名兵曹和 31 名士兵。

## 第二炮队（16 门 12 磅炮）

炮队指挥部情况同上。该炮队包括 6 个中队，番号为第 4、第 5、第 6、第 7、第 8 中队，各中队指挥部的情况亦与上文相同。其中，第 4 中队拥有 4 门火炮，并被分割为 2 个小队，其中每个小队都由 1 名上等兵曹担任小队长。其余各中队均只拥有 3 门火炮，麾下也只有 1 个小队。同时，每门火炮都由 1 名兵曹担任炮车长，同时还拥有包括 1 名兵曹和 24 名水兵在内的炮组成员。

## 第三炮队（4 门 12 磅炮）

番号为第 9 中队。指挥官为 1 名海军大尉，另有炮台下士 2 名。第 1 小队的小队长为 1 名少尉，第 2 小队小队长为 1 名兵曹长。

第 1 小队部署于夏家河子，各炮组包括 1 名兵曹和 9 名水兵。

第 2 小队部署于刘士茂村（Liu-tu-mao），各炮组包括 1 名兵曹和 14 名水兵。

## 附属部队

第 1 炮队：第 1 工作队，队长为 1 名上等兵曹，另包含机关兵曹 1 名、机关兵 2 名、船匠手 2 名、木工 8 名。第 1 运弹队，队长为 1 名上等兵曹，另包含兵曹 5 名、水兵 60 名（即每门炮配属 1 名兵曹和 10 名水兵）。

第 2 炮队：工作队情况同上，运弹队下辖 7 名军曹和 80 名水兵（每门炮配属 1 名兵曹和 10 名水兵）。

## 司令部直属部队

卫生队：队长为 1 名海军军医少监，另有队附 1 名、看护手 4 名、看护 16 名；担架队包括兵曹 3 名、水兵 30 名、机关兵曹 2 名、机关兵 22 名。

给与部（即后勤分队）：部长为 1 名海军大主计，另有队附 1 名、簿记员 2 名、厨宰

---

① 译注：即副官。

4 名、主厨 16 名。

通信队：队长为 1 名海军中尉，另有军衔为上等兵曹的队附 1 名，外加 12 名信号兵。

合计

将校：20 名

衔级与将校相当的军官：4 名

兵曹长及准士官：20 名

翻译：4 名

以上共计 48 人

各类兵曹：114 名

各类水兵：888 名

全重炮队合计：1050 人

以上摘自《日本战史公开版》第 2 卷第 80 页等。

∧ 日军占领下的牛庄港。该地于7月25日夜间被日军骑兵部队占领

∧ 巡洋舰"济远"号。在日军发动对旅顺的攻势时,该舰负责带领1支分队前往辽东半岛西岸支援陆军的进攻

∧ 指挥对旅顺总攻的日军第3军军长乃木希典将军

∧ 7月27日，前去旅顺外海支援陆军部队的装甲巡洋舰"春日"号和"日进"号

∧ 正在驶出旅顺港前去支援陆军的炮舰"袭雷"号。近景处可见一艘沉没的日军阻塞船，右侧可以看到巡洋舰"新贵"号，远处则是"巴扬"号的舰影

∧ 27日14点，在"桥立"等舰（右前方）的引导下，"春日"和"日进"号开赴目标区域

∧ 本照片于27日14点40分摄于"春日"号上，镜头中隐约可见"日进"号已挂出战旗，正在转舵接近炮击目标

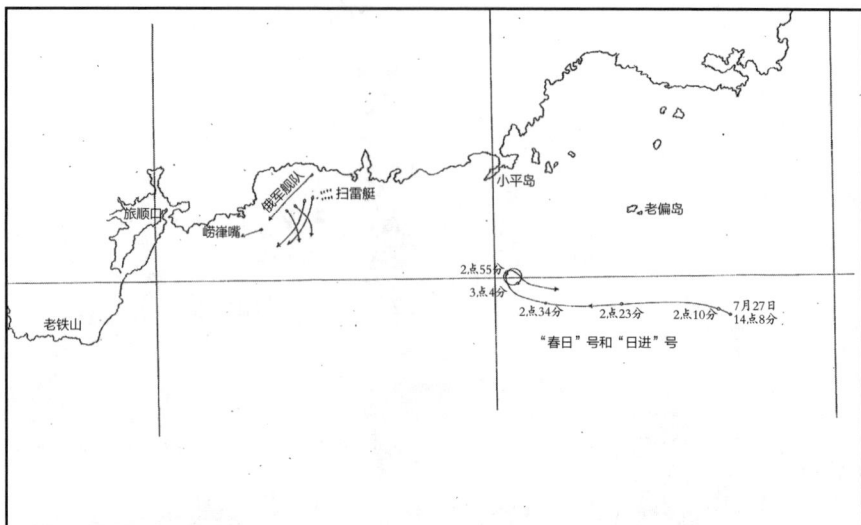

∧ 装甲巡洋舰"春日"号和"日进"号7月27日战斗航线示意图

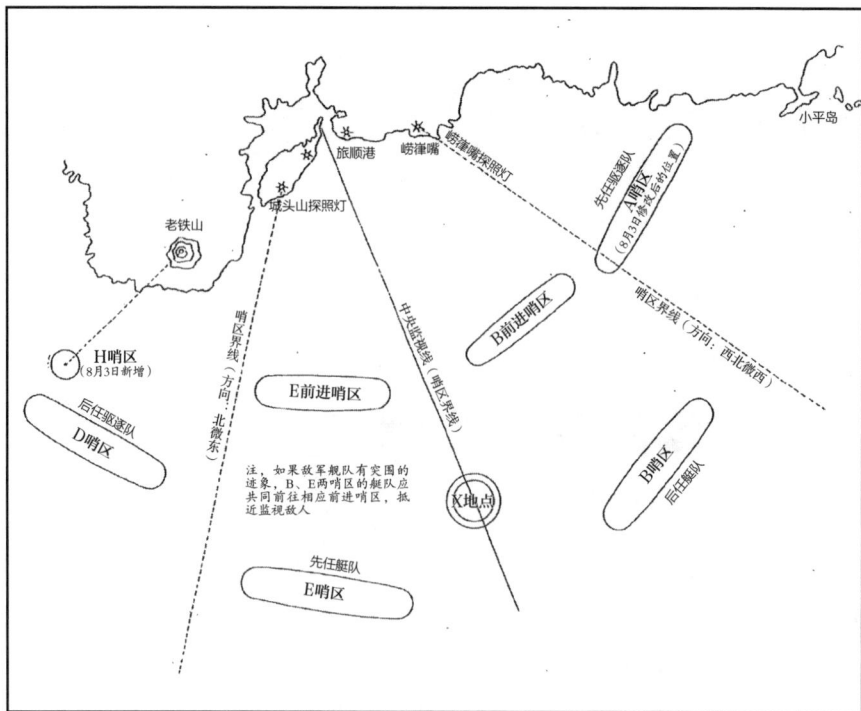

∧ 7月底至8月初，日军旅顺港外的巡逻部署示意图

∧ 触雷后入坞修理的"巴扬"号

∧ 1904年7月，位于里长山列岛泊地的"三笠"号。该舰处在部分锅炉升火的状态，随着总攻临近，日军一直保持着严密警戒的态势

∧ 从"春日"号上看到的俄军阵地，远处隐约可见该舰炮弹激起的尘土和硝烟

< "巴扬"号触雷位置的破口，这次事件极大影响了俄军舰队的后续行动

462

〈 在大连登陆的日本海
军陆战重炮队，摄于
1904年6月

〈 1门海军陆战重炮队
的12磅炮在旅顺郊外
的临时阵地中

〈 向前线运输4.7英寸
重炮的日本海军陆战
重炮队成员

# 第二十二章

# 黄海海战

## 第一节 战前行动

"新贵"号和以往一样，在扫雷艇和驱逐舰的伴随下从航道中驶出，它是俄军即将采取行动的第一个征兆。大约 6 点 30 分，日军的新陆上通信站观测到了该舰的行踪，随后，位于大连的细谷战队旗舰"扶桑"号开始发出通报，到 6 点 35 分，日军各个舰队便全部知晓了情况 [1]。当时，东乡正带领 4 艘战列舰及通报舰"八重山"号部署在圆岛以北海域，而片冈将军正指挥着"日进"和"春日"小队像往常一样驶向老偏岛，以阻止敌军袭扰陆军左翼。同时，出羽将军则坐镇"八云"号，率领麾下的 3 艘装甲巡洋舰在老铁山以南 15 海里的预定区域巡逻，以此为前往牛庄协助第 2 军的舰艇支队提供掩护，麾下的另一艘装甲巡洋舰"浅间"号则位于里长山列岛。第 5 战队的其余部队 [2] 由山田将军指挥，目前正从城山头和小平岛的夜间警戒区域赶来，以抵御俄舰骚扰日本陆军的企图。但是，山田麾下只有 2 艘舰船，"镇远"号正在大孤山湾加煤，另一艘正在基地接受维修 [3]。东乡正路少将则和第 6 战队的"明石"号、"须磨"号、"秋津洲"号部署在警戒阵位——遇岩以西 2 海里处，而该队麾下的第四艘巡洋舰"和泉"号已经离队前往基地加煤。

一段时间以来，除了例行的扫雷行动和袭击乃木将军左翼，旅顺周围的俄军并没有大举出动的迹象，对此日军也颇为镇定。但随着战列舰紧随"新贵"号出港，进而在城头山①脚下的锚地西侧集结，局势变得愈发严峻。监视港口的近海艇队不断传来报告，同时，大连的"扶桑"号也频频发来瞭望哨传回的敌军动向。

---

① 译注：原文为"Io-tu-san"，《极密·明治三十七八年海战史》中则称其集结位置在"蛮子营炮台下"，蛮子营和城头山均靠近白狼山，即今天大连旅顺区的柏岚子村附近。

464

8 点 15 分，山田舰队已能透过晨雾清楚看到敌舰，为此，"桥立"号立刻向"三笠"号发去警报。稍后不久，有迹象表明俄军仿佛要前去袭击陆军的左翼，此时，片冈将军恰巧抵达老偏岛。由于他的使命正是支援第 5 战队遏制这类行动，因此，他立刻赶往小平岛通信站同山田将军会合，同时向大连方面发出消息，呼唤全体轻型舰艇出海。但除此以外，日军没有采取后续行动。这主要是因为局势尚不明朗，还没有必要让各个战队提前集合。

根据东乡于 7 月 23 日发布的最新指示，如果敌军舰队集体出海并试图南逃，所有战队应在遇岩东南方向集合。但根据当时的局势，情况仍存在其他可能。事实上，出港的俄军除了南逃，还有另外两种选择：其一，按照片冈将军的推断，俄军可能会向东行驶，攻击第 3 军的左翼，甚至是袭击大连或里长山列岛；另外，俄军也有可能向西进入渤海湾攻击济远支队，或者逃遁到中国境内的其他港口。有鉴于此，在遇岩附近集结显然为时过早。

8 点 50 分，鉴于出港敌舰的数量众多，东乡决定接近敌人，并以 10 节的航速向西进发。此时，他最担心的依旧是陆军的境况，9 点后不久，他在给细谷将军的电报中写道："第 5 战队必须在小平岛附近监视敌人。你战队部署在小平岛的炮舰应抵近现场，阻止敌军及其扫雷艇队向崂嵂嘴①（Lao-lui-chui）以东挺进。"

9 点 30 分，日军可以看到，除"巴扬"号之外的整支俄军舰队都停在了港外锚地，据报一些战列舰已经下锚。东乡将军在 9 点 38 分从"扶桑"号收到了这一消息，但他随后只是召回了里长山列岛的"浅间"号，并批准了片冈将军命令轻型舰艇尽快离开大连、进入攻击阵位的请求。除此以外，日军的部署没有任何变更。

不久之后，局势变得愈发明朗：抵达外部锚地后，俄军舰船之所以纷纷下锚，是因为发现附近有水雷。为了继续行动，他们必须先排除危险。但在"三笠"号从"扶桑"号收到最后一则消息时，俄军的扫雷工作已经完成。9 点 55 分，

---

① 译注：又名"崂嵂咀""老驴嘴""老驴咀"或"老蛎嘴"。

做好准备的维特捷夫特打出了这样的信号："舰队将奉沙皇陛下之命前往海参崴"。这象征着一个新的开始，而未来似乎又不无希望。当俄军舰队起锚时，他们能看到片冈和山田舰队的4艘军舰正在东面监视，由于他们预定的逃逸路线又是沿着老铁山海岸向西行驶——这无疑是个良好的机会。于是，在扫雷艇的引导下，俄军舰队开始缓缓前行，首先航向东南，随后航向正南，以此避开己方的雷区。

这一举动立即被小平岛方向的日军发现，山田将军立刻用密码向"三笠"号发出警告：敌军试图向南突围。同时，他也立刻派出2艘巡洋舰向南展开跟踪。片冈将军仍留守在小平岛外海，以便传达命令、确保雷击舰艇在敌军南逃时都进入指定阵位。直到电文发出后，他们才以14节航速赶去与战列舰队会合。此时，后者正从圆岛向正西方行驶，并没有径直前往战斗集结点。

俄军之所以选择这一航线，是为了迷惑日军。如我们所见，他们先航向东南，随后航向正南，这明显是为了避开保护港湾入口的雷区。但越过雷场后，他们便开始和前方的扫雷舰一齐转向，并沿着平行于老铁山的海岸行驶，接下来，俄舰并没有像6月23日那样直接驶向外海，而是决定穿过己方的雷区。这些雷区"围绕着灯塔所在的海角"，换言之，即老铁山西角海域。[4]

由于近海航线存在危险，因此，俄军舰队只有等待水雷扫清才能前进，这让他们的行动速度非常迟缓，日军因此更加犹豫不决。当时的气象状况也让局面更加复杂。尽管海面天气晴朗，但雾气依旧笼罩着海岸，这增加了分辨俄军航向耗费的时间。另外，当时出羽将军正处在老铁山外海一片孤立和暴露的阵位上，此起彼伏的矛盾情报让他忧心忡忡。9点55点，他从"桥立"号收到了后者发给"三笠"号的警报，获悉敌军正在向南驶去。但几分钟后，在老铁山西南"D区域"（Section D）巡逻的第3驱逐队旗舰赶来通报说，出港的敌军正在模珠礁以东集结，这条消息也得到了近海警戒的第16水雷艇队指挥官的确认。确定敌军出动以后，出羽将军以10节航速向东前往战斗集结点。在此期间，第3驱逐队也与其会合。另外第3驱逐队报告说，10点，他们在老铁山东南3海里处甩开了敌军舰队。此时，出羽一方面命令驱逐队在右舷占领阵位，一方面继续前进，但在11点，另一艘来自第16艇队的水雷艇赶来并打出信号：敌军已经抵达老铁山以南，而且目前正向着西南，即渤海湾方向前进。有鉴于此，11 点 13 分，出羽转过 16 个罗经点，并急忙转向了西面。虽然无法发现敌军，但在前进途中，出羽还是自认为已经确定了敌军的航向，并为此选择了一条更偏北的航线，同时还提高了一些航速。11 点 53 分，他告知"三笠"号，俄军正在向着渤海湾前进。

一个小时前，东乡便接到过类似的警告。西行途中，他在抵达原战斗集结点以北 10 海里处后便停了下来。在此地，他于 10 点 50 分收到"桥立"号发来的电报，其中表示俄军已在 10 点 30 分转向西南，并绕过了老铁山东角，仿佛是想进入渤海湾。但即使如此，东乡仍按兵不动，同样的情况也发生在山田将军身上，他虽然已率领第 5 战队南下，但并没有改变航线。随后 15 分钟，东乡保持着航向，接着在 11 点 07 分转向南微西，按照他的说法，这是为了离开"遇岩以西海域，并以此避开位置 X（Position X）"。这一表述相当耐人寻味，因为如果要离开遇岩以西海域，转舵向西是毫无必要的：如果从小平岛附近南行，他可以直接抵达离当地 6 海里处。日军之所以绕一个大弯，无疑有其他的原因。因为事实上，所谓的"位置 X"，长期以来都被认为是危险海域。当地位于老铁山东南偏南 8 海里处的"中央巡逻线"上，这条线从老虎尾朝着南微东的方向延伸，附近就是曾导致"初濑"和"八岛"号沉没的雷区。

此时情况似乎已很清楚，东乡认为俄军当前的航线不过是掩人耳目。大约 11 点时，他开始向南前往集结点，并召唤"日进"和"春日"号加入队伍。11 点 30 分，这 2 艘装甲巡洋舰已经在队尾入列，片冈将军所见的敌军动向和编制也已传来，他的报告在 11 点 45 分发的报告以这样一段信号结尾："敌军正航向渤海湾。"几分钟后，出羽将军也发送了类似的电报。根据该信息和其他类似情报，东乡决定行动，并向通报舰"八重山"号发出下列信号："我舰队将进入渤海湾。你舰需要引导从大连方向前来的驱逐队和水雷艇队，使之与我会合。它们似乎正在小平岛附近向西行驶。"[5] 闻讯，"八重山"号立即迅速出动前去执行任务。至于东乡正路少将指挥的第 6 战队，已前进至遇岩以西 3 海里的海域，并且仍在继续西行。11 点 45 分，他报告称敌军的意图可能是"南下"。为此，他下令全速前进，以尽力查明正以 10 节速度朝正西方航行的俄军舰队的真正目的。[6]

此时已近正午，东乡司令刚刚抵达战斗集结点。这时，他才意识到之前的所有猜测都已被推翻，他的作战计划也被全部打乱。此时，等待他的似乎只有一场追击战，不仅如此，由于双方相距大约 25 海里，期盼已久的目标也就要与他失之交臂。不过，就在他准备打出信号的同时，俄军开始朝山东半岛转舵，从而暴露了自己真正的航向。

大约 11 点 25 分，沿着老铁山海岸，维特捷夫特一路航行，经过西角灯塔，并进入了没有水雷的开阔海域。此时，他遣散了扫雷艇、护航炮舰和一半的雷击舰艇，只保留了 8 艘驱逐舰。在被遣散的舰船返回旅顺时，他似乎已转舵向南，并一直保持航向到 12 点整，而这也是"八重山"号带着"俄舰航向渤海湾"情报动身的时间。紧接着，维特捷夫特转向南偏东 50 度，这是直接前往成山角的航向，这条航线也将令他从遇岩西南 7 海里远的地方经过。

当天 11 点 30 分，山田将军注意到了俄军向南的最后一次机动，这时，俄军已从雾中驶出，而山田也避开了"位置 X"，并朝西南方向航行，试图与敌人保持接触。然而，15 分钟后，由于敌军航向更为偏东，导致双方的距离不断缩短，山田舰队也朝东转向，并改变航速，以求继续掌握敌人的行踪。与此同时，东乡似乎也得到了俄军转向的消息，此时的他不再试图航向渤海湾，而是继续向着原先的集结点驶去，进而在 12 点 09 分抵达。同样，大约在正午时分，出羽将军也获悉了真实情况：在试图查明之前的猜测时，他继续向西行驶，来到了距老铁山 18 海里、方向北偏西 1/2 个罗经点的海域——在那里，他第一次看清了俄军的队列。虽然现在疑惑都消失了，他周围却是危机四伏。此时的他已被彻底孤立。出羽后来写道："我军的所有战队都相距甚远，没有一支部队在附近，整个海域空空荡荡，只有第 3 战队单独面对着俄舰。"在这种情况下，他唯一的选择就是把敌人引向战斗舰队。为此，他再次转舵 16 个罗经点，并转舵朝东沿着与敌军大致平行的航向航行，同时令自己处在敌人右前方的射程之外。"避免过近或过远，"他后来写道，"我们慢慢等待着时机到来。"

出羽的焦虑并没有持续多久。12 点 20 分，他已经可以在东北方，即自己的左前方看见第 6 战队 [7]。当时，指挥第 6 战队的东乡正路少将正向西行驶，但 5 分钟后，由于发现敌我距离已经不足 6 海里，他立刻向东南偏东转向。同时（12

点 25 分），出羽还看到战斗舰队正从东微北方向驶来。在先行抵达集结点后，日军战斗舰队开始向西南偏西进发，同时加速到 14 节。按照《日本战史极密版》的说法，他们的意图是切断"正在南下的"敌军航线。但这并不是事实。因为敌军当时的航向是东南偏东，如果"南下"这个词真的意有所指，它最多意味着敌舰正在进攻[1]。对东乡来说，局面已经很明显，他接下来最应该做的就是保持航向，从前方横越对方阵形，并以这种态势与对方交战，但他并没有这样做。当 12 点 30 分，两支舰队的航向逐渐靠拢时，他们彼此发现了对手，按照日方估算，双方相距大约有 10 海里。但日军无法确认敌军舰队的编成。根据西蒙诺夫的记述，因为引擎故障，"太子"号只能驶离队列，这导致俄军队形出现过混乱——这也许解释了为何日方会感到迷惑。

无论如何，现在都是采取战术机动的时刻。然而，东乡最初却朝左转了 4 个罗经点——实际上让他远离了敌军。这一机动始于 12 点 40 分，即刚刚发现敌舰之后，至于原因，则不得而知。此举令日军排成了左翼单梯阵，并向西南偏西方向持续行驶了 10 分钟，而当他们要抵达俄军航线正前方时，日军又再次恢复成了纵阵（line ahead），并沿着原航向在 9 海里的距离上横越了敌军舰首。此时，俄军的队列已经恢复，日军可以清晰地判明，他们正在以单纵阵径直前进，其中旗舰位于先导位置，似乎是要发动进攻。随后，按照东乡将军的报告，俄军抵达了遇岩西南偏西约 10 海里处 [8]，看到敌军始终保持着航向，他判断对方有交战的意图，于是也升起了战旗。但事实上，维特捷夫特并没有这么做：根据日舰的位置，他已不可能沿着当前航线从东乡战队和出羽战队之间逃入远海，此时他也开始徐徐左转——换言之，其航向变得更为偏东，这也是为了从后方绕开敌舰。由于对方的动作缓慢，东乡显然没有注意到这一机动。如果他真的有所察觉，为了阻止对手，他一定会设法压迫俄军先导舰。但当战旗在 12 点 55 分升起后，他真正所做的却是发出信号，要求舰队集体向左转舵 8 个罗经点，

---

[1] 译注：正如作者在本章的"注释 6"中所述，原作者实际误认为"南下"这个词有进攻之意，于是产生了这种推论。但实际情况不然，在日语和汉语中，"南下"并不对应某种精确的前进方向，只要大致向南，都可以被归入"南下"范畴，俄舰的航向（东南偏东）也不例外。

从而以横队朝东南偏南方向驶离，仿佛是给维特捷夫特的战术提供方便。

这些机动的意义何在？对此，《日本战史公开版》的解释是："为了吸引敌人前往外海。"另外，这一解释也在其他报告中屡见不鲜。但事实果真如此吗？当时，他们离旅顺已经有大约20海里，再增加或减少几海里，形势根本不会发生改变。另外，尽管战场距敌军基地越远，战斗便会愈发具有决定意义，但此时，敌军逃逸的机会也将增大，而日军行动的目标，又恰恰是阻止俄军逃离。正是因此，这一官方解释就有许多可疑之处，另外，还有一个证据也足以表明这一解释并没有代表全部事实。

12点50分，即东乡朝外海转舵8个罗经点之前，出羽将军曾提到敌舰已进入他的射程内，但没有开火。他后来写道："这是因为敌军舰队还没有穿过遇岩附近的危险雷区，因此现在还不是行动的时机。"东乡将军是否也有同样的想法？或者说，该雷场的存在，才是日军不愿靠近的真正原因？关于雷场本身，其他资料中日方没有给出更多说明，相关证据也相当有限。不过，8月1日，即东乡将军率领战斗舰队返回基地加煤的当天，第14水雷艇队确实曾在清晨离开大连，整个白天都停留在了遇岩以西水域[9]。但对他们的所作所为，没有资料能给出解答。通常情况下，第14艇队的警戒地点在大连湾西口角附近，由此看来，这次部署似乎正是为了掩护布雷舰艇。无论如何，鉴于出羽将军的描述，我们有一定理由相信附近确实存在雷场，另外，这一点也可以从山田将军规避的范围得到间接证明。[①]

这不是唯一的证据。我们手头有许多来自俄军的独立报告，其中也宣称：从出羽将军提到俄军进入危险区到战斗爆发的这段时间，周围确实可以看到一些水雷浮在海面，使舰队不得不做出规避机动。当然，这些军官们的观察也有可能是错误的，因为类似的看法并不普遍。不过，到此时，俄军已经非常熟悉这些水雷的外观，而且确实有一定数量的军官相信它们存在。他们认为，这些水雷是由机

---

① 译注：日方之所以对布设雷场的事实闪烁其词，也许是因为雷场的位置在公海，而这违反了当时的国际战争法，也有可能是为了故意隐瞒这种独创的战术。

动到前方的日军驱逐舰故意丢下的，而日军的官方解释却说这些驱逐舰只是在扔掉空的煤筐。情况可能确实如此，但这一说法仍然很难让人接受。因为按照日军记录，这些行踪可疑的驱逐舰来自第 5 驱逐队，它们正要同出羽将军的第 3 战队会合，但其航线和俄军发现的雷区并不一致。因此，"煤筐"之说反而像是日军在获得俄方报告后的开脱之词，它仍无法推翻出羽将军的明确说法。[10]

由于日方资料中没有更确凿的否定证据，我们只能推测，出羽将军提到的位置确实有雷区存在。另外需要指出，这一雷区确实在旅顺前往山东的必经航线上，而这条航线也是当时推测的俄军最有可能的行动路线。既然如此，水雷为何没有发挥作用？原因同样显而易见：和之前许多情况一样，由于部分水雷在损坏后浮上水面，敌军舰队得到了及时预警，并设法避开了危险。

如果上述猜想是正确的，那么，我们就不难理解东乡的战术。或许他的计划是，等到敌军触雷并乱作一团时再发动攻击。他第一次向外海的转向，或许正是为了引诱敌军深入危险区。但看到敌军安然无恙地从中穿过后，他又进行了第二次转向，这是因为既然战术并未奏效，俄军舰队也没有遭到任何削弱，那此时此刻，靠近己方雷区与敌交手就是不明智的，东乡必须与之保持距离。

不仅如此，此举背后还有更深的考量。东乡也许认为，既然雷区没能发挥作用，日军就必须选择远程炮战。当时，不仅他的战列舰队实力偏弱，而且还需要设法避免损失。但他相信自己在远程火力上占有优势，另外轻型舰艇的实力也远远凌驾于对手。出于谨慎的考虑，他决定拉大交火距离，并以此为雷击舰艇制造战术备忘录中设想的机会。另外不该忘记的是，为了抓住机会，他还为整个舰队设计了一种特殊的战斗队形，只是由于长期无法确定俄舰的目的地，他发现自己虽然发现了敌军，但麾下的各个战队无法进入正确的战位。比如第 3 战队，他们的位置应当在右后方，但现在却位于右舷正横处，航向几乎与敌军平行，因此后来在 5 海里外横越了东乡的航线。第 6 战队本应当在舰队后方航行，但现在却位于东北方 5 海里处。虽然他们正设法向南航行进入指定位置，但仍有可能被前进的敌军切断。因此，日军最需要的是时间，这种部署势在必行。另外，从战略角度，日军也有充分的理由拒绝提前交手，因为他们完全可以等待上村舰队加入后，再在朝鲜海峡与敌人展开决战。

### 第二节 第一次交战

无论具体原因是什么，东乡朝外海的运动都没有持续超过 10 分钟——从当时情况来看，日军的引诱行动没有起到任何作用。俄军依旧在向东航行，很明显，他们此举不是为了发动进攻，而是为了绕过日本舰队向东逃逸。为阻止俄军的行动，东乡在 13 点 06 分打出信号，要求舰队一齐左转 8 个罗经点，随即再变成单纵阵朝东北偏东前进，试图切断俄军的航线。因此，假如东乡的原本想法是引诱俄舰前往外海，此时，他明显改变了计划，试图逼迫敌军前往陆地一面。

现在，日舰的队列次序也反了过来，担任先导舰的是片冈将军坐镇的"日进"号。期间，该舰已经利用后炮塔进行了一到两轮试射。几分钟后，随着所有舰只重新在单纵阵上就位，它们开始在 13000 米（14200 码）[11] 的距离外朝着"太子"号集火射击。"太子"号和紧随其后的"列特维赞"号立即反击，虽然这 2 艘船的炮弹非常靠近目标，但没有 1 发命中日舰。

与此同时，为了带领先导舰脱离危险，维特捷夫特将军开始缓缓左转，直到两支舰队几乎再次开始平行前进。当时的情况似乎表明，俄军仍然打算向东方逃逸。13 点 17 分，东乡对"日进"号打出信号，要求该舰负责领航，同时再左转 2 个罗经点，以求阻止敌军的行动。13 点 25 分，日军已经进入新航向，对维特捷夫特来说，形势已经显而易见：如果继续沿着原有航向行驶，他将根本无法突破拦截。在抛弃了所有横越敌军的想法后，他命令舰船突然顺次向右转舵 12 个罗经点，以便向南行驶，仿佛是要从日舰的后方穿过。

对这一举动，东乡最初没有任何反应。对日军来说，如果敌军冒着炮火转舵，此时他们的最好选择无疑是保持航向，直到对方的转向完成为止。因为在这种情况下，敌人将成为绝佳的射击目标。但问题在于，他们的处境很不尽人意。当时，双方的距离在 12000—14000 码之间，这一距离很难有效实施炮击，而且日军也确实没有取得一次命中，毕竟，这一距离实在过于遥远了。到 13 点 30 分，两支舰队开始反航向前进，其中俄舰航向朝南。这时，东乡发现了一个可以横越敌军前方的机会。为此，13 点 33 分，他发出命令，要求舰队同时向右转舵 16 个罗经点，并将航速增加到 14 节。但炮火的洗礼也随之降临——转舵时，俄军的炮火

472

都集中到了东乡的旗舰上。在刚开始转弯时，1枚炮弹便摧毁了该舰的无线电设施，3分钟后，另一枚炮弹击中了后部的遮蔽甲板①（shelter deck），并在主桅底部撕开了一个大洞，导致4名水兵丧生，另有8名船员受伤，其中包括1名大尉。

此时俄军已经让对手流下了第一滴血，但日军仍然没能取得一轮命中②。即使如此，他们的机动还是破坏了俄军向南逃逸的企图。由于保持航向已毫无意义，维特捷夫特再次命令各舰顺次向左转舵12个罗经点，重新踏上了与日军相反的航向。和之前一样，东乡继续保持原有航线，以此在敌军转向时投去最猛烈的火力。由于距离缩短，日军的炮击效果良好，在俄军完成转弯前，"太子"号和"列特维赞"号遭到沉重打击，并燃起大火。滚滚黑烟在俄军旗舰上升腾，破损的烟囱不停喷出蒸汽。这也是日军取得的第一轮命中，与俄军的慌乱迹象结合在一起，极大鼓舞了舰队官兵的士气¹²。在转舵期间，俄军的队形渐渐凌乱，射界也被彼此遮挡。另外，对日军来说有利的是，双方的距离只剩下了8000米（8800码），这足以令他们的6英寸舰炮发挥火力。总之，对日军来说，当前是极为理想的机会，至少在东乡将军看来是如此。于是，在俄军完成机动后，日方并没有相应转弯，而只是让航向右转了2个罗经点，并试图包抄乱作一团的敌军。在大约7000米（7700码）外，日军的齐射向敌人倾泻而去，他们的火力是如此猛烈，以至于敌军的舰影几乎被弹幕笼罩。但无论日军炮火是否准确，有一件事情可以肯定，他们的炮击实际收效甚微。事实上，日军高估了俄舰的混乱程度，他们看到的一切只是表象，俄军在面对炮火时从来没有进退失据。相反，俄军队形整齐，正向东北方稳步撤退，同时正以不减的斗志猛烈还击。

既然如此，东乡该如何应对？为贯彻战术备忘录中的指导原则，他需要"压迫先导舰"并截断敌军去路，因此，他必须在还能横越敌军队列时立刻转舵。但出于某些原因，他并没有这么做。考虑到俄军战列舰队的新航向迟早会把巡洋舰暴露在险境中，并令维特捷夫特转舵前去掩护——届时，意在发动突袭的

① 译注：在军舰上，该甲板一般指的是上层建筑底部暴露在外的第一层顶板。
② 译注：按照俄方资料，日军实际早在10分钟前就命中过"太子"号，但造成的损伤非常轻微。

日军将得到一个千载良机。可是无论如何，东乡当时只做了一件事，即进一步右转，继续从西北方向实施包抄（日军的官方记录称，此举是为了切断敌军）。此时，由于机会已经流失，日军除了敲打敌军后卫之外，已无力从实质上改变战局。

为何日军的猛攻收效甚微？这也许是因为在日军行动前，出羽将军原本应对敌人发动一次有限的牵制攻击，但这一计划没有得到落实——其原因无疑值得探讨：当时，无论是让巡洋舰队充当战斗单位，还是在战斗中协调各个半独立的分队，相关的实践还都不甚成熟，而东乡指挥体系中的缺陷，更是让这些问题迅速暴露出来。一言蔽之，部队之间的相互干扰，恰恰是症结所在。

根据东乡最初的战术备忘录，日军行动的基础是利用战列舰队的速度优势压迫敌军先导舰。后方的巡洋舰队此时应脱离队列，并对敌军殿后舰发动猛攻。而在东乡第一次企图横越俄军队列时，虽然出羽将军并不在规定的阵位上，但依旧努力朝西北方转向。可是，就在维特捷夫特向南转舵，试图阻挠日军的行动时，出羽将军的进攻尝试便就此落空，因为当时的俄舰正径直向他驶来，另外，此时日军战列舰队也必须顺势行动，并以平行于敌人的航向行驶。在这种情况下，出羽将军表示，如果他继续按原计划行事，便会干扰到长官的行动。不仅如此，由于敌军战列舰已经向他开炮，他似乎还认为，目前有必要让舰队脱离敌军的打击范围。当时，敌军的炮弹落点非常之近，而他此时的想法似乎是先逃离敌军射程，随后绕行到己方战列舰队前面，如此一来，他不仅能抵达己方舰队的非迎敌一面，同时还可以进入原定阵位。于是，13点32分，他命令麾下各舰顺次左转8个罗经点，以便与敌人拉开距离，10分钟后，他又打出信号，要求各舰再一齐左转8个罗经点，并让轻型舰艇在远离交火区的同时见机行事。[13] 经过上述机动，出羽战队最终排成横队向东南方航行，并因此避开了己方的战列舰队——当时，后者正针对俄军的行动朝南前进。[14]

然而就在出羽将军维持该航向3分钟后，俄军又重新开始转向东北，因此，出羽又可以执行曾经放弃了的机动。他的汇报这样写道："13点53分，我以18节航速向北行驶，从西面越过战列舰队，并开始压迫敌军的殿后舰船。"然而，详细的报告和航迹图却不支持这种说法，它们都一致显示，在其所称的这个时间和掉头向北之前，他还曾转舵 8 个罗经点，让队形变成单纵阵，并向着西南方向行驶。对东乡将军来说，他一察觉到这一机动，就认定很不妥当。显然，这时出羽将军不仅没有向敌军的殿后舰船逼近，反而正在脱离交火区域。因此，13 点 57 分，东乡司令给他发送了一条无线电报，提醒他原定的作战任务。该命令要求他"攻击敌军巡洋舰队"，为此，出羽开始转舵北上。[15]

东乡将军的这条电文，恰恰发送于他本人转向攻击敌军巡洋舰之前。毫无疑问，他非常希望出羽将军能替代他进行这项自己无法开展的进攻。他已经意识到，除非出羽的攻击迅速得手，否则，自己将无法继续展开预定的行动。但事实上，出羽将军没能完成任务。当时，俄军殿后舰"月神"号上的西蒙诺夫中校回忆说："紧接着，我们的巡洋舰全速上前，并在左侧呈扇形展开。我们就此跳出了不利的处境，同时还能用侧舷的全部火力来对抗逼近的日军。"俄军巡洋舰的这一机动堪称及时，并几乎立刻摆脱了困境。虽然在此期间，不时有弹片落在俄舰的甲板上，但甲板并没有遭到致命打击。期间，"阿斯科尔德"号前烟囱被打断，"智慧女神"号上的 1 艘小艇被摧毁，但俄军总共只有 2 名船员挂彩。此时的东乡已不可能继续进攻，只能把这些巡洋舰交给第 3 战队处理。事实上，东乡已经行驶得太远，而敌军的战列舰不仅向东方渐行渐远，而且还稍微转向右舷，很明显即将逃脱。其中，"太子"号几乎已消失不见。在继续航行了 4 分钟后，东乡只得作罢并再一次向右转舵，他后来写道："这是为了从前方切断敌军航线。"同时，他也补充说："当时时机已过，这一设想无法奏效，我们只能被迫保持和敌人平行的航向。"

显而易见，局势已经失控。这种情况之所以出现，一方面是因为东乡的巡洋舰没能用攻势遏制敌军，另一方面是因为他低估了敌军的机动战能力。这让他失去了主导局势的领先位置。至于他拙劣的包抄机动，则最终变成了一次对敌军殿后舰的虚弱攻击，不仅如此，敌军还因此踏上了逃亡海参崴的航线。缓缓右转后，敌军沿着东南微东航向朝山东半岛行驶，只有"三笠"号还处在他们殿后舰的侧舷方向。事实上，俄军已经成功逃脱了，而由于双方距离太远，日军的殿后舰只能停止开火。既然如此，东乡该如何弥补错误？此时，他手头仍然有一根救命稻草，但他却不愿意采用。在这种情况下，他只能向东南微东转舵——这一航向稍稍偏向了敌军的航线。同时，他还保持着14节的战斗航速。

但情况很快出现了变化：由于维特捷夫特认为有必要为巡洋舰提供掩护，他开始采取机动，这一机动让东乡拉近了同俄舰的距离。14点30分，即日军殿后舰只依旧可以实施炮击时，维特捷夫特打出信号：己方巡洋舰应在非交战面占据阵位。为进行那样的机动，他命令战列舰队先一齐向右舷转舵4个罗经点，等到给巡洋舰留出机动空间后，再重新恢复原队形。结果，其殿后舰和日军的距离被拉近到了10000米（10900码）至11000米（12000码）。14点45分，所有日军战列舰重新开始射击。在大多数情况下，他们的火力都集中在了俄军靠后的2艘军舰上，而且随着距离逐渐缩短，他们的炮火开始愈发精准。但即使如此，俄军的还击依然顽强而准确。14点50分，日军战列中的二号舰"朝日"号遭遇了重创。15点时，"三笠"号在水线位置也被1发炮弹击中，5分钟后，又有1枚炮弹命中了后甲板，期间，密集的炮弹不停落在日军的2艘先导舰周围，而俄舰除了"波尔塔瓦"号正在掉队，其余舰船都没有严重受损的迹象。

以上种种情况表明，尽管日军对这场战斗满怀期待，但他们胜利的机会已是相当渺茫。此时，战斗已持续了近两个小时，但他们的处境并没有改善，甚至称得上是愈发不利。他们不仅未能在追击战中取得任何实质战果，还被甩在后面。另外，由于双方的航线略微接近，"波尔塔瓦"号的位置实际还在"三笠"号正横靠前一点。不可否认，"波尔塔瓦"号正在掉队，该舰与日军的距离缩短到了8500米（9300码），但日军最大的问题是：他们已不再处于俄军舰队与海参崴之间的航线上，整场作战有失败的危险。

由于此时的局势堪称千钧一发，所以，日方的相关资料也全部引用了最高指挥官的陈述。此时，东乡的想法是利用速度优势接近敌人，并打破目前悬而未决的僵局。但根据原始战术备忘录，我们并不能因此推断东乡对近距离交火有着特殊的偏爱。战争爆发前的1月10日，他曾在战术备忘录中这样写道："尽管交战距离未必总是适宜我军发挥火力，但我们至少应将其保持在3000米（3300码）以上。"自从战斗打响以来，双方的交火距离至少都是这一极值的2倍，其平均数值更是达到了3倍左右。但问题在于，在较远的距离上，东乡发现日

476

军并没有占据上风。不过此时，他的参谋长岛村大佐①（Shimamura）却进行了劝阻。岛村指出，目前真正合适的做法是先拉开距离，等到超越俄军舰队后再施展"压迫敌方先导舰"的战术，从而抓住有利的位置接近敌军。[16]

东乡有充分的理由接纳这一建议。由于自身位置不利，他非常清楚一个事实：目前，他已无法再压迫敌军。当时，敌人正处在他的左前方，如果呈斜向继续逼近，对方将有机会集中火力，给他的先导舰造成重创，而且双方的距离越近，日军的处境将越恶劣。此时，东乡当然也可以设法集中火力，对后方的敌舰实施攻击，但这种办法会导致许多战略上的问题，日军在上次尝试中就出了问题。总之，就算日军对殿后舰的攻击能取得战果，他们可能也难达成目标。另外，在俄军战列舰队中，殿后2艘舰只的战略价值是最低的，同时维特捷夫特也早做好了无视损失、继续逃逸的准备。因此，在当时的情况下，攻击殿后舰并不是一种挫败俄军的可靠手段。对当时的日军来说，他们只有压迫对方的先导舰才能实现目标，而俄军猛烈的火力又表明，如果直接采取这种行动，他们将面临巨大的危险。因此，当炮弹在15点钟仍纷纷落在日军各先导舰周围时，东乡司令开始率舰向东南方转舵，试图与敌人拉开距离。期间，"三笠"号2次中弹，其中1枚炮弹击中了后烟囱，1枚击中了后甲板下方区域。15点20分，鉴于敌我距离过于遥远，东乡才下令停止炮击。

至此，第一阶段的战斗宣告结束。显而易见，如果东乡想从劣势中找回主动权，他就必须遵从岛村大佐的建议，利用航速优势重新超越俄舰，而在此之前，他又必须设法脱离敌军的攻击范围。当然，他的举动也许还有引诱敌军进行机动，进而改善自身处境的考虑，但这一点并未奏效。据我们目前所知，维特捷夫特依旧保持着航向。为此，15点半，东乡下令各舰全速前进，20分钟后，他再次开始沿着大致平行的航线接近敌人。

① 译注：即岛村速雄（1858—1923年）。岛村速雄出身于土佐藩的一个下级藩士家庭，后来进入海军兵学校，毕业后着重钻研海军炮术和战术。后来，他出任驻意大利公使馆海军武官和"须磨"号、"初濑"号舰长，日俄战争中担任联合舰队参谋长，并于1905年初转任第2战队司令官。战后一直晋升到海军军令部部长，1915年获颁海军大将军衔，1923年去世。此时，岛村已经晋升为海军少将。

但战局依旧不甚乐观。最初，双方打了一场不分胜负的战斗，而现在演变成了一场追逐战。除非俄军的行动被遏制，否则局面很可能持续到夜幕降临时分。因此，东乡只能寄希望于各巡洋舰战队。我们接下来介绍的，就是这些战队当时所处的位置。

14 点以后，从北方赶来的东乡正路战队一直被俄军炮击，这让他们被迫暂时回避，期间还收容了穿越战列舰队前方的第 3 驱逐队。随着战列舰不断驶近，东乡正路少将通过一个右向大转弯进入了后方的指定战位，这一机动完成于 15 点 13 分，与之同行的还有配属的轻型舰艇，包括了 2 个驱逐队和 4 个水雷艇队。但和原计划要求的 5 海里不同，他和东乡本队的距离达到了 8 海里左右。

第 5 战队也是日军的预备队，当时由山田将军指挥，该战队在东乡的视野外，14 点 30 分，他们正位于遇岩以北约 5 海里处。在当地，该战队遇到了来自大孤山湾的"镇远"舰。在令后者加入队列后，山田将军继续在俄军舰队的另一侧，沿着与俄军平行的航线朝东南方行驶。当该战队在一个小时后抵达遇岩东部时，山田将原本隶属于第 6 战队，刚从里长山列岛赶来的"和泉"号纳入了队列。尽管该战队全力前进，但他们离东乡舰队的左后方仍然有 10 海里左右。

与此同时，为奉命攻击敌人，出羽将军正在向北迂回，而且几乎已从观察范围中消失。一段时间内，日军只能通过烟柱辨认他们的位置。但大约在 14 点 45 分，出羽战队再次出现，并凭借 18 节的优势航速向敌军巡洋舰冲去。为抵挡出羽战队，"阿斯科尔德"号和僚舰开始在战列舰队的掩护下前去迎战——这令东乡看到了一个遏制敌军的理想机会。14 点 55 分，他对"朝日"号打出信号，要求该舰用无线电命令"八云"号："敌军巡洋舰正从前方逃逸，务必迅速发起追击。"但这条命令直到 15 点 12 分才被收到。此时，出羽已经来到俄军队列的另一侧，并冒着敌军殿后各舰的火力向东行驶。由于双方相距足有 13000 米（14200 码），俄舰炮弹最初都落在了近处一侧。但在接到"朝日"号的无线电报后，出羽立刻命令舰队集体向右转舵 4 个罗经点，以便接近敌军。15 点 20 分，为展开追击，日军巡洋舰又重新组成了单纵阵，但此时恰逢东乡舰队停止炮击，于是，俄军战列舰都把目光投向了舰队中的"八云"号。炮弹呼啸而来，不断在该舰周围炸开。

15 点 40 分，1 枚炮弹命中了中层甲板，导致 12 人死亡、11 人受伤①。但当时，该舰离俄军殿后舰至少有 8 海里，远在其 8 英寸主炮的射程之外；至于他要对付的目标——俄军巡洋舰——仍位于遥不可及的最前方。对出羽来说，情况很明显，如果他保持航向，接下来只会被敌军战列舰歼灭。在意识到无法执行命令后，他决定率部向北脱离接触，并渐渐驶出了敌舰的射程。

此举也浇灭了日军拖延俄军行动的最后希望，现在，他们不仅无法在下午结束这场追逐战，还被迫放弃了在夜幕降临前结束战斗的设想。片冈将军写道："敌军位于我们前方，并且还转向东南……他们逃跑的计划显然已经得逞。"¹⁷

## 第三节 第二次交战

出羽将军一意识到上级的命令无法执行，便立刻按照战术备忘录中的要求开始撤退，并试图回到规定的阵位上。但此时，他又看到了从里长山列岛驶来的装甲巡洋舰"浅间"号，于是他命令该舰跟上，并在 16 点向右转舵脱离接触，以求穿过俄军舰队的航迹，重新与东乡司令会合。¹⁸

这一机动必定得到了东乡的首肯——至少，这种做法是可以接受的，东乡也没有用信号加以打断。因为就在引领战队的"八云"号卷入战斗时，东乡可以看到俄军驱逐舰正向这些巡洋舰猛冲。由于担心遭遇袭击，他命令己方驱逐舰向出羽战队靠拢，同时还发出了如下信号："注意！前方有敌军驱逐舰。它们可能迎面冲向我方。"在接下来的 15 分钟，由于局势愈发危急，他甚至开始召集配属给第 6 战队的驱逐舰，并让它们同非应敌面的其他驱逐舰会合。¹⁹

但几乎在此时，局势峰回路转。"波尔塔瓦"号逐渐落在了"塞瓦斯托波尔"号之后，因为该舰有一部引擎发生故障，只能用完好的另一部引擎前进。这种状况大大影响了整个舰队的行动。虽然从"三笠"号上看，俄军只是若隐若现，它们的船身几乎隐没在了海平线以下，但随着时间流逝，双方的距离开始明显缩短。16 点 30 分，东乡向左转舵 2 个罗经点，由此回到了原本东南偏东的航向上。

---

① 译注：《极密·明治三十七八年海战史》中是 12 人死亡、10 人受伤。

由于俄军此前刚朝着山东半岛方向完成右转，两支舰队又开始重新接近。[20] 按照估算，17 点时，双方的距离已降至不足 10000 米（10900 码），只是没有一方开火。接下来，两支舰队仍在继续接近：一场战斗已是箭在弦上。

对日军来说不幸的是，此时离日落只剩下了两个小时，而且他们并未处在岛村大佐建议占据的有利位置上。另外，虽然俄军殿后舰的行动非常迟缓，但其余舰只仍保持着 14 节的速度，甚至略微超过了东乡将军的估算，也正是因此，日军仅勉强处在了敌军阵形的正横方向。显然，如果日军想要在天黑前交战，他们就不能按部就班地继续前进，而是必须改变做法。于是，东乡放弃了超越俄舰的想法，并决定依据自己的判断行事。此时，蹒跚而行、越落越远的"波尔塔瓦"号给了日军一个行动的机会。东乡命令舰员返回岗位。随着双方的距离缩短到大约 8000 米（8800 码），"波尔塔瓦"号在 17 点 35 分率先开火。"三笠"号则立刻予以回击，其他日舰也相继加入战斗，纷纷将火力投向孤立的俄军殿后舰。俄军的巡洋舰队也加入了进来——在第一次交锋结束后，它们返回了己方战列舰队的视野范围，现在也开始向战场驶来。

但日军这次集火攻击收效甚微。看似毫发无损的"波尔塔瓦"号不仅在继续前进，还在朝日军猛烈射击。而在另一方向，由于没有抵达东乡将军期望的领先位置，"三笠"号成了俄军舰队的众矢之的。为保全自己，该舰被迫将炮火集中到俄军旗舰"太子"号上。在一段时间内，"三笠"号几乎孤立无援，其前舰桥附近的水线以下已经中弹，但幸运的是，这枚炮弹并没有击穿 7 英寸的装甲[21]。5 分钟后（即 17 点 45 分），紧随该舰的"敷岛"号也遭遇意外：开火后不久，该舰的一门前主炮便发生爆炸，导致完全瘫痪；10 分钟后，"敷岛"号的 1 门 12 英寸后主炮也发生了液压装置故障，经过 15 分钟的修理才恢复正常。于是，该舰的重炮火力顿时被削减到原来的一半——这令它很难援助旗舰。

此时，俄军已经略微朝东转向[22]，"三笠"号发现自己正在拉开与"太子"号的距离，于是停止了射击。随后，为继续接近，东乡决定朝东微南方向转舵，并重新对"列特维赞"号——俄军队列中的二号舰——发起攻击。然而，由于日军依旧位于敌军的右后方，这次转向也愈发让东乡处于劣势，因为迎面而来的是更为猛烈的集火射击。除了对俄军殿后舰开火的"富士"号外，此时的他根本无法得到其他友舰的支援，顿时陷入险境。18 点前不久，"三笠"号再度中弹，这次它的损失极为惨重：1 发重型炮弹在后炮塔的右主炮附近爆炸，将炮口到制退环的整个炮管掀到了海中。与此同时，另一发炮弹击中了炮塔，导致炮塔完全瘫痪，整个炮组都因吸入毒气而昏迷。除了炮塔指挥官伏见宫亲王①（Prince Fushimi）之外，还有炮长和另外 15 名官兵负伤②，整个炮塔被推转到背对敌舰的一侧当场卡死。由于残骸的影响，塔内仅剩的火炮也无法移动或俯仰。鉴于难以修复，该舰舰长只能命令将所有弹药运往舰首，以供前炮塔使用。

此时，出羽将军已率舰赶来。17 点 45 分过后，他首先命令麾下的 3 艘无装甲巡洋舰（"笠置"号、"千岁"号和"高砂"号）前往右后方，以此避开威胁；接着，他带领"八云"号跟随"日进"号，并加入了向俄军"波尔塔瓦"号集火的行列。此时的"波尔塔瓦"号实际是遭遇了 3 艘装甲巡洋舰的共同射击。另外，虽然日军战列舰逐渐将主炮对准了俄军的先导舰，但它们的 6 英寸舰炮仍频频向这个孤立的目标开火。

战斗变得异常激烈。双方逐渐从 9000 米（9800 码）接近到了 8000 米（8800 码），但此时，炮战导致的杀伤却非常有限。俄军不顾"波尔塔瓦"号的遭遇，仍在继续前进。对此，片冈将军评论道："虽然炮战激烈，但我军的战果却非常有限。"

此时的俄军甚至开始相信自己能够逃脱。西蒙诺夫海军中校写道："我们炮手的表现丝毫不逊于日军。在我看来，我军的炮火甚至在整体上更为沉稳，偏差修正也更为精准。明天早上可能会重新爆发战斗，如果真是那样，由于一直在节约使用炮弹，我军将拥有不小的优势。"

但另一些俄军却有着相反的看法，他们对日军优秀的炮术倍感惊讶。[23] 18 点，"佩列斯维特"号（Peresvyet）的主桅在众人眼前被打断，这更加深了他们内心

---

\* ① 译注：即伏见宫博恭王（1875—1946 年）。他早年在德国弗伦斯堡海军学校深造，日俄战争期间担任"三笠"号第 3 分队长，负伤后被送返国内。战后历任"朝日"号、"伊吹"号舰长、第 2 舰队司令，海军军令部总长等职务。最终军衔为海军大将，1946 年去世。

② 译注：此处描述有误。据《极密·明治三十七八年海战史》载，除伏见宫亲王外，负伤人员为 13 人，另有 1 名水兵阵亡。

的焦虑感。还有俄军军官指出，以当时的交火距离，测距仪几乎派不上用场。日军方面，他们也感觉火控设备表现不甚理想。另外，日军急躁的炮击还带来了很多不幸：大约18点10分，"朝日"号尾炮塔的2门主炮爆炸，其情况和"敷岛"号类似。虽然当时并不清楚事件的原委，但后来专家们判定，事故是因炮管过热、发射药加速燃烧所致。日军用受损的舰炮又发射了几枚炮弹，尔后该炮塔便沉默下来。[24]

　　在这个关键时刻，日本已损失了三分之一的12英寸主炮——换言之，在战列舰的16门炮塔炮中，已经至少有5门无法发射。但为进入6英寸舰炮的有效射程，东乡又必须保持航向并不断靠近敌军，此举会让他的战术位置趋于不利。虽然日军仍落后于俄军，但双方的距离在持续缩短。到18点30分，东乡与俄军三号舰的距离只剩下7000米（7700码）多一点。"三笠"号舰长后来写道："当时，我认为近战的机会微乎其微，便命令12磅炮用最大仰角集火轰击敌军三号舰。"同时，"三笠"号的舰首炮塔则在继续向"太子"号射击，但它获得的支援依然非常有限。在该舰后方，由于某种原因，"朝日"号仍在炮击9000米（9800码）外的"波尔塔瓦"号，由于事故的影响，该舰使用的更多是6寸炮。至于"富士"号则正以敌军三号和四号舰作为目标。"敷岛"号同样在用6英寸炮开火，并将火力集中在了俄军的一艘殿后舰上。

　　于是，"三笠"号只能在孤立无援的状态下承受敌人的重点打击，这导致该舰损失惨重。18点后，该舰一共被命中8次，期间有1门12磅炮被炸毁，导致2名军官丧生、6名士兵受伤。18点30分，该舰又遭遇了一次重击：1枚6英寸炮弹摧毁了信号盘，导致1名中尉和1名上等信号兵（chief yeoman of signals）身亡，该舰舰长、2名少佐、2名下级军官和14名舰员在爆炸中负伤①。紧随其后的是2枚12英寸炮弹，其中1枚在中甲板爆炸，另1枚则贯穿到下一层甲板，并在右舷距水面2英尺处撕开一个大洞。2枚炮弹共导致

---

　　① 译注：此处数字同样有误。据《极密·明治三十七八年海战史》，"三笠"号实际有6人阵亡，另有舰长、2名少佐参谋、1名少尉、2名少尉候补生以及12名士兵受伤。

11 人严重受伤①。

这些炮火的来源无法确定，但显然，除了"三笠"号的舰首炮塔，其余日军并没有攻击"太子"号和尾随的"列特维赞"号。但随着"朝日"号将舰首炮塔对准俄军旗舰，日军的运气开始转变——几分钟后，他们就将命中决定性的一弹。在这段时间，日军的炮火变得愈发准确，俄军则开始失去有利阵位。俄军殿后的"波尔塔瓦"号被完全孤立，舰上的炮火愈发稀疏，烟囱也停止冒烟，似乎已接近瘫痪。同时，该舰还遭到 3 艘装甲巡洋舰的射击。"八云"号甚至主动脱离队列，从右后方不断逼近；另外 3 艘巡洋舰也奉出羽将军之命前来增援。另外，虽然最初俄军依旧保持着航速，火力也没有明显减弱，只有队形被日军暴风雨般的副炮炮弹打乱，然而，大约在 18 点 40 分，"太子"号突然猛地倾斜着向左转向，而且有段时间仿佛即将沉没。但最终，该舰继续转了一个大圈，并从"塞瓦斯托波尔"前方重新切入了己方的航线。

此时维特捷夫特将军已经阵亡：1 枚 12 英寸炮弹击中了该舰的主桅底部，爆炸杀死了指挥塔内的将军、1 名参谋以及 15 名军官和士兵。更糟糕的是，俄军的参谋长和旗舰舰长也伤重不省人事。随后，1 发炮弹命中了指挥塔顶盖下方，该弹裂成两半，弹底在指挥塔内炸开，令此处的官兵不是当场身亡，就是昏迷不醒。[25] 同时，出于某些无法解释的原因，该舰的舵轮一直卡死在了最右侧②，这导致它偏离了最初的航线，并因失控而被迫停航。

俄军陷入全面混乱。对旗舰的动作，其他舰只一度大惑不解。紧随其后的"列特维赞"号开始跟随转向，直到发现旗舰受损失控后才停止机动，此后该舰舰长只能自行其是。另外，随着俄军前进速度放缓，日本舰队正在慢慢赶超。东乡引导各舰向左转舵，当"塞瓦斯托波尔"和"佩列斯维特"号通过旗舰前方时，日军更是把全部火力都集中到了它们身上。为拯救旗舰，当上述 2 艘战列舰从近旁驶离后，"列特维赞"号开始转向右舷，朝着东南偏东方向大胆前进，试

---

① 译注：据《极密·明治三十七八年海战史》，第一发炮弹导致 4 人战死、6 人受伤，第二发炮弹导致 2 人战死、8 人受伤。

② 译注：该舰之所以不断转舵，原因是操舵水兵的尸体卡死了舵轮。

图吸引敌军射向友舰的炮火。以上是我们能确定的情况，至于俄军其他舰只的行动则扑朔迷离。由于浓烟和兴奋，日军观察员经常混淆对方舰船的身份，这导致各种记录常常自相矛盾。唯一可以确定的是，"波尔塔瓦"号并没有趁机赶上，相反，该舰在保持了几分钟原有的航向后，便和其余各舰一样选择了转舵。而在另外3艘军舰中，有一艘（可能是"胜利"号）驶出队列援助"列特维赞"号[26]，此举在战术上收效迅速，该舰拯救了"太子"号，并吸引了整个日军舰队的炮火。

正如我们所见，随着敌军阵列陷入混乱，东乡意识到事态正在变化，在第一时间下令向左迂回，试图包抄已乱作一团的敌舰。但随着2艘俄舰向他驶来，他只能先后将火力集中在它们身上。即使日军如此应对，俄舰的行动仍制造了巨大威胁，东乡被迫放弃迂回，并略微右转。随着双方距离逼近极限，日军不仅将遭遇鱼雷攻击，还有可能面临冲撞——在队列末尾，态势已经极端危险。此时，"日进"号遭遇了一次重创。19点时，1枚炮弹在该舰后舰桥爆炸，导致该舰的机关长、2名军官以及8名士兵身亡[①]。炮弹的威力是如此巨大，造成该舰后舰桥和海图室被完全摧毁，所有海图都灰飞烟灭，阵亡者中有9人甚至尸骨无存。

2艘俄舰的损失如何？目前我们无法确定。但根据"列特维赞"号相关人员的记述，该舰的损失非常有限，甚至根本没有影响作战。冒着炮火，"列特维赞"号继续英勇地向日舰冲去，这似乎也是该舰舰长的意愿。根据最可靠的俄方记录，该舰离日舰一度只有17链[②]；而另一些记录表明，双方的距离只有约15链——这意味着它将在5分钟内撞上日舰。[27] 不过，虽说该舰中弹极少，而且仍有1座炮塔和2门6英寸炮继续射击，但舰身已经进水倾斜。即使如此，该舰的舰长仍不愿放弃，因为在当时，局势对他似乎非常有利——此时"三笠"号已停止炮击，舰上鸦雀无声。"三笠"号的记录也承认，它当时并没有打出一发炮弹。

---

① 译注：根据《极密·明治三十七八年海战史》，当时该舰的阵亡者实际包括了第3舰队机关长斋藤立昌以下的4名军官，外加7名军曹和士兵。

② 译注：1链=0.1海里，即185.2米，17链约3148米。

此时，虽然日军舰队都将炮口对准了"列特维赞"号，但该舰被笼罩在烟雾和水柱中，让日军无法准确射击。"三笠"号的舰长更是报告说，只有停火才能让他确定目标的方位。此时，虽然日军副炮火力猛烈，但它们似乎无法重创对手。不仅如此，由于制造的烟雾和水柱影响了己方主炮的火控，它们还阴差阳错地保护了敌舰。不过，仍有 1 发 12 英寸炮弹命中了目标：这枚炮弹径直钻进"列特维赞"号船体中央，随着爆炸响起，该舰顿时被浓烟笼罩。在烟雾渐渐散去后，虽然该舰表面没有受损迹象，但人们却看到它正在向左转向。事实上，就在其舰长决定冲撞日舰时，一枚弹片击中了他。剧痛之下，他无法坚持，只好命令部下与主力会合。[28]

对东乡来说，此时是他一举击败敌人的最佳时机。在停航 20 分钟后，"太子"号恢复了行动，开始跟随舰队主力向西北运动，2 艘掩护的战列舰也陆续归队。在"列特维赞"号掉头后，东乡也随之向左转舵，试图重新包抄敌军，但由于不愿与对方过度接近，他的航向只偏移了 1 个罗经点。不久之后，他又改变了 1 个罗经点的航向，并以这种循序渐进的方式不断左转。19 点 30 分，日军的航向已经变为西北偏北。而在这段时间，俄军则开始向西北方向逃逸，日俄两军距离逐渐拉开。但东乡没有利用手头的优势全力追击，相反，他对当前的状况很满意，因此，决战的机会也随之远去。

而在俄军方面，虽然 2 艘战列舰的壮举令"太子"号获得了喘息之机，但俄军未能顺势恢复阵形。其最大的问题在于，所有人都不知道舰队指挥权的归属何在。就在灾难降临旗舰后不久，旗舰便打出信号："舰队司令已移交指挥权。"作为副司令，坐镇"佩列斯维特"号的乌赫托姆斯基亲王立刻发出指令："跟随我。"显然是打算重整阵形并掩护旗舰。然而，由于该舰的主桅杆都被打断，旗语只能悬挂在舰桥周围的栏杆上，旁人根本无法看清。因此，他的命令不仅没有得到理解，反而还加剧了混乱状态。

此时，原来的二号舰"列特维赞"号已经归队，现正带领舰队驶向西北，"太子"号的引擎则竭力保持着航速，并紧随二号舰前进。虽然其他舰只也遵照了指令，但它们的队形非常混乱。日军对此描述道，"它们更像是一群乌合之众"，在尾炮胡乱射击的同时，"还不时超越僚舰的阵位"。

　　俄军巡洋舰的航迹同样无法确定，按照最后一次报告，它们似乎位于战列线未接战一侧的靠前位置，而驱逐舰和巡洋舰则在前方更远处。当战列舰队陷入混乱时，巡洋舰队指挥官莱岑施泰因将军①似乎想带领部下后撤，但日军的迂回行动很快令他们陷入一个暴露的危险位置。当"列特维赞"号放弃撞击企图，日军开始恢复包抄机动时，将军又立刻转舵，带领舰队掉头向西，试图返回己方战列舰队的非迎敌面。[29]

　　对这些巡洋舰的举动，日方的解释众说纷纭。在东乡正路少将看来，它们似乎是要攻击自己。16点时，受到"须磨"号引擎故障的拖累，他已经落后于战列舰队14—15海里。该舰修理完毕已是18点，但最大航速仍无法超过11节。就在此时，曾于16点40分脱离第5战队的"和泉"号加入了东乡少将麾下，这让他决定抛开"须磨"号，并在18点25分向山田将军发出电报，请求加入第5战队，随后，他立刻带领其他3舰全速加入战斗，而不愿再像此前一样，扮演旁观者的角色。东乡少将接近战场后，立刻对局势做了一番描绘。按照他的说法，敌军的混乱已"难以言表"：当时，山田将军正在率舰北上，第3战队紧跟在第1战队之后，这让日军仿佛被火网环绕；轻型舰艇则"蜂拥在四周"，随时准备抓住机会进攻。东乡少将对此评论道："这一景象可谓无比壮观。"尽管与战列舰队依旧相隔遥远，但他们正在迅速接近俄军巡洋舰，同时，"须磨"号也正在北上，撤退的俄军似乎就要从前方横越该舰，进而切断其和第5战队的联系。此时，"须磨"号只能掉头撤退，而正如我们将看到的那样，东乡少将也转而前去保护该舰，这让他只能继续在一旁观战。

　　对"浅间"号来说，局势则显然不同。该舰一直在全速前进，试图从尾部加入战列。但在18点24分，该舰发现第4驱逐队正从舰首前方驶过，仿佛是要对孤立的"波尔塔瓦"号发动进攻。20分钟后，骤然左转的"太子"号进入该舰的视野，这一景象仿佛也在发出提醒，并让该舰船员很快发现，东乡司令

---

　　① 译注：和第五章中在海参崴指挥装甲巡洋舰的"莱岑施泰因上校"系同一人。他后来被调往旅顺，并在1904年7月晋升为海军少将。

也在率部左转。由于位置使然，该舰还无法直接加入战列——在这种情况下，它认为最好的措施就是前去支援横越本舰前方试图攻击"波尔塔瓦"号的驱逐舰队。于是，19点不到，该舰转向东北，前去攻击孤立的"波尔塔瓦"号。但"浅间"号保持这个航向约15分钟后，第4驱逐队便放弃了尝试，并急剧朝左转向，显然是看到了俄军巡洋舰已开始回援。不到一两分钟，"浅间"号也看到这些回援的俄舰"正在战列舰的北方占领阵位"[30]。于是，它也将航向调整为北微东，并用8英寸主炮进行了一次试射。当时的距离为9000米（9800码），但炮弹只落在了目标的近侧。随后，俄军巡洋舰开始绕过战列舰舰首，仿佛是要对"浅间"号发动攻击。同时，"波尔塔瓦"号的舰炮也开始轰鸣，"浅间"号则试图还击。尽管当时距离很远，但到19点25分，随着双方的间距缩短到了7500米（8200码），该舰还是遭到了俄军巡洋舰和战列舰的猛烈炮击。[31]

在这场众寡悬殊的较量中，"浅间"号几乎孤立无援。在东面的战场另一侧，看到俄军巡洋舰转向后，出羽将军也注意到了上述局面，而在"浅间"号更北面的左前方，山田将军正竭力率领慢吞吞的舰队驶来。在11000米（12000码）外，凭借波浪提供的仰角，它们的12.5英寸舰炮开始轰鸣。俄军巡洋舰见状立刻向南折返。同时，俄军的战列舰也进一步向左转舵，由此驶上了一条与原方向截然相反的航线。双方开始迅速接近，山田舰队发现自己陷入了与俄军战列舰的激战。然而此时，他们已经抵达了"浅间"号的正前方。大约19点30分，这艘装甲巡洋舰被迫转舵16个罗经点进行规避。在此期间，"浅间"号还试图与左舷的俄军巡洋舰交火，但它突然意识到，俄军战列舰已在山田舰队影响下转舵，正迎面向自己驶来。在接下来的一段时间，原本沉默的"波尔塔瓦"号和"佩列斯维特"号突然开炮，使得"浅间"号顿时身陷绝境。其舰长写道："炮弹落在四周，我们以为即将陷入死地。"但幸运的是，依赖昏暗的环境和第5战队的掩护，该舰还是在向左转舵后全速逃脱了，没有蒙受任何损失。

在此期间，山田将军很快率队逼近到6000米（6600码）的距离，并同俄军的战列舰和部分巡洋舰发生交火。在炮战中，该战队使尽浑身解数，并宣称多次命中敌舰。可以肯定的是，1枚炮弹命中了"月神"号。"镇远"号也2次中弹，不过没有遭受任何损失。这阵及时的炮击只持续了几分钟。和当天上午出羽将军的境遇一样，19点45分，山田将军也发现第1战队干扰了己方的行动，并只能左转。在一段时间内，他试图用左舷继续接敌，但新航向很快令双方渐行渐远。8点，受夜幕的影响，他只能下令停火。

此时，"阿斯科尔德"号正处于南方远离战场的位置，跟随该舰的还有"新贵"号和一些驱逐舰。至于"智慧女神"和"月神"号则返航与战列舰队会合——以上就是俄军舰队在战斗结束时的处境。莱岑施泰因将军率部返回后，立刻在战列舰队的非迎敌面（即北面）占据了阵位。混乱的场面让他意识到，舰队目前处在群龙无首的状态。除了他本人的将旗，在视野内看不到一面指挥旗，这让莱岑施泰因认为，自己已成为现场职位最高的军官。因此，他开始试图坐镇"阿斯科尔德"号带领整个俄军舰队。于是，他立刻抛开了麾下的其他巡洋舰，并全速前进到了队首的战列舰——"列特维赞"号的前方。在打出信号"跟随我前进"后，莱岑施泰因将军开始左转，试图带领舰队绕过日军后方，并以此回到最初的突围航线上，这就是"浅间"号在报告中提到的"圆周运动"。莱岑施泰因后来在报告中写道："当时，我军舰队正在撤退，并用尾炮向敌军战列舰倾泻火力，敌军则妄图实施包围。鉴于此，我当机立断，决定从敌军阵形的最弱环节突围。"在日军各个战队中，所谓的最弱环节实际是跟随第3战队前进的第6战队。莱岑施泰因立刻开始行动。但另一方面，由于乌赫托姆斯基亲王才是真正的指挥官，所以除了舰队中的巡洋舰外，其他俄军根本没有留意上述指示[32]。由于战列舰迟迟没有动静，各巡洋舰认为这道命令针对的是他们自己，于是开始尝试跟随。不过，由于没有"阿斯科尔德"号的速度，它们又无法和该舰一样从战列舰队的正前方绕过。在这种情况下，"月神"和"智慧女神"号采取了一种冒险的做法，即从混乱的队列末尾强行穿过。他们的尝试成功了，但当它们冲出阵列时，"阿斯科尔德"号已经全速向南行驶了很远，想要赶上已经不切实际。于是，它们带着失望猛然向右转舵，重新回到了战列舰队后面。

此时，山田将军正在率部向西北方前行。在俄军眼中，这股日军仿佛是在夺路而逃，误以为自己击败了敌人。但如前所述，这股日军只是在避让东乡司令的机动而已。

另一方面，东乡并没有冲上前去攻击俄舰，进而一举将其歼灭，这让俄军以为日本舰队已经受够了流血牺牲。考虑到白昼已尽且东乡任凭双方的距离不断扩大，俄军自然产生了一种对手已遭重创、全然不愿冒险的错觉。他们并不知道，日军之所以如此，只是因为担心遭遇鱼雷攻击。

我们上次提及东乡是19点30分，当时，他正在率舰队向西北偏北方向迂回。这一航向大约保持了10分钟，随后一些敌军驱逐舰开始在他的左前方出现。虽然敌军舰群正在朝西转弯，仿佛是在躲避山田舰队，但东乡显然无法继续转向，否则就有可能身陷险境。然而，10分钟后（即19点40分），日军便发现这些驱逐舰实际是在追赶俄军的战列舰。为了拉近距离，东乡向左转过2个罗经点，同时还命令日军驱逐舰发起攻击。但局势依旧十分危险。4分钟后，东乡便再次将航向变回了西北偏北。按照"三笠"号舰长的说法："这是因为我们离敌军驱逐舰太近。"在他继续接近前，排除上述危险无疑是有必要的。于是他向出羽将军打出了"攻击驱逐舰"的信号。依照这一命令，出羽将军调来了麾下的无装甲巡洋舰，命令它们转舵向西展开追击。5分钟后，他们又看到"新贵"号正带着上述驱逐舰向"阿斯科尔德"号的方向驶去。至此，危机宣告解除，东乡命令各舰同时左转4个罗经点，这也是他在天黑前接近敌军的最后努力。这一机动让他的航线几乎直朝正西，并迎面冲向了第5战队。随后如我们所见，为进行避让，山田将军立刻向西北转舵。同时，出羽将军也意识到，上一道命令已经没有执行的必要。但随后，另一些紧迫的工作压了过来：在看到"阿斯科尔德"号向南脱离战场后，出羽判断，该舰试图突向"八重山"号收拢夜袭轻型舰艇的海域，于是立刻率部全速前去救援。[33]

上述行动很难改变局势。此时太阳落山已有一段时间，双方的距离也增加了不少，炮手在弱光条件下很难进行瞄准。因此，10分钟后，东乡将军决定脱离战斗。19点55分，他再次命令舰队变成单纵阵，并要求轻型舰艇发动进攻——这也是当时他所能做的全部。但即使如此，他仍然继续向西北航行了大约20分钟，直到20点15分才转身离去，以便为驱逐舰留出行动空间。在向轻型舰艇编队发出信号后，山田将军也意识到此次战斗已经结束，随即北上前去执行守卫大连的既定使命。主要战斗于是就此落下帷幕。东乡将军在报告中写道："最不幸的是，太阳在战斗结束之前便已落下，让我们无法分辨敌人；如果当时是白天，我们一定可以摧毁敌舰，日落让我们失去了这个机会。最终，我们将作战任务抛给了轻型舰艇，并按照作战计划规定的航线驶离。"

当天清晨的延误引发了恶果，这一无可挽回的局面又源于雷区的失效和首次交战时的误判。但即使如此，东乡依然逼退了敌军主力，同时，凭借轻型舰艇的绝对优势，他还可以继续威胁士气低落、遍体鳞伤的敌军舰队——毕竟在夜幕之下，轻型舰艇将成为比战列舰还要可怕的存在。更重要的是，由于相信次日还有一场战斗，东乡必须节省弹药。这一点也体现在了他的命令中，里面提到了"作战计划规定的航线"。不过，该计划的具体内容不甚清楚，只知道它是为了应对敌军的突围而在 7 月 1 日制订的。

根据这一计划，作为预备队的第 5 战队将前去守卫基地。而对其他 3 个战队，计划提供了两种选择方案：如果没有发现敌军行踪，这 3 个战队将驶往小黑山岛（在原八口浦基地的西南方）以西 60 海里的一条警戒线上。其中第 3 战队将部署在最外侧，与之间隔 20 海里的是第 6 战队以及"日进""春日""八重山"号，而 4 艘战列舰将位于最内层。另一种方案则写道："在无法发现敌军，但确定对方仍在成山角以北的情况下，所有舰船应在 769 地点（成山角以东 25 海里）集结。第 3 战队和第 6 战队则朝西北，在垂直于位置 P 和位置 H 的方向上展开一条搜索线。"[34] 在 8 点 15 分脱离战斗后，东乡司令立刻回转了 16 个罗经点，以便为轻型舰艇留出空间——此时，他大致抵达了成山角正北方大约 37 海里处。同时他也知道，敌人还在更北方的位置，根据安排，此时他显然应采取第二个方案。但东乡并没有前往其中的指定位置集结，而是选择了北纬 35 度 30 分、东经 124 度 11 分的位置，该地位于八口浦以西约 90 海里处，即前文所述的小黑山岛警戒线以北约 30 海里处。

作为战斗的最后一段插曲，东乡这么做显然有自己的理由。虽然俄舰主力位于山东半岛以北，但有 2 艘巡洋舰正在向南逃逸，而且日军也无法确定，有多少敌舰将在夜间效仿这一行动。正如我们所见，其中 1 艘逃逸的敌舰是"阿斯科尔德"号，另 1 艘是"新贵"号，该舰还有 5 艘驱逐舰跟随。之前，由于担心上述俄舰杀向"八重山"号和集结的轻型舰艇，出羽将军开始全速南下营救。到 20 点，即东乡将军和山田将军撤离战场时，"阿斯科尔德"号和"新贵"号正在 5 海里外炮击落单的"须磨"号。当时，后者正试图赶去同第 6 战队会合，不巧挡在了上述俄舰的航道上。出羽将军见状，立刻从远距离向敌舰开火，试图吸引对方的注意力[35]。无独有偶，向东航行的东乡正路少将也刚好从俄军巡洋舰前方穿过。为解救战友，他采取了一项更大胆的行动，即通过一个勇敢的急转弯，试图插入"须磨"号和追击者之间。同时，"须磨"号凭借蛇形机动干扰了俄军的测距，最终平安地同上司会合。接下来，东乡正路少将开始专心对付 2 艘俄军巡洋舰，但后者一看到他的机动便开始右转，不久后又重新朝左转向，试图抢占日舰的"T"字阵位。为阻止对手的行动，东乡少将于 20 点 20 分大幅向左转舵，并在与敌舰平行的东南偏南航向上以侧舷火力与之交战。

在莱岑施泰因将军开始机动后，"阿斯科尔德"号多次中弹。该舰有 1 名军官和 12 名乘员丧生，另有约 50 人受伤。舰上的 4 座烟囱有 2 座被打断，上层建筑严重受损，后部炮廓被击毁，水线上被撕开了 2 个大洞。然而，通过大量消耗煤炭，该舰得以保持住航速，进而逃出了敌军的火力范围，同样严重受损的"新贵"号则紧随其后。该舰与东乡正路少将的巡洋舰距离一度如此接近，导致后者由于担心鱼雷攻击，被迫在 8 点 50 分转舵向东。另外，出羽将军也在一刻钟前，即 20 点 35 分[①]放弃了追击。此时"八重山"号和轻型舰艇都不再面临威胁。在黄昏时分的微光下，人们可以看到俄军驱逐舰正随着"新贵"号撤退，但对东乡正路少将来说，局面依旧存在危险，他决定调头向东行驶，同时也没有放弃追击。期间双方的距离依旧在不断拉大，到 21 点 15 分，俄舰才不见踪影。即使如此，东乡少将也丝毫不愿承认失败。在派遣"须磨"号返回基地修复引擎后，他整晚都在追击俄舰，希望次日清晨能将其一网打尽。

于是，战争中的首场舰队对决就这样结束了，双方都没有取得决定性的战果。日方共有 11 名军官和 59 名士兵身亡，另有 14 名军官及 142 名士兵受伤。俄军方面阵亡了 8 名军官和 66 名士兵，同时还有 35 名军官、359 名士兵受伤。日军方面，战列舰"三笠"号的损伤最为严重，其损失的官兵总数达到了 125 人，

---

① 译注：原文为"20 点 25 分"，似乎是作者的笔误。

而战列舰"朝日"号的伤亡只有2人，"富士"号则无人伤亡。受损仅次于旗舰的是"日进"号，该舰共有32人伤亡。而在俄军方面，人员损失的分布则比较平均，其中最惨重的是有90人伤亡的"佩列斯维特"号，"列特维赞"号只损失了49人，"太子"号则是63人。[36]

上述损失和消耗的弹药很不成正比，其中副炮的耗弹量尤其惊人。在战斗中，日军的主炮（口径从8英寸到12.5英寸不等）发射了近1200发炮弹，中口径火炮（从6英寸舰炮到12磅舰炮）的炮弹则消耗了6000发以上[37]。然而，他们没有击沉1艘敌舰，甚至也没有让对方失去行动能力[①]。正如上述问题经常导致的情况一样，一种沮丧感在日本舰队上下油然而生。这种情绪在殿后舰船中尤其强烈，他们根本没有感受到俄军舰队的密集炮火，这让他们认为，东乡将军在行动中的表现实在是过于谨慎了。有人批评说，他应当逼近到能决定胜负的距离。至于何时采取行动，各方观点并不统一。不过，他们在一个问题上达成了共识：这就是东乡应当在16点左右，敌军殿后2舰开始掉队时将其切断，接下来应该只需要半个小时，日军就可以将其摧毁。此时，就算维特捷夫特将2舰抛弃不管，日军也有充裕的时间对付剩下的4艘战列舰。

然而，如果结合英国海军丰富的作战经验来看，就不难发现这种观点实际是大错特错——它们也曾影响过许多场战斗的结果。类似的观点强调击沉敌舰，实现战略目标则被放在了次要位置。如果东乡将军据此行动，届时，日军将在战略上陷入险境。因为在抛弃殿后的2舰后，俄军的航速可以增加到14节，而日军的航速将只比此高出1节，如果日军不能在天黑前恢复接触，不仅俄军4艘最强大的战列舰将得到逃往海参崴的机会，同时俄军还可能在沿途重创上村舰队。这种风险是日军承受不起的——总之，是战局令他们无法放开手脚。在这方面，东乡司令和参谋们表现出了极大的克制：他们抵制了歼灭敌舰的诱惑，始终紧盯着战略目标——这也是当时他们最可贵的品质。

---

[①] 译注：黄海海战中，俄军战列舰中弹情况为："太子"号，13枚12英寸炮弹和2枚8英寸炮弹；"列特维赞"号，23发各种口径炮弹；"波尔塔瓦"号，12或14发8—12英寸的大口径炮弹；"佩列斯维特"号，39发各种口径的炮弹；"塞瓦斯托波尔"号的情况则不详。

上述讨论也牵扯到另一个问题：在战略目标实现之后，东乡是否应该全线压上？这显然需要另作讨论。不过在下结论前，我们最好记住一点，那就是在决策时，东乡正位于一艘损毁了一半重炮的战舰上，其舰队的攻击火力也被削弱了三分之一；同时，他想必也知道，自己对风险的把握将影响整个战局。也就是说，它不只是一个海军问题，还牵扯到了地面行动。假如他背后有足够的预备兵力，他无疑应遵循我们长期奉行的"紧追敌军"（fleet in sight）原则——换言之，他若是再像当时那样谨慎，我们也不会再多做辩护，但问题在于，对日军来说，这样的预备队是根本不存在的。

东乡的绊脚石远不止这些，他的决策还受到了国内舆论的干扰。换言之，影响他所有行动的，还有一群极端自信、容易冲动的民众，如果有敌军舰队逃进了日本海，民众必定会群情激奋。在战争期间，它始终干扰着日军的部署，上次海参崴舰队来袭后，它更是成了令日军瞻前顾后的最重要因素。现在，不让民众的情绪被类似事件激化已是日方的当务之急，连东乡将军也必须照此行事。当时，局势还很不明朗，尽管敌军的突围行动已被挫败，但显然战斗随时可能再次爆发，而且日方在夜间也无法预测敌人的航向——没有任何一个人能说清楚明天将会有怎样的情况发生。

## 第四节 轻型舰艇部队的攻击

当东乡司令向轻型舰艇发出进攻信号时，共有分别隶属于 5 个驱逐队的 18 艘驱逐舰，以及分别隶属于 8 个水雷艇队的 29 艘水雷艇伴随着舰队，其总数接近 50 艘。迎战它们的俄军驱逐舰最多只有 4 艘，另外 4 艘已经随"新贵"号逃走。日军大部分的轻型舰艇都位于战场以南，而在跟随战列舰队的第一批 3 个驱逐队中，只有第 3 驱逐队位于指定的战位上。第 1 驱逐队正与第 14 水雷艇队同行，并且落后了一段距离。至于第 2 驱逐队，则在更后方，尽管他们自开战后便奉命赶来，但在日落前始终没有抵达，由于敌军正在向西北前进，该分队只能选择抄近路，从俄舰左侧发起追击。第 5 驱逐队则位于第 2 驱逐队的右舷、各水雷艇队主力东面几海里处。第 4 驱逐队则如前所述，在"浅间"号的保护下踏上了另一条行动路线，现正独自向西行驶。

正如前文所述，在昼间攻击行动中，所有轻型舰艇分队都应和战舰分队编组在一起，而且它们还必须相互配合，但夜袭中没有这种规定，每个分队都将单独行动。当时，几乎所有舰艇都不约而同地转向了西北，他们的想法是趁着余光在敌军前方占据阵位，然后转舵从反航向发动进攻。其中，第4驱逐队由于之前被俄军巡洋舰逐退，因此碰巧在20点之后不久便抵达了俄军前方5海里处，20点20分，该队转舵发动攻击，但此时天还有点亮，他们的两次试探攻击都被敌军炮火击退。21点前不久，他们又进行了一次尝试，此时天色已暗，导致他们未能迅速发现敌军。

对实施雷击来说，当天夜晚的环境并不是十全十美：汹涌的海浪拖慢了轻型舰艇的脚步，不过其他条件尚且良好。这是一个没有月亮的夜晚，天空中只依稀有几片云朵，星光透过蓬松的云层铺洒下来，正如日军在记录中的描述："天色并非漆黑一片。"这也意味着，训练有素的哨兵可以在1.5海里外辨认出一艘大船，但在1000米外（1100码）外，他们才能发现一艘驱逐舰[38]。因此，日军舰队可以轻易发现敌人，但俄军却很难分辨出日军踪迹。

不仅如此，由于各舰航速不一，再加上持续不断的规避机动，整个俄军舰队很快就在一片开阔海域分散开来，这大大增加了日军发现目标的机会。整个舰队正朝着旅顺港驶去，其中一马当先的是"月神"号。在发现自己正驶向上级明令禁止返回的港口后，"月神"号舰长决定服从沙皇的指示，并设法向着海参崴驶去。但这并非易事：在东面，日军的战斗舰队依旧依稀可见；第5战队的巡洋舰则在东北方巡航；在南面，另一些日军巡洋舰正在虎视眈眈；而在东南方——"月神"号舰长意图选取的航向——有大量的雷击舰艇驶来。尽管如此，凭借非凡的勇气，"月神"号仍然试图突围，因为他们坚信，只要不开火或熄灭探照灯，日军就很难当场发现自己，更不用说发动攻击，届时，他们将做到出其不意。因此，大约21点时，"月神"已掉过头来。而在剩下的4艘驱逐舰中，只有驱逐舰"雷暴"号（Grozovoi）在背后跟随。紧接着，它们似乎立刻遭到了第14水雷艇队的袭击。其中有2艘水雷艇发射了全部鱼雷，但都无一命中[39]。21点15分时，该舰又与另一艘水雷艇狭路相逢，该艇来自队列散乱的第20水雷艇队。有3枚鱼雷射向俄舰，但"月神"号通过蛇形机动避开了这次打击。大约在同一时间，该舰也进入了第 6 水雷艇队中一艘掉队船只的视野，后者发射了 2 枚鱼雷，但它们同样都没命中，其中 1 枚离"月神"号一度只有 300 米。接下来，该舰继续前进，按照俄方的记录，类似的袭击一直持续到 22 点 15 分，这一点也得到了"雷暴"号报告的证明。然而，我们无法从日方记载中查证后续的袭击。按照"月神"号上一名军官的说法，他在昏暗中看到了可能是驱逐舰的"19 个舰影"，但凭借灵活机动，他们成功摆脱掉了 13 艘，最终只有 6 艘发现了"月神"号，而日军发射的鱼雷总共不超过 8 枚。日方报告显示，他们似乎也只消耗了 8 枚鱼雷，但发射时间都在 20 点 45 分至 21 点 15 分之间的半个小时内。之后，虽然"月神"号可能两度闯入了日舰的视野，但没有记录表明日军曾对其发动过攻击。[40]

第 4 驱逐队曾在夜袭的开始阶段被击退，但他们再次冲向敌人，冒着重重火力实施了迅猛的攻击。现在，该驱逐队只剩下了 3 艘驱逐舰，剩下的 1 艘由于船底排水泵受损而没能参战。该驱逐队的领航舰后来在报告中写道，在攻击俄军先导舰（即"列特维赞"号）时，自己不幸错失了机会：当时它冒着炮火在 200—300 米的距离外发射了 1 枚长程鱼雷，随后掉头并用后部发射管实施了第二次雷击，随即右转朝西南方扬长而去。而二号舰则在 1000 米外朝俄军领舰施放了 2 枚鱼雷。接着，为了避免与后续舰相撞，该舰被迫展开机动，进而与全队的领舰失去了联系。至于殿后舰，则迎着猛烈炮火冲到了目标 600 米内，并在该距离发射了前鱼雷管中的短程雷，但自己随即被 1 枚 12 磅炮弹击中，并因一个锅炉熄火而暂时无法参与进攻。但在修复损伤后，这艘驱逐舰还是独自航向西北。在当地，它遭遇了 1 艘俄军驱逐舰，随即对其实施了追踪。

第 4 驱逐队发动这轮袭击后，俄军似乎迎来了短暂的平静，他们开始淡定地继续撤退。尽管炮火暴露了舰船位置，但在 20 分钟内并没有日军雷击舰艇前来进攻。这种局面与俄军的加速和右转不无关系，这种规避超出了日军的预料，但也似乎属于俄军各舰的擅自行动——这导致俄军舰队的队形更加散乱。掉队的"太子"号发现自己陷入了孤立，驾驶该舰的乘员们内心根本不愿执行上级的命令，而这种局面又提供了一个绝好的理由：事实上，舰队上下都对撤回旅顺的命令普遍反感。经过短暂讨论，他们认为，既然自己无法"对抗敌军主力"，现在最好的对策将不是返回旅顺,而是遵照沙皇的命令向海参崴突围。21 点 30 分,该舰也开始转舵向南缓缓前进。[41]

这条新航线也让"太子"号遭遇了殿后的日军轻型舰艇。其中就包括四散的第 20 水雷艇队: 21 点 50 分,该队的 1 艘水雷艇从 400 米外发射了 2 枚鱼雷,但错失目标。虽然"太子"号始终没有开炮,但也被迫转舵规避。22 点, "太子"号又遭遇了同一分队的另 1 艘水雷艇。按照该艇的记录,这艘战列舰正朝西北偏北行驶。这次, "太子"号选择了还击,并转舵向南全速前进,因此再次逃过一劫。不久后,许多类似的袭击接踵而至,但都被它以相同的战术避开。按照"太子"号的报告,先后有 9 枚鱼雷向它冲来,但无一命中。然而,这种战术却让该舰不断偏离航向,并不时增加到最高航速——由此产生的影响不言而喻: 由于战斗中烟囱受损,该舰的煤炭消耗骤然增加。到午夜时分,他们便被迫放弃前往海参崴的想法,这时,它仅剩的机会就是前往中立港胶州——有鉴于此,该舰调转航向,一路朝胶州行驶。

俄军舰队的主力仍大致朝着旅顺前进,但为规避蜂拥而至的雷击舰艇,他们又只能多次改变航线。这场追猎最终令俄国舰队分成了三队。第一队是前方的"列特维赞"号以及跟随舰队的 3 艘俄军驱逐舰中的 1 艘; "波尔塔瓦"号和"智慧女神"号则位于不远处;最后一队是"胜利"号、"佩列斯维特"号和"塞瓦斯托波尔"号,它们同样只有 1 艘驱逐舰陪伴。另外,第三艘驱逐舰"坚强"号(Vuinoslivi)则在更西面的海域。以上也是我们根据日军各轻型舰艇分队报告整理出的情况。此外值得注意的是,在 21 点 30 到 24 点 30 分之间,日军驱逐舰或水雷艇几乎每 15 分钟就进攻一次。虽然俄军没有使用探照灯,但他们还是发现了大部分日本舰艇的行踪,一旦目标确定,炮击将照例呼啸而来。其中,隶属于第 4 驱逐队的"朝雾"号(Asigiri)在首轮攻击中便被 1 枚 6 英寸炮弹命中瘫痪——这枚炮弹显然来自"智慧女神"号[42]。按照该舰的描述,这次遭遇战发生在圆岛东南约 30 海里处,时间在 22 点之后。23 点,日军第 5 驱逐队也在该岛西南偏西 19 海里处遭遇了 1 艘战列舰和 1 艘驱逐舰,接着,在 24 点前转向东南时,第 5 驱逐队又攻击了另外 2 艘舰只。至于第 10 水雷艇队,则在午夜至 24 点 30 分之间攻击了 2 艘分别为"'太子'级和'列特维赞'级的战列舰",

这2艘战列舰很可能是"波尔塔瓦"号和"列特维赞"号，它们最初在遇岩东南3海里处被日军发现。另外，24点30分，第4驱逐队麾下1艘脱队的驱逐舰还发现了1艘很像"列特维赞"号的船只，附近还有另外2艘战列舰。该驱逐舰首先对像"列特维赞"号的舰船发射了1枚鱼雷，后来"由于敌舰频繁改变航向，导致难以接近"，该舰袭击另一艘战列舰的尝试最终宣告失败。

在这之后，漫长的平静降临到了战场。按照日本方面的报告，他们在两个小时内都没有展开进攻。唯一的例外来自1艘第21艇队的落单的水雷艇：该水雷艇冒着炮火冲向1艘形似"胜利"号的战列舰，并朝后者发射了1枚鱼雷。与此同时，完成攻击行动的舰艇也趁机装填好了备用鱼雷，并全部驶向旅顺海域，力图抢占第二轮攻击的阵位，不过，此时这些舰艇早已分散在各个海域，有组织的行动也不复存在。在黑夜中，每个分队，甚至是每艘舰艇，都在各自为战，这导致了许多干扰和意外，期间，第2艇队的1艘水雷艇被鱼雷击中。按照日本方面的解释，由于事发海域还有2艘俄军驱逐舰，"据信发射鱼雷的正是其中之一"，不过，他们也有类似的理由相信，这枚鱼雷也可能来自同一艇队某艘单独游猎的水雷艇[43]。当时日军之所以未能展开后续攻击，主要是因为大部分舰艇无法及时向西赶去。导致这种情况产生的一部分原因是俄军一直在向东实施战术机动，另一部分原因是日军都在往旅顺方向赶，以占据有利的截击位置。这种看法也得到了"坚强"号报告的印证。如前文所述，该舰位于俄军舰队西面，并宣称看到大批日军雷击舰艇正从该方向朝北行驶。[44]

如果日军的航向确实如此，那么，他们将会在视野空无一物的情况下提前越过俄舰的撤退路线。这也可以解释为何在准备第二次雷击的舰只中，能接触到敌人的船只数量实际非常有限。一些前往遇岩附近的舰艇确实碰到了机会：当俄军接近时，它们立刻冲上前去，但这些袭击相当零散，参与者只是全体舰船的一小部分。这些袭击发生在3点20分至4点20分，参与的有三四艘驱逐舰和同等数量的鱼雷艇。其目标分别是1艘落单的敌舰和2个编队——由2艘和3艘军舰组成。发射最后一枚鱼雷的舰艇来自第5驱逐队：4点15分，它在遇岩东南13海里处与"胜利"号、"佩列斯维特"号和"塞瓦斯托波尔"号相遇。冒着猛烈的炮火，该驱逐舰将鱼雷射向了"塞瓦斯托波尔"号。当然，那时附近也有其他军舰,但它们没能投入行动——驱逐队的旗舰"阳炎"号（Kugero）就是其中之一。当时,"阳炎"号正位于上述海域,备用鱼雷也已装填完毕,但4点30分,它却在报告中写道:"鉴于黎明将至,本舰被迫前往老偏岛。"在当地,该舰与3艘僚舰会合,并与之共同前往封锁阵地警戒。可能是出于同样的原因,其他分队的情况也大体如此。不过,日军仍然有时间进行最后的尝试:因为在俄军抵达旅顺前,仍有3个小时将暴露在攻击之下,但最终什么都没有发生。6点时分,"列特维赞"号已安然驶入入口航道,"波尔塔瓦"号和"智慧女神"号则停泊在了炮台脚下。一个小时后,"胜利"号、"佩列斯维特"号和"塞瓦斯托波尔"号也从南面来到了旅顺港外[45]。按照战术备忘录,日军轻型舰艇需要在昼间抓住每个攻击机会,特别是在炮战结束时,因为敌军可能会有大量副炮被毁。然而,由于夜间行动极为艰难,对参战部队来说,这一切可能已经超出了他们精神和意志的极限。

虽然日军付出了极大努力,但不可否认,在夜袭中,俄舰全都安然无恙,此外,俄军还成功穿越了己方的雷区。这是一场毫发无损的撤退,同时也是一项伟大的壮举——甚至日军也承认,俄国舰队之所以能够得救,与他们的巧妙机动不无关联。另一方面,日军的进攻确实不乏勇气,他们在报告中多次声称,自己曾冒着炮火冲到足够近的距离上;考虑到俄军也宣称自己曾频频发现敌情并向目标开火,日方的记录实际所言非虚。另外值得注意的是,俄军在防御时并没有使用探照灯:这也许是刻意为之,也许是探照灯已全部损坏。同时,他们在舰炮和轻型武器的使用方面又放开了限制,此举不仅没有完全暴露自己,还让俄军只凭几次转舵就击退了袭击者。而在日本方面,情况则截然不同,他们的每支分队都参加了战斗,并消耗了不下74枚鱼雷——32枚来自17艘驱逐舰,42枚来自29艘水雷艇——但这些鱼雷无一命中敌军。[46]

在这次漫长的袭击战中,如果要为日军的失败找一个无关敌军防御战术的原因,那么,这个原因一定是缺乏配合。在行动中,他们单打独斗的做法一如既往,甚至攻击一群敌舰时,也只会分散地发动进攻。他们从来没有尝试过蜂拥而上,或是按照战术指南的规定,让两支分队从相反方向夹击敌人。每个指挥官似乎都在各行其是,导致他们在天明时分全都无功而返。

另一方面，日军并没有任何舰艇沉没，只有1艘驱逐舰和1艘水雷艇严重受损。其中后者在黎明时分被正在返回警戒区的山田将军发现，当时，该艇正在僚艇的牵引下航行在圆岛附近海域。山田将军立刻停船协助，而且随着天色破晓，他看到遇岩以南海域有3艘俄军战列舰。他立刻朝西南偏西方向发起追击，还在途中用舰上的无线电设备发出警报。但这一切都是徒劳的——只有"扶桑"号有所回应。孤单的山田舰队无可奈何，只能目送俄舰安全驶入旅顺。[47]

随着日军的袭击在开阔海域又一次受挫，某些人士已经产生了不信任感，他们认为，轻型舰艇已不该被视为能影响战斗的可靠工具。但我们也许不该贸然接受这一论断。对上述失败，更稳健的态度应当是吸取教训，并避免把鱼雷训练的成绩同实战效果等同看待。平时的成绩让指挥层为轻型舰艇分队赋予了更多期待，但在单独作战时，这些期待却超出了轻型舰艇分队能力的极限。炫目的探照灯和炮口焰，再加上噪音、速度和黑暗催生的紧张情绪，让雷击舰艇很难精确瞄准；此外，夜间也很难判断敌军的航速和距离，更何况这两项参数还经常因为敌军的机动而不断改变。

其实，以上才是本次行动真正的教训，另外，这也对我们理解鱼雷的长远价值提供了重要参照。随着射程和准确度持续增加，这种武器的威力将不断上升，并给相关人员的训练和战术提出了更高的要求；而可能遭受攻击的舰队，则需要对防御战术报以更大关注——总之，随着实践不断演进，进攻方得手的机会将越来越多。不仅如此，由于紧张、混乱和队列散乱，开展防御将遭遇诸多难题，更不用说可能招来的猛烈炮火。另外，我们还能总结出另一个教训，这个教训和日舰首次袭击旅顺时的教训完全相同：为取得最大战果，主力舰队必须竭尽所能，紧接着轻型舰艇的突袭发动进攻。战争中发生的一系列事件已经充分表明：在揭幕战中，轻型舰艇的突袭将有无可估量的价值，而且就目前的海战实践来看，我们也毫不怀疑鱼雷将在该领域发挥最大作用。不可否认，跟随轻型舰艇进攻的舰队也会面临风险，但这类风险是必要的，因为它换回的成果可能有决定性意义。打个比方，这种风险很像陆战中最常见的一种情况：炮火准备持续到步兵进攻的前一刻才停息。不仅如此，考虑到鱼雷攻击的性质与陆战的炮火准备有众多相似，这种比喻就更能让我们清楚地理解舰队和轻型舰艇的联合行动。

虽然在作战部署中，日军轻型舰艇表现出了执着和勇气，但他们并没有领悟到精髓。另外，在鱼雷真正得到大胆和巧妙的运用前，我们绝不该自作主张地断言它是一种无用的武器。

## 注释：

1. 本章全部采用的是日本时间，该时间比俄方使用的旅顺时间晚 55 分。另外，日方报告涉及航向的部分，使用的全部是磁罗盘航向【magnetic course，即舰船航向与磁子午线的夹角（以北为正，顺时针旋转）】，俄方使用的则是真航向（true course，即真北线与船首线之间的夹角），两者的偏差是向西 4 度。其中，俄军航向测算结果除非特意指明，否则不会在本书中引用。

2. 为方便叙述，我们在后文中会将山田将军所部称为"第 5 战队"，其中不包括片冈将军指挥的"日进"和"春日"。另外，此时日军战斗舰队和巡洋舰队的编制如下：

戦斗舰队（司令官东乡海军大将）："三笠"号（旗舰）、"朝日"号、"富士"号、"敷岛"号（梨羽海军少将）、"春日"号、"日进"号（片冈海军中将）、"八重山"号

第 3 战队（司令官出羽海军中将）："八云"号（旗舰）、"浅间"号、"笠置"号、"千岁"号、"高砂"号

第 5 战队（司令官山田海军少将）："桥立"号（旗舰）、"松岛"号、"严岛"号、"镇远"号

第 6 战队（司令官东乡正路海军少将）："明石"号（旗舰）、"须磨"号、"秋津洲"号、"千代田"号、"和泉"号

3. 该舰即"严岛"号。如前一章"注释"中所述，该舰在 8 月 9 日的交战中受伤。

4. 参见西蒙诺夫《代价》一书第 209 页。根据《英国官方战史》的《附图 4》，8 月 5 日，俄军在老铁山海角以南约 5—6 海里处布设了一个雷区。另外，在离海岸 2 海里远的地方，还有一个更早布置的雷场。

5. 参见出羽、片冈和东乡将军的报告。关于东乡是否是在接到了出羽和片冈两位将军的通报后才开始行动，仍有待查考。他向"八重山"号发出信号是在 11 点 42 分，而给片冈战队发出信号是在 11 点 45 分，给出羽则是在 11 点 53 分。

6. 目前我们还不确定"南下"的具体含义。在日语汉字中，"南下"的字面意思就是"向南"和"下来"，而对应的概念"北"却有另一重含义，这就是"败北"。在中国古代，外敌常常来自北方，如果他们被打败，就一定会向北溃逃。从这个角度来看，"南下"似乎也有了"发动进攻或前进"的意味。

7. 按照东乡正路少将旗舰"明石"号的记录，该战队在 12 点 20 分的坐标为北纬 38 度 33 分、东经 121 度 30 分。

8. 按照出羽将军在旗舰上的记录，他们实际在遇岩外海西微南 13 海里处。

9. 参见《日本战史极密版》第 1 卷第 521 页。

10. 关于这些水雷的存在，俄方资料给出了证据。其官方海军杂志《海军文集》1908 年 1 月号附带提供了四张关于此次战斗的行动示意图。这些海图据说是由专门调查此次战斗的委员会绘制的，上面可以看到两处雷区，其中一处靠近出羽将军提到的地点，另一处则在该海域稍微偏东。俄军舰队的航线则稍稍从每处雷区的南部边缘掠过。

11. 在日方资料中，射程用米计量，本书将其转换为码，并进行了四舍五入。

12. 出自"春日"号舰长的报告。

13. 按照战术备忘录中的安排，与出羽同行的轻型舰艇分队包括第 4、第 5 驱逐队，第 15、第 16 水雷队。从一开始跟随行动的第 3 驱逐队则隶属于战斗舰队，此时，该驱逐队已在出羽转向尝试攻击敌军殿后舰只时脱离配属，前去加入主力。至于其他配属于战斗舰队的轻型舰艇，则包括第 1 驱逐队和第 14 水雷艇队，且这 2 个分队一直在跟随东乡航行，至于第 2 驱逐队则在敌军以北海域，并因此失去了与主力舰队的联系。

14. 参见"千代田"号、"笠置"号和"高砂"号舰长的报告。出羽将军则在他本人的报告中指出，由于飞来的炮弹都落在远端，它们真正的目标可能是战斗舰队，不过，根据当时交战态势图上双方舰队的相对位置看，这种推测似乎是不可能的，另外，如果真是这种情况，日军转向东南的举动等于是增加了自己的作战风险。

15. 该命令显然是通过东乡战队中的二号舰"朝日"号在 1 点 57 分发出的，因为东乡旗舰上的无线电装置已经失灵。

16. 出自帕肯汉姆海军上校（Pakenham）的报告，1905 年 2 月 12 日。

17. 参见《日本战史极密版》第 6 卷附录。

18. "浅间"号在 9 点 45 分接到了东乡司令的电报。该舰立刻在一小时内完成了加煤，并向西南前进，赶去与第 3 战队会合。14 点 50 分，该舰接到了出羽将军要求该舰前往遏岩以南 10 海里处加入麾下的指示。然而，15 点 40 分，该舰却从一艘路过的蒸汽船上获悉，双方舰队已经开始交战，而且从该舰左前方不断传来炮声。有鉴于此，该舰立刻转向南方，朝事发海域驶去。

　　"浅间"号听到的炮声来自出羽舰队，当时，该舰队正试图对敌军后方实施攻击。16 点，"浅间"号在南微西方向的地平线上发现了出羽舰队的模糊舰影，并注意到后者正在向东南行驶。16 点 50 分，敌舰在该舰舰首偏左约 4 个罗经点的方向出现。几分钟后，日军战斗舰队也在地平线上露出了影子。17 点时，第 6 战队在南偏西 1/2 个罗经点方向出现。17 点 20 分，该舰穿过了俄军舰队的航线，并向东南微东方向转舵，前去与上级会合。（具体内容参见"浅间"号舰长的报告以及《武官报告》第 2 卷第 5 页）

19. 参见东乡将军和"三笠"号舰长的报告。

20. 这只是大体情况，在当天的这段时间，我们并没有关于俄方航行路线的可靠资料。

21. 参见"三笠"号舰长的报告和损伤详情说明，出自《日本战史极密版》第 6 卷附录。

22. 此时为 17 点 45 分，参见《日本战史极密版》第 6 卷附录中山田将军的报告。

23. 参见《武官报告》第 2 卷第 77 页。

24. 参见《武官报告》第 2 卷第 2 页及《日本战史极密版》第 6 卷附录中野元大佐的报告。另外，按照《日本战史极密版》第 14 章第 1 节下第 2 小节的描述，18 点 30 分时，该舰曾使用过后炮塔。

25. 参见《武官报告》第 2 卷第 187 页。

26. 日方资料无法判断该舰究竟是"胜利"号还是"佩列斯维特"号。同时，"三笠"号舰长的报告也与《日本战史极密版》中关于"三笠"号的记录相左，甚至关于该舰的攻击目标也没达成一致。"朝日"号的报告认为该舰是"胜利"号，这也许是正确的，因为乌赫托姆斯基亲王并没有提到指挥"佩列斯维特"号采取上述机动；另外，《海军文集》1904 年 12 月号也写道："'列特维赞'号和'胜利'号冲向了敌军，其他舰船则跟随'佩列斯维特'号进行了重组。"

27. 参见《俄国旧事》1907 年 11 月号及 1908 年 4 月号。

28. 出自《俄国旧事》1907 年 11 月号及 1908 年 4 月号上附带有指挥官证词的相关记录。1908 年 4 月的文章中包含了一份"塞瓦斯托波尔"号舰长的证词，其中提到该舰同样试图展开撞击，但在关键时刻，有炮弹恰巧击中并瘫痪了该舰的一组引擎，令该舰只能以 8 节的航速前进。在这种情况下，他只好放弃尝试。目前，该舰当时的具体位置我们尚不清楚，但当旗舰从其前方冲入队列时，该舰似乎曾试图右转以进行规避。

29. 山田将军在报告中表示，他看到莱岑施泰因在 19 点 13 分"试图左转返航"。而西蒙诺夫海军中校则表示，他在俄国时间 18 点 20 分，即日本时间 19 点 15 分也开始按照次序向西转向。

30. 参见《武官报告》第 2 卷第 7 页。

31. "浅间"号的报告表示，该舰在 19 点 02 分开始朝"波尔塔瓦"号（距离 9800 米）射击，随后在 19 点 17 分将射击目标转向了 8600 米外的"阿斯科尔德"号。观战的哈钦森海军上校（Hutchinson）则表示，该舰在 7 点 30 分之后才开始向"波尔塔瓦"号射击，在看到俄国巡洋舰转弯后，又于 19 点 35 分左右，将目标转向了 7500 码外的各艘俄军巡洋舰。哈钦森海军上校提到的时间要比"浅间"号本身的报告更能与其他记录呼应，因此，我们采用的也是这种说法。

32. 西蒙诺夫海军中校表示，各巡洋舰在 19 点（即日本时间 19 点 55 分）靠近了战列舰队的非迎敌面，即右舷方向，就在此时，"阿斯科尔德"号打出了"以单纵阵前进"的信号旗，随后，该舰超越了"列特维赞"号，同时还向"列特维赞"号发出信号："跟随我。"

33. 参见出羽将军的报告。这份报告显示，该舰尽管收到了攻击敌军驱逐舰的信号，但还是选择了去解救"八重山"号。

34. 参见联合舰队机密令第 756 号第三部分，出自《日本战史极密版》第 1 卷第 415 页。其中"位置 P"在遇岩以南 4 海里处，"位置 H"在成山角东北 22 海里处。

35. 莱岑施泰因将军后来描述说，此时有 4 艘日军战列舰向他逼近，并且发射了 4 枚鱼雷，但这些日舰显然只可能来自第 3 战队。另外，按照出羽将军的报告，日方当时并没有任何鱼雷发射。

36. 本数字来自帝国国防委员会战史第 1 卷附录 S，其中参照了多种俄方资料。而根据俄国卫生部门的战史记录，俄军舰队的损失要更高一些：共计 92 人阵亡、468 人受伤。

37. 参见《日本战史极密版》第 6 卷附录，报告第 1 号。

38. 参见西蒙诺夫著《代价》第 230 页。

39. 第 14 水雷艇队攻击的有可能是"月神"号的姐妹舰"智慧女神"号，但"月神"号的可能性无疑更大，因为日军发射的鱼雷数更接近后者宣称观察到的鱼雷数——8 枚。

40. 关于本段中鱼雷攻击的相关事实，均是根据日军水雷艇队的报告推断而来，其中提到，他们攻击了 1 艘"向南航行的月神级巡洋舰，同时，还有 1 艘驱逐舰伴随其左右"。

41. 参见《武官报告》第 2 卷第 171 页。

42. 该舰在报告中表示，对方是一艘四烟囱的单桅舰，由于俄军舰队中并没有这种类型的舰船，因此，该舰曾犹豫过是否发动进攻。"智慧女神"号有 3 根烟囱，前桅杆附近有一个高耸的舰桥——假如该舰的前桅杆在战斗中折断，确实会令日军产生该舰有 4 根烟囱的错觉。另外，该舰也确实安装了 8 门 6 英寸舰炮。

43. 当时，该艇队的 3 艘水雷艇彼此失去了联络。其中，第 38 号艇在 23 点 45 分攻击了一艘有双烟囱、双桅杆的舰只。该艇随后转舵，继续跟踪目标，但在 24 点 20 分被鱼雷击中。第 45 号艇则在 12 点 20 分朝一艘双烟囱的舰只发射了 2 枚鱼雷，随后转舵朝小平岛方向脱离了战场。第 37 号艇则被敌军驱逐舰击退，从而失去了战机，该艇后来一直在陪同第 38 号艇。

44. 参见《海军文集》1908 年 6 月号。

45. 参见《武官报告》第 2 卷第 20 页。其中提到的时间可能是俄军时间，它比日军时间早 55 分钟。

46. 上述统计不包含驱逐舰"曙"号，该舰在战斗中未能发现目标。

47. 当俄军于清晨出港后，细谷将军奉东乡司令之命，在港湾入口的防材附近埋设了 10 枚特制的定时水雷，但这些水雷并未被驶过的俄军触发。本内容出自第 7 战队的报告。

∧ 停泊在旅顺港内的"新贵"号,摄于8月10日的海战之前不久

< 反映8月10日,俄军舰队大举出港的插画

∨ 8月10日当天,装甲巡洋舰"浅间"号上拍摄的接到警报的日军舰队。其前方的舰船可能来自第5战队

∧ 8月10日中午时分，向战场开进的日军主力舰队。本照片摄于一艘"春日"级装甲巡洋舰上，前方可见一艘同型舰和第1战队的4艘战列舰

∧ 通报舰"八重山"号在1906年时的照片。该舰在"龙田"号触礁后替代了该舰的位置，在黄海海战前，它为主力舰队传递了多条情报

506

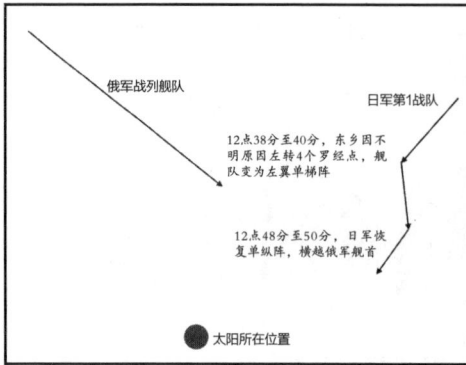
∧ 12点30分至12点50分，双方舰队的动向示意图

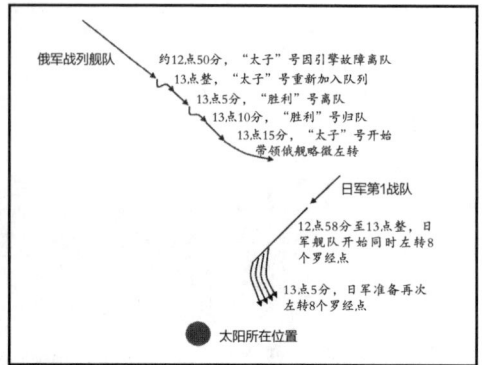
∧ 12点50分至13点10分，双方舰队的动向示意图

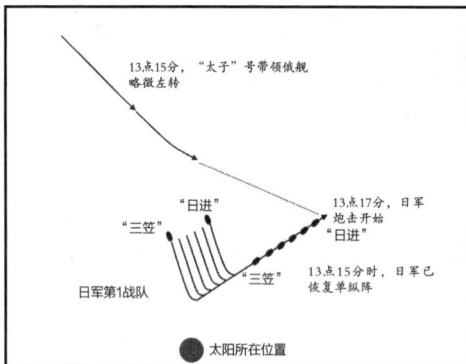
∧ 13点10分至17分，双方舰队的动向示意图

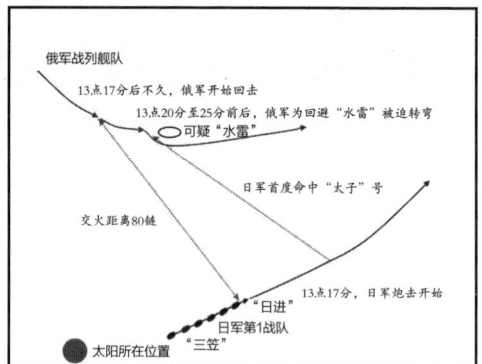
∧ 13点17分至30分，双方舰队的动向示意图

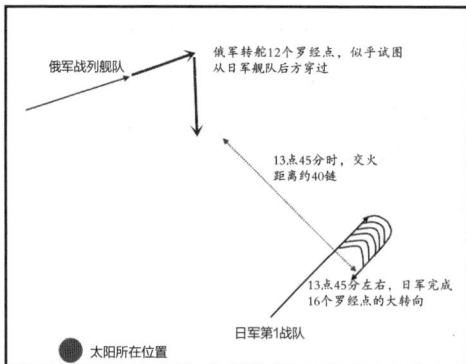
∧ 13点30分至45分，双方舰队的动向示意图

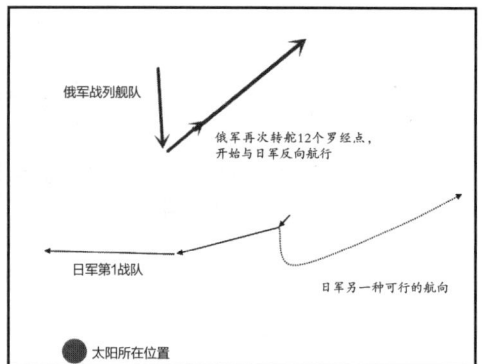
∧ 13点45分后，双方舰队转入反向航行的动向示意图

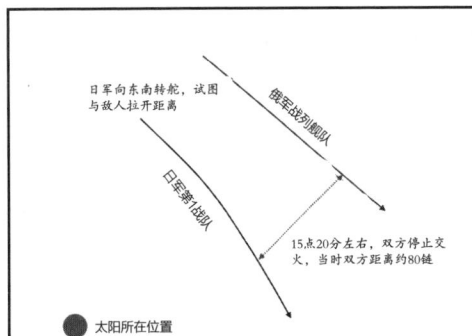

日军向东南转舵，试图与敌人拉开距离

日军第1战队

俄军战列舰队

15点20分左右，双方停止交火，当时双方距离约80链

太阳所在位置

∧ 15点至15点40分，双方舰队的动向示意图

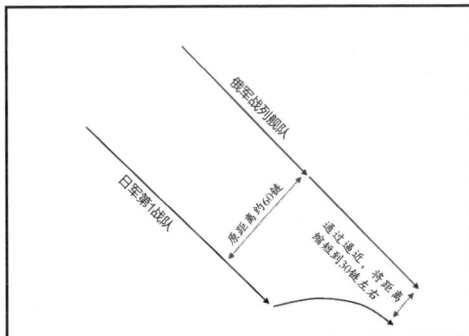

俄军战列舰队

日军第1战队

原距离约60链

逐渐逼近，将距离降低到30链左右

∧ 东乡将军的接敌设想

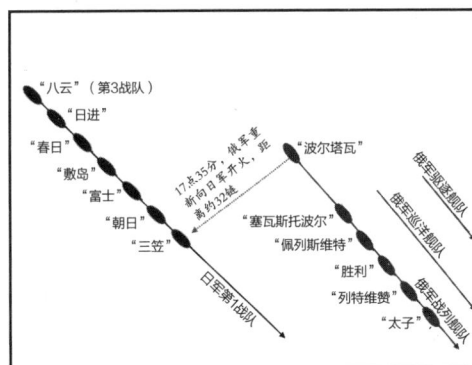

"八云"（第3战队）

"日进"

"春日"

"敷岛"

"富士"

"朝日"

"三笠"

日军第1战队

17点35分，俄军重新向日军开火，距离约32链

"波尔塔瓦"

"塞瓦斯托波尔"

"佩列斯维特"

"胜利"

"列特维赞"

"太子"

俄军驱逐舰队

俄军巡洋舰队

俄军战列舰队

∧ 17点30分后，双方舰队的态势示意图

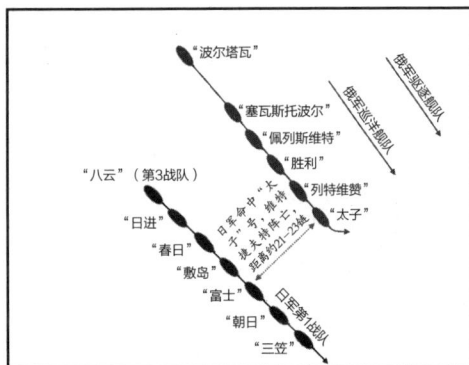

"波尔塔瓦"

"塞瓦斯托波尔"

"佩列斯维特"

"胜利"

"列特维赞"

"太子"

"八云"（第3战队）

"日进"

"春日"

"敷岛"

"富士"

"朝日"

"三笠"

日军命中"太子"号舰桥，威托格夫特中将阵亡，距离21～23链

日军第1战队

俄军驱逐舰队

俄军巡洋舰队

∧ 18点40分左右，双方舰队的态势示意图

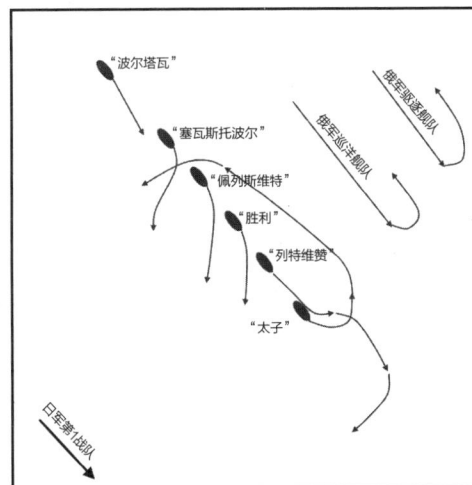

"波尔塔瓦"

"塞瓦斯托波尔"

"佩列斯维特"

"胜利"

"列特维赞"

"太子"

俄军驱逐舰队

俄军巡洋舰队

日军第1战队

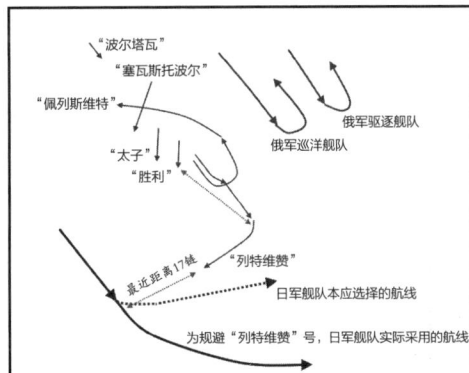

"波尔塔瓦"

"塞瓦斯托波尔"

"佩列斯维特"

"太子"

"胜利"

"列特维赞"

俄军驱逐舰队

俄军巡洋舰队

最近距离17链

日军舰队本应选择的航线

为规避"列特维赞"号，日军舰队实际采用的航线

∧ "列特维赞"号主动出列，吸引了日军舰队的炮火

〈 18点40分至19点，双方舰队的态势：日舰继续前进，俄军因为司令阵亡开始盲目机动

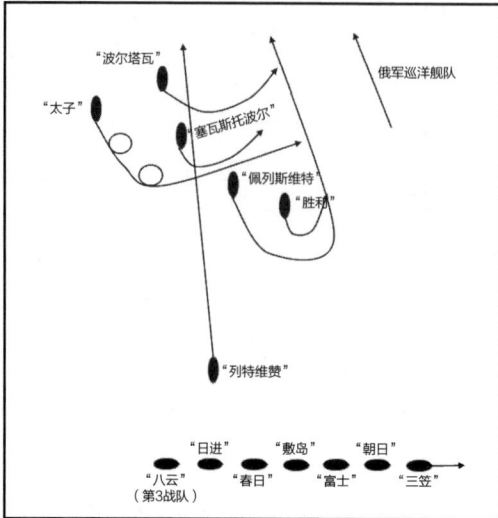

"波尔塔瓦"

"太子"

"塞瓦斯托波尔"

俄军巡洋舰队

"佩列斯维特"

"胜利"

"列特维赞"

"日进"　"敷岛"　"朝日"

"八云"　"春日"　"富士"　"三笠"
（第3战队）

〈 第二次交战的最后阶
段，俄军开始四散溃逃

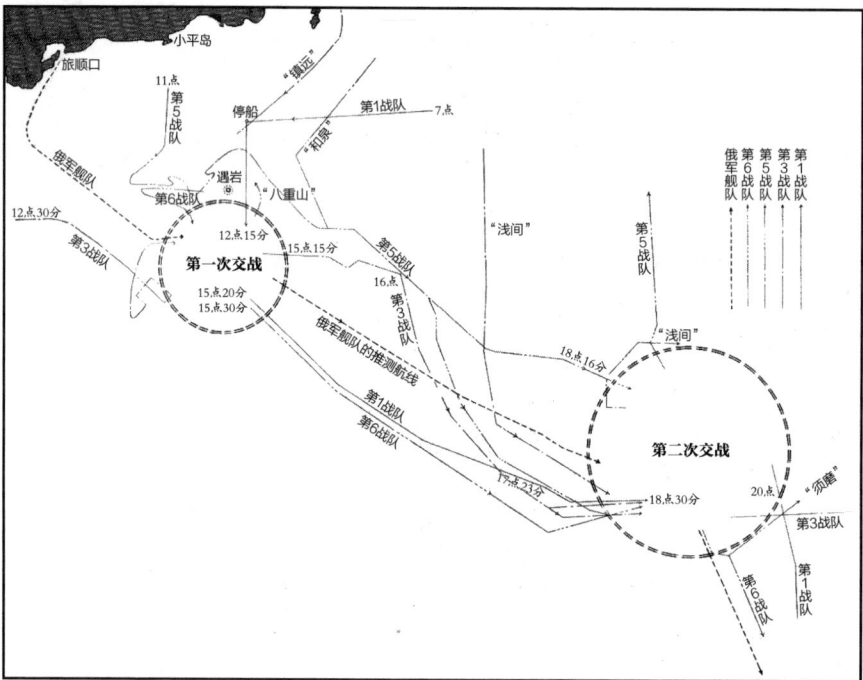

旅顺口

小平岛

"镇远"

第5战队

11点

停船

第1战队　7点

"和泉"

遇岩

"八重山"

第6战队

俄军舰队

12点30分

第3战队

第一次交战

12点15分

15点15分

"浅间"

第5战队

第5战队

16点

第3战队

15点20分

15点30分

俄军舰队的推测航线

第1战队

第6战队

"浅间"

18点16分

17点23分

第二次交战

18点30分

20点

"须磨"

第3战队

俄军舰队
第6战队
第5战队
第3战队
第1战队

第5战队

第1战队

第6战队

∧ 黄海海战整体态势示意图

第5战队　12点.50分　　　第2驱逐队
　　　　　　　　　　　　　　　　　　15点.35分
　　　　　　　　　　　　　　　　　周岩　　左转进入
　　　　　　　　　　第6战队　航速12节　　　　　第1战队后方
12点.20分　　　　　　　　13点.13分
　　　　　　13点.15分　　　第2驱逐队　　八重山
第10、第20、第21艇队随行
　　　　　　　　　　　　　　12点.55分　　　12点.10分
　　　　　　　　　　　　　第1战队　航速12节
俄军舰队　航速约12节
13点.15分　　　13点.15分
此阶段俄军
群形不整　　　　　　　13点.36分　　　15点.
　　　　　13点.20分　　　　　　　　　13点.45分　　　　15点.30分
第1、第16艇队随行　　13点.48分　　13点.25分
航速18节　　　　　　　俄军战列舰队　　此时航速约14节
　　　　第5驱逐队与　　　13点.46分　　13点.46分
　　　　第3艇队会合　　　炮击开始　　　　俄军巡洋舰队
　　12点.58分　　　　　　13点.15分　　航速14节
　　　　　　　　　13点.8分
北　　　　　　　　第3驱逐队
第4、第5驱逐队、　　　　14点.25分　　　　14点.10分　　　15点.
第4艇队随行　　　　　第1驱逐队
13点.19分　　　　　　　　15点.　　第14艇队
13点.15分　　　　　　　　　　　　　　15点.32分后，
向　　　　　　　　　　　　　　　　航速增至15节
第　　　　　　　　　　　　　　　　航速14节
3　　　　　　　　第3驱逐队
驱　　　　　　　　14点.25分
逐
队
靠
拢

日军驱逐队和艇队
俄第第第俄日
军5 3 1军军
战驱驱驱巡战
队逐逐逐洋列
　队队队舰舰
　　　　队队

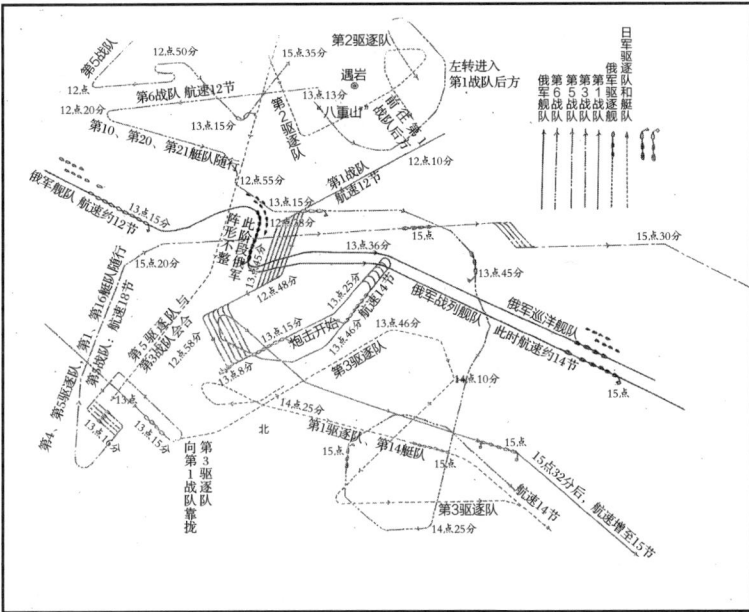

< 第一次交
战整体态势
示意图

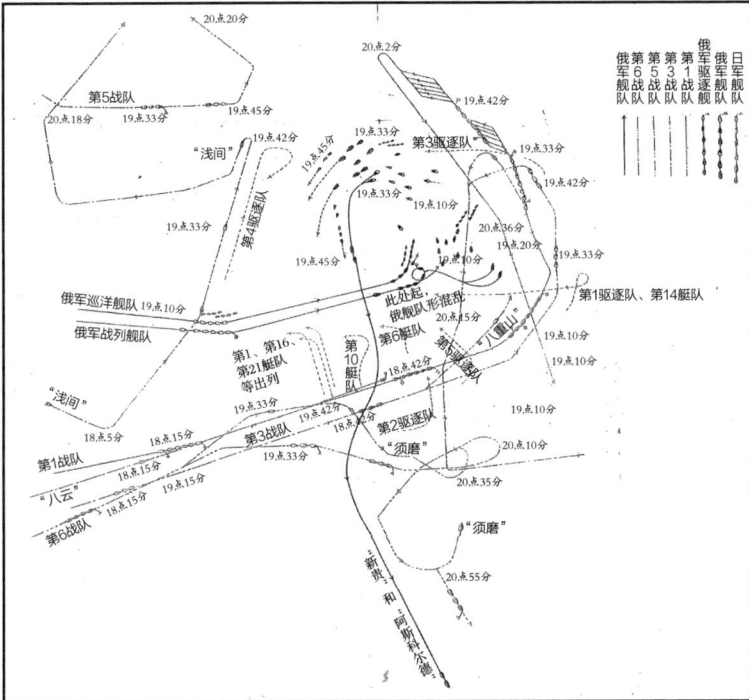

---

　　　　　　20点.20分　　　　　20点.2分
第5战队　　　　　　　　　　　　　　　19点.42分
20点.18分　19点.33分　19点.45分　19点.33分
　　　　　　　　19点.42分　第3驱逐队　　19点.33分
　　"浅间"　　19点.45分　　　　　　19点.42分
　　　　　　　　　　　19点.33分
　　　　　　　　　　19点.10分
19点.33分　　　　　　　　20点.36分　20点.20分
　　　19点.45分　　　　　19点.10分　　19点.33分
俄军巡洋舰队　19点.10分　此处起，　　　第1驱逐队、第14艇队
　　　　　　　　　　俄舰队形混乱
俄军战列舰队　　　第6艇队　19点.45分　19点.10分
　　　第1、第16、　　八重山　　19点.10分
　　　第21艇队等出列　第　第5驱逐队
"浅间"　　　　　10　18点.42分
　　　　　18点.33分　艇
第1战队　　　　　队
18点.5分　18点.15分　　18点.42分　第2驱逐队
　　18点.15分　第3战队　19点.15分　"须磨"　20点.10分
"八云"　　19点.33分
　18点.33分　19点.15分　　　　"须磨"　20点.35分
第6战队　　　　　　　　20点.55分
　　　　　　　新贵　
　　　　　　　和　
　　　　　　　阿斯科尔德"

日俄第第第俄
军军5 3 1军
舰战战战战巡
舰队队队队洋
　　　　　舰
　　　　　队

< 第二次交
战整体态势
示意图

︿ 本照片摄于第一次交战开始前不久，当时日军第1战队正在一齐左转8个罗经点

︿ 13点10分左右，从日军巡洋舰上拍摄到的第1战队。当时，"春日"号（右二）正用203毫米舰炮向"太子"号射击

︿ 15点10分左右，奋力炮击的战列舰"敷岛"号。在其右侧可见俄军炮弹激起的水柱

︿ 13点25分左右，向敌军开火的"三笠"号等日军战列舰

︿ 本照片摄于15点10分左右，展示了日军镜头下的俄军舰队。俄军左起的第三艘战舰上隐约可见烟雾——当时该舰刚被"春日"号的主炮击中

︿ 15点20分左右向俄舰炮击的"敷岛"号。这可能是该舰在第一次战斗中的最后一轮开火

∧ 在黄海海战中高速航行的"阿斯科尔德"号。这也是少数当时俄方拍摄的照片

∧ 17点54分时朝俄军炮击的日军战列舰

∧ 弹痕累累的"三笠"号上层建筑。在两次交战中，该舰经受了俄军火力的猛烈打击

∧ "太子"号一片狼藉的舰桥内部，一枚在其中炸开的12英寸炮弹杀死了维特捷夫特将军，瘫痪了俄军舰队的指挥层，并改变了整个海战的走向

∧ 弹痕累累的"三笠"号甲板，摄于主桅附近

∧ "三笠"号尾炮塔右主炮被切断部位的特写

< "三笠"号受创的尾炮塔。在第二次交战期间，该炮塔被2枚俄军的12英寸炮弹击中，随即完全瘫痪

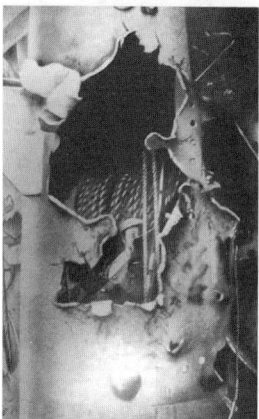

∧ 被炮弹撕开大口的"三笠"号烟囱

∧ "阿斯科尔德"号的中弹位置特写。该舰试图领航时，曾遭到日军的集中打击

∧ 俄军巡洋舰分队司令尼古拉·莱岑施泰因海军少将。他自告奋勇的举动反而加剧了舰队的混乱

< 回港后的俄军战列舰"列特维赞"号。该舰的烟囱上和侧舷中后方可以看到明显的破口

∧ "列特维赞"号的受创部位特写。可以看到日军12英寸舰炮在侧舷撕开的巨大孔洞

∧ 返回旅顺港的战列舰"塞瓦斯托波尔"号和"胜利"号（右）。照片摄于前者的舰桥上，其中穿白色制服者就是该舰的舰长埃森上校

∧ "佩列维斯特"号中部舰体的特写

∧ "佩列维斯特"号弹痕累累的指挥塔

∧ 进入旅顺内港的战列舰"佩列斯维特"号。该舰同样弹痕累累，其中部的破损部位已经用草席遮挡起来

# 第二十三章

# 战斗后的行动

由于没能给敌军致命一击，此时的东乡将军似乎非常沮丧，但他其实低估了整个行动的意义——至少，敌军突围的企图没有得逞，其主力也被赶回了旅顺。不过，这也绝不是他想要的结果，并可能超出了他的预料，而这也可以解释他为何没有在敌舰遁入港内之前发起另一轮进攻。从他的后续行动推断，情况可能就是如此。

当山田将军在圆岛海域徒劳地召唤友舰时，东乡将军不仅远离现场，而且倍感困惑，甚至对敌军的动向一无所知。当第4驱逐队提前发起攻击时，他正在率舰队从战场一路南行的途中，期间曾有炮击声传来。然后一切都陷入了平静，局势陷入了扑朔迷离的状态。在东乡看来，明天的局势依旧十分危险，战斗很可能再次爆发，在这种情况下，他决定不顾来自海参崴方面的威胁，从海峡召回第2舰队。22点30分，"八重山"号碰到东乡后，立刻得到命令，前往大青群岛中的白翎岛无线电站，以求传达如下信息："舰队卷入激战，日落时处于910地点，敌舰仍在附近，我方驱逐队正在发动进攻，舰队正前往475地点，预定于明早抵达当地。[1]请电告位于竹敷的第2舰队尽快赶往小黑山岛。"

值得注意的是，这封电文的内容似乎并不完整。因为有迹象显示，东乡在给舰队的命令中还增加了一段内容，表示他在早上抵达指定位置后就会立刻转向。[2]

从这道给上村将军的命令中，我们可以推测，东乡最关注的的仍是俄军舰队（或者说，是甩开日本轻型舰艇的那一部分）：这些曾被截断去路的敌人，很可能正在夜幕掩护下继续逃逸。根据这一判断，他认定双方还会再度交手，悬而未决的态势也将随之终结，为此，他必须集结全部兵力。幸运的是，这条事关重大的信息在传达过程中出现了严重延误：尽管白翎岛距当地不过80海里航程，但当天晚上的无线电传输情况似乎非常糟糕。直到次日上午6点，无线电站才接到"八重山"号的呼叫，此时双方仅相距6海里——到7点10分，电报才最终被送出。[3]

　　在电报送出前，东乡将军便推翻了相关决定：这件事情发生在两小时前，对此，我们并不清楚他的原因和依据，也没有相关记录保存下来，唯一可以确定的是，在 11 日凌晨 2 点整，即他绕过成山角的两小时后，他收到了一封电报。电报的发信人是海军少将东乡正路，当时正位于东乡将军前方约 15 海里处。电文显示，俄军巡洋舰"阿斯科尔德"号和"新贵"号正在向南逃逸，东乡少将正带领除"须磨"号外的全体舰船进行追击。至于"须磨"号，则因为需要修理而返回了基地。三个小时后，以 14 节速度航行的战列舰队抵达了成山角灯塔（Shantung Light）外海 75 海里处，其大体方向是东南偏南又偏东 1/2 个罗经点（S. S. E. 1/2 E.），离预定集合点还有 60 海里左右[4]。然而凌晨 5 点，东乡却在这片海域改变航向，前往了成山角灯塔东南偏东 35 海里处的另一个集合点[5]。当他抵达后，他麾下的 2 个巡洋舰战队也将赶到左右两翼，不过，此时，东乡正路少将的第 6 战队已经明显处在了右前方，出羽战队则在他们左侧 40 海里外[6]。鉴于新命令要求舰队调转航向，前往靠近成山角的新集结点，东乡据此向出羽将军发出指示，要求出羽在东面拉开一条搜索线，东乡正路战队也将在西面如此展开。同时，出羽战队还应当派遣 1 艘舰只前往白翎岛，杜绝敌军潜入朝鲜沿海、袭击日军船队的可能。

　　然而，这 2 个战队似乎都没有接到命令，至少一段时间情况如此：东乡正路少将始终保持着航向，5 点 40 分时，他抵达了舰队司令转向点东南偏南大约 12 海里处[7]。当时正值破晓时分，曙光给日军带来了不小的惊喜。东乡少将后来写道："黎明时分，我们幸运地发现，'阿斯科尔德'号就在左前方 6 海里处，而且正以平行于我们的南微东航向一路航行。看到之前的努力没有白费，我们都异常欣慰，战队上下士气大振。"[8]

　　日军之所以能重新发现俄舰，与莱岑施泰因将军的决定不无关联：夜间，他决定降低航速，以便其他巡洋舰有机会跟上。但现在，为按照原计划向海参崴突围，他重新开始加速，并沿着南微东航向一路朝对马海峡行驶[9]。东乡少将见状立刻全速追击。在此期间，"秋津洲"号的主机突然遭遇故障，落单之后，它只能先慢慢修理，稍后再设法赶上。在这种情况下，东乡少将仍然带领另外

2艘巡洋舰继续追击。就在他动身后，上级命令各舰折返的命令便接踵而至。不过，东乡少将却在回复中阐述了局势，"三笠"号很快发出回电，表示希望他们继续追击俄舰。这封电报写道："请继续追击'阿斯科尔德'号，并视情况通报第2舰队。"随后的内容则非常有趣："敌军主力明显位于东微南26海里处。"[10]

关于这段内容，我们也许可以理解为：东乡将军认为第3战队一定正在他指示的航向上航行，但情况并非如此。在前一天20点30分离开战场后，出羽将军便以12节的速度向东进发。到22点后，他开始转向东南，接着又在11点向东南偏南转舵。此时的出羽战队已经同战列舰队分道扬镳了，随后他们也没有遵照东乡司令的命令，而是继续保持着航向。据出羽本人的报告，他收到命令已是清晨6点，接着，6点05分，他在西微南方向发现了几股烟柱。就在派遣"高砂"号前去查看时，这位司令官突然意识到，来者正是己方的战列舰队——现在，他明白了新命令的含义。与此同时，东乡司令也很快意识到了自己的错误，因为航迹图显示，他在6点猛然率部转向东方，似乎要接近这股预想中的敌军，但只过了20分钟，他便重新转舵向北。这导致他们看上去是要去接触第3战队。出羽在随后的报告中表示，他在6点25分也转舵向北，这显然是为了执行上级的命令[11]。可10分钟后，他又收到一封来自东乡正路少将的电报，其中指明了"阿斯科尔德"号的位置。为了追击，他再次转舵向南，并加速到14节。我们手头的资料这样描述道："经过一段时间，他意识到自己根本无法追上敌舰，于是决定减速到12节并返回北面。"

此时是6点48分，随后，出羽保持此航向到了7点40分，接下来，他遵照上级的命令，将战队朝东西两侧展开，组成了一条搜索线。这一决定可能与新收到的电报有关，其中提到了敌军的去向。这封电报由"三笠"号发出，不仅要求东乡正路继续追击，还报告了敌军可能所在的位置——它和原先的电报截然不同，指出敌人正处在更靠北的海域。

日军之所以会做此判断，显然是收到了来自"浅间"号的报告。该舰成功从俄军手里逃脱后，以一个向右的大迂回绕开了俄军舰队，随后开始一路向东南方行驶，"试图赶在敌军之前抵达成山角海域"。在一无所获之下，该舰沿着南微东航向行驶，并在黎明时分进入了第1战队的视野。双方很快取得了联系，当东乡询问敌军去向时，该舰的回答是："可能在成山角以北海域。"

3艘俄军驱逐舰的出现，更加深了敌军可能在附近出没的印象。在第1战队北上后不久，便有烟柱出现在地平线上。奉命调查的"日进"号在不到7点时报告说，有1艘驱逐舰正在向西行驶，并且横越了他们的航线，随后，"春日"号也奉命前去截击，但目标还是逃之夭夭。显然，这艘驱逐舰就是当天晚些时候进入胶州的"无声"号（Bezshumui）。为协助追击，东乡将军还试图召集第3战队的"高砂"号和"千岁"号，虽然在和2个战队取得无线电联系（即6点30分）时，该命令便已发出，但直到上午8点，出羽将军才收到这一指示。当时，他在东北方向发现了烟雾，后来被证明是另外2艘航向东南的俄军驱逐舰。出羽见状立刻率舰转变航向，试图沿东北偏东航向切断敌人的航线。面对上级的指示，出羽回答说自己正在进行另一场追逐，但他仍会抽调出"高砂"号。然而，后者直到8点30分才动身——由于为时已晚，该舰几乎没有发挥任何作用。

在这场追击战中，出羽将军并没有比东乡司令取得更多成功。在将3艘巡洋舰排成分散队形后，他接近全力试图追赶上述2艘驱逐舰，但在9点时，目标突然改变航向，向朝鲜半岛沿海驶去。尽管日军巡洋舰的航速达到了18节，但敌人还是逃之夭夭了。在接下来的半个小时，也就是在9点25分之前，出羽仍在追击，但随着大青岛出现在视野左侧，他也开始犹豫：是否有必要立刻返回指定的警戒区。他最后一次收到战列舰队的消息是8点前不久，即"三笠"号给东乡正路少将发报时，在电报的结尾处写道："敌军主力明显在我们北面。"[12]正是这种情况令他无法紧追不舍，因此在9点50分，他带领"八云"号和"笠置"号转向西北，只留下"千岁"号专心对付逃逸的驱逐舰[13]。这一部署无疑是非常必要的，因为这些俄军驱逐舰恰好处在日军的交通线上，同时一路上也能看到很多运输船来回往返。因此，出羽将军又采取了额外的预防措施，在路过期间特别靠近了大青岛无线电台，并向它发出警告：目前行驶的运输船处境非常危险。

另一方面，由于航速有限，"千岁"号很快在11点15分丢失了目标。但该舰仍然向着煤烟所在的方向继续追击，直到11点30分，海州湾外的延坪列岛（Yonpyon islands）进入视野后才宣告放弃。但北面飘散的煤烟让该舰改变了想法，于是，这艘巡洋舰又转舵向北，对前方的朝鲜近海实施搜索，接下来又不得不掉头向西。随后该舰的冷凝器出现泄漏，航速下降到12节，无法继续追赶。该舰舰长认为：目前最好的做法显然是在小青岛以南10海里处设置警戒区，至少，他们可以就地采取措施，保障运输线的安全。[14]

在此期间，东乡司令始终在率舰向北前进，东乡正路少将正指挥剩余的2艘巡洋舰向南紧追"阿斯科尔德"号。但对东乡司令而言，当前的问题在于，由于2个巡洋舰战队都已离开，他根本无法有效掌握左右两侧的情报。在这种情况下，他决定向东北偏北前进——这会让他远离山东半岛，从而有效扩大搜索区域。位于他和城山角之间是丢失敌军驱逐舰下落的"春日"号，该舰的任务是继续展开搜索；同时，"浅间"号则被派往右前方，试图与白翎岛取得联络；而"高砂"号则在抵达后接到指示，按照相同方向扩大搜索区域。在上述安排妥当后，它继续绕着山东半岛搜索了两三个小时，但敌军仍然不知去向，直到14点情况依旧如此。此时，东乡已经从收到的各种报告中得出结论：败北的敌军舰队主力已经回到了旅顺。

这些消息是怎样传来的？为何传送时间如此漫长？对此，我们一无所知。按照常理，这些消息早就应该从位于大连的"扶桑"号上发出，并经过白翎岛无线电站送到了他手中。而在山田将军这边，自从在遇岩附近发现最后一批撤退的敌舰后，他同样在竭尽全力联络主力舰队。事实上，上午8点15分，他在老偏岛附近看到最后一批俄舰入港时，便察觉到了无线电报没有回应的事实。于是，他立刻指示"松岛"号驶向东南方，直到与"三笠"号取得联络，但到15点，该舰才成功将消息传达给旗舰[15]。收到消息后，东乡立刻决定返回圆岛海域，以便继续展开封锁。"高砂"号则奉命前往大连方向，通知当地的雷击舰艇接手夜间警戒工作。但另一方面，他又没有撤销给第2战队的命令，即要求他们进入黄海。

此时，上村将军既不知所措，又进退两难。因为在10日17点，他已经从东京方面的司令部获悉，俄军舰队已于上午10点在老铁山外海现身。于是，他立即下令加满煤舱，并完成了升火起航前的所有必要准备。夜间有谣言传来，说战斗正在进行，但在此期间，上村舰队似乎被东京方面遗忘了——按照上村后来的说法，他并没有收到任何可信情报，更无法独自做出决断。

当时发生的一系列事件，能让我们清楚地认识到上村当时的处境。8月4日，上村结束了漫无目的的追击，并从东京湾返回尾崎；鉴于当时俄军旅顺舰队正处在重压之下，海参崴的巡洋舰队肯定会迅速准备好再次出动并出现在日本沿海。这种情况让他发布了一道新的命令，其中写道："和之前一样，我舰队的优先任务是确保对马海峡的安全，并以海参崴舰队为主要对手。"为实现上述目标，他开始全力依照大本营的命令，将地面观察哨向北延伸——之前，在7月的第一周，这项工作曾被别佐布拉佐夫将军的突袭打乱过。到此时，日军已铺设了连接郁陵岛和竹边湾的通信电缆，其余的工作就是在该岛上建造一座瞭望哨，并在朝鲜一端设置无线电台。为执行任务，一艘军用运输船在轻型舰艇的伴随下起航，为掩护它们的行动，上村带领装甲巡洋舰战队于8月7日出海向北巡航，并和大浦方向保持着联络。另外，上村还派出"新高"号沟通竹边湾方面，同时命令第4战队的其余舰船保持对海峡地区的警戒。这项工作于8月9日完成，上村则于10日3点率队回到了尾崎。他在途中从东京方面接到消息，称有1艘俄军巡洋舰和8艘鱼雷艇出现在了元山以北的城津附近海域。闻讯之后，上村立刻命令锅炉全力升火，以便随时能在一个小时内增加到最高航速。过了两个小时，他们怀着高度紧张的心情收到了第一份情报——俄军已离开旅顺，整个夜晚于是在担惊受怕中过去了。

到次日清晨8点15分，日军都没有收到新情报，但随后东京发来的一封电报说："有若干巡洋舰从旅顺出逃，它们穿过了我军的炮火拦截，并可能正向着海参崴驶去。"有鉴于此，东京方面得出结论，"必须严密警戒海峡地区"。半小时后，东乡将军的电报也接踵而至，这也是上村收到的第一封上级指示，但问题在于，它在某些方面和东京的命令存在矛盾。该指示很像之前东乡派"八重山"号传送的电报，期间也出现了漫长的延误，不过，两者之间却存在一处显著的差异。在告知上村敌我双方"爆发激战"和日落时分的方位后，电报继续描述道："敌军仍在靠近成山角北部的海域，并遭到我军驱逐舰的攻击。我们正向北纬35度30分、东经124度10分（475地点，即黄海中部的集结点）

前进，并将在明早返回。第 2 舰队速来。"由于这封电报没有提到主力舰队将前往小黑山岛附近，上村只能推断：如果战斗重新打响，他需要赶到山东半岛以北协助东乡的行动。[16]

为何会出现这种差错？原因我们不得而知，不过，它的影响是显而易见的。根据日军作战计划的基本思路，只要有舰队部署在八口浦附近（即小黑山岛的所在地），他们就可以牢牢控制住海峡，但如果第 2 舰队赶赴山东，他们就等于放弃了保卫海峡的职责。既然如此，上村将军又该如何抉择？他一方面知道，正如东乡司令的电报所示，一场可能事关全局的海战已迫在眉睫，此时，压倒一切的任务是在既定时间和地点集结所有兵力；但另一方面，军令部的命令则要求他严密监视海峡，并提防从海参崴来袭的巡洋舰。根据上村将军和幕僚的判断，俄军肯定会从北面发起牵制行动——这一看法并没有错。另外，在 10 日傍晚时分，俄军驱逐舰"果敢"号悄悄溜出旅顺前往芝罘，以便向总督汇报舰队已经出动——虽然日方尚不清楚此事，但这条消息已在呈交总督的途中[17]。此外，由于俄军巡洋舰近来屡屡得手，日本国内已是群情激奋。我国驻日武官写道："上村将军成了无知民众责难的对象。据说他的私邸甚至遭到了袭击，窗户被打碎。海军大臣也接到了正式警告，民众的愤怒已不仅限于言语。这种紧张气氛制造的破坏，要比俄军袭击直接导致的损失更大。"在这种情况下，要想敞开海峡是不可能的。但另一方面，他能否准时出现在指定地点，又很可能牵动着整个战局——这让他无法对东乡的要求置之不理。最终，上村的方案是妥协：一方面，他决定留下瓜生将军的第 4 战队和雷击舰艇看守整个海峡；同时，他还给八口浦和小黑山岛发送了一份电报，收信人是东乡司令和细谷将军，表示他将于 12 日上午 10 点带领装甲巡洋舰战队前往指定的黄海中部集结点，即 475 地点。[18]

据此，上村带领"出云"号（旗舰）、"吾妻"号（Adzuma）、"常磐"号和"磐手"号以及通报舰"千早"号于上午 10 点 40 分开始西行，直到 17 点，他们都和对马岛南端的豆酘无线电台保持着联络。期间，上村也整理了收到的各种情报，并因此做出判断：4 艘俄军战列舰已返回旅顺，"阿斯科尔德"号和"新贵"号正向南逃逸，"列特维赞"号和"智慧女神"号则去向不明。根据这些不完整的信息，上村于 19 点离开了巨文岛（Port Hamilton）。同时，目前的局势令他认为有必要分兵，也只有如此，他才能更好地对济州岛南部展开搜索。因此，上村命令副手三须海军少将①（Misu）率领战队第 2 小队的"常磐"号和"磐手"号向南绕过济州岛，搜索这一区域的海面，上村本人则会前往小黑山岛西侧，双方将于次日清晨重新会合。

在随后两个小时内，上村一直保持航向，并前进到了丽瑞岛②（Montravel）以南海域。该地前方有目标若隐若现，他一个小时后发现，来者是奉命前去与八口浦保持联络的"明石"号巡洋舰。当天上午 10 点 25 分，完全丢失"阿斯科尔德"号的下落后，东乡正路少将根据之前的命令，决定率舰前往小黑山以北，"试图让第 2 舰队了解形势"。他于 4 点 30 分抵达了相应的位置，但并没有发现上村舰队的踪影，为此，他只能继续前进，并在 7 点抵达了小黑山岛以东 30 海里处。在当地逗留时，第 2 舰队依旧没有现身，少将只能在 8 点时缓缓向南行驶。大约10 点，双方的距离已经缩小到了约 50 海里，上村随即告诉东乡少将，自己准备遵照上级的指示前往黄海，并希望获得更多情报。但回复几个小时后才传来，其内容也相当稀少。其中，东乡少将通报了前一天晚上敌军最后一次出现时的位置，以及他对"阿斯科尔德"号的追踪——按照描述，在 470 地点（即小黑山岛西北微西 75 海里处），他最终失去了目标的下落；另外，东乡少将还表示，伴随俄军出海的驱逐舰共有 7 艘。

接下来，这 2 个战队都向小黑山岛以西前进。12 日上午 4 时 30 分，当上村将军驶过济州岛以北时，东乡司令经八口浦发来的一则电文加剧了他的紧张情绪。其中提到，南逃的俄舰不仅有"阿斯科尔德"号、"智慧女神"号和数艘驱逐舰，甚至还有装甲巡洋舰"巴扬"号。这条消息当然有误，因为"巴扬"

---

① 译注：即三须宗太郎海军少将（1855—1921 年）。他于 1872 年进入海军兵学校，后作为军官候补生参加了西南战争和入侵台湾的军事行动，直到 1879 年才毕业。毕业后一直在海上任职，1893 年起担任海军人事课课长。1900 年成为"朝日"号舰长，并在日俄战争期间担任第 2 战队司令官。1905 年年初晋升中将，不久调任第 1 战队司令。后在对马战中负伤，一只眼睛彻底失明。最终军衔为海军大将，1921 年去世。

② 译注：又名"馀鼠岛"，日本占领时期被称为"太郎岛"。该地位于济州岛和朝鲜半岛之间的海峡中，具体坐标为北纬 33 度 58 分 27 秒、东经 126 度 55 分 12 秒。

号从未离开过旅顺，"智慧女神"号也返回了旅顺。因此，这肯定是对"月神"号的误认——当时后者正拼命向着西贡①（Saigon）逃去。

这条消息让上村将军身陷困境——他原本的任务是消灭逃跑的俄军巡洋舰，为此，他必须恢复对海峡的警戒，但在他接到的命令里，却没有出现相应的指示。对于具体原因，上村几乎一无所知，他唯一可以确定的是，原始命令要求他与战列舰队会合——这条命令当时仍具有效力，于是，他决定继续向小黑山岛驶去。

尽管这一决定在程序上无可指责，但它并不是东乡将军真正想要的。对东乡将军来说，他已经不再需要第2舰队的支援。事实上，就在战斗结束的几个小时后，他便把舰队安稳地开进了基地，以便转移伤员，并对各舰的损伤进行修理。同样，出羽将军也率领"八云"号进港，该舰也有战损需要抢修。2艘伤势较轻的巡洋舰则奉命展开警戒，以便重新封锁旅顺。此时东乡将军清楚，面对敌军舰队的突围，目前局势已总体平稳。也正是因此，在通报敌军逃逸巡洋舰的情况时，他还特意指示上村，要求其必须返回海峡警戒区，并阻止任何敌舰通过。事实上，早在11日18点，这封电报便已经由"高砂"号（如前所述，在14点决定返回里长山列岛时，东乡曾派遣该舰与大连的"扶桑"号取得联络）发出。但当上村于12日上午6点抵达小黑山岛的集结点时，他仍然没有收到这条12小时前便已发出的指示。7点50分，上村等待第2小队和东乡正路战队前来会合时，东京发来一条无线电报，其中提供了一些敌军情报：俄军有5艘战列舰和1艘巡洋舰刚刚撤回旅顺，只有"阿斯科尔德"号和"新贵"号仍然去向不明。但9点30分，他从赶来的第6战队处得到确切情报时，东乡将军的详尽指示也传达而至，指示中准确描述了时局："阿斯科尔德"号、"新贵"号、"智慧女神"号以及若干驱逐舰已经逃脱，因此，上村必须"返回海峡严加警戒"。一小时后，上村麾下的第2小队也重新归队，但同样一无所获。根据上述情形，上村决定以15节航速掉头向东返回海峡。东乡正路少将转舵北上继续搜索，最终，

---

① 译注：即今天越南的胡志明市。

该战队将借道返回第 1 舰队麾下，"继续攻击败北之敌"。

但最令日军担心的是那艘下落不明的战列舰——"太子"号。对此，日本方面曾经乐观地认为，该舰可能已经沉没——因为之前第 10 水雷艇队曾报告称，他们在遇岩附近攻击了该舰和"列特维赞"号。11 日中午，山田将军也在现场发现了若干残骸和一具救生圈。因此，当 12 日，有传言称该舰已在胶州入港时，日军的态度其实是将信将疑的。同时，当地日本情报人员自相矛盾的报告更加深了这种疑虑。有关俄军入港的第一条消息于 12 日上午 8 点 45 分被发送给了东乡司令，但对于入港船只的舰种，他们判定只是巡洋舰。另外，据说"阿斯科尔德"号、"新贵"号和另外 1 艘巡洋舰曾在海湾入口处的青岛（Tsing-tau）出现，且"完成整备之后就离开了"。因此，军令部要求出羽将军立刻带领驱逐舰出发，全速赶往胶州湾监视敌军舰队。很快，"八云"号、"浅间"号、"高砂"号、"千岁"号和辅助巡洋舰"日本丸"（Nippon Maru）便来到了出羽麾下。但另一方面，由于情报可能不甚准确，"日本丸"和"高砂"号又在 14 点 10 分奉命离队，以便前往白翎岛和八口浦，随时接收来自东京的最新消息，同时，他们与其余舰队的会合点也不再是胶州外海，而是小黑山岛附近的一片海域。

14 点 40 分，出羽将军率舰起航，在他离开不到两个小时后，东乡司令便收到了一条电报，显示"新贵"号和驱逐舰已经离开胶州，但"阿斯科尔德"号仍停留在当地。这份电报也立刻用无线电转呈给了出羽将军，紧随该电报而来的还有一道命令——这道命令显然是源自东京方面的建议，并要求出羽将军留意成山角附近海域。这一要求针对的显然是可能溜回旅顺的"新贵"号。不过，由于出羽将军已驶出很远，如果"新贵"号的意图果真如此，出羽将军就算设法抵达山东外海也于事无补。因此，出羽决定无视这一命令，继续搜索小黑山岛附近海域，以弄清"阿斯科尔德"号是否有穿越海峡的意图。

15 点 30 分，日本外务省获悉了维特捷夫特将军失踪旗舰的下落。他们得到的消息显示，该舰前一天晚上已经驶入胶州，并准备在留下伤员后就再次启程。海军军令部最初对这一消息有所怀疑，但几小时后他们就告知东乡司令，他们确信"太子"号就在这一德国租借的港口内，伤势似乎也不太严重。军令部方面因此建议东乡，应当把第 6 战队加强给出羽舰队。虽然东乡司令向出羽传达了这条情报，但仍认为情报似乎不甚可靠，因此，他在命令中要求出羽必须在午夜之前赶到八口浦附近。虽然这封电报最终经"高砂"号交到了出羽手中，但此时已是13日上午9点30分。对出羽来说，这道与八口浦保持联系的指令显然意味着：如果没有新命令抵达，他必须依照原计划行事。于是，16点后，出羽将军并没有前往胶州海域，而是将除"千岁"号外的所有舰船集结了小黑山岛，并继续在当地待命。

到此时，日军恢复了对海峡的警戒。自从获悉上村将军计划从北面返回后，瓜生将军便一直在东部航道的南侧入口巡逻。13日拂晓时分，上村将军也穿过海峡西部，并从当地开始向东转舵，带领装甲巡洋舰战队在三岛（位于对马岛北端）和角岛之间巡逻。如果"阿斯科尔德"号和其他2艘巡洋舰真的如他所料，选择趁夜穿越海峡，他就可以在当地进行拦截。可是，一切正如他后来所说："对方始终没有出现。"

以上就是当胶州的情报传到上村舰队时，海峡地区的情况。当时是上午8点50分，但提供消息的并不是东京的海军军令部，而是位于里长山列岛的东乡司令。这条消息早在昨日12点45分，即出羽将军刚开始向小黑山岛进发便已发出，换言之，该电文一共花了20个小时才送达。电文这样写道："你应竭尽全力，在海峡对付来自胶州湾方向的敌军巡洋舰，同时警惕海参崴舰队的南下。另外，第3战队的部分舰船也在今天下午赶往胶州湾，以便对付当地的俄军舰只。"随后是一项非常重要的提醒："你无须考虑旅顺方向的敌情。"与此同时，另一份报告则从竹敷传来：12日黎明前，"新贵"号已经在一两艘鱼雷艇伴随下离开胶州，但"阿斯科尔德"号和"太子"号仍在当地逗留。其中，"太子"号战列舰要求岸上提供维修工人，并且正在修理——于是，俄军旗舰的下落终于揭晓，而且可以确定，该舰在后续战斗中会暂时出局。不过，日军仍然不能忘记一点：完成必要的维修工作后，该舰很有可能再度出海。

此时，上村将军也清楚地意识到，他唯一需要对付的就是俄军巡洋舰。他估计"新贵"号不久将试图穿越海峡，而海参崴舰队也可能南下前来支援。他于是在命令中写道："据此，我决定动用全部兵力，在竹敷和角岛之间拉开一条搜索线。"当时，瓜生战队正位于神崎外海，他们接到的指示是前往"362地点（离上村将军约 20 海里，大致位于角岛—三岛一线上）"。除此以外，他们还需要派遣 1 艘舰只进入海峡中部的"222 地点"，即对马岛西南偏西约 20 海里处，在该地监视来自胶州的敌军巡洋舰。20 点后，该舰应离开该海域，以便在次日清晨同冲之岛附近的战队主力会合，同时，它还要顺道向神崎的无线电站报告自己的发现 [19]。至于麾下的 6 个水雷艇队，上村的设想是将它们沿着东西航道的南侧铺开，如果在凌晨 3 点前都没有发现敌情，它们将前往"367 地点（即对马东北约 55 海里处，稍微越过蔚山—角岛一线）"与舰队会合。虽然这则命令在 14 点 30 分被送到了竹敷无线电站，但它并未被发送出去。我们手头的资料显示："由于通信繁忙，这条命令很晚才抵达竹敷，根本没有机会发送给每个水雷艇队的指挥官。"

这份不寻常的记录也证实了我们的猜测：自危机爆发以来，日军司令部几乎忽视了上村舰队的存在，而且无论有线还是无线通信，其组织架构仍有许多问题需要解决。期间，上村发布的命令屡遭阻塞，在获得必要的情报方面，上级的态度也漫不经心。鉴于海参崴舰队可能出动，他的使命无疑相当重要——正是因此，这种漠视就更显得触目惊心。正如我们所知，从旅顺出港送信的俄军驱逐舰已顺利抵达芝罘。11 日 13 点，相关情报也传到了大连。此时，东乡舰队仍没有返航，但细谷将军非常重视此事，立刻派遣藤本海军中佐[①]率领 2 艘驱逐舰前去监视。当天下午，该舰已开始在中国海军的监督下解除武装，但当藤本中佐抵达时，当地的日本领事却给了他一份来自总部的命令，要求他"无视任何缴械的说法，按原指示行动，俘获或击沉该舰。"由此可见，如果俄舰在中国港口寻求避难，日本政府早已决定无视中国政府的中立地位——至少在俄舰败逃或是日军紧追时是如此。接下来的事情不难想象：在得到领事的授权后，藤本中佐立刻入港，并派遣了 1 名军官登上俄军驱逐舰，要求对方在两小时内离开或投降。俄军舰长抗议说，目前该舰正在解除武装，另外，引擎故障也让他们无法即刻启程，不仅如此，他还停泊在一座地位不容侵犯的中立港口。针

---

① 译注：即第 1 驱逐队司令藤本秀四郎中佐，前"赤城"号舰长。

对上述表态，日本军官按照上级的指示给出答复：由于目前战斗尚未结束，作为交战方，俄舰没有资格享受这种豁免权。但俄军舰长不愿投降，最终，该舰经历了一番绝望挣扎后才被日军俘获。期间曾有 1 名舰员试图引爆弹药库，但其舰体仍然浮在水面上。不顾在场中国海军主官的抗议，这艘驱逐舰最后由藤本中佐率部拖走①，后来被安全带入了大连港。[20]

尽管遭遇了日方的蛮横处置，被俘的俄军驱逐舰依然完成了任务，并让海参崴舰队有机会出港接应。很显然，在 11 日，海参崴便得知了旅顺舰队出港的消息。因此，正如日军最初预期的那样，耶森将军会立刻出海接应主力舰队。但另一方面，东京当局却把精力集中在了另一些事情上，而且他们发布的命令有时自相矛盾，这更加剧了各位主官的不安心态。12 日晚上，各方已经清楚"阿斯科尔德"号并没有进入胶州，而是在当天下午驶入了上海，驱逐舰"雷暴"号也停留在那里。作为军令部次长，伊集院将军迅速向东乡司令做了通报，同时他还衷心期望日本政府暂时不要行动，等到确定中国当局的意图和东乡的作战计划后再做决定。但他的期盼最终完全落空。当时有谣言传来，有俄舰在长江外海的马鞍列岛②（Saddle Islands）出现。该舰显然是"月神"号。战斗结束后的凌晨 1 点左右，该舰绕过了成山角，尽管日军舰队离它只有一小时的航程，但依靠近海地区的隐蔽环境，该舰还是悄然突破了日军的封锁线。它当时的航向是南偏西 23 度，已经偏离了前往目的地的最近航线，但即使如此，该舰仍然试图前往海参崴。不过，在白天，情况已经显而易见：舰上的煤炭储备已经不足，于是其舰长决定前往法属港口西贡。上午 9 点，虽然这一决定仍在讨论中，但它看到有 1 艘巡洋舰仿佛在追击自己，于是匆匆试图甩开对方。然而，突然间，这艘陌生舰只（实际是"新贵"号）突然转舵向东。由于没有回应"月神"号的信号，"月神"号立刻派出随行的驱逐舰"雷暴"号前去联络。"雷暴"号

①译注：该舰后来被编入日本海军序列，先改名为"晓"，以替代同年 5 月沉没的同名舰，后来改名为"山彦"。

②译注：该地位于浙江省舟山市嵊泗县的嵊泗列岛最东部。

在 1 点返回，并带回消息称：出现在后方的巡洋舰实际是"新贵"号，该舰正前往胶州补充煤炭和给养，随后准备绕过日本东部前往海参崴。上述决定也让"月神"号的舰长承受了巨大压力，尽管如此，他仍然拒绝了这种做法，因为他认为，此举无异于冲进日军的罗网。因此，在允许驱逐舰离队跟随"新贵"号后，"月神"号独自向着西贡驶去。12 日晚上，该舰抵达了上海外海的马鞍列岛。

另外，在前往胶州的途中，由于遭遇日本巡洋舰拦截，"雷暴"号最终也被迫前往上海[21]。该舰和"月神"号几乎同时抵达，东京当局为此倍感紧张，并认为必须火速处理这种局面。因此，13 日上午，海军军令部长被迫告知东乡司令：在这个关键时刻，哪怕行动推迟一天，都会令日本的处境不断恶化。为此，舰队必须采取措施。根据推测，日本外务省之所以强烈坚持尽快发动攻击，主要是鉴于目前仍属于"战斗的持续阶段"，如果稍后再行攻击，日军将失去违反港口中立地位的正当借口；另外，"紧追敌舰"这一理由还可以"保全中国人的颜面"，并平息其他中立国的质疑和愤慨。

不管这道命令是出于何种考虑，东乡都感到无所适从，这让行动受到了许多延误。之前，军令部根据风吹草动仓促给出了一系列建议，受到这些建议的干扰，东乡手头已没有任何舰只可供执行任务。正如我们所见，出羽舰队正位于小黑山岛，即将奉命前往胶州，而且为了提防进入德占港口的"太子"号，军令部还建议派遣第 6 战队前去增援，这让东乡司令感到颇为棘手。在这种情况下，他只能设法命令东乡正路少将离开当前海域，即黄海的正中位置，并与第 3 战队在相应的集结点会面。尽管在上述命令发出的三小时后，南下返回基地的出羽将军便遇到了东乡正路战队，但由于会合命令还没有抵达，因此，双方在会面时只进行了例行通信。随后，如前所述，东乡司令又接到了上级的另一道命令，要求他派舰只赶往上海。但就在 16 点，也就是命令到手后不到两个小时，第 6 战队已回到基地，此时，他们的煤炭和淡水都已告罄，在补给完成前根本无法出动。

在这种情况下，东乡该如何决断？当时，他不仅没能及时增援出羽将军，手头也没有多余的舰船可以派往上海。如果要遵照军令部的指示，唯一的做法就是抽调上村舰队的兵力。犹豫了几个小时后，东乡司令终于在 19 点 40 分做

528

出了决定。他命令上村将军速派瓜生战队和1个水雷艇队前往上海，同时，为了让上村摆脱没有轻型巡洋舰可用的处境，东乡还指示出羽将军派遣"千岁"号、"日本丸"和正在胶州外海巡弋的"香港丸"（Hong Kong Maru）赶赴竹敷。

尽管这道命令极为不合时宜，但总的来说，它并没有造成损失。因为幸运的是，第2舰队没有收到消息，因此上村也没有分神。3点时，他和瓜生战队在三岛—角岛一线上的集结点会面，并阐述了自己的部署计划，试图让瓜生将军摆脱双重任务。具体而言，瓜生应在夜间将警戒线延伸至406地点至461地点²²一带，以便掩护东部航道中的蔚山—角岛一线。清晨后，上村本人会率舰开入第4战队和蔚山之间。届时，这2个战队将分别经过西部和东部航道返回。同时，每个战队也将留下1艘警戒舰只，占据釜山—角岛一线上的哨戒点A和哨戒点B。

随着上述命令下达，上村舰队以紧凑阵形缓缓向北驶去，前往蔚山东北约30海里处²³。他们在14日凌晨1点30分抵达目的地，随后转往南偏西34度航向，并排成单纵阵以7.5节航速开赴晨间警戒区。当瓜生战队的旗舰"浪速"号恰好航行到其西北方的视野边缘（即406地点）时，该舰突然接收到了无线电感应。这一迹象最初被当成了大气扰动，但日军很快发现，它的特征和之前截获的俄军巡洋舰无线电报极为相近，于是，日军进入了高度警戒状态。2点30分后，无线电感应消失。但两个小时后，随着上村进入平行于蔚山港的位置，日军突然看到有光亮在左前方闪烁。在这个雾气弥漫的清晨，日军一度无法在近半个小时里分辨对方的身份，不过，到4点50分，一切都已真相大白：前方正是3艘从海参崴出发的俄国巡洋舰——现在，上村的机会来了。

**注释：**

1. 910 地点坐标为北纬 38 度、东经 122 度 40 分；475 地点坐标为北纬 35 度 30 分、东经 124 度 10 分，即八口浦西北 130 海里处，山东通往对马岛的航线上。

2. 参见"千岁"号的报告。该舰记录称，在 23 点 50 分收到了这则信号。这份报告同样还显示，正确的位置应当是"Y475"地点。其中 Y 明显表示的是黄海海域，该海域一直延伸到以"T+数字"表示地点的上海海域附近。相关内容可参见《日本战史极密版》第 2 部第 14 章第 3 节下的第 4 小节，其中引用了瓜生将军 8 月 20 日发布的命令，相关内容在第 11 段。

3. 参见"八重山"号舰长的报告。

4. 即 668 地点，当地坐标为北纬 36 度 20 分、东经 123 度 30 分。但航迹图显示，该舰队的实际位置在该地点以西超过 10 海里处。

5. 即 720 地点，该地坐标为北纬 37 度 10 分、东经 123 度 20 分。

6. 由于《日本战史极密版》中的总体态势图和各个战队的航线图存在矛盾，我们目前还无法确定当时各队的相对位置。

7. 这里采用的是他本人的说法，但航线图显示，其位置在更西面。

8. 引自东乡正路少将的报告，当时是 5 点 30 分，位于北纬 36 度、东经 123 度 30 分附近。

9. 参见莱岑施泰因将军的报告。

10. 参见《日本战史极密版》第 14 章第 2 节的第 3 小节。

11. 该战队各舰的航迹图显示，他们此时已不再向南航行，而是在接下来的一个小时内转舵向西，最后才转向北面，但这一行动并没被日方史料和原始报告提及。

12. 参见出羽将军的报告。而东乡正路将军则在自己的报告中表示，他也在 8 点 15 分收到了类似的消息，只是没有最后一段内容。

13. "笠置"号报告中给出的航向与此稍有差异："8 点 07 分，东北；9 点 12 分，东；9 点 25 分，东北；9 点 46 分，东；10 点 21 分，北；10 点 59 分，西北偏北；12 点，西北偏西。"

14. "千岁"号追逐的 2 艘驱逐舰分别是"无惧"号和"无情"号。在甩掉"千岁"舰后，这 2 艘驱逐舰前往芝罘，在当地加煤后继续前往胶州，并最终于 12 日清晨抵达当地，接着便被扣押于此。

15. "松岛"号的报告显示，该舰朝着南偏东 52 度的方向航行，并且始终在不妨碍其他舰船通信的情况下呼叫"三笠"号。但由于"三笠"号的无线电设备失灵，"松岛"号直到 14 点 55 分才和"三笠"号取得联系，并在此时汇报了之前收到的情报。

16. 该版本的电报出自《日本战史极密版》第 4 部第 9 章《蔚山海战》下的第 1 节《战前运动》。该章节的内容主要参照的是第 2 舰队的报告。电报则引自《日本战史极密版》第 1 部第 14 章第 2 节，其内容取自第 1 舰队的报告。该节下的第 6 小节还简短地提到了第 2 战队的行动情况。

其中这样写道："20点45分，东乡司令向第2舰队通报了交战情况，其中，第1战队正在撤往北纬37度10分、东经123度20分的位置。"即位于山东外海的720地点，为此，他在清晨5点开始转向，另外，这一位置并非另一份电报中提到的475地点，即黄海中部的集结地。随后，该小节还补充道："东乡同样向第2舰队发出命令，要求其赶往小黑山岛一带。"不过，在后续部分，该书还引用了上村将军给副手的电报——和《日本战史极密版》第4部的内容基本相同，只是没有提到在次日早上回到475地点一事，更没有赶往小黑山岛的内容。第1战队的报告给出的版本似乎属于东乡将军事后的回想，而不是当时实际发出的命令内容。

17. "果敢"号抵达芝罘是在11日上午5点30分。稍后不久，当地的日本情报人员便将这一消息发送到了东京，但该消息直到13点才抵达大连。

18. 参见《日本战史极密版》第14章第2节下的第6小节。上村之所以如此，也许是为了照顾上级的需求。因此，他才会在原始报告里特意提到，他下令带走的是第2战队，而不是第2舰队。

19. 从冲之岛通往对马岛的通信电缆已在11日铺设完成。参见《日本战史极密版》第2卷第93页，瓜生将军在8月11日下达的第19号命令。

20. 英国政府也曾尝试使用过日方提出的"紧追敌舰"的国际法原则：在1759年的拉各斯海战（the battle of Lagos）结束后，英军指挥官博卡斯文（Boscawen）便以此为理由破坏了葡萄牙的中立，不过，在主张这一原则时，他并没有提出这是一种权利，而认为其只是一种"为减小损失而采取的必要手段"。

21. 该"日本巡洋舰"很可能是"香港丸"。7日，东乡司令从上海方面接到情报，商船"联盟"号（S. S. Union）将于11日离开胶州前往海参崴。于是，他在次日向"香港丸"发出指示，要求它在胶州外海200海里处巡弋，该舰在当地执行任务到14日，期间并没有发现"联盟"号的踪迹，直到15日返回基地前，该舰都不知道任何关于战斗的消息。

22. 406地点坐标为北纬35度、东经130度10分；461地点坐标为北纬34度30分、东经130度40分。

23. 即410地点，坐标为北纬35度40分、东经130度10分。

∧ 在得知战况后，转舵返回对马海峡的上村舰队。他们将于该地迎战俄国海参崴巡洋舰队

∧ "太子"号中弹受损部位的特写

532

∧ "无声"号、"无惧"号和"无情"号在青岛的照片。右侧是德国驱逐舰S-90号和"大沽"号,它们与俄舰并排停泊在栈桥旁以便看押对方

< 黄海海战结束后,逃入胶州(青岛)的俄国战列舰"太子"号。该舰用帆布临时遮蔽住了破口

∧ 停泊在胶州的"太子"号,摄于晚些时候。此时,该舰上的破口都得到了整修

∧ "无声"号、"无惧"号和"无情"号在青岛的另一张照片

∧ 驱逐舰"果敢"号被派往芝罘向总督传达俄舰出港的情报，后来该舰被日军强行夺取。这里就是反映日军夺舰的报纸插画

〈 开入上海的俄军巡洋舰"阿斯科尔德"号。该舰5个烟囱的设计特征尤其醒目

∨ 被日军俘获的"果敢"号先后被改名为"晓"号和"山彦"号，这是该舰在1905年时的照片

〈 在上海停泊的俄国驱逐舰"雷暴"号。背后可见炮舰"满洲人"号的舰影——该舰自开战之初便一直被拘押于此

∧ ＞"阿斯科尔德"号受损位置的特写

∧ 与上村舰队相遇后，"明石"号派遣1名参谋军官通报了黄海海战的战况，本照片即摄于此时。当时，上村旗舰"出云"号上的参谋军官正根据战况汇报内容，在后甲板上召开临时作战会议

∧ "月神"号的受创部位特写

〈 停泊在西贡的"月神"号巡洋舰。该舰是旅顺
各舰中逃亡得最远的

# 第二十四章

# 蔚山外海的巡洋舰交锋

当 8 月 11 日下午，旅顺舰队出海的消息传到海参崴时，当地的巡洋舰还没有做好战斗准备。正如我们所见，俄军方面普遍相信，旅顺舰队在出动前会及时通知。但现在来看，预警计划显然未能得到彻底落实。事实上，俄军司令部中的许多人都相信维特捷夫特根本不会出动，因为他们收到的最后一封电报显示，维特捷夫特"经过深思熟虑和反复祈祷后"，最终决定在要塞坚持到最后。在远东总督的答复中，虽然有明确要求突围的指示，但俄军指挥部没有对此抱太多希望——毕竟对之前的命令，维特捷夫特一直都虚与委蛇。正是因此，海参崴舰队始终在慢条斯理地补充煤炭，或是维修上次东京湾巡航期间出现的各种故障。耶森将军最关心的事项，似乎是派遣"勒拿"号向库页岛运输部队和物资。"勒拿"号于 11 日启程，当天晚上，海参崴舰队接到了一封电报，要求做好出海准备。当时俄军普遍的想法是：此行是为了支援运输船队 [1]。当时，"雷霆"号还没有完全准备好出航，直到 12 日清晨，3 艘巡洋舰才相继起航。在坐镇的旗舰"俄罗斯"号上，耶森将军直到 11 时离开阿穆尔湾后才获悉此行的目的地。随着伴行的鱼雷艇回港，耶森将军在旗舰上打出信号："我军舰队已离开旅顺，目前正在交战。"

虽然任务已经揭晓，但由于起航遭遇了延误，即便维特捷夫特真的有机会穿越海峡，海参崴舰队能提供的帮助也微乎其微。因为据推测，如果俄军获胜并且突破了朝鲜海峡，此时，他们早就应该驶入了日本海。有鉴于此，耶森将军立刻将麾下各舰并排散开，以 3—4 海里的间隔、14—15 节的航速迅速前进，期盼能尽快发现友军的行踪。

此时，海参崴方面已经得知了具体情况。因为就在巡洋舰离开后，维特捷夫特行动失败的消息便不期而至。1 艘鱼雷艇立即奉命出发召回舰队，但这艘小艇并没有赶上。幸运的天平就这样发生了偏斜。如果俄军再晚几个小时出航，那么在未来很长一段时间内，该舰队都有可能成为日方的心腹大患，并使得日军的处境雪上加霜。

晚上，海参崴舰队排成了紧密的单纵阵，第二天到来时，他们减慢速度继续向南前进。令人失望的是，他们没有看到任何友军舰队，但希望依旧存在，也许双方可以在朝鲜海峡相会。耶森将军告诉麾下各位舰长：他们将在黎明时分驶近对马，但不会进入海峡，而是在白天沿着平行于釜山的航线巡弋。天黑之前，他们已能够分辨出陆地的轮廓——它可能是长鬐岬，于是各舰开始沿平行于海岸的方向前进。

我们知道，此时，上村舰队正位于他们东面，并且正在向着410地点（即蔚山东北30海里）驶去。因此，两支舰队很可能已在黑暗中擦肩而过，但又没有意识到对方的存在[2]。这让耶森将军在黎明时分悄然抵达了与釜山平行的位置，在他眼前，海峡已经完全敞开。所以，如果海参崴舰队真的要通过海峡，那他们必然能穿过西部航道，期间唯一可能遭遇的敌人就是沿途的几艘水雷艇。然而，耶森的计划并非如此，大约清晨5点左右，根据之前等待旅顺舰队抵达的决定，他开始向西朝着朝鲜海岸行驶。

此时，正如前文所述，上村自1点30分便开始从北部集结点返航，而他采用的航线，则会把舰队直接引向俄军所在的位置。于是，耶森将军刚完成转向，便突然发现4艘日军装甲巡洋舰正顺着他的退路不断逼近。

两支舰队似乎同时认出了彼此。清晨5点，上村将军用密电告知瓜生战队的巡洋舰：敌人已经出现。当时，瓜生战队刚离开406地点和角岛之间的夜间警戒线，正前往昼间警戒区的路上[3]。在瓜生战队中，离现场最近的是"浪速"号，而406地点就处在其视野的最西端，再往西北10—12海里就是上村舰队所在的海域。因此，收到信号后，"浪速"号立刻往该方向赶去。与之紧邻的是巡洋舰"高千穗"号，夜间，该舰一直驻守在425地点，但在事发前一个小时已离开当地，朝西南向着神崎海域驶去。当5点15分电文抵达时，这艘巡洋舰很有可能早已位于南方30海里处。另外，可能是电文语焉不详，它在收到信号后又向西南偏西航行了半个小时之久，随后才以14节航速转舵向北朝战场驶去。

紧邻"高千穗"号的是443地点的"千早"号，但在午夜时分，这艘通报舰已经离开此地，准备前往对马岛以北的 B 哨区，这让该舰完全错过了召集令。但 5 点 45 分，从西北方传来的炮声让它调转了航向，10 分钟后，该舰又收到了瓜生将军的电报，于是立刻加速到 18 节，向电报中指示的海参崴舰队所在位置驶去。

在警戒线的角岛一端，巡洋舰"对马"号一直部署于此，该舰的行动与前几艘军舰完全不同——这一点非常有趣。随着黎明到来，该舰离开原位，开始奔赴 A 哨区。5 点时，它收到了一份无线电密码电报："发现敌情"，但舰长对此置之不理，相反，他依然根据之前的指示，继续向 A 哨区前进。6 点 14 分，它又收到了"浪速"号和"高千穗"号发来的电报，其中给出了敌军的明确位置，不过，这些电报中并没有关于集结的只言片语，这让该舰舰长认为，自己仍有责任坚守在警戒区域，毕竟，自己的任务是阻止旅顺舰队突围，并留意从北方南下的俄舰。既然如此，海参崴舰队的举动便很有可能是故意把上村将军引入西部航道，以便为穿过东部航道的"新贵"号和"阿斯科尔德"号扫清障碍[4]。因此，他根据局势做出了更审慎的判断：除非有明确命令传来，他将继续防守这一默认的警戒区。从这个角度，他的决定无疑是正确的，即使被强行算作某种过失，该负责任的也不是他——相反，一切要归咎于参谋作业的瑕疵：他们不仅没能预见到这种常见的偶发事件，还没有下达明确的指示来予以纠正。

在战场附近的第五艘军舰是"新高"号，前一天，该舰仍在神崎西南约 40 海里的 222 地点监视海峡的南部入口。但在 20 点，该舰便根据命令重新启程，试图前往三岛附近海域，而在 14 日清晨 5 点，该舰已按照指令通过了神崎外海，但期间并没有收到豆酘无线电台发来的电报。直到 6 点 15 分，该舰才从"浪速"号收到同时发给"对马"号巡洋舰的那条电文，并立刻赶赴了敌舰所在的位置。

此时此刻，行动已进入关键阶段。虽然稍早前，两支舰队阴差阳错擦肩而过，但上村将军现在发现自己横插进了敌舰和海参崴基地之间，不仅如此，他麾下所有的无装甲巡洋舰也都在附近，它们可以对付从旅顺港逃出的同类舰船。总而言之，与前几次失败相比，现在他的局面可谓无比有利，这一切都有助于他取得胜利。对耶森将军来说，局势同样显而易见：当日军巡洋舰现身时，他便意识到了局势的危险性。在这种情况下，他立刻不再继续向西航行，而是转向东驶入了更开阔的海域，试图通过迂回找机会返回北方。然而，上村将军也做了一个类似的转向，并一路向东南偏东前进，逼迫俄军航向东方。不到15分钟，两个舰队开始彼此接近。在5点23分双方拉近到8500米（9300码）时，一场战斗终于打响。

俄军的位置略为领先，他们的殿后舰"留里克"号处在日军旗舰"出云"号的侧面。最初，日舰的航速更快，随着距离拉近，日军4艘装甲巡洋舰都开始用6英寸炮集中火力向"留里克"号开火，而8英寸炮则被分散用于对付多个目标。不到半小时，上村舰队便已加速到17节，在他们的集火打击下，"留里克"号开始渐渐掉队。到5点50分，双方距离已缩短到5000米（5500码）[5]，而且鱼雷也做好了发射准备。在这个炮火足以产生决定效果的距离上，战斗的结果仿佛呼之欲出，然而，这时耶森将军突然右转舵，向着东南方向冲去。

这一举动的原因我们不得而知，但可以确定的是，由于俄舰当时连续中弹，所以耶森将军可能是想重新拉开与日军的距离。当时，日军注意到3艘俄舰都已起火，而且"俄罗斯"号的一名军官回忆说，该舰还遭遇了两次重创，不但引发了火灾，导致舰长阵亡，也令3门6英寸舰炮当场损毁。在日军看来，在"留里克"身陷困境的情况下，敌人似乎放弃了从前方迂回的企图，因为这一机动已不可能有任何成效。

无论理由如何，6点之前，耶森将军仍在不顾一切地向东南航行，这一举动也让俄军的处境愈发不利。此时，日军不仅在其左后方占据了阵位，并且还能在保持航向的同时充分发扬火力。另外，由于太阳在日军舰队背后升起，俄军根本无法准确分辨目标——只要俄军航向不变，他们就将继续处于这种尴尬的境地。

对当时的局势，上村将军后来写道："在背对太阳的情况下，我们充分发扬了侧舷火力，集中对'留里克'号实施炮击。"此时，该舰已被友舰远远抛在后面，而且几乎陷入孤立。为改善局势，俄军必须采取措施。为此，耶森决定各舰顺次向右转舵16个罗经点——这一机动至少可以让"留里克"号重返队列，并让舰队有机会从朝鲜近海朝西北方向逃逸。

　　但上村将军最初并没有领会到这一机动的含义。当俄军开始右转时，他判断对方打算全力向南逃窜，于是立刻打出信号，要求各舰同时转舵，以便变成横队进行追击。但在变阵完成前，俄军16个罗经点的转向已经完成，这时上村才意识到：敌人的意图是朝西北方向逃逸。之前的命令随即撤销，日军舰队现在开始朝着西北微西方向顺次转舵16个罗经点，试图切断敌军的退路。俄军见状立刻向西转向，到6点17分，双方距离已经被拉大到了超过9000米（9800码）。见状，日军只好停火，而在这种极端射程的炮战中，俄军似乎一度具有优势：因为此时，1枚炮弹击穿了"出云"号前方的8英寸炮塔。但即使如此，上村将军仍然保持着航向，而没有选择继续接近敌人。另一面，俄军则重新开始右转，以便继续向西北方向逃跑。这时双方的距离又再次缩短。

　　不过，双方的接近是缓慢的，上村依旧打算全速插进敌军的撤退路线。另外，紧随旗舰的"吾妻"号开始掉队，避免该舰陷入孤立，上村只能减慢航速。受此影响，直到6点24分，日军才重新与敌军接战。此时，日军旗舰与敌舰的距离已缩短到了8600米（9400码），上村将军则顺势将航向调整为西北微西，但又在此基础上向西偏移了1/2个罗经点（N.W. by W. 1/2 W.），至于俄军，则保持着西北航向——他们的相对位置就在日军侧舷前方不远处。但此时，随着"留里克"再次掉队，日军得到了一个猛轰该舰的机会，不到5分钟，该舰的舵机就被击中受创。"留里克"号再也无法跟随旗舰，而是向北朝着日军驶去。

　　事实上，此时的"留里克"号已是伤痕累累，其左舷有3处创伤尤其严重。2枚炮弹命中了后储藏室附近的水线以下部分，并在船体上撕开了2个破口，位于储藏室附近的破口的危害尤其大。当时，该舱室遭到了一次直击，进而被直接炸开，汹涌的海水由此涌入隔舱，并冲击到了相邻的舵杆舱（tiller flat）。随着后者迅速被淹没，海水又通过通风管灌入了舵机舱。还有1枚炮弹命中了油漆房附近的水线以下部分，海水很快灌满了整个舱室。在排水尝试全都失败后，"留里克"号打出信号："舵机失灵。"耶森将军则回复道："用引擎转向。""留里克"号舰长于是一面用引擎差速改变航向，一面封闭了后部舵机舱。但对该舰来说，苦难才刚刚开始：就在船尾的进水速度稍微放缓后，海水开始从水线上方的另一个破洞涌入，并且威胁到了备弹间和尾部弹药库。不过，该舰的险情仍然处在可以控制的范围内。同时，利用引擎差速转向后，该舰依旧跟随着僚舰，只是位置变得愈发靠后。

在追赶僚舰期间，形单影只的"留里克"号也继续承受着4艘日军装甲巡洋舰的打击。不仅如此，此时两支舰队的距离也从8000米（8700码）迅速拉近到了6500米（7100码）——这可以让日军充分发挥12磅舰炮的火力。"留里克"号的损伤堪称触目惊心，有两部锅炉已经完全失灵，但更糟糕的情况还在后面：突然间，该舰再次向右冲去，而那里也是敌人所在的方向，甚至调整引擎都无济于事。这一切都是因为封闭的舵杆舱出现了新情况，据说，又有1枚炮弹击中了此处，导致舵杆完全卡死在左侧。此时大约是6点40分，耶森立刻放弃了北撤的想法，并率领各舰顺次全力向左转舵，试图为"留里克"号提供援助，然而，这一举动再次让他们暴露在了7000米（7600码）外日舰侧舷火力的猛轰之下。

但随着双方距离愈发接近，上村将军曾有两次略微右转，仿佛是要刻意保持距离。在这一阶段的交锋中，日军只有零星的炮弹击中俄军先导舰，日军蒙受的损失不过是舰首炮塔被一发炮弹命中，至于影响，则可以忽略不计。不仅如此，日方还超越了俄舰。根据我们得到的资料来看，当俄军转向完成时，上村已经认为："现在到了转舵并压迫敌舰的时刻。"6点17分，他率领各舰顺次右转16个罗经点，掉头沿东南航向不断向对方靠拢。这也产生了一个问题：如果他的真实意图是压迫"俄罗斯"号和"雷霆"号，那为何不下令各舰一齐转向？其中的原因我们不得而知。虽然这种做法可能对他在殿后舰上的副手有利，不过，在整场战斗中，双方都没有进行过同时转向。无论此举的缘由如何，这种拉开距离的做法都避免了日军在转向时遭到俄舰炮火的猛烈打击，另外，"留里克"号的失控也让另外2艘俄舰无法充分利用这种有利局面。

此时，耶森将军的意图一定是前往"留里克"号的交战面，从而为该舰提供掩护——在此期间，"留里克"号已在失控状态下转了半圈，并在舰首向南、尾朝敌军的状态下濒临瘫痪，但这也给耶森将军留下了极大的机动空间。然而，当耶森靠近时，"留里克"号又开始缓缓前进，并继续向右转弯。此时耶森发现，如果"留里克"号继续兜圈子，那他将无法顺利插进该舰和敌人之间。于是，他决定全力向左转舵，试图驶往"留里克"号前方，并以此吸引敌人的炮火。但他进行这项机动时，"留里克"号仍在继续转向，并进入了耶森舰队和日军之间的海域，由此产生了毁灭性的结果。《日军战史极密版》写道："敌军出现在了'留里克'号的非迎敌面并同时右转。此时此刻，这3艘俄舰实际是在我军右舷排成了一列。我军立刻抓住机会，对受损最严重的'留里克'号实施了凌厉的炮击——当时双方的距离不到5000米（5500码）。"

与之前一样，上村将军充分利用了阵位优势，并在俄军转向完成前一直保持着航向。在此期间，两支舰队曾在短时间内相向而行，也是在此时，俄军首次给了对手一记重击。受创的日舰是"磐手"号。1枚8英寸炮弹命中了上甲板最前方的炮廓，同时引爆了炮膛内的炮弹。紧接着，炮位上的备弹也发生了殉爆，爆炸产生的冲击波不仅摧毁了整个舱室，还导致部分装甲崩落出船外。同时，这次爆炸还瘫痪了2门6英寸舰炮——分别位于中弹位置的隔壁和下方，并导致1门12磅炮损毁。乘员的损失同样极为惨重，仅这1枚炮弹就导致1名军官和31名其他士兵身亡，另外还有43人受伤，其中1名军官和8名其他官兵后来伤重不治。[6]

这一幕发生后，上村也像俄军一样转舵16个罗经点，但方式依旧是顺次向左转舵——此举可能是因为担心俄军会同时转弯切入内侧。事实上，尽管上村已准备好了发射鱼雷，但他更害怕遭敌军的鱼雷攻击。同时，他还知道，在当前距离，为了全力开火，弹药的消耗速率已经到了惊人的地步。

尽管做出了上述种种机动，上村依然在敌舰北面占据着绝对的有利位置，而且，他们事实上已经卷入了同敌舰的近战中。有15分钟的战斗实际是在两支舰队齐头并进的情况下发生的，当时日俄双方都在朝着西北方前进，双方相距6000米（6600码）左右。

随后，7点12分，耶森将军开始向右实施第二次大转向，仿佛是想再次挡在敌舰和"留里克"号之间。然而，"留里克"号飘忽不定的航向令他的意图完全落空，8分钟后，他只能掉头远离敌人。按照将军本人的说法，他当时唯一的想法就是为"留里克"号吸引火力。然而，由于上村直到俄舰掉头的4分钟后（即7点18分）才顺势转舵，这一英勇之举无疑为另2艘俄舰招来了猛烈炮火。期间双方的距离一度缩短到 4600 米（5000 码）——这对俄舰是非常致命的。而在俄军这边，随着行动因"留里克"号的妨碍落空，俄军只好再次向北行驶。最初，上村没有及时反应，而是继续向与俄军相反的航向行驶，同时向"俄罗斯"号和"雷霆"号集中火力。当时，双方的距离在 6300—5500 米（6800—6000 码）之间，在这个射程上，日军的炮击效果显著。按照他们自己的说法，此时的"俄罗斯"号再次腾起火焰，所有前主炮都被打哑。"俄罗斯"号的一名军官表示，当时该舰侧舷只剩下 5 门舰炮还能开火。但直到此时，上村将军仍然没有转舵追赶，为给"留里克"号最后一击，他仍然拒绝离开这艘奄奄一息的装甲巡洋舰，并选择了继续向东南行驶。

这一决断无疑存在争议，因为这令耶森将军第一次获得了夺路北逃的机会。但此时，上村可能也清楚地意识到耶森不会轻易放弃受伤的僚舰，而且他非常确信，5 分钟内，自己对"留里克"号的攻击就会让俄军再次掉头。

情况确实如此。这也是俄军第三次试图插入"留里克"号和日军之间。但 7 点 30 分，就在他们刚完成转向之后，上村将军也顺势向着西南偏南方向转弯，试图一边逼近"留里克"号，一边迎面截断耶森将军的航线。为避免被日军横越舰首，俄军也针锋相对地开始向南转舵，两支舰队大体保持着齐头并进。当时，双方旗舰大约相距 7500 码（8200 米），这一距离保持了一段时间；而日军和"留里克"号则相距 5600 米（6000 码）左右。通过朝东南方微微右转，上村与"留里克"号保持着上述距离，但同时也离"俄罗斯"号和"雷霆"号越来越远。这些机动完成后，"留里克"号依旧被夹在日舰和友舰之间，直到 7 点 40 分，该舰事实上都处于任由日军宰割的状态。不过在此之后，上村意识到南行的"俄罗斯"号和"雷霆"号即将逃出射程，于是又一次转舵，朝西南偏南 1/2 个罗经点航行，以便重新接近这些敌人。同时，他还发出命令，让 12 磅炮继续解决"留里克"号，而主炮则猛烈轰击 8400 米（9200 码）外的"俄罗斯"号。但即使如此，不到 5 分钟，耶森将军还是不顾危险，试图北转以继续接近"留里克"号。在此关头，上村将军选择了保持航向，随着两支舰队不断接近，他也向敌人投去密集的火力。到 7 点 50 分，双方距离已经缩短到 5500 米（6000 码），航向则截然相反。随后，双方的距离开始增大，在此期间，上村始终没有拐弯，只

544

是略微偏右转舵，径直向着西南偏西方向驶去。

我们目前不甚清楚他的动机，但可以确定的是，他明显放弃了截断敌军退路的有利位置，并给了敌军向北逃脱的可能性。这一举动可能是针对耶森舰队做出的，因为后者已经转舵向东，并从远方一侧超越了"留里克"号——总之，为隔开该舰和其余的俄舰，上村确实有必要如此行动，而从后来的情况看，他也确实实现了这一目标。而在俄军这边，耶森先是接近了"留里克"号，并对该舰打出了"全速前往海参崴"的信号，随后自己开始向北驶去。上村看到这一幕后，也相应地将航向调整为西北。

对日军来说，现在的局势非常有利。"留里克"号船身已经倾斜，船首明显翘起，打出的炮火也愈发稀疏。高估该舰受损程度的上村颇为自信地认为，该舰很快就会沉入海底，届时，他将有充足的时间追上剩余的2艘俄舰。根据一名在场军官的说法，旗舰"俄罗斯"号的损伤也非常严重。他描述说，该舰之所以向北行驶，是因为一场可怕的火灾迫使它必须远离战场：因为当时，有2枚8英寸炮弹同时击中了该舰艏楼下方，储存在那里的一部分8英寸弹药筒开始燃烧。随后，该舰的上甲板和前甲板也陷入火海，火势经过提弹井迅速蔓延到下方的2座8英寸炮弹药库内。横飞的弹片和烈火一道扫荡了舰首5个炮位。全体炮组中只有7人幸免于难，其余官兵要么当场身亡，要么奄奄一息。只是因为所有船员全力扑救，大火才最终在20分钟内得到了控制。

也许正是这一切，让上村相信自己还可以在"留里克"号上多耗费几分钟——毕竟，时间看起来还很充裕。但事实上，他犯下了一个重大错误——从原因看，这一错误和4天前东乡将军未竟全功的情况很是接近。在这两场战斗中，日军都在追击敌军，但由于位置所限，他们攻击的力度很弱，这令俄军可以自由选择应战或是逃窜。换言之，这实际是向敌人交出了战斗的主动权，上村本人很可能也意识到了问题，因为他对行动的叙述极为概略和模糊，以至于我们只能通过航迹图了解当时的一切。

无论如何，上村的决定都让"俄罗斯"和"雷霆"号得到了如愿逃脱的机会，而他本人也只好坐视2艘敌舰扬长而去，现在，整个舰队的注意力都集中在了绝望的"留里克"号上。8点，他穿过耶森将军的航线时，敌人已经逃到了有效射程外。然后，上村开始掉头，但他并没有向北追击，而是命令舰队相继转舵向东，并让整个舰队和"留里克"号保持着 4500 米（5000 码）的平均距离。在一段时间内，这种策略看上去卓有成效，因为他们的压制炮火虽然没能击沉"留里克"号，但却迫使耶森将军第四次回援。此时是 8 点 08 分，俄军旗舰上的火势已经被扑灭。在这种情况下，耶森命令麾下 2 舰相继转舵 16 个罗经点，并以此驶向南方，作为拯救友舰的最后一次尝试。对于这一事件，日本官方的记述再一次让我们失望，因为其中只是写道："这 2 艘俄军舰只之前向北逃窜，但在 8 点08 分改变了航向……朝着我们驶来，于是我们也转舵向北……一场激战重新展开。"各舰的报告则一致对这部分做了轻描淡写。至于航迹图（其中描绘的情形也得到了"出云"号舰长报告的确认），则显示当时上村将军并没有立即转向，而是一路继续东行，直到 8 点 14 分，越过"俄罗斯"号和"雷霆"号舰首一段时间后才掉头向北。不仅如此，他甚至没有保持该航向——就在距离"俄罗斯"号只有 7000 米（7700 码）时，他又略微右转。此举的意图可能是：如果俄舰从南面驶来时，他的舰队可以呈斜线姿态迎战，并更好地向敌人集中火力。[7]

　　与此同时，耶森将军接近时，他向"留里克"号打出了"前往海参崴"的信号。此时，对方不仅给予了答复，而且开始转舵向北。按照耶森将军后来的描述，当时从该舰舰首的浪花可以看出，"留里克"号似乎正在全速行驶。看到这种情况，耶森于是掉头朝着原航向驶去。对日军来说，此时也许是他们利用优势阵位全歼敌军的最后机会：当耶森转向时，4 艘日军装甲巡洋舰中有 2 艘集中火力对准了他，当时双方最近接近到了 6000 米（6600 码）[8]。虽然不清楚攻击的具体效果，不过，"俄罗斯"号上的一名军官这样描述该舰的受损情况："剩下的火炮被陆续摧毁，船体和烟囱已被击穿，水线附近被撕开了破口，船体也开始倾斜，所有 5 具鱼雷发射管都已损毁，1 枚鱼雷在管内爆炸，2 个桅杆千疮百孔。敌舰的炮弹依旧不断呼啸而至；此起彼伏的小火灾让我们无法进入舱面以下，2 座锅炉也受损了……"但令日军懊恼的是，俄舰仍在未遭遇致命损伤的情况下完成了转向，并朝北微东的方向远去。由于日军当时正在其右后方 7000—8000米（7700—8700 码）外，这 2 艘军舰实际获得了绝佳的逃亡机会：前往海参崴的航路敞开了。和东乡的情况一样，上村输掉了这盘本可以全胜的赌局：是对局势的误判，让他将精力放在了摧毁蹒跚的敌军殿后舰上，并因此改变了航向，放弃了继续压迫敌军先导舰的机会，这最终令他失去了最有利的阵位。既然如此，他接下来又该如何行动呢？此时，"留里克"号正在他后方挣扎着向北前进，但由于速度已大为减慢，该舰正被迅速抛在后面。是歼灭该舰，还是追击另外2艘敌舰？上村现在必须做出决定。

结果很快就揭晓了。此时，受损的"留里克"号倾斜愈发严重，船尾下沉的趋势也很明显，其抵抗的能力已微乎其微。但同时，上村舰队的阵容却在扩大。早在6点时，"浪速"号便出现在了视野中，大约一个小时后，"高千穗"号也出现了。瓜生始终率领舰船航行在上村舰队的非迎敌面，并在敌舰的射程边缘若即若离，现在已经来到了"留里克"号东南方约5海里处。此时，"留里克"号似乎只剩下两三门完好的火炮，上村决定将这一目标交给瓜生。因此，当另外2艘俄舰向北逃亡时，上村立刻转舵，沿着一条与之平行的航线进行追击，同时还带上了赶来会合的"千早"号。这场追击持续了一个多小时。但双方距离太远，日军根本无法发扬火力，不仅如此，他们的弹药也在不断减少，追击结束似乎遥遥无期。鉴于上次击沉俄舰的尝试以失败告终，上村特意命令炮手谨慎瞄准，并严格遵循开火纪律——对日军来说，他们根本看不出"俄罗斯"号和"雷霆"号有蹒跚的迹象，或是遭受了些许致命打击。

8点30分，为吸引日舰远离"留里克"号，耶森开始朝右向东方转舵。无论上村是否看出俄军想横越他的舰首，他都没有抓住这次能将敌我距离拉近到3海里的机会，相反，他见状立刻改变了航向，并带领日舰向着东北微东方向前进[9]。成功进行机动后，耶森迅速转向东北，而在他们采取机动的15分钟内，日军始终在用8英寸舰炮缓慢而谨慎地开火，但这些炮弹并没能减缓"俄罗斯"号的航速。然后，8点44分，耶森又开始朝西北偏北（即海参崴方向）猛然转向，追击的日舰于是被甩到了右后方，距离则有大约4海里。此时，俄军的处境可谓大大改善了，因为上村将军所能做的，不过是做一个类似的转向，并在这场间距4海里的追逐战中咬牙坚持下去。

同时，"浪速"号和"高千穗"号也从友军装甲巡洋舰的舰尾方向越过，不断向着"留里克"号逼近。8点42分，它们的主炮鸣响，射程是6500米（7100

码）。为规避这些日舰，"留里克"号转向西北，此时该舰的机动能力依旧良好。然而，日军的航速优势让双方的距离迅速拉近，并导致了更多炮弹击中该舰。9 点不到，"留里克"号再次开始在海面上打转，只能挣扎着向北前进。瓜生将军则率舰从该舰后方横越而过，并在此之后通过一个转向完成了第二次横越。就在瓜生将军开上他们的新航线时，"留里克"号已经彻底失控，只能无助地绕着小圈机动。随后 45 分钟，这 2 艘日军巡洋舰围绕着它在 1.5—4 海里的距离上反复射击。随着时间流逝，"留里克"号的还击火力越来越弱，但它仍然击中了 2 艘日军巡洋舰，并让日军付出了 2 名士兵阵亡，2 名军官和 15 名士兵受伤的代价。但到 10 点 5 分，一切都结束了。瓜生将军打出信号要求停火，到此时，2 舰已经消耗了 650 多发 6 英寸炮弹。

　　日军的最后一发炮弹在"留里克"号的指挥塔内爆炸，杀死了在战斗之初便受伤躺在那里的舰长，临时舰长伊万诺夫（Ivanov）上尉[1]也因此不幸负伤。虽然他被爆炸抛到了甲板上，但还是挣扎着视察了各个炮位。他很快便发现，继续抵抗已毫无用处。期间，他尝试过撞击敌舰，但该舰已经严重失控。他还从舰尾发射了 1 枚鱼雷，但这枚鱼雷没有命中。其他发射管则被摧毁，鱼雷也被引爆在了管内。由于担心日军登舰，伊万诺夫命令打开金氏通海阀，并要求唯一没有受伤的军官准备引爆鱼雷库。然而，准备好的比克福德导爆索（Bickford fuse）早已在指挥塔内被炸坏，剩下的导爆索之前都存放在舵杆舱，但这一舱室已严重进水。由于舰上的小艇全部损坏，伤员们只能被带上甲板，并在那得到了一些救生圈和木板作为自救工具。与此同时，海水渐渐吞没了"留里克"号的舰体。

　　面对这一幕，瓜生将军始终安之若素。此时，"新高"号刚刚发来电报，

---

　　① 译注：即康斯坦丁·伊万诺夫（1872—1933 年）上尉。他当时的职位是"留里克"号副炮术官，主要负责指挥左舷炮位，但在舰长等高级军官相继伤亡之后，便接过了全舰的指挥职责。回国后，伊万诺夫的英勇表现令他多次受勋，并先后被提拔为巡洋舰和战列舰舰长。1916 年，他曾指挥从日本赎回的战列舰"佩列斯维特"号回国，但该舰不幸在地中海触雷沉没，他却侥幸生还。十月革命后，伊万诺夫曾参加白军，后流亡法国，最终在当地去世。

说它正在带领 2 艘水雷艇赶来。另外，在两个半小时以前，该舰还与"对马"号取得了联络，此时，后者正带着另外 3 艘水雷艇向战场快速接近。7 点 30 分之前，为阻止旅顺开来的俄军巡洋舰偷偷穿越海峡，"对马"号都坚守在警戒区域。7 点时，为查清炮声的来源，2 艘水雷艇从吴港赶来。"对马"号于是将其派回，并敦促相关方面留意北方和西南海域。直到半小时后，"对马"号才收到瓜生将军在率领"浪速"号和"高千穗"号会合时发出的电报，并立刻带领附近第 9 艇队从竹敷出动的 3 艘水雷艇前去支援。至于"千早"号，则一直跟随着装甲巡洋舰队，该舰在 9 点 45 分接到了"留里克"号沉没的消息，并试图将其转发给上村将军。由于这场追逐战让舰队逐渐远离了指定防区，上村变得惴惴不安。不幸的是，因为无法联络上舰队，"千早"号并没能用这条消息缓解长官的焦虑。[10]

　　当时，上村的处境并不轻松。按照他之前收到的最后一份命令，他必须在海峡拦截从东乡将军手中逃出的俄舰。他知道，其中有 2 艘（如果不走运的话，甚至会有 3 艘）巡洋舰实力和留守的日军巡洋舰旗鼓相当，另外，这些俄舰中很可能还有"太子"号——他知道，该舰很可能已在胶州整修完毕。另外，他还接到了一条严格的指示：除非可以有效打击敌人，否则绝不应发起追击，毕竟，当时的局势依然扑朔迷离。9 点 30 分，位于旗舰身后的"吾妻"号引擎再次发生故障，"常磐"号费了很大力气才取代了该舰的位置。同时，上村舰队仍在不断取得命中，2 艘俄舰上不断有火焰腾起，但看上去，这 2 艘俄舰装甲巡洋舰仍然保持着高速。不过，耶森将军回忆说，当时俄军的最高航速已经下降到 15 节。既然如此，日军为何没能迅速赶上？耶森没有解释其中的原因。不过，根据官方提供的航迹图，在一个半小时的追击后，上村已将距离拉近到了 5000 米（5500 码）。但后来由于某些未知原因，他放弃了最后的尝试，而是平缓地向右转舵，这让双方的距离再次变远。10 点时，两支舰队的间隔变成了近 6500 米（7100 码）。此时，日军已经来到了主战场北面 25 海里的地方，即对马岛以北约 60 海里处。根据当时已有情报推测，他如果想取得决定性的胜利，就必须再追击至少 50 海里，但这也意味着敞开海峡，而他的轻型巡洋舰目前已孤立无援——他是否应该继续追击？

与此同时，上村的炮术长传来报告，表示旗舰"出云"号只剩下了四分之一的弹药[11]。这一估算似乎有误，因为按照事后统计，该舰总共消耗了 255 发 8 英寸炮弹、1085 发 6 英寸炮弹以及 910 发 12 磅炮弹，仅仅占总载弹量的一半。但这份报告似乎让上村下定了决心。他先是命令用一两分钟全力开火，看到收效甚微后，便在 10 点 05 分转舵 16 个罗经点，就此放弃了追击。

对这一决定，真正的理由我们不得而知，上村承认敌人的火力正在减弱，而自身的损失则相当有限。中弹 20 余发的"出云"号实际受损轻微，只有"磐手"号遭遇了比较严重的创伤，至于其他几艘舰只的损伤，则可以忽略，而"吾妻"号也已将故障修复完毕。事实上，如果参考《日本战史极密版》，我们将根本找不到确凿可信的原因。其中只是写道："此次交战时间极为漫长（近五个小时）。在追击期间，所有炮手都得到提醒，不仅要放慢射速，而且在瞄准时要保证沉着冷静。然而 10 点，上村将军仍然接到报告，指出'出云'号的弹药即将告罄。另外，虽然敌军的火力已渐渐稀疏，但由于逃逸的俄舰并未减速，所以上村依旧决定，此时最好还是用剩余的弹药解决'留里克'号，彻底阻止该舰逃脱。"[12]

如果上村放弃追击的缘由仅仅是如前所述，而不是担心海峡局势，那么，这个背弃"紧追敌军"原则的借口就显得尤为拙劣。不仅如此，此举还引发了我们的一连串疑问：难道上村不相信友军能轻易解决"留里克"号？如果"千早"号及时传达了该舰沉没的消息，他又是否会下令继续追击？如果继续追击，整个战斗的结果又将如何？

在水线及水线以下，"俄罗斯"号共有 11 处破口，"雷霆"号则有 6 处，其军官的伤亡超过了 50%，士兵的损失也超过了 25%。"俄罗斯"号的 3 根烟囱严重损毁，另外还有 3 座锅炉完全瘫痪。据说，当日军最后一轮开火后，该舰预感到敌人可能会抵近攻击，甚至因此做好了自沉的准备。也正是因此，日军的突然转向让他们倍感惊讶，只能猜测对方的弹药耗尽让他们避免了注定毁灭的结局。

与此同时，"千早"号一直在努力传递"留里克"号即将沉没的情报，并让他的长官不要为此担忧。大约在上村率舰队掉头的同时，这艘俄舰微弱的炮火便几乎停止了下来，"千早"号可以清楚地看到该舰正在徐徐沉没。见状，"千早"号向"出云"号发出电报，但没有得到回应，于是，这艘通报舰又试图联络"磐手"号，但直到 10 点 45 分双方才真正取得联系。5 分钟后，"千早"号收到了一封"新高"号发来的电报，电报显示"留里克"号刚刚沉没：当时，这艘巡洋舰刚好赶到现场，目睹了该舰最后的结局，于是匆忙前往北方传递消息。这条电报立刻被"千早"号转发，如果上村将军能及时接收到，他一定会迅速转向，并在俄军停船修复引擎时重新展开追击。不过，这份电报最终没有发挥任何作用，上村仍然保持着航向，并抵达了"留里克"号的沉没海域。

在那里，他发现麾下的巡洋舰和水雷艇都在忙着打捞俄军舰员的遗体。"留里克"号沉没得如此平稳，以至于绝大多数幸存者都成功得救——在全部 805 名官兵中，有 625 人安全脱险[①]。13 点救援工作完成后，上村率领舰队返回基地，并通过大浦无线电站向东京和东乡将军报告了战斗的详情。

在回电中，日军司令部祝贺了上村的胜利，但真正的荣誉也许属于他的对手。为援助旅顺舰队，耶森将军闯入了敌军几乎两倍于己的陷阱，但面对无比绝望的局势，他依然带着三分之二的兵力突围而出。"留里克"号虽然沉没了，但它的抵抗却表现出了极高的荣誉感，并给 2 艘僚舰提供了逃离的机会。上村之所以没能取得决定性胜利，一部分原因在于他刻意与敌人保持距离，另一部分原因又在于没有足够的决心截断敌军的撤退路线。对战斗的结果，他本人无疑要负重大责任，但也需要指出，他之所以没有继续追击俄舰，同时也是考虑到了局势的危险性——换言之，他的决定其实是日军战略方针影响下的产物。

---

① 译注：据更新的资料显示，"留里克"号有 205 人阵亡，这和原作者给出的数字略有出入。

**注释:**

1. 参见"俄罗斯"号上军官的回忆及《武官报告》第 3 卷第 22 页。

2. 14 日凌晨 4 点 30 分, 俄舰正处于北纬 35 度 5 分、东经 130 度的位置。他们从海参崴出发后, 便沿直线行驶, 并将在 410 地点以西约 5 海里处掠过日军的哨位。当然, 为避免被郁陵岛上的日军观察哨发现, 耶森将军的航线可能会更靠西一些。

3. 日军的昼间警戒区包括以下几个哨区（具体可参见本章附图）:

A 哨区在 442 地点周边 13 海里处
B 哨区在 384 地点周边 13 海里处
C 哨区在 319 地点周边 13 海里处

4. 参见《日本战史极密版》第 2 卷第 102 页。

5. 《日本战史极密版》对此写道:"5 点 52 分, 敌军在我军右舷正横方向 5000 米外出现。此时, 我军很快便开始准确命中敌军, 所有 3 艘俄国军舰都腾起火焰。"然而, 在正式的战斗态势图中, 却标定当时双方的距离为 6000 米。

6. 《日本战史极密版》的《医务卫生》部分给出了如下细节:

清晨 7 点, 1 枚炮弹以高落角命中了遮蔽甲板, 并向下穿入了位于上甲板的第 16 号炮位。该炮弹随即点燃并引爆了附近备用的弹药, 位于遮蔽甲板上的 12 磅炮被当场炸飞, 所有炮组成员尸骨无存, 第 16 号炮位的炮组也被弹片伤及。其中, 原口海军大尉[1]和 13 名士兵的遗体再也没有找到, 除此以外, 还有 18 名士兵当场丧命。另外还有 1 名少尉和 6 名士兵因为伤重而在不久后死去。在送医的 16 名其他官兵中, 有 2 人死于医院, 还有 20 名官兵在接受了舰上医务室的治疗后痊愈。

"浅间"号的舰长则在报告中写道:"7 点, 1 枚炮弹命中了 16 号炮位, 同时引爆了舰上的炮弹。整个炮位被彻底摧毁, 第 1、第 3、第 9 号 6 英寸炮和第 3 号 12 磅炮瘫痪。"——出自《日本战史极密版》第 2 卷第 113 页。

---

[1] 译注:"Haraguchi", 即该舰的分队长原口鹤次海军大尉。

7. "出云"号舰长的报告中显示：8点14分，该舰向右转舵，前去追击敌军的一号舰和二号舰。8点17分，该舰将航向转为北微东又偏东1/2个罗经点。8点19分，转向东北微东又偏东1/2个罗经点，此时距离敌军先导舰6800米（7650码）。

8. 上村将军之所以没有接近，原因也许是此之前不久的8点17分，"磐手"号报告说俄军（显然是"留里克"号）发射了1枚鱼雷。该鱼雷后来浮出水面，并从"磐手"号舰尾200米外掠过（参见"磐手"号舰长的报告）。

9. 这里采用的是航迹图上的说法，但"常磐"号的舰长表示其航向是东北偏北。

10. 根据其中一种说法，之所以出现这种情况是因为旗舰上的无线电设施被炮火击毁，但"千早"号舰长的报告给出了一种截然不同的说法：

  XIII. 必要的改良措施：自旅顺港外的战斗爆发以来，在接敌之前下令将无线电设备转往水线下舱室的做法已经成为惯例。通报舰等舰船虽然不直接参加战斗，但也会同样遵照指示转移相关设备。在上次战斗期间，由于舰队四散，各舰并未完全接到通报，分散的舰只开始陆续向旗舰询问战况和局势发展；但另一方面，由于旗舰已经移走了无线电，上述电报实际很难收到。鉴于保持联络的重要性以及相关领域问题频发，本人认为，通报舰不应移除通信设备，即使在主力舰队迎战敌军时也是如此。相反，通报舰应在主力舰队附近接收电报，并以常规手段传递信息——本建议源自最近的作战经验。

11. 参见上村将军的报告。

12. 上述解释基本直接截取自上村将军的原始报告。

∧ 装甲巡洋舰"出云"号，该舰是蔚山海战期间上村将军的旗舰

∧ 装甲巡洋舰"吾妻"号。该舰是日军向法国订购的唯一一艘装甲巡洋舰

〈 装甲巡洋舰
"磐手"号，该
舰与"出云"号
系姐妹舰

554

∧ 装甲巡洋舰"常磐"号。该舰是"浅间"号的同型舰，一直服役到第二次世界大战

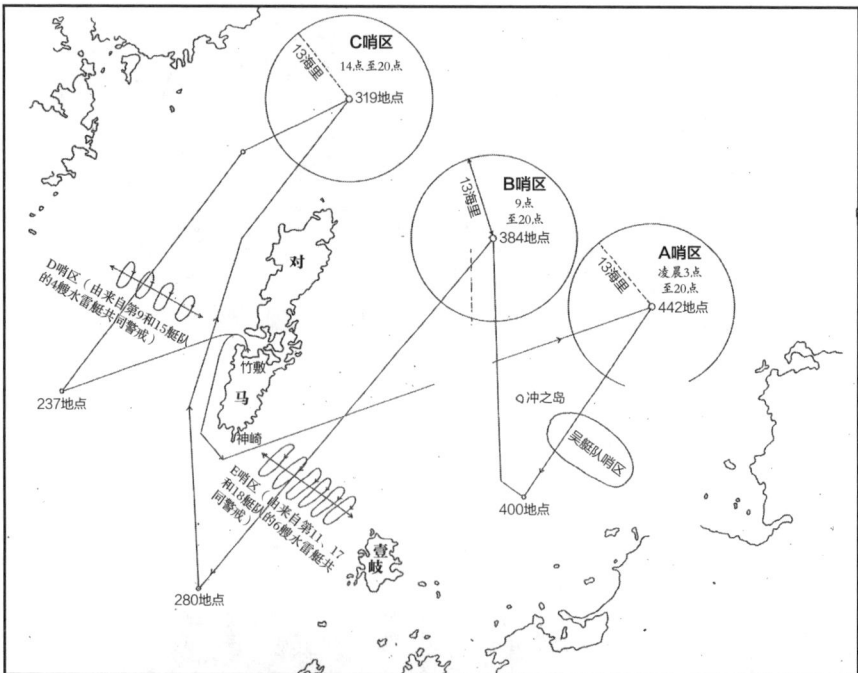

∧ 日本海军对马海峡警戒体系示意图

〈 反映"留里克"号沉没的插画

〉被搭救到日舰甲板上的"留里克"号幸存者

〉蔚山海战各时段双方舰队态势示意图

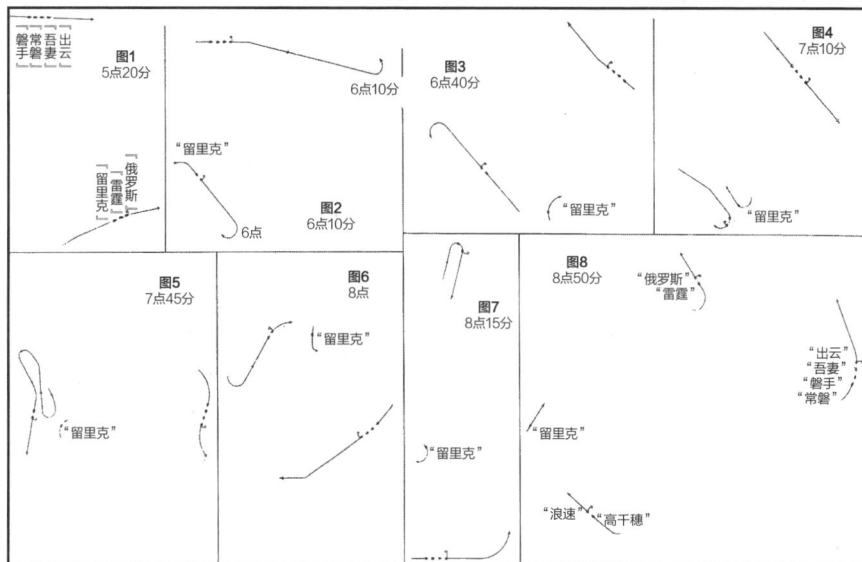

∧ 海战结束后，"出云"号的3名官兵在6英寸炮弹的弹壳堆上留影。在整个战斗中，该舰消耗了超过2200发各种炮弹

∧ "出云"号上主桅杆上的弹孔

∧ 被弹片击毁的"出云"号的舰载水雷艇

∧ "出云"号的水兵在观看上层建筑上的一处弹痕

∧ 战斗结束后，跟跄入港的"磐手"号。该舰在战斗中蒙受了最严重的损失

558

∧ "磐手"号受损位置特写。当时，1枚俄军的8英寸炮弹在此处引发了弹药爆炸，并导致超过70人死伤

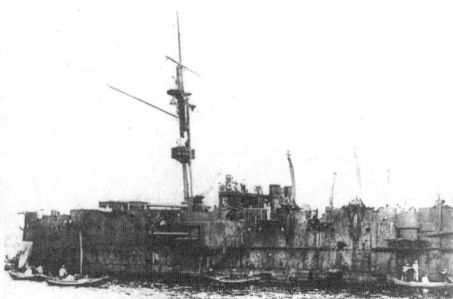

∧ "雷霆"号装甲巡洋舰千疮百孔的舰尾部分

∧ "雷霆"号被日军重型炮弹命中的舱室内部

∧ 挣扎着回到海参崴的装甲巡洋舰"俄罗斯"号，侧面有许多舰员正在粉刷和修补船壳

〉战斗结束后，第2舰队司令部在"出云"号后甲板举行的祝捷酒会。但正如本书作者所说，这场战斗的荣誉其实应属于俄国

∧ "俄罗斯"号中部受创情况特写

∧ "雷霆"号舰员在展示几乎被撕碎的俄国海军军旗

∧ 蔚山海战结束后，日军第74号水雷艇的全体官兵在艇上合影

# 第二十五章

# 战役结束

根据长期以来的作战经验，英国海军曾得出这样一则战术信条：一旦敌军进入视野，此时，任何战略上的考量，都不应成为放弃交战或歼敌的借口。而前面提到的这两场未能取得全胜的战斗，似乎更彰显了这一信条的重要意义。不过，对这一问题，姑且让我们先接受一个事实——当时的局势不利于日军。当时他们不仅处境相当凶险，而且在兵力对比上也居于劣势地位，同时，他们还缺乏可以调动的预备兵力，这一切不利因素，似乎都成了两位将军谨慎行事的证据。然而，不管这种谨小慎微是否正确，其造成的结果都是不言自明的：人们很快就会发现，这两次胜利的战略意义都相当有限——日军仍有许多问题有待处理。

在上村将军未能全歼敌军后，日本经历了一段惊慌和困惑的时期。由于胜利不具有决定性意义，新的问题很快接踵而至。另外，这也是一段非常值得研究的时期，因为它展示了一点：如果行动超出了作战计划的范围，舰队司令和陆军指挥部之间的分歧注定将很难化解。

正如我们所见，就在海参崴舰队突然现身时，东乡司令和军令部更关注的是消灭落单的俄舰，这些军舰刚刚从日军主力舰队手中逃脱，目前正躲在各个中立港口内。为了实现这一目的，东乡司令特地抽调出出羽将军的第3战队，命令他们向南进发，解决掉躲藏在胶州的"太子"号。另外，根据东京方面的建议，他还向上村发出命令，抽调出瓜生将军的第4战队，让他们前往上海监视"阿斯科尔德"号和其他可能停靠在那的舰艇。但这一命令让海峡警戒舰队陷入了没有轻型巡洋舰可供调遣的境地，东乡又指示出羽将军，让"千岁"号携带着他的最新命令以及"日本丸""香港丸"前往竹敷。至于他亲自指挥的舰队，则被全部投入旅顺外海。其中，港外的警戒工作由片冈将军指挥的"日进"号、"春日"号和"八重山"号负责。山田将军的第5战队则被派往陆军部队的左翼，以支援乃木将军即将发动的总攻击。至于战列舰队，则部署在里长山列岛。在此期间，东乡也与乃木将军就劝降敌军的事宜进行了磋商，按照计划，这些劝降条款将在总攻发起前递交给俄军。

但在一些问题上，双方产生了分歧。此时，满洲地区的另外 3 个军正在向辽阳推进，距该地只剩下不到 16 英里。同时，随着进攻所需的物资被运往前线，整个向心攻势业已准备就绪。在这种情况下，陆军参谋本部迫切希望旅顺守军能同意日方开出的宽大条件，就此放下武器。也只有如此，乃木将军的部队才能解脱出来，增援满洲方向的主要战役。因此，在上级的许可下，乃木将军打算给出的条件是：允许守军携带武器、辎重和军旗离开要塞与库罗帕特金将军会合。但对俄军舰队，军令部却不打算开出类似的条件。于是，在商讨劝降文告的内容时，东乡说自己只坚持一点：港内的俄舰必须无条件投降。[1]

是什么压力让海军方面开出了如此决绝的条件，目前我们不得而知。但可以确定，从文书的拟定到送出，这两天时间里传来了一系列让东乡司令变得更为坚决的消息：13 日，罗杰斯特温斯基的将旗在波罗的海舰队升起；次日下午，传来了蔚山海战的结果，只是与东乡的期望相去甚远。因此，日本海军在劝降条件上没有任何动摇，东乡也全力以赴，重新开始筹备被海参崴舰队打乱的后续作战。

其中最重要的一项任务被交给了出羽战队，但他接到的命令前后矛盾，手头的情报也不甚可信，这一切让他进退两难。如前所述，军令部之前曾接到一则情报，宣称俄舰已经在完成修理后离开了胶州。据此，军令部立刻向东乡将军发出指示，要求他增派 1 个驱逐队给出羽将军，"全速赶往胶州监视俄军舰队"。为此，东乡立刻派出了"八云"号、"浅间"号、"高砂"号和"日本丸"，还有其他舰只将随后赶到。然而，东乡相当怀疑相关情报的真实性，因此，他没有把出羽舰队直接派往胶州，而是派往了小黑山岛附近的一个临时集结点，同时，他们还得到指示，应与八口浦的无线电站保持联络，以便"查明胶州敌舰的真实情况"。东乡的谨慎并非没有依据，因为到当天晚上，出羽将军收到了一则来自军令部的指示，要求他前往山东外海并在那里部署一处警戒哨，因为"新贵"号和几艘驱逐舰已经在当天清晨离开。但出羽将军知道，如果这则情报属实，再进行拦截已经为时已晚，就算舰队能进入指定位置也至少要到夜间。在这种情况下，他选择了抗命，并继续按照东乡司令的指示行事。13 日 16 点，即行动开始 24 小时后，虽然出羽的舰艇都开进了小黑山岛附近的集结点，他仍然没有下令开赴胶州。因为当天上午 9 点 30 分，奉命前往白翎岛方向联络友军的"高砂"号传来一封东乡发来的电报，表示"太子"号在胶州，而"阿斯科尔德"号和"新贵"号位于港外。同时，东乡还表示，"千岁"号正在赶来会合的路上，并且希望出羽在午夜后联络上八口浦方面。出羽确实遵照了这一指示，另外，在次日清晨 7 点，由于夜间没有传来情报，他决定把舰队向南铺开，希望能截获离开胶州、可能穿越海峡的俄军舰只。

但在日军动身后不久的 7 点 30 分，出羽联络上了"千岁"号，大致了解了当时的局势。后者带来的情报显示，伤痕累累的"太子"号正和几艘驱逐舰停泊在胶州，至于"阿斯科尔德"号，则和 1 艘驱逐舰去了吴淞，只有"新贵"号依旧下落不明，但该舰很可能也在上海附近海域。因此，他立刻航向胶州，并要求"太子"号马上离港，否则日军会将其捕获或击沉。为此，他特别派遣了 1 艘舰只前往当地，以便向德国当局强调中立舰船只能逗留 24 小时的国际法原则。同时，出羽还把"千岁"号和 2 艘辅助巡洋舰派往竹敷，上述 3 舰的任务将由"笠置"号接过。

根据上述指示，出羽立刻让"千岁"号所在的分队出发，并停止了分散部署，另外，他还命令"高砂"号前往牛耳岛（Ui-do）接应在此加煤的驱逐队。他本人则立刻在 9 点后带领装甲巡洋舰"八云"号和"浅间"号前往胶州。

在他们出航两个小时后，"高砂"号发来一封电报，表示上村将军正在与海参崴舰队交战。因此，出羽必须停留在当地，与八口浦方面保持联络，同时等待后续的指示。鉴于出现了新情况，他立刻率舰调头返航，准备前往牛耳岛重新集结，还召回了"千岁"号和同行的 2 艘僚舰。

在该地，他们等了很长时间才接到新命令，这是因为上村在经大浦前往竹敷期间，直到 13 点 30 分才向总部报告了战斗结果。战斗结束后，上村希望能在竹敷修理损伤，但更深层的考虑让他决定前往佐世保。也正是因此，他命令瓜生将军带领第 4 战队肩负起警戒海峡的任务。就在日军有所动作时，这一部署却被来自军令部的命令打乱了。14 日清晨，日军已经获悉，"新贵"号在 12 日黎明离开胶州，同时，13 日中午，日本外务省也接到消息，称当天上午 10 点 15 分，1 艘中立国商船在上海至长崎航线的中途发现了 1 艘巡洋舰，其外观和"新贵"号非常相似，而且显然在朝着大隅海峡行驶。17 点 25 分，这条电报被转发给了上村，同时，军令部在电报的结尾总结道："如果可能，我们希望你速派 2 艘快舰前往津轻海峡。"于是，这项任务立刻被交给了之前没赶上战斗的"对马"号和"新高"号。

做出上述安排后不久，东乡将军又接到一条消息，而该消息再次推翻了日军的新部署。这种情况着实令人费解。我们曾记得，就在 14 日早些时候，他命令上村派遣第 4 战队前往上海，以求解决"阿斯科尔德"号和伴随的驱逐舰。但对方并未收到指令；当天早晨，东乡将军又获悉，出于外交层面的考虑，目前的做法有必要更改。此时，日本政府针对事态，决定先进行外交抗议。为此，东乡需要推迟在上海外海的行动。在给中国方面的公函中，日方提出：鉴于俄舰已停靠了超过 24 小时，它必须立即出海或解除武装。同时，日方还告知中国政府，如果上述请求没有得到满足，他们会采取一切必要的行动，由此带来的后果将全部由中国承担。

在处理事件时，海军省和东乡之间有没有后续沟通？对此我们不得而知。当天中午，东乡将军似乎接到了情报，显示有另 1 艘俄舰在上海外海的马鞍列岛附近出现。于是，在没有东京方面后续指示的情况下，东乡自作主张，在夜间向上村将军发去了另一道命令，其中这样写道："你必须立刻派第 4 战队和'磐手'号歼灭马鞍列岛周边的敌舰，并对'阿斯科尔德'号采取措施。关于'阿斯科尔德'号的处置，您将直接从大本营接收指示。同时，您还需要用舰队的其余部分坚守朝鲜海峡，并提防南来的俄军舰只。"至于之前那道未送达的命令，则正式作废。

新命令很可能在上村即将动身前往佐世保时送达[2]，但问题在于，它与来自东京的新指示存在矛盾。由于两份命令内容不一，上村似乎有些无所适从，并决定先按兵不动。于是，"对马"号和"新高"号将不再奉命前去追击"新贵"号，它们将和"千早"号及各水雷艇队一道继续守卫海峡。15 日凌晨 3 点，他带领装甲巡洋舰战队启程前往佐世保，同时指示瓜生将军带领剩下的 2 艘巡洋舰跟进。

此时此刻，"新贵"号得到了一个溜进海参崴的绝佳机会。就在之前大约 24 小时，也就是 14 日清晨 5 点 30 分，该舰绕过大隅海峡，接着穿过屋久岛（Yakushima）以南海域一路向北航行。虽然该舰曾被 1 艘日本商船发现，但相关情报却没能及时交到日军手中。经历了几个小时的混乱后，认清局势的日军才重新下令发起追击。上村将军收到这份必要的命令是在清晨 6 点 45 分（即他前往佐世保的途中），命令由东乡司令起草，其中指示他派遣"千岁"号和"对马"号展开追踪。但不幸的是，指挥该分队的最高级军官——"千岁"号舰长昨天便连人带舰被出羽将军召回，并不在上村舰队的联络范围内。于是，上村只好继续航向佐世保，并在中午前不久抵达，直到此时，他才正式发出追击的命令。该命令要求 2 舰全速前往津轻海峡，与当地的警戒兵力合作，将敌舰摧毁于海峡内。

当时，"对马"号正在前往佐世保的途中，于是在第一时间接到了命令，不过，他们并不清楚"千岁"号的下落，为避免贻误战机，该舰舰长决定独自前往津轻海峡，直接在当地与"千岁"号会面。按照舰长的说法，虽然他用尽办法传达这一意图，但并没有友军收到消息。同时，他还接到了"新贵"号已驶过屋久岛的新情报，而军令部长批准他行动方案的命令也已抵达。"千岁"号虽然没有任何消息传来，但该舰于当晚日落时分抵达了尾崎，并在凌晨 3 点半开始动身前去追赶"对马"号。

也正是从此时起，整个追击行动开始由军令部长伊东将军直接指挥。17 日日落时分，"对马"号终于抵达函馆，至于"千岁"号，则将在次日中午赶来与之会面。尽管上级要求各个通信站保持高度警惕，但期间没有传来新情报。于是，当天夜晚，东京方面命令 2 艘军舰在海峡西部巡逻，如果 19 日清晨 8 点前都没有发现任何情况，它们就应分散行动："对马"号将留在津轻海峡，"千岁"号则前去宗谷海峡搜索。

次日清晨，由于"新贵"号没有出现，2 艘日舰便遵照上述指示分散开来。但就在"千岁"号出发不到一小时后，北海道北部的安渡移矢岬（Atoiya Misaki）信号站便给"千早"号发来了一封来自海军省的电报，表示"新贵"号

566

已经在择捉岛<sup>①</sup>（Yetorup）和得抚岛<sup>②</sup>（Urup）之间的水道穿越了千岛群岛（Kuril Islands）。这一举动表明，"新贵"号显然试图通过宗谷海峡抵达海参崴，为此，上级立刻命令"对马"号全速追赶"千岁"号——事实上，由于目标已经驶入科尔萨科夫斯克加煤，他们的决定可谓非常及时。

次日10点前，2艘军舰在宗谷海峡会合。此时，"千岁"号已经在当地搜索了两个小时，由于一无所获，该舰又派"对马"号前往科尔萨科夫斯克探查。到16点，这座港口已进入了"对马"号的视野，此时，日军发现锚地有煤烟升起。和日军预料的一样，"新贵"号就停在当地。在绕航太平洋期间，"新贵"号并没有使用经济航速，于是，它只能进入港口补充煤炭和淡水。日出时分，各种补给品开始源源不断运送上舰。随着工作进行，这艘俄舰发现日军的无线电信号正愈发强烈，不久之后，"对马"号的烟柱也出现在了地平线上。此时正值午前时分，"新贵"号舰长的原计划是在夜间穿过海峡，但现在，由于担心被困在港内，他决定立刻出海。

随着"对马"号不断靠近，"新贵"号迅速向南驶向宗谷海峡。在警告"千岁"号后，"对马"号全速前进，试图截断敌军的逃跑路线。16点30分，日舰开火，"新贵"号猛烈还击，一场激烈和漫长的交战就此上演。但这场较量注定是不对等的："对马"号不仅排水量更大、防护更为优秀，安装的6门6英寸舰炮和10门12磅炮也压倒了"新贵"号的6门4.7英寸炮。不仅如此，这艘新舰还在此前的战斗中毫发无损，这些优势很快得到了立竿见影的体现。战斗打响半个小时后，日军就发现"新贵"号掉头逃回科尔萨科夫斯克。期间，"对马"的炮术表现似乎相当良好：此时俄舰有一半的锅炉瘫痪，水线附近被撕开5处破口，海水涌入轮机舱。几乎在"新贵"号转弯的同时，"对马"发起追击，但这场追逐只持续了半个小时，因为俄舰很快选择了转舵迎战。17点40分，"新贵"号有1枚炮弹击中了"对马"号的水线，造成后者的2

---

① 译注：当地今天是日俄争议领土"北方四岛"的一部分，俄方称之为"伊图鲁普岛"。
② 译注：当地同样属于日俄争议领土"北方四岛"的一部分，俄方称之为"乌鲁普岛"。

个舱室被海水淹没、舰身也出现严重倾斜。在这种情况下，日军只好放弃追击，停下来紧急修理。

在"对马"号与敌舰交火期间，"千岁"号也向战场赶来，2舰整夜监视着港口。次日黎明，"千岁"号开始驶近敌舰，试图以此结束战斗。但此时，他们发现"新贵"号已在一处沙洲上搁浅，各种小艇则在一旁忙着撤走装备和舰员。事实上，俄军舰长在夜间便得出结论：该舰已无可挽救。它的舵机完全损毁，无法修复，港外的俄军探照灯阵地也报告称，敌军得到了另1艘巡洋舰的增援。由于无法逃脱，该舰决定在浅水区自沉。意识到情况的"千岁"号停下脚步，从8500米（9300码）外开始射击。由于对方没有回应，该舰又渐渐逼近到了4000米（4400码）的距离。在这一射程上，"千岁"号频频命中"新贵"号的残骸，并一度开近到2500米（2700码）以内，直到没有继续炮击的必要之后才满意离去。一场战斗就这样落下了帷幕：各自带着一点微小的成绩，2艘军舰返回了南方。

在胶州，事情同样进展顺利。14日19点35分，出羽将军收到了东乡将军发来的最后命令，要求他展开行动。出羽立即出发，在16日早些时候带领4艘巡洋舰和轻型舰艇分队抵达港外。同时，他还派出2名参谋军官询问德国当局，试图弄清德方打算如何处置"太子"号和与之一道前来的3艘驱逐舰。德国总督表示：所有4艘俄舰都已在昨天降下旗帜，并交出了炮闩和引擎的主要部件，现在正将鱼雷和弹药运送上岸；至于乘员，虽然本土方面的处置意见还未抵达，不过这些船只肯定会解除所有武器，并被羁押到战争结束。出羽将军闻讯撤回了舰队，并于次日率队归建。由于此时旅顺方面刚刚出现了危机，因此他们的返回可谓相当及时。

在上海方面，情况则棘手得多。面对中国方面的询问，"阿斯科尔德"号舰长的答复依旧相当强硬。为声援本国的外交活动，日本政府决定进行一场武装示威。19日，瓜生将军从军令部接到指示，要求他于20日率领"常磐""浪速""新高"号以及2艘水雷艇，在上海港外中国领海的边缘设置封锁线。同时，由于俄军驱逐舰据信依旧具备战斗能力，瓜生应设法避免派舰只进入港口。直到一个多礼拜后，他才从中国政府那里得到履行义务的满意保证。期间，为避免惊动其他列强，日本政府严格禁止瓜生侵入中立国水域。将军一度束手无策。

25 日，他得知"阿斯科尔德"号和俄军驱逐舰都已降下旗帜，但鉴于两舰仍在修理，他只好留在当地继续监视。直到 31 日，他才正式得到了敌军解除武装的消息。这让他相信，现在可以请求总部发出召回命令。他在电报中敦促说："在当前的危急时刻，将大量兵力投入这个毫无意义的地区，无疑是不明智的。"然而，直到一周后，他才真正接到渴望已久的归建批准。上级的决定如此滞后，一方面是因为，中国政府随时可能改变主意；另一方面，在上一周，"月神"号出现在了西贡，尽管日方与法国当局展开了积极磋商，但双方还没有就该舰的处置达成共识——这也加深了日军的不安。直到 9 月 6 日，军令部才告知瓜生将军，整个事态已随着该舰解除武装而得到彻底解决，瓜生可以择机撤退。但另一方面，他还得到指示，在撤退期间必须尽力保密。遵照这些指示，瓜生将军在当天日落时分动身，于 8 日抵达对马岛。

瓜生在之前电报中所说并据此认为需要尽快归建的"危急时刻"，指的实际是日军在旅顺的失利。因为之前连战连捷，日军坚信，他们完全可以一举消灭被困的舰队。这场作战原定于 21 日发动，但由于俄军舰队撤退回港，而且实力只是略被削弱，因此，日军决定将这次期待已久的进攻尽可能提前，以避免俄军从战斗的恐慌中恢复过来。为此，各种准备行动无疑是必要的，不过，虽然乃木将军认为它们不可或缺，但他只同意将主攻行动提前 3 天，最终，其时间被定在了 18 日——这也是日军对辽阳发动最后攻击的日子。俄军的东部防区（Eastern defences）被选为进攻的主要方向，但另一方面，日军也必须设法转移敌人的注意力，并从右翼不断压迫过去。自 7 月底以来，日军的右翼战线便固定在了双岛湾附近，但现在，他们要继续推进、转向，直到抵达鸠湾一带。这一准备行动将在 14 日开始，但由于浓雾和暴雨，最后又被迫推迟到 15 日。但即使到此时，天气依旧没有改善，日军因此举步维艰。期间，他们只将战线推进到了两座海湾之间。

另外，如前所述，日军决定在 16 日向守军提交劝降书，但在此期间，乃木将军的司令部收到了俄军舰队正在出海的警报。东乡将军闻讯立刻带领战列舰队离开基地，前去占领拦截阵位，但此时，细谷将军很快传来了报告，原来所谓警报不过是虚惊一场。然而，和许多人一样，东乡也相信要塞即将陷落——

届时，为了各自逃命，敌军舰队也极有可能再次出航。

正是因此，东乡认为现在不能放松警惕，反而应当加强封锁。此时的他彻底放弃了远程封锁的设想，而是把整个舰队部署在了旅顺港外。他本人将指挥战列舰队在白天围绕圆岛巡航，并在夜间返回"位置H"，即成山角东北方22海里处；同时，"春日"号则会离队前往"1183地点"，该地位于旅顺港南微东方向40海里，即芝罘东北25海里处。通过这种部署，他就可以和刚从胶州返回，目前正部署在老铁山南方的第3战队取得联络。对于第5战队，他们的任务是白天在老偏岛附近值守，入夜后前往圆岛附近海域巡弋。第6战队昼间的警戒区靠近旅顺港，夜间则会前往"位置P"，即遇岩正南方向。第7战队则由坐镇大连的细谷将军指挥，他们会直接支援陆军。该战队的主力位于小平岛和龙王塘之间，任务是将扫雷区进一步向着俄军右翼南移，同时，战队旗舰"扶桑"号将驻守在大连，其承担着一项特殊使命——"保持陆海军联络的及时和通畅"；至于战队的其余部分，即所谓的"济远支队"则会部署在双岛湾，它们会在第3战队的掩护下拦截偷越封锁船，并为己方陆军的最右翼提供支援[3]。同时，轻型舰艇的警戒区也得到了重新划分，此举除了可以更有效地阻止敌军补给船入港，还能及时发布敌舰出港的警报。最后，鉴于最近的夜袭行动成效不彰，现在所有雷击舰艇都被严令只使用乙型鱼雷（B class torpedoes），且发射距离不得超过800米。

这种封锁模式将得到长期贯彻，并规定各舰不得返回基地，甚至加煤和加水都不例外。其中，第1和第3战队的补给地点在圆岛附近的海上，第5和第6战队在大孤山湾，轻型舰艇分队则在小平岛一带。以上部署将在乃木将军发来总攻通知的当天生效。17日这天，日军旗舰得到消息：俄军拒绝投降。因此，日军的总攻将在次日展开。

就在当天，东乡将军发布了最后一系列命令，他对局势严峻性的认识也强烈反映在了这些命令的字里行间。命令写道："帝国的存亡取决于联合舰队能否摧毁残余俄舰。因此每个人都必须不顾危难，竭尽所能，哪怕是最小的船都不能让它逃出去。"

东乡司令的焦虑不值得奇怪，同时，我们也不难想象，他听说海军省允许上村将军在佐世保修理时会做何反应。由于每艘舰艇都要物尽其用，他立刻在抗议中表示，在旅顺舰队的问题得到圆满解决前，对马海峡都必须严密封锁。海军省立刻做了妥协，第 2 舰队的整修工作被立刻推迟，上村将军也奉命返回了警戒位置。

在此期间，东乡额外得到了一天的时间来完善部署。由于持续的恶劣天气让行动无法在 18 日开始，直到 19 日，日军的进攻才真正发起。虽然主攻方向在要塞的东面，但海军炮队的主要目标是船坞。随后两天，日军右翼坚定地前进，到 20 日，经过一次代价高昂的失败，他们终于夺取了 174 高地①。与此同时，骑兵则在济远支队的协助下，成功在鸠湾以北站稳了脚跟 4。我们已无法得知日军炮舰提供了多少援助，不过，它们的帮助显然不足以彻底击溃俄军。此时，俄军仍坚守在海湾中部的阵地上，其中一大部分海域仍可以供偷越封锁船驶入。因此，日军认为依旧有必要让济远支队继续占领封锁位置 5。同样，夺取 174 高地对解决港内俄军舰队的作用同样是有限的，因为在它前方依旧耸立着两座高峰，即化头沟山②（Division Hill）和 203 高地，它们居高临下地掩护着港口，令日军无法确定炮击的落点。即使如此，乃木将军还是认为准备工作已经足够，完全可以在次日发动一场正面进攻。于是，他在 20 日向东乡发出电文：陆军将在次日开始行动。

此时，俄军也预料到了即将发生的一切。18 日，"乔治"号③（S. S. Georges）偷偷穿过封锁进入旅顺，并带来了总督及其司令部给斯特塞尔将军的命令。其中提到，日军将向要塞投入 3 个师团，而且攻击很快就将发起。另外，在 9 月底另外 3 个军的增援抵达并完成集结前，库罗帕特金将军都不可能率部前来解围。收到这些惊人的信息后，斯特塞尔将军决定直接向海军求助，他告诉舰队指挥官，自己只有依靠舰队的资源才能继续坚守要塞，尤其是 10 英寸和 6 英寸舰炮的弹药储备。乌特霍姆斯基亲王闻讯立刻在次日，即 19 日召开了一

---

① 译注：又名大顶子山。
② 译注：该地在 203 高地东部，其译名根据比对英军战史地图和日军作战地图确定。
③ 译注：这是一艘悬挂法国旗的商船。

次军事会议，并在会上提出了两个问题。其一，受创的舰队能否在修复后突围，并成功抵达海参崴？对此，与会者一致认为这是不可能的。不仅如此，多数人还相信，甚至单艘船都不具备逃脱的可能性。

由于舰队暂时只剩下了一个任务——保卫他们的港口和避难所，这就引申出了第二个问题：在修理期间，他们是否应该转变职能，成为一支要塞支援舰队，或者竭尽所能给守军提供支援？对此，与会者给出的答复是，他们应当派出所有多余的人员和火炮协助防御，剩下的满足锚泊状态的战斗所需即可。

这一决定立刻得到了执行，但它也让舰队被彻底封存起来。期间，似乎有更多的舰炮被送到了岸上①，一支由一两个营组成的海军陆战旅也组建起来并加入了守军。这些都是东乡始料未及的，在看清乃木将军的意图后，他命令以加倍的力度展开封锁。另外，尽管港内并没有风吹草动，但日军仍能看到一些扫雷艇正在入口外沿着老虎尾半岛活动，其行踪最远到达了老铁山东部。为实施干扰，日军特地派出了驱逐舰，而主力舰则尽可能地靠近海岸，屏住呼吸等待着总攻的结果和期盼中的海战。

但对日本陆军的拼死突击，海军提供的援助少之又少。日本陆军主攻方向在战线的右翼，而这里位于舰炮的射程之外，另外，靠近海岸的军舰也会被俄军雷区所阻。不过，他们确实可以采取一些措施阻止俄军从海上支援右翼。21日，随着攻势的进行，几艘俄军炮舰曾进行了从海上支援右翼的尝试，并抵达了远至塔河湾的海域，和之前一样，在老偏岛附近巡弋的第5战队无法靠近，不过，为了应对这种情况，日本海军陆战重炮队特意编成了所谓的"乙炮台"②（Naval Battery "Y"），他们部署在塔河口附近，最终将这些俄舰击退。

除此以外，受局势所迫，其余日军舰队都没有行动，唯一的例外是他们认定危机就在眼前的一小段时间。当时是15点40分左右，一条电报显示敌舰正

---

① 译注：按照俄方记录，情况确实如此。"波尔塔瓦"号到9月时共拆除了3门6英寸炮、4门3磅炮和26门37毫米机关炮，"塞瓦斯托波尔"号则拆除了1门3磅炮和26门37毫米机关炮，其他主力舰也有类似的情况。

② 译注：该部下辖第6、第7两个炮兵中队。

在出动,各战队闻讯立刻动身前往遇岩,不过很快,他们就发现这是一次误报,于是返回了封锁战位。

让日军更失望的是,就在之后不久,有一条电报从"扶桑"号发来,其中显示激战自黎明时分开始一直没有间断,但由于碰到了意料之外的顽强抵抗,日军始终进展甚微。次日,即22日,日军重新发起突击,但随着战斗进行到夜间,他们最终只是重蹈了昨天的覆辙。这一天,也是日军原本预计攻陷要塞的日子,尽管他们的步兵英勇顽强,但进展可以忽略。这让东乡对未来局势更加担忧,他甚至开始想办法支援陆军的攻击。当时,他已得到报告,陆军将在次日继续进攻,但向内陆开火的俄军岸炮(尤其是东面靠海的炮群)给部队带来了很大麻烦。为此,东乡命令片冈将军在黎明时分率领"日进"和"春日"号出动,在敌军岸炮射程以外实施一次牵制炮击。不过他们并不认为,这种行动可以真正影响战局。按照我们得到的说法,此时东乡将军已经非常清楚,攻占要塞所花的时间可能要比想象的更久,他也意识到,自己能提供的帮助实在是太微不足道了。正因如此,他才会紧急致电东京方面,要求立刻将守卫镇海湾的4.7英寸舰炮调来加强海军陆战重炮队,以便为陆军提供更多的支援。

次日(即23日)的9点30分,片冈已经带领2艘装甲巡洋舰和1支扫雷艇队进入了指定位置,并发现俄军黄金山、馒头山(Manjayama)和崂崔嘴低炮台(lower Roritsu)正在炮击内陆,于是他立刻命令舰队朝14000米(15300码)外的最后一处敌军阵地开火。3座炮台立刻停火,并将炮击目标重新对准了日舰。片冈将军对此非常满意,于是立刻停止了岸袭。看到有来自17000米(18600码)外黄金山炮台的炮弹落在四周后,他开始率舰向小平岛撤退。

当日舰抵达目的地时,突然传来了"塞瓦斯托波尔"号正在出港的报告。作为当时俄军受伤最轻的战列舰,该舰奉命前去消灭海军陆战重炮队的"乙炮台"——当时该炮台仍在阻挡俄军袭扰乃木将军的左翼。大约中午时分,这艘战列舰开始轰击目标,片冈将军于是再次上前准备展开攻击。但他发现,除非穿越电岩炮台(Electric Cliff)的炮火,否则他根本不可能将敌舰纳入射程之内。不过,日舰的出现还是让俄军决定后撤,因为他们清楚,这些装甲巡洋舰的射程远在自己之上。祸不单行的是,在匆忙返航期间,"塞瓦斯托波尔"号触发了1枚水雷。

爆炸位置非常接近之前的破口，进水涌入煤舱。但这处空荡的舱室根本无法提供保护，很快被海水淹没。同时，海水还灌满了1座6英寸炮的弹药库和1座12英寸炮的炮弹库。最终，该舰被蹒跚拖回港内。看到这种情况，片冈将军前往圆岛归队。由于只用了少量炮弹便减轻了陆军的压力，还挫败了敌军对海军岸炮部队的攻击，他对这一成果似乎相当满意。[6]

随着攻势在次日重启，东乡将军命令2舰再次实施牵制行动。然而，东京的军令部似乎获悉了这些部署，他们认为这种行动决不能继续进行。无论如何，按照我们所知，23日，东乡司令接到了这封来自军令部长的电报："就目前而言，舰队重炮的开火次数已经达到了炮管寿命的一半，其中一些还严重受损，已经无法使用。目前，我们必须采取一切措施阻止旅顺舰队、海参崴舰队，以及早晚都会抵达的波罗的海舰队合兵一处。所以，与炮台进行零星交战，从而导致炮管磨损的情况是不能容忍的，我要求，禁止在炮击要塞时使用价值高于第7战队的舰船。"

这次干预行动事关重大，极大影响了前线指挥官的决策，不仅如此，它还证明了一点：海军装备领域的革命已经深深影响了传统战略的运用。在本土基地，负责舰队维护的人员能清楚地意识到一个问题：作战要受到火炮寿命的制约。同时，他们也不会像前线指挥官一样被冲动蒙蔽，并为了援助友军而不顾一切超负荷地使用装备。事实上，这次干预是为了提醒东乡司令：装备的运用存在极限。从这个角度来看，他们的干预并没有错。但同样需要指出的是，对于如何运用剩下的兵力，东乡将军的判断无疑更可靠：如果他认为给予陆军慷慨支援是消灭敌军舰队的最快方式，那么，他就不应受到任何约束。不过，不管大家持哪一种观点，有一点似乎不存在争议，那就是这次事件还证明：在司令部的控制权和前线指挥官的自由裁量之间，必须存在一条明确的界线。

在东乡将军看来，军令部的禁令显然不具有约束性。因此，他并没有撤回给片冈将军的命令，不过也提醒后者需要多加小心，只有在绝对必要时才应展开炮击。因此，2艘巡洋舰于24日再次出动。这次敌军炮台没有开火，片冈将军于是开始寻找一处合适的地点，以协助友军步兵发动进攻。不过，由于无法确定步兵推进的距离，他只能像以前一样撤退到小平岛附近海域监视敌军炮台。

下午时分，崂崒嘴附近的几门俄军野战炮开始开火，似乎成了他理想的目标。但在各主炮进行过一轮试射后，他发现距离太远，只得离开现场，回到了主力舰队的序列。

不过，在近海活动的轻型舰艇取得了更大的成功。之前，在不知疲倦的罗施钦斯基将军指挥下，俄军的布雷作业始终非常活跃。期间，尽管一直有驱逐舰为布雷船只提供护航，但东乡也为它们设下了陷阱——他下令将水雷的定深调浅，此举果然奏效：就在当天，俄军当天便有2艘驱逐舰成了牺牲品。[①]

直到此时，乃木将军都没有传来让舰队如释重负的好消息。一整天，海上都能听到进攻重启后的枪炮声，但没有迹象显示，整个行动取得了进展。事实上，这也是陆军进行的最后一次尝试，期间，他们表现出了超乎人类极限的耐力，但最终还是精疲力竭。俄军的抵抗也同样英勇。晚上，乃木将军已经清楚意识到：面对俄军出乎意料的储备资源和顽强抵抗，日军已经无法凭借突袭占领旅顺。自行动发起以来，他的成果也仅仅是占领了俄军防区北角一小块缺乏价值的土地，而人员损失则达到了10000人之巨，且枪炮的弹药也濒临耗尽。因此，他只能决定停止进攻，并电告东乡将军，表示他决定采用常规的围攻战术，按部就班地占领当地。

最初，东乡并没有意识到日军一举夺取旅顺的希望已经破灭，他甚至还命令2艘巡洋舰第二天继续出动，并再次提醒它们只在绝对必要时开火。然而，就在2艘舰出发后不久，他便收到了乃木将军那封令人沮丧的电报。鉴于日军舰队已精疲力竭，而且俄国波罗的海舰队随时可能出发，这份电报对东乡将军的影响也体现在了言简意赅的官方记述里。其中写道："东乡将军鉴于封锁舰队的状况，认为迫切需要尽早夺取旅顺。"后来，这一看法于25日被提交给了大本营。同时，他还敦促给陆军派遣新锐的增援力量。此外，"作为危机紧迫时的应急手段"，他的海军陆战重炮队也应再获得4门4.7英寸炮和更多弹药。

---

① 译注：这2艘驱逐舰分别为"破坏"号和"坚强"号。"破坏"号首先触雷受创，导致该舰有3人身亡、12人受伤。随后，"坚强"号在赶去救助时被另一枚水雷炸成两截，结果包括舰长在内的13人当场身亡。后来，受损的"破坏"号被友舰拖回了旅顺港。

鉴于陆军同僚蒙受的损失，他代表舰队诚挚地慰问了乃木将军，不仅如此，他还将麾下的军医和一支大型医疗队送往大连，用这一实际行动协助陆军医院收治伤员。期间，两位主官之间的情谊似乎一直有增无减：在回信中，对东乡将军的慰问、舰队在两翼的行动以及陆战重炮队的援助，乃木都一一表示了感谢。同时，乃木一定意识到了这次失利对东乡的影响，因此在表示感激的同时，乃木还做出保证，自己一定竭尽全力，在不耽搁一日的情况下尽快夺取旅顺。

尽管有着排除万难的魄力，但日军很快意识到，他们的目的远无法在一个月内实现。对于如此大规模的围攻战，他们缺乏足够的装备，这些装备的调集又将耗费很长时间；另外，由于伤亡惨重，日军还需要等待补给和增援抵达，舰队也将继续承受封锁任务带来的压力。此时，东乡唯一能做的就是发布一条通知，宣称要塞的陷落将指日可待，舰队上下必须保持耐心，等待战役目标最终实现。

大本营了解战况后，希望舰队能利用这段时间接受整修。针对东乡那封尽快发动地面攻势的电报，他们在回复中说，建议舰队派遣一两艘军舰回国入坞修理。但东乡将军有不同的看法，并拒绝了这一建议。他是这样回答的："直到旅顺港陷落，局势都要求警戒区内的舰船继续驻守。"——按照日军的记录，东乡之所以如此判断，是认为前一场战斗并没有取得决定性胜利。一两天后，当大山元帅即将从多个方向攻击辽阳时，或许是为了根据轻重缓急来安排主战场之外各项行动，大山也向东乡咨询了旅顺舰队的实力。东乡的回答打消了他的疑虑，东乡这样说道："目前旅顺的俄军舰队主力包括5艘战列舰……2艘二等巡洋舰'巴扬'号和'智慧女神'号，外加3艘炮舰和10艘驱逐舰。其中，'塞瓦斯托波尔'号至少两周内无法作战，其他4艘战列舰已经进行了临时修理并恢复了大部分战斗力，因此，它们可以算作恢复了航行能力。'智慧女神'号和'巴扬'号的修复预计将在本月内完成。"[7]东乡的看法是，根据当前的海上形势，如果要保证围攻大军的物资和增援安全抵达，那对旅顺的封锁就不能中断。

不过，海峡舰队的情况则完全不同：当时，军令部也向上村将军发送了一份类似的电报，上村为此请示了东乡司令。26日，东乡给出回复：可以把2艘舰船派往佐世保入坞修理。

　　这条命令也不情愿地承认了一个事实：积极的海上作战已经结束，而日军最终也没有达成目标。然而，希望仍然存在：虽然他们没能在海上战场速战速决，但按照日军的作战计划，这一目标仍然有可能通过陆战达到。虽然当时辽阳方向的攻击还没有开始，但日本的3个军都已就位，他们可以随时发动向心攻势，完成另一场"色当式"的会战。如果这一意图能够实现，俄军波罗的海舰队也将不会前来，届时，俄国会退出战争，并接受对日本有利的条款。

　　不过，实际情况远没有日军期待的那样乐观。由于日军部署的延误，以及海军无法彻底控制黄海，再加上大量日本兵力被牵制在关东半岛，库罗帕特金有了集结兵力的时间。另外，迫使日军推迟强袭旅顺的恶劣天气极大影响了满洲方向的战事，极为糟糕的乡间路况也根本不利于开展攻势。然而，乃木将军的失败提醒着他们——现在到了必须全力以赴的时候。

　　就在上村奉命派舰进坞维修的时候，大山元帅的右翼已经卷入了战斗。第二天，辽阳周围的大规模作战揭开了帷幕。惨烈的战斗持续了一周，双方都在竭力谋取胜利。虽然库罗帕特金将军最终被迫放弃阵地，但他成功将部队撤过了太子河（Tai-tzu-ho）；9月9日，俄军已在北面约20英里的奉天重新完成集结。就像两位俄军舰队司令的情况一样，他虽然已经落败，但就本次地面战役的目标来论，由于日军的意图是速战速决，他又并非一败涂地；日军也并没有获得决定性胜利——换言之，从本质上来看，这场战役和前两场海战根本没有多少区别。

　　至此，战争的第一阶段已经结束。虽然日军贯彻了作战计划，攻击了俄军的2支舰队，对旅顺实施了突袭，还进攻了辽阳地区，并取得了始料未及的进展，但在各个战场，他们都没能实现战役的既定目标。为展开上述行动，他们煞费苦心地准备了6个月，但没有从中获得决定性的胜利。

　　站在日军夺取的土地上眺望，战争离结束依旧遥遥无期。不过，虽然他们的处境仍有危险，但战果依旧相当丰硕。在辽阳，尽管日军的确没能歼灭俄军，不过也占领了足以掩护两处战略要地的防线。这条防线还让他们赢得了战略主动权。因为或早或晚，俄军都将被迫展开旨在瓦解它的攻势，不过由于交通线极为漫长，俄军根本无法发挥攻方的有利条件。而在日军方面，由于基地就设在临近的沿海地带，他们可以充分利用防御上的优势。不过，他们的这条防线并不是完美无瑕的，因为满洲的日军能否得到后勤保障，又都取决于海上交通线的运送能力，而这些交通线又存在诸多弱点。换言之，他们的优势能维持多久，完全取决于他们能在多长时间内继续保持局部的制海权；除非牢牢将海洋掌握在手中，否则他们的处境就谈不上绝对安全。

在形势上，日军的软肋主要是未能占领第二处领土目标。对他们来说，旅顺充当了解开海上和陆上困局的钥匙。事实上，由于没能在战争爆发初期像占领朝鲜一样占领旅顺，受形势所迫，他们只能在关东半岛展开攻势，这会严重削弱他们的主要防线。同样，这还延长了日军进行精疲力竭的海上防御的时间，随着一周周过去，封锁带来的损耗将影响日军的战斗力——这对彻底夺取制海权影响重大。换言之，此时日军的作战计划已经背离了当前必须坚持的基本原则，还颠倒了相关的主次顺序，至于他们认为的危险处境，也仅仅来自一种理论上的预判。

导致这种情况的原因，与其说是日军主观上的过失，倒不如说是他们能力上的缺陷。由于政治原因，他们无法在战争爆发前动员起足够的兵力，进而在开局阶段一举夺取两处战略要点。同时，日军在战略上遭遇的阻碍因素还不止于此：出于正常的谨慎心态，他们也不愿意在两条相距遥远的战线上同时展开作战。

即便上述行动风险巨大，但它们带来的回报也将同样惊人——如果日军没有高估俄军舰队的进攻能力，也没有低估要塞的防御水平，他们将在战场上获得更大的胜利。另一方面，这些误判并不是没有理由。在前一场战争中，日军不费吹灰之力便夺取了旅顺，但现在对海军来说，情况则截然不同，他们从一开始便在实力上居于劣势，而且在马卡罗夫将军接掌旅顺舰队期间，俄军的表现也愈发活跃，并展现出了愈发顽强的进攻精神。不仅如此，日军后来又没有意识到一个事实：由于马卡罗夫不幸的接班人消极避战的颓丧做法和有限的管理能力，俄军的战斗力早已一落千丈。

不过，在有些方面，我们又很难为日军辩护，尤其是在未能亡羊补牢这一点上。对他们来说显而易见的是，摧毁敌军舰队要远比摧毁敌人的陆军重要，但即便如此，由于对德军包围作战理论的盲信，或是对地面部队能力的高估，他们始终没有向旅顺方向投入足够的部队。不仅如此，日军还有一个值得批评的地方：他们没有把部队全部投入前线。有整整 2 个师，即第 7 师团和第 8 师团依旧在本土引而不发，一直处在无所事事的状态。但他们真的没有任务在身吗？考虑到他们的驻地，情况明显并非如此：其中 1 个师团位于北海道，另 1 个则在本州岛北部靠近津轻海峡的地区，换句话说，他们实际驻守的是一片当俄军从海参崴发动奇袭时，舰队无法保护到的土地。究其原因，一是日军必须要阻止俄军攻入本土，否则己方士气将一蹶不振；二是津轻海峡也是一处战略要地，显然不能置之不理。但问题在于，这些与海上战场关联重大的要地，真的值得日军投入 2 个师团吗？这 2 个师团是否真的能遏制北方的俄军舰队？我们之前提到，在开战之初，东乡司令曾经提议，面对海参崴巡洋舰队对日本北部的试探性攻击，海军绝不应分兵派遣舰艇进行阻止。这主要是因为，如果日本海军决心要保护本土北部地区，那么，他们就将无法在海峡地区集结足够的兵力，并为部队的主要运输线提供充分的掩护。他的建议得到了采纳，但是据信，海军这种压倒一切的考量却产生了另一种错误的部署，那就是让日军把 2 个师团留在了本土，而这些师团又只肩负着纯粹的防御使命。换言之，俄军舰队的部署事实上给日军带来了多个层面的问题，这些问题是如此棘手，导致日军只能采用下策。后来证明，这种下策根本不能算作明智之举，因为随着局势变化，它早已变得不合时宜。

至于日军失策的真正原因，则与海上战争的基本环境有关。众所公认的是，他们之所以没能得手，是因为他们未能及时根据形势调整作战计划。同时，形势的变化又出自两个方面：其一，他们在辽东半岛的推进过于缓慢；其二，他们在满洲地区的向心攻击发动得太晚。这种延误之所以在每个战场出现，又是基于一种主观判断——他们认定自己的交通线和补给线还不够安全。要不是因为这种担心，他们也许会在关东半岛放开手脚，或是全速攻击俄军的集结点。虽然在海上初战告捷后，他们的行动可谓大胆到了极限，但随着马卡罗夫将军的上任以及旅顺舰队恢复活动，他们的战役部署就变得谨慎起来，尤其是在海上——尽管冒险会带来百倍的回报，但他们最终没有下定决心。事实上，日军的精神状态已经完全改变了。那这种情况为何会出现？

　　关于这场战争，最肤浅的评论显然是：如果一方掌握了制海权，那么，这一方就将获得巨大的优势，这种优势将在海上战场得到鲜明体现。不过，从中我们还能得出一种不那么老生常谈但意义更为重大的启示。正如我们所知，在某种程度上，日本人掌握了制海权；至少，在与敌人旗鼓相当的情况下，他们设法掌握了制海权的一大部分。事实上，如果战争一开始，日军的行动就更大胆一些，他们的部队运输将很难被俄军舰队干扰。但问题在于，当时的日军并没有意识到这一点。它最终又导致了一种情况：物质上的优势完全无法令日军安心。只要落败的俄军舰队一息尚存，他们就会被一种瞻前顾后的心态所困，这种心态将非常不利于海陆联合作战的开展。因为此时，日军最关心的问题发生了变化，已经不是"我们是否可以取胜"，而是"怎样才能杜绝出现重大变故"。

　　如果现在，换做是我们要面对这样一个敌人：他们准备冒着海上风险部署部队，但目前依旧举棋不定。如果此时我们要阻止他的行动，除了剥夺他展开行动的物质手段外，还一定要多在精神领域施加影响。我们一定要想方设法让敌人相信，他在海上是不安全的，这时，他就会变得束手束脚。另外，在这种情况下，就算一支舰队已被击败，它同样会发挥不可小觑的作用。

　　由于未能夺取旅顺并摧毁港内的船舰，随之而来的不安全感将继续压迫日军，并影响他们对兵力的调遣；而在波罗的海方向，俄军的增援舰队虽然过于遥远，还无法对战局产生积极的影响，但同样加剧了日军内心的焦虑和不安。显而易见，除非日军能够尽快肃清局势，否则这种不安全感将不断增长。同时，由于俄国陆军的实力每周都在增强，日军的信心和行动自由也将不断受到影响。此时，无论是精神上还是物质上，力量的变化都对俄军大为有利，而对日军来说，他们将被迫直面这种逆境。同时，他们显然也意识到，有必要根据当前局势修改作战计划，并为未来作战构建一个全新的出发点。

## 注释：

1. 参见《日本战史公开版》第 1 卷第 224 页。日本海军高层的态度，几乎和 1808 年的英国海军部完全一致。当时，在《辛特拉协定》（Convention of Cintra）签署后，英国释放了一支被封锁在里斯本的俄军舰队。但不久之后，他们又得知，当时索马里兹将军（Saumarez）也率部将另一支俄军舰队封锁在了波罗的海的港口。俄军试图与索马里兹达成协议，但将军坚持对方必须无条件投降。海军部获知这种强硬态度前，签发了一道持有类似严厉态度的命令。其中写道：目前在海战领域，舰队有条件投降的做法还比较新颖，里斯本的情况并不是可以援引的案例。其具体内容可参见海军部外送公函（Out Letters）密令第 1366 号，1808 年 10 月 5 号。

2. 该命令由东乡司令在 22 点 30 分发出。

3. 该支队包括"济远"号、"赤城"号、2 艘改装炮舰和"日进"和"春日"号搭载的 2 艘武装汽艇。根据该支队下达于 8 月 18 日的原始命令，他们将只在该海域活动 3 天，且每天晚上返回金州湾过夜。

4. 该支队直到 19 日早些时候才离开大连。

5. 25 日，东乡司令命令细谷将军召回支队。但当他从后者处获悉，陆军的进展与军舰的存在关系密切之后，他便下令该支队继续在原海域行动，后来还加强了支队的兵力。

6. 日舰只发射了 2 枚 10 英寸炮弹和 7 枚 8 英寸炮弹。

7. 目前，这份详细情报的来源尚不得而知，但值得注意的是，几天前，乃木将军曾设法向德国驻旅顺的武官传达了来自德国皇帝的命令，要求德国武官离开当地。因此，德国的海军和陆军武官都在日军总攻开始后乘中国帆船离港。其中，海军武官乘坐的船只后来遭到日军驱逐舰拦截，并被带到了旗舰上。至于陆军武官，则被一名中国船夫杀害，尸首下落不明。"乔治"号在携带斯特塞尔将军的信函试图突围时同样被俘。但需要指出的是，无论根据上面提到的哪个事件，东乡都很难获知"塞瓦斯托波尔"号的情况，因为该舰触雷是在 23 日。真正让日军获知消息的可能是另一次事件：次日，即 24 日，斯特塞尔将军收到了一封乘小船抵达的、发自沙皇的电报，后来，他在 25 日将回复送出，但送信的船只很可能被俘获，并令日军得知了"塞瓦斯托波尔"号的伤势。

∧ 辽阳会战期间，追击俄军的日本步兵。即使如此，俄方依旧在奉天附近稳定了战线，对日军来说，真正的考验才刚刚开始

∧ 击沉"新贵"号战斗示意图

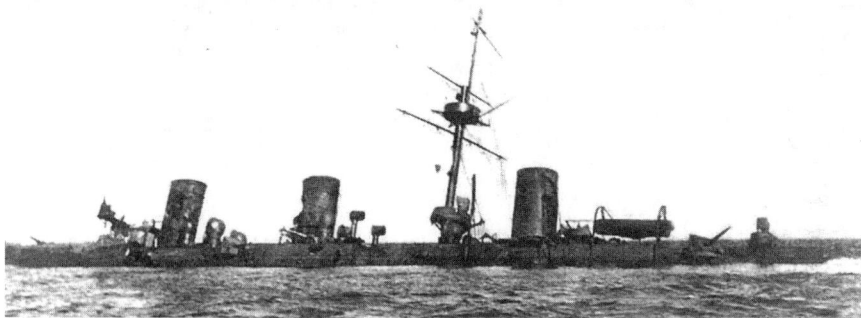

∧ 搁浅在科尔萨科夫近海的"新贵"号

∧ 尽管军舰被击沉,但"新贵"号的舰员们依旧没有屈服。日舰离开后,他们打捞了舰上的火炮,并用其加强了库页岛的岸防工事

∧ 黄海海战结束后，对旅顺的封锁依旧在进行。照片中展示了8月16日驱逐舰"阳炎"号在老铁山外海15海里处俘获的中国船只，据称该船在为俄军传递情报

〈 在海上准备为日军战列舰加煤的补给船。由于黄海海战未能歼灭敌舰队，东乡一度禁止舰队返回基地，以保持对旅顺的严密监控

∧ 日军在海上加煤时的景象

∧ 1904年8月末，触雷后被拖回港内，停泊在码头上的"塞瓦斯托波尔"号，该舰烟囱上可以看到8月10日战斗后修补的痕迹

∧ 落在团子山附近的俄军重型炮弹

∧ 俄军在旅顺外围阵地中遗弃的机关枪，它们给日军制造了惨重损失

〈 日军对旅顺发动第一次总攻击期间，在凤凰山附近视察战况的乃木将军及其幕僚

∧ 俄军驱逐舰"破坏"号触雷后的照片，隐约可见其舰体中部发生了断裂。8月24日，该舰和"坚强"号一道在旅顺外海触雷，导致后者当场沉没

∧ 日军后方的一个战地医院，针对陆军的惨重伤亡，东乡将军派遣了医疗分队，以便为救治伤员提供协助

586

∧ 辽阳战役期间，日军用缴获的重炮猛轰俄军阵地。日军使用的这些火炮是在南山之战期间被俄军遗弃的

# 原战役计划下的俄国太平洋舰队 [1] 编制

（摘自《海军文集》1912 年 4 月号）

## A. 战斗舰队

舰队司令：斯塔克海军中将

副官（Flag-Captain）：埃伯加特海军上校（Ebergart）

**1. 战列舰分队** 司令：海军少将乌赫托姆斯基亲王

第 1 小队，下辖战列舰：

"彼得罗巴甫洛夫斯克"号（斯塔克海军中将的旗舰）

"波尔塔瓦"号

"塞瓦斯托波尔"号

第 2 小队，下辖战列舰：

"佩列斯维特"号（海军少将乌赫托姆斯基亲王的旗舰）

"胜利"号

"列特维赞"号

**注：** 此时"太子"号刚刚抵达远东（12 月 2 日），还没有被纳入上述编制（随该舰一同抵达的装甲巡洋舰"巴扬"号亦然）。

**2. 远程侦察分队** 司令：暂缺 [2]

下辖巡洋舰：

"阿斯科尔德"号（一等防护巡洋舰）

"月神"号（同上）

"智慧女神"号（同上）

"瓦良格"号 [3]（同上）

**3. 近程侦察分队** 司令：暂缺

下辖巡洋舰：

"贵族"号（三等防护巡洋舰）

"新贵"号（同上）

"乌克兰哥萨克"号（Gaidamak，鱼雷炮舰）

"骑士"号（Vsadnik，同上）

**4. 第 1 驱逐舰队**

下辖 11 艘驱逐舰

## B. 独立巡洋舰队

舰队司令：海军少将施塔克尔贝格男爵

下辖巡洋舰：

"俄罗斯"号（旗舰，装甲巡洋舰）

"留里克"号（舰种同上）

"雷霆"号（同上）

"壮士"号（一等防护巡洋舰）

## C. 旅顺岸防舰队

司令：暂缺 [4]

下辖炮舰：

"勇敢"号（Otvazhni，旗舰）

"轰雷"号（Gremyashchi）

"吉兰人"号（Gilyak）

布雷舰：

"阿穆尔"号

"叶尼塞"号

第 2 轻型舰艇分队

9 艘驱逐舰、7 艘（一等）鱼雷艇

## D. 海参崴岸防舰队

司令：暂缺

下辖炮舰：

"高丽人"号[5]（旗舰）

"满洲人"号[6]

"海狸"号[7]

"海狮"号[8]

运输船：

"勘察加人"号（Kamchadal）

"雅库特人"号（Yakut）

"通古斯人"号（Tunguz）

外加 4 艘一等鱼雷艇和 6 艘二等鱼雷艇

## 未包含在上述编制内的运输船：

"满洲"号（Manchuria）

"蒙古"号（Mongolia）

"额尔古纳"号（Argun）

"石勒喀"号（Shilka）

"嫩江"号（Nonni）

A 和 C 舰队位于旅顺，B 和 D 舰队位于海参崴

**注**：由于俄军遭遇突袭，因此上述舰船的动员以及舰队战时编制和战略部署，都未能在战争爆发时实现。

## 注释：

1. 该舰队的正式名称是"The Squadron of the Pacific Ocean"，即太平洋分舰队。

2. 该职位最终由莱岑施泰因海军少将担任。

3. 该舰在 12 月 10 日被派往济物浦执行特殊任务。

4. 该职位最终由罗施钦斯基海军少将担任。

5. 该舰驻防于济物浦。

6. 该舰位于上海。

7. 该舰位于旅顺。

8. 该舰位于牛庄。

# 附录 B

# 日军的战斗训令

（摘自日军舰队和各战队的"机密令"）

## I. 东乡将军对联合舰队的总指示

如在海上遭遇均势之敌并爆发决战，联合舰队应以本战策为指导。但由于未来不可预知，对策无法穷尽，何况局势总会随战况变化，均势未必经常出现。因此，下列内容只是在全队参战时，各部队协同行动的要点。如果出现不合时宜之处，我们将临机发布后续命令。

1. 各部队的战斗任务

（a）作为主战队，第 1 和第 2 战队应摧毁敌军二等巡洋舰以上的舰船。在转入追击前，这两支战队不应独立行动，而应在战斗中相互呼应。

（b）第 3 和第 4 战队乃游击队，其责任为：迎战劣势的敌军巡洋舰队和驱逐队，击破和俘获敌方损伤舰和孤立舰、掩护我驱逐队免遭快速巡洋舰攻击。

（c）"千早"和"龙田"两舰的主要职责是追歼敌军的驱逐舰和水雷艇；如有机会，它们应尝试对敌军舰队发动雷击。

（d）战斗初期，各驱逐队和水雷艇队应见机采取机动，力求卷入交战；但如果有良好机会出现，各队应突击敌舰；若敌舰溃散败走，各队应紧追不舍，并利用夜色轰沉之。

2. 各部队的战斗队形和战斗航速

（a）各部队以指挥舰为先导，并排成单纵阵——此乃基本要点。若时机适宜，各舰应一齐转向改变队形。

（b）各战队的战斗航速规定如下：

第 1 战队：15 节

第 2 战队：17 节

第 3 战队：18 节

第 4 战队：15 节

"千早""龙田"和各驱逐队及水雷艇队：航速适宜即可

另外，虽然各战队的航速要求如上所示，但各舰的速度或许会随战斗而变。在作战期间，各舰不必打出航速信号旗，但必须打出转速信号旗。

3. 战斗通则

（a）第 1 和第 2 战队肩负主要的战斗任务，其余诸队不应干扰行动。

（b）任何因受损或起火而无力跟随舰队的舰只，应挂出"不管旗"（Disregard），并在适宜时出列。

（c）敌军的集结和分散可能导致各队分离，但同一小队的各舰应努力保持行动一致。

（d）夜战中，各舰将点亮航海灯（即航向灯）和航速灯。同时，它们还将在桅顶悬挂红灯和白灯各一盏，其中红灯位于白灯之上。

（e）夜战时的航速应与开战前航速相同，但切不可"一齐转向"。

4. 战斗序列及阵列

当已确定敌舰位置，决定开战时，我军各舰可能分散于战场附近。此时，应首先通过信号或电报召集之：无论各部队正在侦察、警戒还是巡逻，都应全速前往第1战队所在地集结。随后，依照"进入战斗阵位"信号旗，第1战队将加至战斗航速，并前往一处适宜与敌接触的地点，其余舰队应根据附图所示组成阵形。

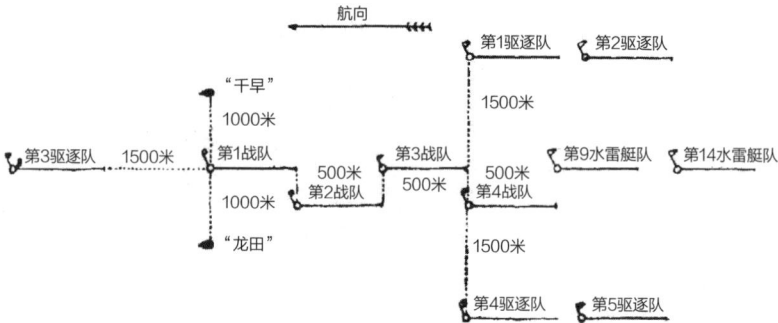

此阵形下，各部队都必须和第1战队同速同向航行；其他各队应处在既定的相对位置上——这种阵形必须保持，直到敌我距离不足8000米。另外，"千早""龙田"和第3驱逐队应特别留意保护前卫，令其免遭敌驱逐队或鱼雷艇队急袭。如果敌舰向我军急进，上述各舰应当上前，全力驱散和摧毁敌舰。

5. 战斗开始及运动要领

按照前项所示的阵形，我们将不断接近敌人，直到抵达战斗距离。此时，总指挥舰将升起战旗（主桅顶的舰旗），战斗由此开始。此种情形下，若敌驱逐队未来袭，第3驱逐队和"千早""龙田"两舰需转舵撤退，为各战队腾出空间。其余各驱逐队和水雷艇队应当变换阵位到非迎敌面。同时，上述队形也将解散，各队应提至适当的战斗航速，并采取如下机动。

591

（a）第1战队将选择最易攻击的敌军分队，并如下图所示，抢占此股敌军的"T"字阵位，同时尽力压迫敌军先头舰。

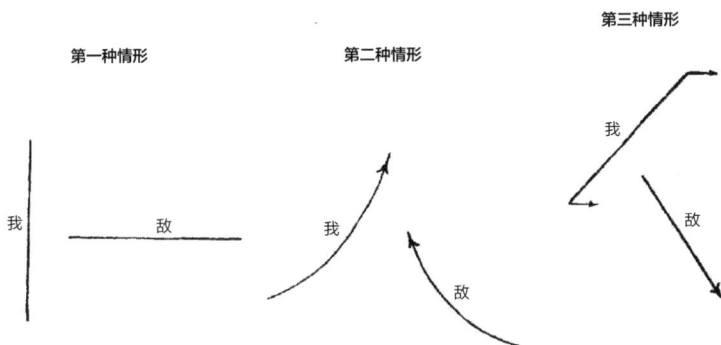

同时，为保持"T"字阵头位置，该战队也可以在情况适宜时同时转舵。但需要指出，我军首先展开攻击的目标不一定是敌军主力，而是会随着敌军阵形而变，并以保证我军充分发扬火力作为选择目标的先决条件。另外，如果采用了上述战术，敌军也会相应采取机动，最终导致两支舰队同向或反向航行。如果此种情况出现，我军可能会考虑同时转舵4个罗经点，以保持适当的交战距离，或是同时转舵16个罗经点，以求转换交战面。

（b）第2战队将注意敌军运动，目标是对敌军形成交叉火力，或是与第1战队一道夹击敌军中的一部。为实现目标，该战队要么尾随第1战队，要么反向航行，以便凭借上述运动与第1战队一道围绕敌军组成"L"形阵。届时，这两个战队将以交叉火力猛击敌军。

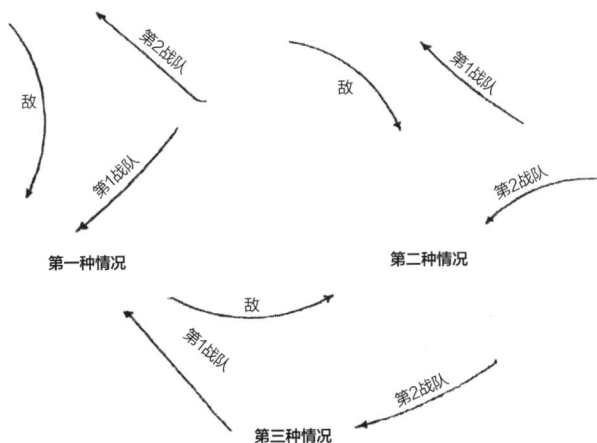

战斗以此打响后，第1、第2战队将不论进攻的主次顺序彼此呼应，对一部分敌军形成包抄态势，其中之一应相机行事、占据主攻的有利阵位。随后，我军应猛攻另一部分敌舰——总之，其中的基本思路是集中兵力攻击敌军一部，而不是各自为战。

（c）第3和第4战队将遵照第1项的指示行动，并采取适当措施留意敌军的集、散、离、合，尤其是巡洋舰的活动，并全力阻止其进攻我军驱逐队和水雷艇队。如果时机有利，它们还应在不干扰友军行动的前提下，发扬侧舷火力，与主战队一道联合对敌作战。另外，如战斗胜负已分，它们还应攻击眼前的一切损伤舰和孤立舰，不给敌军喘息之机。如果看到有敌舰试图逃脱，它们还应当全速追击并阻止之。

（d）"千早"和"龙田"将依据第1项中的指示，根据情况独自展开行动、追击敌军的驱逐舰和鱼雷艇，并尝试摧毁之。另外，如果情况允许，两舰应设法用鱼雷攻击损伤和孤立的敌舰。

（e）驱逐舰和鱼雷艇同样将依据第1项的指示，在开战后趁机撤到敌舰的射程外，并留意战斗的后续发展。如果有理想情况（尤其是当敌军副炮火力被逐渐削弱时），它们将大胆攻击敌军舰队。其中，第1驱逐队应与第2、第4、第5驱逐队协同，第14水雷艇队应和第9水雷艇队协同，以保证攻击奏效，第3驱逐队将单独展开游击。当敌军四散败走时，上述部队也可在适宜时分散成小队跟踪，并利用夜色将其摧毁。此外，根据形势，他们也可以继续前进，并在敌方军港外待机，并趁敌舰回港时展开进攻。

（f）各队指挥官需自主决定使用的战策以及麾下各舰炮火和鱼雷的使用方针。

以上就是联合舰队集体与敌军交战时应采用的战术。另外，东乡将军还制定了另一份文件：即只有第1战队与敌军接触时采用的战术。此文件以《第1战队战策》为标题，并分成了几个部分，涵盖了战斗队形、战斗航速、战斗战术以及火炮和鱼雷的使用等多个方面，该文件最终于1月10日下发给了第1战队，其内容见下文。

## II. 东乡将军对第1战队的特别指示

以下是第1战队单独行动并遭遇敌军舰队时，需要贯彻的战术要点。我认为该战队的攻击和防御能力极强，无论遭遇多么强大的敌人，只要能遵照计划集中兵力、对敌人各个击破，就几乎不存在失败的可能。因此，无论对手是否占据优势，我们都有必要知悉下列战术原则。

1. 战斗队形和速度

（a）正常状态下，该战队将排成波浪线阵形，我的旗舰居于先导位置，副手的乘舰则在最后。在情况允许时，各舰应当一同转向，并排成单横阵或单梯阵。有时，假如命令要求各舰掉头撤退，我们应当同时转舵16个罗经点，届时，殿后舰也将居于先导位置。无论舰队首尾朝向如何，或是航向何处，战队都应排成单线前进。其中，各舰的次序如下所示：

第1小队：（1）"三笠"（旗舰），（2）"朝日"，（3）"富士"

第2小队：（4）"八岛"，（5）"敷岛"，（6）"初濑"（旗舰）

（b）战斗航速总体定为15节，如果没有特殊命令，战队即以此前进。但如果敌军的速度让我方无须高速航行，我方也可以减速到14节。当涉及战斗航速的命令下达后，各舰应降下航速信号旗，只保留转速信号旗。在此之后，每次速度变化的指示内容如下："半速"是当前航速的一半，"微速"则定为4节。

2. 本战队的基本战术将遵照《联合舰队战策》第5项a点的规定，即采用所谓的"T"字战法。

无论构成的"T"字是否标准，我们都将以此对敌，并朝敌方舰列末尾集中火力。如果战法无法落实，我们应平行于敌军，选择与之同向或反向航行，并在相同条件下交火。虽然射程未必总适合我方发扬火力，但我军仍会选择与敌保持至少3000米的距离。如果敌军处于劣势，我们将分散为小队，并按照司令"总指示"中第5节b条中的规定，组成"L"形阵，进而将敌军置于交叉火力之下（命令将通过一面"标时旗"发出）。此时，第2小队的先头舰应寻找有利时机，向右或向左率队出列，以便和第1小队共同构成"L"形阵。当"L"形阵成形时，两个小队将继续展开攻击，以便形成交叉火力。

当我方以"L"形阵作战时，如果情况需要，也可以重新变化为单线阵，以便对敌军实施"T"

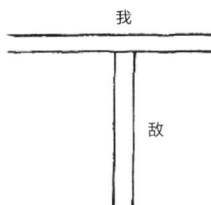

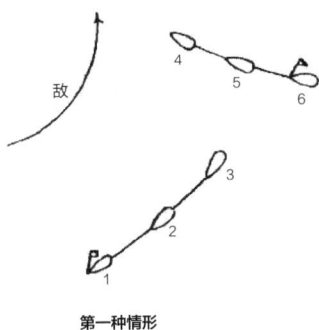

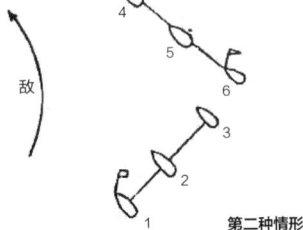

第一种情形

第二种情形

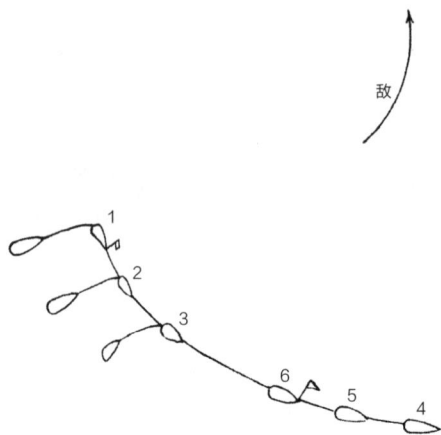

字战法。此时，第1或第2小队应按照附图所示，同时转过变阵所需的罗经点，并跟上另一小队，虽然阵列中船只的顺序会被打乱，但我们不应理会这种情况，并根据有利条件组成单线阵。

简而言之，该战队应以"T"字战法为主要战术，并在时机适当时分兵组成"L"形阵。在后一种情况下，由于舰队不存在首尾区别，最前方或最外侧的舰只将担任先导，而不考虑该舰指挥官的军衔如何。

3. 舰炮和鱼雷的使用要点

（a）关于开火时间将不做特别规定。不到6000米时，各舰长均可自行判断是否开始全力射击。由于炮火在3500米外的预计命中率大约只有1%，因此，我军决不能匆忙或胡乱地实施炮击。

（b）我军集火的目标是敌军的先导舰、殿后舰或是侧翼，此时应谨记作战计划的要义。但另一方面，根据不同情况，所有指挥官都可以无视上述计划自由攻击最适合发扬火力的目标。

（c）使用"T"形阵和"L"形阵的意图是最大限度发扬我军火力，除此以外第1战队将不会采用其他战斗阵形，也不应主动接近敌军并发射鱼雷；但如果战斗过程中出现了机会，我军也应当有效使用这种武器——此时应发射的鱼雷为甲型[1]。为这一目的，队内的舰只可以转向不超过2个罗经点。

## III. 上村将军对第2战队的特别指示

作为第2战队的指挥官，上村将军也制订了一项战术计划，计划第2战队在与敌舰交战时执行。他将该计划划分为如下小节，即战斗队形、战斗航速、战斗计划，舰炮和鱼雷的使用，对驱逐舰和鱼雷艇的炮击和应对战术。这些战术指示签发于1月21日，以便第2战队独立行动时使用。其内容如下。

1. 本文件乃第2战队单独攻击敌舰时的战术要领。

2. 据此战策，我军将采用"联合舰队战策"提到的"T"字战法。当我军舰队强于敌人时，改用"L"字战法。

3. 战斗队形

在战斗队形中，本人的旗舰将引领舰列前进，副司令的旗舰将负责殿后。整体队形通常呈一条波浪线，但如果有必要，各舰的队形和次序将有调整。若此情形出现，无论指挥官军衔如何，位于队列前方或侧翼尽头的舰只都将担任领导，并指引各舰进入有利位置。

各舰的顺序：

（1）"出云"（旗舰），（2）"吾妻"，（3）"浅间"，（4）"八云"，（5）"常磐"，（6）"磐手"（副司令旗舰）

各舰需要尽力保持阵形，避免掉队。

4. 战斗航速

战斗航速定为17节，如果没有特殊命令，各舰都将保持此航速，"微速"定为5节，"半速"则是当前航速和微速之间的一半。

5. 除特殊情况，各舰将不悬挂航速旗，只悬挂转速旗。

6. 战斗计划

当与实力相同或更强的敌军交战时，我们应保持原有航线，并利用航速优势，在"T"字阵头横越敌军。我们整个舰列的火力都将集中到敌军的先导舰或殿后舰上。在行动中，我方主要舰只将遵循的战术要点是：

（a）先导舰应径直驶向敌军的领头舰或最近的侧翼舰，当接近到大约8000米（8700码）时，再视情况左转或右转。

（b）作为两支舰队机动的结果，假如我军最终与敌舰反向航行，我方应利用速度优势，对敌军先头、末尾或侧翼构成"T"形阵，当我军横越对方后，应当转向未接战的一侧。

（c）如果我军与敌舰同向航行，而且敌军有朝外侧转向的迹象，或者试图从前方超越我军，此时我方都应当朝外侧转向。如果我方正在超越敌舰，此时就应设法利用航速优势形成"T"形阵。

（d）如果敌我双方平行航行，无论航向相同还是相反，只要敌军的转向不会给我军造成显著危害，我军此时就无须改变航向。

（e）机动可能导致敌我接近，但应注意，距离必须保持在3000米以上。

7. 上述战术将在敌军弱于我方时采用。但如果我方要主动攻击较弱之敌，我军应按照下列次序展开行动：

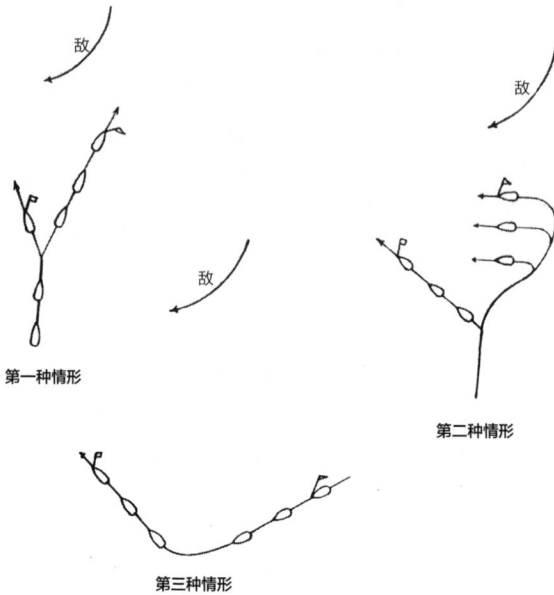

第一种情形

第二种情形

第三种情形

（6）（旗舰），（5），（4），（1）（旗舰），（2），（3）

在上图所示的情形中，除却已经提到的指导思想，我们还应当遵守下列原则。其中的整体思路是强迫敌军与我方在平行航线上作战。在适当的时候，本人的旗舰将打出"一同机动"的信号，并根据情况向左或右转舵大约 8 个罗经点，第 1 小队的其余舰船将跟随我前进。此时，第 2 小队需在等待该信号旗降下的同时，继续沿原航线加速行驶，并在不减弱炮击力度的前提下，努力在新航向上排成波浪阵形。假如敌军的运动变化让我军可以停止机动，此时，我军将挂出"否定"和"一同机动"的信号旗，以此表示这道命令。

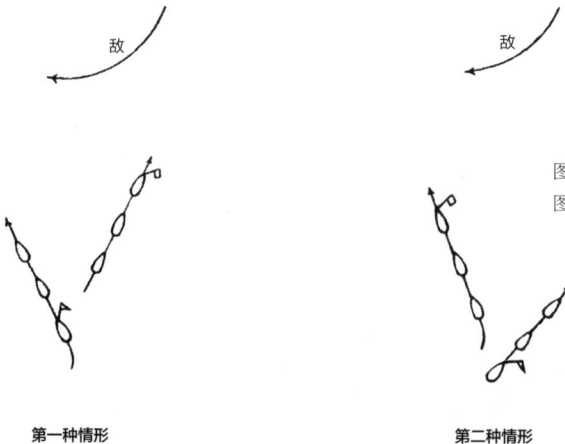

图例1：第2小队转向组成"L"形阵
图例2：第1小队转向组成"L"形阵

第一种情形

第二种情形

如果各舰的次序与上述描述有出入，但同时仍有继续机动的必要，前/后方小队的先导舰应按上图所示运动，其余各舰则应当跟随前进。在所有情况下，我的旗舰都会在行动开始时打出"一同机动"的信号旗。

8. 在行动期间，为组成"L"形阵，当我军舰队需要部分舰船出列时，我军应打出"标时旗"，有时，执行机动的舰名也应在信号中指明。此时第 2 小队或提到的应参与行动的舰只，将根据小队指挥舰的信号移动。

另外，作为机动的结果，小队有可能分散，进而导致战斗力减损。因此，两者应当尽力注意保持联络。

当我军以"L"形阵作战时，如发现实施"T"字战法的有利机会，第 1 或第 2 小队将根据战况，在适当时机一齐转向，并跟随另一小队前进。期间，我军可以不顾原有航行顺序适时组成单纵阵。

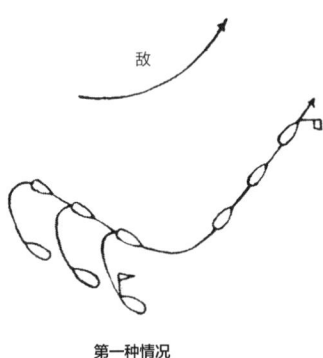

敌

敌

第一种情况

第二种情况

图例1：第1小队位于队首　　　　　　图例2：第2小队位于队首

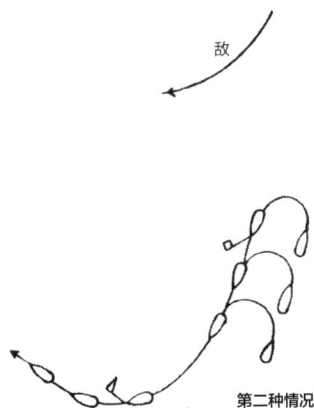

9. 舰炮的使用要点

不存在指示开火的特殊信号，其具体时机将由各舰舰长临机决定。在距离超过 4500 米（4500 码）时，各舰不应试射，必须在开火前悉心准备。如果距离小于 4500 米，各舰可以在试射时忽略敌军的航速，并将舰首作为瞄准点。

10. 鱼雷的使用要点

我军将不会为接近敌军、获得发射鱼雷的有利机会而专门变阵或转向，不过各舰应当准备好发射鱼雷，并不放过任何机会。如果使用鱼雷的良机出现，我舰可以在转舵不超过 2 个罗经点的前提下实施雷击，但要在完成发射后尽快归位。

11. 对驱逐队和鱼雷艇队的舰炮和鱼雷的运用

598

当发现有敌军驱逐队和鱼雷艇队急袭时，各舰应展开炮击，瞄准舰首前方半个舰身的位置。在一些情况下，为了躲避鱼雷或发扬火力，各舰将一齐转向。

## IV. 出羽将军对第 3 战队的特别指示

作为第 1 舰队的副司令，出羽将军同样起草了一份供第 3 战队单独迎战敌舰时使用的作战方案。该方案名为《第 3 战队战策》，并分为以下几个小节，即战斗阵形、战斗航速、战斗开始、战法，舰炮和鱼雷的使用守则，各舰自由运动的场合以及战队特有任务的应对战法。该命令签发于 1 月 20 日，其内容如下：

本战队乃联合舰队的耳目，在从事搜索侦察等战斗任务期间，可能有独立与敌方巡洋舰交战的必要。再加上联合舰队讲求协同作战，需要我战队发挥高速的特性，以帮助主力舰队充分发挥威力。因此，我根据相应情况，制定了下列战术原则。

1. 战斗阵形：

第 1 小队：（1）"千岁"，（2）"高砂"

第 2 小队：（3）"笠置"，（4）"吉野"

我方的基本阵形为前述的常距单纵阵，但会根据情况变阵，并转舵 4 或 8 个罗经点，其余需要注意的就是转舵向左还是向右。当我方转舵 16 个罗经点或是因其他情况导致旗舰不居于领先位置时，不论指挥官的军衔高低，位于先头的舰只都将带领各舰前进，并执行符合战策的机动。

2. 战斗航速：

常规航速：18 节。半速：当前航速的一半。

微速：4 节。舵角：25 度。

关于战斗航速，我方将不做其他规定。不过一旦战旗升起，各舰就应降下航速旗，并加速至 18 节，同时将螺旋桨转速每分钟逐次提升 10 转。另外，在必要时，我军将下令全速追击敌军，在这种场合，我方将没有保持单纵阵或各小队航行次序的必要，航速也将提升至 22 节。如果"笠置"号无法跟上，该舰可以不遵守这一命令，并在挂出"不管旗"后离队，同时根据情况采取机动。

3. 战斗开始

当我军以（A）战斗序列航行，或是以（B）单独行动时，如果总指挥舰确认发现敌军并升起战斗旗，各舰也同样应将战旗升起，并加速至战斗航速。为避免旗帜落下，如果升降索被炸断，该旗帜应当被转移至主桅顶端的上方或下方。

在 A 情况下，我军将采取以下战术。

如果我战队位于战列中各舰的迎敌面，此时，我们将根据情况，或集体右转，或相继改变航向，设法对敌军形成分进合击之势。

而在 B 情况下，我先头舰应当径直驶向敌军先头舰，或是最近的侧翼舰，在双方接近至 8000 米（8700 码）时，我军将根据情况顺次向左或向右转舵，由此开始战斗。

4. 战法

本战队对敌运动的方针与第 1、第 2 战队相同，即采用"T"字战法，集中全部火力于敌军战列一端，尔后逐一击灭之。根据本战策，我方可以改变航向，以求变换阵形或保持射程。如若航向平行于敌舰，本战队将利用高速在敌军前方占据阵位，并对敌军先头舰采用"T"字战法；如果距离适合，我方可释放甲型鱼雷。如果敌军处于劣势，我们将择机以小队为单位，按照联合舰队战策第 5 项第 2 点中的指示，凭借"L"字战法夹击敌军。在此机动的命令下达时，我军将升起一面"标时旗"（Indicate Time），此时第 2 小队的前导舰将适时向左或向右转舵出列，以便采取必要机动组成"L"形阵。期间，两个小队必须尽力保证不失去联络。

5. 舰炮的使用守则

（a）虽然不会对开火时机做出特别规定，不过，各舰长都应在敌我距小于 6000 米（6600 码）时、自主决定合适的开火时机。另外，在距离大于 4000 米（4400 码）时，各舰禁止进行急速射击。

（b）基准射程定为 3500 米（3800 码），但各舰不应接近至 3000 米（3300 码）以内。

（c）射击目标为先头、后尾和翼端之敌舰，但各舰长不必拘泥于此。若形势允许，舰长可以选择充分发扬火力的炮击目标。

（d）战斗初期，如果对最近敌舰的试射结果已明确，我舰应在前主桅悬挂以百米为基本单位的信号旗，并以此标明射程，但其他舰只不必完全采信上面的数字。

（e）以单纵阵航行期间，为了发射重炮，殿后舰可以临时转向不超过 2 个罗经点，但需避免因此掉队。

6. 鱼雷的使用守则

由于战斗以炮战为主，我方不该为了获取发射鱼雷的有利机会，专门试图变阵或接近敌军。然而，如果有利用鱼雷的良机出现，我方应施放甲型鱼雷。为实现这一特殊目的，舰只可以临时转舵 2 个罗经点，但完成发射就应返回原航线。

7. 各舰自由运动的场合

（a）阵形分散时

（b）将遭遇撞击或可能危及其他舰只时。

除却上述情况，各舰严禁擅自行动。如果阵列遭敌军切断，后方各舰必须竭力保持队形，跟随队列前方各舰。

8. 战队特有任务的应对战法

（a）与我方各舰势均力敌的敌舰有"迪米特里·顿斯科伊"号、"壮士"号、"瓦良格"

号、"智慧女神"号、"月神"号、"曙光女神"号和"阿斯科尔德"号。在有形的战斗力上，对方无疑稍占优势，但若将无形的战斗力考虑在内，只要我方遵守上述战法，即便与上述 7 舰中的 4 艘交战，此时也大可不必惶恐。

（b）如遭遇优势敌舰，如一等战列舰或一等巡洋舰，我战队应在不干扰其余各队的前提下纵横驰驱，不断改变航向，并在后者需要帮助时逼近敌军，反复扰乱对手的局势判断。

（c）面对劣势敌舰，如"贵族"号、"新贵"号、"金刚石"号（Almaz）及以下各小舰时，我舰只需利用"T"字或"L"字战法一举击灭之。

（d）若面对敌军驱逐舰或鱼雷艇，无论敌军从何方袭来，各舰都应注意保持行动敏捷。如果敌军从正前方猛扑而来，且对方在 5000 米（5500 码）外，我方应变换航向，以"T"字战法迎击；如在 5000 米内，我军各舰可一齐转舵 4 个罗经点并猛轰。倘若敌军从正前方以外的其他方向袭来，我军同样可以凭"T"字战法给予打击。

（f）在追击败逃敌舰的场合，我方应采用单横阵或单纵阵，在敌方侧面实施机动。如果敌军的数量至少多于我方 2 艘以上，我方可以分兵为小队，从两个方向尾追敌人，并实施夹击——此命令会以两面连续挂起的"标时旗"表示。

（g）如果我方在搜索或担任前哨期间与劣势之敌相遇，应决心将其歼灭；但如果双方处于均势，或敌军实力占优，出于任务上的要求，我方应主动避战。此时，我战队应保持适当的航速，并排成单横阵游弋于炮战距离的边缘，如果我战队已经分兵为小队，或是各舰正在单独行动，此时，我方同样应照此战术行事。

（h）如果我战队在搜索敌军或担任舰队前卫期间遭遇优势敌军，为了给主战队提供备战时间，我方应发起牵制攻击，但稍后就需要从诱敌航线撤退，将敌方引向我军主战队，尔后我方也将与主队会合。

（i）战时敌方可能升起白旗，我军应无视之，继续果断采取行动将其歼灭。同一对策亦适用于运输船，我方不必劳烦将其捕获。[①]

（j）除非有其他命令，我方应不顾友舰损伤，专心歼灭现存敌舰。

（k）如我军驱逐舰和水雷艇被敌军穷追不舍、陷入困境，我方可以插入敌军和友舰之间，将对方逐退。

9. 在夜间战斗中，各舰应在主桅顶部挂起红灯和白灯，两种灯的亮度应调成最大。

---

① 译注：在文件的最终版本上，日方用删除线将这段内容划去。

## V. 瓜生将军对第 4 战队的特别指示

作为第 2 舰队司令的副手，瓜生将军同样为第 4 战队起草了一份战术计划，供该战队在单独遭遇敌军时使用。其中涉及战斗阵形，先头舰战法要点，航速和舵角，舰炮和鱼雷的使用以及火控等几个方面。该文件后来被命名为《第 4 战队战策》，签发于 1 月 28 日，其内容如下：

1. 本战策供第 4 战队与敌军单独交战时采用，但在加入联合舰队后，全战队也应遵照其中的内容行事。

2. 在参与联合舰队行动的场合，我战队的角色是游击部队，具体战位并不固定。因此，我战队最初应按原本航向前进，直到先头战队有所动作。而后，我队应将航速调整至接近第 1 战队的水平，并来到该战队非迎敌面的后方位置，同时，我方还应注意不要离友军过远，以保证能根据情况灵活机动。

3. 我战队将如《联合舰队战策》中所示，以"T"字战法为基本战策，将全部火力集中于敌军先头舰或侧翼一端。然而，我方也应注意让敌我距离大于 3000 米（3300 码）。

战斗阵形

4. 我方将以常距单纵蛇形阵为基本阵形，但也会根据局势一齐变换航向，组成单横阵或单梯阵（分别用于追击和撤退）。同时，我方还可能一齐转舵 16 个罗经点，借此反向航行。在这些变阵中，除非有其他命令，队列的先头舰都将负责指挥：其舰长不论军衔高低，都必须依据自身的判断带领我军进入有利位置。

第 1 小队：（1）"浪速"，（2）"须磨"，（3）（暂缺）[2]

第 2 小队：（4）"明石"，（5）"高千穗"

无论战斗导致怎样的集、散、离、合，各舰的次序都不应有变。在战斗阵形下，它们可能会相互接近，但切忌为恢复常规距离而刻意采取机动。在战斗中，如需要躲避 / 发射鱼雷，各舰长可以略微改变航向，但此时应铭记一点：战斗的第一要素就是保持阵形的严整。如果舰只出列或无法归位，该舰不可被动等待命令，而是应自动前往队尾，其他舰此时将自动补位。

5. 战法

与敌交战时，我方应以前述第 3 项中的战法应对，先头舰的运动要领则如下所示：

（a）我方先头舰应朝敌军先头舰或最近的侧翼舰驶去，在距离大约 8000 米（8800 码）时根据情况向左或右转向。

（b）假如在机动后，敌我双方最终处于反向航行的状态，此时，我方应采取行动，对敌军的先导、殿后或侧翼舰只采取"T"字战法。

（c）在双方同向航行的场合，如果敌军有向外侧转舵的意向，我方也应转向外侧。

（d）在遭遇劣势敌军或有驱逐舰从正面冲来时，我军应采用"L"字战法分进合击。相关命令将用一面"标时旗"传达，当该旗降下时，后方小队的各舰将在向导舰的指引下沿着相应航线，从另一面对敌舰发动攻击。

6. 航速、舵角

(a) 战斗航速：15 节，微速：5 节，舵角："浪速"号，20 度。

(b) 战斗中，除非某些舰长一时认为必要的特殊场合，各舰都不必打出航速信号旗，只需打出转速信号旗。

(c) 在从常规航速提至战斗航速期间，我方的航速将不断顺次递增 2 节，以此避免阵形散乱。如果要减速至常规航速，此时情况亦然。但在后一种情况下，如果航速信号旗先扬起而后下降至半速的位置，各舰就应尽快减速至常规航速。

7. 舰炮的使用

(a) 没有标志炮战开始的特殊命令，各舰舰长必须自行判断。

(b) 射击目标为敌军的先导、殿后或侧翼舰，我军将对其集中火力。但假如敌军处于劣势且情况允许，各舰也可以自由选择能充分发扬火力的目标。

8. 鱼雷的使用

（a）每艘装备甲型鱼雷的舰只，各发射管旁都应有一枚鱼雷处于待装填状态。

（b）装备"乙型"或"朱式鱼雷"[1]（Schwartzkopff torpedo）的舰只，各发射管旁同样应有一枚鱼雷处于待装填状态。

（c）鱼雷装填、准备发射以及再装填的时机由各舰长根据战局具体把握，同时应注意将己方鱼雷诱爆的危害减至最小，并且不错失任何发射鱼雷的机会。

9. 火控[3]

（a）当距离超过 4500 米（4900 码）时，我方应仔细修正射击诸元，但如果距离在 4500 米内，则修正敌舰航速的步骤可以省略，此时，各舰只需瞄准敌舰的舰首。

（b）在遭遇驱逐舰和水雷艇的场合，如出现前一段后半部分提及的情况，我方可以瞄准敌军前方半个船身的位置（所谓"半个船身"，是相对于当前角度下视野内的船身长度而言，并非全长）。

在平常训练中，我军已对（a）、（b）两种瞄准法有充分的理解。

（c）最重要的一点是节约弹药。鉴于临战时的紧张状态容易导致胡乱射击，各舰舰长应当充分留意：除非有把握命中目标，否则应禁止急速射击。

（d）各舰长必须尽力令舰内官兵士气高涨，尤其是战斗正酣期间。由于敌军炮弹可能会带来严重伤害，此时人员的士气也会受到影响，甚至局势有利时都是如此，因此舰长必须鼓舞

---

① 译注：即施瓦茨科普夫鱼雷。

部下，令其相信敌军的损失必定数倍于我，让他们心中燃起必胜的信念——忍耐力和士气最终将决定战斗的胜负。

上述联合舰队和各战队的战术指南，也是日军在本次战争中遵循的基本战术原则。从黄海海战（1904 年 8 月 10 日）到日本海海战（1905 年 5 月 27 日），所有战斗都是以此为蓝本进行的。

**注释:**

1. "甲型鱼雷"为长距离鱼雷，其中"甲型"和"乙型"与鱼雷的口径无关，只是代表不同的航速。

2. 1 月 31 日，瓜生将军调整了各舰的分配，"明石"成为第 1 小队的 3 号舰，第 2 小队由"高千穗"号和"新高"号组成。

3. 原文为日语"希望"（Kibo），即意愿、期望和目标之意。

# 附录 C

# 马卡罗夫将军的战术指令

1904 年 3 月 17 日，命令第 21 号
本航行和作战指南，系本人根据《海军条例》第 107 款制定

## 航行和作战指南 [1]

1. 战列舰在航行时需排成单纵阵，巡洋舰应在舰队东西南北四面展开侦察。在某些特殊情况下，我会对侦察方向给出特别指示。（见图 1）[2]

2. 巡洋舰所处的位置，必须能保证信号清晰可见或无线电通信的畅通。

3. 随行驱逐舰的数量将根据当前行动而定。它们预计分成两队，其中一队位于舰队北面，并保持 1 海里的间隔，另一队部署在南面。

4. 其中一艘雷击舰艇应跟随本人的座舰行动，并居于尽可能靠近舰队内侧的位置。但如果战斗开始，为避免遭受炮火打击，该舰应当尽快撤退。该舰应仔细留意信号，随时准备靠近，并将我的命令传递到需要的位置。同时，该舰需要反复发送相关信号，以便尽量将其传得更远。

5. 巡洋舰应与舰队保持相同航向，在转向时也不例外，同时，这些舰只还需要坚守在既定的阵位上面。

6. 如果某艘巡洋舰发现敌军，该舰必须向我通报，此时，如果我军决定逼近，该巡洋舰应当不待命令便向舰队靠拢，以避免被敌军切断，进而遭遇优势敌军的火力打击。

7. 在开战之前，我可能会打出"TZ"信号旗，即"召回"（Recall from chasing）。根据这一信号，各巡洋舰将在战列舰后方就位，驱逐舰则应前往非交战一侧，其中第一队在领头舰侧面正横方向，第二队在殿后舰侧面正横方向。（见图 2）

8. 如上述信号未能打出，且各巡洋舰看到战斗将近，那巡洋舰也应当加入战列舰的队列，并接受司令官直接指挥。

9. 为了避免各巡洋舰干扰舰队的炮火，我将命令各巡洋舰加入战列。在该阵位上，它们会在情况允许时加入炮战，不过主要任务依旧是包抄敌军队列中遭受攻击的部分，并趁机令对手陷入两个方向的火力打击。

10. 我提议以谨慎的姿态接近敌军，因为贸然上前极有可能产生不必要的损失。

11. 我之所以提议各舰排成单纵阵，是因为可能有不待信号发出便需要转向的情况。各驱逐舰如果可能，则应根据指挥官的信号排成单横阵，这种阵形尤其有利于同时实施进攻。为了指示转舵，该队的指挥官可以鸣响汽笛一两次，届时各舰将同样鸣笛响应，接着一致掉转航向。期间，各舰应注意避免碰撞，各自根据情况加减速，以便尽快进入新航向上的指定位置。

12. 如果指派了传令舰（repeating ship），该舰应在中央舰只的正侧面就位，距离大约为 5 链。

13. 在战斗中，各舰的间距大约为 2 链，此距离包括了各舰自身的长度。通过拉近间距，我们可以做到以三敌二，并在战斗的每个阶段都保持优势。

14. 如果舰队排成单纵阵，为方便观测敌舰和己方信号，我将升起 2 号信号旗或 3 号信号旗（具体内容见第 13 号密令），此时，各舰将根据情况向左或右偏航，组成一条不明显的弧线。此举将允许后方各舰接近敌军，同时也更加靠近前方相邻的友舰。（见图 3）

15. 如果战况需要我方朝后一齐转向，我本人可能打出"单纵阵"信号，以便各舰正确展开机动。但如果信号未能发出，各舰需要在转舵时避免碰撞。

16. 在转舵 16 个罗经点时，殿后舰会随之变为先头舰，并承担起领航的责任，因此，该舰没有必要完全转过 16 个罗经点，而是可以选择一个更适合展开战斗的航向。其余舰只将继续跟随该舰鱼贯前进。（见图 4）

17. 有时，我可能只命令战列舰转舵 16 个罗经点，在这种情况下，各巡洋舰将先保持原航向，接着相继转舵，以便在进入新航线的舰列后方就位。（见图 5）

18. 当接近敌军时，本人可能会以 45 或 50 度角横越敌军舰首，进而制造一个有利的包抄态势，随后，我很可能会打出"一齐转舵 16 个罗经点"的信号，以便能继续保持这种有利局面。（见图 6）

19. 假如我们截断了敌军先头舰的去路，并令后者开始转弯，双方可能会反向而行，我们之前的有利态势也会不复存在，但此时，我仍有可能设法包围他们的后方舰只。为达到这一目标，我军可以呈斜线向对方逼近，但应注意避免发生碰撞。期间，降低航速是绝对必要的。此时，我可能会打出信号，如"向左组成斜线阵"。鉴于此举可以收缩对敌人的包围圈，因此必然具有重大意义。届时，我会让先头舰提至全速，并让队列内的下一艘舰只加速，但将比先头舰的速度慢 1 节，其他舰只则以此类推。如果以此应对，这种组合机动将给我方带来极大的优势。（见图 7）

20. 如果敌军意图包围我方的殿后巡洋舰，该舰应转舵 45 度，朝与敌军相反的一侧航行，并且缓缓右转。总而言之，在采取本机动时，先头舰逐渐转向左舷，殿后舰缓缓转向右舷。

21. 本人可能会在撤退期间与敌军交战，届时，我们将充分利用鱼雷攻击，因此，有必要事先做好发射准备。

22. 在此情况下，雷击行动将由舰队集体发起，而不是各舰单独进行。因此，在将鱼雷设定为远程模式并调低航速后，我军将可以在敌军舰列进入射程后实施雷击，但此时我方也应充分考虑对手的高航速。

23. 鉴于巡洋舰的主要任务是夹击敌军，该分队的司令应密切注意我方机动的变化。假如局面有利，他应改变航向、加快航速，其余巡洋舰则需随后跟进。此时，它们也应按照分队司令的信号指挥，或是渐渐远离战列，实现增加对目标敌军的火力输出的主要目的。当然，这种逐渐脱离战列的行动不应导致混乱。

24. 如果各巡洋舰发现，有敌舰正准备对我军战列舰实施雷击，它们应在不等信号发出时便前去迎击，但同时也不应该干扰大型舰船的炮火发射；尔后，它们应向敌军雷击舰艇逼近——同时又处在鱼雷的射程之外——从最能发扬轻型舰炮火力的角度，以侧舷炮火轰击敌军，努力歼灭之。[3]

25. 在战斗中，各艘驱逐舰将成队部署在我军舰队的非交战面，保持不超过 20 链的距离；各舰将在交战期间尽力保持阵位，以便能够及时实施突袭。

26. 如果发现有适合驱逐舰全面出动的时机，我将升起表示"驱逐舰进攻"的信号旗，随后，两队驱逐舰应不顾危险立刻出动，全速攻击敌军。

27. 当敌军有部分轻型火炮被毁时，鱼雷攻击的成功机会更大。如果敌舰的引擎或舵机瘫痪，导致无法躲避，我方也将获得有利的进攻时机。另外，在两支舰队接战时，由于炮口和烟囱喷出的烟雾会干扰敌军对另一侧的观察。我军同样可以在其掩护下展开行动，用娴熟的鱼雷攻击主导战局。而此时对驱逐舰来说，逆风位置显然要比顺风位置更有利。最后，我希望各队的指挥官关注战况发展，尽其所能攻击敌舰——我们决不允许任何坐失战机的情况出现。

28. 在战斗中，除非有特殊命令，传令舰之外的全体舰只均不得重复发送信号，但桅杆被打断时除外，此时，最靠近该舰的舰只应代为传令，而无须等待我做出专门指示。

29. 应派 1 名瞭望手专职负责观察鱼雷的航迹，此人应及时汇报，以便舰只及时闪避。

30. 当某舰发现附近有鱼雷时，应短鸣汽笛四声，以通知后方相邻的舰船。

31. 根据当前炮弹的特性，我建议，若敌我距离大于 25 链，此时各舰炮应使用高爆弹；如距离较近，穿甲弹可以和高爆弹同时使用，其适用范围如下：

*10 英寸和 12 英寸舰炮——25 链以内*

*8 英寸舰炮——20 链以内*

*6 英寸舰炮——15 链以内*

*4.7 英寸舰炮——10 链以内*

32. 重炮必须尽快装填，以保证开火速度。如果舰炮口径较小，相关人员应谨记：只有当敌舰进入有把握的射程时，才可以快速射击。正常射击时，炮长或主事军官需密切观察炮弹落点，以便根据"远弹"或"近弹"调整射程。另外，没有什么能比杂乱的炮火和频频出现的近失弹更能鼓舞敌人的士气。因此，我们宁可慢些，也要保证炮火准确。

33. 舰长必须让所有炮长相信，击败敌人的任务就掌握在他们手中，他们应做到忘我战斗，专心瞄准，并尽一切努力击败敌人。

34. 关于火控，各舰应遵循附带的指令。[4]

35. 重炮优先攻击战列舰。

36. 如敌军发动鱼雷攻击，应使用 6 英寸以下的舰炮迎击。

37. 当敌方雷击舰艇近至 15 链以内时，各舰无须等待司令发出命令，便可自行急转舵，将航速提至最快，以此将来袭者甩到后方最利于我军还击的位置。

38. 倘若敌军驱逐舰逼近到了可以发射鱼雷的距离内，我舰应当转舵，令敌人处于正后方，以便躲避鱼雷，同时，我方还应留意水面的鱼雷航迹。

39. 如果袭来的敌军驱逐舰和敌军主力舰队一道形成了夹击态势[5]，我军应将舰首转向敌军驱逐舰，并继续保持该航向。

40. 敌军的雷击为我方驱逐舰提供了绝佳的反击机会，此时，后者应朝敌军雷击舰艇开火，并对敌军主力舰只实施鱼雷攻击。

41. 一旦敌军攻击结束，战列舰和巡洋舰将整理阵形，并尽可能恢复原有的编队和次序。

42. 本人可能不会悬挂总司令旗，以免吸引敌军的特别注意。

43. 如果本人无法指挥，舰队参谋长将在战时接过职责；如果旗舰失去战斗力，我将更换座舰。

44. 如果舵机因意外而无法使用，我军必须事先安排好备用的操舵方式。

45. 水线或主防水舱壁附近的破口应尽快利用手头一切可以找到的木料填堵，这些木料必须提前准备就绪。

46. 无法作战的伤员应运往急救站，尸体将根据情况安放。

47. 各处应放置凉水桶，以供舰员饮水所需；同时需在打滑的区域铺满沙子。我可能会让 1 艘红十字船随行，其他舰只和鱼雷艇不应在救援上耽搁时间。

48. 装有信号接收指南、密码本和命令等的口袋应存放在舰桥或附近某处，并拴上沙袋或石头等重物；如有被敌军俘获的危险，它们应被丢弃到海里。

49. 只有全歼敌军才意味着真正的胜利，因此，我军需对落败的敌舰毫不留情，直到对方沉没或投降。

50. 军官有直接指挥舰炮和发射鱼雷的责任，但他们不应忘记激励下属。由于普通士兵只能看到己方的伤亡，无法获悉敌人的损失，因此，军官需要不断提醒下属，让后者相信炮火重创了敌军舰只。[6]

51. 舰桥应尽可能频繁向炮位、炮塔和轮机舱传递消息，告知每次胜利，它会引发全体炮手的欢呼，但随后，他们就会重新开始冷静地操作武器。

52. 无论如何，最关键的是见机行事，占据最有利的对敌战术位置。另外，海战史向我们表明，战斗的胜利源自精准的火力。保证炮火的精准不仅是击败敌人的可靠手段，也是保全自己的最佳途径。

53. 即使在不利的战术条件下，如果全体舰员保持沉着冷静，我方仍必定可以击败敌军。

54. 胜利永远属于在战场上奋不顾身、能为敌军制造更大损失的优秀战士。

海军中将 S. 马卡罗夫

608

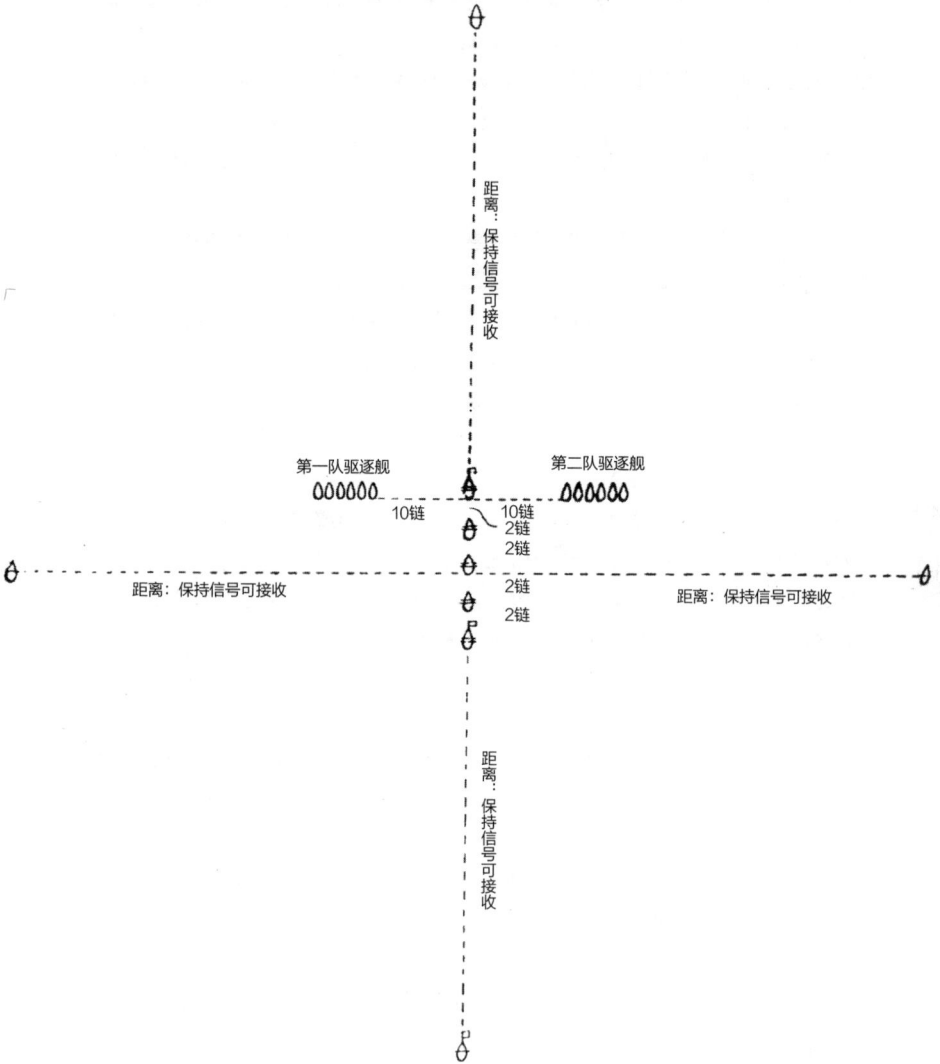

图1：舰队的阵形（航向向东）

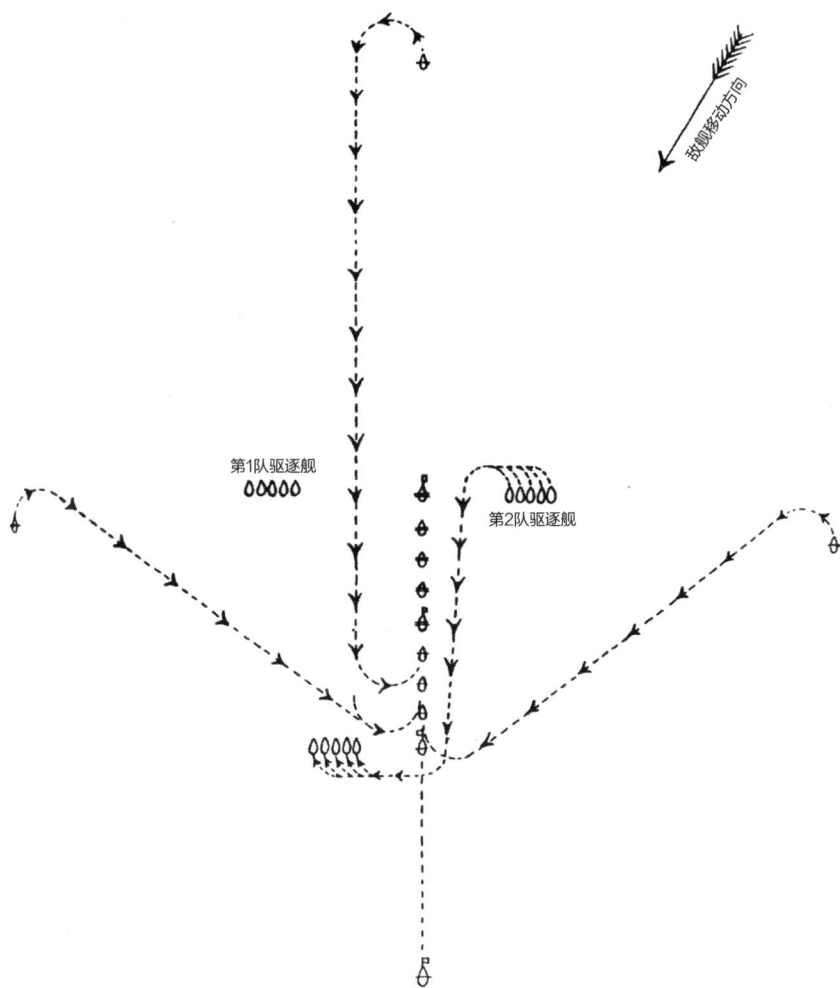

第1队驱逐舰

第2队驱逐舰

敌舰移动方向

图2："召回"（航向向东）

610

向左舷（打出3号信号旗）　　　　　　　向右舷（打出2号信号旗）

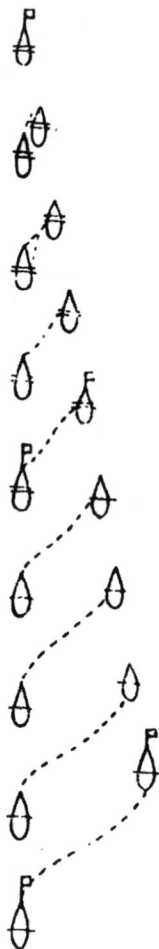

图3：各舰缩短间距，向敌军靠近

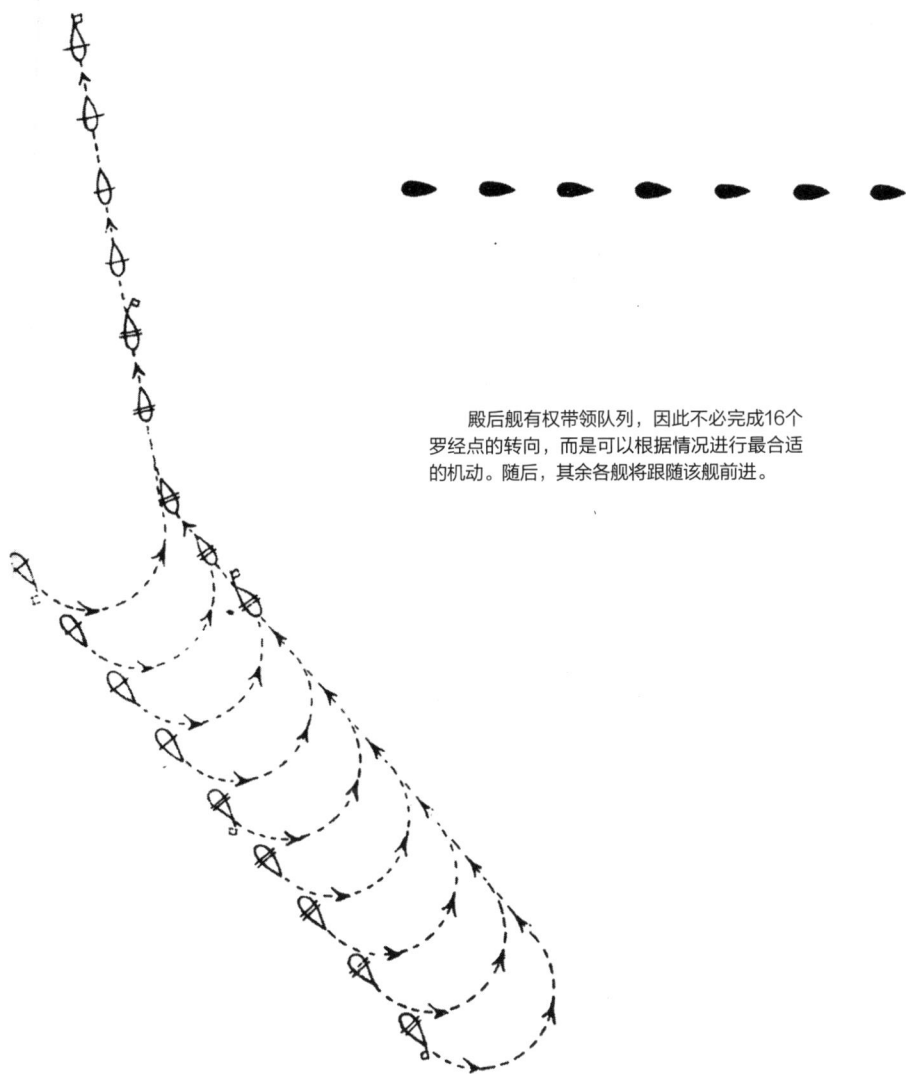

殿后舰有权带领队列，因此不必完成16个
罗经点的转向，而是可以根据情况进行最合适
的机动。随后，其余各舰将跟随该舰前进。

图4："各舰一齐转舵16个罗经点"

步骤一

步骤二

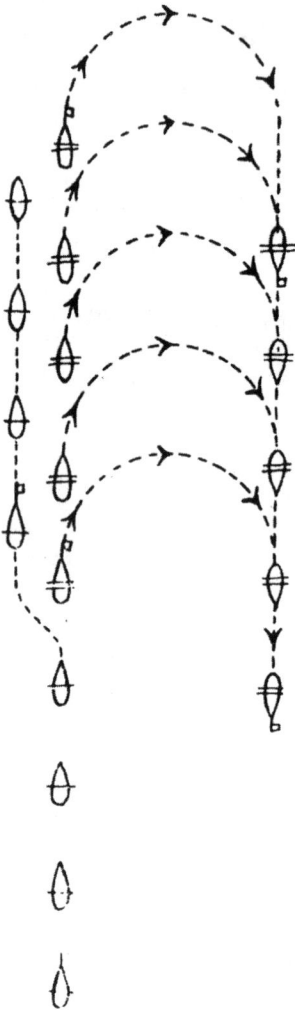
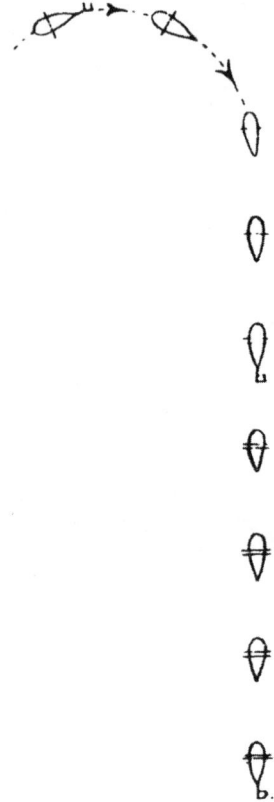

图5："一齐转向"（仅限战列舰）

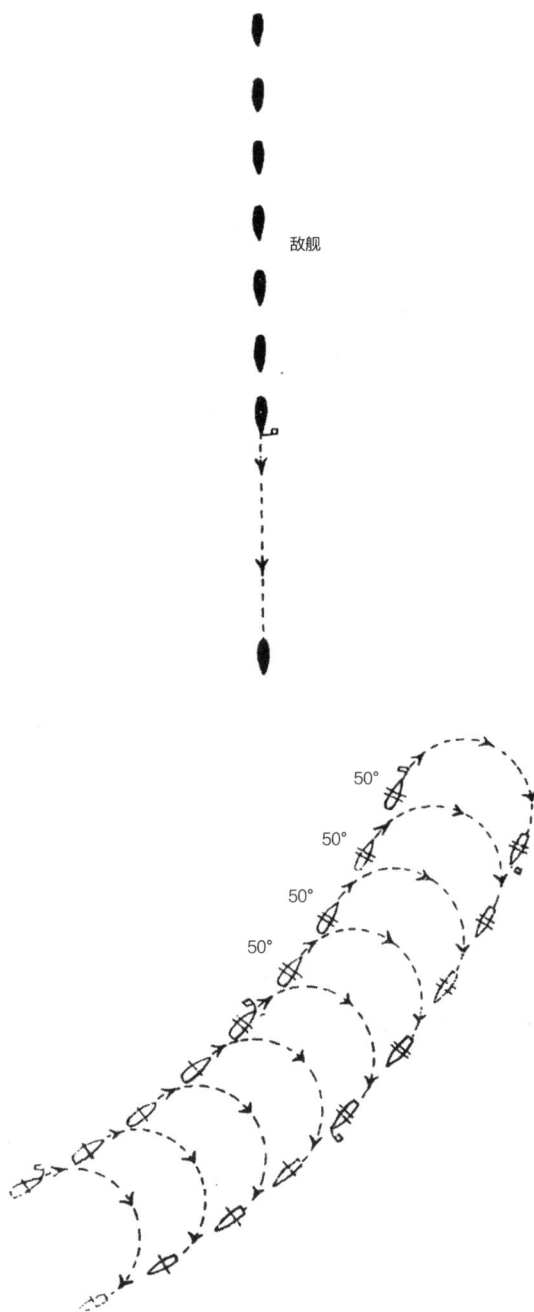

敌舰

图6：假如敌军保持航向

614

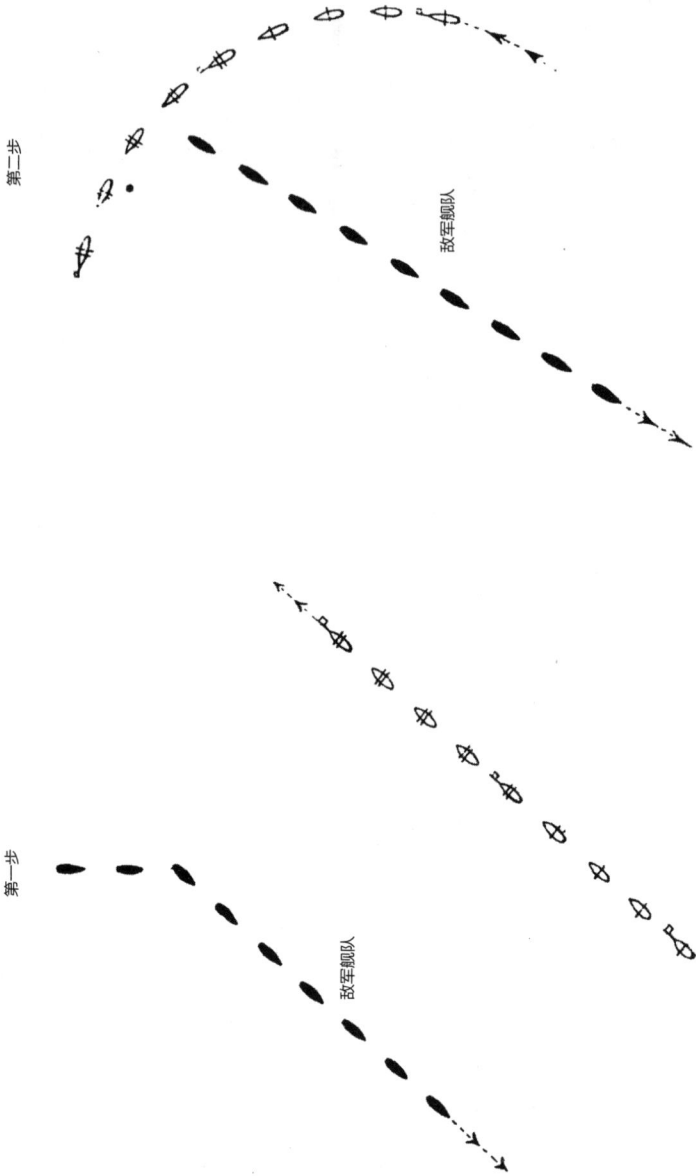

图7：假如敌军先导舰同样转舵

## 注释：

1. 本指令的翻译尽可能遵照了原文，但习语的翻译上仍难免存在差异。另外，虽然该指令是由马卡罗夫本人起草的，但具体意义就像是纳尔逊在特拉法尔加海战前制订的战术备忘录一样，依旧有待我们查考。

2. 所有示意图均在本附录后面给出。

3. 原文的字面意思是："进入袭来雷击舰艇攻击方向的侧翼。"

4. 这些指令由马卡罗夫将军参谋部的炮术军官米亚基舍夫海军上尉（Myakishev）起草，目前还没有公开。

5. 原文叙述仍有不清楚之处，这里采用了推测的翻译。

6. 在前文瓜生将军的特别指示中，也提到了类似的做法。

# 附录 D

# 东乡将军对第一次封锁作战的命令，
# 1904 年 2 月 18 日

（摘自《日本战史极密版》第 1 部第 122 页）

1. 根据接到的情报，敌军被我方初次攻击重创，现正全部蛰伏于港内。对方似乎已失去出动的意志，只有两三艘炮舰或驱逐舰在港外警备。

2. 在敌军完全修复损伤前，联合舰队应闭塞港湾入口，令对方无法行动；另外，如若时机合适，我军还将用间接炮击威吓之。

3. 各部队将根据附带的行动计划和航路图行动。

4. 特别运输船队需就地完成阻塞行动准备；抵达第四集合点[1]后，各船应减少人员，并将多余舰员派往"金州丸"。

特别运输船队的指挥官由第 1 舰队的有马参谋担任。

5. 各特别运输船的护卫艇安排如下：

"天津丸"（Tenshin）——"千鸟"（Chidori）

"报国丸"——"隼"（Hayabusa）

"仁川丸"——"鹊"（Kasasagi）

"武阳丸"——"真鹤"（Manadzuru）

"武州丸"——"燕"（Tsubame）

护卫艇应击破前来攻击特别运输船的舰只，并承担起收容、救助运输船员的任务。

6. 从第三日上午 8 时到 17 时，舰队的航行序列如下所示：

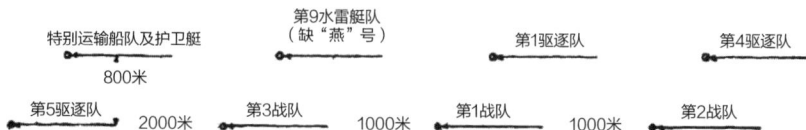

7. 第三日 17 时起，各部队将分离，并按照下列方案行动：

（a）第 5 驱逐队充当前卫，并提至适当航速，径直航向旅顺。如遭遇敌军侦察舰，该部应当紧追不舍，并在日落后袭击并轰沉之。如果有必要警告后续舰只，此时我军只应派出殿后的驱逐舰命令其返回，向特别运输船队通报危险。但另一方面，如果该驱逐队途中未发现敌情，则应径直前往旅顺港外，并于第4日凌晨1—2点搜索并袭击敌军哨舰。凌晨2点时，各舰需离开港外，一路绕东海岸航行，以便将敌军的注意力引向东面。大约4点，各舰将观察阻塞作战的结果，最后于黎明时分返回圆岛附近海域。

（b）特别运输船队及护卫艇沿指定航路前进，并于第4日凌晨3点30分开始，一举封闭旅顺港入口。

阻塞志愿者[2]的收容工作由护卫艇负责。随后，各艇将在圆岛集合，并于第4日黎明时分加入第1战队。

（c）第9水雷艇队（不含"燕"号）将从老铁山附近，沿海岸线向东朝旅顺徐徐航行，并收容特别运输船队未获救人员搭乘的小艇。

（d）第1驱逐队将在特别运输船队前方担任警戒，如果在老铁山附近遭遇任何敌军驱逐舰，他们应设法将其击沉。当特别运输船队抵达港湾入口后，该驱逐队将在后方戒备，并尽可能积极查探阻塞作战是否成功。尔后，他们应返回圆岛并与第1战队会合。

（e）第1战队和第3战队将按照图示航线前进，并于第4日清晨8点抵达圆岛，稍后再前往遇岩。但在8点时，第3战队应加速直接驶往旅顺，在港外侦察阻塞作战的结果，随后再航向遇岩。

（f）第2战队将以第4驱逐队为前卫，按照图示航线行驶，并于第4日上午9点抵达老铁山以南约10海里处，除非必要，它们不应暴露行踪。上述行动完毕后，该部应向遇岩行驶。

但另一方面，第4驱逐队将在当天清晨7点左右抵达老铁山南方，严密注意是否有遗漏的特别运输船队乘员搭乘的小艇。

8. 间接炮击将在第4天上午择机进行，第1和第2战队应在崂律嘴东南约7000米处，即北纬38度47分6.5秒、东经121度18分10秒处分头行动。期间，各舰将使用8英寸以上口径舰炮轰击海军船坞，同时用6英寸舰炮对东方各炮台进行牵制炮击。在炮击时，没有保持固定航向的必要性。

9. 行动中，无论昼间或夜间，舰艇在集、散、离、合时都必须使用识别暗号。

10. 如果时间充裕，各驱逐队和水雷艇队应前往第四集合点，从"春日丸"（Kasuga Maru）和"金州丸"处补充淡水和煤炭。

11. 第4战队、第2驱逐队、第3驱逐队以及第20水雷艇队，将以牙山为根据地，在济物浦港入口进行警戒，并为登陆部队提供间接掩护。"台南丸"（Dainan Maru）、"台中丸"（Daichu Maru）和第1水雷艇队应守卫八口浦。

12. 此次行动的成败将极大影响全局，全员应当坚信上天的庇佑，同心协力，向着成功勇往迈进。

（联合舰队机密令第151号之一）

# 2月20日至22日，联合舰队预定行动表

### 第3战队，第5驱逐队，"金州丸"

第一日（2月20日）：上午8点从八口浦出发，前往（荒串池外海的）第四集合点，航速8节。

第二日：正午时分抵达第四集合点，16点出发。采取适宜航速从大青岛以西向北徐行。次日上午8点与特别运输船队会合，航速8节。另外，"金州丸"应在第四集合点停泊待命。

第三日：上午8点起，为特别运输船队担任向导，航速8节。"金州丸"继续在第四集合点停泊待命。

### 特别运输船队

第一日：上午8点，跟随第3战队出航，前往第四集合点，航速8节。

第二日：正午时分抵达第四集合点。向"金州丸"转移其余船员，20点出发前往旅顺，航速8节。

第三日：20点抵达圆岛以南。前往旅顺进行展开阻塞行动。

### 第9、第14水雷艇队，"春日丸"

第一日：16点从牙山出发，前往第四集合点，航速8节。

第二日：上午10点抵达第四集合点。"春日丸"应就地停泊待命。各艇队20点出发，跟随特别运输船队。

第三日：护卫特别运输船队。

### 第1战队

第一日：正午离开八口浦，前往巡威岛 [3]，航速8节。

第二日：16点抵达巡威岛外海。

第三日：上午6点出发，航速12节。在赶超特别运输船队后，航速降为8节。17点后，航速改为10节。

### 第1驱逐队

第一日：停泊于牙山（第三集合点）。

第二日：上午6点从牙山出发。16点，与第1战队在巡威岛会合，采用适宜航速。

第三日：与第1战队的安排相同，但在17点后，应前往特别运输船队前方负责警戒。

## 第 2 战队，第 4 驱逐队

第一日：13 点离开八口浦前往巡威岛，航速 8 节。

第二日：17 点抵达巡威岛外海。

第三日：18 点（此处疑为上午 6 点）出发并跟随第 1 战队。在赶超特别运输船队前，航速为 12 节，赶超后航速为 8 节。17 点后，12 节。

## 第 4 战队，"大岛""赤城"，第 2 驱逐队、第 3 驱逐队，第 20 水雷艇队

第一日：以牙山为根据地，警戒济物浦港入口，为登陆部队提供间接掩护。第 20 水雷艇队应择机从八口浦出发前往牙山。

第二日：同上。

第三日：同上。

## 备注

1. 如果因为天气情况而导致上述计划无法落实，各舰应在第二天停泊于巡威岛附近，相应日程也将随之顺延。

2. 各项行动完成后，各舰将在第四集合点集结。

## 间接射击应遵循的要领

1. 射击顺序：I. 第 1 战队，II. 第 2 战队。

2. 射击中，前后舰队的运动顺序参见附图。驶过目标要塞一次之后，即视作已完成整项行动。

3. 射击距离为 9000—11000 米。

4. 射击区域为图上所示的扇形区。

5. 瞄准点为模珠礁新炮台或其下方的海平线。

6. 当瞄准点为海平线时：

　　12 英寸炮应以与旅顺东港的实际距离为基准，再增加 550 米射程。

　　8 英寸炮应以与旅顺东港的实际距离为基准，再增加 500 米射程。

7. 当瞄准点为模珠礁新炮台时：

　　12 英寸炮应以与旅顺东港的实际距离为基准，再增加 250 米射程。

　　8 英寸炮应以与旅顺东港的实际距离为基准，再增加 300 米射程。

8. 6 英寸炮应以模珠礁新炮台为瞄准点，按照实际距离向目标开火。

9. 为节约锻钢榴弹，我方 8 英寸和 12 英寸炮每炮应只射击 2 发，6 英寸炮每炮 4 发。其余情况下可使用穿甲榴弹。

10. 开火时，12 磅炮和 47 毫米炮的炮组应躲在有装甲保护的区域。

620

11. 第 3 战队及"龙田""千早"将在敌军炮台的射程以外的港口南方，观察我军炮击的弹着点。

（联合舰队机密令第 151 号 之二）

**注释：**

1. 即荒串池附近。
2. 原文直译为"阻塞勇士"（Brave Warriors），但在翻译时使用了"志愿者"一词，其含义和我军中的"敢死队"非常接近。
3. 即荒串池附近的第四集合点。

# 附录 E

# 东乡将军对第二次炮击旅顺的命令

（摘自《日本战史极密版》第 1 部第 161 页）

1. 根据报告和其他消息，敌军旅顺舰队已经失去战斗力，且无法出港，但另一方面，海参崴方面之敌却开始频繁游弋，行迹甚至远达元山地区。

2. 联合舰队将分派第 2 战队（缺"常磐"和"千早"号）以及"笠置"和"吉野"2 舰前去威吓海参崴之敌，第 3 舰队（缺第 7 战队）应扼守朝鲜海峡，第 7 战队和第 20 水雷艇队将继续完成在大同江以北海域的任务，其余大部舰只将应对旅顺之敌。

3. "常磐"临时编入第 3 战队，"千早"编入第 1 战队。

4. 第 1 战队、第 3 战队及第 1 驱逐队将于 5 日上午 8 点离开第四集合点[1]；第 2 驱逐队、第 3 驱逐队和"日光丸"应在 5 日中午择机离开牙山，并在 6 日（行动第一天）正午与其在第四集合点相会，航速 8 节。

5. 联合舰队将在 6 日上午 6 点[①]从第四集合点按照预定航线图[②]的指示出航。

6. 编队将在次日 19 点[③]离开第五集合点[2]，航行序列如下图所示：

7. 第 1 和第 3 驱逐队将在次日 7 点[④]后按照下列指示行动：

（a）第 3 驱逐队将前往旅顺港，并接近港湾入口，查看此处是否有敌军舰艇。如果有所发现，他们应立刻展开攻击；如果一无所获，他们应当前往港外，施放安装有自燃信号灯的诡雷，以消耗敌军的弹药储备。

---

① 原书编者注：这一时间后来改为次日上午 5 点。
② 译注：即本书第六章附图《日军第四次攻击旅顺行动示意图》。
③ 原书编者注：后改为 18 点。
④ 原书编者注：后改为 18 点。

（b）第1驱逐队的主要任务是击破港外担任哨戒的敌军驱逐舰。此时，它们应根据情况，分散部署在老铁山周围的海域，并趁敌军不备将探照灯对准敌军哨舰，并一齐发动炮击。

（c）以上2个驱逐队应在行动时相互配合，以避免混淆敌我，同时做到密切合作。

（d）2个驱逐队将在港外停留到第三日上午5点，期间，各舰应在任务区内尽可能干扰敌军，尔后在次日清晨8点在鸠湾以西约10海里处①与主力舰队会合，但在天明前，各舰不应接近舰队。

8.第1、第3和第4战队应按照图示航路，在第三日上午8点于鸠湾以西海域②现身。届时，各战队将采取如下行动：

（a）第1战队将根据情况，从鸠湾或崂崒嘴附近海域发动间接炮击。行动期间，该部应分成小队，以停航或微速状态开火。每门12英寸舰炮的发射弹数不得超过4发。

（b）第3战队及"常磐"号前往旅顺港外，在敌军的射程外观察港内情况。

（c）第4战队将从旅顺前方通过，沿着海岸一直航行到大连湾外的三山岛前方，并炮击三山岛上的通信站和建筑物。

附注：情报显示，三山岛海域有机械水雷漂浮，航行时应多加注意。

（d）以上任务完结后，各部队应于14点③在圆岛北方④约10海里处集合。

9.后续行动的命令将根据情况决定。

10.如果第四集合点的天气情况不佳，相关行动的日期应顺延。如果在航行期间天气恶化，导致各部队离散，此时各部队应前往海州湾集结。废除将瓮岛以南（原书编者注：似为"以西"）海域作为第二集合点³的安排，"第二集合点"的称谓将在未来指代海州湾锚地。

11.第7战队、第20水雷艇队和"香港丸""日本丸""台南丸""台中丸"以及"赤城""大岛"和第9水雷艇队，将继续按照先前的命令行动。"春日丸"和第5水雷艇队将择机去海州湾锚地，在当地等待后续命令。

（联合舰队机密令第183号）

同时，东乡司令还签署了如下命令，以便为间接炮击提供指示。

根据联合舰队机密令第182号第8项（a）号中的规定，在间接射击时，开火阵位应在附图⑤所示的A、B线之间。施行要领如下：

---

① 原书编者注：此地点后来改为老铁山以南约15海里处。
② 原书编者注：该地点后来改为老铁山以南海域。
③ 原书编者注：后改为16点。
④ 原书编者注：似为"以南"。
⑤ 译注：即本书第六章附图《第四次攻击旅顺期间，日军间接炮击行动预定计划示意图》。

（ⅰ）各小队的射击队形为开距离单纵阵，但第2小队各舰应逆序排列。炮击应在半速（7节）或微速（4节）状态下进行。

（ⅱ）射击顺序：第1小队按照次序首先开火，第2小队将前往老铁山灯塔以南海域，并在第1小队完成炮击后与之轮替。

（ⅲ）各小队应从西方开始，朝东偏南1/2个罗经点的方向航行。各舰在抵达A点后开始开火；当驶过B点后，它们应相继转舵16个罗经点，重复下图所示的机动，直到预定弹数发射完毕。

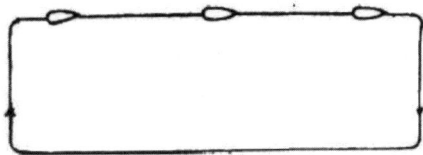

（ⅳ）预定弹数发射完毕后，各舰应挂起"整备旗"（"Finished"flag）。假如炮击效果极好，我将下令增加射次。

（ⅴ）炮击距离大致在12000米（13100码）—12500米（13600码）之间。炮击的瞄准点为附图①中两条射击线交叉点的民宅。

（ⅵ）如果情况适宜，我军同样可以在崂葎嘴（鲜生角）附近，按照同样的运动方法，以模珠礁高炮台为瞄准点实施炮击。

（ⅶ）已开火各舰应打出计数信号旗（以100为基本单位）标示距离。第3战队的一艘军舰应当前往港口正前方，标示炮弹落点，并通过信号报告落点的远近。

（ⅷ）由于预期敌军舰队可能出港，各小队需做好迎击准备。

**注释：**

1. 即荒串池附近。

2. 位于大青群岛中的小青岛以南10海里处。

3. 该"第二集合点"在瓮岛以西。

---

① 译注：即本书第六章附图《第四次攻击旅顺期间，日军间接炮击行动预定计划示意图》。

# 附录 F

# 东乡将军对第三次炮击旅顺的命令，
# 1904 年 3 月 20 日

（摘自《日本战史极密版》第一部第 190 页）

作为对旅顺第五次攻击的开始，东乡中将于 20 日上午和下午，在旗舰"三笠"号上，分别召集了上村将军等海军将领以及各舰舰长和轻型舰艇分队指挥官，并发布了如下命令：

1. 综合最近的情报，敌军主力依旧滞留在旅顺港内。

2. 为了给闭塞作战创造有利条件，联合舰队的大部兵力仍将致力于攻击和威吓旅顺之敌。

3. 第 1、第 2、第 3 战队以及第 4、第 5 驱逐队将于本日 16 点出发，前往第四集合点临时停泊过夜。明天（即 21 日）上午 6 点，各舰需从当地出发，并按照附带的航线图采取行动。

4. 次日（21 日）19 点，舰队应按照下列部署行动：

（a）第 4 和第 5 驱逐队前往旅顺港外，攻击沿途发现的任何敌方哨舰。抵达旅顺港外后，各舰应当记录探照灯的位置、点亮时间和熄灭时间，探查是否有防材，摸清警戒部队的规模。直到黎明，第 4 驱逐队都应部署在老铁山以南约 5 海里处，而第 5 驱逐队则需在崂津嘴以东海域进入阵位。尔后，2 个驱逐队将于 22 日上午 7 点 30 分与本队会合，但应禁止在日出前接近。

（b）第 1 和第 3 战队将按照指定航线，于 22 点后在两处哨位上戒备。22 日上午 10 点，"富士"号和"八岛"号将从老铁山西南方向对敌军发动间接炮击。同时，第 3 战队将负责在港口正前方观察炮弹落点和港内敌军动向。如果后者试图出港，该战队将通过鸣炮的方式来报警。

第 2 战队应按照既定航线行动，而且必须在 22 日上午 10 点抵达旅顺外海 20 海里处。

5. 如敌军出动，我们将按照战策中的计划与之决战。

6. 22 日 13 点为攻击停止时间，我军届时将撤到第五集合点（即小青岛以南 10 海里处）。

7. 阻塞船队，第 1、第 2、第 3 驱逐队及第 9 水雷艇队（外加"鹊"号和"真鹤"号）和"春日丸"需完成行动准备工作，并于 23 日中午停泊在小青岛以东等待后续命令。

8. 第 4 战队需完成出动准备工作，并继续停留于第二集合点（海州），同时在后续命令到来前警戒待命。另外，它们应当和之前一样，在第五集合点部署 1 艘哨舰。

9. 联合舰队的各项行动都是为了一个目的：封闭旅顺港。

10. 随着行动的开展，各舰需要更加认真地做好夜间警戒工作，同时完成各项准备，以求在昼间或夜间歼灭未来几个小时内可能遭遇的敌军。随着春季祭日不断临近，我们必须坚信上天的庇佑，同时，我也衷心祈愿舰队载着丰硕的战果凯旋。

（联合舰队机密令第 246 号）

# 附录 G

## 东乡将军对第三次封锁作战的命令，1904 年 4 月 30 日

（摘自《日本战史极密版》第 1 部第 245 页）

1. 旅顺之敌似乎准备继续采取固守的姿态，但根据情报，小股敌军驱逐舰仍时常在附近出没。我方第 1 军预定于今天或明天横渡鸭绿江。另外，海参崴之敌前日曾出现在元山海域，目前下落依然不明，第 2 舰队目前正对其展开行动。

2. 根据上级命令，联合舰队将极力策应 5 月 4 日在盐大澳登陆的第 2 军，与之展开联合大作战，以求对抗辽东之敌。

根据联合舰队机密令第 329 号，即"第 2 军输送航行计划书"[1]所言，第 2 军的第一梯团将于 5 月 3 日从大同江出发。

3. 第 1 舰队以及"鸟海"号、"熊野丸"（Kumano Maru）、第 10 水雷艇队、第 16 水雷艇队将直接压迫旅顺之敌。不含"鸟海"号、"熊野丸"、第 10 水雷艇队、第 16 水雷艇队的第 3 舰队应负责保护第 2 军的运输和登陆。

4. 第 1 战队、第 3 战队、"赤城"号、"鸟海"号以及所有驱逐队，外加第 9 水雷艇队、第 10 水雷艇队、第 14 水雷艇队、第 16 水雷艇队和阻塞船队将在 5 月 1 日 17 点出发，按照附带的航线图中的部署，直接展开封锁作战[①]。5 月 2 日 19 点前，航行顺序如下图所示：

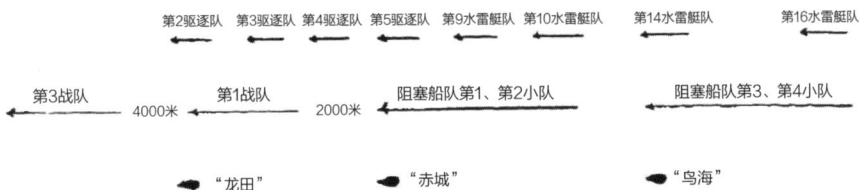

5. 5 月 2 日 19 点后，各驱逐队、水雷艇队和阻塞船队的航行序列则如下所示：

---

① 译注：即本书第十一章附图《日军第三次封锁作战舰队行动路线示意图》。

| | | | | |
|---|---|---|---|---|
| | ← 第4驱逐队 | ← 第9水雷艇队 | ← 第10水雷艇队 | ← 第14水雷艇队 | ← 第16水雷艇队 |

← 第2驱逐队　　← 第3驱逐队　　　　　← 阻塞船队第1、2小队　　　　← 阻塞船队第3、4小队

← 第5战队　　　　◀ "赤城"　　　◀ "鸟海"

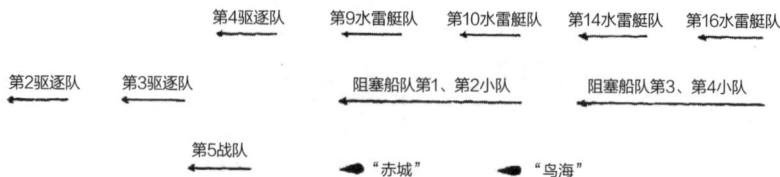

6. 阻塞船队的编制可见下表：

第 1 小队：（1）"新发田丸"（Shibata Maru），（2）"小仓丸"（Kokura Maru），（3）"朝颜丸"（Asagao Maru），（4）"三河丸"（Mikawa Maru）

第 2 小队：（5）"远江丸"（Totomi Maru），（6）"釜山丸"（Fusan Maru），（7）"江户丸"（Yedo Maru）

第 3 小队：（8）"长门丸"（Nagato Maru），（9）"小樽丸"（Otaru Maru），（10）"佐仓丸"（Sakura Maru）

第 4 小队：（11）"相模丸"（Sagami Maru），（12）"爱国丸"（Aikoku Maru）

整个阻塞行动的计划和实施，都将交由"鸟海"号的林舰长全权执行。

7. 如果 5 月 2 日 19 点的天气不利于封锁旅顺，各战队和阻塞船队将遵循信号旗的指示，按照图示的规避航线前进，并于 3 日上午临时停泊在五马岛（位于东经 123 度）以东海域。"龙田"、各驱逐队和水雷艇队应停泊在海洋岛附近。行动将在 3 日正午时分重新发起，各舰此时需前往昨日 19 时所在的位置，继续进行中断的行动。

8. 如果 5 月 2 日 19 点时天气情况有利，各部队将按照下列条款中的安排行动：

（a）第 2、第 3 驱逐队必须在阻塞船队预定航线前方 5 海里处侦察，并朝旅顺港前进，如果遭遇敌军侦察舰和驱逐队，就应全力展开攻击。当凌晨 1 点 30 分抵达旅顺港外的指定地点后，2 支分队将停留在老铁山东南约 1 海里处，保护阻塞船展开作业，尔后应停留到第二天早晨，并努力收容阻塞队的成员。

（b）第 4 和第 5 驱逐队将在阻塞船队前方两侧约 1 海里处警戒，并击退任何试图接近船队的敌军舰只。凌晨 1 点 30 分抵达旅顺港外的指定地点后，它们应在崂津嘴（鲜生角）东南偏东约 2 英里处占领阵位，掩护整个阻塞行动，尔后，2 个驱逐队将在现场停留到第二天早上，同时收容闭塞队成员。

（c）各水雷艇队将按照番号次序，在阻塞船队第 1 至第 4 小队右舷同向航行。各队沿途将护卫船队，杜绝任何危险出现。凌晨 1 点 30 分抵达旅顺港正前方时，它们需要按照附图 2 所示占领阵位，并保护阻塞作业展开。

当阻塞船队冲入时，第 14 水雷艇队将在其前方警戒，同时与入口保持约 1 海里的距离，如果敌军有驱逐舰等舰只出港，该部需全力展开攻击，并为阻塞舰队扫清障碍。

（d）"赤城"和"鸟海"号将在阻塞船队先头左侧占据阵位，并作为护卫部队与其一同前进。当后者于凌晨1点30分抵达旅顺港外后，2舰将离队并单独在左侧海域活动。届时，"赤城""鸟海"应分别在老铁山以南2海里和崂津嘴以东4海里处占据位置，以便保护阻塞作业，同时收容参战人员。

（e）第3战队应按照附图所示的航路，在3日上午6点抵达旅顺港外，为各驱逐队和水雷艇队提供警戒。

（f）第1战队也应按照附图所示的航路，在3日上午8点抵达旅顺港外保护整个舰队。

如果行动因天气不佳推迟，第1战队应在4日上午5点前往U地点附近，同时派汽艇前往第2军登陆场，随后再向旅顺港外前进。

9. 夜间，驱逐队和水雷艇队各舰需在桅杆顶端挂出"主官名"和"船名"的信号旗。在阻塞行动当夜，各舰艇需要将后部烟囱用石灰涂白，方便敌我识别（单烟囱舰只除外）。

在阻塞船队突入、敌军炮击开始后，各驱逐舰和水雷艇也需要打开探照灯，同时发动牵制炮击，以便扰乱敌军。

10. 5月3日后，不论阻塞行动成功与否，各驱逐队、艇队和战队应分别在夜间和昼间全力按照"附图2"中①的安排，直接封锁港口。

如果时机适宜，我军可以只用一半兵力展开封锁，其中水雷艇队所处的第1和第4哨区将被取消，并由1个驱逐队负责那里的警戒工作。

11. "大岛"号应同"冲绳丸"（Okinawa Maru，电缆敷设船）在5月2日午后出发，并于5月3日上午8点抵达海洋岛西方，尔后，"大岛"号将护卫"冲绳丸"从事海底电缆敷设作业。5月4日午前时分，该舰将前往里长山列岛以北与第7战队会合，掩护第2军登陆。

12. "春日丸"和"熊野丸"将在5月2日择机离队，并在5月2日和3日停泊于海洋岛，随后在4日停泊于光禄岛东湾。

13. 如果时机有利，我方将临时下令敷设阻拦索，此项工作由第1和第3战队执行。

14. 第3舰队将掩护第2军的运输和登陆，港务部队负责布置防材、扫清水雷，并按照现有命令独立行动。

15. 扫清水雷后，联合舰队将以里长山列岛为前进根据地。在整备完成前，舰队需临时停泊于广鹿岛东湾。

## 注释：

1. 该航行计划书当时还没有正式下达。

———————————————————

① 译注：即本书第十二章附图《日军封锁旅顺时的各哨区位置示意图》。

# 附录 H

# 5月15日至25日，为防备日军在后方登陆，俄军从南山撤往旅顺时的部署

防守关东半岛的第 3 西伯利亚军由以下部队组成：

**步兵：**

1. 第 4 东西伯利亚步兵师，下辖：

第 5、第 13、第 14、第 15、第 16 东西伯利亚步兵团（每团下辖 3 个营）。

2. 第 7 东西伯利亚步兵师，下辖：

第 25、第 26、第 27、第 28 东西伯利亚步兵团（每团下辖 3 个营）。

3. 补充单位：

第 3、第 4、第 7 东西伯利亚补充营。

4. 其他单位：

第 21 和第 36 边境卫队连。

**骑兵：**

第 1 外贝加尔哥萨克团的一个连。

**炮兵：**

第 4 东西伯利亚步兵师下属炮兵旅，共计 4 个野战炮兵连。

第 7 东西伯利亚步兵师下属炮兵营，共计 3 个野战炮兵连。

第 3 骑炮连。

除却上述部队，半岛守军还包括要塞炮兵、工兵部队和 15 个连的水兵，其中后者被组织起来，在野战工事中操作机枪阵地。

整个防区由斯特塞尔将军指挥，并包括两个区域：（a），由康德拉琴科少将指挥的要塞区，当地部署有第 7 师和第 4 师的第 15 团；（b），由福克少将指挥的大连—南山—金州防区，这一防区由第 4 师的其余部队守卫。

同时，在大潮口湾、双岛湾、鸠湾、塔河湾和马栏河湾（Bay of Malanho），还有小平岛和老虎滩湾（Cambrian Cove），守军布置了观察哨和侦察分队，在金州湾沿岸的金州城和黄龙尾咀也部署了观察哨。另外，1 个分队被派往夏家河子附近的夏家河子村（Natsu-ge-gawa/Siakiya-keouza），即铁路加水站所在的位置。

5月13日战线前沿的部署如下：

> 金州和南山：第5团。
>
> 旧大连港（柳树屯，Liu-Shu）：第4补充营。
>
> 下南关岭：第14团。
>
> 南关岭道口和营城子：第13团。
>
> 大连：第16团。

5月15日，斯特塞尔下令将第15团派往福克将军麾下，以便后者可以调出兵力进行武装侦察，这项部署于16日开始执行。17日，斯特塞尔视察了南山防线，他看到东乡正路少将麾下的一支分队正在夏家河子海域清扫水雷，这让他误以为敌军正在进行试探。在乘火车返回途中，他又遭到位于夏家河子和双坨子（Militia Head）之间的日军炮舰的炮击。眼前的一切让他相信：敌军正准备从防线后方登岸。当时，第13团第1营有3个连部署在南关岭道口，于是斯特塞尔命令他们开往营城子，全营其余部队则继续按兵不动。至于该团的另外2个营，则部署在了沙家沟（Sha-chia-kou）附近——这座村庄靠近下南关岭，位于大连半岛的根部。该村庄上坡方向是若干个筑有堑壕的高地，它们居高临下俯瞰着红涯套。同时，还有一连串山头从下南关岭开始，朝西北一直延伸到了上南关岭，这些山头共同构成了所谓的大房身（Tafashin）或南关岭防线，同时也是第13和第14团的驻防地。这2个团的任务是为部署在南山的第5团担任预备队，并掩护这支部队的撤退。

同一天，即18日，康德拉琴科将军从所辖师①抽出第26团的3个连和若干火炮前往营城子，并命令哥萨克骑兵连（即守军全部的骑兵单位），保障该地和大潮口湾（旅顺岸防工事体系的起点）之间的联络。在大潮口湾和夏家河子之间，除了黄龙尾咀的瞭望哨外，守军并没有布置任何正规的警备部队。

同时，他还派出一支200人的侦察分队前去勘察旅顺和大连之间的山路。届时，这支侦察分队将制订一份报告，阐明福克师团在撤退时，如何以最佳方式穿越这片崎岖地形。

18日，福克将军将第13团的3个连召回了南关岭道口，还向其他位于夏家河子的部队发出严令，表示"由于据守的位置极为重要"，他们不应不待命令擅自移动，营城子则交给同一个团的1支侦察分队驻守。

当天14点05分，福克接到斯特塞尔将军的命令，要求将第15团和配属的火炮调回旅顺。

---

① 译注：即第7东西伯利亚步兵师。

630

当天晚些时候，由于听说南关岭防线已经弃守，斯特塞尔将军向福克发去电报，要求他鉴于第5团在南山的处境，派出预备队占领这条防线。同时，斯特塞尔还表示，他们完全能从营城子抽调1个营以实现上述目标，至于缺口，则可以由1个从旅顺调出的营填补。很明显，斯特塞尔并不知道，营城子当时只有1支侦察分队驻守。

但福克并没有放弃南关岭。18日晚上，守军的部署如下：

> 大连：第16团和1个炮兵连。
>
> 南关岭道口：第13团和6门火炮。
>
> 下南关岭：第14团，2.5个炮兵连，第16团的1支侦察分队。
>
> 柳树屯：师属补充营。
>
> 金州：第5团。

关于斯特塞尔收到的情报，其背后原委可能是这样的：当第15团从南关岭道口撤退时，福克并不情愿从沙家沟调出第13团作为替换部队。最终，第15团在19日上午5点离开了阵地，不过同一天清晨，还有康德拉琴科将军派来的1个海军机枪分队抵达了道口地区。19日15点，福克向斯特塞尔发出电报，解释了他之前的行动以及为掩护第5团撤退专门在南关岭进行的准备工作。同时，他还指出，目前最大的危险并不在北面而是在南面。他这样写道："大窑湾的敌人尤其令我不安，他们可能越过红涯套直抵大连半岛。我已经命令第14团的1个营、几支侦察分队和1个边境卫队连前去抵御。"关于防御阵地，他解释说，目前已经挑选完毕，补充营也接到指示，绝不让日军登上大连半岛，只是他们目前缺乏大炮。随后，福克将军继续陈述道："不过，我最大的担心在于敌军可能派遣1个师团乘小船从大孤山出发，一直抵达戎克澳，夺取南关岭道口附近的两条道路，最终切断第5团和补充营。"正是这一担心，迫使他从沙家沟（位于南关岭防线南端）撤走了第13团，并将其部署到了南关岭道口附近，因为一旦敌军占领了大孤山，他们就将完全掌控大连湾。另外，由于水雷根本无法阻挡小船，敌人实际可以在湾内的任意地点上岸。鉴于当地的局势是如此危险，福克认为，自己有权拒绝接纳第15团和配属的火炮，以便将他们派往真正危险的地方。同时，他还相信南关岭道口是防守大连和金州平原的关键，因此，他迫切需要军舰或武装汽艇的支援，以阻挡敌军越过戎克澳。

但斯特塞尔更担心北方沿岸的局势，他在5点25分回复说，这些担心似乎为时过早，而且怀疑日军是否会冒险在南关岭附近如此靠近俄军部队的地方登陆。但同时，他也表示，自己已将一些汽艇派往红涯套，并正在向（大连半岛上的）柳树屯派遣火炮。

次日（20日）清晨，斯特塞尔电告福克，所有日军在防线背后登陆的迹象已经消失，敌军的攻势预计将从东北方向发起，为此，福克必须坚守阵地，并用预备队增援前线。此时，他可以从营城子调集1个营，同时用来自旅顺的1个营和4门火炮接手当地的防务。不过，事实上，正如我们所知，只有福克派遣的 1 个侦察分队在此部署。

作为进一步预防登陆的措施，斯特塞尔将军 19 日下令在金州湾和马栏河湾（后者在大连西南方向）布设雷区，并增加鸠湾的布雷密度。20 日和 21 日，这些命令得到了执行。通过小船，俄军在鸠湾布设了 20 枚水雷，在马栏河湾布设了 10 枚水雷，还有 15—20 枚水雷被投放到了营城子半岛东邻海域的深水中，但即使是这些措施，也无法打消他们对登陆行动的焦虑，因为其他登陆场依旧是毫无防备的。

另外，除了我们之前看到的从旅顺调出部队外，俄军并没有采取其他手段预防日军登陆。其中的 4 门火炮按时抵达了。23 日，之前一直据守在当地的第 26 团的 3 个连则被第 28 团的 3 个连替换。此时，分别占据夏家河子和营城子的 1 个连和侦察分队（均来自第 13 团）也已经撤走。

前一天（22 日），由于没有发现新的日军威胁，斯特塞尔似乎决心坚守南山：因为在当天晚些时候，他向福克发去电报，他正在派出第 15 团（即福克之前拒绝接纳的那个团）和 2 个炮兵连，以便他能将预备队调到更靠近前线的地方去。该团于次日（即 23 日）上午 5 点乘火车启程，至于火炮，则通过公路运输。

尽管信心已经恢复，但俄军依旧担心敌人会在南山后方登陆：22 日，福克将军很可能还向指挥南山防线的特列季亚科夫上校发去命令，要求他在工事中埋设炸药——如果撤退在所难免，他就要彻底炸毁工事。特列季亚科夫在 23 日抗议说，这一命令完全没有必要，因为战况发生了变化，日军从后方登陆的可能性已不复存在；另外，让他感到自信的是，此时他们还得到了来自南关岭的第 14 团 1 个营的加强。在这种情况下，敌军绝对没有夺取防线的可能。然而，福克却坚持认为，这些炸药很就从旅顺运出，在进攻开始前，它们就应该埋设在工事中。

旅顺方面担心登陆的另一个证据尤其值得注意：22 日和 23 日，康德拉琴科将山区的侦察分队增强到了 500 人，如前所见，这支分队的任务就是勘察撤退路线，同时，他们还得到命令：在福克的部队撤离后摧毁这些道路，以阻止日军追击。同样 23 日，第 15 团抵达了南关岭道口，并向侧翼派出了 2 个连：1 个连前往夏家河子村，监视夏家河子附近的海岸；1 个连则被派往戎克澳入口处的沙鱼嘴（Robinson Point）。至于第 13 团，则回到了沙家沟，准备在上方的高地掘壕据守，这座高地控制着红涯套，并俯瞰着日军进攻部队的左翼。

26 日，即南山之战的当天，福克师的部署如下：

### 6 点时的部署情况

南山：

左翼：第 13 团、第 14 团的侦察分队，第 5 团的 3 个连，第 5 团的 2 支侦察分队。

中央：第 5 团的 5.5 个连。

右翼：第 5 团的 1.5 个连，外加该团的 1 支侦察分队。

左翼后方：第 14 团的 1 个连。

预备队：第5团的一个连，第13团的2个连。

右翼后方，即红涯套尽头的堑壕内：第14团的2个连、1支侦察分队，1个边境卫队连。

大房身：第13团的0.5个连，外加该团的1支侦察分队。

沙家沟：第14团的2个营，第13团的2个营，第4师下属炮兵旅的2个连，第7师下属炮兵营①的2个连。

沙家沟上方的高地：左翼，4门87毫米炮；右翼，第4师下属炮兵旅的1个连，外加4门6磅炮。

南关岭道口：第15团的2.5个营。

沙鱼嘴：第15团的1个连。

夏家河子村：第15团的1个连。

柳树屯（旧大连港）：补充营。

庙岛村（Miau Tau village）：2门6磅炮。

大连：第16团的3个营，第4师下属炮兵旅的1个连。

大连半岛：2门6英寸舰炮，4门9磅炮。

### 11点的部署情况

主阵地的情况与上午6点时相同，唯一的变化是第13团担任预备队的2个连被加强到了左侧翼和左后方。

沙家沟方向：第14团麾下，有1个营又3个连被部署到通往旧大连港的铁路支线沿线上，并守卫着大房身道口。第2营的其余部队被加强到右翼的堑壕工事中。

第13团的2个营调离南关岭，外派的侦察部队则前往金州湾沿岸。在上南关岭正面的各个高地，俄军对炮兵做了如下配置：

左翼：第4师下属炮兵旅的1个连。

中央：第7师的2个连。

右翼：第4师下属炮兵旅的1个连。

10点45分，第15团的2个营离开南关岭道口开赴下南关岭，另外2个连则被调往夏家河子村。

第4师其他单位的部署没有变化。

---

① 译注：原文为"炮兵旅"。

## 18 点的部署情况

南山防线：情况不变。

上南关岭：炮兵，情况不变；支援炮兵的单位，第 13 团的 1 个营。

大房身道口：第 13 团的 1 个营。

大房身西北的谷地：第 14 团的 1.5 个营。

下南关岭东北方的各山谷：第 15 团的 2 个营。

下南关岭：第 4 师下属炮兵旅的 1 个连[1]，外加 4 门 6 磅炮。

其余区域：情况不变。

营城子（全天）：第 28 团的 3 个连，海军机枪分队，第 7 师属炮兵营第 3 连[①]的 4 门火炮。

***

25 日（即战斗爆发的前一天）早些时候，守军收到了一封库罗帕特金将军 17 日送出的信函。将军在信中解释说，他目前无法支援旅顺方面，另外按照他的看法，守军的首要目标是抓住有利时机，让福克将军的部队安全撤回旅顺并与守备部队会合。同时，他们还有必要从南山撤走大炮，以避免被日军缴获，不过，守军接到该信件已经太晚，无法按照将军的指示行动。

***

本附录的参考资料如下：《俄国陆军战史》第 8 卷第 1 部分的第 8 章，《旅顺要塞军事法庭》庭审记录（Proceedings of the Port Arthur Court Martial）第 1 部分第 83 页等，特列季亚科夫的《南山和旅顺口》第 1 章，冯·施瓦茨和罗曼诺夫斯基的《旅顺口保卫战》。

**注释：**

1. 位于俯瞰沙家沟的各山丘上。

---

① 译注：原文为第 7 炮兵师属第 3 旅，似有误。

# 附录 I

# 1904 年 6 月 18 日，东乡将军的封锁令

（摘自《日本战史极密版》第一部第 292 页）

1. 根据联合舰队机密令第 756 号[1]，兹对封锁诸队的任务进行如下安排。如果敌军意图逃出旅顺，各队应在原定行动的基础上赶往第三地点[2]。

2. 封锁战队的诸舰应在先任将校①的指挥下于当日上午 8 时出发，前往遇岩附近接替之前值班的战队，在与其交换情报后，该战队将值班到第二天，直到其他战队前来。完成交班后的当天下午，它们将返回原泊地（即里长山列岛）。

3. 对封锁战队诸舰，其昼间监视的基准点是遇岩正西方 10 海里处，各舰可以在西起北隍城岛（N. Hwang-ching-tau），东至三山岛的经线间采取适当的机动。其主要任务是监视敌军动向，次要任务是强行切断半岛与外界的交通联络。

日落前约 1 小时，各舰需根据情况向南转舵，并在夜间抵达圆岛所在经线以东、纬线以南的海域。

如果遭遇浓雾或其他异常天气，各舰可以见机行事，在合适的地点临时停泊。在此情况下，如果可能，最好将泊地选为长子岛（在外长山列岛南部）所在经线以东的某处海域。

4. 如果封锁战队诸舰发现出逃之敌正在南下，它们应连续用口径大于 12 厘米的舰炮实弹射击，射击间隔为 4 秒，射数应以 10 发为下限；同时，各舰还需用无线电连续发送"キ""キ"……信号，以便紧急向第三地点的各舰回报。如果因人为干扰或大气因素导致无法发报，其中 1 艘军舰或驱逐舰应携全部情报向第三地点疾驰，并按照前述规定连续发射实弹。

5. 在发现敌军舰队后，执行封锁任务的战队需在战斗距离外与其保持接触，不时袭击敌军队列后方或驱逐队，以迟滞其南下。同时，它们还必须反复向第三地点的我军本队通报敌人的位置和航向。电报的发送体例如下所示：

| 地点 | 方位 | 含义 |
|------|------|------|
| 1149 | B.P | 敌军现正在 1149 地点，朝东南偏南 1/2 个罗经点方向航行 |

---

① 译注：即军衔最高或资历最深的军官。

6. 封锁战队各舰一旦接到紧急信号，应当引导和掩护附近集结的驱逐队和水雷艇队，并派遣它们猛烈攻击敌军队列末尾。

7. 在先任司令的指挥下，执行封锁任务的 4 个驱逐队和水雷艇队将于当日上午 9 点出发，前往遇岩接替前日值班的驱逐队和水雷艇队，并与之交换情报。随后，各队需在当地值守到次日中午，最终返回里长山列岛锚地。

8. 执行封锁任务的驱逐队和艇队，可以在昼间自行决定机动方式，但同时，它们需要分别在午前和午后从东面和南面各靠近旅顺一次。各部的首要任务是侦察敌军的状况，并探明对方清扫水雷的海域。同时，各舰还需严密检查来往的中国帆船，强行阻断港口和外界的联络。另外，如果有合适条件，它们还可以根据如下部署，对下列区域展开警戒：

1 个驱逐队和 1 个水雷艇队：旅顺以南至北隍城岛海域。

1 个驱逐队和 1 个水雷艇队：小平岛至遇岩海域。

从日落后一个小时到次日黎明时分，各舰的主要任务是前往如下海域警戒脱逃之敌：

1 个驱逐队：A 哨区（小平岛附近海域）。

1 个驱逐队：D 哨区（老铁山附近海域）。

1 个水雷艇队：B 哨区（大连湾南口海角附近）。

1 个水雷艇队：C 哨区（大窑湾附近海域）。[3]

附注：在参与行动的各队中，先任司令将为各个驱逐队和水雷艇队分派哨区。如果天气恶劣，各队可以适时前往大孤山湾避难。

9. 如果在夜间发现有敌军舰队或驱逐舰逃出，当值的驱逐队或艇队需要发出警告，具体做法是连续发射 5 枚火箭，同时用实弹开炮；另外，探照灯也应当上下晃动，以便向其余各队指明自己的位置所在。在没有其他任务的前提下，A、D、B 哨区的警戒舰只应当集中起来，全力对敌军展开攻击。

对于分配到 B 哨区的水雷艇队，其殿后艇将不等命令，全速前往"V 地点"（即南三山岛东南方约 8 海里处），随后从当地连续发射火箭并开炮，通知位于第三地点的舰队。

此时，第三地点的哨戒水雷艇以及附近的瞭望塔[4] 也将连续发射火箭作为回应，尔后，前述来自 B 哨区的水雷艇应继续向 C 哨区前进，并连续发射火箭以警告我军在大连湾内的舰船。

如果敌军只有驱逐舰出港，我军应当连续开炮，并发射 2 枚火箭，以此作为专门的识别信号；否则相关信号将被视为敌军舰队出港，我方舰队也将展开行动。

对于分配到 C 哨区的水雷艇队，其主要任务是阻止敌军利用驱逐舰或中式帆船，在我军已清扫完毕的大连湾入口重新布设水雷。同时，各艇还需要经常驱离可疑舟艇，确保它们不会在夜间出现在附近。

10. 如果参与封锁的驱逐队或水雷艇队发现敌军试图趁夜出逃，此时，它们应按照第 4 项中的规定连续发射实弹（间隔约 4 秒，射数至少 10 发），并与执行封锁任务的战队会合。同时，它们也应当与敌军保持接触，抓住时机发动进攻。

在上述情况下，我军 C 哨区的水雷艇队应将注意力放在保持联络上。该舰应当紧急通报附近各舰，并靠近第三地点，通过连续开炮传达报警信号。

11. 参与封锁的各战队、驱逐队和艇队需要于每日上午 9 点、在遇岩正北约 6 海里处集合，并相互通报前一夜的情况和当天白天的行动。如果战队的指挥官认为有必要让驱逐队和艇队伴行，他将择机下达命令，把上述舰艇纳入他的指挥之下。

12. 参与封锁的战队、驱逐队和艇队应尽快向本人汇报敌情变化和敌军可能的动向，如果有必要，相关消息可以由大连湾的哨舰代为传递。

13. 收到敌军南逃的消息后，位于第三地点的我军舰队应当尽快出发，它们无须等待专门命令，而是应当直接按照以下安排行事：

（a）第 3 战队将在 2 个驱逐队（分别由在场驱逐队中的第二、第三先任司令指挥）和 2 个水雷艇队（分别由在场艇队中的第一、第二先任司令指挥）的伴随下出发，并渐次加速到战斗航速，沿正南方向朝成山角行驶；稍后，整个分队将根据警戒舰只传来的情报改变航向，努力接触敌军。如果当时是白天，该分队应设法迟滞敌人，直到后续各战队赶来。如果是夜间，该部应派出驱逐队和水雷艇队全力追击敌人。

（b）第 5 战队（"春日"号、"日进"号和"八重山"号）及第 6 战队需带领附属于第 3 舰队的 3 个艇队朝南微东方向行驶，前往成山角以东 15 海里处，并同样按照本条款（a）项中的要求进行部署。

（c）第 1 战队将带领 1 个驱逐队（由在场驱逐队中的第一先任司令指挥）和 1 个艇队（由在场艇队中的第三先任司令指挥）出发，沿着南微东又偏东 1/2 个罗经点（S. by E. 1/2 E.）航向，朝鸿岛（在朝鲜半岛附近的黑山群岛中）以西的 330 地点[5] 行驶，随后按照本条款（a）项的指示行动。

（d）第 5 战队（"严岛"号、"松岛"号、"桥立"号和"镇远"号）应前往广鹿岛南方的"U 地点"[6]，保护陆军登陆场和第三地点的安全。

（e）第 7 战队将专心从事陆军运输船的护卫工作。

14. 本命令系敌军逃脱后我方应采取的对策，封锁舰队应时刻铭记：在战略上，我军的根本目的是阻止敌人逃脱，并通过宣示自身存在来威压对手。各驱逐队和水雷艇队也应经常按照计划，通过敷设诡雷，加剧敌军出港时的疑虑。

另外，鉴于形势随时可能变化，部队不必拘泥于上述命令的具体规定。

（联合舰队机密令第 756 号之二）

**注释：**

1. 该命令签发于 6 月 9 日，其中设计了封锁阵位等相关内容。参见《日本战史极密版》第 1 卷第 289 页。

2. 即里长山列岛基地。

3. 上述哨区的具体位置确定于 5 月 29 日；另外，类似的哨区还有 3 个，即位于遇岩以西的 E 哨区、位于遇岩东北的 F 哨区以及位于圆岛以北的 G 哨区。

4. 该塔位于里长山列岛中央海洋岛（Khas-yan-tau）的顶峰上。"敷岛"号的舰员在 6 月 9 日接到命令建造该塔，工程于 12 日正式启动。

5. "330 地点"在鸿岛西北偏西 28 海里处。

6. 位于光禄岛以西海域。

# 附录 J

# 7月23日，东乡将军的封锁令

（摘自《日本战史极密版》第一部第 426 页）

7月23日，为支援第 3 军的攻势，东乡司令又根据敌军动向签署了如下命令：

1. 目前旅顺方面的敌情依旧没有变化。

2. 第 3 军将于 26 日清晨开始进攻并不断推进。其右翼将前出至双台沟（Shwang-tai-ku）；中路部队出安子岭[①]（An-tsu-Ling）；左翼出大白山（Ta-po-shan），即龙王河（Lung-wang-tang Creek）源头附近的一处山头。上述部队将前进至西起长岭子（Tung-chang-ling-tsu）、东至王家店（Wang-chia-tien）东北偏东 2 英里的英各石[②]（Eikaku-seki）一线。另外，他们会于 25 日在左翼略微向前推进，作为总攻的预备行动。

3. 联合舰队的主要任务与之前一样，都是防备俄军舰队出港；但同时，他们也将声援、协助第 3 军的进攻。

4. 第 7 战队的"济远""平远""鸟海"和"赤城"各舰，第 7、第 8 号改装炮舰以及第 12 水雷艇队的 2 艘水雷艇应于 25 日夜间进入渤海湾，并在 26 日清晨对双台沟[1]之敌展开威吓行动。

5. 第 5 战队"严岛"以下各舰，在 25 日上午 7 点前往老偏岛，与广濑中佐[③]（Commander Hirose）指挥的特别扫海队会合。在广濑中佐的引导下，各舰将前往小平岛以西海域。鉴于龙王塘附近可能有俄军炮舰，因此上述各舰应吸引针对第 3 军的炮火，并对敌舰实施威吓和压制。

6. 第三地点的各部队应于 25 日午后出发，在 26 日上午 7 点前抵达下述各地点。此时，各舰应当监视敌军，如果对方未出港，则需要按照下列部署在日落前一个小时撤退，并在 27 日上午 7 点前再返回这一阵位。

第 1 战队以及"日进""春日"和"八重山"：昼间监视地点为圆岛附近，夜间退避地点为长子岛。

第 3 战队：昼间监视地点在老铁山以南约 14 海里，夜间退避地点为 1110 地点（即遇岩南偏东 3/4 个罗经点外 45 海里处），

第 5 战队（"严岛"以下各舰）：昼间监视地点在老偏岛附近，夜间退避地点在城山头附近。

---

[①] 译注：即今天的辽宁省大连市旅顺口区的鞍子岭。

[②] 译注：即今天的辽宁省大连市旅顺口区的英歌石。

[③] 译注：即广濑顺太郎（1868—1949 年）海军中佐，后晋升为大佐。对马海战期间，他担任第 5 驱逐队司令，一战初曾任"三笠"号舰长，最终军衔为海军少将。

第 6 战队：昼间监视地点在遇岩附近，夜间退避地点为 910 地点（即遇岩东南偏东 1/2 个罗经点外 58 海里处）。

第 1、第 2、第 3 驱逐队：昼间监视地点在小平岛附近，夜间退避地点为大连。

第 4、第 5 驱逐队：昼间监视地点在老铁山以南 5 海里处，夜间退避地点为大孤山湾。

第 14、第 1、第 16 水雷艇队：昼间监视地点为 B 哨区（即大连湾南口海角附近），夜间退避地点为大连。

第 20、第 10 水雷艇队：昼间监视地点为 E 哨区（遇岩以西海域），夜间退避地点为大孤山湾。

第 2、第 6、第 21 水雷艇队：昼间监视地点为 A 哨区（小平岛附近），夜间退避地点为小平岛。

7. 在昼间警戒期间，第 5 战队（"严岛"以下各舰）和第 1、第 2、第 3 驱逐队以及第 14、第 1、第 16 水雷艇队将按照第 5 项中的规定，始终把保护第 3 军左翼，为其提供前进支援作为主要任务。如果优势之敌袭来，第 6 战队将和第 5 战队合力行动。

注意：第 3 军的先头部队将升起一面旗帜，作为向舰队指示位置的标识。该旗帜以白色为底，中央是"日之丸"，周围有 4 道光幅，其中两道水平、两道垂直。

至于第 3 战队，第 4、第 5 驱逐队和第 20、第 10 水雷艇队将负责监视敌军，着重提防后者针对我方派往渤海的分遣舰队的动作。如果盯梢之敌轻举妄动，该队应当发起追击，并全力向分遣舰队发送警报。届时，该队各舰应当连续用无线电发送"**ホク**""**ホク**"的信号，同时相继升起"标时旗"和"方位旗"，作为额外的报警指示手段。

8. 如果敌军舰队倾巢南下，我军各部队应当在遇岩东南集结，并按照战策中的部署组成战斗序列。

9. 如果敌军舰队在夜间停泊于港外，或是在被浓雾遮掩的白天行动，各驱逐队和水雷艇需要抓住机会，全力以赴展开袭击。

10. 如果我军遭遇浓雾或是其他异常天气，所有舰只应当撤回本命令第 6 项中提到的位置。然而，只要天气情况允许，执行封锁任务的各战队或艇队依旧要在规定的警戒区留守，继续严密监视敌人的行动。

11. "香港丸"将在庙岛列岛以西的航线上南北来回运动。同时，"日本丸"将在芝罘和成山角之间巡航，以便对往来商船实施临检。

以上 2 艘船应在夜间开灯行驶。

12. 26 日，"熊野丸"需前往大孤山湾，"日光丸"前往大连，为两地的驱逐队和水雷艇队补充煤炭和水。

（联合舰队机密令第 926 号）

**注释：**

1. 双台沟是营城子湾沿岸的一座村庄，俄军的最左翼即位于当地，此处的滩头适合登陆作业。

# 附录 K
## 日军战斗舰船

### （a）战列舰、巡洋舰、炮舰和通报舰 [1]

| 舰名 | 舰种 | 下水时间 | 建造地 | 排水量（吨） | 指示马力（匹） | 航速（节） | 载煤量（吨）常规 | 载煤量（吨）最大 | 最大装甲厚度（英寸）水线 | 最大装甲厚度（英寸）甲板 | 最大装甲厚度（英寸）主炮 | 最大装甲厚度（英寸）指挥塔 | 武备 舰炮 | 鱼雷发射管 水下 | 鱼雷发射管 水上 | 乘员数 |
|---|---|---|---|---|---|---|---|---|---|---|---|---|---|---|---|---|
| 吾妻 Adzuma | 装甲巡洋舰 | 1899 年 6 月 | 法国 圣纳泽尔 St. Nazaire, France | 9307 | 16000 | 20 | 600 | 1200 | 7 | 2 | 6 | 14 | 4 门 8 英寸炮、12 门 6 英寸炮、12 门 12 磅炮[2]、8 门 2.5 磅炮[3] | 4 | 1 | 644 |
| 赤城 Akagi | 炮舰 | 1888 年 8 月 | 日本 小野滨造船所 Onohama | 612 | 950 | 10 | | 74 | | | | | 1 门 12 厘米炮、5 门 12 磅炮、4 门 3 磅炮、2 门 2.5 磅炮[4] | | | 130 |
| 明石 Akashi | 三等巡洋舰 | 1897 年 11 月 | 日本 横须贺 Yokoska | 2756 | 800 | 20 | 600 | | | 2 | | | 2 门 6 英寸炮、6 门 4.7 英寸炮、10 门 3 磅炮和 2 门 2.5 磅炮[5] | | 2 | 305 |
| 秋津洲 Akitsushima | 三等巡洋舰 | 1882 年 7 月 | 日本 横须贺 Yokoska | 3126 | 8500 | 19 | 550 | | | 3 | | | 4 门 6 英寸炮、6 门 4.7 英寸炮、8 门 3 磅炮、2 门 2.5 磅炮 | | 4[6] | 309 |
| 天城 Amagi | 炮舰 | 1877 年 3 月 | 日本 横须贺 Yokoska | 911 | 710 | 11 | 150 | | | | | | 6 门 17 厘米炮、3 门 75 毫米炮、2 门 3 磅炮、1 座机关炮[7] | | | 148[8] |
| 朝日 Asahi | 一等战列舰 | 1898 年 3 月 | 英国 克莱德班克 Clydebank | 15200 | 15000 | 18 | 700 | 1690 | 9 | 4 | 14 | 14 | 4 门 12 英寸炮、14 门 6 英寸炮、20 门 12 磅炮、8 门 3 磅炮、4 门 2.5 磅炮 | 4 | | 835 |

续前表

| 舰名 | 舰种 | 时间 | 建造厂 | | | | | | | | | | 火炮 | | | |
|---|---|---|---|---|---|---|---|---|---|---|---|---|---|---|---|---|
| 浅间 Asama | 装甲巡洋舰 | 1898年3月 | 英国 埃尔斯维克 Elswick | 9750 | 18000 | 22 | 600 | 1200 | 7 | 2 | 6 | 14 | 4门8英寸炮、14门6英寸炮、20门12磅炮、4门2.5磅炮[9] | 4 | 1 | 637[10] |
| 爱宕 Atago | 炮舰 | 1887年6月 | 日本 横须贺 Yokoska | 612 | 950 | 10 | | 74 | | | | | 3门4.7英寸炮、2座机关炮[11] | | | 102 |
| 磐城 Banjo | 木壳炮舰（测量船） | 1878年7月 | 日本 横须贺 Yokoska | 626 | 650 | 10 | | 107 | | | | | 1门15厘米炮、1门12厘米炮、2门75毫米炮[12] | | | 70 |
| 千早 Chihaya | 通报舰 | 1900年5月 | 日本 横须贺 Yokoska | 1238 | 6000 | 21 | | 400 | | | | 2 | 2门4.7英寸炮、4门12磅炮 | | 5[13] | 135 |
| 镇远 Chinyen | 二等战列舰 | 1882年11月 | 德国 斯德丁 Stettin[14] | 7220 | 6000 | 15 | | 800 | 14 | 3 | 14 | 8 | 4门12英寸炮、4门6英寸炮、8门3磅炮、2门2.5磅炮[15] | | 3 | 447[16] |
| 千岁 Chitose | 二等巡洋舰 | 1898年1月 | 美国 旧金山 San Francisco | 4750 | 15500 | 23 | 800 | 1000 | 4.5 | | 3 | | 2门8英寸炮、10门4.7英寸炮、12门12磅炮[17] | 4 | 4 | 438 |
| 千代田 Chiyoda | 三等巡洋舰 | 1890年6月 | 英国 克莱德班克 Clydebank | 2450 | 5600 | 19 | | 427 | 4.5 | 1 | | | 10门4.7英寸炮、14门3磅炮、1门2.5磅炮[18] | | 3 | 316 |
| 鸟海 Chokai | 炮舰 | 1887年8月 | 日本 石川岛 Ishikawajima | 612 | 950 | 10 | | 74 | | | | | 3门4.7英寸炮、2座机关炮[19] | | | 100 |
| 富士 Fuji | 一等战列舰 | 1896年3月 | 英国 泰晤士铁厂 Thames Ironworks | 12450 | 13500 | 18 | 700 | 1200 | 18 | 2.5 | 14 | 14 | 4门12英寸炮、10门6英寸炮、16门12磅炮、4门2.5磅炮[20] | 4 | 1 | 736 |
| 扶桑 Fuso | 三等战列舰 | 1877年4月 | 英国 伦敦 萨慕达兄弟造船厂 Messrs. Samuda, London | 3718 | 3500 | 13 | | 350 | 9 | 0.75 | 8 | | 4门24厘米炮、4门6英寸炮、9门3磅炮、2门2.5磅炮、4座机关炮[21] | | 2 | 358[22] |
| 桥立 Hashidate | 二等巡洋舰 | 1891年3月 | 日本 横须贺 Yokoska | 4210 | 5400 | 16 | | 683 | 9 | 1.5 | 12 | 6 | 1门12.5英寸炮、11门4.7英寸炮、6门12磅炮、6门2.5磅炮[23] | | 4 | 409 |

续前表

| 舰名 | 舰种 | 下水时间 | 建造地 | 排水量（吨） | 指示马力（匹） | 航速（节） | 载煤量（吨） 常规 | 载煤量（吨） 最大 | 最大装甲厚度（英寸） 水线 | 甲板 | 主炮 | 指挥塔 | 武备 舰炮 | 鱼雷发射管 水下 | 水上 | 乘员数 |
|---|---|---|---|---|---|---|---|---|---|---|---|---|---|---|---|---|
| 初濑 Hatsuse | 一等战列舰 | 1899年6月 | 英国埃尔斯维克 Elswick | 15000 | 14500 | 18 | 700 | 1690 | 9 | 4 | 14 | 14 | 4门12英寸炮、14门8英寸炮[24]、20门12磅炮、8门3磅炮、4门2.5磅炮 | 4 | | 849 |
| 比叡 Heiyei | 三等海防舰 | 1877年8月 | 英国彭布罗克 England | 2247 | 2500 | 13 | | 340 | 4.5 | | | | 3门17厘米炮、6门15厘米炮、2门12磅炮、6座机关炮 | | 2 | 226 |
| 平远 Heiyen | 装甲炮舰 | 1877年[25] | 中国福州 Fuchau | 2150 | 1200 | 11 | | 300 | 8 | 2 | 8 | 10 | 1门26厘米炮、4门4.7英寸炮、2门3磅炮、6门2.5磅炮、2门1磅炮[26] | 4 | | 205 |
| 和泉 Idzumi | 三等巡洋舰 | 1883年8月 | 英国埃尔斯维克 Elswick | 2950 | 6000 | 17 | 400 | 600 | 7 | 1 | 2 | 2 | 2门6英寸炮、6门4.7英寸炮、7门3磅炮[27] | | 3 | 296 |
| 出云 Idzumo | 装甲巡洋舰 | 1899年9月 | 英国埃尔斯维克 Elswick | 9750 | 14500 | 21 | 600 | 1550 | 7 | 2.5 | 6 | 14 | 4门8英寸炮、14门6英寸炮、12门12磅炮、8门2.5磅炮 | 4 | | 722 |
| 严岛 Itsukushima | 二等巡洋舰 | 1889年7月 | 法国土伦 Toulon | 4210 | 5400 | 16 | | 683 | 7 | 1.5 | 12 | 6 | 1门12.5英寸炮、11门4.7英寸炮、6门12磅炮、6门2.5磅炮[28] | | | 435 |
| 磐手 Iwate | 装甲巡洋舰 | 1900年3月 | 英国埃尔斯维克 Elswick | 9750 | 14500 | 21 | 600 | 1550 | 7 | 2.5 | 6 | 14 | 4门8英寸炮、14门6英寸炮、12门12磅炮、8门2.5磅炮 | 4 | | 688 |
| 海门 Kaimon | 三等防舰 | 1882年8月 | 日本横须贺 Yokoska | 1350 | 1250 | 12 | | 200 | | | | | 1门17厘米炮、6门12厘米炮、1门12磅炮、5座机关炮[29] | | 4 | 226 |

续前表

| 舰名 | 舰种 | 时间 | 建造地 | 排水量 | 马力 | 航速 | 载煤 | 载煤 | 装甲 | | | | 武器装备 | | 舰员 |
|---|---|---|---|---|---|---|---|---|---|---|---|---|---|---|---|
| 笠置 Kasagi | 一等巡洋舰 | 1898年1月 | 美国费城 Philadelphia | 4862 | 17000 | 23 | 800 | 1000 | 4.5 | 3 | | | 2门8英寸炮、10门4.7英寸炮、12门12磅炮、8门2.5磅炮[30] | 4[31] | 438 |
| 春日 Kasuga | 装甲巡洋舰 | 1902年10月 | 意大利热那亚 Genoa | 7628 | 13500 | 20 | 584 | 1178 | 5.9 | 5.9 | 4.7 | | 1门10英寸炮、2门8英寸炮、14门6英寸炮、10门12磅炮、5门3磅炮[32] | 4[33] | 609 |
| 葛城 Katsuragi | 三等海防舰 | 1885年3月 | 日本横须贺 Yokoska | 1480 | 1600 | 13 | 150 | | | | | | 1门17厘米炮、5门12厘米炮、1门75毫米炮、2座机关炮[34] | | 182 |
| 金刚 Kongo | 三等海防舰 | 1877年4月 | 英国赫尔河畔金斯顿 England | 2247 | 2500 | 13 | 330 | | 4.5 | | | | 3门17厘米炮、6门15厘米炮、2门12磅炮、6座机关炮 | 2 | 165[35] |
| 松岛 Matsushima | 二等巡洋舰 | 1890年1月 | 法国土伦 Toulon | 4210 | 5400 | 16 | 650 | | 1.5 | 12 | 6 | | 1门12.5厘米炮、12门4.7英寸炮、6门12磅炮、4门2.5磅炮[36] | 4 | 435 |
| 摩耶 Maya | 炮舰 | 1886年8月 | 日本小野滨造船所 Onohama | 612 | 950 | 10 | 74 | | | | | | 2门15厘米炮、2门3磅炮、2座机关炮 | | 107 |
| 三笠 Mikasa | 一等战列舰 | 1900年11月 | 英国巴罗 Barrow | 15140 | 15000 | 18 | 700 | 1500 | 9 | 4.5 | 14 | 14 | 4门12英寸炮、14门6英寸炮、20门12磅炮、8门3磅炮、4门2.5磅炮 | 4 | 875 |
| 宫古 Miyako | 通报舰 | 1897年10月 | 日本吴港 Kure | 1772 | 6000 | 20 | 400 | | | | | | 2门4.7英寸炮、6门3磅炮、4门2.5磅炮 | 2 | 227 |
| 武藏 Musashi | 三等海防舰 | 1886年3月 | 日本横须贺 Yokoska | 1480 | 1600 | 13 | 150 | | | | | | 1门17厘米炮、5门12厘米炮、1门75毫米炮、2座机关炮[37] | | 182 |

续前表

| 舰名 | 舰种 | 下水时间 | 建造地 | 排水量（吨） | 指示马力（匹） | 航速（节） | 载煤量（吨） 常规 | 最大 | 最大装甲厚度（英寸） 水线 | 甲板 | 主炮 | 指挥塔 | 武备 舰炮 | 鱼雷发射管 水下 | 水上 | 乘员数 |
|---|---|---|---|---|---|---|---|---|---|---|---|---|---|---|---|---|
| 浪速 Naniwa | 二等巡洋舰 | 1885年3月 | 英国埃尔斯维克 Elswick | 3650 | 7500 | 18 | 350 | 800 |  | 3 | 2 | 2 | 8门6英寸炮、10门3磅炮、2门2.5磅炮[38] |  | 4 | 338 |
| 新高 Niitaka | 三等巡洋舰 | 1902年11月 | 日本 横须贺 Yokoska | 3366 | 9400 | 20 |  | 600 |  | 3 |  | 4 | 6门6英寸炮、10门12磅炮、4门2.5磅炮 |  |  | 320？ |
| 日进 Nisshin | 装甲巡洋舰 | 1902年[39] | 意大利 热那亚 Genoa | 7628 | 13500 | 20 | 584 | 1178 | 5.9 | 3 | 5.9 | 4.7 | 4门8英寸炮、14门6英寸炮、10门12磅炮、6门3磅炮[40] |  | 4 | 609 |
| 大岛 Oshima | 炮舰 | 1891年10月 | 日本小野滨造船所 Onohama | 630 | 1200 | 13 |  | 140 |  | 1.2 |  |  | 1门4.7英寸炮、5门12磅炮、2门3磅炮、3门2.5磅炮[41] |  |  | 130 |
| 音羽 Otowa | 三等巡洋舰 | 1903年11月 | 日本 横须贺 Yokoska | 3000 | 10000 | 21 |  | 575 |  | 3 |  | 4 | 2门6英寸炮、6门4.7英寸炮、4门12磅炮 |  |  | 312？ |
| 济远 Saiyen | 三等海防舰 | 1883年6月 | 德国 斯德丁 Stettin | 2440 | 2800 | 15 |  | 400 |  | 3 | 9.8 |  | 2门21厘米炮、1门15厘米炮、1门75毫米炮[42]、6门3磅炮 | 1[43] | 4 | 237 |
| 敷岛 Shikishima | 一等战列舰 | 1898年11月 | 英国 泰晤士铁厂 Thames Ironworks | 14850 | 14500 | 18 | 800 | 1592 | 9 | 3.5 | 14 | 14 | 4门12英寸炮、14门6英寸炮、20门12磅炮、8门3磅炮、4门2.5磅炮 |  | 4 | 842 |
| 须磨 Suma | 三等巡洋舰 | 1895年3月 | 日本 横须贺 Yokoska | 2657 | 8500 | 20 |  | 600 |  | 2 |  |  | 2门6英寸炮、6门4.7英寸炮、10门3磅炮、2门2.5磅炮 |  | 2 | 304 |

续前表

| | | | | | | | | | | | | | | |
|---|---|---|---|---|---|---|---|---|---|---|---|---|---|---|
| 高千穂 Takachiho | 二等巡洋舰 | 1885 年 5 月 | 英国 埃尔斯维克 Elswick | 3650 | 7500 | 18 | 350 | 800 | 3 | 2 | 2 | 8门6英寸炮、10门3磅炮、2门2.5磅炮[44] | 4 | 342 |
| 高雄 Takao | 三等海防舰 | 1888 年 10 月 | 日本 横须贺 Yokoska | 1750 | 2300 | 15 | | 300 | | | | 4门15厘米炮、1门12厘米炮、1门75毫米炮、1门2.5磅炮、8座机关炮[45] | 2 | 223 |
| 高砂 Takasago | 二等巡洋舰 | 1897 年 5 月 | 英国 埃尔斯维克 Elswick | 4160 | 15500 | 23 | 800 | 1000 | | | | 2门8英寸炮、10门4.7英寸炮、12门12磅炮、6门2.5磅炮 | 5 | 425 |
| 龙田 Tatsuta | 通报舰 | 1894 年 4 月 | 英国 埃尔斯维克 Elswick | 850 | 5000 | 21 | | 152 | 4.5 | 4.5 | 4.5 | 2门4.7英寸炮、4门3磅炮 | 5 | 135 |
| 天龙 Tenryu | 三等海防舰 | 1883 年 8 月 | 日本 横须贺 Yokoska | 1525 | 1250 | 12 | | 256 | | | | 1门17厘米炮、1门15厘米炮、4门12厘米炮、1门75毫米炮、2门9磅炮、4座机关炮 | | 155 |
| 常磐 Tokiwa | 装甲巡洋舰 | 1898 年 7 月 | 英国 埃尔斯维克 Elswick | 9750 | 18000 | 22 | 600 | 1200 | 7 | 6 | 14 | 4门8英寸炮、14门6英寸炮、12门12磅炮、8门2.5磅炮[46] | 1 | 642 |
| 丰桥 Toyohashi | 水雷母舰 | 1888 年 12 月 | 英国 格拉斯哥 England | 4055 | 1850 | 13 | | | | | | 2门4.7英寸炮、6座3磅炮 | | 139 |
| 筑紫 Tsukushi | 炮舰 | 1882 年[47] | 英国 埃尔斯维克 Elswick | 1350 | 2400 | 16 | | 300 | | 1 | | 2门10英寸炮、4门40磅炮、2门9磅炮、4座机关炮[48] | 2 | 164 |
| 对马 Tsushima | 三等巡洋舰 | 1902 年 12 月 | 日本 吴港 Kure | 3366 | 9400 | 20 | | 600 | 3 | | 4 | 6门6英寸炮、10门12磅炮、4门2.5磅炮 | | 320 ? |
| 宇治 Uji | 炮舰 | 1903 年 3 月 | 日本 吴港 Kure | 620 | 1000 | 13 | 75 | 150 | | | | 3门12倍径12磅炮、1门8倍径12磅炮、3座机关炮 | | 93 |

续前表

| 舰名 | 舰种 | 下水时间 | 建造地 | 排水量(吨) | 指示马力(匹) | 航速(节) | 载煤量(吨) 常规 | 载煤量(吨) 最大 | 最大装甲厚度(英寸) 水线 | 甲板 | 主炮 | 指挥塔 | 武备 舰炮 | 鱼雷发射管 水下 | 鱼雷发射管 水上 | 乘员数 |
|---|---|---|---|---|---|---|---|---|---|---|---|---|---|---|---|---|
| 八云 Yakumo | 装甲巡洋舰 | 1899年7月 | 德国斯德丁 Stettin | 9646 | 15250 | 20 | 600 | 1200 | 7 | 2 | 7 | 14 | 4门8英寸炮、12门6英寸炮、12门12磅炮、8门2.5磅炮[49] | 4 | 1 | 639 |
| 大和 Yamato | 三等岸防舰 | 1885年5月 | 日本小野滨造船所 Onohama | 1480 | 1600 | 13 | | 150 | | | | | 2门17厘米炮、5门12厘米炮、1门75毫米炮、2门9磅炮、4座机关炮[50] | | | 182 |
| 八岛 Yashima | 一等战列舰 | 1896年2月 | 英国埃尔斯维克 Elswick | 12320 | 13500 | 18 | 700 | 1200 | 18 | 2.5 | 14 | 14 | 4门12英寸炮、10门6英寸炮、16门12磅炮、4门2.5磅炮[51] | 4 | 1 | 736 |
| 八重山 Yaeyama | 通报舰 | 1889年3月 | 日本横须贺 Yokoska | 1584 | 5400 | 20 | 350 | 350 | | | | | 3门4.7英寸炮、8门2.5磅炮 | | 2 | 228 |
| 吉野 Yoshino | 二等巡洋舰 | 1892年12月 | 英国埃尔斯维克 Elswick | 4160 | 15500 | 23 | 350 | 1000 | | 4.5 | | 4 | 4门6英寸炮、8门4.7英寸炮、22门3磅炮、2门2.5磅炮[52] | | 5 | 419 |

（b）驱逐舰 *

| 舰名 | 下水时间 | 建造方/建造地 | 排水量（吨） | 指示马力（匹） | 航速（节） | 载煤量（吨） | | 武备 | | | 乘员数 |
| | | | | | | 常规 | 最大 | 舰炮 | 发射管数 | 携带鱼雷数 | |
| --- | --- | --- | --- | --- | --- | --- | --- | --- | --- | --- | --- |
| 晓 Akatsuki | 1901年 | 英国 亚罗船厂 Yarrow | 363 | 6000 | 31.3 | | 81 | 2门12磅炮、4门6磅炮 | 2 | 4 | 58 |
| 曙 Akebono | 1899年 | 英国 亚罗船厂 Yarrow | 341 | 6000 | 31.2 | | | 2门12磅炮、4门6磅炮 | 2 | 4 | 53 |
| 朝雾 Asagiri | 1902年 | 日本 横须贺 Yokoska | 375 | 6000 | 29 | | | 2门12磅炮、4门6磅炮 | 2 | 4 | 55 |
| 朝潮 Asashiwo | 1902年 | 英国 桑尼克罗夫特船厂 Thornycroft | 375 | 7000 | 31 | 40 | 96 | 2门12磅炮、4门6磅炮 | 2 | 4 | 56 |
| 春雨 Harusame | 1902年 | 日本 横须贺 Yokoska | 375 | 6000 | 29 | | | 2门12磅炮、4门6磅炮 | 2 | 4 | 55 |
| 速鸟 Hayatori | 1903年 | 日本 横须贺 Yokoska | 375 | 6000 | 29 | | | 2门12磅炮、4门6磅炮 | 2 | 4 | 63 |
| 雷 Ikadzuchi | 1898年 | 英国 亚罗船厂 Yarrow | 341 | 6000 | 31 | | 81 | 2门12磅炮、4门6磅炮 | 2 | 4 | 59 |
| 电 Inadzuma | 1899年 | 英国 亚罗船厂 Yarrow | 341 | 6000 | 31 | | 81 | 2门12磅炮、4门6磅炮 | 2 | 4 | 55 |
| 阳炎 Kagero | 1899年 | 英国 桑尼克罗夫特船厂 Thornycroft | 279 | 5400 | 30.5 | 30 | 80 | 2门12磅炮、4门6磅炮 | 2 | 4 | 56 |
| 霞 Kasumi | 1902年 | 英国 亚罗船厂 Yarrow | 363 | 6000 | 31 | | | 2门12磅炮、4门6磅炮 | 2 | 4 | 55 |
| 丛云 Murakumo | 1898年 | 英国 桑尼克罗夫特船厂 Thornycroft | 322 | 5400 | 30.1 | 30 | 80 | 2门12磅炮、4门6磅炮 | 2 | 4 | 52 |
| 村雨 Murasame | 1902年 | 日本 横须贺 Yokoska | 375 | 6000 | 29 | | | 2门12磅炮、4门6磅炮 | 2 | 4 | 55 |
| 胧 Oboro | 1899年 | 英国 亚罗船厂 Yarrow | 341 | 6000 | 31 | | 81 | 2门12磅炮、4门6磅炮 | 2 | 4 | 56 |
| 涟 Sazanami | 1899年 | 英国 亚罗船厂 Yarrow | 341 | 6000 | 31.2 | | 81 | 2门12磅炮、4门6磅炮 | 2 | 4 | 56 |
| 东云 Shinonome | 1898年 | 英国 桑尼克罗夫特船厂 Thornycroft | 322 | 5400 | 30.5 | 30 | 80 | 2门12磅炮、4门6磅炮 | 2 | 4 | 55 |

续前表

| 舰名 | 下水时间 | 建造方/建造地 | 排水量（吨） | 指示马力（匹） | 航速（节） | 载煤量（吨） | | 武备 | | | | 乘员数 |
| | | | | | | 常规 | 最大 | 舰炮 | 鱼雷发射管 | | | |
| | | | | | | | | | 发射管数 | 携带鱼雷数 | | |
|---|---|---|---|---|---|---|---|---|---|---|---|---|
| 白云 Shirakumo | 1901年 | 英国桑尼克罗夫特船厂 Thornycroft | 375 | 7000 | 31.8 | 40 | 96 | 2门12磅炮、4门6磅炮 | 2 | 4 | | 59 |
| 不知火 Shiranui | 1899年 | 英国桑尼克罗夫特船厂 Thornycroft | 322 | 5400 | 30.5 | 30 | 80 | 2门12磅炮、4门6磅炮 | 2 | 4 | | 52 |
| 薄云 Usugumo | 1900年 | 英国桑尼克罗夫特船厂 Thornycroft | 279 | 5400 | 30.5 | 30 | 80 | 2门12磅炮、4门6磅炮 | 2 | 4 | | 54 |
| 夕雾 Yugiri | 1899年 | 英国桑尼克罗夫特船厂 Thornycroft | 322 | 5400 | 30.1 | 30 | 80 | 2门12磅炮、4门6磅炮 | 2 | 4 | | 51 |

★ 战前，上述驱逐舰均只有1门12磅炮和5门6磅炮，但在1904年陆续变更为上述配置。[53]

**（c）一等水雷艇**

| 舰名 | 下水时间 | 建造方/建造地 | 排水量（吨） | 指示马力（匹） | 航速（节） | 载煤量（吨） | | 武备 | | | 乘员数 |
| | | | | | | 常规 | 最大 | 舰炮 | 鱼雷发射管 | | |
| | | | | | | | | | 发射管数 | 携带鱼雷数 | |
|---|---|---|---|---|---|---|---|---|---|---|---|
| 苍鹰 Aotaka | 1903年 | 日本吴港 Kure | 137 | 4200 | 29 | | 25 | 3门3磅炮 | 3 | | 30 |
| 千鸟 Chidori | 1900年 | 法国诺曼船厂 Normand | 137 | 4200 | 29 | 13 | 25.5 | 3门3磅炮 | 3 | | 30 |
| 鹞 Hashitaka | 1904年 | 日本神户 Kobe | 137 | 4200 | 29 | | 25 | 1门12磅炮、2门6磅炮 | 3 | | 30 |
| 鸽 Hato | 1902年 | 日本吴港 Kure | 137 | 4200 | 29 | | 25 | 3门3磅炮 | 3 | | 30 |
| 隼 Hayabusa | 1900年 | 法国诺曼船厂 Normand | 137 | 4200 | 29 | 13 | 25.5 | 3门3磅炮 | 3 | | 30 |
| 云雀 Hibari | 1903年 | 日本吴港 Kure | 137 | 4200 | 29 | | 25 | 3门3磅炮 | 3 | | 30 |
| 鸥 Kamome | 1904年 | 日本吴港 Kure | 137 | 4200 | 29 | | 25 | 1门12磅炮、2门6磅炮 | 3 | | 30 |

续前表

| 舰名 | 下水时间 | 建造方/建造地 | 排水量（吨） | 指示马力（匹） | 航速（节） | 载煤量（吨）常规 | 载煤量（吨）最大 | 舰炮 | 鱼雷发射管数 | 乘员数 |
|---|---|---|---|---|---|---|---|---|---|---|
| 雁 Kari | 1902年 | 日本吴港 Kure | 137 | 4200 | 29 | | 25 | 3门3磅炮 | 3 | 30 |
| 鹊 Kasasagi | 1900年 | 法国诺曼船厂 Normand | 137 | 4200 | 29 | | 25 | 3门3磅炮 | 3 | 30 |
| 小鹰 Kotaka | 1886年 | 英国亚罗船厂 Yarrow | 182 | 1217 | 19.5 | 30 | 60 | 2座机关炮 | 4 | 28 |
| 真鹤 Manadzuru | 1900年 | 法国诺曼船厂 Normand | 137 | 4200 | 28.9 | 13 | 25.5 | 3门3磅炮 | 3 | 30 |
| 鸿 Otori | 1904年 | 日本神户 Kobe | 137 | 4200 | 29 | | | 1门12磅炮、2门6磅炮 | 3 | 30 |
| 燕 Tsubame | 1903年 | 日本吴港 Kure | 137 | 4200 | 29 | | | 3门3磅炮 | 3 | 30 |
| 鹭 Sagi | 1904年 | 日本吴港 Kure | 137 | 4200 | 29 | | | 1门12磅炮、2门6磅炮 | 3 | 30 |
| 白鹰 Shirataka | 1900年 | 德国希肖船厂 Schichau | 123 | 2600 | 28[54] | | 20 | 3门3磅炮[55] | 3 | 30 |
| 鹑 Uzura | 1904年 | 日本吴港 Kure | 137 | 4200 | 29 | | | 1门12磅炮、2门6磅炮 | 3 | 30 |

## （d）二等水雷艇（吨位大于70吨、不足120吨）

| 舰名 | 下水时间 | 建造方/建造地 | 排水量（吨） | 指示马力（匹） | 航速（节） | 载煤量（吨）常规 | 载煤量（吨）最大 | 武备 舰炮 | 武备 鱼雷发射管 发射管数 | 武备 鱼雷发射管 携带鱼雷数 | 乘员数 |
|---|---|---|---|---|---|---|---|---|---|---|---|
| 福龙 Fuburya | 1886年 | 德国希肖船厂 Schichau | 111 | 1400 | 20 | | 18 | 2门3磅炮 | 4 | | 20 |
| 第21号 No.21 | 1892年 | 法国诺曼船厂 Normand | 78 | 1018 | 21 | | 7 | 1门3磅炮 | 3 | | 16 |
| 第24号 No.24 | 1894年 | 日本小野滨造船所 Onohama | 78 | 1018 | 21 | | 7 | 1门3磅炮 | 3 | | 16 |
| 第25号 No.25 | 1895年 | 德国希肖船厂 Schichau | 94 | 904 | 17 | | 10 | 2门3磅炮 | 3 | | 20 |
| 第26号 No.26 | 1886年 | 德国希肖船厂 Schichau | 81 | 577 | 14 | | 8 | 1门3磅炮[56] | 3 | | |

续前表

| 舰名 | 下水时间 | 建造方/建造地 | 排水量（吨） | 指示马力（匹） | 航速（节） | 载煤量（吨） | | 武备 | | | 乘员数 |
|---|---|---|---|---|---|---|---|---|---|---|---|
| | | | | | | 常规 | 最大 | 舰炮 | 鱼雷发射管 | | |
| | | | | | | | | | 发射管数 | 携带鱼雷数 | |
| 第29号 No.29 | 1898年 | 法国诺曼船厂 Normand | 89 | 2000 | 26 | | 15 | 1门3磅炮 | 3 | | 20 |
| 第30号 No.30 | 1898年 | 法国诺曼船厂 Normand | 89 | 2000 | 26 | | 15 | 1门3磅炮 | 3 | | 20 |
| 第31号 No.31 | 1899年 | 德国希肖船厂 Schichau | 81 | 1200 | 24 | | 14 | 1门3磅炮 | 3 | | 20 |
| 第32号 No.32 | 1899年 | 德国希肖船厂 Schichau | 81 | 1200 | 24 | | 14 | 1门3磅炮 | 3 | | 20 |
| 第33号 No.33 | 1899年 | 德国希肖船厂 Schichau | 81 | 1200 | 24 | | 14 | 1门3磅炮 | 3 | | 20 |
| 第34号 No.34 | 1899年 | 德国希肖船厂 Schichau | 81 | 1200 | 24 | | 14 | 1门3磅炮 | 3 | | 20 |
| 第35号 No.35 | 1899年 | 德国希肖船厂 Schichau | 81 | 1200 | 24 | | 14 | 1门3磅炮 | 3 | | 20 |
| 第36号 No.36 | 1899年 | 德国希肖船厂 Schichau | 81 | 1200 | 24 | | 14 | 1门3磅炮 | 3 | | 20 |
| 第37号 No.37 | 1899年 | 德国希肖船厂 Schichau | 81 | 1200 | 24 | | 14 | 1门3磅炮 | 3 | | 20 |
| 第38号 No.38 | 1899年 | 德国希肖船厂 Schichau | 81 | 1200 | 24 | | 14 | 1门3磅炮 | 3 | | 20 |
| 第39号 No.39 | 1900年 | 英国亚罗船厂 Yarrow | 110 | 2000 | 27 | | 32 | 1门3磅炮 | 3 | | 20 |
| 第40号 No.40 | 1900年 | 英国亚罗船厂 Yarrow | 110 | 2000 | 27 | | 32 | 1门3磅炮 | 3 | | 20 |
| 第41号 No.41 | 1900年 | 英国亚罗船厂 Yarrow | 110 | 2000 | 27 | | 32 | 1门3磅炮 | 3 | | 20 |
| 第42号 No.42 | 1900年 | 英国亚罗船厂 Yarrow | 110 | 2000 | 27 | | 32 | 1门3磅炮 | 3 | | 20 |
| 第43号 No.43 | 1900年 | 英国亚罗船厂 Yarrow | 110 | 2000 | 27 | | 32 | 1门3磅炮 | 3 | | 20 |
| 第44号 No.44 | 1900年 | 德国希肖船厂 Schichau | 82 | 1200 | 24 | | 14 | 1门3磅炮 | 3 | | 20 |

| 舰号 | 年份 | 建造厂 | | | | | 火炮 | | |
|---|---|---|---|---|---|---|---|---|---|
| 第45号 No.45 | 1900年 | 德国 希肖船厂 Schichau | 82 | 1200 | 24 | 14 | 1门3磅炮 | 3 | 20 |
| 第46号 No.46 | 1900年 | 德国 希肖船厂 Schichau | 82 | 1200 | 24 | 14 | 1门3磅炮 | 3 | 20 |
| 第47号 No.47 | 1900年 | 德国 希肖船厂 Schichau | 82 | 1200 | 24 | 14 | 1门3磅炮 | 3 | 20 |
| 第48号 No.48 | 1900年 | 德国 希肖船厂 Schichau | 82 | 1200 | 24 | 14 | 1门3磅炮 | 3 | 20 |
| 第49号 No.49 | 1900年 | 德国 希肖船厂 Schichau | 82 | 1200 | 24 | 14 | 1门3磅炮 | 3 | 20 |
| 第60号 No.60 | 1901年 | 德国 希肖船厂 Schichau | 82 | 1200 | 24 | 14 | 1门3磅炮 | 3 | 20 |
| 第61号 No.61 | 1901年 | 德国 希肖船厂 Schichau | 82 | 1200 | 24 | 14 | 1门3磅炮 | 3 | 20 |
| 第62号 No.62 | 1901年 | 英国 亚罗船厂 Yarrow | 110 | 2000 | 27 | 32 | 1门3磅炮 | 3 | 20 |
| 第63号 No.63 | 1901年 | 英国 亚罗船厂 Yarrow | 110 | 2000 | 27 | 32 | 1门3磅炮 | 3 | 20 |
| 第64号 No.64 | 1901年 | 英国 亚罗船厂 Yarrow | 110 | 2000 | 27 | 32 | 1门3磅炮 | 3 | 20 |
| 第65号 No.65 | 1901年 | 英国 亚罗船厂 Yarrow | 110 | 2000 | 27 | 32 | 1门3磅炮 | 3 | 20 |
| 第66号 No.66 | 1901年 | 英国 亚罗船厂 Yarrow | 110 | 2000 | 27 | 32 | 1门3磅炮 | 3 | 20 |
| 第67号 No.67 | 1902年 | 日本 横须贺 Yokoska | 88 | 1200 | 24 | 27 | 2门3磅炮 | 3 | 23[57] |
| 第68号 No.68 | 1902年 | 日本 横须贺 Yokoska | 88 | 1200 | 24 | 27 | 2门3磅炮 | 3 | 23 |
| 第69号 No.69 | 1902年 | 日本 佐世保 Sasebo | 88 | 1200 | 24 | 27 | 2门3磅炮 | 3 | 23 |
| 第70号 No.70 | 1902年 | 日本 佐世保 Sasebo | 88 | 1200 | 24 | 27 | 2门3磅炮 | 3 | 23 |
| 第71号 No.71 | 1902年 | 日本 佐世保 Sasebo | 88 | 1200 | 24 | 27 | 2门3磅炮 | 3 | 23 |
| 第72号 No.72 | 1902年 | 日本 横须贺 Yokoska | 88 | 1200 | 24 | 27 | 2门3磅炮 | 3 | 23 |

| 舰名 | 下水时间 | 建造方/建造地 | 排水量（吨） | 指示马力（匹） | 航速（节） | 载煤量（吨）常规 | 载煤量（吨）最大 | 武备 舰炮 | 武备 鱼雷发射管 发射管数 | 武备 鱼雷发射管 携带鱼雷数 | 乘员数 |
|---|---|---|---|---|---|---|---|---|---|---|---|
| 第73号 No.73 | 1902年 | 日本横须贺 Yokoska | 88 | 1200 | 24 | | 27 | 2门3磅炮 | 3 | | 23 |
| 第74号 No.74 | 1902年 | 日本神户 Kobe | 88 | 1200 | 24 | | 27 | 2门3磅炮 | 3 | | 23 |
| 第75号 No.75 | 1902年 | 日本神户 Kobe | 88 | 1200 | 24 | | 27 | 2门3磅炮 | 3 | | 23 |

## （e）三等水雷艇（吨位大于20吨，不足70吨）

| 舰名 | 下水时间 | 建造方/建造地 | 排水量（吨） | 指示马力（匹） | 航速（节） | 载煤量（吨）常规 | 载煤量（吨）最大 | 武备 舰炮 | 武备 鱼雷发射管 发射管数 | 武备 鱼雷发射管 携带鱼雷数 | 乘员数 |
|---|---|---|---|---|---|---|---|---|---|---|---|
| 第5号 No.5 | 1892年 | 法国克勒佐船厂 Creusot | 53 | 525 | 20 | 8 | | 1门3磅炮 | 2 | | 16 |
| 第6号 No.6 | 1892年 | 法国克勒佐船厂 Creusot | 53 | 525 | 20 | 8 | | 1门3磅炮 | 2 | | 16 |
| 第7号 No.7 | 1892年 | 法国克勒佐船厂 Creusot | 53 | 525 | 20 | 8 | | 1门3磅炮 | 2 | | 16 |
| 第8号 No.8 | 1892年 | 法国克勒佐船厂 Creusot | 53 | 525 | 20 | 8 | | 1门3磅炮 | 2 | | 16 |
| 第9号 No.9 | 1892年 | 法国克勒佐船厂 Creusot | 53 | 525 | 20 | 8 | | 1门3磅炮 | 2 | | 16 |
| 第10号 No.10 | 1892年 | 法国克勒佐船厂 Creusot | 53 | 525 | 20 | | 8 | 1门3磅炮 | 2 | | 16 |
| 第11号 No.11 | 1894年 | 日本小野滨造船所 Onohama | 53 | 525 | 20 | | 8 | 1门3磅炮 | 2 | | 16 |
| 第12号 No.12 | 1893年 | 日本小野滨造船所 Onohama | 53 | 525 | 20 | | 8 | 1门3磅炮 | 2 | | 16 |

| 号 / No. | 年 | 建造 | | | | | 武器 | | |
|---|---|---|---|---|---|---|---|---|---|
| 第13号 No.13 | 1893年 | 日本小野滨造船所 Onohama | 53 | 525 | 20 | 8 | 1门3磅炮 | 2 | 16 |
| 第14号 No.14 | 1893年 | 日本小野滨造船所 Onohama | 53 | 525 | 20 | 8 | 1门3磅炮 | 2 | 16 |
| 第15号 No.15 | 1893年 | 法国克勒佐船厂 Creusot | 52 | 540 | 20 | 4 | 1门3磅炮[58] | 2 | 16 |
| 第17号 No.17 | 1893年 | 日本小野滨造船所 Onohama | 52 | 525 | 20 | 8 | 1门3磅炮 | 2 | 16 |
| 第18号 No.18 | 1893年 | 日本小野滨造船所 Onohama | 52 | 525 | 20 | 8 | 1门3磅炮 | 2 | 16 |
| 第19号 No.19 | 1894年 | 日本小野滨造船所 Onohama | 52 | 525 | 20 | 8 | 1门3磅炮 | 2 | 16 |
| 第20号 No.20 | 1893年 | 日本小野滨造船所 Onohama | 52 | 540 | 20 | 4 | 1门3磅炮[59] | 2 | 16 |
| 第27号 No.27 | 1886年 | 德国 斯德丁 Stettin | 69 | 577 | 16 | 8 | 1门3磅炮[60] | 3 | 16 |
| 第50号 No.50 | 1900年 | 日本 横须贺 Yokoska | 53 | 700 | 20 | 8 | 1门3磅炮 | 2 | 16 |
| 第51号 No.51 | 1900年 | 日本 横须贺 Yokoska | 53 | 700 | 20 | | 1门3磅炮 | 2 | 16 |
| 第52号 No.52 | 1900年 | 日本 横须贺 Yokoska | 53 | 700 | 20 | 8 | 1门3磅炮 | 2 | 16 |
| 第53号 No.53 | 1900年 | 日本 吴港 Kure | 53 | 700 | 20 | 8 | 1门3磅炮 | 2 | 16 |
| 第54号 No.54 | 1900年 | 日本 吴港 Kure | 53 | 700 | 20 | 8 | 1门3磅炮 | 2 | 16 |
| 第55号 No.55 | 1900年 | 日本 吴港 Kure | 53 | 700 | 20 | 8 | 1门3磅炮 | 2 | 16 |
| 第56号 No.56 | 1900年 | 日本 横须贺 Yokoska | 53 | 700 | 20 | 8 | 1门3磅炮 | 2 | 16 |
| 第57号 No.57 | 1900年 | 日本 吴港 Kure | 53 | 700 | 20 | 8 | 1门3磅炮 | 2 | |
| 第58号 No.58 | 1900年 | 日本 吴港 Kure | 53 | 700 | 20 | 8 | 1门3磅炮 | 2 | |
| 第59号 No.59 | 1900年 | 日本 吴港 Kure | 53 | 700 | 20 | 8 | 1门3磅炮 | 2 | |

## 译注:

1. 由于本表成稿于一百多年前,其中难免有脱漏和讹误之处,译者试图根据现有资料对其进行纠正,但细小的数据差异不在此列。其中,纠正的内容将在注释中特别说明,补全的内容则会直接添入表内。增补的内容主要参考了迪特尔·荣格(Dieter Jung)等人编著、福井静夫提供资料的《日本海军战舰(1869—1945)》,海人社《日本军舰史》,以及陈悦先生编写的《北洋海军舰船志》等书。但鉴于部分参考资料仍有陈旧之嫌,错误依然在所难免,译者特在此鞠躬致歉。

2. 口径为 76 毫米。

3. 口径为 47 毫米。另外,原文为"8 门 2.5 磅炮",实误。

4. 现有资料显示为:4 门 12 厘米炮、4 门 47 毫米炮、5 门五联装 30 毫米机关炮。

5. 对于"10 门 3 磅炮和 2 门 2.5 磅炮",现有资料记载为"12 门 3 磅炮"。

6. 此处有误,此 4 具均为水下鱼雷发射管。

7. 现资料记载为:1 门 17 厘米炮、1 门 15 厘米炮、4 门 12 厘米炮、3 门 75 毫米炮、4 门四联装 25 毫米机关炮。

8. 现资料记载为 159 人。

9. 关于"4 门 2.5 磅炮",现有资料一说为"3 门机关炮",一说并未安装此类武器。

10. 现资料记为 726 人。

11. 现资料记载为:1 门 21 厘米炮、1 门 12 厘米炮、2 门机关炮(或 1 座其他类型火炮)。

12. 现资料中,75 毫米炮一作 3 门,另外还安装了 3 门机关炮。

13. 一说只有 2 具鱼雷发射管。

14. 即今天波兰的港口城市什切青(Szczecin)。

15. 该舰的轻型火炮实际为:2 门 6 磅炮和 8 门 3 磅炮。

16. 现资料作 407 人。

17. 现资料中,"6 门 2.5 磅炮"作"6 门 3 磅炮"。

18. 现资料显示,该舰还安装有 3 座机关炮。

19. 现资料记载为"1 门 21 厘米炮、1 门 12 厘米炮,2 门机关炮(或 1 门其他类型火炮)"。

20. 关于该舰的轻型火炮,现有资料为"24 门 47 毫米炮(3 磅炮)"。

21. 现有资料记载为:4 门 24 厘米炮、2 门 15 厘米炮、4 门 12 厘米炮、10 门 47 毫米炮、4 门 25 毫米四联装机关炮、4 挺 11 毫米五联装机关枪、7 挺单管机枪。

22. 现有资料作 386 人。

23. 现有资料显示,该舰的轻型火炮为:2 门 76 毫米炮(12 磅炮)和 18 门 47 毫米炮(3 磅炮)。

24. 此处有误,应为"6 英寸炮"。

25. 此处有误，应为 1888 年 1 月。

26. 此处有误，该舰武器应为：1 门 26 厘米炮、2 门 6 英寸炮、8 门 47 毫米炮（3 磅炮）。

27. 现有资料显示，该舰的轻型火炮为：2 门 57 毫米炮、6 门 47 毫米炮（一说 5 门）、外加 2 挺机枪。

28. 现有资料显示，该舰的轻型火炮为：2 门 76 毫米炮（12 磅）和 18 门 47 毫米炮（3 磅炮）。

29. 关于该舰的机关炮，一说为 4 门 25 毫米四联装炮及 4 挺 11 毫米五联装机关枪。

30.2.5 磅炮一说为 6 门。

31. 现有资料显示，该舰水上鱼雷发射管为 5 具。

32. 该舰的轻型舰炮一说为：8 门 76 毫米炮（12 磅炮）、6 门 47 毫米炮（3 磅炮），另有 2 挺 7.7 毫米机枪。

33. 此处有误，该舰的 4 具鱼雷发射管全部在水下。

34. 现有资料显示，该舰武器为：2 门 17 厘米，2 门 12 厘米，1 门 75 毫米炮，8 门 47 毫米炮和 6 门机关炮。一说该舰的轻型舰炮仅为 4 门 25 毫米四联装机关炮、2 挺 11 毫米三联装机关枪。

35. 此处有误，现有资料显示，该舰的总乘员数至少在 250 人以上。

36. 关于该舰的轻型火炮，部分资料显示为 16 门 6 磅炮和 6 门 1 磅炮，部分为 15 门 47 毫米速射炮（3 磅炮）。

37. 现有资料显示，该舰武器为：2 门 17 厘米、2 门 12 厘米、1 门 75 毫米炮、8 门 47 毫米炮和 6 门机关炮。一说该舰的轻型舰炮仅为 4 门 25 毫米四联装机关炮、2 挺 11 毫米三联装机关枪。

38. 现有资料显示，该舰在 1900—1901 年间额外安装了 2 门 57 毫米炮和 2 座机关炮。另外，其轻型火炮一说为 6 门 6 磅炮、10 门四联装 25 毫米机关炮（1 磅炮）和 4 座 11 毫米十联装机关枪。

39. 此处有误，应为 1903 年 2 月。

40. 现有资料显示，该舰还有 4 门 47 毫米速射炮（3 磅炮）和 2 挺机枪。

41. 此处有误，现有资料显示，其主炮为 4 门 4.7 英寸炮。轻型火炮则有多种说法，如：5 门 47 毫米炮（3 磅炮），7 门 40 毫米炮和 1 门机关炮，2 门 47 毫米炮（3 磅炮）和 6 门 37 毫米机关炮等。

42. 现有资料显示，该舰的 75 毫米炮应为 2 门。

43. 此处有误，"济远"舰无水下鱼雷发射管。

44. 现有资料显示，该舰在 1900—1901 年间额外安装了 2 门 57 毫米炮和 2 门机关炮。另外，其轻型火炮一说为：6 门 6 磅炮，10 门四联装 25 毫米机关炮（1 磅炮）和 4 门 11 毫米十联装机关枪。

45. 该舰的机关炮一说只有 2 门，一说为 6 门。

46. 一说还额外安装了 3 门机关炮。

47. 此处有误，应为 1880 年 8 月。

48. 现有资料称，该舰的轻型火炮包括 1 门 3 英寸炮（即 9 磅炮）、2 门 47 毫米（3 磅炮）和 2 门机关炮。

49.2.5 磅炮一说为 12 门。

50. 现有资料显示，该舰武器为：2 门 17 厘米炮、2 门 12 厘米炮、1 门 75 毫米炮、8 门 47 毫米炮和 6 门机关炮。

51. 关于该舰的轻型火炮，现有资料为"24 门 47 毫米炮（3 磅炮）"。

52. 一说无此 2 门 2.5 磅炮。

53. 此说不确。

54. 实际测试航速仅为 25.5 节。

55. 一说为 3 门 57 毫米炮。

56. 一说为 2 门 37 毫米炮。

57. 第 67 号至第 75 号水雷艇，乘员一说为 24 名。

58. 一说为 1 门 25 毫米四联装机关炮。

59. 一说为 1 门 25 毫米四联装机关炮。

60. 一说为 2 门 37 毫米炮。

# 附录 L
# 俄军战斗舰船

## （a）战列舰、巡洋舰、炮舰和布雷船

| 舰名 | 舰种 | 下水时间[1] | 建造地 | 排水量（吨） | 指示马力（匹） | 航速（节） | 载煤量（吨） | | 最大装甲厚度（英寸） | | | | 武备 | 鱼雷发射管 | | 乘员数 |
|---|---|---|---|---|---|---|---|---|---|---|---|---|---|---|---|---|
| | | | | | | | 常规 | 最大 | 水线 | 甲板 | 主炮 | 指挥塔 | 舰炮 | 水下 | 水上 | |
| 阿留申人 Aleut | 布雷舰 | 1886年7月 | 挪威克里斯蒂安尼亚[2] Christiania | 892 | 730 | 12.2 | | 70 | | | | | 4座机关炮、可携带250枚水雷 | | | 104 |
| 阿穆尔 Amur | 布雷舰 | 1898年11月 | 俄国圣彼得堡（波罗的海船厂）St. Petersburg（Baltic Works） | 3017 | 4890 | 17.4 | | 400 | | 0.5 | | | 5门12磅炮、7门3磅炮，另可携带500枚水雷[3] | | 1[4] | 317 |
| 阿斯科尔德 Askold | 一等防护巡洋舰 | 1900年3月 | 德国基尔（日耳曼尼亚船厂）Kiel（Germania Yard） | 5905 | 19000 | 23 | 720 | 1100 | | 3 | | 6 | 12门6英寸炮、12门12磅炮、8门3磅炮、2门2.5英寸炮、4挺机枪[5] | 2 | 4 | 573 |
| 巴扬 Bayan | 装甲巡洋舰 | 1900年6月 | 法国土伦（地中海冶金造船厂）Toulon（Forges et Chantiers） | 7726 | 16500 | 21 | 750 | 1100 | 8 | 2 | 6 | 6.3125 | 2门8英寸炮、8门6英寸炮、20门12磅炮、8门3磅炮、2门2.5英寸炮、2座机关炮 | 2 | | 573 |
| 海狸 Bobr | 炮舰 | 1885年 | 俄国奥布[6]（克莱顿造船厂）Abo（Crighton's Works） | 1230 | 1140 | 11.2 | 170 | 250 | | | | | 1门9英寸炮、1门6英寸炮、6门9磅炮[7]、2门3磅炮、1门2.5英寸炮、4座机关炮[8] | | | 170 |
| 壮士 Bogatuir | 一等防护巡洋舰 | 1901年1月 | 德国斯德丁 Stettin | 6645 | 19500 | 23 | 900 | 1430 | | 2.75 | 5 | 5.5 | 12门6英寸炮、12门12磅炮、6门3磅炮、2门2.5英寸炮、4座机关炮/机关枪[9] | 2 | 4 | 573 |

续前表

| 舰名 | 舰种 | 下水时间[1] | 建造地 | 排水量（吨） | 指示马力（匹） | 航速（节） | 载煤量（吨） | | 最大装甲厚度（英寸） | | | | 武备 | | | 乘员数 |
|---|---|---|---|---|---|---|---|---|---|---|---|---|---|---|---|---|
| | | | | | | | 常规 | 最大 | 水线 | 甲板 | 主炮 | 指挥塔 | 舰炮 | 鱼雷发射管 水下 | 水上 | |
| 贵族 Boyarin | 三等防护巡洋舰 | 1901年6月 | 丹麦哥本哈根（伯迈斯特-韦恩造船厂）Copenhagen (Burmeister and Wain) | 3200 | 11500 | 22 | | 600 | | | 2 | 3 | 6门4.7英寸炮、8门3磅炮、1门2.5英寸炮、3挺机夫枪[10] | | 5 | 266 |
| 月神 Diana | 一等防护巡洋舰 | 1899年10月 | 俄国圣彼得堡（加勒尔尼岛造船厂）[11] St. Petersburg (Galerni Island) | 6657 | 12129 | 19 | 900 | 1430 | | 3 | | 6 | 8座6英寸炮、24门12磅炮、2门2.5英寸炮、8座机夫枪 | 2 | 1 | 570 |
| 骑手 Dzhigit | 炮舰 | 1876年 | 俄国圣彼得堡 St. Petersburg | 1516 | 1383 | 12 | | 250 | | | | | 2座6英寸炮、4门3磅炮、1门2.5英寸炮、6座机夫炮[12] | | 1 | 188 |
| 乌克兰哥萨克 Gaidamak | 鱼雷炮舰 | 1893年 | 俄国奥布（克莱顿造船厂）Abo (Crighton's Works) | 405 | 3330 | 20 | | 90 | | | | | 6门3磅炮、3座机夫炮 | | 2 | 65 |
| 吉兰人 Gilyak | 炮舰 | 1896年 | 俄国圣彼得堡（海军部新造船厂）St. Petersburg (New Dockyard) | 1251 | 1000 | 12 | 170 | 250 | | 0.5 | | | 1门4.7英寸炮、5门12磅炮、4门3磅炮、2门2.5英寸炮、3座机夫炮[13] | | 1 | 170 |
| 蔑雷 Gremyashchi | 装甲炮舰 | 1892年5月 | 俄国圣彼得堡（海军部新造船厂）St. Petersburg (New Dockyard) | 1700 | 2000 | 14.5 | 100 | 200 | | 1.5 | | 1 | 1门9英寸炮、1门6英寸炮、4门12磅炮、6门3磅炮、2门2.5英寸炮、3座机夫炮[14] | | 2 | 188 |
| 雷霆 Gromoboi | 装甲巡洋舰 | 1899年 | 俄国圣彼得堡（波罗的海船厂）St. Petersburg (Baltic Works) | 13220 | 15500 | 20 | 800 | 2500 | 6 | 2.5 | 4.75 | 12 | 4门8英寸炮、16门6英寸炮、12门12磅炮、24门2.5英寸炮、22座机夫枪/机夫炮[15] | 4 | | 874 |

| 舰名 | 舰种 | 时间 | 建造厂 | | | | | | | | | | 火炮 | | | |
|---|---|---|---|---|---|---|---|---|---|---|---|---|---|---|---|---|
| 高丽人 Koreetz | 炮舰 | 1886年8月 | 瑞典斯德哥尔摩（博格松公造船厂）Stockholm (Bergsund's Works) | 1270 | 1564 | 13.5 | 250 | | | | | 0.375 | 2门8英寸炮、1门9磅炮、4门9磅炮、1门2.5英寸炮、6座机关炮[16] | | 1 | 179 |
| 满洲人 Mandzhur | 炮舰 | 1886年12月 | 丹麦哥本哈根（伯迈斯特－韦恩造船厂）Copenhagen (Burmeister and Wain) | 1437 | 1964 | 13.3 | 240 | | | | | 0.375 | 2门8英寸炮、1门9磅炮、4门9磅炮、1门2.5英寸炮、6座机关炮[17] | | 1 | 179 |
| 新贵 Novik | 三等防护巡洋舰 | 1900年8月 | 德国埃尔平[18]（希肖船厂）Elbing (Schichau) | 3080 | 17000 | 25 | 500 | 400 | 5 | 2 | | 1.1875 | 6门4.7英寸炮、6门3磅炮、1门2.5英寸炮、4座机关枪/机夫炮 | | 5 | 336 |
| 勇敢 Otvazhni | 装甲炮舰 | 1892年5月 | 俄国圣彼得堡（波罗的海船厂）St. Petersburg (Baltic Works) | 1854 | 2500 | 14.2 | 200 | 100 | 5 | 1.5 | | 1 | 1门9英寸炮、1门6英寸炮、4门12磅炮、6门3磅炮、5座机夫炮[19] | | 2 | 188 |
| 智慧女神 Pallada | 一等防护巡洋舰 | 1899年8月 | 俄国圣彼得堡勒尔尼岛造船厂 St. Petersburg (Galerni Island) | 6823 | 13108 | 19.3 | 900 | 1430 | | 3 | | 6 | 8门6英寸炮、24门12磅炮、2门2.5英寸炮、8座机夫炮 | 2 | 1 | 570 |
| 佩列斯维特 Peresvyet | 一等战列舰 | 1898年5月 | 俄国圣彼得堡（波罗的海船厂）St. Petersburg (Baltic Works) | 12674 | 13775 | 18.6 | 1060 | 2060 | 9 | 3.25 | 9 | 6 | 4门10英寸炮、11门6英寸炮、20门12磅炮、2门3磅炮、2门2.5英寸炮、8座机夫炮 | 2 | 3 | 776 |
| 彼得罗甫洛夫斯克 Petropavlovsk | 一等战列舰 | 1894年11月 | 俄国圣彼得堡勒尔尼岛造船厂 St. Petersburg (Galerni Island) | 11354 | 11213 | 16.9 | 700 | 1500 | 15 | 3 | 10 | 9 | 4门12英寸炮、12门6英寸炮、10门3磅炮、2门2.5英寸炮、28座机夫炮 | 2 | 4 | 642 |
| 胜利 Pobyeda | 一等战列舰 | 1900年5月 | 俄国圣彼得堡（波罗的海船厂）St. Petersburg (Baltic Works) | 12692 | 15492 | 18.5 | 1060 | 2060 | 9 | 3.25 | 9 | 6 | 4门10英寸炮、11门6英寸炮、20门12磅炮、21门3磅炮、2门2.5英寸炮、9座机夫炮[20] | 2 | 3 | 778 |

续前表

| 舰名 | 舰种 | 下水时间[1] | 建造地 | 排水量（吨） | 指示马力（匹） | 航速（节） | 载煤量（吨）常规 | 载煤量（吨）最大 | 最大装甲厚度（英寸）水线 | 最大装甲厚度（英寸）甲板 | 最大装甲厚度（英寸）主炮 | 最大装甲厚度（英寸）指挥塔 | 武备 舰炮 | 鱼雷发射管 水下 | 鱼雷发射管 水上 | 乘员数 |
|---|---|---|---|---|---|---|---|---|---|---|---|---|---|---|---|---|
| 波尔塔瓦 Poltava | 一等战列舰 | 1894年11月 | 俄国圣彼得堡（海军部新造船厂）St. Petersburg (New Dockyard) | 10960 | 11255 | 16.3 | 700 | 1500 | 14 | 3 | 10 | 9 | 4门12英寸炮、12门6英寸炮、12门3磅炮、2门2.5英寸炮、28座机关炮 | 2 | 4 | 651 |
| 强盗 Razboinik | 炮舰 | 1878年 | 俄国圣彼得堡（涅瓦河船厂）St. Petersburg (Nevski Works) | 1477 | 1477 | 13.1 | | 250 | | | | | 2门6英寸炮、4门9磅炮、4门3磅炮、1门2.5英寸炮、6座机关机[21] | | 1 | 186 |
| 列特维赞 Retvizan | 一等战列舰 | 1900年10月 | 美国费城（克兰普父子船厂）Philadelphia (Cramp and Sons) | 12902 | 16121 | 18.8 | 1000 | 2000 | 9 | 3.25 | 9 | 6 | 4门12英寸炮、12门6英寸炮、20门12磅炮、24门3磅炮、2座2.5英寸炮、12座机枪/机关炮 | 2 | 4 | 778 |
| 俄罗斯 Rossiya | 装甲巡洋舰 | 1896年5月 | 俄国圣彼得堡（波罗的海船厂）St. Petersburg (Baltic Works) | 13675 | 18426 | 19.7 | 1000 | 2500 | 8 | 2 | 5 | 12 | 4门8英寸炮、16门6英寸炮、12门12磅炮、20门3磅炮、2门2.5英寸炮、16座机关枪[22] | | 5 | 839 |
| 留里克 Rurik | 装甲巡洋舰 | 1892年11月 | 俄国圣彼得堡（波罗的海船厂）St. Petersburg (Baltic Works) | 11690 | 13588 | 18.8 | 1000 | 2000 | 10 | 3 | 5 | 6 | 4门8英寸炮、6门4.7英寸炮、16门4.7英寸炮、10门3磅炮、2门2.5英寸炮、12座机关炮[23] | | 6 | 719* |
| 塞瓦斯托波尔 Sevastopol | 一等战列舰 | 1895年6月 | 俄国圣彼得堡（加勒尼岛造船厂）St. Petersburg (Galerni Island) | 11842 | 10600 | 17 | 700 | 1500 | 14 | 3 | 10 | 9.75 | 4门12英寸炮、12门6英寸炮、12门3磅炮、2门2.5英寸炮、28座机关炮 | 2 | 4 | 651 |

续前表

| 舰名 | 舰种 | 时间 | 船厂 | | | | | | | | | 武器 | | 乘员 |
|---|---|---|---|---|---|---|---|---|---|---|---|---|---|---|
| 海狮 Sivuch | 炮舰 | 1884年 | 瑞典 斯德哥尔摩（博格松造船厂）Stockholm (Bergsund's Works) | 1134 | 1125 | 11.7 | 170 | | 1/3 | | 10 | 1门9英寸炮、1门6英寸9磅炮、6门9磅炮、1门2.5英寸炮、4座机关炮 | | 170 |
| 太子 Tzesarevich | 一等战列舰 | 1901年2月 | 法国 土伦（地中海冶金造船厂）Toulon (Forges et Chantiers) | 12900 | 16300 | 18 | 1350 | | 9.75 | 2.75 | 10 | 4门12英寸炮、12门6英寸炮、20门3磅炮、2门2.5英寸炮、12座机关炮[24] | 2 | 782 |
| 瓦良格 Varjag | 一等防护巡洋舰 | 1899年10月 | 美国 费城（克兰普父子船厂）Philadelphia (Cramp and Sons) | 6500 | 19158 | 23.2 | 600 | 1250 | 3 | | 6 | 12门6英寸炮、12门12磅炮、8门3磅炮、2门2.5英寸炮、4座机关枪/机关炮 | 6 | 570** |
| 骑士 Vsadnik | 鱼雷炮舰 | 1893年 | 俄国 奥布（克莱顿造船厂）Abo (Crighton's Works) | 432 | 3300 | 20 | 90 | | | | | 6门3磅炮、3座机关炮 | 2 | 65 |
| 叶尼塞 Yenisei | 布雷舰 | 1899年2月 | 俄国 圣彼得堡（波罗的海厂）St. Petersburg (Baltic Works) | 3000 | 4958 | 18 | 400 | | 0.5 | | | 5门12磅炮、7门3磅炮，另可携带500枚水雷[25] | 1[26] | 317 |
| 暴徒 Zabiyaka | 炮舰 | 1878年10月 | 美国 费城（克兰普父子船厂）Philadelphia (Cramp and Sons) | 1236 | 1426 | 14.2 | 270 | | | | | 4门9磅炮、6门3磅炮、1门2.5英寸炮、6座机关炮 | | 155 |

*8月14日的乘员数为805人

**2月9日的乘员数为553人

**（b）驱逐舰**

| 舰名 | 下水时间 | 建造方/建造地 | 排水量（吨）| 指示马力（匹）| 航速（节）| 载煤量（吨）| 武器 | | | 乘员数 |
|---|---|---|---|---|---|---|---|---|---|---|
| | | | | | | | 舰炮 | 鱼雷发射管 | | |
| | | | | | | | | 发射管数 | 携带鱼雷数 | |
| 机警 Bditelni | 1900年 | 德国 埃尔平（希肖船厂）Elbing (Schichau) | 350 | 6000 | 27 | 80 | 1门12磅炮、5门3磅炮 | 3 | | 62 |
| 无情 Bezposhchadni | 1900年 | 德国 埃尔平（希肖船厂）Elbing (Schichau) | 346 | 6000 | 27 | 80 | 1门12磅炮、5门3磅炮 | 3 | | 62 |
| 无声 Bezshumni | 1899年 | 德国 埃尔平（希肖船厂）Elbing (Schichau) | 346 | 6000 | 27 | 80 | 1门12磅炮、5门3磅炮 | 3 | | 62 |
| 无惧 Bezstrashni | 1899年 | 德国 埃尔平（希肖船厂）Elbing (Schichau) | 346 | 6000 | 27 | 80 | 1门12磅炮、5门3磅炮 | 3 | | 62 |
| 战斗 Boevoi | 1899年 | 英国 博肯西德（莱尔德船厂）Birkenhead (Laird) | 350 | 6000 | 27 | 80 | 1门12磅炮、5门3磅炮 | 2 | | 62 |
| 活泼 Boiki | 1901年 | 俄国 圣彼得堡（涅瓦河船厂）St. Petersburg (Nevski Works) | 350 | 5700 | 26 | 80 | 1门12磅炮、5门3磅炮 | 3 | 6 | 62 |
| 暴风 Burni | 1901年 | 俄国 圣彼得堡（涅瓦河船厂）St. Petersburg (Nevski Works) | 350 | 5700 | 26 | 80 | 1门12磅炮、5门3磅炮 | 3 | 6 | 62 |
| 雷鸣 Grozovoi | 1902年 | 法国 勒阿弗尔（地中海冶金造船厂）Havre (Forges et Chantiers) | 312 | 4750 | 26 | 60 | 1门12磅炮、5门3磅炮 | 2 | | 57 |
| 布拉科夫海军上尉 Lieutenant Burakov | 1898年 | 德国 埃尔平（希肖船厂）Elbing (Schichau) | 280 | 6000 | 33.6 | 67 | 6门3磅炮[27] | 2[28] | | 56* |
| 敏捷 Rastoropni | 1902年 | 俄国 圣彼得堡（伊佐拉船厂）St. Petersburg (Izhora Works) | 240 | 3800 | 27.5 | 60 | 1门12磅炮、3门3磅炮 | 2 | | 51※ |
| 破坏 Razyashchi | 1902年 | 俄国 圣彼得堡（伊佐拉船厂）St. Petersburg (Izhora Works) | 240 | 3800 | 27.5 | 60 | 1门12磅炮、3门3磅炮 | 2 | | 51※ |

续前表

| 舰名 | 年份 | 建造地 | | | | | 武备 | | |
|---|---|---|---|---|---|---|---|---|---|
| 果敢 Ryeshitelni | 1902年 | 俄国 圣彼得堡（伊佐拉船厂）St. Petersburg (Izhora Works) | 240 | 3800 | 27.5 | 60 | 1门12磅炮、3门3磅炮 | 2 | 51* |
| 暴躁 Serditi | 1902年 | 俄国 圣彼得堡（涅瓦河船厂）St. Petersburg (Nevski Works) | 240 | 3800 | 26.5 | 60 | 1门12磅炮、3门3磅炮 | 2 | 51* |
| 强壮 Silni | 1901年 | 俄国 圣彼得堡（涅瓦河船厂）St. Petersburg (Nevski Works) | 240 | 3800 | 26.5 | 60 | 1门12磅炮、3门3磅炮 | 2 | 51* |
| 迅速 Skori | 1903年 | 俄国 圣彼得堡（涅瓦河船厂）St. Petersburg (Nevski Works) | 240 | 3800 | 26.5 | 60 | 1门12磅炮、3门3磅炮 | 2 | 51* |
| 勇武 Smyeli | 1902年 | 俄国 圣彼得堡（涅瓦河船厂）St. Petersburg (Nevski Works) | 240 | 3800 | 26.5 | 60 | 1门12磅炮、3门3磅炮 | 2 | 51* |
| 端庄 Statni | 1903年 | 俄国 圣彼得堡（涅瓦河船厂）St. Petersburg (Nevski Works) | 240 | 3800 | 26.5 | 60 | 1门12磅炮、3门3磅炮 | 2 | 51* |
| 守护 Steregushchi | 1903年 | 俄国 圣彼得堡（涅瓦河船厂）St. Petersburg (Nevski Works) | 240 | 3800 | 26.5 | 60 | 1门12磅炮、3门3磅炮 | 2 | 51* |
| 前哨 Storozhevoi | 1902年 | 俄国 圣彼得堡（涅瓦河船厂）St. Petersburg (Nevski Works) | 240 | 3800 | 26.5 | 60 | 1门12磅炮、3门3磅炮 | 2 | 51* |
| 可怕 Strashni | 1903年 | 俄国 圣彼得堡（涅瓦河船厂）St. Petersburg (Nevski Works) | 240 | 3800 | 26.5 | 60 | 1门12磅炮、3门3磅炮 | 2 | 51* |
| 严整 Stroini | 1903年 | 俄国 圣彼得堡（涅瓦河船厂）St. Petersburg (Nevski Works) | 240 | 3800 | 26.5 | 60 | 1门12磅炮、3门3磅炮 | 2 | 51* |
| 强力 Vlastni | 1901年 | 法国 勒阿弗尔（地中海冶金造船厂）Havre (Forges et Chantiers) | 312 | 4750 | 26 | 60 | 1门12磅炮、5门3磅炮 | 2 | 57 |
| 留心 Vnimatelni | 1899年 | 法国 勒阿弗尔（诺曼船厂）Havre (Normand) | 312 | 4750 | 27 | 60 | 1门12磅炮、5门3磅炮 | 2 | 57 |

664

续前表

| 舰名 | 下水时间 | 建造方/建造地 | 排水量（吨） | 指示马力（匹） | 航速（节） | 载煤量（吨） | 武备 舰炮 | 鱼雷发射管 发射管数 | 鱼雷发射管 携带鱼雷数 | 乘员数 |
|---|---|---|---|---|---|---|---|---|---|---|
| 难忘 Vnushitelni | 1900年 | 法国勒阿弗尔（地中海冶金造船厂）Havre（Forges et Chantiers） | 312 | 4750 | 26 | 60 | 1门12磅炮、5门3磅炮 | 2 | | 57 |
| 坚强 Vuinoslivi | 1901年 | 法国勒阿弗尔（诺曼船厂）Havre（Normand） | 312 | 4750 | 27 | 60 | 1门12磅炮、5门3磅炮 | 2 | | 57 |

\* 该舰系从中国俘获

※ 分段送往旅顺港，在当地组装完成

## （c）一等鱼雷艇

| 舰名 | 下水时间 | 建造方/建造地 | 排水量（吨） | 指示马力（匹） | 航速（节） | 载煤量（吨） | 武备 舰炮 | 鱼雷发射管 发射管数 | 鱼雷发射管 携带鱼雷数 | 乘员数 |
|---|---|---|---|---|---|---|---|---|---|---|
| 第201号 No.201 | 1887年 | 俄国圣彼得堡机械厂 St. Petersburg（Mechanical Works） | 76 | 969 | 17.2 | 29 | 2座机关炮 | 2 | | 21 |
| 第202号 No.202 | 1887年 | 俄国圣彼得堡机械厂 St. Petersburg（Mechanical Works） | 76 | 969 | 16.8 | 29 | 2座机关炮 | 2 | | 21 |
| 第203号 No.203 | 1889年 | 俄国奥布（克莱顿造船厂）Abo（Crighton's Works） | 175 | 1956 | 20.4 | 30 | 3座机关炮 | 3 | | 21 |
| 第204号 No.204 | 1889年 | 俄国奥布（克莱顿造船厂）Abo（Crighton's Works） | 175 | 2039 | 19.5 | 30 | 3座机关炮 | 3 | | 21 |
| 第205号 No.205 | 1886年 | 法国勒阿弗尔（诺曼船厂）Havre（Normand） | 96 | 737 | 19.2 | 29 | 2座机关炮 | 2 | | 21 |
| 第206号 No.206 | 1886年 | 法国勒阿弗尔（诺曼船厂）Havre（Normand） | 108 | 837 | 19.7 | 29 | 2座机关炮 | 2 | | 21 |

续前表

| 舰名 | 下水时间 | 建造方/建造地 | 排水量（吨） | 指示马力（匹） | 航速（节） | 载煤量（吨） | 舰炮 | 鱼雷 | 乘员数 |
|---|---|---|---|---|---|---|---|---|---|
| 第208号 No.208 | 1897年 | 俄国 圣彼得堡（海军部新造船厂）St. Petersburg (New Dockyard) | 120 | 1460 | 18.5 | 40 | 2座机关炮 | 3 | 21 |
| 第209号 No.209 | 1897年 | 俄国 圣彼得堡（海军部新造船厂）St. Petersburg (New Dockyard) | 120 | 1460 | 18.5 | 40 | 2座机关炮 | 3 | 21 |
| 第210号 No.210 | 1898年 | 俄国 圣彼得堡（伊佐拉船厂）St. Petersburg (Izhora Works) | 120 | 1460 | 18.5 | 40 | 2座机关炮 | 3 | 21 |
| 第211号 No.211 | 1898年 | 俄国 圣彼得堡（伊佐拉船厂）St. Petersburg (Izhora Works) | 120 | 1460 | 18.5 | 40 | 2座机关炮 | 3 | 21 |

## （d）二等鱼雷艇

| 舰名 | 下水时间 | 建造方/建造地 | 排水量（吨） | 指示马力（匹） | 航速（节） | 载煤量（吨） | 武备 | | 乘员数 |
|---|---|---|---|---|---|---|---|---|---|
| | | | | | | | 舰炮 | 鱼雷 | |
| 第91号 No.91 | 1878年 | 俄国 圣彼得堡（波罗的海船厂）St. Petersburg (Baltic Works) | 24 | 220 | | | | 1枚怀特海德鱼雷 | 8 |
| 第92号 No.92 | 1878年 | 俄国 圣彼得堡（波罗的海船厂）St. Petersburg (Baltic Works) | 24 | 220 | | | | 1枚怀特海德鱼雷 | 8 |
| 第93号 No.93 | 1877年 | 俄国 圣彼得堡（波罗的海船厂）St. Petersburg (Baltic Works) | 24 | 220 | | | | 1枚怀特海德鱼雷 | 8 |
| 第94号 No.94 | 1878年 | 俄国 圣彼得堡（波罗的海船厂）St. Petersburg (Baltic Works) | 23 | 220 | | | | 1枚怀特海德鱼雷 | 8 |
| 第95号 No.95 | 1878年 | 俄国 圣彼得堡（波罗的海船厂）St. Petersburg (Baltic Works) | 23 | 220 | | | | 1枚怀特海德鱼雷 | 8 |
| 第97号 No.97 | 1878年 | 俄国 奥布（克莱顿造船厂）Abo (Crighton's Works) | 23 | 220 | | | | 2具杆雷 | 8 |
| 第98号 No.98 | 1878年 | 俄国 圣彼得堡（贝尔德船厂）Baird[29] | 23 | 220 | | | | 2具杆雷 | 8 |

## 译注：

1. 本表中所有的时间均为公历时间，而非当时俄国通用的俄历时间。

2. 即今天挪威首都奥斯陆（Oslo）。

3. 俄方资料宣称为 450 枚。

4. 俄方资料宣称该舰没有鱼雷发射管。

5. 机关枪一说为 2 挺。

6. 即今天芬兰的港口城市图尔库（Turku）。

7. 这里所指的 9 磅炮口径为 107 毫米，和其他国家海军的 9 磅炮口径不同。

8. 俄方资料宣称该舰的轻型火炮为 1 门 63.5 毫米炮（即 2.5 英寸炮）和 4 门 37 毫米机关炮。

9. 俄方资料称该舰的 47 毫米炮共有 8 门。

10. 俄方资料称，机关枪为 2 挺。

11. 即后来著名的"海军部造船厂"。

12. 俄方资料显示，其武装为：3 门 152 毫米炮（6 英寸炮）、4 门 107 毫米炮（9 磅炮）、1 门 63.5 毫米炮（2.5 英寸炮）、4 门 47 毫米炮（3 磅炮）和 6 门 37 毫米机关炮。

13. 俄方资料称，其 2.5 英寸炮为 1 门、机关枪为 2 挺。

14. 该舰的轻型火炮一说仅有 6 门 47 毫米炮（3 磅炮）和 2 门 37 毫米机关炮。

15. 机关炮一说只有 18 门，另有 2 挺机枪。

16. 一说只有 4 门机关炮。

17. 一说只有 4 门机关炮。

18. 即今天波兰的港口城市埃尔布隆格（Elbląg）。

19. 俄方资料称，其轻型火炮只有 6 门 47 毫米炮（3 磅炮）和 4 门 37 毫米机关炮。

20. 3 磅炮（47 毫米炮）一说为 20 门，机关炮一说为 8 门。

21. 该舰的 3 磅炮一说为 2 门，机关炮一说为 4 门。

22. 机关炮一说为 18 门。

23. 3 磅炮一说为 6 门，机关炮一说为 10 门。

24. 机关炮一说为 11 门，另外该舰还安装了 10 挺机枪。

25. 俄方资料宣称为 450 枚。

26. 俄方资料宣称该舰没有鱼雷发射管。

27. 旅顺港被围困后，为执行传信任务，该舰保留了 1 门 3 磅炮作为自卫武器。一说该舰还另外安装了 1 门 75 毫米炮（12 磅炮）。

28. 为了执行传信任务，该舰只保留了 1 具鱼雷发射管。

29. 即前文"加勒尔尼岛造船厂"的前身，该厂在 1815—1881 年间曾采用此名。